HANES CYMRU YN Y CYFNOD MODERN CYNNAR 1530-1760

GERAINT H. JENKINS

CAERDYDD
GWASG PRIFYSGOL CYMRU
1983

Argraffiad cyntaf 1983
Adargraffiad clawr papur 1988

Manylion Catalogio Cyhoeddi (CIP) y Llyfrgell Brydeinig

Jenkins, Geraint H.
  Hanes Cymru yn y cyfnod modern cynnar 1530-1760
  1. Cymru—Hanes
  I. Teitl
  942.9 DA720
  ISBN 0-7083-0998-4

Cyfieithwyd y Manylion Catalogio Cyhoeddi gan y Cyhoeddwyr

Cynlluniwyd y clawr gan Elgan Davies; y mae'n cynnwys golygfa ddeheuol o gastell a thref Caerfyrddin (Samuel a Nathaniel Buck, 1740) a atgynhyrchir trwy ganiatâd Llyfrgell Genedlaethol Cymru. Dymuna'r cyhoeddwyr gydnabod cyfarwyddyd a chymorth Adran Ddylunio'r Cyngor Llyfrau Cymraeg a noddir gan Gyngor Celfyddydau Cymru.

Argraffwyd yng Nghymru gan Wasg John Penry, Abertawe.

Er Cof
am fy nhad-yng-nghyfraith
William Ffrancon Jones

Dydd byr yw pob diwedd byd; anadliad
    Yw cenhedlaeth hefyd;
    Nid yw Hanes ond ennyd;
    A fu ddoe a fydd o hyd.

                        Gerallt Lloyd Owen

RHAGAIR

Er mai at wasanaeth disgyblion chweched dosbarth a myfyrwyr y lluniwyd y gyfrol hon yn bennaf, mawr obeithiaf y bydd unrhyw un sydd â diddordeb yn hanes Cymru yn cael budd o'i darllen. Y mae cwyno mawr wedi bod yn ddiweddar am nad yw hanes ein gwlad yn cael ei ysgrifennu yn Gymraeg, ac ymgais yw hon i lenwi bwlch. Credaf fod meithrin yr ymwybyddiaeth o hanes lawn cyn bwysiced â diogelu'r iaith Gymraeg. Fel y dywedwyd droeon, cof cenedl yw ei hanes, a'm gobaith yw y bydd y gyfrol felly'n gymorth inni ddeall a gwerthfawrogi ein hetifeddiaeth yn well.

Gair byr ynglŷn â chynllun y gwaith: y mae'r pedair pennod gyntaf yn ymdrin â'r cyfnewidiadau cymdeithasol ac economaidd a ddigwyddodd drwy gydol y cyfnod. Rhaid i mi gyfaddef mai hon oedd yr adran anhawsaf o ddigon i'w hysgrifennu, a hyderaf imi arbrofi'n llwyddiannus. Y mae'r naw pennod arall yn dilyn trefn gronolegol ac yn ymdrin â thestunau sydd, i'm tyb i, yn bwysig. Gwelir fy mod wedi gwneud defnydd helaeth o dystiolaeth lenyddol wrth lunio'r gyfrol. Dylwn bwysleisio fod i'r dull hwn ei beryglon: gall barn gwŷr y cyfnod fod yn eithafol o ragfarnllyd ar brydiau, a rhaid peidio â derbyn popeth a ddywedant yn llythrennol. Serch hynny, yr oeddwn yn awyddus fod darllenwyr yn profi naws y cyfnod, ac nid oes amgenach ffordd o wneud hynny na gadael i dystion lefaru drostynt eu hunain. Ceisiais ddethol y dyfyniadau'n fanwl ac yn ofalus, gan geisio sicrhau eu bod yn ddrych cywir o ddeithi meddwl yr oes. Yr wyf yn gredwr cryf fod yr hyn y mae pobl yn ei gredu sy'n wir lawn cyn bwysiced â'r hyn a fernir yn wirionedd gan haneswyr diweddarach.

Cefais arweiniad a chymorth gan nifer o gyfeillion wrth baratoi'r llyfr. Fe wêl y cyfarwydd fy mod wedi pwyso'n drwm ar waith llu o haneswyr, hen a diweddar. Dymunaf ddiolch i Dr David W. Howell, Mr Brian E. Howells, Mr David Jenkins, Mr J. Glyn Parry a Dr Prys Morgan am ganiatáu i mi ddefnyddio deunydd anghyhoeddedig o'u heiddo. Aeth yr Athro D. J. Bowen, Dr J. Gwynfor Jones a'r Athro Glanmor Williams yn fanwl drwy'r holl deipysgrif, a charwn ddiolch o galon iddynt am gynnig nifer helaeth o welliannau ac am lawer awgrym buddiol. Myfi yn unig sy'n gyfrifol am y beiau a erys.

Ymgymerodd Cyd-bwyllgor Addysg Cymru â'r cyfrifoldeb o noddi'r gwaith, ac mae'n dda gennyf ddiolch i Mr Iolo M. Walters a Mr Alan Llwyd am eu caredigrwydd yn ogystal â'u trylwyredd arferol. Yr wyf yn ddyledus hefyd i Mr Alun Treharne, Gwasg y Brifysgol, am ei ofal wrth lywio'r gwaith trwy'r wasg, ac i'r argraffwyr am eu gwaith cymen a glân.

Dymunaf ddiolch, yn ogystal, i Mr Gerallt Lloyd Owen am ganiatâd i ddyfynnu ei englyn, o'i awdl 'Cilmeri', yn y gyfrol.

Teipiodd Miss Siân Jones bob gair o'm llawysgrif heb rwgnach dim, ac ni allaf ddechrau diolch iddi am ei llafur. Er i mi encilio'n rhy aml o lawer i'r stydi, ni phallodd amynedd fy ngwraig, Ann. Yn wir, cefais gymorth cyson ganddi drwy gydol y cyfnod y bûm yn paratoi'r llyfr. Oni bai am dair o ferched bach buaswn wedi gorffen y gyfrol ynghynt, ond hebddynt ni fuaswn hanner mor ddedwydd.

Geraint H. Jenkins
1 Medi 1981

CYNNWYS

MAPIAU

BYRFODDAU

B.B.G.C.	*Bwletin Bwrdd Gwybodau Celtaidd Cymru*
C.C.H.M.C.	*Cylchgrawn Cymdeithas Hanes y Methodistiaid Calfinaidd*
C.C.H. sir Feirionnydd	*Cylchgrawn Cymdeithas Hanes sir Feirionnydd*
C.C.L.C.	*Cylchgrawn Cymdeithas Lyfryddol Cymru*
C.H.C.	*Cylchgrawn Hanes Cymru*
C.Ll.G.C.	*Cylchgrawn Llyfrgell Genedlaethol Cymru*
Traf. Cymmr.	*Trafodion Anrhydeddus Gymdeithas y Cymmrodorion*
T.C.H. y Bedyddwyr	*Trafodion Cymdeithas Hanes Bedyddwyr Cymru*
T.C.H. Ceredigion	*Trafodion Cymdeithas Hanes Ceredigion*
T.C.H. Môn	*Trafodion Cymdeithas Hanes Môn*
T.C.H. sir Ddinbych	*Trafodion Cymdeithas Hanes sir Ddinbych*
T.C.H. sir y Fflint	*Trafodion Cymdeithas Hanes sir y Fflint*
T.C.H. sir Gaernarfon	*Trafodion Cymdeithas Hanes sir Gaernarfon*

xi

I NATUR Y GYMDEITHAS

Y mae'n amhosibl tynnu darlun cywir o natur y boblogaeth yng Nghymru yn ystod y cyfnod hwn. Ni wnaethpwyd cyfrif o bob enaid byw ym Mhrydain hyd 1801, a phur anghyflawn ac annibynadwy yw'r ystadegau sydd gennym cyn y flwyddyn honno. Hyd y gellir barnu, bu lleihad dirfawr ym mhoblogaeth Cymru yn ystod hanner cyntaf y bedwaredd ganrif ar ddeg. Peidiodd y lleihad hwn wedi 1450, ac o gyfnod y Tuduriaid ymlaen gwelwyd cynnydd sylweddol, a barhaodd hyd drothwy'r Rhyfel Cartref ym 1642. Cynyddodd y boblogaeth eto o tua 251,000 yng nghanol yr unfed ganrif ar bymtheg i 381,000 ym 1670. Ac eithrio Môn, siroedd y Gogledd a brofodd y cynnydd mwyaf trawiadol, a hynny o ganlyniad i ddatblygiadau amaethyddol a masnachol, ynghyd â mesur sylweddol o fewnfudo o blith teuluoedd Seisnig i'r siroedd dwyreiniol. Yn unol â'r patrwm ledled Ewrop, cynyddodd y boblogaeth unwaith yn rhagor wedi 1700, gan godi o 406,200 yn y flwyddyn honno i 492,800 ym 1750.

Gwasgaredig iawn oedd y boblogaeth a bychan oedd maint teuluoedd. Yn ôl yr ystadegau a gasglwyd gan yr Esgob William Lloyd yn y 1680au, trigai 67,482 o bobl mewn 107 o blwyfi yn esgobaeth Llanelwy, sef cyfartaledd o 4·40 i bob tylwyth. Ceid rhai teuluoedd mawrion, yn enwedig ymhlith rhengoedd y boneddigion, ond nid oedd teulu o dri pherson neu lai yn beth anghyffredin. Ym mhlwyfi Chwitffordd a Dinbych, er enghraifft, yr oedd 46% a 43% yn perthyn i deuluoedd o dri neu lai. A'r tebygolrwydd yw mai teuluoedd bychain oedd y drefn gyffredinol, fwy neu lai, drwy Gymru gyfan. Beth bynnag oedd maint y teulu, yr oedd llywodraethwyr y wlad yn bendant eu barn mai'r uned deuluol oedd sail pob undod a threfn o fewn y deyrnas. *Microcosm* o wlad ac eglwys oedd y teulu, a disgwylid i bob penteulu ofalu'n gydwybodol am ei dylwyth, gan sicrhau bod y rhai dan ei ofal yn cydymffurfio â gorchmynion y wladwriaeth ac yn cael eu magu yn ofn Duw. 'Y mae Duw ei hun,' meddai Rowland Vaughan, 'yn gorchymyn yn neilltuol bob penteulu i athrawiaethu ei deulu yn ei Air, a'u magu yn ei ofn a'i wasanaeth'. Meithrinfa i blant a gwasanaethyddion, noddfa rhag pechod, drygioni ac anufudd-dod,

1

a chorlan eglwysig oedd yr uned deuluol, a dyletswydd y *paterfamilias* oedd gofalu'n gydwybodol amdanynt. 'Goruchwylwyr ydym ar dŷ Dduw,' meddai James Owen, 'bugeiliaid ydym, a'n dyletswydd yw gofalu am ŵyn y praidd'.

Teithio

Casgliad o gymdeithasau bychain wedi eu cau allan o'r byd a'u gwahanu oddi wrth ei gilydd gan batrwm daearyddol y wlad oedd Cymru yn ystod y cyfnod hwn. Rhaid wrth fesur helaeth o ddychymyg i werthfawrogi pa fath fyd yr ydym yn sôn amdano. Ni cheid ynddo gyfryngau torfol fel y teledu, radio, papurau dyddiol a'r sinema. Nid oedd rheilffyrdd ar gael i gysylltu ardaloedd â'i gilydd nac unrhyw gyfleusterau eraill a fyddai'n galluogi pobl i deithio'n gyflym a rhad. Gwlad anodd i'w thramwyo oedd Cymru. Rhwystrid teithwyr gan uchder y mynyddoedd a lleithder y gweunydd. Ac eithrio'r ffyrdd milwrol a adawsai'r Rhufeiniaid, prin iawn oedd y ffyrdd gwneud ac nid oedd eu hwyneb yn addas i farchog na cherbyd deithio arnynt. Mympwyol oedd hynt y ffyrdd, ac aneglur iawn oedd ffiniau a therfynau stadau a ffermydd. Drwy gydol y cyfnod hwn, cwynai teithwyr nad oedd ffyrdd Cymru'n fawr gwell na lonydd diganllaw a throfaog. Yr oedd hyd yn oed ffyrdd y trefi'n dra pheryglus. Dywedwyd ym 1587 fod Stryd Henllan yn nhref Dinbych 'yn rhy fudr a pheryglus i'w thramwyo'. Fel hyn y disgrifiodd Lewis Hopkin ffyrdd ardal Llantrisant yng nghanol y ddeunawfed ganrif:

> Ffyrdd corsog, lleidiog, llwydion,—hynt wallus,
> Yn llawn tyllau dyfnion,
> Neu gerrig clogfaen geirwon,
> A brwnt ymhob man o'r bron.

Cyffelyb oedd sylw Lewis Morris am deithio drwy sir Feirionnydd:

> Gorau gwlad rhwng nef a llawr
> Ond rhag gwaethed ei ffyrdd fawr.

Yn ystod misoedd y gaeaf, yr oedd tramwyo cefn gwlad Cymru'n dipyn o antur gyffrous. Adeg tywydd mawr, troid ffyrdd yn byllau o ddŵr a rhwygid pontydd bregus yn rhacs gan lifogydd. Sylwodd John Wesley ym 1758 pa mor rhwydd y gallai storm o law droi strydoedd Abertawe'n afonydd. Wedi storm a llifogydd enbyd ym mis Gorffennaf 1706, chwalwyd deg ar hugain o bontydd gwledig yn Ninbych a'r cyffiniau. Glynai meirch a cherbydau mewn rhigolau lleidiog a phyllau dwfn, a phur anaml y cwblheid taith hir yn gwbl ddianaf. Pan deithiodd y rhigymwr pigog, John Taylor, ar ei hen geffyl esgyrnog 'Dun' drwy Gymru yn ystod canol yr ail ganrif ar bymtheg, bu raid iddo gropian dros rai o fryniau ysgithrog a ffyrdd troellog y Gogledd a dioddef sawl cwymp arswydus. Ar ôl teithio o Wedir i Gastell y Waun ym 1656, cyffesodd Richard Wynn ei fod yn ŵr ffodus iawn gan mai teirgwaith yn unig y syrthiasai oddi ar ei geffyl cyn cyrraedd pen ei daith. Pan chwalai pont, antur beryglus oedd ceisio rhydio afon. Ym 1617, boddwyd David Kemeys, ysgwïer Cefnmabli, wrth geisio rhydio afon Rhymni, a'r un fu tynged y bardd Siôn Phylip ar 13 Chwefror 1620 wrth geisio croesi o Bwllheli i Fochres ar ôl bod ar daith glera yn sir Gaernarfon. Tlodwyd rhengoedd gweinidogion Anghydffurfiol Morgannwg ym 1766 pan foddwyd Henry Davies, Cymer, wedi i'w farch wylltio wrth geisio croesi afon Rhondda.

Nid ar chwarae bach yr âi dynion ar daith bell. Pan aeth Thomas Pennant ar y goets fawr o Gaer i Lundain ym 1739, gwyddai fod taith o chwe diwrnod yn ei wynebu. Yn aml iawn, yr oedd yn haws hwylio ar hyd y glannau. Gan fod cyflwr y ffyrdd ac arafwch cerbydau yn atalfa ar gynnydd amaethyddol a diwydiannol, cludid y rhan fwyaf o nwyddau'r wlad gan longau'r môr. I bobl Môn, yr oedd Dulyn yn nes na Lerpwl, ac i gyfeiriad Bryste yr edrychai masnachwyr siroedd y De yn amlach na pheidio. Eto i gyd, yr oedd anawsterau a pheryglon yn disgwyl y sawl a fentrai i ganol tonnau'r môr: y prif rwystrau oedd tywydd garw, ymosodiad gan fôr-ladron neu laid yn tagu ceg porthladdoedd.

Ni wnaed fawr o ymdrech i hwyluso teithio yng Nghymru yn ystod y cyfnod hwn. Yn ôl Deddf y Priffyrdd ym 1555, disgwylid i drigolion pob plwyf neilltuo pedwar diwrnod y flwyddyn i weithio'n ddi-dâl ar ffyrdd eu cymdogaeth. Yr oedd dau arolygydd i'w penodi bob blwyddyn i oruchwylio'r gwaith, ac anogwyd gwŷr bonheddig i roi benthyg eu gweision a'u hadnoddau yn ôl maint eu cyfoeth. Ond, at ei gilydd, di-hid iawn oedd trigolion y plwyfi, a bu raid gwasgu'n gyson arnynt i osod trefn gymeradwy ar eu ffyrdd. Ni ddechreuodd ffyrdd y tyrpeg ymddolennu drwy'r wlad hyd 1752, pan estynnwyd tyrpeg Amwythig cyn belled â Wrecsam ac ymlaen wedyn i Gaer ym 1756. O fewn canrif, byddai'r ffyrdd tyrpeg wedi newid gwedd Cymru'n gyfan gwbl.

Ond, er garwed y ffyrdd, fe'u tramwyid yn rheolaidd gan wahanol fathau o bobl: gyrrai porthmyn eu gwartheg ar hyd llwybrau gwyllt a ffyrdd clonciog; heigiai ffermwyr a'u gwragedd

3

i'r ffeiriau a'r marchnadoedd; deuai barnwyr a swyddogion y Goron i'r prif ganolfannau gweinyddol; teithiai diwygwyr crefyddol yn ddiorffwys ar hyd a lled y wlad; ymlwybrai fforddolion a chardotwyr o dref i dref. Ar adeg o newyn a drudaniaeth, lluosogai nifer y tramwywyr. Pan ddeuai chwyddiant ariannol, gwasgfa ar dir, diweithdra a phrinder bwyd, nid oedd dim i'w ennill o aros yng nghefn gwlad. Cynigiai'r trefi a'r dinasoedd gyfle i bobl godi uwchlaw bywyd o adfyd a thlodi. Yno, yn ôl yr hanes a glywent, yr oedd toreth o liw, o gyffro a phrysurdeb. Yn aml iawn, wrth gwrs, nychid eu gobeithion gan gymylau siom a methiant—ond dalient i fynd am fod bywyd gwledig nid yn unig yn gyfyng a diantur, ond hefyd yn brin o'r adnoddau angenrheidiol i'w cadw'n fyw. Cynyddai'r mudo-dros-dro ar adegau arbennig o'r flwyddyn neu pan fyddai argyfyngau economaidd yn pwyso'n anarferol o drwm. Ym misoedd y gwanwyn, prysurai merched a gwragedd i Lundain i chwynnu gerddi mawrion y deyrnas. Yn ystod yr haf, âi gwragedd cawsa Môn i siroedd cyfagos i ymorol am laeth, menyn a chaws. Ar adeg cynhaeaf, cyrchai llafurwyr a thyddynwyr tlawd i fedi cnydau ffermwyr y gororau cyn dychwelyd i drin eu cynaeafau llwm a diweddar hwy. Gwahanol iawn oedd cymhellion y gwŷr cefnog. Pan fabwysiadwyd trefn cyntafanedigaeth gan y teuluoedd bonheddig, gorfodwyd y meibion iau i foddio'u huchelgais yn ninasoedd Lloegr. Heigient i'r prifysgolion, i Ysbytai'r Frawdlys neu i wasanaeth pendefigion. Ffurfiodd rhai ohonynt nyth gysurus yn y llys brenhinol neu'r eglwys, tra profodd eraill elw'r byd masnachol. I'r sawl a gâi flas ar antur a rhyfela, nid oedd dim gwell na mentro lwc ar faes y gad ym mröydd Fflandrys, boddio'u hawydd i 'gigyddio' Ffrancod neu Sbaenwyr, a chipio trysor ar y moroedd.

Arferion y Bobl

Ond er bod mesur o fudo lleol a phell yn digwydd yn ystod y cyfnod hwn, cyfyngid trwch y boblogaeth i'w cymdeithas gysefin. Mewn un plwyf yn unig y trigai'r mwyafrif o'r bobl hyd derfyn eu hoes. 'Lle mager y Cymro y chwennych ef dario', meddai Edward Morris o'r Perthillwydion. Gan fod eu gwreiddiau mor ddwfn ym mywyd eu hardal, ffynnai'r hyn a alwai D. J. Williams yn 'genedlaetholdeb y filltir sgwâr'. Fel casgliad o ardaloedd neu 'wledydd' gwahanol (megis *pays* Ffrainc yn yr ail ganrif ar bymtheg) yr ystyrid Cymru gan y bobl. Cymdeithas glòs a chaeëdig ydoedd ar lawer ystyr. Yn ôl Benjamin Malkin, yr oedd ymddangosiad pobl ddieithr yn ardaloedd cefn gwlad Ceredigion yn dal i beri cryn ryfeddod mor ddiweddar â 1803. Honnodd fod y plwyfi mwyaf diarffordd 'wedi eu cau allan o'r byd'. Yr oedd gan bob cymdogaeth ei ffordd arbennig o fyw, ac ymffrostiai pob aelod yn arbenigrwydd ei fro. I lawer dyn, ffiniau'r plwyf oedd ffiniau ei fyd. Teimlai ei fod yn *perthyn* i gymdeithas arbennig, a'i fod yn rhan ohoni. Yr oedd gan bob ardal ei geirfa a'i hacen a'i harferion a'i defodau ei hun. Gwahaniaethai'r dull o bwyso neu fesur llathen a bwysel a galwyn o farchnad i farchnad ac o ardal i ardal, ac ni chafwyd mesur safonol hyd ddiwedd y ddeunawfed ganrif. Dengys llenyddiaeth a barddoniaeth yr oes ei bod yn beth cyffredin i bobl gredu bod rhyw arbenigrwydd yn perthyn i'w priod fro. Serch at fro a ysgogodd George Owen i lunio *The Description of Penbrokshire* (*c*.1603), a phan gyhoeddodd Henry Rowlands ei *Mona Antiqua Restaurata* (1723) cafodd gynhorthwy ariannol parod gan Fonwysion balch. Ar ddiwedd ei Ragymadrodd i'w gyfrol Gymraeg ar hanes y byd (*c*.1552), cyffesodd y milwr, Elis Gruffydd, iddo lunio'r gwaith yn Calais 'fel nad anghofier y mater yn Llanasa', sef plwyf ei enedigaeth yn sir y Fflint. Tra oedd yn dihoeni yn ninas Rhydychen, fe'i cysurai Matthew Owen, y bardd o Langar, ei hun drwy ymffrostio yn y ffaith ei fod yn 'ŵr o'r 'Deirnion'. Tystia ewyllysiau dirifedi mai anaml iawn yr anghofiai'r Cymry a ymsefydlasai yn Lloegr y graig y naddwyd hwy ohoni.

Adwaenai'r trigolion bob enaid byw yn eu hardal. Peth anodd iawn oedd cadw cyfrinachau, a dim ond y rhai a drigai ar gyrion cymdeithas, megis y wrach, y gŵr hysbys a'r bwytawr pechod, a feddai ar rywfaint o annibyniaeth. Sylwai cymdogion ar bawb a phopeth, fel y dengys yr achosion afrifed o gamweddau moesol a ddygid o flaen y llysoedd eglwysig. Byddai cryn holi a sisial pan welid dyn dieithr yn y fro, ac fel rheol croeso digon oeraidd a gâi ymwelwyr a dieithriaid. Cynddeiriogai'r Cymry pan fyddai Saeson yn ymsefydlu yn eu plith ac yn ennill ceiniog dda ar eu traul. Ym 1559, cyhuddwyd nifer o ffermwyr Llanelli gan Robert Craven, iwmon o swydd Lincoln, o weithredu'n faleisus yn ei erbyn drwy dorri i mewn i'w dŷ ac ymosod arno ef a'i deulu. Wedi iddo gwyno wrth y cwnstabl lleol, rhoddwyd ef a'i wraig mewn cyffion. Yn ystod 1602, dadlennwyd bod rhyw ddeugain o dai ym meddiant Saeson yn sir Drefaldwyn wedi eu llosgi i'r llawr gan frodorion

5

dicllon dros gyfnod o bum mlynedd. Yn ystod oes Iago I, cwynodd trigolion Mefenydd yng Ngheredigion fod y casglwr rhenti dros y Goron yn Ogleddwr, ac felly'n anghyfarwydd â defodau a thraddodiadau lleol. Yn ystod y Rhyfel Cartref, cas gan y Cymry oedd gwasanaethu dan arweinwyr 'estron' megis Rupert, Byron a Gerard, ac yn ôl Arthur Trevor, 'ni charant ddieithryn am fwy o amser nag a gymer iddo ddweud ei neges wrthynt'. Câi pobl ddŵad gryn anhawster i gael eu traed danynt mewn cymdogaeth newydd. Honnodd Thomas Godwyn ym 1684 fod boneddigion sir Benfro yn casáu pob Sais yn y sir, yn enwedig yr 'estroniaid sy'n dod yma i fwyta bara ein cydwladwyr allan o'u cegau'. Ym 1717, barnodd Thomas Baddy, gweinidog Anghydffurfiol yn Ninbych, fod acen pregethwyr ar ymweliad o'r De mor wahanol i eiddo'r Gogleddwyr fel nad oedd eu cenadwri 'mor dderbyniol neu ddefnyddiol'. Un o'r rhesymau paham yr erlidiwyd y Crynwyr a'r Methodistiaid mor giaidd yng Ngogledd Cymru oedd y ffaith fod eu hacen a'u hosgo mor ddieithr ac anghymeradwy yno. 'Dyma fi fel brân ddieithr ymysg barcudiaid y dehau', meddai Lewis Morris pan oedd yn Solfach, sir Benfro, ym 1742. 'Estroniaid' oedd pobl sir Gaerfyrddin yng ngolwg Twm o'r Nant pan symudodd i'w plith. Yr oedd y ffiniau ieithyddol hefyd yn rhwygo siroedd. Ble bynnag yr ymsefydlai ac y lluosogai corff niferus o Saeson, fel yn ne Penfro, rhannau o Ŵyr a dwyrain y Fflint, gellid canfod ffin bendant rhwng y Cymry Cymraeg a'r di-Gymraeg neu'r Saeson.

Yr oedd gwreiddiau'r mwyafrif o'r bobl yn gadarn yn y tir, a'u bywyd a'u harferion wedi eu moldio gan yr amgylchfyd amaethyddol. Gan fod llawer o amaethwyr yn trin y tir yn null eu teidiau a'u cyndeidiau, yr oedd y cwlwm rhyngddynt a natur yn dynn i'w ryfeddu. Ond er eu bod yn gaeth i'w cynefin ac wedi ymgolli'n llwyr yn eu byd bach eu hunain, ni ddylid ar unrhyw gyfrif feddwl eu bod yn bobl ddigyneddfau. A ninnau'n byw mewn oes ddiwydiannol, dechnolegol a gwyddonol, peth anodd yw amgyffred rhai o briodoleddau a galluoedd gwerinwyr. Yr oedd eu clyw yn fain a'u llygaid yn graff. Sylwent ar bethau fel natur pridd a phlanhigion, arwyddocâd arferion adar ac anifeiliaid, pwysigrwydd patrwm y sêr a gwendid a chryfder y lleuad. Yr oedd eu diwylliant llafar yn llawn coelion, hanesion a chwedlau, yn ogystal â cherdd a chân. Cyfrifid praffter cof yn nodwedd bwysig mewn cymdeithas a ddibynnai mor helaeth ar drosglwyddo gwybodaeth ar dafodleferydd. Wrth swatio'n hiraethus ym mhoethder yr Eidal ym 1567, cofiai Gruffydd Robert am yr 'hynafgwyr briglwydion' a fedrai ddangos 'bob gweithred hynod a gwiwglod a wneithid trwy dir cymru er ys talm o amser'. Mewn achos cyfreithiol nodedig yn sir Benfro ym 1637, olrheiniwyd gwehelyth Anne Jones, gwraig y crwner, yn ôl i gyfnod Owain Glyndŵr er mwyn profi ei bod yn hanu o dras yr achwynwr. Pan oedd John Vaughan, Gelli-aur, yn ceisio profi ei hawl i diroedd yng Nghefnarthen yn ystod y 1760au, galwodd ynghyd nifer o drigolion y fro i adrodd yn fanwl yr hyn a glywsant gan eu teidiau a'u neiniau, a'r hyn a glywodd y rheini gan eu teidiau a'u neiniau hwythau. Gwyddai beirdd a herodron fod angen cof da i baratoi tabl achau, ac yr oedd hen oracl hynod am ei gof diderfyn i'w gael ym mhob ardal. 'Mae yn debygol,' meddai Lewis Morris am ei dad, 'nad oes yn fyw ym Môn a rydd gystal cyfrif o'i thrigolion, a rhyfedd ei glywed yn rhoddi hanes o gannoedd o bethau o'i febyd hyd yr awrhon'.

Ond yr oedd gorwelion cyfyng llawer o'r Cymry yn golygu hefyd eu bod yn cael eu 'magu mewn mwgwd'. Testun gofid i arbrofwyr yn y maes amaethyddol oedd amharodrwydd ffermwyr Cymru i ollwng eu hoff arferion traddodiadol. Gwaith anodd oedd perswadio pobl i ymateb yn ffafriol i ddatblygiadau neu syniadau newydd, ac yr oedd diffyg cyfryngau cyhoeddus a gwendidau'r gyfundrefn addysgol yn anawsterau llethol. Cyn i Thomas Jones gyhoeddi'r Almanac Cymraeg cyntaf ym 1680, ni chawsai'r Cymry unrhyw gyhoeddiad Cymraeg rheolaidd i'w hysbysu am helyntion gwleidyddol a milwrol y dydd. Yn niffyg barn gyhoeddus, anodd credu bod llawer wedi oedi i feddwl am arwyddocâd deddfau pwysig megis uno Cymru a Lloegr. Canfu diwygwyr a llenorion yn ogystal mai gwaith poenus o araf oedd deffro meddyliau'r Cymro i rymusterau crefyddol a chreadigol yr oes. Drwy gydol y cyfnod hwn ni lwyddodd y meddwl gwyddonol i ysigo fawr ddim ar grebwyll gwladwyr cyffredin. Yn wir, ar ddechrau'r ddeunawfed ganrif yr oedd rhai o lenorion pennaf y genedl yn dal i lynu'n dynn wrth y ddamcaniaeth Btolemaidd mai'r ddaear oedd canolbwynt y bydysawd. Pan fabwysiadwyd y calendr Gregoraidd ym 1752, cyndyn iawn oedd y Cymry diaddysg i osod yr hen galendr o'r neilltu. 'Lladrad' oedd colli un ar ddeg o ddyddiau, yn ôl Goronwy Owen, dull digywilydd o dynnu oddi ar fyr einioes dyn ar y ddaear. 'Gwnaeth yr Arglwydd y tymhorau,' meddai gwerinwr dicllon o Wynedd, 'ac mi goelia i eu bod nhw yn dda yn eu lle'. Os amrwd oedd eu dealltwriaeth o'r bydysawd, yr oedd eu dealltwriaeth o'u cyrff a'u hamgylchedd yr un mor gyntefig. Priodolid llawer o ffenomenau naturiol neu ryfeddodau'r greadigaeth i ddylanwadau dewiniol a swyngyfareddol. Rhyfeddent a synnent bob amser at ryfeddodau'r cread o'u cwmpas. Bu raid i'r 'Cymry uniaith ac annysgedig' aros hyd 1725 cyn cael cyfle i ddarllen crynodeb poblogaidd o wybodaeth wyddonol yr oes a chael rhyw gymaint o gyfarwyddyd ynglŷn â'r corff dynol yn llyfr Dafydd Lewys, *Golwg ar y Byd.*

Gan fod cynifer o bethau y tu hwnt i ddeall pobl gyffredin, yr oedd y gred yn nylanwad maleisus gwrachod yn gryf iawn. Gwraig weddw, rhwng 40 a 70 oed fel arfer, yn byw ar gyrion cymdeithas oedd y sawl a gyhuddid amlaf o fod yn wrach. Tybid ei bod yn gallu melltithio'r sawl a'i digiai drwy achosi niwed corfforol, drygu bywyd rhywiol, erthylu gwartheg, a rheibio bwyd a diod. Gallai'r gred mewn gwrachyddiaeth fod yn foddion i esbonio unrhyw anffawd anesboniadwy, a daliodd ei gafael ar feddyliau pobl gyffredin hyd at ddechrau'r ugeinfed ganrif. Yr oedd cyhuddiadau o wrach-ddewiniaeth yn dra niferus yn Lloegr cyn 1660, ond câi gwiddanod Cymru fwy o lonydd. Un rheswm am hynny oedd fod yr hen gymdeithas gymdogol yn chwalu dan bwysau'r economi fasnachol-gyfalafol yn Lloegr. O ganlyniad, ni châi'r wrach gymaint o groeso yn y wlad honno. Pan fyddai'n dod i'r drws i ymorol am laeth neu fara, tueddid i gau'r drws yn glep yn ei hwyneb. Ond wedi gwrthod cardod, byddai perchennog y tŷ'n teimlo euogrwydd a chywilydd mawr. A chan ei fod yn ofni y byddai'r wraig yn dial arno drwy achosi niwed iddo ef neu i aelodau o'i deulu neu i'w anifeiliaid, fe ddygai gyhuddiad o wrach-ddewiniaeth yn ei herbyn. Ond yng Nghymru ceid mwy o unoliaeth o fewn cymdeithas, a llawer mwy o bwyslais ar gymdogaeth dda. Nid oedd yng Nghymru yr un tensiynau economaidd a fyddai'n cymell dynion i arllwys eu rhwystredigaeth ar y wrach.

Yr oedd y gymdeithas yng Nghymru yn y cyfnod modern cynnar yn rhadlon, a phobl yn cynnal beichiau ei gilydd drwy estyn cymorth ar adeg hau a medi, drwy warchod y methedig a choleddu'r gwan, a thrwy barchu'r hen draddodiad o letygarwch a chydymddibyniaeth. Nid oes dwywaith nad oedd cysylltiadau teuluol yn dwyn pobl yn nes at ei gilydd. Un o hanfodion natur y gymdeithas oedd gofalu am aelodau gwannaf y gymdeithas, ac yn ôl Thomas Pennant, 'yr oedd haelioni yn ail natur bryd hynny . . . a lleddfid tlodi'r bobl cyn belled ag yr oedd modd'. Ond rhaid gofalu rhag llunio portread rhy sentimental o'r gymdeithas. Darlun pur wahanol a geir yn nyddiaduron, gohebiaethau a chofnodion llys yr oes. Amlygir ynddynt gymdeithas lle'r oedd diffyg ymddiriedaeth, dicter a chynnen yn rhemp. Yn aml, rhwygid teuluoedd a phlwyfi cyfain gan ymdderu sbeitlyd neu achosion o enllib a thrais. Gorfu i William Morgan, ficer Llanrhaeadr-ym-Mochnant a chyfieithydd y Beibl i'r Gymraeg, ymddangos fwy nag unwaith yn Llys Siambr y Seren oherwydd enllib diddiwedd rhai o'i blwyfolion. Brithir cofnodion y llysoedd eglwysig â chwynion a chyhuddiadau cymydog yn erbyn cymydog, a hawdd synhwyro mai ffrwyth malais a chenfigen oedd llawer ohonynt. Cwynai Ioan Siencyn ym 1735 am y 'clecceiod sorod sir' a âi 'o blwyf i blwyf' i lunio a thaenu pob math o gelwyddau enllibus. Dengys cofnodion llysoedd cyfreithiol mawr a bach fod rhai miloedd o achosion yn cael eu dwyn mewn ysbryd o ddicllonedd. Yn ôl Stephen Hughes ym 1677, yr oedd 'crwseddu ac ymgyfreitha' yn rhan annatod o fywyd y Cymry, a hawdd deall paham y cyfrifid hon yn oes aur i wŷr y gyfraith. Amlygai'r gyfraith ei hun ysbryd creulon yr oes. Cosbid troseddwyr drwy chwipio a gwarthnodi, carcharu, alltudio a chrogi. Ym 1573, cosb David ap Hopkin o Landeilo Tal-y-bont am fygu ei wraig oedd peri llwytho'i gorff â haearn a cherrig a'i adael i ddihoeni hyd farwolaeth ar saig o fara salw a dŵr brwnt. Ni waeth pa mor fach eu trosedd, yr oedd y tlawd dan ordd y gyfraith yn amlach na neb, a thystiai'r beirdd nad oedd modd yn y byd i ymgyfreithiwr distadl ddal ei dir mewn llys barn yn erbyn cyfreithwyr chwim a barnwyr gormesol.

Y Bygythion

Gellir priodoli'r duedd i ymgecru, yn rhannol beth bynnag, i'r ffaith mai ansicr iawn oedd gafael y mwyafrif o'r bobl ar fywyd. Yr oedd tlodi, afiechyd a thrychinebau disymwth yn rhan annatod o'r amgylchedd. Blinid pobl gan gant a mil o broblemau blinderus. Dro ar ôl tro tystient mai byd o drueni, dagrau a thristwch oedd eu byd hwy. Ofnai Thomas Dafydd, y baledwr o Fodedern, fod 'gofid annifyr' yn peri nad oedd 'yma funud o hedd nac o hawddfyd'. Rhygnai Siencyn Thomas ar yr un tant:

> Glyn tra llydan o drallodion
> Yw'r byd hwn i ddoniol ddynion.

9

Cŵyn gyffelyb a oedd gan Twm o'r Nant:

> Mewn amryw boen 'ry'm ni yma'n byw,
> P'le, p'le bydd dyn yn esmwyth dan y ne?

Yr oedd elfennau naturiol—â thân, y tywydd, y cynhaeaf, afiechyd a haint yn bwysicaf ohonynt—yn bygwth einioes dynion yn feunyddiol. Nid oes ond rhaid darllen y toreth o gywyddau marwnad a luniwyd yn ystod y cyfnod hwn i weld pa mor greulon o ddisymwth y deuai 'angau du'. Un o'r peryglon mwyaf dychrynllyd i ddynion a'u heiddo oedd tân, yn enwedig lle'r oedd tai wedi eu codi'n glwstwr agos yn y trefi. Gan amlaf, digwyddai'r tanau'n ddamweiniol. Oherwydd nad oedd matsys ar gael, arferid cario bwcedaid o fawn neu lo llosgedig o dŷ cymydog yn hytrach na ffidlan â blwch-tân—ond gwaith peryglus oedd dwyn y llwyth i mewn i dŷ drafftiog. Yn yr un modd, yr oedd un eiliad ddiofal wrth gario cannwyll frwyn yn ddigon i gynnau tŷ'n wenfflam. Gan fod tai pren mor hylosg, ni ellid rhwystro fflamau na galw am neb i'w diffodd yn effeithiol. Achosid difrod garw yn bur aml. Llosgwyd tref Croesoswallt dair gwaith o fewn 30 mlynedd yn ystod oes y Tuduriaid. Llosgwyd chwarter tai Wrecsam i'r llawr ym 1643, ac yr oedd awdurdodau lleol yn dal i ymbil am gefnogaeth i'r digartref gan y Senedd bum mlynedd yn ddiweddarach. Dioddefodd Henry Herbert, trydydd Barwn Powys, golled o £20,000 pan losgwyd ei dŷ crand yn Lincoln's Inn Fields yn Llundain ym mis Hydref 1684.

Yr oedd colli tai ac eiddo trwy dân yn anffawd gyffredin mewn ardaloedd gwledig hefyd. Y mae hanesion am golli eiddo trwy dân yn frith drwy'r casgliadau o fryfiau eglwysig. Yn y dyddiadur diddorol a gedwid gan Peter Roberts o Feiriadog yn ystod oes y Stiwartiaid Cynnar, nodir bod nifer helaeth o dai ac ysguboriau yn ardal Llanelwy wedi eu dinistrio gan dân. Llosgwyd ysgubor William Holland, Wicwer, wedi i un o'i blant danio gwellt ynddi, ac aeth ysgubor Thomas ap Robert o Blas-harri, Carwedfynydd, yn wenfflam ar ôl i fellten ei tharo. Ym 1716, canodd Huw ap William faled ar y gainc 'Calon drom' yn traethu am dân a achoswyd gan gannwyll ym mhlwyf Llanycil, Meirionnydd. Llosgwyd dau o blant i farwolaeth, ynghyd â gyr o wartheg, a dinistriwyd deunaw hobed o flawd a swm helaeth o arian a dodrefn. Bywyd tlawd a meudwyaidd a ddaeth i ran yr Anghydffurfiwr diwylliedig, Iaco ab Dewi, pan losgwyd ei fwthyn ef yn ystod y 1690au:

> Hir glefyd o'r nefoedd a'm rhythrodd yn rhwth,
> Ac effaith y fflamau fu ym muriau fy mwth.

Ar ôl iddo fod yn wag am beth amser, llosgwyd rhan helaeth o blasty Gelli-aur yn sir Gaerfyrddin ym 1729, pan gyneuwyd tân mewn siambr i'w gynhesu ar gyfer y tenant newydd. Agorwyd rhai ffenestri, a bu chwa o wynt yn ddigon i yrru'r tŷ'n wenfflam. O gofio'r holl drybini a achosid gan dân, haws gwerthfawrogi ochenaid baledwyr:

Peth ofnadwy ar y ddaear
Yw dŵr a thân pan elo'n feistar.

Perygl enbytach na thân oedd haint ac afiechyd: yr oedd y rhain yn rhan annatod o'r gymdeithas. Beunydd, beunos, dioddefai'r rhan fwyaf o'r boblogaeth ryw anhwylder mawr neu fychan. Yr oedd rhyw glefyd neu haint byth a hefyd wrth sodlau'r bobl, ac ymledent yn rhyfeddol o sydyn. Caent rwydd hynt am fod amodau byw mor drychinebus o wael, lluniaeth mor ddiffygiol, a safonau glendid personol a chyhoeddus mor gyntefig. Yr oedd cyrff pobl gyffredin yn fyw o chwain a llau, ac ni ellid mynychu ffair, tafarn neu eglwys heb arogli drewdod cyrff. Byddent yn gwneud dŵr yn y strydoedd, ac ni fyddent byth yn meddwl am ymolchi'n drwyadl nac yn rheolaidd. Sugnai'r heintiau mwyaf llidiog nerth ac ynni'r bobl, a'r unig wir amddiffynfeydd yn eu herbyn oedd cyfoeth, lwc, synnwyr cyffredin a chyfansoddiad fel y graig. Gan fod cynifer o bobl mewn poen, pa ryfedd fod natur llawer o wŷr enwog a di-nod mor flin a phiwis? Y mwyaf y gellid ei ddisgwyl yn y byd hwn, meddai Thomas Richards, rheithor Llanfyllin, wrth ei braidd ym mis Ebrill 1732, fyddai 'ambell ysbaid o seibiant' rhwng gwahanol afiechydon. Mynegi ystrydeb a wnaeth Siôn Rhydderch, yr almanaciwr, pan ddywedodd fod iechyd da yn 'un o brif gyfran dedwyddwch dynolryw'.

Y pla oedd tywysog yr heintiau. Codai arswyd ar drigolion Cymru oherwydd gallai daro cymdeithas mor sydyn ac mor ysol. Lladdodd y pla bawb ond tri o'r 314 o drigolion Llanandras a fu farw rhwng Gorffennaf a Medi 1593. Ymledodd drwy Fachynlleth, Llanidloes, Y Drenewydd a Llanandras ym 1638, a disgynnodd yn ddisymwth ar drigolion Hwlffordd a'r cylch ym 1651-2. Achosai'r pla broblemau dyrys i awdurdodau lleol. Gwyddent mai gelyn enbyd oedd y pla am ei fod yn taro pob haen o'r gymdeithas yn ddiwahân, ac yn hebrwng heintiau eraill i'w hardaloedd. Yn aml iawn, nid oedd ganddynt ddigon o adnoddau lleol i gynnal yr afiach a'r tlawd, a phan fyddai gwŷr bonheddig yn troi'n glustfyddar (oherwydd ofn fel arfer) i'w hapêl am gymorth, trefnid

11

casgliadau arbennig er mwyn lleddfu baich yr anffodusion. Anogid cymdogaethau bychain i fod ar eu gwyliadwriaeth bob amser. Ym mis Chwefror 1652, gorchmynnwyd i gwnstabliaid Prendergast yn sir Benfro eu bod yn gofalu na chaniateid i neb o drigolion Hwlffordd ymweld â'u plwyf 'hyd nes i Dduw dynnu ymaith ei fflangell oddi arnynt'. Yn ffodus, ciliodd y cornwyd o Gymru wedi 1652, ac ar ôl difa rhan helaeth o drigolion Marseilles ym 1720 troes ymaith i Rwsia.

Yr oedd y teiffws a'r frech wen hefyd yn ddau gleddyf llym a miniog, yn enwedig ar adeg o brinder cynhaliaeth. Cynaeafodd y teiffws yn fras iawn yn ystod y blynyddoedd 1725-30, 1740-2 a 1757-9, a gwan iawn oedd gallu'r tlodion i'w wrthsefyll. Medodd bron hanner trigolion plwyf Llanfechell ym 1726-7, a chladdwyd 123 o bobl yn Llanbedr Castell-paen, Maesyfed, ym 1730—y cyfanswm uchaf o gladdedigaethau i'w gofnodi o fewn blwyddyn gan unrhyw blwyf yn y sir honno cyn 1800. Trewid rhengoedd isaf cymdeithas yn frawychus o sydyn: 'ar y cyfan y mae'r bonedd yn dra iachus,' meddai Owen Davies o Lanfechell ym 1728, 'y bobl gyffredin sy'n dioddef'. Dod yn ddisymwth a wnâi'r frech wen hefyd, ond ni thalai fymryn o sylw i statws cymdeithasol na chyfoeth neb. Peth cyffredin oedd gweld gwŷr a gwragedd o bob gradd gymdeithasol yn greithiog gan y frech wen. 'Wfft, a dwbl wfft iddi hi, genhawes!' meddai William Morris o Fôn amdani, oherwydd gwyddai'n dda am ei gallu i 'anafu plantos yn erchyll' ac i chwalu undod teuluoedd. Gwelid ôl y frech wen ar wynebau rhai o gymwynaswyr pennaf y genedl, yn eu plith John Vaughan, Cwrt Derllys, Griffith Jones, Llanddowror, William Williams, Pantycelyn, a Thwm o'r Nant.

Nid oedd meddygaeth wyddonol wedi datblygu i unrhyw raddau yng Nghymru. Hyd yn oed erbyn diwedd y cyfnod dan sylw, ychydig iawn o feddygon trwyddedig a oedd yn dilyn eu galwedigaethau'n feunyddiol, ac nid oedd gan y rheini fawr i'w gynnig i gleifion. Yr oedd seiliau gwyddonol meddygaeth yn parhau'n chwerthinllyd o gyntefig. Credai llawer o feddygon fod clefydau'n deillio o'r ffaith fod rhywbeth dieithr yng nghorff y claf, a'u hunig feddyginiaethau oedd gollwng gwaed, glanhau'r stumog a'r perfedd, pothellu a chynnig cyffuriau go amrwd. Pa ryfedd, felly, i gynifer o bobl ystyried meddygaeth fel llawforwyn i angau? Ar dro, sut bynnag, deuai gwelliannau addawol i gefn gwlad. Yr oedd yr arfer o frechu rhag haint y frech wen, er

12

enghraifft, ar gynnydd yn ystod y ddeunawfed ganrif. Y dull mwyaf poblogaidd oedd 'prynu'r frech', sef trosglwyddo brech ffafriol o'r naill i'r llall drwy grafu crawn y frech ar groen yr iach.

Ond gan fod meddygon, ar y cyfan, yn gostus i'w galw ac yn fwy tebygol o ladd y claf yn hytrach na'i iacháu, dewisai llawer o bobl gyffredin ymddiried yn y dyn hysbys, y wrach wen neu'r crach-feddyg teithiol. Wrth geisio iacháu anhwylderau eu cwsmeriaid, dibynnai'r rhain ar lysiau llesol, defodau a seicoleg. Yr oedd y mwyafrif ohonynt yn llysieuwyr rhagorol ac yn medru cynhyrchu diod ddail ac ennaint i leddfu poen ac i ostwng chwydd a thymheru briwiau. Brolient yn uchel am les eu meddyginiaethau, a llwyddent yn aml nid yn unig i wella'r claf ond hefyd i dawelu ei ofnau a'i anesmwythyd.

Achosid mesur helaeth o ansicrwydd o fewn cymdeithas gan effaith y tywydd ar fywyd beunyddiol. Cyn dyfod y peiriant ager, rheolid bywyd pob amaethwr gan yr haul, y gwynt a'r glaw. Dylanwadai'r tywydd ar dyfiant porfa a chnydau, ar iechyd anifeiliaid ac ar y cyflenwad o laeth, cig, crwyn a gwlân. Gan nad oedd ganddynt hinsoddwyr proffesiynol i'w cynghori, cymerai ffermwyr ddiddordeb mawr yn yr hinsawdd. Tystia dyddiaduron yr oes fod pobl wledig yn gwylio'r ffurfafen, yn nodi cyfeiriad y gwynt yn fanwl, yn sylwi ar ymddygiad ac arferion adar ac anifeiliaid, ac yn pwyso'n drwm ar hen goelion traddodiadol wrth geisio darogan y tywydd. Ar adeg cynhaeaf, galwai ffermwyr mawr a mân ar yr Arglwydd i lenwi eu meysydd â chnydau helaeth ac i ganiatáu iddynt hindda i'w casglu ynghyd. Ond, hyd y gellir barnu, yr oedd un cynhaeaf ym mhob pump yn ddiffygiol yn ystod y cyfnod modern cynnar, a hynny oherwydd rhew caled yn y gwanwyn neu law trwm dros fisoedd yr haf. Dibynnai tynged y gymdeithas gyfan ar lwyddiant y cynhaeaf, a lleisiai'r beirdd ofid cyffredinol y bobl pan welid meysydd o lafur ffrwythlon wedi eu difetha gan wyntoedd stormus a glaw di-baid. Byddai'r grawn yn pydru, a dihoenai anifeiliaid dan effaith y mwren andwyol. Canodd y Ficer Rhys Prichard gân faith i ddisgrifio cynhaeaf 1629, 'pan yr oedd yr ŷd yn afiachus trwy lawer o law':

Rhoist ddu-rew digasog, haf poethlyd anffodiog,
Gwynt stormus sgethrog yn sgathru'r ŷd,
Llifeiriant i'n soddi, a'r moroedd i'n boddi,
A chan rhyw ofydi i'n herlyd.

Adeg drycin a drudaniaeth y 1690au, gweddïodd Dafydd Manuel

13

am gymorth dwyfol:

Arch i'r môr hoywddor rhydd
a'r llynnaun fod yn llonydd
arch i'r gwynt tremynt tramawr
arbed ei gost a'i fost fawr
ag arch i'r wen heulwen hy
ag iawn nawsedd gynesu . . .
tyrd Arglwydd dedwydd dadeg
tragywydd a'r tywydd teg.

Ystyrid bod dau gynhaeaf mall yn olynol, neu gyfres o dri neu bedwar, yn drychineb. Achoswyd cryn ddioddefaint yn sgîl methiant y cynhaeaf yn ystod y blynyddoedd 1549-51, 1594-7, 1629, 1645-9, 1656-9, y 1670au, y 1690au, 1739-41 a 1756-8. Yng nghanol argyfwng y blynyddoedd hynny, teimlai pobl fod nos ddu wedi cau amdanynt. Yr oedd bwyd yn brin i bobl ac anifeiliaid, prisiau'n codi'n arswydus a diweithdra'n lledu'n gyflym. Ni fedrai pobl newynog osgoi'r demtasiwn i fwyta peth o'u hadyd plannu, gyda'r canlyniad mai tenau i'w ryfeddu fyddai cnwd y flwyddyn ganlynol. Nid gormod dweud y gallai cyfres o gynaeafau diffygiol ddifa hyd at y bumed ran o'r boblogaeth. Ar adegau felly, ni allai'r newynog ymatal rhag dinistrio melinau blawd, ysbeilio ystordai a llongau, rhuthro ar farchnadoedd a bygwth rhagbrynwyr a llwyrbrynwyr ŷd.

Y cynhaeaf hefyd a benderfynai natur a maint y bwyd a fwytéid gan bobl. Y boneddigion cyfoethog yn unig a allai fforddio prynu bwydydd dethol a maethlon. Bwytâi'r boneddigion ddau bryd mawr y dydd—am 11 y bore a rhwng 5 a 6 y prynhawn—a cheid amrywiaeth o gig, dofednod a physgod ar eu byrddau. Nid oedd llysiau yn rhan amlwg o'u lluniaeth, ond yfent gryn dipyn o ffrwyth Siôn Heiddyn. Prynent winoedd drud o Ffrainc, Sbaen a Phortiwgal, a chaent fwynhad wrth baratoi ac yfed gwin cartref o flodau sawdl-y-fuwch, briallu ac ysgawen, ac o ffrwyth eirin Mair, mafon a mwyar duon. Erbyn dechrau'r ddeunawfed ganrif, yr oedd yfed te a choffi, ysmygu tybaco a ffroeni snisin yn bur ffasiynol yn eu plith. Nid diffyg bwyd felly oedd problem pobl gefnog: mewn gwirionedd, bwyta gormod oedd eu bai parod hwy, a brithir dyddiaduron yr oes â hanesion am wŷr bonheddig a dalodd y pris eithaf am orloddesta. Gwahanol iawn oedd profiad pobl gyffredin. Merfaidd ac undonog oedd eu hymborth hwy—dibynnent bron yn llwyr ar fara ceirch, llymru ac uwd. Os oedd gan lafurwr ddarn bach o dir, gallai dyfu llysiau, ffrwythau a phlanhigion llesol. Ond pur anaml y byddai gwerinwyr yn blasu cig, oni bai iddynt fedru potsian ambell ffesant neu ysgyfarnog a dal adar gwyllt neu bysgod. Yn ôl Edward Richard:

> Mae'r bras fel bu Rhosser a chig ar ei swper,
> Mae'n rhaid i'r cul arfer cawl erfin.

Yfent gwrw o frag, ceirch neu ddanadl poethion, a dŵr glân o fân ffynhonnau a nentydd. At ei gilydd, rhygnu byw ar fwyd sâl a difaeth a wnâi'r tlodion, bwyd a oedd yn ddiffygiol mewn fitamin A (prinder cig a llysiau), fitamin B (prinder grawn o ansawdd da) a fitamin D (prinder llaeth ac wyau). A phan fethai'r cynhaeaf, dirywiai ansawdd bwyd y tlodion, gan beri i gannoedd ohonynt farw o ddiffyg maeth a newyn.

O gofio'r holl helyntion blin hyn, nid rhyfedd mai gobaith bychan iawn a oedd gan y mwyafrif o'r bobl am fyw bywyd hir. 'Mae cynllwyn ange wrth ein sodle', meddai Huw Morys. Yn wyneb eu hamodau byw, ni allai'r trigolion beidio â bod yn ymwybodol o freuder bywyd. Fel y tystiai John Morgan yn ei *Myfyrdodau Bucheddol ar y Pedwar Peth Diweddaf* (1714), 'awel fach a ddiffydd y gannwyll lwydoleu hon. Pwys bychan a dyr edau ungorn einioes dyn. Draen crin, a blewyn pen a fuont saethau angau fwy nag unwaith'. Hyd yn oed ymhlith teuluoedd cefnog, yr oedd angau'n taro'n frawychus o sydyn, yn enwedig ymhlith babanod a phlant ifanc. Ganed naw o blant i Syr Richard Bulkeley III (m.1621), ond dim ond un a fu byw. Daeth aml dro croes i ran John Owen o Ben-rhos (m.1712): dim ond chwech o'i ddeuddeg plentyn ef a gafodd fyw. Goroesi'r blynyddoedd cynnar oedd y gamp, ond yr oedd gafael plant ar fywyd, yn enwedig y rhai dan dair oed, mor frau fel nad oedd wiw i'w rhieni dywallt gormod o serch arnynt. Hawdd deall paham yr hawliai'r fynwent le canolog ym mhob plwyf.

Plygu i'r drefn oedd ymateb llawer o bobl i'w helbulon. Gwyddent, fel Huw Pennant, y deuai angau ym mhob rhith ac nad oedd modd i'w osgoi:

> Rhyfedd yw cwrs, rhyw fodd cau,
> Rhy flwng yw rhyfel angau . . .
> Dwyn y bydd yn nydd a nos
> I'w gegin bell ac agos,
> Pob creadur, pawb credwch,
> E dynn i'r llawr dan war llwch.

Stoiciaeth dawel neu ddibris oedd adwaith pobl i ergydion bywyd. Honnodd un o ohebwyr Edward Lhuyd yn y 1690au fod y 'syniad bod drwgdynged yn anochel yn bodoli ymhlith y bobl gyffredin', a neges gyffelyb sydd i'w chlywed yn y rhigwm poblogaidd hwn:

Rhaid ir Haul y boreu godi,
Rhaid i wellt y Ddaiar dyfy,
Rhaid i ddwfr yr afon gerdded,
A rhaid i bawb groesawu ei dynghed.

Dioddefai eraill yn dawel a dirwgnach am fod eu bugeiliaid ysbrydol yn eu hannog i ymfodloni ar eu stad, a derbyn ergydion bywyd fel rhan o Ragluniaeth fawr y nef. 'Rwy'n gobeithio bod yn hapus, os gwêl Duw'n dda', meddai William Morris o Fôn, 'ag onid e rhaid bodloni'.

Diddanwch

Eto i gyd, yr oedd llawer o bobl hefyd yn manteisio ar bob cyfle prin i leddfu tipyn ar feichiau trwm eu bywyd beunyddiol. Yr oedd y sawl na chafodd addysg Gristnogol drwyadl yn troi i fyd swyngyfaredd a dewiniaeth am gymorth. Araf iawn oedd y Cymry cyffredin i ymryddhau o afael ofergoeliaeth. Gwisgent swynion ar eu cyrff a'u rhoi o gwmpas y tŷ er mwyn gwarchod eu heneidiau a'u meddiannau rhag ystrywiau'r diafol a'i lengoedd. 'Braidd y dodent ewin ar eu croen heb ryw goel,' meddai Robert Jones, Rhos-lan. Heigient ganol nos i gyrchfannau sanctaidd. Siaradent am ysbrydion a thylwyth teg â pharchedig ofn. Er gwaethaf ymgais Eglwyswyr ac Anghydffurfwyr i'w hargyhoeddi mai Duw a oedd yn trefnu popeth, dalient i gredu 'fod pob peth yn dyfod i ni yma trwy shiawns a ffortun'. Tybient fod a wnelo'r planedau â thynged dyn, ac y byddai raid i'r sawl a aned dan 'blaned flin' ddioddef pob math o helbulon a siomedigaethau yn ystod ei fywyd. Gwell oedd ganddynt ymddiried yng ngair sêr-ddewinydd profiadol nag yn athrawiaeth yr offeiriad plwyf. Teithiai pobl drallodus yn rheolaidd i dyddyn y gŵr hysbys neu'r wrach wen i adrodd eu problemau ac i ymorol am gymorth. Gan amlaf, ni chaent eu siomi, oherwydd meddai'r swynwyr hyn ar alluoedd naturiol anghyffredin iawn. Am swm penodol o arian, byddent yn iacháu dynion ac anifeiliaid, yn darganfod lladron ac adfer eiddo, yn darllen ffortiwn a darogan y dyfodol, ac yn rheibio a dadreibio. Drwy fanteisio ar ddiniweidrwydd eu cwsmeriaid a phwyso ar dechnegau dewiniol, llwyddai'r gwŷr hysbys, yn amlach na pheidio, i ddatrys

16

problemau eu cwsmeriaid. Yr oedd galw mawr am eu gwasanaeth drwy gydol y cyfnod hwn. Ym 1595, honnodd Robert Holland eu bod 'mewn mawr barch a chymmeriad . . . trwy'r holl wlad'. Yn ystod oes y Stiwartiaid, cwynai'r Ficer Prichard fod y Cymry'n heidio atynt 'fel y gwenyn at y gwinwydd'. Hyd yn oed mor ddiweddar â 1801, yr oedd offeiriadaeth y Methodistiaid yn dal i rybuddio'i haelodau rhag 'arfer swynion na swyngyfareddion . . . na myned ar ôl dewiniaid . . . nac ymofyn â bᵣudwyr, nac offrymu i ffynhonnau'. Nid ar frys y disodlid hoff goelion gwerin gwlad.

Ffordd boblogaidd arall o ymryddhau o hualau caeth llafur caled ac amodau byw truenus oedd ymdaflu i bob math o firi a rhialtwch pan ddeuai cyfle. Swatiai gwerinwyr wrth danllwyth o dân yn nyfnder y gaeaf i wrando straeon am ysbrydion a gwrachod, i ddynwared hen gymeriadau, i ganu baledi ar hen alawon, i drafod cynnwys almanac ac i wrando ar y tannau. Ar y Sul ac ar adeg yr wylmabsant, ymollyngai'r anfreintiedig i yfed diod feddwol er mwyn llonni eu bywyd undonog a gofidus. Yr oedd sawl atyniad melys yn y dafarn: ceid yno gyfle i yfed a bwyta mewn cysur cymharol, i hel clecs, i gyfnewid straeon a phrofiadau, i glywed newyddion o bob math, ac i gael difyrrwch wrth wrando ar grythorion a baledwyr neu wrth chwarae disiau a chardiau. Erbyn cyfnod y Stiwartiaid, yr oedd nifer y mân ddiotai ar gynnydd. Yn ôl William Vaughan ym 1611, yr oedd diotai'n magu 'cynllwynion, cysylltiadau, consurio cyffredin, difrïaeth ac enllib'. Fel y cynyddai'r trefi, felly y lluosogai'r diotai. Yr oedd cynifer â 57 o ddiotai ym mwrdeistref Caernarfon ym 1634, a mwy na'u hanner heb drwydded. Erbyn 1672, yr oedd 107 o dai cwrw yng Ngwyrfai, Caernarfon a Bangor. Tybiai'r awdurdodau eu bod yn gyrchfan i'r tlawd, y di-waith a'r anfoesol, a'u bod felly'n berygl i'r drefn gyhoeddus. Ofnai'r porthmon, Edward Morris, fod y diotai hyn yn tlodi bywyd pobl ddiniwed drwy ddefnyddio barlys i fragu cwrw yn lle pobi bara:

Mân defyrn yma'n difa
A byw ar dwyll, heb air da.

Ond nid yr anfreintiedig yn unig a fynychai'r dafarn. Y mae digon o dystiolaeth i ddangos fod gwŷr bonheddig ac offeiriaid yn treulio cyfran o'u horiau hamdden mewn tafarn. Pan gofiwn fod cwrw yn rhan o luniaeth feunyddiol y bobl, a'i fod yn rhad iawn i'w brynu, a'i fod yn llifo'n rhydd ar achlysuron megis bedydd, priodas a chladdedigaeth, haws deall paham yr aeth Ieuan Fardd, Goronwy

17

Owen a llawer gŵr enwog arall, yn was i'r botel.

Ar adeg yr wylmabsant, deuai cyfle i brofi hwyl a miri yn y dafarn, ar sgwâr y pentref neu mewn ffair a marchnad. Ymgasglai trigolion y fro i ddawnsio i gyfeiliant crwth a thelyn, i wrando ar gân y baledwyr neu'r anterliwtwyr, ac i fwynhau cwmnïaeth ddifyr mewn noson lawen. Erbyn y ddeunawfed ganrif, âi rhialtwch gwylmabsant ym Morgannwg ymlaen am wythnos gyfan. Trefnid y gwyliau gan dafarnwyr lleol, ymunai boneddigion ac offeiriaid yn y dathlu, ac yr oedd bri mawr ar ganu, dawnsio, ysbleddach, chwarae ac ymladd.

Yr oedd chwaraeon o bob math yn gyfle da i bobl ollwng stêm ar benwythnos neu yn ystod y gwyliau eglwysig. Ym mynwent yr eglwys, o flaen tafarn neu ar y meysydd agored y chwaraeid y gemau gan amlaf. Câi gwerinwyr hwyl anghyffredin wrth chwarae tenis, cwoits, bowls a cheilys, cicio pêl, taflu carreg a throsol, neidio ac ymaflyd codwm. Yr oedd yr elfen greulon yn bur amlwg mewn rhai gemau. Ffyrnigrwydd a nerth corfforol oedd hanfod cnapan, gêm a enillodd fri yn ne-orllewin Cymru. Chwaraeai plwyfi cyfain yn erbyn ei gilydd, gan geisio hyrddio'r bêl (y cnapan) tua'r gôl, a fyddai o leiaf ddwy filltir i gyfeiriad pen draw'r plwyf. Yn aml iawn, troai'r chwarae yn rhyfel hyd at waed, a thystiai George Owen o'r Henllys fod cyrff y sawl a fentrai i ganol gwres y frwydr yn gleisiau duon wedi'r ornest. Creulonach o dipyn oedd yr arfer o ymladd ceiliogod mewn talwrn neu ar garreg fedd yn y fynwent. Fel y dangosodd Twm o'r Nant, achlysuron brochus ac ysgeler oedd y gornestau, a gorau po fwyaf o gynnwrf ac o dywallt gwaed a geid ynddynt:

> Rhai'n bloeddio ac yn soundio, rhai eraill mewn syndod
> Rhai'n llaesu boche wedi colli gwerth buchod
> Un arall yn y gornel a dolur o'i gerne
> A'i geiliog yn gorpws a'i ddillad yn garpie.

Dan nawdd y Piwritaniaid yn y lle cyntaf, ac wedyn y Methodistiaid yn eu tro, dechreuodd ymgyrch o tua chanol yr ail ganrif ar bymtheg ymlaen i ddwyn perswâd ar bobl gyffredin i ymwrthod â phob difyrrwch bydol. Ymosodwyd ar hoff ddiddanion y gymdeithas wledig: ofergoeliaeth, swyngyfaredd a dewiniaeth, gwylmabsannau a ffeiriau, dawnsio a meddwi, rhegi a thyngu, chwarae cardiau a disiau, ymladd ceiliogod, chwarae pêl ym mynwent eglwys, canu baledi ac anterliwtiau, ac adrodd rhigymau a straeon celwyddog a masweddus. Tybiai diwygwyr crefyddol fod yr holl bethau hyn nid yn unig yn ffrwyth paganiaeth, ofergoeliaeth a Phabyddiaeth, ond hefyd yn ofer a stwrllyd, ac yn ffrwyth diofalwch a phechod. 'Gwagedd y byd' oedd diwylliant pobl gyffredin, yn eu tyb hwy. Gan fod i bob awr ei gorchwyl, meddent, dylai pob un osod pris uchel ar lawn ddefnyddio amser a meithrin rhinweddau megis duwioldeb a gwedduster, cymedroldeb a darbodaeth, hunan-ddisgyblaeth a difrifoldeb. Ond canfu'r diwygwyr mai haws o lawer oedd gosod y ddeddf i lawr na chael pobl i wrando arnynt. Mewn oes o gyni a thrybini gwastadol, teimlai gwerinwyr fod ganddynt hawl 'naturiol' i fwynhau'r seithfed dydd a phob gŵyl eglwysig. Mewn cymdeithas a roddai gymaint pwys ar drefn, statws ac awdurdod, yr oedd y Sul a'r wylmabsant yn rhoi cyfle i bobl ymarllwys eu rhwystredigaeth ac i osod helbulon yr wythnos o'r neilltu. Yn ôl y beirdd, un o gysuron prin pobl gyffredin oedd eu hawl i fyw 'mewn aflywodraeth' ar ddydd Sul a thros yr wylmabsant. Nid y lleiaf o rinweddau'r 'diwylliant poblogaidd' oedd ei elfen therapiwtig.

II FFRAMWAITH Y GYMDEITHAS

Gradd a threfn oedd sylfaen y gymdeithas gyn-ddiwydiannol. Soniai gwŷr y cyfnod am 'bob gradd' mewn cymdeithas, a gwyddent yn iawn beth oedd statws a phriod le pob copa walltog yn y gymdeithas honno. Barnai llywodraethwyr ac eglwyswyr fel ei gilydd mai Duw oedd yn gyfrifol am osod pob person yn ei safle a'i alwedigaeth briodol. 'Y mae'r byd i gyd,' meddai'r diwinydd, Thomas Hooker, 'sy'n cynnwys nifer o rannau gwahanol, yn cael ei gynnal gan un peth yn unig: fod yr Hwn a'u lluniodd wedi eu gosod mewn trefn'. Ymestynnai'r drefn gysegredig honno o'r brenin ar y brig i lawr hyd at y tlodion distadlaf. Anogid pawb i fodloni ar y safle cymdeithasol a bennwyd iddo gan y Crëwr Mawr:

> Mae pob galwedigaeth ar dwyn,
> Wedi'i threfnu a'i sefydlu'n bur fwyn,
> Fel ceryg mewn adail hwy wnân',
> Yn y muriau rai mawrion a mân,
> Pob un yn lân a geidw le,
> I glod a thriniaeth gwlad a thre',
> Pob swydd, pob sail, pob dail, pob dyn,
> Sy'n dda ei hardd sefyllfa'i hun.

Ufudd-dod a threfn oedd sylfaen pob awdurdod: meddai'r Brenin ar yr awdurdod i reoli ei holl ddeiliaid, llywodraethai boneddigion eu holl denantiaid, ac yr oedd gwragedd, plant a gweision dan reolaeth y penteulu. Gan mai eiddo a chyfoeth a brofai hawl dyn i glod, yr oedd y drefn gymdeithasol wedi'i gogwyddo yn ffafr y boneddigion. Anogent weddill y gymdeithas i beidio â cheisio neidio dros y terfynau a osododd Duw iddynt, ac i ddygymod yn ddirwgnach â'u tynged. Ond, fel y cawn weld, yr oedd grymusterau economaidd yn rhwygo'r delfryd hwnnw'n aml yn ystod y cyfnod hwn. Wrth fwrw golwg dros bob gradd gymdeithasol, da fyddai cadw mewn cof fod cryn orgyffwrdd rhyngddynt, a bod tynged dyn ynglŷn â chodi neu ddisgyn ar y llithrigfa gymdeithasol yn dibynnu ar ba fodd yr ymatebai i'r cyfnewidiadau economaidd.

Twf y Boneddigion a'u Stadau

Tasg anodd yw llunio darlun cytbwys o'r haenau cymdeithasol dros gyfnod o ddwy ganrif a mwy, gan fod ffactorau byrhoedlog a hirhoedlog yn effeithio ar nodweddion economaidd a chymdeithasol yr elfennau hynny. Drwy gydol y cyfnod hwn, y boneddigion oedd y pen-awdurdod mewn byd ac eglwys. Hwy oedd arweinwyr y bobl, cynrychiolwyr Coron a llywodraeth Lloegr, a chynheiliaid y drefn gyfansoddiadol, gyfreithiol, weinyddol ac eglwysig. Disgwylid i'r werin ddi-dras dalu gwrogaeth iddynt drwy foesymgrymu neu ddiosg eu hetiau yn eu gŵydd, a thrwy ufuddhau yn llwyr i'w hewyllys. Gan mai'r boneddigion a oedd yn cynrychioli'r wladwriaeth yn eu hardaloedd, yr oedd eu hawdurdod yn ddiamheuol, ac nid oedd neb, ac eithrio'r Cyfrin Gyngor, i'w galw i gyfrif.

Y chwalfa a ddigwyddodd i undod cymdeithasol ac economaidd yr hen gyfundrefn dirol, a oedd yn seiliedig ar y 'gwely', a greodd stadau'r gwŷr bonheddig. Yn ôl y gyfraith, beth bynnag, nid oedd hawl gan Gymro cyn i'r Deddfau Uno ddod i rym i drosglwyddo ei gyfran ef o dir, naill ai drwy ei werthu neu ei osod ar brydles. Ond er y bedwaredd ganrif ar ddeg bu rhai o'r gwŷr rhydd mwyaf uchelgeisiol a hirben wrthi'n ddiwyd yn casglu ac yn crynhoi tafelli bychain o dir. Wedi'r Goncwest Edwardaidd ym 1282-3, gorfodwyd taeogion Cymru i dalu eu trethi ag arian parod. Yr oedd hynny'n faen melin am eu gyddfau, ac ni fedrent gwrdd â'u dyledion. Gwasgai trychinebau economaidd yn drwm arnynt. Tociwyd ar eu nifer pan ddaeth 'haint y nodau' ar ei farwol rawd drwy Gymru ym 1348-9, a cheisiodd y rhai a oroesodd osgoi gorfod talu trwy ddianc o'u cynefin a llochesu yn arglwyddiaethau'r gororau. O ganlyniad, gadawyd tiroedd yn ddibreswyl a thrwy ddefnyddio prid—y morgais Cymreig—llwyddodd gwŷr llygadog i ddwyn eu tiroedd i'w gafael a'u troi'n stadau cryno. Rhoes llawer rhydd-ddeiliad y gorau i gyfran, sef y dull traddodiadol o rannu tir yn gyfartal rhwng meibion y teulu. Tybient mai 'dinistr Cymru' oedd cyfran, hen arfer gwastraffus a maen tramgwydd i'w hawydd i gronni eiddo ac i ddatblygu eu hadnoddau i'r eithaf. Yn sgîl y chwalfa a fu ar economi'r Oesoedd Canol, tyfodd cyfundrefn fodern o stádau a ffermydd tiriog.

Adlewyrchir y broses hon yn nhwf dwy o stadau pwysicaf Gogledd Cymru, sef Gwedir a Mostyn. Pensaer stad Gwedir oedd Maredudd ab Ieuan (c.1460-1525), hen-daid Syr John Wynn, a gŵr craff ac uchelgeisiol. Manteisiodd yn llawn ar bob cyfle i ennill tir yn ardal fynyddig Nanconwy ac mewn rhannau o sir Feirionnydd a sir Ddinbych. Ymlafniodd yn ddiflino i sicrhau etifeddiaeth deilwng i'w ddisgynyddion, ac ar y seiliau a osododd ef y tyfodd Gwedir i fod yn stad ag incwm o tua £3,000 y flwyddyn erbyn canol oes y Stiwartiaid. Cynullwyd stad Mostyn fel canlyniad i gyfres o briodasau a glymodd ynghyd bum llys: Pengwern yn Nanheudwy yn arglwyddiaeth y Waun, Trecastell a Thregarnedd ym Môn, Mostyn yn Nhegeingl, a Gloddaith yn y Creuddyn, sir Gaernarfon. Mor gynnar â chanol y bedwaredd ganrif ar ddeg, bu Tudur ab Ithel Fychan wrthi'n cynnull tiroedd yn ardal Chwitffordd, sir y Fflint, drwy brynu'n uniongyrchol a defnyddio prid. Erbyn 1500, yr oedd yr holl etifeddiaeth wedi'i huno ym mherson Rhisiart ap Hywel. Ar ei farwolaeth ef ym 1540, mabwysiadodd ei fab, Thomas, y cyfenw Mostyn, ac o hynny ymlaen tyfodd teulu Mostyn yn un o brif deuluoedd Gogledd Cymru.

Fel y treiglai'r unfed ganrif ar bymtheg yn ei blaen, cryfhaodd y duedd i gronni eiddo o fewn teuluoedd unigol. Yn sgîl yr Uno, mabwysiadwyd y drefn Seisnig o gyntafanedigaeth, gan arbed dadrannu tir yn ormodol a rhoi cyfle i ddyn o welediad i ehangu a chyfnerthu ei stad. Prif ffynhonnell statws cymdeithasol a grym gwleidyddol y boneddigion oedd tir ac eiddo. Nid oedd modd bodloni eu hysfa am dir ac incwm. Pan oedd chwyddiant ar ei anterth yn ystod oes y Tuduriaid, ymdrechai'r boneddigion yn ddyfal i gydio maes wrth faes a stad wrth stad. Chwyddent eu hincwm a'u daliadau drwy ffermio a sicrhau gwell cynnyrch amaethyddol, drwy gasglu rhenti, dirwyon a'r degwm, datblygu adnoddau diwydiannol a mwynfeydd, llarpio tir eglwysig a bachu tameidiau o dir cyffredin neu gomin. Elwai rhai'n fras ar ffafr y Goron, a brigodd llawer un ar enillion a gasglwyd drwy gribddeilio a llwgrwobrwyo yn y maes gweinyddol. Un o'r dulliau mwyaf effeithiol o glymu stad wrth stad oedd trefnu priodas ddoeth. Bargen economaidd neu wleidyddol oedd priodas rhwng dau deulu bonheddig, dull o ychwanegu'n sylweddol at feddiannau, a sicrhau parhad y teulu. Yr oedd trefnu priodas yn galw am fesur helaeth o baratoi a chynllunio manwl, dethol doeth, a thrafodaethau maith ynghylch maint a natur gwaddol y ddarpar-briodferch. Fel arfer, ystyriaethau ariannol ac ewyllys y rhieni a gariai'r dydd, ac nid oedd fawr neb yn gosod pris ar ramant, serch a chariad. Yn ôl Ellis ab Ellis:

> Rhai a brioda o awydd i fawrdda,
> Un sut a marchnata cyfflyba eu budd:

Yr uchaf ei geiniog, a gaiff ferch gyfoethog,
Neu Aeres nodidog, ddyn dedwydd.

Priododd Syr Thomas Myddelton o Ddinbych bedair gwaith er mwyn casglu digon o gyfalaf i ehangu ei fuddiannau masnachol. Daeth gwaddol o £30,000 i goffrau Marmaduke Gwynne o'r Garth, sir Frycheiniog, pan briododd Sarah Evans, etifeddes Ffynnon Bedr, Ceredigion, ym 1716. Pan briodwyd Anne Vaughan o Lwydiarth, sir Drefaldwyn, â Watkin Williams Wynn o sir Ddinbych ym 1719, unwyd stadau amrywiol gwerth rhwng £15,000 ac £20,000 o incwm blynyddol. Rhaid cofio, sut bynnag, nad oedd priodas wedi'i threfnu gan eraill o reidrwydd yn beth trist. Yn aml iawn, yr oedd serch a chariad yn cynyddu wedi rhwymo'r ddeuddyn ynghyd, a than ddylanwad twf yr elfen Biwritanaidd wedi 1660 rhoddwyd mwy o sylw i deimladau merched. Gwrthodai'r Piwritan selog, Syr Thomas Myddelton II o Gastell y Waun, ddefnyddio'i ferched fel gwystl i gronni rhagor o dir, a cheryddai Rhys Prydderch o Ystradwallter y boneddigion hynny a wnâi eu plant yn 'gaethweision i'w trachwantau brynion'.

Anodd cyffredinoli ynglŷn ag eiddo a chyfoeth boneddigion Cymru yn y cyfnod cyn y Rhyfel Cartref. Y mae'n amlwg fod rhai behemothiaid yn dal stadau helaeth mewn mwy nag un sir. Amcangyfrifir bod stad Manseliaid Margam yn ymestyn dros 23,400 o erwau ym 1580. Meddai Syr Richard Bulkeley (m. 1621) ar dir ac eiddo gwerth £4,300 y flwyddyn mewn tair sir yng Ngogledd Cymru. Yr oedd mân foneddigion yn pesgi'n sydyn. Erbyn oes Elisabeth, yr oedd George Owen yn awyddus i'r Senedd godi £20 ar bawb a fynnai fod yn ustus heddwch, oherwydd yr oedd gan bob sir yng Nghymru bellach nifer o wŷr bonheddig a oedd yn berchen ar dir da gwerth o leiaf £100 y flwyddyn. Ond ychydig iawn o ddeuluoedd bonheddig Cymru a fedrai ymgystadlu o ran incwm a safon byw â boneddigion mwyaf goludog Lloegr. Yr oedd yn gas gan foneddigion Lloegr weithio â'u dwylo, ond yr oedd yn rheidrwydd ar y mwyafrif o'u cymheiriaid yng Nghymru i dorchi llewys ar eu stadau. Pan gynigiodd Iago I y teitl barwnig i bob marchog ac ysgwïer ag incwm blynyddol o £1,000, nid oedd ond dwsin o Gymry ymhlith y 200 a urddwyd yn farwnigiaid. Yn ystod y 1650au, honnodd yr Is-gadfridog James Berry ei bod yn haws cael hyd i hanner cant o foneddigion yng Nghymru â £50 y flwyddyn o incwm na phump ag incwm blynyddol o £500.

Bu'r Rhyfel Cartref a chyfnod y Weriniaeth yn ergyd creulon i lawer o'r mân ysweiniaid a'r rhydd-ddeiliaid hyn. Gwasgwyd yn galed ar y rhai a fu'n hybu achos y Brenin. Bu raid i rai ohonynt werthu eu tiroedd er mwyn codi digon o arian i dalu'r dirwyon a osodwyd arnynt. Gwelodd eraill nad oedd modd iddynt gynnal stad heb forgeisio'r cyfan. Wedi i'r dwndwr milwrol ddistewi, cafwyd bod nifer o deuluoedd bonheddig wedi suddo yn nyfroedd tymhestlog y chwyldro. Llyncwyd eu tiroedd gan y Lefiathaniaid mawr, ac ar ôl 1660 pesgodd y rhain yn fras, gan atgyfnerthu ac ehangu eu daliadau o flwyddyn i flwyddyn. Oes aur y tirfeddianwyr oedd y ganrif ar ôl yr Adferiad, ac yr oedd gan y mwyaf yn eu plith sicrwydd o incwm o fwy na £2,000 y flwyddyn. Casglai teuluoedd 'gornerthol' megis Bwcleiod Baron Hill, Manseliaid Margam, Morganiaid Tredegyr, Myddeltoniaid y Waun a Wynniaid Wynnstay renti sylweddol iawn. Yr oedd o leiaf ddeunaw o stadau Morgannwg ag incwm blynyddol o £1,000 neu fwy rhwng 1640 a 1710. Tua'r un cyfnod, £1,500 y flwyddyn oedd incwm teulu Harley o Brampton Bryan, Maesyfed, a £1,200 oedd gwerth stad Trawsgoed yng Ngheredigion.

Llwyddodd llawer o'r boneddigion mwyaf i grynhoi stadau mewn mwy nag un sir drwy drefnu priodasau buddiol a manteisio ar wendid neu ffoliheb eu cymrodyr llai ffodus. Gwnaethant ddefnydd llawn o'r gyfundrefn a elwid yn entael, neu gytundeb caeth: dull oedd hwn o amddiffyn stad drwy rwystro gŵr bonheddig rhag gwastraffu ei enedigaeth-fraint. Golygai entael fod perchennog stad yn denant am ei oes, oherwydd nid oedd hawl ganddo i werthu neu i drosglwyddo'i eiddo i neb arall. Yr oedd entael felly'n atgyfnerthu'r system o gyntafanedigaeth gan ei fod yn cadw stad yn ei chyfanrwydd, ac yn sicrhau olyniaeth uniongyrchol o fewn y teulu. Ond os oedd y mawrion yn dringo, yr oedd y mân foneddigion a'r ysweiniaid ar y goriwaered. Gwanychwyd rhai teuluoedd gan anghydfod rhwng meibion neu eiddigedd rhwng cymdogion. Edwinodd eraill oherwydd trethi trymion neu ddiffyg etifedd. Collodd rhai boneddigion ifainc eu stadau a'u hurddas drwy ddilyn oferwyr ac ymroi i feddwdod, hapchwarae ac afradlonedd yn ninas Llundain. Gofidiai Richard Morris ym 1779 fod hen deuluoedd bychain wedi dirywio 'o effaith afradlondeb'. Gallai un yswain di-sut ac afradlon ddifa'r cyfan a adeiladwyd ar ei gyfer gan ei dad a'i gyndadau. Ond llindagwyd ffyniant y mwyafrif o'r stadau hyn gan anawsterau ariannol. Collodd sawl hen deulu ei safle cymdeithasol: ym Morgannwg, suddodd stad Llanfihangel dan bwys dyledion trwm yn y 1680au, a Dyffryn, hithau, yn y 1740au. Llithrodd eiddo pur sylweddol i ddwylo teuluoedd Seisnig. Cipiwyd Llandudwg gan deulu Knight o Fryste, Cotrel gan deulu Gwinnett o Gaerloyw, a'r Fan a Sain Ffagan gan Iarll Plymouth. Felly hefyd yn sir Feirionnydd: diflannodd hen enwau cyfarwydd megis Glyn-cywarch, Nannau, Rug a Rhiwedog, ac yn y broses lledodd yr agendor rhyngddynt a'r tirfeddianwyr 'gor-nerthol'. Brithir cofnodion stadau boneddigion plwyf a rhydd-ddeiliaid gan yr ymadrodd 'fe werthodd bopeth'. Rhestrodd Thomas Pennant 35 o blastai gwag ym Meirionnydd yn y 1770au, 'y rhan fwyaf ohonynt wedi eu llyncu gan Lefiathaniaid Cymru'. Suddodd nifer o deuluoedd brodorol sir Gaernarfon dan y dŵr, tra hwyliai llongau bonheddig, yn dwyn enwau dieithr megis Assheton-Smith, Douglas-Pennant a Wynne-Finch, i mewn i'w lle. Yn fwy nag erioed o'r blaen, yr oedd awenau pob awdurdod econ̄omaidd a gwleidyddol yn gadarn yn nwylo'r Lefiathaniaid. Yn ôl Edward Richard:

> Mae'n anhawdd cael unman heb nyth y Lefiathan
> Sy'n achub y ddwyran yn gyfan i'w gŵd.

O droi at agwedd y boneddigion tuag at eu tenantiaid, cawn ddau ddarlun cwbl wahanol. Yn ddelfrydol, disgwylid i dirfeddiannwr warchod buddiannau ei denant, ei amddiffyn rhag cam ac anghyfiawnder, a'i swcro yn ei aflwydd. Fel hyn y siarsiwyd Bussy Mansel o Lansawel, Morgannwg, gan ei fam: 'dilyn esiampl dy lystad . . . oherwydd ni wnaeth gam â thenant neu gymydog er pan ddaeth i'n plith . . . Siarsiaf di, fel y byddi'n atebol gerbron Duw, i'w hamddiffyn rhag cam ac anghyfiawnder o bob math'. Cyngor John Campbell o Stackpole, sir Benfro, i'w fab ym 1739 oedd: 'yr wyf yn gobeithio, f'anwylyd, na fyddi di na mi'n ymgyfoethogi drwy ormes, ond yr wyf yn falch i ehangu'r stad pan fedraf wneud hynny'n gyfiawn, heb drin y tenantiaid yn llym'. Gwyddent na ddeuai unrhyw fudd mawr o waedu eu tenantiaid i'r byw. Teg dweud hefyd fod tirfeddianwyr ar adegau o ddrudaniaeth a newyn yn caniatáu mwy o amser i'w tenantiaid i dalu eu rhenti. Yr oedd yn bwysig i feistr tir gael ei gydnabod yn landlord teg ac yn weinyddwr cyfiawn.

Ond yr oedd eraill hefyd na fyddai ganddynt unrhyw gywilydd codi rhenti wedi i brydles tenant ddirwyn i ben. Achosai hyn gryn ymgiprys rhwng teuluoedd am y denantiaeth newydd. Tystia'r beirdd mai blin oedd tynged y tenant ar adeg o chwyddiant ariannol. Yn ei gywydd enwog 'Anllywodraeth y Cedyrn', ymosododd Edmwnd Prys yn hallt ar foneddigion trahaus a fwriai benyd 'ar bawb o wrengwyr y byd'. Ym 1604, cwynai Rhys Cain fod rhai 'cedyrn mawr eu codiad' yn 'dyrchafu'u rhent drwy wych fawrhad'. Cwynfan tebyg a glywid ar ddiwedd y ganrif:

mayr gwyr mawron yn byw'n groylon
yn asgellog ag yn llidiog
yn rhioli wrth ei ffansi
A newid ton fal y mynnon
yn damsen gwlad mewn modd irad
fal y borfa wrth ei trawstra
byw yn ddyrys ag yn ddibris
yn llawn hocced nafys niwed.

Yng ngwaith y Cywyddwyr, y cwndidwyr, y carolwyr, y baledwyr a'r anterliwtwyr, ceir dyrnu parhaus ar y trethi, y rhenti a'r degymau uchel a hawlid gan feistri tir, a sôn cyson am y mwyaf trachwantus ohonynt yn 'blingo' tenantiaid ac yn 'malu wyneb y tlawd'. Dengys cofnodion y llysoedd yn ogystal fod rhai landlordiaid yn amfeddu tir heb falio ffeuen am hawliau gwerinwyr, yn hawlio rhenti, tollau a gwasanaethau heb unrhyw warant yn y byd, ac yn gwasgu'r ddimai eithaf o'r sawl a'u dygai i lys barn. Felly, am bob meistr tir a oedd yn garcus o'i denantiaid, yr oedd un arall a fyddai'n eu trin yn gwbl drahaus.

Eto i gyd, hawliai'r meistri tir barch ac ufudd-dod ar bob llaw, ac ystyrid pob dymuniad o'u heiddo yn orchymyn i'w gyflawni ar frys. Yr oedd gwerinwyr bob amser yn ymwybodol o'r 'rhagoriaeth sydd rhwng y cyfoethog a'r tlawd', chwedl Edward Morris, a phlygent o flaen eu gwell am fod ymostwng o'r fath yn nodwedd annatod o'r gymdeithas. Tua diwedd y ddeunawfed ganrif, honnodd Thomas Roberts, Llwyn'rhudol, fod 'rhyw arswyd yn dilyn y rhan fwyaf o honom o'n mebyd i'n bedd', a nododd fod 'hen bobl ddiniwaid' yn 'gogwyddo eu penau a'u cyrff hyd lawr' pan 'welont glamp o Esgob neu Berson'. Derbynient eu tynged am mai dyna oedd confensiwn yr oes, ac am na ddysgid dim y pryd hynny am hawliau cynhenid dyn.

Rhoddai gwŷr bonheddig bwys aruthrol ar rwysg allanol. Yr oedd ysblander gweladwy yn rhan o 'osgo, gofal a gwedd' y bonheddwr. O wisgo'n urddasol a ffasiynol, dangosai ei fod yn ŵr bonheddig o'i gorun i'w sawdl. Gwisgai het gron â chantel llydan, cotiau a chrysbeisiau o felfed a sidan, coleri ymylwe am ei wddf a'i arddwrn, hosanau sidan ac esgidiau lledr. Yn ôl Siôn Hywel Siôn, cwndidwr o Forgannwg, nid oedd 'dillad gwychion glân ac aur a sidan wisgoedd' yn ddigon i ddiwallu 'chwant y gŵr goludog'. Pan fu farw John Jones, gŵr bonheddig o Glenennau, ym 1679, gadawodd y gwisgoedd canlynol yn ei gwpwrdd dillad: chwe siwt, pedair het, cap marchogaeth, tair côt farchogaeth, hen glogyn, deuddeg siwt o liain, saith crys, pum pâr o fenig, tri phâr o esgidiau trwm, pedwar pâr o esgidiau ysgafn, tri phâr o ysbardunau, dau gleddyf, periwig, byclau i'w gardyson, dwy fodrwy aur a wats. Hoffai gwragedd bonheddig 'ymhoywi ac ymloywi' mewn peisiau lliwgar, hosanau amryliw a gynau hardd o sidan, damasg a melfed. Dolur llygad i bob Piwritan oedd eu gweld yn 'rwfflio a swagrio yn eu dillad megis Cowntesau, neu Arglwyddesau anrhydeddus'.

Deuai manteision di-rif i ran gwŷr bonheddig. Cadwent dyaid llawn o weision a morwynion: yn ystod cyfnod yr Adferiad cyflogid 46 o wasanaethyddion yn Nhŷ Tredegyr, ger Casnewydd, a 33 ar aelwyd y Myddeltoniaid yng Nghastell y Waun. Codent seddau palis crand yn eglwys y plwyf, ac mewn rhai eglwysi caent brofi amgenach gwin nag a roddid i weddill y gynulleidfa yn ystod gwasanaeth y Cymun. Nid peth anghyffredin ychwaith erbyn y cyfnod wedi 1660 oedd clywed ficer y plwyf yn traddodi pregeth yn yr iaith fain er mwyn rhyngu bodd mawrion y fro, a hynny er bod corff ei gynulleidfa'n Gymry uniaith. Ni phallai'r rhwysg adeg eu hymadawiad â'r ddaear hon, oherwydd yr oedd diwrnod claddu meistr tir yn achlysur rhwysgfawr. Trefnwyd i 82 o wŷr tlawd fod yn bresennol yn yr orymdaith angladdol pan fu farw Syr Roger Mostyn yn 82 oed ym 1642. Pan fu Syr Thomas Myddelton II farw ym 1666, estynnai'r rhes o alarwyr dros filltir o hyd, a chostiodd yr angladd dros fil o bunnau. Ar farwolaeth John Morgan o Blas Tredegyr ym 1719, canwyd clychau Casnewydd a Basaleg am bymtheng niwrnod, huriwyd hers a cheffylau am bum niwrnod, a darparwyd gwledd ysblennydd o fwyd a diod drudfawr i'r galarwyr.

Yn ôl Syr John Wynn o Wedir, nid oedd dim yn gymaint o fendith ac o gysur calon i ŵr bonheddig na gwybod ei fod yn hanu o deulu da. Yr oedd herodron Coleg Arfau Llundain yn ennill dogn sylweddol drwy ateb y galw cynyddol am achau, ac yr oedd llawer o feirdd Cymru wrthi'n ddiwyd yn mydryddu ach yn eu cywyddau. Mawr oedd dirmyg y Sais tuag at y bonheddwr tlawd o Gymro a ymffrostiai yn ei allu i olrhain ei dras hyd at Frutus, Noa neu Adda. Câi rhigymwyr Lloegr hwyl anghyffredin ar gorn cymeriadau megis

'Thomas ap Shinkin ap Morgan ap Howell ap Will ap Taffie, Shentleman of Wales', ac ofnai Siôn Tudur fod yr arwyddfeirdd yn puteinio'u crefft drwy ddyrchafu'r taeog distadlaf a'i osod cyfuwch â choncwerwyr mawr y deyrnas. Yn ôl eu harfer, nid oedd gan Biwritaniaid ychwaith air da i'w ddweud o blaid hel achau. Barnai Morgan Llwyd mai 'rhwyd a weuodd naturiaeth' oedd achau teuluoedd, 'yn yr hon y mae prif copyn balchder yn llechu'. Gogan yn finiog a wnâi Ellis Wynne wrth bortreadu'r palff o ysgwïer a'i gart achau, a neges rybuddiol oedd gan Rhys Prydderch: 'yn ôl balchder y daw cwdwm'. Eto i gyd, er bod llinach dda yn porthi balchder boneddigion mawr a mân, fe wyddai aelodau'r gymdeithas pwy oedd pwy. Go brin y gallai ach ynddi'i hun, heb rywfaint o dir ac eiddo i'w chefnogi, roi llawer o urddas a pharch i ŵr bonheddig. Onid oedd cyfalaf yn ogystal, ychydig o sylw a roddid i ach neb.

Drwy gydol y cyfnod hwn hefyd ymlafniai boneddigion cefnog i sicrhau bod ganddynt dai hardd a golygus. Pan sefydlogodd y gymdeithas yn sgîl y Deddfau Uno, nid oedd cymaint o angen am ganolfannau milwrol. Drwy atgyweirio'n fedrus, troes rhai eu cestyll yn blasau hardd a moethus. Ym mro Gŵyr, bu Syr Rhys Mansel yn gyfrifol am adeiladu castell gwych Oxwich, a throes Syr John Perrot gastell Caeriw ym Mhenfro yn drigfan wledig heddychol. Fel yr âi oes y Tuduriaid yn ei blaen, dymchwelwyd rhai o'r hen dai neuadd ac adnewyddwyd rhai eraill drwy ychwanegu llawr neu uned at y fframwaith gwreiddiol. Goddiweddwyd cynllun y nenfforch gan ffrâm ar lun blwch. Ildiodd yr aelwydydd agored eu lle i lefydd tân a simneiau.

Yn raddol y dylanwadodd technegau pensaernïol y Dadeni ar bensaernïaeth Gymreig, a'r cyntaf i gyflwyno rhai o syniadau cyfandir Ewrop i Gymru oedd y masnachwr bonheddig o Ddinbych, Syr Rhisiart Clwch. Gan ei fod yn dilyn galwedigaeth fel ariannwr yn Antwerp, gallai Clwch sylwi ar dechneg penseiri'r Iseldiroedd a'i mabwysiadu. Cludodd bren a phriddfeini o'r Iseldiroedd i'w gynefin, a'u defnyddio i godi Plas Clwch ym mhlwyf Henllan, a Phlas Bachegraig ym mhlwyf Tremeirchion yn sir y Fflint ym 1567. Prif nodwedd bensaernïol y plasau hardd hyn oedd eu talcenni crib-ceiliog cwbl unigryw.

Yn ystod yr ail ganrif ar bymtheg, dylanwadodd ffasiynau Ewrop yn drymach o lawer ar natur ac adeiladwaith tai boneddigion Cymru. Dewisid safleoedd dymunol i ailadeiladu neu i ehangu plasau a thai chwaethus. Drwy gynllunio'n fanwl, helaethid ystafelloedd, a'u gwneud yn fwy cymesur a hylaw. Ymhlith y nodweddion pwysicaf yr oedd simneiau hirgyrn canolog, grisiau unionsyth, cynteddau panelog, gwydr yn nhyllau'r ffenestri, nenfydau addurnedig, arfbeisiau cywrain a thapestrïau lliwgar ar y muriau. Adlewyrchai celfi'r boneddigion y ffasiynau cyfoes. Gallai'r mwyaf cefnog yn eu plith fforddio prynu celfi drud o dderw tywyll neu'r gollen gain. Prynent gistiau mawrion, cypyrddau deuddarn a thridarn, gwelyau cerfiedig, cadeiriau cain, llenni o Bersia, carpedi o Dwrci, clustogau moethus, lluniau drudfawr, platiau o aur ac arian, llestri pres ac amrywiaeth o lyfrau prin. O ganlyniad, yr oedd tai'r boneddigion nid yn unig yn fwy hylaw a phwrpasol, ond hefyd yn fwy cysurus i fwy ynddynt.

Y gymuned leol oedd crud awdurdod y boneddigion, a thrwy lynu wrth eu gwreiddiau llwyddent i rymuso a chyfoethogi bywyd cymdeithasol a diwylliannol eu bro. Yno, fel ustusiaid heddwch, ysgwyddent gyfrifoldebau amrywiol, a da ganddynt oedd cael eu cydnabod fel gweinyddwyr cyfiawn a gonest. Fel colofnau pwysig y gymdeithas, credent yr âi torcyfraith ac anhrefn yn rhemp pe na byddai modd iddynt lywodraethu'r gymdeithas gyfan. Gwyddent yn dda hefyd am eu cyfrifoldebau cymdeithasol. Fe'u symbylid hwy i gyfrannu at reidiau'r anghenus ac i waddoli ysgolion a thlotai nid yn unig am eu bod yn ymdeimlo â diffyg manteision o'r fath, ond hefyd am ei bod yn ddyletswydd foesol arnynt i gynnal y tlawd. Cyfrifoldeb pwysig arall oedd sicrhau bod eu deiliaid yn gwbl deyrngar i'r Grefydd Ddiwygiedig. 'Mae llygaid pawb yn agored ar eich ymddygiad chwi,' meddai Edward Samuel, rheithor Llangar, 'pan fo'u clustiau'n gauad i'n hymadroddion Ni; Nyni a ddylem eu cynghori, ond chwychwi a ddichon eu cymell i ymddwyn yn addas i Efengyl Crist'.

Er bod y mwyafrif o'r boneddigion yn sylweddoli mai gwarchod buddiannau'r gymuned leol oedd eu cyfrifoldeb pennaf, llwyddodd atyniadau de-ddwyrain Lloegr i berswadio cyfran ohonynt i ymadael â'u cynefin. Agorodd yr Uno lawer drws iddynt. O gyfnod y Tuduriaid ymlaen, cyfranasant yn sylweddol i fywyd gweinyddol, crefyddol a diwylliannol Lloegr. Ymfalchïent yn eu dinasyddiaeth Brydeinig a'u teyrngarwch di-syfl i Goron Lloegr. 'O ba le,' gofynnai Ben Jonson, 'y mae'r Goron yn cael gwell gwasanaethyddion, gwŷr haelach â'u heinioes ac â'u harian?' Erbyn cyfnod y Stiwartiaid, yr oedd atyniadau Llundain yn mynd â'u bryd fwyfwy. O ran ei maint a'i chyfoeth, yr oedd Llundain yn unigryw: hi oedd canolfan wleidyddol, weinyddol, gyfreithiol, fasnachol a diwylliannol y deyrnas. Yr oedd 575,000 o bobl yn byw o fewn ei chaerau ym 1700, a manteisiai gwŷr bonheddig Cymru ar bob cyfle i brofi o'i deniadau amrywiol. Fe'u swynid hwy gan y theatrau a'r cyngherddau, y tai coffi a'r puteindai. Llundain oedd eu byd hwy bellach. Pa ryfedd i Huw Machno ofni fod y brifddinas stwrllyd yn dwyn 'holl lendid' Cymru?

Un o ganlyniadau'r cywain i sguboriau gwahanol oedd fod y boneddigion yn dechrau meddwl ac ymddwyn mewn ffyrdd gwahanol i'w cyndadau. Porthent eu balchder drwy ddilyn gwerthoedd boneddigion Lloegr. Troes nifer ohonynt eu cefnau ar y Gymraeg, gan 'uchel-dremio ar wychder y Saeson'. Erbyn cyfnod yr Adferiad, yr oedd gafael y traddodiad llenyddol Cymraeg yn gwanychu, yn enwedig ymhlith teuluoedd y gororau. Cwynai'r beirdd fod y boneddigion yn fwy tueddol nag erioed i fwrw heibio'u hetifeddiaeth bob tro y deuai'r awgrym lleiaf o lwyddiant i'w rhan. Tybient mai peth gwaradwyddus oedd arddel Cymreictod, mai defod ddi-werth oedd noddi bardd, ac mai pentwr o gelwyddau oedd y traddodiadau am Brutus. Eto i gyd, rhaid pwysleisio nad oedd pob teulu bonheddig yn barod i werthu ei etifeddiaeth am saig estron. Nid oedd unrhyw awydd ar foneddigion siroedd Cymreiciaf y gorllewin i ragori ar eu cymdogion dros Glawdd Offa. Ymdrechai teuluoedd bonheddig yno i gadw cysylltiad agos â ffynhonnau bywiol eu treftadaeth Gymreig. Dalient i groesawu beirdd i'r plasau, i arddel yr iaith yn frwd, i danysgrifio'n gyson i lyfrau Cymraeg ac i'w trwytho'u hunain yn hanes eu teuluoedd a'u gwlad. Proses hir oedd Seisnigo boneddigion Cymru, a hyd yn oed mor ddiweddar â 1760 nid oeddynt wedi eu diddyfnu'n llwyr oddi wrth fywyd a diwylliant brodorol y wlad.

Yr Haenau Canol

Islaw'r boneddigion, ceid aelodau eraill o'r gymdeithas y gellir, gan nad oes unrhyw ddisgrifiad cymwys arall arnynt, eu galw'n haenau canol. Gan fod yr elfennau hyn yn gyffredin i wlad a thref, nid 'dosbarth canol' yn ystyr draddodiadol y term hwnnw mohonynt. Yn eu plith, gellid cyfrif porthmyn, masnachwyr, siopwyr, swyddogion y Goron, cyfreithwyr, stiwardiaid, meddygon, athrawon, offeiriaid, a gweinidogion. At ei gilydd, tynnai'r haenau hyn eu cyfoeth o'r trefi. O'u cymharu â haenau isaf y gymdeithas nid oeddynt yn niferus, ond yr oedd eu pwysigrwydd y tu hwnt i'w rhifedi.

Yr oedd porthmyn Cymru'n wŷr sylweddol a chymharol gefnog. Rhaid oedd wrth drwydded flynyddol gan ustus heddwch cyn y gellid ymgymryd â'r gwaith, ac ni chaniateid honno oni fyddai'r ymgeisydd yn ŵr priod dros ei ddeg ar hugain oed ac yn byw ar ei dir ei hun. Yr oedd modd i borthmon wneud nyth bur gysurus iddo'i hun. Pan fu Thomas Lewis, porthmon o Dre Feibion Meurig, farw ym 1736, prisiwyd ei stad yn agos i £1,500. Yr oedd Robert Ellis, porthmon a Methodist o Lanberis, yn berchen eiddo ac anifeiliaid gwerth £281 ar ei farwolaeth ym 1757. Y porthmyn oedd bancwyr answyddogol yr oes, a chan mai cynyddu a wnâi'r galw am arian parod yn y cyfnod hwn, cyflawnent swyddogaeth bwysig iawn. Cyffelybodd yr Archesgob John Williams waith y porthmyn yn cario arian yn ôl i ffermwyr Cymru i'r galiynau o Sbaen a fyddai'n cludo aur ac arian yn ôl o'r Byd Newydd. Yn ogystal â chasglu arian a geid am wartheg, disgwylid i borthmon dalu biliau, cludo trethi, cario pecynnau a throsglwyddo negeseuau o bob math.

Yr oedd rhyw swyn arbennig yn perthyn i alwedigaeth y porthmyn, a thystient fod eu bywyd yn llawn bwrlwm ac antur. Rhaid oedd wrth addysg bur dda, oherwydd ni fedrent fargeinio â masnachwyr Llundain heb fod yn rhugl eu Saesneg. Cyfrannai rhai porthmyn yn helaeth i fywyd diwylliannol y genedl drwy ddwyn sypynnau o geinciau swynol yn ôl o Loegr at ddefnydd baledwyr Cymru. Bu eraill yn cyfrannu'n frwd i nosweithiau llawen ac eisteddfodau lleol. Ambell dro, ceid gwŷr o gyneddfau eithriadol yn eu plith: un felly oedd Edward Morris o'r Perthillwydion, Cerrigydrudion, bardd a chyfieithydd celfydd iawn. Pan fu Morris farw'n ddisymwth ym 1689 ar daith borthmona i Essex, canodd pump o feirdd mwyaf blaenllaw Cymru farwnadau clodforus iddo. Priodol cofio hefyd mai o law y porthmon duwiol o Gaeo, Dafydd Jones (m. 1777), y cawsom rai o drysorau pennaf ein hemynyddiaeth.

Ond ni thâl inni ramanteiddio'r porthmyn na'u galwedigaeth yn ormodol. Nid oedd eu bywyd yn fêl i gyd. Galwedigaeth ddreng a pheryglus oedd porthmona. Gweithient dan amgylchiadau arswydus: teithio gyda'u minteioedd drwy'r gwynt a'r glaw ar hyd gweundiroedd garw a ffyrdd anwastad, cysgu dan y llwyni'n aml, a chadw gwyliadwriaeth gyson rhag i ysbeilwyr a lladron aflonyddu arnynt. Yr oedd gwydnwch ac egni yn gymwysterau anorfod i bob un ohonynt, a bu'r straen yn ormod i rai. Wrth fynd yn or-hoff o lymeitian ar eu taith, dygent helyntion ar eu pennau eu hunain. 'Gochel feddwi wrth borthmona', meddai'r Ficer Prichard, ond fe syrthiodd sawl un oddi wrth ras. Canodd Huw Morys gywydd i Robert Llwyd, porthmon o Lansannan, gŵr a 'aeth drwy ei stad . . . fel yr aeth llawer ysywaeth' drwy fynd yn was i'r botel:

> A'r dafarn wen, filen fodd,
> Graff anial, a'i gorffennodd.

Dygai rhai porthmyn warth ar eu galwedigaeth drwy grafangu'n ddi-baid am ragor o arian, a thwyllent gwsmeriaid diniwed heb betruso dim. Cafodd sawl ffarmwr achos i regi'r porthmyn twyllodrus a ddihangai â'u harian i Iwerddon. Ysbeilwyr digydwybod oeddynt i Ellis Wynne, 'y fath waetha o ladron ffordd-fawr'. 'Hen leidr wyt ti, ni elli di ddangos mo'th wyneb o flaen gŵr,' meddai rhyw William Jones wrth y porthmon Edward Price yn ffair Wrecsam ym 1740. Amau eu cymhellion a wnâi Twm o'r Nant, yntau: disgrifiodd ef hwy fel 'pac o wag ladron' yn 'ymlid puteiniaid' mewn tafarnau ac yn twyllo 'gweinion deillied' bob cynnig:

> Llwyr wfft i borthmyn am dwyllo'r byd,
> O! na byddent hwy gyd yn grogedig.

Yn sgîl datblygiadau economaidd a chymdeithasol, cynyddodd nifer y masnachwyr yng Nghymru'n gyflym. Yr oedd cyfoeth a mawredd Llundain yn cynnig cyfle godidog i fasnachwyr mentrus ennill eu ffortiwn. 'Yn Llundain lydan y mae yr arian', meddai'r porthmon Edward Morris, a llwyddodd sawl Cymro llygadog i fwynhau moethau pennaf y brifddinas. Un felly oedd Syr Thomas Myddelton (m. 1631), masnachwr, cyllidwr ac un o gyfranddalwyr gwreiddiol Cwmni India'r Dwyrain. Erbyn 1595, yr oedd wedi casglu digon o gyfoeth i wireddu ei freuddwyd am brynu castell ac arglwyddiaeth y Waun. Urddwyd ef yn farchog ym 1603, ac fel teyrnged i'w wasanaeth i fywyd dinesig Llundain fe'i hetholwyd yn arglwydd faer y ddinas ym 1613. 'Enwog oludog wladwr' arall o'r un anian oedd Syr Rhisiart Clwch (m. 1570), ond llwyddodd ef i gynilo arian drwy elwa ar ddatblygiad y fasnach dramor. Enillodd gyfoeth a bri eithriadol drwy weithredu fel goruchwyliwr dros fuddiannau Syr Thomas Gresham yn Antwerp, a oedd yn ganolfan ariannol bwysig iawn ar y pryd. Gwnaeth eraill ffortiwn aruthrol drwy gyfrwng y mwynfeydd diwydiannol. Ar un adeg, yr oedd elw o ddwy fil o bunnau y mis yn dod i ran Syr Hugh Myddelton (m. 1631), sef ffrwyth cynnyrch mwynfeydd Canolbarth Ceredigion. Pan brynodd Syr Humphrey Mackworth (m. 1727) o Gastell-nedd hawliau diwydiannol yng Ngheredigion, yr oedd yn fwy na pharod i dalu £16,440 am y breintiau hynny.

Fel canlyniad i dwf y fasnach dramor, cynnydd diwydiannol a'r ychwanegu at boblogaeth Llundain a Bryste, lluosogai nifer y mân fasnachwyr yng Nghymru. Cadwai'r gwerthwyr cyffredinol (*mercers*) siopau pur lewyrchus lle gwerthid llieiniau, dillad, lledr, sebon, sbeis, cwpanau, canhwyllau, powdr gwn, llyfrau a phob math o nwyddau eraill. Cadwai Gruffyth Wynne o Gaernarfon (m. 1673) dros 600 o wahanol fathau o nwyddau ar ei silffoedd, a phan fu Thomas Williams o Bwllheli farw ym 1681 yr oedd ganddo stoc gwerth £341.6*s*.11*d*. yn ei siop. Yr oedd masnachwyr eraill yn meddu ar longau ac yn elwa'n fras ar eu cysylltiadau â Bryste, Llundain ac Iwerddon. Erbyn oes yr Adferiad, yr oedd cryn nifer o fasnachwyr Seisnig wedi ymsefydlu yn nhrefi mwyaf ffyniannus Cymru. Sylwodd Daniel Defoe fod 'llawer o fasnachwyr Seisnig' wedi bwrw gwreiddiau ym Mhenfro, sef, yn ei farn ef, 'y dref fwyaf llewyrchus yn Ne Cymru', a chadwent mewn cysylltiad agos â'u cyfeillion dros Glawdd Offa. Amrywiai incwm mân fasnachwyr Cymru yn fawr, ond ffurfient garfan neilltuol yn rhinwedd eu diddordebau a'u buddiannau cyffredin. Priodent o fewn cylch eu cydnabod, gan ofalu bob amser am drosglwyddo'u heiddo'n gyflawn i'w plant.

Amrywiai barn y gymdeithas tuag at fasnachwyr. Y mae'n amlwg nad oedd y dulliau a ddefnyddid gan fasnachwyr mawr i ymgyfoethogi yn Llundain ac ar y Cyfandir yn tarfu rhyw lawer ar bobl Cymru. Yn wir, canmolid hwy am fod yn fawr eu sêl dros achos eu cyd-ddyn, eu teulu a'u gwlad. Myfyriodd Syr Rhisiart Clwch yn hir uwchben sawl cynllun i ysbrydoli bywyd masnachol Cymru, a bu wiw gan Wiliam Cynwal gofio am ei anian hael a dyngarol yn ei farwnad iddo. Cydiodd y genadwri Biwritanaidd yn gryf yng nghymeriad y Cymry masnachol yn Llundain. Teimlent mai arwydd o ras ysbrydol oedd pob llwyddiant bydol a ddeuai i'w rhan. O ganlyniad, mynnai gwŷr cefnog fel Syr Thomas Myddelton leddfu beichiau'r anfreintiedig drwy gyfrannu'n helaeth at achosion dyngarol yn ei famwlad. Ynghyd â Rowland Heylyn, bu Myddelton yn gyfrifol am dalu treuliau cyhoeddi'r 'Beibl bach' Cymraeg cyntaf ym 1630, a chanwyd ei glodydd gan Stephen Hughes ym 1672 am ddangos 'y trugaredd hyn yn gyntaf i'n gwlad . . . er budd i'r cyffredin bobl'. Nid oedd gwaith dyngarol yn beth dieithr i'r diwydiannwr goludog Syr Humphrey Mackworth, ychwaith: lluniodd nifer o lyfrynnau duwiol a cheisiodd ddyrchafu safonau addysgol a moesol ymhlith ei weithwyr a'i lafurwyr. Deilliai'r haelioni hwn o'r gred mai dyngarwch cymdeithasol a weddai i fasnachwyr cefnog. Fel yn achos y boneddigion, ni fynnent osgoi neu wadu eu cyfrifoldeb i amddiffyn a diogelu lles pobl gyffredin.

Erbyn dechrau'r ddeunawfed ganrif, sut bynnag, yr oedd yr hen gyfundrefn dadol yn gwegian dan bwys amharodrwydd mân fasnachwyr i lynu wrth yr arferion traddodiadol hynny a oedd yn sicrhau pris teg i brynwyr a gwerthwyr fel ei gilydd. Pentyrrid melltithion lu ar fasnachwyr am daro bargeiniau slic y tu ôl i gefn cwsmeriaid diniwed neu am wrthod cadw at eu rhan hwy o'r fargen. Taranai Ellis Wynne yn erbyn y 'maelwyr a fydd yn attal neu'n rhagbrynnu'r ŷd, ac yn ei gymmyscu, yna gwerthu'r ammur yn nwbl pris y puryd'.

Pwysau bychain a llathen fer
A llyfrau ofer ddigon . . .

oedd sylw miniog bardd gwlad ym 1696 ar y masnachwyr hyn. Yr argraff a geir wrth ddarllen llenyddiaeth boblogaidd yr oes yw mai dynion bydol-ddoeth a barus oedd y masnachwyr, rhai a fyddai'n ymiro mewn braster ar adeg o ddrudaniaeth a thlodi. Caséid y masnachwr ŷd a fyddai'n allforio ffrwyth y cynhaeaf ar adeg o brinder â chas perffaith. Yn ystod terfysg yn Rhuddlan ym mis Mai 1740, ysbeiliwyd tŷ ac eiddo George Colley, masnachwr ac asiant stad Botryddan, gan derfysgwyr dicllon—gweithwyr diwydiannol gan mwyaf—a gynddeiriogwyd wrth weld grawn prin yn cael ei osod o'r neilltu i'w allforio i wledydd tramor. Bwriad rhai ohonynt oedd 'torri pen Mr Colley ymaith a'i osod ar fynecpost Diserth a chlymu ei berfedd o'i gwmpas!' Wedi i Dwm o'r Nant gael ei dwyllo gan fasnachwr digydwybod, llonnodd drwyddo pan glywodd yn ddiweddarach fod y gwalch wedi'i gipio gan feilïaid a'i fod 'am wn i, mewn gwlad nad oes orffen talu byth'.

Yn raddol ar ôl 1660, ad-drefnwyd cyllid cyhoeddus y wlad, a daeth casglwyr trethi a thollau yn bobl amlwg yn y trefi a'r porthladdoedd. Disgwylid iddynt wylio glannau'r môr, sathru cynllwynion smyglwyr a 'lladron coegion cegog', a sicrhau bod gwneuthurwyr nwyddau trethadwy yn gweithredu'n gyfreithlon ac yn talu eu trethi'n brydlon. Gallent ennill cymaint â £80 a £100 y flwyddyn. Enillai James Briscoe, Rheolwr, Dirprwy Gwsmer, Casglwr Halen a Chasglwr Tollau Glo ym mhorthladd Biwmares, £120 y flwyddyn yn y 1740au. Nid oedd rhai ohonynt uwchlaw derbyn cil-dwrn sylweddol am ambell ffafr. Hwy oedd *gabeleurs* Cymru, ac nid oedd gan droseddwyr ddim byd da i'w ddweud amdanynt. Eto i gyd, yr oedd rhai ohonynt yn ddynion syber ac amlochrog. Gyda'r mwyaf diwyd oedd Morysiaid Môn. Bu'r llythyrwr a'r llysieuegwr William Morris yn gasglwr y tollau ym mhorthladd Caergybi rhwng 1737 a 1763, a gwasanaethodd ei frawd Lewis fel gwyliwr a chwiliwr trethi ym Miwmares a Chaergybi rhwng 1729 a 1743. Gŵr medrus a chwilfrydig oedd Lewis Morris: yr oedd ganddo feistrolaeth ryfeddol ar bynciau amrywiol fel amaethyddiaeth, gwyddoniaeth, meddygaeth, pensaernïaeth, crefydd a hanes. Dysgodd gryn dipyn am y traddodiadau diwylliannol Cymreig a Cheltaidd, medrai saernïo telyn a'i chanu, a llunio cywydd a'i ddatgan. Fel 'chwiliwr' i'r dollfa, mynnai mai er lles y gymdeithas gyfan y gweithredai a bu'n llawdrwm iawn ar y sawl a geisiai fychanu urddas ei swydd:

Addas i bawb ei eiddo, a gweddus,
Gwyddoch Gyfraith Cymro,
Teilwng yw a attalio
Gogiwyr blin Brenin a Bro.

Gwaith anodd a pheryglus oedd eu gorchwyl hwy, ac fe'u bygythid yn aml gan smyglwyr ac ysbeilwyr dicllon.

Carfan fwy niferus na swyddogion y Goron oedd y cyfreithwyr. Prysurwyd eu cynnydd hwy gan nifer o ffactorau: galwadau'r gwasanaeth brenhinol; twf y stadau bonheddig; gofynion gweinyddol y Deddfau Uno; y dirywiad yn nylanwad cyfraith yr Eglwys, a'r cynnydd amlwg mewn ymgyfreithio. Hanai'r mwyafrif ohonynt o blith teuluoedd bonheddig. Gyrrid hwy am addysg brifysgol ac yna aent ymlaen i Ysbytai'r Frawdlys yn Llundain i orffen eu hefrydiau yn y 'drydedd brifysgol'. Fel dynion cefnog ac addysgedig, daethant yn fuan i amlygrwydd ym myd y gyfraith. Cafodd David Williams (m. 1613) o Wernyfed, Brycheiniog, yrfa lwyddiannus iawn fel twrnai, cofiadur a rhingyll yn y gyfraith. Fe'i hurddwyd yn farchog gan Iago I, a'i ddyrchafu'n Farnwr ar Fainc y Brenin. Ar sail ei lwyddiant ym myd y gyfraith y sefydlwyd stad enwog Gwernyfed. Daeth eraill i fri drwy daro bargen rywiog yn y maes priodasol. Priododd Marmaduke Gwynne (m. 1712) Mary Gwilym o Glasgwm, Maesyfed, merch i fasnachwr goludog o Lundain. Daeth gwaddol o £20,000 i ran Gwynne, a bu'r cyfoeth hwn, ynghyd â'i enillion fel bargyfreithiwr a barnwr ar gylchdaith Gwynedd, yn gymorth mawr iddo i brynu neu forgeisio rhan helaeth o gwmwd a maenor Llanfair-ym-Muallt, yn ogystal ag eiddo lluosog yn sir Faesyfed.

Cyn y Rhyfel Cartref, peth anghyffredin oedd gweld cyfreithiwr yn hanu o gefndir distadl. Eithriad oedd David Jenkins (m. 1663) o'r Hensol, Morgannwg, mab i ŵr di-nod, Jenkin Richard, o blwyf Pendeulwyn: enillodd Jenkins gryn gyfoeth fel bargyfreithiwr, a dringodd i swydd Barnwr yn Llys y Sesiwn Fawr ym 1645. Wedi'r Adferiad, sut bynnag, yr oedd cyfle bellach i ddyn o gefndir digon llwm ennill dogn sylweddol fel twrnai. Mab i bedler o Drewalchmai oedd Hugh Price (m. 1738), twrnai a chlerc tref Biwmares. 'Arian Mawr' oedd llysenw'r cyfreithiwr Owen Hughes (m. 1708) o Fiwmares, mab i amaethwr tlawd ac un a gododd i fri dan nawdd y Bwcleiod fel prif siryf Môn ym 1683 ac Aelod Seneddol Biwmares rhwng 1698 a 1701. Gofaint oedd tylwyth Hugh Bold (m. 1809), twrnai llwyddiannus ac un o golofnau'r achos Wesleaidd yn Aberhonddu.

Daeth y cyfreithwyr yn elfennau amlwg iawn mewn cymdeithas, ac ymhyfrydai llawer ohonynt yn hynafiaethau a diwylliant eu gwlad. Ond yn nhyb corff helaeth o'r boblogaeth, ciwed gyfrwysgall a dichellgar oeddynt. Cyhuddid hwy ar bob llaw o gybydd-dod, twyll a rhagrith. Ofnai gwŷr bonheddig fod cyfreithwyr digydwybod yn hyrwyddo'u buddiannau eu hunain drwy hoced a thrais. 'Ysglyfaethant ar wŷr ifanc,' meddai Syr John Stradling, 'fel y gwna eryrod ar furgun'. Dywedir i'r hynafiaethydd, John Jones, Gellilyfdy, roi'r gorau i'w waith fel cyfreithiwr am fod yr alwedigaeth yn drwyadl anonest. Magodd y bardd artistig, John Dyer, gasineb dwfn tuag at y gyfraith wrth weld ei dad Robert Dyer (m. 1720), cyfreithiwr o Aberglasney, sir Gaerfyrddin, yn prynu tiroedd ag arian a gasglwyd wrth flingo pobl leol. Drwy iro llaw cyfreithiwr, gellid dwyn perswâd arno i ddadlau achos gelynion dialgar neu ffafrio gwŷr mawr yn erbyn y tlawd. Tybiai Simwnt Fychan fod gwŷr y gyfraith yn 'llawn breib, llawn ysbail, llawn brad', ac ar ôl cael trafferth enbyd â thwrneiod ar hyd ei oes cyffesodd Twm o'r Nant nad oeddynt uwchlaw 'derbyn breibiau a ffals dystiolaethau'. Barnai pobl gyffredin mai drysu, mwydro a blingo'r distadl a'r anwybodus oedd un o hoff ddichellion y cyfreithwyr. Pa un bynnag, yn sgîl y cynnydd mewn ymgyfreithio, daeth crefftwyr a llafurwyr i feddu ar brofiad helaeth o'r llysoedd ac i wybod yn dda am ddichellion dauwynebog gweinyddwyr y gyfraith. 'Tasg fawr a fydd i rai o'r Cyfreithwyr wneuthur cyfiawnder,' meddai Thomas Jones yr Almanaciwr ym 1695, 'pan gaffo pawb uniondeb, croes yn y post!' Mynegi digofaint pur gyffredinol a wnaeth Ellis Wynne ym 1703: 'rhostiwch y Cyfreithwyr wrth eu parsmant a'u papureu eu hunein oni ddêl eu perfedd dyscedig allan'. Pa ryfedd i fardd fel Ellis ab Ellis o Landrillo chwilio am gysur drwy edliw i wŷr y gyfraith rinweddau'r drefn a geid yn nyddiau Hywel Dda?

> Hawddfyd i'r amser bu Howel Dda ei arfer,
> Yn farnwr cyfiawnder, eglurder iw glod;
> Materion y Cymru a gae ddechreu, a diweddu,
> A'i barnu heb eu darnu'n 'r un diwrnod.

O blith y cyfreithwyr yr hanai llawer o'r stiwardiaid tir a frigodd yn ystod oes y Stiwartiaid Diweddar. Disgwylid iddynt gyflawni amryfal orchwylion dros eu meistri: sicrhau ffyniant economaidd ac ariannol y stad, gofalu bod llewyrch ar eu daliadau, a chasglu rhenti'r tenantiaid a'u pleidleisiau mewn etholiadau lleol. Cynyddodd eu cyflogau'n sylweddol erbyn canol y ddeunawfed ganrif. Rhwng 1688 a 1701, amrywiai cyflog stiward teulu Myddelton o'r Waun rhwng £35 a £45 y flwyddyn. £40, ynghyd â'i fwyd a'i lety, oedd cyflog David Bennet, stiward Margam yn y 1660au, ond pan gymerwyd y swydd gan Hopkin Llewellyn ym 1765 cynigiwyd £120 y flwyddyn iddo am ei wasanaeth. Ac eithrio meistri tir llygadog, nid oedd neb yn barod i ganmol y stiward erbyn canol y ddeunawfed ganrif. 'Gwŷr stwrdi' oeddynt, yn medru 'sugno mêr' o esgyrn eu tenantiaid heb deimlo mymryn o gywilydd. 'Os digiwch ystiward,' rhybuddiai Twm o'r Nant, 'chwi gewch eich andwyo'. Fel hyn y cyfeiria Lewis Morris at y stiward yn ei 'Ddeg Gorchymyn y Dyn Tlawd':

> Addola'r Stiwart tra bych byw,
> Delw gerfiedig dy Feistr yw;
> Mae Stiwart mawr yn ddarn o Dduw.
>
> Dos tros hwn trwy Dân a Mwg,
> Gwilia ei ddigio rhag ofn drwg;
> Gwae di byth os deil o wg.

Pan oedd Howel Harris yn pregethu yng Nghwrt Herbert, ger Castell-nedd, ym 1745, bu stiward y stad mor ddigywilydd ag atafaelu chwech o geffylau'r gwrandawyr yn lle rhent y ffermwr a oedd biau'r cae. Ystyrid y stiward yn 'fil gwaeth na meistr', a theg cofio bod rhai o'r stiwardiaid mwyaf milain ym Morgannwg a Mynwy yn barod i danio eiddo tenantiaid er mwyn sicrhau teyrngarwch llwyr i'w hewyllys. Nid oedd eu hawdurdod yn y trefi fymryn llai. Yr oedd gafael Gabriel Powell, Cofnodwr Corfforaeth Abertawe a stiward Dug Beaufort, mor dynn ar faterion y fwrdeistref fel y cyfeiriwyd ato fel 'Brenin Abertawe' ar achlysur ei farwolaeth ym 1789.

O droi at y meddygon, gwelwn mai tras fonheddig a oedd iddynt hwy'n amlach na pheidio. Dewisai'r ablaf a'r mwyaf dysgedig yn eu plith ymsefydlu yn Llundain, gan adael Cymru'n brin iawn o feddygon galluog. Dringodd Syr Thomas Williams (m. 1712) o Langasty, Brycheiniog, i frig yr ysgol feddygol drwy ennill swydd fel meddyg i Siarl II ac Iago II, ac enillodd Syr Noah Thomas (m. 1792), mab i gapten llong o Gastell-nedd, fri fel meddyg Siôr III. Troes eraill i'r Cyfandir. Collwyd sawl meddyg medrus a thyner megis Thomas Wynne o Gaerwys ac Edward Jones o'r Bala pan ddenwyd Crynwyr Cymru gan Arbrawf Sanctaidd William Penn ym Mhennsylfania yn y 1680au. Achosodd hyn i gyd brinder affwysol o feddygon trwyddedig yng Nghymru: nid oedd ond pump ym Morgannwg ac un yn unig ym Môn yng nghanol y ddeunawfed ganrif. Y mae'n arwyddocaol mai dim ond dau gymeriad Seisnig sydd ym *Mhedair Colofn Gwladwriaeth* Twm o'r Nant: y Meddyg a Marwolaeth. O ganlyniad, nid oedd fawr o wahaniaeth ymarferol rhwng y meddyg a'r apothecari, gan mai gwaedu, pothellu ac agor cornwydydd oedd prif feddyginiaethau'r naill a'r llall. Serch hynny, enillodd gŵr fel Richard Evans (m. 1742) o Lannerch-y-medd glod a ffafr teuluoedd Môn ar bwys ei ddawn fel meddyg, bardd, ieithydd a cherddor. Pan fu farw o glefyd, mynegodd Thòmas Ellis, rheithor Caergybi, nid yn unig ei siom personol ond hefyd golled ei gyd-Fonwysion: 'Y Doctor Evans druan! dyna anferth golled bendith Thuw gida phob migwrn ac ascwrn o hono'. Ond eithriad oedd Evans, oherwydd yr oedd yn fwy ffasiynol i ddilorni meddygon gwlad ymhongar. Caent anair cyson gan bobl gyffredin am fod eu dulliau'n chwerthinllyd o gyntefig ac am mai pris isel iawn a roddent ar fywyd dynol.

Amrywiai statws a chyflog athrawon ysgol. Fe'u telid yn dda yn yr ysgolion gramadeg oherwydd parodrwydd tirfeddianwyr neu fasnachwyr cyfoethog i gynnig nawdd ariannol. Ugain punt y flwyddyn oedd cyflog Walter Stradling, prifathro cyntaf ysgol ramadeg y Bont-faen, ym 1609. Ym 1731, enillai athro yn ysgol ramadeg y Bala £18.12s.0d. y flwyddyn am ddysgu 30 o ddisgyblion. Gelwid am safonau moesol uchel wrth gynnig y swyddi brasaf. Pan agorwyd Ysgol Rydd Trefynwy ym 1615, cafodd y prifathro addewid o £60 y flwyddyn ynghyd â thŷ, a dywedwyd wrtho y gellid ei ddiswyddo am fod yn absennol am fwy na 30 diwrnod mewn blwyddyn neu am feddwdod, godineb a diofalwch mewn pethau crefyddol. Llai o lawer oedd dogn is-athrawon: £20 oedd cyflog Lewis Evans, dyn 'onest a diwyd' a chyfieithydd medrus a wasanaethai yn ysgol ramadeg Caerfyrddin ym 1720, a thua'r un cyfnod enillai is-athro ysgol Biwmares £13.6s.8d., sef hanner y gyflog a roddid i'w bennaeth. Drwy dynnu ar beth o'r cyllid a atafaelwyd o goffrau'r Eglwys, llwyddodd llywodraethwyr Deddf Taenu'r Efengyl yng Nghymru (1650-3) i gynnig uchafswm o £40 y flwyddyn i'w hathrawon. Ond methwyd â chyrraedd y nod honno pan sefydlwyd ysgolion elusennol yn oes y Stiwartiaid Diweddar: dim ond gyda nawdd boneddigion y gellid cynnig mwy na £10 i hyrwyddwyr y tair 'R', ac erbyn oes Griffith Jones lleiafswm pitw o £3-4 y flwyddyn a gynigid i'r athrawon teithiol.

Anodd cyffredinoli ynghylch cyfoeth a statws yr offeiriaid yn ystod y cyfnod hwn. Ymhlith yr uwch-glerigaeth, ceid ymgiprys parhaus am ddyrchafiad. Gan fod y mwyafrif ohonynt yn hanu o deuluoedd bonheddig ac wedi derbyn addysg brifysgol, mynnent gael y swyddi brasaf. Fel yr âi oes y Stiwartiaid yn ei blaen, llenwid llawer o'r swyddi pwysicaf gan 'estroniaid ystryw anwiw', chwedl Edward Morris, a byddai'r rheini'n gosod curadiaid di-lun i wasanaethu drostynt. Erbyn dechrau'r ddeunawfed ganrif, yr oedd tua hanner y penodiadau i'r eglwys gadeiriol yn Nhyddewi a thua thraean y penodiadau i Lanelwy yn Saeson. Dywedid yn aml amdanynt nad oedd neb yn fwy eu rhaib a'u bariaeth. Nid ymboenent ynghylch lles ysbrydol eu preiddiau, a diddim ganddynt oedd gwerthoedd diwylliannol Cymru.

Yr oedd yr is-glerigwyr yn resynus o dlawd. Yn raddol, ac yn enwedig ar ôl diddymu'r mynachlogydd, llithrodd cyfran helaeth o dir yr eglwys i ddwylo lleygwyr, yn enwedig yn esgobaethau Tyddewi a Llandaf. Erbyn dechrau'r ddeunawfed ganrif, yr oedd y ddwy esgobaeth hynny gyda'r tlotaf yn y deyrnas. Yr oedd chwarter o fywiolaethau Tyddewi yn dal i gynnig llai na £10 y flwyddyn i'w hoffeiriaid. Fel arall yr oedd hi yn y Gogledd. Gan na reibiwyd meddiannau'r Eglwys i'r un graddau yno, yr oedd y mwyafrif o fywiolaethau Bangor a Llanelwy yn werth rhwng £50 a £100 y flwyddyn. Ymhlith deiliaid y rhain ceid safonau pur uchel: ymdeimlent â'r fraint o gael gwasanaethu fel offeiriaid, ceisient berswadio dynion pechadurus i newid eu buchedd, cyflawnent eu dyletswyddau eglwysig yn ddiymhongar ac mewn ysbryd mwyn, defnyddient yr iaith Gymraeg yn gyson yn y pulpud, ac ymddiddorent yn llenyddiaeth a hynafiaethau eu gwlad. Yn is na hwy, ceid corff niferus o guradiaid yn rhygnu byw ar gil-dwrn o gyflog. Yr oedd y distadlaf ohonynt mor dlawd â llygoden eglwys. Er mwyn chwyddo'u dogn pitw, fe'u gorfodid i wasanaethu tair neu bedair eglwys neu ymgymryd â gorchwylion eraill, megis darparu ychydig addysg mewn ysgol leol neu arddio llain o dir. Fe'u dirmygid oherwydd eu tlodi a'u hanallu i wisgo ac i ymddwyn yn y dull a weddai i wŷr o'u galwedigaeth hwy. Soniai Richard Graves yn ei gerdd *The Spiritual Quixote* (1770) am y person Cymreig 'â'i fywoliaeth fras, *sans* esgidiau, *sans* hosanau, *sans* llodrau, *sans* popeth'. Gan mor denau oedd eu byd, torrai rhai eu calonnau, gan droi at fân bleserau, 'brwysgo ar draws tafarnau', a byw bywyd cwbl annheilwng.

Amrywiai amgylchiadau tymhorol gweinidogion Anghydffurfiol yn ogystal. Yr oedd rhai ohonynt yn llwm iawn eu byd yn ystod cyfnod yr 'Erlid Mawr': dibynnai Marmaduke Matthews (m. 1683?) o Abertawe ar ei blant, ei berthnasau a'i gyfeillion am foddion cynhaliaeth, a chan mai 'dogn bychan' a gâi James Owen (m. 1706), Aber-nant, ymroes i gadw academi er mwyn cael y deupen ynghyd. Eto i gyd, yr oedd nifer o bobl annibynnol a chysurus eu byd yn eu plith. Hanai David Penry (m. 1721?) o deulu urddasol Plas Llanedi, ac o gyff Philippiaid Pictwn y deuai Daniel Phillips (m. 1722). Mab i sidanydd oedd Stephen Hughes (m. 1688), a thirfeddiannwr cefnog oedd Rhys Prydderch (m. 1699) o Ystradwallter. Fel y pylai min erledigaeth yr Eglwys, cododd mwy o weinidogion cysurus eu byd, llawer ohonynt yn ffermwyr neu'n grefftwyr. Etifeddodd Christmas Samuel (m. 1764), gweinidog Pant-teg, dir helaeth ym mhlwyf Abergwili, ac yr oedd Jencin Jones (m. 1742), 'apostol yr Arminiaid yng Nghymru', yn fab i of a rhydd-ddeiliad cefnog o Lanwenog, ac yn

40

ddigon cefnog i fedru prynu'r tir lle codwyd capel Llwynrhydowen, yr eglwys Arminaidd gyntaf yng Nghymru, ym 1733. Llwyddodd rhai ohonynt i chwyddo'u daliadau a'u hincwm drwy briodi'n ddoeth. Ac er mwyn cynorthwyo'r gweinidogion tlawd a ddibynnai ar ewyllys da eu cynulleidfaoedd agorwyd cronfeydd gan yr Annibynwyr, y Presbyteriaid a'r Bedyddwyr yn Llundain i gynnig cymorth ariannol i'w galluogi i fyw ac i efengylu. At ei gilydd, gwŷr diwylliedig a gwybodus oedd yr Hen Anghydffurfwyr, pobl hael eu cymwynas i fudiadau elusennol a diwylliannol, mawr eu gofal dros eu cynulleidfaoedd, a pharod i bregethu, fel y gwnâi Stephen Hughes, am fod 'un enaid yn werthfawrocach na'r byd i gyd'.

Yr oedd clymau rhwng haenau canol y gymdeithas, yn enwedig rhwng yr uwch-glerigwyr, y cyfreithwyr, y swyddogion sifil, y meddygon a'r masnachwyr. Er nad yw hyn yn wir amdanynt oll, eto i gyd y mae nodweddion cyffredinol i'w canfod mewn llawer iawn o achosion. Ymwthio oedd un o'r rhai pennaf. Eu nod oedd cyfranogi o'r un breintiau a safonau byw â'r boneddigion. Honnai Twm o'r Nant eu bod yn ymelwa'n gyflym ac yn ymbarchuso yn sgîl hynny:

Y cyfreithiaid a'r personiaid
A'r siopwyr a'r apothecariaid
Yn dwyn hynny allent o diroedd cu
I'w gwinedd gael gwasgu'r gweiniaid.

'Pwy ŵyr,' gofynnodd Lewis Morris i'w frawd Richard, 'pa beth a eill ddigwydd oddiwrth ymrwbbio yn y bobl fawr?' Tybiai nai Lewis Morris mai gŵr barus oedd ei ewythr, yn addoli arian 'fel yr Israeliaid efo'r llo aur ers llawer dydd'. 'Nawdd Duw meddaf,' oedd cyffes euog Lewis ryw dro, 'rhag dodi fy mryd yn rhy ddwys ar arian'. Manteisiai offeiriaid ar bob cyfle i gynffonna o gwmpas boneddigion y plwyf mewn tafarnau, lle, yn ôl Roger Kynaston, rheithor Llanfechain ym 1729, 'ni ddysgant fawr ddim arall ond egwyddorion drwg neu arferion anghymedrol'. Ystyrid pob masnachwr neu feddyg a geisiai wisgo'n well na gŵr bonheddig yn newydd-ddyfodiad hurt a beiddgar:

Gwna falchder i waelion ddynwared bon'ddigion,
Ymroi i fynd yn wychion arwyddion dirâd;
Myfyrio ar oferedd a chwennych Anrhydedd,
Yn lle iawn ymgeledd a'u galwad.

Er bod rhai ohonynt yn wŷr medrus a chydwybodol, ac yn fawr eu sêl dros fuddiannau diwylliannol ac ysbrydol y wlad, yr oedd eraill

41

yn mynd yn llai Cymreig eu hysbryd a'u cydymdeimlad. Wrth i atyniadau Llundain a phethau Seisnig ddenu eu bryd, diystyrent ddiwylliant poblogaidd gwladwyr cyffredin. Honnai Thomas Jones yr Almanaciwr fod crachfoneddigion yn tystio nad oedd 'eu safnau yn drefnus heb Saesneg neu Ladin ar eu min', ac atynt hwy hefyd y cyfeiriai William Morris pan gyffesodd fod 'mwy o goegni a mursendod ffiaidd yn perthyn i'n pobl ein hun na'r gwaethaf o blant Alys'.

Erbyn canol y ddeunawfed ganrif, yr oedd yn ffasiynol ledled Ewrop i werinwyr edrych mewn dirmyg ac atgasedd ar rai o'r elfennau hyn. Os yw llenyddiaeth boblogaidd yn ddrych cywir o feddylfryd pobl gyffredin, gwelir o'i darllen y bernid mai gwŷr bolrwth a diog oedd offeiriaid, ffyliaid anwybodus oedd meddygon, gormeswyr celwyddog oedd cyfreithwyr, gelenod oedd swyddogion sifil, ac usurwyr llygadog oedd masnachwyr. Yr un dynion oedd y drwg yn y caws yng Nghymru, a hwyrach fod y dicter a fudlosgai tuag at 'y cedyrn trawsion' yn disgyn bellach ar yr haenau canol. Yn nhyb y Cymry, gwŷr barus a disymud oedd yr uwch-glerigaeth. Credent mai rhai trwsgl ac anwybodus oedd meddygon a photicariaid, a'u bod yn fwy tebygol o yrru dyn i'r nefoedd cyn ei amser nag oedd unrhyw offeiriad! Rhai crafangus a rhodresgar oedd cyfreithwyr, yn disgwyl eu cyfle i gynilo golud a thwyllo gwerinos. Arllwysid atgasedd arbennig ar ben masnachwyr anfoesol a fradychai hanfodion yr hen gyfundrefn dadol yn eu hawydd i daro'r fargen orau. Câi Twm o'r Nant hwyl anghyffredin yn goganu'n finiog-odidog wendidau Siôn Lygad-y-Geiniog a Rhinallt Ariannog, ac yn ystod degad olaf y ganrif cyhoeddodd yr Anghydffurfiwr radical, Thomas Roberts, Llwyn'rhudol, fod tri math o ddynion 'nad oes angenrhaid mawr amdanynt', sef personiaid, meddygon a chyfreithwyr.

Yr Iwmyn a'r Hwsmoniaid

Nid oedd bwlch mawr rhwng yr haenau canol ac iwmyn cefn gwlad. Term hyblyg iawn oedd y gair 'iwmon', ac erbyn diwedd yr ail ganrif ar bymtheg fe'i defnyddid i ddisgrifio ffermwyr mawr a mân. At ei gilydd, yr oedd yr iwmon, fel prydleswr neu rydd-ddeiliad, yn ddyn cyfoethocach a mwy annibynnol ei fyd na'r hwsmon. Dibynnai statws iwmon yn y gymuned leol ar ddau beth: yn gyntaf, presenoldeb neu ddiffyg presenoldeb teulu bonheddig sefydlog yn ei ardal, ac yn ail, parodrwydd ei gymdogion i siarad yn ffafriol ac yn edmygus amdano. Er bod eu cyfoeth yn amrywio o ardal i ardal, tueddai'r iwmyn i fod yn ffermwyr sylweddol a allai sefyll ar eu sodlau eu hunain. Drwy brynu, lesu a chyfnewid tir, ymdrechu dyfal a chynilo parhaus, llwyddent i sicrhau eu hannibyniaeth. O osod trefniadaeth dda ar eu stadau, gallai'r uchelgeisiol yn eu plith oresgyn gwasgfeydd economaidd ac ennill statws uwch. Un enghraifft dda yw teulu Bennett o Ben-rhys, Bro Gŵyr: ym 1546 hwsmon oedd William Bennett, ond erbyn 1587 yr oedd ei fab, John, yn iwmon sylweddol. Erbyn 1638 yr oedd ei ŵyr, William, wedi ennill ei le yn y gymdeithas fel gŵr bonheddig parchus. Serch hynny, rhaid cofio bod eraill o blith yr iwmyn yn dioddef anawsterau ariannol dybryd, ac yn disgyn i rengoedd yr hwsmoniaid neu'r llafurwyr.

Daliai iwmyn swyddi pwysig mewn llywodraeth leol, yn arbennig fel wardeiniaid eglwys, cwnstabliaid ac arolygwyr y tlawd a'r priffyrdd. Gwasanaethent yn rheolaidd ar reithgorau llysoedd y Sesiwn Fawr a'r Sesiwn Chwarter. Gan amlaf yr oeddynt ar delerau lled gyfeillgar â'r boneddigion. Yn wir, yr oedd eu parch a'u hedmygedd tuag at wŷr bonheddig yn eu symbylu i efelychu eu dull o fyw. Nid peth anghyffredin oedd gweld iwmon yn hawlio cystal, onid gwell, llinach nag ysweiniaid llawer cyfoethocach nag ef. Tystia baledi'r ddeunawfed ganrif fod eu nifer ar gynnydd, ynghyd â'u gallu i herio statws y mân foneddigion. Gwisgent grysau lliain llachar, crysbeisiau lliwgar o frethyn, capiau o frethyn llawban, hosanau gwlân ac esgidiau lledr. Yr oedd eu tai yn drigfannau pwrpasol a chysurus, a gallent fforddio prynu gwelyau plu, matresi, clustogau, gobenyddion a blancedi yn ogystal â chistiau, cypyrddau, byrddau, trestlau a chadeiriau. Yn y gegin ac ar yr aelwyd ceid tecellau haearn, padelli ffrïo, gredyll a chigwain, dysglau, platiau a soseri piwter, a thystia'r rhestr hon o eiddo i allu'r iwmyn trwsiadus i hulio'u byrddau â bwydydd maethlon ac amrywiol. Meddent ar addysg a diwylliant uwch na'r cyffredin. Dengys ewyllysiau'r cyfnod o 1660 ymlaen fod nifer helaeth ohonynt yn medru darllen a thorri eu henwau. Pan ddechreuodd y fasnach lyfrau Cymraeg ehangu, yr oedd yr iwmyn gyda'r tanysgrifwyr mwyaf cyson. Daethant yn asgwrn-cefn i lawer seiat Fethodistaidd. Câi llenyddiaeth a materion yr enaid le o bwys ar eu haelwydydd a chyfrannent yn ôl eu gallu i bob achos elusennol yn eu cylch.

Safai'r hwsmon ychydig islaw'r iwmon, ond yn uwch na'r

43

llafurwr, ar y raddfa gymdeithasol. Amrywiai maint ei eiddo, ei incwm a'i safon byw o ardal i ardal. Gallai hwsmon feddu ar rhwng pump a hanner cant o erwau, ac ar y tir hwnnw cadwai wartheg, defaid, geifr a moch. Y cyfnod prysuraf yn ei fywyd oedd y misoedd rhwng Mai a Medi. Er bod aredig, gwrteithio, tocio a thorri ffosydd yn cael sylw dyledus yn ystod y gaeaf, nid oedd cymaint o wasgfa y pryd hwnnw. Hunan-gynhaliaeth oedd unig nod llawer o hwsmoniaid. Yr oedd y rheidrwydd i gynhyrchu bwyd ac i gasglu arian i dalu rhenti, y degwm, trethi, treuliau bedydd, priodas a chladdedigaeth, ynghyd â chyflawni gwasanaethau traddodiadol yn ôl gorchymyn y meistri tir, yn boen wastadol iddynt. Pan oedd chwyddiant ar ei anterth yn y cyfnod cyn y Rhyfel Cartref, disgynnodd llawer ohonynt i blith y llafurwyr tlawd. Yn ystod oes Elisabeth, honnai George Owen fod cyflwr y tenant bach yn bur argyfyngus: 'yn awr,' meddai, 'y mae byd y tenant tlawd wedi newid cymaint fel ei fod yn ofni ei gymydog barus gymaint fel y bo raid iddo erfyn ar ei arglwydd am les newydd ddwy neu dair blynedd cyn i'w les ddirwyn i ben, a byw o'r bawd i'r genau am lawer blwyddyn cyn casglu'r arian ynghyd'.

Clodforid yr hwsmon yn aml gan feirdd fel un o sylfeini'r wladwriaeth: hebddo, mynnai Elis y Cowper, 'nid oes na byw na bod'. Ond blin iawn oedd eu tynged. Dygnwch, dyfalbarhad a chynildeb oedd prif nodwedd eu bywyd. Ni pheidiai'r caledwaith, fel y tystiodd Huw Jones:

> Gwrando gristion, air gan hwsmon,
> Sy'n llawn trallodion llwyr:
> Milain 'meulyd am fy mywyd,
> Riw hyd trwy fore a hwyr.
> Nid oes terfyn un pen i'r flwyddyn,
> Ar fy ngorchwylion digon dygyn.
> Sy'n llinyn yn fy llaw:
> Pan fwy 'mron gorphen, un gwaith yn llawen,
> Y llall a gyfyd ar ei gefen,
> Heb ddiben arno a ddaw.

Ar brydiau, llwyddai hwsmoniaid i ddal swydd cwnstabl y plwyf, ond at ei gilydd nid oedd ganddynt lais yn nhrefn pethau. Cyfyngid eu dedwyddwch i'r penwythnos a'r prif wyliau eglwysig, a melys iawn y pryd hynny oedd cael cyfle i fwynhau cwmnïaeth ddifyr. Erbyn y ddeunawfed ganrif, sut bynnag, yr oedd nifer cynyddol ohonynt yn brwydro yn erbyn eu hanfanteision drwy ymroi i ddysgu darllen yn yr ysgolion cylchynol.

Y Crefftwyr

Os ystyrid yr hwsmoniaid yn asgwrn-cefn y gymdeithas wledig nid oedd y crefftwyr fymryn yn llai pwysig. Yn wir, yr oedd yn rhaid wrthynt. O'u llaw hwy y deuai offer fferm a dodrefn tŷ, a'r rheini bob amser wedi'u saernïo mewn dull syml, effeithiol a deniadol. Gwaith llaw oedd gwaith y crefftwr, ac yr oedd enw da i seiri, gofaint, cryddion, gwehyddion, cowperiaid, turnwyr ac eraill am eu medr a'u parch at grefft. Amrywient o ran eu statws a'u cyfoeth. Yr oedd llawer ohonynt yn ffermio drwy'r flwyddyn ac eraill yn lladd gwair yn ystod yr haf. Câi rhai gryn anhawster i gael deupen y llinyn ynghyd. Llunio cychod gwenyn oedd prif ffon gynhaliaeth Owen Thomas (m. 1776) o blwyf Henllan, sir Ddinbych, ond er mwyn cadw'r blaidd o'r drws yr oedd yn rhaid i'w wraig a'i blant loffa yn y meysydd a llosgi rhedyn i werthu lludw. Y mae lle i gredu bod llawer mwy o grefftwyr tlawd na rhai cefnog yn sir Gaernarfon erbyn canol y ddeunawfed ganrif, a hynny oherwydd diffyg gwaith. Yr oedd 21 o'r 55 o'r rhai a dderbyniai gymorth tlodion yng Nghonwy ym 1760 yn grefftwyr.

Fwyfwy yn ystod y cyfnod hwn, dylanwadai'r crefftwyr yn drwm iawn ar dwf crefydd a diwylliant yng Nghymru. Tybiai'r diwinydd Richard Baxter fod mwy o wybodaeth grefyddol ganddynt hwy nag a feddid gan hwsmoniaid tlawd. Yn wahanol i hwsmoniaid a llafurwyr, medrai seiri, cryddion a gwehyddion gyflawni eu gorchwylion beunyddiol heb orfod wynebu drycin na blino'n ormodol. Yr oedd ganddynt gyfle i fyfyrio, sgwrsio a dadlau ynghylch pynciau ysbrydol a diwylliannol wrth ddilyn eu crefft. O ganlyniad, adwaenid crefftwyr fel dynion chwim eu meddwl a phraff eu dirnadaeth. O 1660 ymlaen, bu'r crefftwyr yn gefn i Anghydffurfiaeth, gan ymdrechu'n daer i hyrwyddo diwygiadau crefyddol a sicrhau rhyddid barn mewn gwlad ac eglwys. Prynent a darllenent lyfrau Cymraeg, gan greu awydd ymhlith eraill i brynu llyfrau buddiol. Elwodd y mudiad Methodistaidd yn fawr iawn ar ruddin eu cymeriad a'u diwydrwydd di-ball. O'r 23 cynghorwr cyhoeddus y gwyddys rhywbeth amdanynt cyn 1750, gellir nodi tri saer coed, dau of, gwehydd, gwneuthurwr clociau, a llyfr-rwymwr. Ymhlith 56 o gynghorwyr cyffredin, rhestrir pedwar crydd, pedwar gof, dau ddilledydd, dau hetiwr, dau saer coed, cowper a gwehydd. Priodol cofio mai mab i saer oedd Howel Harris, ac mai gwehydd oedd taid John Elias. Bu'r crefftwyr hefyd yn ysbrydiaeth i ddiwygiadau llenyddol y ddeunawfed ganrif. Crefftwyr oedd llawer o faledwyr medrusaf yr oes, a phrydyddent yn ystod eu horiau gwaith yn ogystal â'u horiau hamdden: gwehyddion oedd Owen Gruffydd o Lanystumdwy, Thomas William, Mynydd-bach, a Richard Parry o Ddiserth; cowper oedd Ellis Roberts. Mab i deiliwr oedd almanaciwr cyntaf Cymru, sef Thomas Jones o Gorwen, a da cofio mai meibion i saer coed o Fôn oedd arweinwyr Cymdeithas y Cymmrodorion, sef y Morysiaid. Cyfoethogwyd bywyd diwylliannol bro Morgannwg gan wŷr fel Lewis Hopkin (m. 1771) o Landyfodwg, saer coed, gwydrwr, asiedydd, mesurwr tir, bardd a llenor medrus iawn, ac Edward Evan (m. 1798) o Aberdâr, saer coed a gwydrwr, bardd, llenor, eisteddfodwr a gramadegydd hyddysg. Mae'n werth sylwi'n ogystal mai crefftwyr fel Iolo Morganwg (saer maen) a Thomas Glyn Cothi (gwehydd) fu arweinwyr mwyaf blaenllaw radicaliaeth wleidyddol ar ddiwedd y ddeunawfed ganrif.

Y Llafurwyr

Yn is i lawr na'r crefftwyr a'r hwsmoniaid yn y raddfa gymdeithasol, ceid corff helaeth iawn o lafurwyr. Yr oedd trwch y boblogaeth yn llafurwyr, yn ddyddynwyr ac yn dlodion drwy gydol y cyfnod dan sylw. Caled iawn oedd eu byd. Pennid eu cyflog gan ddeddfau gwlad, a'r bwysicaf ohonynt oedd Statud y Gweithwyr (1563). Ymateb y llywodraeth Duduraidd i chwyddiant, tlodi ac anhrefn oedd y ddeddf hon, a'i phwrpas pennaf oedd plannu gwerth dygnwch ac ufudd-dod yng nghalonnau'r bobl. Yn ôl amodau'r ddeddf, gorfodid pob dyn rhwng deuddeg a thrigain oed nad oedd yn grefftwr ac nad oedd yn ennill mwy na £10 y flwyddyn i wasanaethu fel llafurwr am flwyddyn gron. Gwaherddid gwas rhag symud o'i swydd heb ganiatâd ustus heddwch a thrwydded yn dwyn llofnod cwnstabl y plwyf, y person, a dau benteulu o sylwedd. Pennid uchafswm cyflog y llafurwr am flwyddyn gyfan gan y siryf a'r ustus heddwch, ac ni chymerid chwyddiant ariannol i ystyriaeth. Hyd y gellir barnu, gwnaed pob ymdrech i gadw cyflogau'n isel, a gellid dirwyo a charcharu unrhyw gyflogwr a fynnai dalu mwy na'r uchafswm penodedig i'w weision. Anghyson iawn oedd patrwm gwaith y llafurwyr: effeithid ar eu llafur gan erwinder y tywydd ac ymyrraeth drudaniaeth, clefyd a haint. Go brin y gallai unrhyw lafurwr ddweud bod ganddo sicrwydd gwaith am flwyddyn ar ei hyd. Deuai mwy o gyflog i'w ran yn ystod misoedd prysur yr haf: 6*d.* y dydd a 7*d.* ar adeg cynhaeaf oedd cyflog llafurwyr sir Benfro yn ystod oes Elisabeth. Erbyn canol y ddeunawfed ganrif, yr oedd llafurwyr Morgannwg yn ennill swllt y dydd. Ni thelid pawb ohonynt ag arian parod. Honnai Stephen Hughes ym 1681 fod rhai meistri tir yn twyllo llafurwyr tlawd drwy eu talu 'mewn ŷd ag enllyn gwael, a'i bris tu hwnt i bris y goreu ar y farchnad'. Rhoddid perchyll, ymenyn a chaws i eraill, ynghyd â'r hawl i bori dafad neu fuwch ar dir comin.

Cyfyng a thlawd oedd amgylchiadau'r llafurwyr. Nid oedd gan y mwyafrif ohonynt ddigon ar eu helw i brynu buwch neu fochyn, a dibynnent ar fân orchwylion megis tyfu llysiau, cadw gwenyn a phlethu cewyll er mwyn cael deupen ynghyd. Nid oedd gobaith iddynt am ragor na bywoliaeth fain a digysur. Gweithient yn galed o fore gwyn tan nos, ac yr oedd pob gorchwyl yn waith caled heb fawr foddhad. Yn arw eu gwedd ac yn drwm eu cam, llafurient yn y meysydd ym mhob tywydd, yn sythu gan oerfel, yn ddiferol wlyb yn y glaw neu'n chwysu dan haul eiriasboeth yr haf. Sylwodd George Owen eu bod yn dihoeni'n gorfforol o achos y 'llafur parhaol wrth droi'r tir, llosgi calch, cloddio am lo, a phob math o gaethwasanaeth a llafur trwm'. Llwm a digysur oedd eu dull o fyw: cysgu ond ychydig oriau, bwyta lluniaeth anfaethlon ar frys, gwisgo dillad carpiog, a dim adnoddau sbâr ar gyfer y dydd blin. Hofeli budr a llaith oedd eu cartrefi—tyddynnod dros-dro yn mesur weithiau cyn lleied â 10 metr sgwâr, â muriau o glai neu bridd, toi o frwyn neu wellt, a thwll yn y to i ollwng mwg y tân mawn. Codid y tai bregus a garw hyn yn rhad iawn: llwyddai Thomas ap Evan Griffith o Nanhoron, iwmon ac adeiladydd adeg yr Adferiad, i godi tyddyn am gyn lleied â 35 swllt. Rhyfeddai teithwyr at dlodi ac aflendid y tai. Cyfeiriodd Thomas Pennant at dyddynnod 'tlawd a thruenus' Llŷn yn ystod y 1770au, ac ofnai Gwallter Mechain mai 'trigfannau truenus' a geid mewn rhannau helaeth o Wynedd. Honnai Arthur Young nad oedd tyddynnod Penfro fawr gwell na chabanau cyntefig y Gwyddelod. Oddi mewn i'r tai, moel a bregus oedd y celfi—ambell fainc neu stôl, gwely o wellt, llawr pridd wedi'i orchuddio gan frwyn, a channwyll frwyn i oleuo'r unig ystafell.

Pobl yr ymylon oedd y llafurwyr, heb fawr ddim i liniaru eu doluriau mynych. Ni chynyrchasant unrhyw gorff o lenyddiaeth i ddatgan eu barn am y byd a'r betws, ond tystia'r beirdd i'w cyni a'u rhwystredigaeth. Ofnai Edmwnd Prys, er enghraifft, na fedrai'r llafurwr symud oherwydd y pwn gwastadol a oedd ar ei gefn. Pan oedd chwyddiant ar garlam a chwant gwŷr tiriog am eiddo yn anniwall, dioddefent yn enbyd. Erbyn oes y Stiwartiaid Diweddar, yr oedd rhwng traean a chwarter o'r boblogaeth yn perthyn i haen y llafurwyr. Yn aml, gyrrid hwy yn eu hanobaith i ladrata bara a dillad, er y gwyddent yn iawn pa gosb i'w disgwyl am dorri cyfraith gwlad. Ym 1596, blwyddyn o newyn a drudaniaeth arswydus, crogwyd dau lafurwr o Gaerdydd am ddwyn deg torth o fara. Gwyddai llafurwyr nad oedd ganddynt y modd na'r grym i godi uwchlaw dinodedd llwm ac anfreintiedig eu bywyd beunyddiol. Drwy ddyfalbarhad mawr yn unig, a pheth lwc, y gellid codi megis o ddim. Er mai ychydig yn eu plith a feddai ar yr amser, y cyfle a'r ewyllys i droi at lwybrau addysg a diwylliant, llwyddai rhai ohonynt i oresgyn eu hanfanteision. Dengys ewyllysiau'r cyfnod o 1660 ymlaen fod nifer rhyfeddol o lafurwyr ym Mlaenau Morgannwg yn meddu ar gopïau o'r Beibl a'r Llyfr Gweddi Gyffredin. Llafurwr distadl o Geredigion oedd Thomas Dafydd, ond bu'n ymddiddan 'ynghylch hen sgrifeniadau Cymraeg' yng Ngogerddan gyda'r ysgolhaig disglair Edward Lhuyd, er na bu 'neb erioed mewn cost na thraul i'm hathrawiaethu i, i ddysgu Darllen, nag ysgrifennu ychwaith ond fy mod i, yr hyn ydwyf, yn ôl y talent a rodd Duw i mi'. Cyffesodd Edmund Jones, y gweinidog Anghydffurfiol enwog o Bont-y-pŵl, iddo gael ei 'ddwyn i fynu ond yn unig i Lafurwriaeth, ac i edrych ar ôl Da a Defaid' ond ei fod hyd yn oed y pryd hwnnw wedi 'hoffi Llyfrau'n fawr, yn prynu ac yn benthycca gymmaint ag allai ddyfod attynt'.

Y Tlodion

Ar waelod y llithrigfa gymdeithasol swatiai'r tlodion. Llwm a thrallodus oedd eu bywyd hwy o'r crud i'r bedd: byw o'r llaw i'r genau mewn cabanau oer a thywyll, a heb lygedyn o obaith am wella'u byd neu am fwynhau unrhyw gysuron. Nid oedd ganddynt unrhyw hawliau gwerth sôn amdanynt. O'u plith y deuai llawer o weithwyr diwydiannol yr oes, a manteisiai minteioedd-gorfodi ar bob cyfle i'w rhwydo i wasanaethu yn y lluoedd arfog. Ar adeg rhyfel, yn ôl un tyst, fe'u gosodid 'yn ysglyfaeth i bob dihiryn a fyddai ar geffyl tan enw Trwper'. Ceisient ennill eu tamaid orau y gallent yn wyneb anawsterau aneirif. Yn ganlyniad i'r gwasgfeydd economaidd, disgynnai llawer ohonynt i blith rhengoedd y fforddolion a'r cardotwyr. Gyrrid hwy o'u cynefin gan golledion teuluol, dyled, tân, cyni a diweithdra. Ofnid hwy yn ddirfawr gan yr awdurdodau. Yn eu tyb hwy, dihirod ysgymun—'cenhedlaeth felltigedig'—oedd y fforddolion, gwŷr a gwragedd a oedd wedi ymwadu'n llwyr â'r uned deuluol. Nid oedd ganddynt unrhyw alwedigaeth neu safle yn y gymdeithas, ac fe'u cyhuddid ym aml o gludo haint ac afiechyd, o wrthryfela yn erbyn y drefn wleidyddol neu o hybu achos y Pab drwy gynllwyn. Anogid ustusiaid a chwnstabliaid i gadw llygaid barcud arnynt. Gyrrid gwarantau at brif gwnstabliaid pob cantref bob blwyddyn yn gorchymyn iddynt oruchwylio'r dasg o baratoi rhestr o lafurwyr, gweision heb feistri, pobl dlawd a methedig a ddibynnai ar y plwyf, fforddolion, crwydriaid, cardotwyr, tyddynwyr a phlant dibrentisiaeth. Prin iawn oedd unrhyw ymdeimlad o dosturi tuag at ddihirod crwydrol. Gellid eu rhestio, eu chwipio hyd at waed, ac os oedd perygl iddynt fynd yn faich ar y plwyf eu tywys yn ddiymdroi yn ôl i'w cynefin.

Cymhellion digon cymysg a oedd gan y wladwriaeth wrth geisio lleddfu beichiau'r tlawd. Drwy ddarparu gwaith ar gyfer y tlodion, gellid hybu'r economi; drwy ateb eu cwynion, gellid osgoi terfysg a gwrthryfel; a thrwy liniaru eu gofidiau, gellid eu cael i ufuddhau i genadwri'r Grefydd Ddiwygiedig. Drwy gydol y cyfnod hwn ceisiai'r Llywodraeth wahaniaethu rhwng segurwyr diedifar a'r rhai gwir anghenus. Yn ôl dwy Ddeddf Fawr y Tlodion ym 1597 a 1601, disgwylid i'r plwyf fod yn gyfrifol am y methedig, yr hen a'r claf, a rhoddwyd hawl i arolygwyr y tlawd godi treth orfodol er mwyn sicrhau gwaith i'r di-waith, addysg a phrentisiaeth i blant tlawd, a swcr i anafusion y gymdeithas. Parhaodd y ddeddf hon mewn grym yn Lloegr am yn agos i 250 o flynyddoedd, ond nis gweithredwyd yn effeithiol yng Nghymru cyn ail hanner y ddeunawfed ganrif. Hyd hynny, disgwylid i gymdeithasau bychain gynnal eu beichiau eu hunain yn yr hen ddulliau traddodiadol. Dibynnai'r tlodion ar wŷr bonheddig am elusennau megis gofalu bod ysgolion a thlotai ar gael, a byddai'r boneddigion hefyd yn rhoi cyfle i blant tlawd fwrw cyfnod o brentisiaeth, yn gosod tyddynnod i'w cartrefu neu'n neilltuo rhan o ardreth eu hetifeddiaeth er mwyn cynorthwyo'r anafus, neu'n rhannu torthau bychain neu flychau o flawd wrth ddrws yr eglwys. Ar adeg y gwyliau eglwysig, câi'r tlawd ymarfer yr hen ddefod o 'hel ynyd', sef bara, caws ac ymenyn, ac i flawta, blonhega a gwlana o dŷ i dŷ. Ym 1716, dywedodd John Jones, deon Bangor, wrth awdurdodau'r S.P.C.K. yn Llundain na chodid treth y tlodion yn sir Gaernarfon, a'i bod yn 'arfer rheolaidd i leddfu baich y tlawd o ddrws i ddrws'. Trefnid casgliadau ar gyfer yr hen a'r afiach yn yr eglwysi. Cedwid 'cist flawd' neu 'gist gymorth' gan ffermwyr sylweddol, a rhennid y cynnwys ymhlith y tlawd ar adeg o ddrudaniaeth a newyn. Weithiau hefyd cynhelid 'pastai gwahodd' i'r tlodion, pan gyfrennid bwydydd gan bob aelod yn ôl ei adnoddau. Mewn cymdeithas fechan glòs, gellid adnabod y tlawd haeddiannol a sicrhau na fyddent yn gwbl ddiymgeledd.

Ni wyddom beth yn union oedd adwaith y tlawd i'w tynged ar y ddaear hon. Cysur digon oeraidd a oedd gan y Piwritaniaid i'w gynnig iddynt: 'nid yw gywilydd bod yn dlawd', meddai Rhys Prydderch, 'felly y dygodd Natur ni i'r byd, ac felly y dychwelwn'. Efallai fod rhai o'r tlodion yn byw mewn gobaith am etifeddiaeth deilwng yn y byd a ddaw. Yng ngeiriau'r halsingwyr:

> Er bod y dyn llwm dan gystudd a phwn,
> Os bydd ganddo ffydd cadwedig a fydd.

Mawr hyderai eraill, fel y tystia Wmffre Dafydd ab Ifan, clochydd Llanbryn-mair, y câi eu gorthrymwyr eu haeddiant:

> Rhaid i'r cryf orthrechu'r gwan
> Rhaid i'r traws gael mwy nai ran.
> Ni lefus y tlawd mewn un fan,
> Ocho-druan gwyno.
> Hyd oni ddelo brawdfa ddydd
> Heb na gwâd, na chêl, na chudd,
> Ac yno ceir clywed y rhain yn brudd
> Yn wylo.

Ceisiai'r awdurdodau ddiddymu unrhyw ysbryd gwrthryfelgar yn eu plith. Dysgid y tlodion i gredu mai ceryddon tadol yr Hollalluog oedd eu cystuddiau, a'r cwbl wedi ei ordeinio er eu lles. Wrth bregethu ar y testun 'Myfi a ddysgais ym mha gyflwr bynnag y byddwyf fod yn fodlon ynddo' i'w braidd yn Llanddeiniolen ar 29 Mai 1720, rhoes Robert Wynne ddarlun byw iawn o safle a dyletswyddau'r dyn tlawd:

> Beth yw tlodi, ond gwisco brethynnau neu ddillad breision, byw ar ffâr deneu, ymborthi yn gynnil, yfed diod fain neu ddwfr allan o bigcin neu phiol bren, ennill ein bara trwy chwys ein talcennau, a llafur ein dwylaw, eistedd ar y pen isaf ir bwrdd, rhoi y llaw ddeheu in cymydog, an hymddwyn ein hunain yn ostyngedig, gan berchi pawb on gwell?

Cyhyd ag y credai'r tlawd mai 'cyflwr iachus' oedd bod heb freintiau a chysuron, nid oedd unrhyw fygythiad i sefydlogrwydd y gymdeithas gyn-ddiwydiannol.

III GWLAD A THREF

Nid cyn ail hanner y ddeunawfed ganrif y dechreuodd teithwyr o Loegr ac arlunwyr proffesiynol ganu clodydd prydferthwch Cymru. Dan ysbrydoliaeth Richard Wilson (m. 1782), Cymro o Benegoes, sir Drefaldwyn, ac un o arlunwyr tirlun enwocaf Ewrop, darganfuwyd cefn gwlad Cymru am y tro cyntaf. Cyn hynny, bu'n ffasiynol ymhlith sylwebyddion, dychanwyr a rhigymwyr o Loegr i ddilorni tirwedd Cymru a chymeriad ei phobl. Yn eu tyb hwy, nid oedd Cymru ond 'cilcyn o ddaear mewn cilfach gefn', chwedl Parry-Williams, gwlad o fynyddoedd ysgithrog llwm, a'i thrigolion yn bobl ddiog ac anwar. Fel hyn y crynhowyd eu teimladau gan Foses Williams ym 1717:

> Tir drwg, meddant, a chul, ac yn difa'i Breswylwyr yw Tir Cymru, rhyw Ddiben Byd gwyllt mynyddig oerllwm, yn llawn Creigiau a Chlogwyni, ail neu waeth nag Anialwch hebffordd, Lle nid erys neb ynddo a ddichon gael y Ffordd allan, ac ni ddychwel neb iddo byth drachefn a ddêl unwaith o hono.

'Mae'n rhyfedd,' cwynai stiward Castell Sain Dunwyd ym 1750, 'pa syniadau sydd gan y Saeson am ein gwlad: fe dybiant mai anialwch ydyw, heb fod yn fawr gwell na thir comin'. Digon dirmygus oedd y farn gyffredinol am bobl Cymru yn ogystal. Soniodd John Leland am 'ddiogi naturiol' y Cymry wrth gofnodi hanes ei daith drwy'r wlad yn ystod y 1530au. Honnodd Fenetiad o'r enw Barbaro ym 1551 fod trigolion Cymru'n ddiog ac yn hoff o ladrata. Pan aeth Francis Willughby ar daith o gwmpas Sbaen ym 1664, daeth i'r casgliad fod y wlad honno'n dihoeni am fod ei phobl 'fel y Cymry a'r Gwyddelod, yn resynus o ddiog'. 'Pen-ôl y greadigaeth' oedd Cymru yn ôl y dychanwr Ned Ward ym 1700, a 'sorod anwar' yn byw 'yn segur a phaganaidd' oedd ei thrigolion.

Gwahanol iawn oedd dehongliad y sawl a adwaenai dir a phobl Cymru yn drwyadl. Cyfeiriwyd eisoes at ymlyniad y Cymry wrth eu bröydd a'u parodrwydd i ganmol eu rhagoriaethau. Tra oedd yn chwysu dan heulwen danbaid Milan yn y 1560au, cofiai Gruffydd Robert yn dda am brydferthwch llonydd ei fam-wlad ac am ei golygfeydd dihefelydd. Canai'r beirdd gerddi dirifedi i

51

diriogaethau ffrwythlon eu noddwyr:

> Canol tir maenol, tramwy anaw,
> Caeau ŷd, gweirdir yn cydgordiaw,
> Cyfleoedd llynnoedd gerllaw—dyffrynnoedd,
> Coed, tiroedd, ffrithoedd yn cydffrwythaw . . .

Erbyn oes y Stiwartiaid Diweddar, yr oedd llysieuegyddion chwilfrydig fel John Ray ac Edward Lhuyd yn dechrau gwerthfawrogi amryliwedd creigiau'r ucheldir, a diwydianwyr anturus fel Syr Humphrey Mackworth yn synhwyro bod cyfoeth o adnoddau naturiol yn naear Cymru. Mewn pregeth danbaid-gyffrous a draddodwyd gerbron Cymdeithas yr Hen Frythoniaid yn Llundain ym 1717, dangosodd Moses Williams ei fod yn gwybod am adnoddau naturiol Cymru, a galwodd ar y boneddigion i gydnabod mai tir hael ei fendithion oedd tir Cymru ac i fuddsoddi'n barod ynddo:

> Onid oes yno Afonydd Dyfroedd o'r gloywaf, a Ffynhonnau a Dyfnderau o'r pereiddiaf yn tarddu allan yn y Dyffryn ac yn y Mynydd? Onid ŷnt yn llawn o Bysgod dewisol a Gemmau o'i Blaenau idd eu Haberoedd? Oni wisgir y dolydd â Defaid, ac oni orchuddir y Dyffrynnoedd ag Yd? Ie, ac onid yw'r Brynniau a'r Mynyddoedd uchaf o honi yn llifeirio o laeth a Mêl? Onid oes yno Amledd o Anifeiliaid ac Adar gwyllt a gwâr dros wyneb yr holl Dir? Onid oes yno Gerrig nadd a Thro tragywyddol, Main mynor o amrafael Liwiau, Glo a Phres? Onid oes yno Ysdinos y gwnaed yr Urael gynt o hono? Onid yw'r Môr yn y Gogledd? Onid Aberdaugleddyf yw'r Porthladd prydferthaf, mwyaf, a diogelaf yn yr holl Fyd?

Ond eithriad oedd canu molawd fel hyn i Gymru, oherwydd ymlyniad wrth fro oedd hoff destun y beirdd. Y mae'n amlwg fod dengarwch eu bröydd yn dal i roi min ar eu synwyrusrwydd. Yn ei gerdd hudolus *Grongar Hill* (1726), honnai John Dyer nad oedd tecach bro na Dyffryn Tywi drwy'r holl wlad. Hiraethai Goronwy Owen am 'feichiog ddeiliog ddolydd ffrwythlon . . . y Fôn fau', a rhodiannai Iolo Morganwg yn ddedwydd ar hyd dolydd 'Gardd Cymru' ym Mro Morgannwg.

Y Patrwm Amaethyddol

Pan fyddai ymwelydd yn teithio drwy Gymru yr adeg honno, yr hyn a welai ar bob llaw fyddai caeau a choed, plasau, ffermydd, tyddynnod a nifer o drefi bychain. Nid oedd fawr o ddiwydiannu wedi digwydd erbyn 1760. Gwlad heb ei chreithio gan byllau glo a thomennydd rwbel oedd Cymru. Bugeilio oedd hanfod economi cefn gwlad, ac ni phrofwyd unrhyw drawsnewid mawr ym mhatrwm amaethyddol a diwydiannol y wlad cyn y bedwaredd ganrif ar bymtheg. Cyn belled ag y gellir cael syniad clir am batrwm cymdeithas, yr oedd Cymru'n dangos yr union nodweddion hynny a welid mewn rhai o wledydd tlotaf Gorllewin Ewrop: diffyg cyfalaf; technoleg amrwd; dulliau aneffeithiol o fasnachu; a gormod o weithwyr heb grefft. Ar ben hynny, rhwystrid unrhyw gynnydd mewn cyfoeth gan natur y tir, yr hinsawdd anffafriol, cynaeafau gwael, afiechyd a haint. O ganlyniad, araf iawn oedd datblygiad yr economi rhwng 1530 a 1760. Dengys Treth Wirfodd 1545 mai gwlad dlawd ac annatblygedig oedd Cymru: ni thalodd y wlad gyfan lawer mwy nag un sir gyfoethog fel Surrey. Amrywiai maint y dreth o ardal i ardal: cyfrannodd siroedd cymharol gyfoethog fel Môn a Phenfro bum gwaith yn fwy yn ôl mil o erwau na siroedd tlawd fel Meirionnydd, Maesyfed a Threfaldwyn. Erbyn 1693, dengys y dreth ar dir mai siroedd Mynwy a Morgannwg oedd y siroedd cyfoethocaf yng Nghymru, ac y mae'n amlwg eu bod hwy wedi elwa'n helaethach ar ddatblygiadau masnachol a diwydiannol nag a wnaethai siroedd gwledig y gorllewin. Gosodwyd treth o £780 ar sir Fynwy a £757 ar sir Forgannwg, ond dim ond £251 a dalwyd gan sir Fôn, £211 gan sir Geredigion a £201 gan sir Feirionnydd. Cynnydd masnachol a diwydiannol yw'r ffactorau pwysicaf a achosodd y gwahaniaeth hwn: yn y siroedd tlotaf, lle'r oedd yr hin yn wlypach, yr hafau'n fyrrach, y tir yn anffrwythlon a'r farchnad yn gyfyng, ni ellid diwallu anghenion lleol heb sôn am hybu'r economi drwy greu cyfoeth.

Sylwodd gwŷr fel George Owen ac Edward Lhuyd fod gwahaniaeth sylweddol rhwng gobeithion amaethwyr yr ucheldir bugeiliol ac amaethwyr y dyffrynnoedd ffrwythlon. Saif mwy na chwarter arwynebedd Cymru dros 1000' uwchlaw wyneb y môr, a brwydrai ffermwyr yr ucheldir yn erbyn dwy anfantais ddybryd: yr hinsawdd anffafriol a natur ddiffrwyth y pridd. Prif nodweddion y tywydd yn y mynydd-dir creigiog a'r gweundiroedd corslyd oedd hafau byrion, tymheredd isel, glaw trwm, eira a rhew, a gwyntoedd cryfion. Bach iawn oedd cynhysgaeth y tir. Gan mai tir moel a charegog oedd llawer o'r ucheldir a'r gweundir, a thrwch o eithin, rhedyn a grug yn cyfrodeddu rhannau helaeth ohono, nid oedd fawr o ffrwythlondeb naturiol yn perthyn i'r pridd. Gosodid ffrwyn dynn ar awydd unrhyw ffermwr i dyfu amrywiaeth o gnydau. Ceirch oedd yr unig rawn a allai ddal ei dir yn gwbl ddiogel ar fynydd-dir uwchlaw mil o droedfeddi, ond gellid tyfu haidd a rhyg yn ogystal yn y mannau hynny lle'r oedd y pridd yn addas. Serch hynny, magu gwartheg a defaid a weddai orau i'r sawl a amaethai ar dir oer a gwlyb y mynyddoedd cribog.

O'r ucheldir moel rhedai prif afonydd y wlad i'r gwastadeddau lle ceid dolydd ffrwythlon a lleiniau helaeth o dir bras. Bendithiwyd ardaloedd megis Bro Morgannwg, Bro Gŵyr, Dyffryn Clwyd, rhannau o Fôn, Llŷn a Phenfro â hin dyner, daear wastad a phridd ffrwythlon. Dan yr amgylchiadau hyn, gellid aredig mwy o dir, tyfu amrywiaeth o gnydau ac arbrofi â dulliau newydd o drin y tir. Ffermio cymysg a dalai orau i amaethwyr y brōydd hyn: tyfid gwenith, ŷd, barlys, rhyg a cheirch, megid gwartheg, defaid, moch a dofednod, ac ar yr arfordir allforid nwyddau amrywiol i orllewin Lloegr, Iwerddon a Ffrainc. Mewn rhai ardaloedd, tyfid pys a ffa, llin a chywarch at nyddu, a hopys at fragu cwrw.

Gwartheg a Gwlân

Er bod gogwydd at ffermio cymysg yn y dyffrynnoedd ffrwythlon, yr oedd y mwyafrif o amaethwyr Cymru'n ddibynnol ar wartheg a gwlân am eu cynhaliaeth. Er na chyfrifid defaid mor bwysig i'r economi â gwartheg, yr oedd eu nifer yn cynyddu o gyfnod y Tuduriaid ymlaen. Yn sgîl y tocio ar fforestydd yr ucheldir, lluosogai diadelloedd o ddefaid a geifr. Ym 1571, amcangyfrifwyd bod gan Morus Wynn o Wedir 1,490 o ddefaid, sef 222 yn fwy nag o wartheg, ar ei wyth fferm yn ffriddoedd Dolwyddelan. Porai 715 o ddefaid ac ŵyn ar stad Mostyn, Gloddaith a Thregarnedd ym 1576. Dibynnai ffermwyr bach yn helaeth arnynt. Rhwng 1660 a 1735, yr oedd diadelloedd o gant a rhagor ym meddiant trigain o ffermwyr Blaenau Morgannwg. Honnodd Lewis Morris ym 1755 fod ffermwyr bach gogledd Ceredigion yn cadw 200 o ddefaid, a'r rhai mwyaf yn cadw 15,000 ac 20,000, 'sef mwy nag a feddai Job ei hun!' Ystyrid defaid yn fwy gwydn na gwartheg, ac yr oeddynt yn rhatach i'w cadw. Gellid eu gadael ar lethrau mynyddig ar drugaredd yr hin:

> Defaid caledion beunydd
> Sydd ym mhob cwr o'r môr i'r mynydd
> Maent hwy'n fuddiol iawn i feddu,
> I'r sawl a'u pryno yn oreu yng Nghymru.

Er y rhoddid gwerth mawr ar ddefaid ar bwys eu cig, gwlân, crwyn a llaeth, ceid mwy o elw o fagu gwartheg. Prynu, magu a gwerthu gwartheg oedd asgwrn-cefn economi Cymru drwy gydol y cyfnod hwn. Câi tirfeddianwyr elw brasach drwy werthu gwartheg na thrwy dyfu cnydau. Ym 1638-9, er enghraifft, cafodd Manseliaid Margam elw o £622.2s.6d. drwy fagu a gwerthu gwartheg o'i gymharu â £354.5s.0d. am eu cnydau. Serch hynny, yr oedd prinder porfa yn broblem barhaus, yn enwedig i ffermwyr bach. Er mwyn cadw'u hanifeiliaid yn fyw, symudent eu porfeydd yn ôl y tymhorau. Rhwng Mai ac Awst gyrrid gwartheg, defaid a geifr i bori tir uchel yr hafod cyn dychwelyd i laswellt yr hendre dros hirlwm y gaeaf. Ond lluosogai eu trafferthion pan ormesid y tir gan Saeson trachwantus. Ar 1 Mai bob blwyddyn, a hynny'n aml ar wahoddiad tirfeddianwyr Cymreig, tywysid mil a mwy o wartheg stôr o siroedd Amwythig, Stafford, Henffordd a Chaerloyw ar draws y ffin i ymbesgi ar diroedd pori Canolbarth Cymru. Dychwelai'r anifeiliaid yng nghanol mis Medi â'u boliau'n llawn a'u meistri ar ben eu digon. Ond os oedd byd y Saeson yn fras, truenus oedd cyflwr tir llafur y Cymry, a chan na fedrid cadw'r mwyafrif o'r anifeiliaid yn fyw drwy'r gaeaf fe'u lleddid yn ystod yr wythnosau rhwng Calan Gaeaf a'r Nadolig.

Yr oedd gwerthu isgynnyrch gwartheg—llaeth, menyn, caws a chrwyn—yn gymorth mawr i ffermwyr i gael dau ben llinyn ynghyd. Cynhyrchwyd 4,080 pwys o gaws a 2,514 pwys o fenyn ar stad Gwedir ym 1624-5, a thua'r un cyfnod amcangyfrifid bod elw blynyddol o £12,000 yn dod o allforio menyn o borthladdoedd Bro Morgannwg i Orllewin Lloegr, Iwerddon a Ffrainc. Cyrchai ffermwyr o bob rhan o'r wlad i werthu a phrynu gwartheg eidion a'u cynnyrch ym mhrif ffeiriau'r haf, yn arbennig y rhai yn Eglwyswrw, Ffair-rhos a Threfyclo. Chwyddid pocedi ffermwyr a phorthmyn fel ei gilydd drwy fargeinio am wartheg duon Môn ac Eryri, gwartheg cochion a chochddu Brycheiniog a Morgannwg, a gwartheg duon hirgorn Penfro.

Bu masnach wartheg lewyrchus yng Nghymru er canol y drydedd ganrif ar ddeg, a pharhaodd y ffyniant hwnnw hyd nes y cwblhawyd y rheilffordd o Nuneaton i Amwythig ym 1856. Daeth oes aur i ran porthmyn Cymru wedi 1540. Un o ganlyniadau pennaf y cysylltiadau gwleidyddol tynnach rhwng Cymru a Lloegr oedd dwyn Cymru fwyfwy i gylch marchnadoedd Lloegr, ac yr oedd y porthmyn yn ddolen gydiol bwysig yn y broses hon. Ac eithrio'r adeg pan gyfyngwyd ar eu gweithgarwch gan amodau Rhyfel Cartref, ni bu pall ar eu llwyddiant. Elwasant yn arbennig ar y galw am gig o blith trigolion trefi poblog fel Bryste, Birmingham, Northampton a Coventry. Ond o Lundain y deuai'r galw pennaf am wartheg stôr. Tyfasai ei phoblogaeth o 60,000 ym 1500 i 675,000 ym 1750. Hi oedd canolfan gyllidol, fasnachol, wleidyddol a diwylliannol y deyrnas. Erbyn 1760, yr oedd porthladd Llundain yn trafod 72% o holl fewnforion Lloegr, a gyrrai ei llongau ei hun i bob cwr o'r byd. Yr oedd galw ei thrigolion am fwyd yn ddiddiwedd, a rhoes hynny ysgogiad sylweddol i holl economi'r wlad. Ym 1725 yn unig, llwyddodd dinasyddion Llundain i fwyta 369,000 chwarter of flawd, 60,000 o loi, 70,000 o ddefaid ac ŵyn, 187,000 o foch, 52,000 o foch sugno, 115,000 bwysel o lymeirch, 14,750,000 o fecryll, 1,398 llond cwch o benfreision, corbenfreision a gwyniaid y môr, 16,366,000 pwys o fenyn, 21,066,000 pwys o gaws a 5,000,000 galwyn o laeth. Cludid lluniaeth a nwyddau o bob math o'r rhanbarthau i Lundain, ac yr oedd porthmyn Cymru'n elfen bwysig yn yr ymdrech ddiderfyn i ddiwallu anghenion y ddinas fwyaf yn Ewrop. Eu cyfrifoldeb hwy oedd prynu gyrroedd o wartheg, defaid a moch a'u gyrru, bob rhyw ugain milltir y dydd, ar hyd gweundiroedd agored, llwybrau gwyllt a ffyrdd rhawtiog Cymru nes cyrraedd pen eu taith ym marchnadoedd a ffeiriau llewyrchus Ashford, Barnet a Bartlemi yn ne-ddwyrain Lloegr.

Anawsterau Ariannol

Y digwyddiad pennaf i effeithio ar natur economi Cymru, yn enwedig yn ystod y ganrif cyn y Rhyfel Cartref, oedd y cynnydd brawychus mewn prisiau. Yn sgîl hyn, daeth galw cynyddol am arian parod a syched anniwall am dir. Golygai'r chwyddiant fod gwerth arian ym 1640 wedi lleihau i un rhan o bump o'r hyn a fuasai ganrif ynghynt. Effeithiodd hyn ar bob aelod o'r gymdeithas, ac yn arbennig ar denantiaid, llafurwyr amaethyddol a thlodion. Wrth fod y galw am dir yn cynyddu, codid rhenti tenantiaid. Gwaeth na hynny, gelwid ar denantiaid i dalu ag arian parod. Cyn oes Elisabeth nid oedd arian parod fel y cyfryw wedi chwarae rhan bwysig ym mywyd pobl cefn gwlad, ond fwyfwy bellach yr oedd cymdeithas yn seiliedig ar gyflenwad arian, ac ar fasnach a diwydiant. Yr oedd gorfod talu rhent ag arian parod yn dreth drom ar adnoddau tenantiaid distadl. Rhwng 1522 a blynyddoedd cynnar teyrnasiad Iago I, talai tenantiaid y Fron-ddu, Dihewyd,

Ceredigion, 6s.8d. o rent y flwyddyn, ynghyd â thâl cymhortha o goron, hwyad o flawd ceirch, dafad, hanner topston o wlân a chwe cheiliog. Ond ym 1621, pan ganiatawyd les o 21 mlynedd i'r tenantiaid am ddirwy o £30 a rhent blynyddol o £4, bu raid dod o hyd i £5.8s.6d. o arian parod ychwanegol. Nid oes dwywaith nad oedd gorfod dygymod ag economi'n seiliedig ar arian yn straen ddychrynllyd ar werinwyr prin eu hadnoddau. Mewn nwyddau y talasent eu dyledion cyn hyn, ond bellach yr oedd angen arian parod arnynt i dalu rhenti, tollau, trethi a dyledion i offeiriaid, cyfreithwyr, siopwyr, masnachwyr a chrefftwyr, yn ogystal â'r meistri tir. Nid profiad dieithr i ffermwr oedd bod heb ddimai goch ar ei elw drwy fisoedd llwm y gaeaf hyd nes y deuai blewyn glas ar ei dir. Talai ei ddyledion yn ôl ei allu yn ystod y gwanwyn a'r haf, ar ôl gwerthu ei anifeiliaid a ffrwyth ei gynnyrch yn y ffeiriau a'r marchnadoedd.

Os bu'r chwyddiant ariannol yn gosb drom i'r werin-bobl, bu'n fendith ddigymysg i foneddigion llygadog ac anturus. Rhoes gyfle iddynt gael gafael ar fwy o dir, ac i elwa ar anawsterau ariannol eu cymdogion a chwyddo'u rhenti. Cynyddodd incwm y Manseliaid o stad Margam o £109 ym 1550 i £1,098 ym 1632. Yr oedd incwm o'r rhenti ar stad Myddeltoniaid y Waun ddeng gwaith uwch ym 1631 nag ym 1595. Serch hynny, câi llawer o foneddigion gryn anhawster i gadw'r ddysgl yn wastad rhwng incwm a threuliau. Er bod lleiafrif yn eu plith yn afradlon wrth geisio byw'n unol â'u hurddas, mae'n wir dweud na fedrai'r mwyafrif ohonynt fforddio gwario'u harian yn ofer. Anghofiwn, weithiau, fod hyd yn oed dirfeddianwyr cefnog yn teimlo gwasgiadau economaidd i'r byw. Dibynnai swm yr arian parod a fyddai ganddynt yn eu dwylo yn rhannol ar drai a llanw amgylchiadau economaidd y dydd, ond yn bennaf oll ar lwyddiant y fasnach wartheg. Pan bwysodd y Cyfrin Gyngor ar Syr John Wynn o Wedir ym 1613 i dalu swm o £365 a oedd yn ddyledus i'r Goron am y farwnigiaeth a gawsai, atebodd Wynn fod pob gŵr bonheddig a feddai ar dir uchel ac anhygyrch yn ddibynnol ar fasnach wartheg lewyrchus a chynaeafau da. Gan fod yr esgid yn gwasgu arno, gofynnodd am bum mis o ras nes y dychwelai'r porthmyn â'u 'sofrins melyn' tua'r Nadolig. Ym 1640, nododd siryf sir y Fflint fod trigolion y sir yn methu'n lân â thalu treth arian llongau cyn adeg ffeiriau gwartheg y Nadolig.

Wrth reswm, talai tirfeddianwyr drethi uwch na neb arall. O 1670 ymlaen, nerthwyd polisi cyllidol y wlad â chnwd o syniadau newydd ynglŷn â sut i drethu'n effeithiol. Amlhaodd trethi uniongyrchol megis y Trethi Aelwyd, Ffenestri a Phôl, ac am gyfnod yn ystod y nawdegau codid treth amhoblogaidd iawn ar fedyddiadau, priodasau a chladdedigaethau:

Fe ranwyd Treth y leni, erioed ni ordeiniodd Duw,
Treth am gladdu'r meirw, a Threth am eni'r byw;
A Threth am ddŵr yr afon, a Threth am oleu'r Dydd,
A Threth am fynd i'r Cwlwm, a Threth am fod yn rhydd.

Y dreth bwysicaf, a'r drymaf, oedd y Dreth Dir a basiwyd ym 1693. Ei phwrpas pennaf oedd sicrhau cynhaliaeth ariannol i'r ymgyrch filwrol yn erbyn byddinoedd gormesol Lewis XIV o Ffrainc. Anogid bonedd a gwreng i uno yn y cwlwm gwladgarol, i gyfrannu'n hael ac i frwydro'n ddiymod dros wlad ac eglwys. Syrthiai pen trymaf y baich ariannol ar ysgwyddau'r tirfeddianwyr, a honnai Huw Morys fod hyn yn sugno ymaith llawer o'u hadnoddau:

Mae achwyn mawr eleni
Rhag talu teyrnged trethi,
A rhegu'r sawl sy'n peri
Tlodi yn codi cas . . .

Da cofio felly fod llawer o freuddwydion eiddgaraf tirfeddianwyr yn cael eu llethu gan drethi a threuliau uchel, cynaeafau mall, effeithiau haint a phla, ymgyfreithio costus a thrafferthion cyllidol eu tenantiaid.

Achosai prinder arian gleision broblemau i'r gymdeithas gyfan. Yng nghanol berw a chyffro'r Rhyfel Cartref, soniodd yr Archesgob John Williams am 'filwyr yn gweiddi'n groch am arian mewn gwlad lle nad yw ar gael'. Prinder arian parod a ysgogodd Thomas Bushell i gyflwyno deiseb i'r brenin Siarl I yn gofyn am ganiatâd i fathu arian yn Aberystwyth ym 1640. O 1648 hyd nes y gwaharddwyd yr arferiad ym 1671, gwnâi siopwyr llawer o drefi marchnad Cymru ddefnydd helaeth o docynnau (gwerth hatling a cheiniog) er mwyn galluogi pobl gyffredin i brynu nwyddau hanfodol. Ond y dull mwyaf poblogaidd o ddatrys y broblem o ddiffyg arian parod oedd talu drwy gredyd. Erbyn oes y Stiwartiaid, er da ac er drwg, yr oedd y gymdeithas gyfan yn pwyso'n drwm ar rwydwaith eang o fenthyciadau a chredyd. Dengys ewyllysiau a gweithredoedd tir fod pob math o bobl, yn enwedig boneddigion, iwmyn, siopwyr, masnachwyr a chrefftwyr, yn benthyca arian sylweddol ar ffurf bondiau, morgeisi a gwystloriaethau. Prif rinwedd y gyfundrefn hon oedd ei bod yn galluogi pobl dlawd i gael dau ben y llinyn ynghyd ac yn rhoi cyfle i wŷr cefnog fuddsoddi mewn anturiaethau proffidiol neu i ymestyn eu tiroedd. Er bod echwynwyr arian ac usurwyr dichellgar yn elwa ar brydiau ar draul eraill, bu'r system o fenthyca arian ar ffurf cyfrif credyd yn waredigaeth i lawer o bobl heb ddim wrth gefn.

Cau Tiroedd

Canlyniad arall i'r chwyddiant ariannol oedd yr ysfa gynyddol ymhlith gwŷr cefnog i ychwanegu at eu tiriogaethau. Canol-bwyntiodd llawer o foneddigion eu hegnïon ar chwyddo'u hincwm drwy larpio tiroedd eglwysig, tresmasu ar dir diffaith y Goron a chau'r tiroedd comin. Prif bwrpas y cau oedd sicrhau rhagor o dir amaethyddol a galluogi'r tirfeddiannwr hirben i droi tir pori'n dir llafur, i sychu corsydd drwy agor ffosydd agored, i lanhau'r tir a chasglu cerrig, i galchu a hadu mewn ardaloedd mynyddig, i fagu anifeiliaid rhywiocach ac i wella safon y ffyrdd. Amrywiai natur a maint y cau o sir i sir, a chynyddai'r broses o gau ucheldir a gweundir Cymru yn ystod oes y Stiwartiaid. Eto i gyd, ni lwyddwyd i newid pryd a gwedd y wlad: yr oedd tua chwarter o dir Cymru'n parhau'n dir comin ar ddiwedd y ddeunawfed ganrif.

Achosai'r cau lawer iawn o gynnen ar brydiau. Âi rhai boneddigion i eithafion er mwyn boddio'u chwant am eiddo. Manteisient ar wendid cymdogion ac anallu gwerinwyr i'w herio mewn llys barn. Nid oedd rhai tirfeddianwyr uwchlaw lladrata tir oddi ar eu cymdogion neu dyngu camdystiolaeth er mwyn profi eu hawl ar eiddo. Dygwyd nifer o achosion yn erbyn Syr John Wynn o Wedir am gau rhimynnau o dir comin, rhwystro mynedfaoedd a dinistrio fforestydd. Cyhuddwyd Syr Richard Bulkeley II ym 1550 o droi nifer o bobl oddi ar eu tir yn Nhre Feibion Meurig a'u gorfodi i fyw 'yn y meysydd agored dan y llwyni'. Ffyrnigwyd trigolion llawer ardal gan drawsfeddiannu gormesol fel hyn, yn enwedig pan ddangosai tirfeddianwyr na falient ffeuen am hawliau neu ddymuniadau pobl gyffredin. Pan geisiodd Iarll Caerlŷr fachu tameidiau o dir diffaith yn arglwyddiaeth Dinbych yn ystod y 1560au, chwalwyd ei wrychoedd a'i gloddiau gan dyddynwyr dicllon. Cododd trigolion Cegidfa ym Maldwyn am bump y bore rywbryd ym 1565 i dynnu'r cloddiau a gaeodd y tir pori a fu gynt yn nwylo Abaty Ystrad Marchell.

Cau'r tiroedd comin oedd prif asgwrn y gynnen, ac y mae lle i gredu bod hyn ar gynnydd wedi 1660. Tystiodd sawl sylwebydd mai cryn gamp oedd dygymod â chastiau anfad 'Cauwyr y Drosfa Gyffredin'. Soniai Stephen Hughes ym 1681 am dirfeddianwyr yn 'twyllo gwirioniaid am eu Tai a'u tiroedd mewn amryw leoedd'. Lluosog iawn yw'r cyfeiriadau mewn baledi a halsingod at 'wŷr caled cas' yn 'malu wyneb y tlawd'. Dyma fyrdwn Ifan Gruffudd o'r Tŵr-gwyn, Ceredigion, ym 1718:

> Llaweroedd y sy'n troi Tŷ at eu Tŷ,
> A maes at eu maes: mae'r rhain yn ddiras.
> Helaethant bob un ei derfyn ei hun:
> Ni phorthir mo'u chwant er cymmaint a gânt.

'Maent hwy'n symud eu cloddie, eu caue a'u cêr,' cytunai Twm o'r Nant, 'onid yw'r mynydd yn llawer meinach'. Gwesgid ar sgwatwyr a thyddynwyr tlawd, gan beri cryn chwithdod a chasineb. Ers canrifoedd, bu pobl gyffredin yn defnyddio'r tiroedd comin hyn i dorri mawn a rhedyn, i gasglu pabwyr a llys, i hel tanwydd ac i bori ambell ddafad neu fochyn. Yn wir, mynnent fod defnyddio'r lleiniau tir hyn nid yn unig yn gymorth iddynt ddal corff ac enaid ynghyd, ond hefyd yn rhan o'u treftadaeth.

Hwsmonaeth Dda

Un o amcanion pennaf yr ysfa am ddwyn ffermydd ynghyd a chau tiroedd oedd sicrhau mwy o gyfle i ffermwyr hel rhagor o gynhaeaf o'u meysydd a gwella safonau amaethu. Ond yr oedd llawer iawn o feini tramgwydd yn rhwystro'r sawl a oedd â'i fryd ar hwsmonaeth dda. Dryllid bwriadau da gan yr hinsawdd oriog, gan unigrwydd y wlad a'i phellter oddi wrth brif farchnadoedd y deyrnas, a chan ddiffyg cyfalaf i ymgymryd â gwelliannau technegol a gwyddonol. Araf iawn y llifai syniadau newydd i mewn i Gymru, a gorchwyl anodd, beth bynnag, oedd perswadio amaethwyr i fabwysiadu dulliau newydd o drin y tir. Dilynent batrwm arbennig wrth ffermio, gan lynu wrth yr un rhigolau o fis i fis ac o flwyddyn i flwyddyn. Ar ddiwedd y ddeunawfed ganrif, barnai'r Arglwydd Ernle fod ffermwyr Cymru'n 'byw, yn meddwl ac yn amaethu' yn union fel y gwnâi eu hynafiaid bum can mlynedd ynghynt. Efallai fod ei ddedfryd yn eithafol, ond rhaid dweud bod grym arferiad, ceidwadaeth a rhagfarn, ynghyd â mesur helaeth o dwpdra a diogi, wedi llyffetheirio cynnydd amaethyddol drwy gydol y cyfnod hwn. Ni châi'r tir chwarae teg gan lawer o ffermwyr. Dibynnent ar fraster naturiol y pridd, a thrwy beidio â chylchdroi cnydau dygid maeth o'r tir a difa'r pridd gorau ar yr wyneb. Dilynai rhai ffermwyr hen draddodiadau ac arferion eu tadau a'u cyndadau, gan wrthod cydnabod rhagoriaeth syniadau'r arbrofwyr. Honnai George Owen fod Cymry gogledd sir Benfro'n codi ceirch am saith neu wyth mlynedd ar yr un maes, yn null eu hynafiaid, am fod 'yr hen rawn' yn well ganddynt na gwenith. Ar hyd y cyfnod hwn bu ceidwadaeth gibddall gwerinwyr yn loes calon i landlordiaid, asiaint a stiwardiaid Cymru. Yn yr un modd, yr oedd olion traul blynyddoedd ar yr offer a ddefnyddid gan amaethwyr. Cyn oes yr ager, dibynnid i raddau helaeth iawn ar nerth braich i gyflawni gorchwylion beunyddiol a gwblheir erbyn heddiw gan beiriannau cyfaddas. Anwastad a thrwsgl oedd yr hen aradr bren, fel y tystiai Huw Morys, ac nid oedd fawr o lun na threfn ar ei chŵys:

> Arnodd o wernen
> A chebystr banhadlen
> A gwadn o gollen a gollodd ei brig
> A chyrn eithin ceinion
> Sydd gan y glân hwsmon
> Anhwylus, a hoelion o helyg.

Fe'i tynnid gan bedwar ych, neu, erbyn diwedd y ddeunawfed ganrif, gan weddoedd cymysg, sef dau ych a dau geffyl. Mor ddiweddar â 1796, disgrifiwyd erydr pren Morgannwg fel rhai 'hen ffasiwn, hir ac afrosgo', ac nid cyn dechrau'r bedwaredd ganrif ar bymtheg y sylweddolwyd gymaint gwell oedd yr aradr ysgafn a'i hystyllenbridd haearn. Serch hynny, parheid i ddefnyddio'r hen aradr bren mewn rhannau diarffordd o orllewin Cymru mor ddiweddar â'r 1870au. Wedi troi'r tir, âi'r ffermwr yn ei flaen i lyfnu ag oged ddanheddog, i fedi'r cynnyrch â chryman, i ddyrnu'r cnwd â ffust a'i nithio â gwagr. Oherwydd prinder cyfalaf a diffyg ewyllys i fentro, ni welodd y cyfnod cyn-ddiwydiannol fawr o newid yn y dull o amaethu.

Rhaid rhoi peth o'r cyfrifoldeb am gyflwr cyntefig amaethyddiaeth yng Nghymru ar ysgwyddau'r tirfeddianwyr. Dadleuent hwy yn aml nad oedd eu dwylo'n rhydd i ymgymryd â gwelliannau gan fod eu stadau dan lywodraeth daliadau hynafol a system o lesi anffafriol. Ond y gwir yw i'r mwyafrif ohonynt ddewis gwario'r arian a oedd ganddynt ar dir ac eiddo, yn hytrach nag ar welliannau amaethyddol. Cyn ffurfio'r Cymdeithasau

61

Amaethyddol yn ystod ail hanner y ddeunawfed ganrif, ychydig iawn o ymdrech a wnaed gan foneddigion i ledaenu gwybodaeth am ddulliau newydd. Fe'u beirniadwyd yn llym gan Foses Williams ym 1717 nid yn unig am anwybyddu posibiliadau'r 'amaethyddiaeth newydd', ond hefyd am nad oedd ganddynt unrhyw weledigaeth ynghylch creu cymdeithas well. Gallasai cyflwr Cymru fod filwaith gwell, meddai, pe dewisai'r 'uchelwyr sy'n tramwy'n ôl ac ymlaen i Loegr yn dwyn Gwrtaith a Hwsmonnaeth y Seison gyd â hwynt i Gymru'. Darperid peth cyfarwyddyd i amaethwyr Cymru yn yr almanaciau Cymraeg o 1680 ymlaen, a bu wiw gan Siôn Rhydderch yn ei Almanac am 1734 dynnu sylw ei gydwladwyr at 'hyfforddiad newydd i wrteithio tiroedd â chlai gwedi losgi, yr hwn a wasanaetha yn lle calch i'r tir'. Ond ni welodd y boneddigion eu cyfle i agor drysau meddyliau eu tenantiaid i awelon yr 'amaethyddiaeth newydd' a oedd yn prysur weddnewid byd yr amaethwr yn Lloegr.

Gan fod y mwyafrif o amaethwyr Cymru'n ddrwgdybus o unrhyw newid, dibynnai unrhyw welliannau amaethyddol ar sêl a brwdfrydedd unigolion ysbrydoledig. Gwelodd y rhai chwim eu meddwl y fantais o ddefnyddio cylchdro priodol, o fabwysiadu gwrteithiau newydd, o droi corsydd yn 'weirglodd ffrwythlon ir' ac o stocio'u stadau ag anifeiliaid rhywiog a dethol. Nid yw'r anturwyr hyn yn niferus, ond gellir nodi cyfraniad pedwar a brofodd o'r mwyniant a'r boddhad, heb sôn am yr elw, a ddeuai o fynd i'r afael â phrif hanfodion yr 'amaethyddiaeth newydd'. Y cynharaf ohonynt, a'r mwyaf llachar ei ddawn ar lawer ystyr, oedd George Owen o'r Henllys. Bron drwy gydol teyrnasiad Elisabeth, ymlafniodd Owen i ddwyn perswâd ar ffermwyr sir Benfro i osod heibio'u harferion cyntefig ac i fanteisio'n llawn ar ffrwythlondeb naturiol y pridd. Dangosodd iddynt sut i sicrhau cnydau trymach drwy drefnu cylchdro effeithiol, drwy wrteithio'r tir â chalch, marl, gwymon a thywod, a thrwy adael i'r tir orffwys i adennill ei faeth. Ond er i George Owen lwyddo i ennyn diddordeb y ffermwyr mwyaf effro eu cyneddfau yn sir Benfro, yr oedd eraill yn rhy ddisymud i ddilyn ei gyfarwyddiadau. Nid yw ei ddylanwad i'w weld yn amlwg ar arferion amaethwyr oes y Stiwartiaid Cynnar. Ar ddiwedd yr ail ganrif ar bymtheg ceisiodd Henry Rowlands, yr hynafiaethydd o Blas-gwyn, Llanedwen, ddwyn sylw amaethwyr Môn at ddulliau newydd o drin a gwrteithio pridd. Cwblhaodd ei *Idea Agriculturae* ym 1704, ond gan na welodd ei waith olau dydd mewn print hyd 1764 bu raid iddo draddodi ar lafar rai o'i syniadau am rinweddau gwahanol briddoedd. Anturiwr goleuedig iawn tua'r un cyfnod oedd Edward Wynne o Fodewryd, Môn. Elwodd Wynne yn helaeth ar arbrofion a welsai ar ffermydd gororau Lloegr, a chasglodd doreth o lyfrau'n ymdrin ag amaethyddiaeth. Aeth ati i adennill tiroedd llwm a'u dyfrhau, i wrteithio â thywod, marl, calch, tail, lludw glo, lludw sebon a huddygl, a thyfu gwenith, barlys, ceirch, rhyg, llin, ffa, pys, meillion, hopys a maip. Erbyn diwedd ein cyfnod un o gefnogwyr selocaf yr amaethyddiaeth fodern oedd Howel Harris, y diwygiwr crefyddol. Gwelodd fod llond gwlad o waith efengylu i'w wneud i ddarbwyllo amaethwyr fod dulliau rhagorach o ffermio i'w mabwysiadu, ac y byddai'n talu'n well o lawer iddynt ymgyfarwyddo â phob datblygiad newydd. Harris a symbylodd foneddigion sir Frycheiniog i ffurfio'r Gymdeithas Amaethyddol gyntaf yng Nghymru ym mis Mawrth 1755, ac ar ei stad gydweithredol yn Nhrefeca gwnaeth ef a'i ddilynwyr ddiwrnod rhagorol o waith drwy hau hadyd da, glanhau a gwrteithio'r tir yn drwyadl, plannu coed a pherllannau teg, a magu anifeiliaid rhywiog.

Nid oedd arloeswyr fel hyn yn lluosog o ran eu nifer, a gormodiaith fyddai dweud iddynt lwyddo i weddnewid patrwm amaethu yng Nghymru. Eto i gyd, erbyn dauddegau a thridegau'r ddeunawfed ganrif, yr oedd rhai o'r syniadau a'r dulliau newydd yn dechrau gafael. Yr oedd y feillionen a rhygwellt yn bur gyffredin ym Mrycheiniog, Bro Morgannwg, Bro Gŵyr a Gwent, a chaniataodd hyn i ffermwyr y broydd hynny dyfu cnydau brasach ar gyfer eu defaid a'u gwartheg. Arwydd oedd hyn o'r ffaith fod rhai gwŷr bonheddig yn barod i neilltuo peth o'u cyfalaf at ddefnydd tenantiaid a oedd yn awyddus i osod trefn amgenach ar eu meysydd. Tystiai hefyd i barodrwydd y tenantiaid, hwythau, i fabwysiadu gwelliannau. Ond rhaid pwysleisio bod y mwyafrif llethol yn rhy dlawd neu ddi-hid i boeni'r naill ffordd na'r llall. Mwy calonogol oedd y datblygiadau yn y Gogledd. Yno, boneddigion Môn a oedd ar y blaen. Defnyddid marl, calch a thywod fel gwrtaith gan foneddigion Môn o'r 1650au ymlaen. Yn ystod y 1680au, ymddiddorai John Owen o Ben-rhos mewn hadau eithin o Ffrainc. Cymysgai William Bulkeley hadau gwair lleol â hadau meillion a maip ar ei stad ym Mrynddu yn ystod canol y 1730au. Fesul tipyn, enillwyd cefnogaeth rhai o dirfeddianwyr Meirionnydd a Chaernarfon, ac erbyn y 1740au heuid meillion, rhygwellt a maip yn rheolaidd ar stadau Mostyn, Wynnstay a

Phenarlâg yng ngogledd-ddwyrain Cymru. Nid oes amheuaeth ychwaith nad oedd stiwardiaid mwyaf carcus a hirben yr oes yn cyflymu'r broses o ennill mwy o dir wedi ei ddiwyllio i dyfu cnydau amrywiol arno, ac yn pwysleisio gwerth hwsmonaeth dda wrth eu tenantiaid.

Rhaid peidio â gorbwysleisio'r datblygiadau a'r gwelliannau hyn. Yr oedd rhwystrau aneirif yn parhau i lindagu byd amaeth yng Nghymru, yn enwedig ymhlith mân ffermwyr a thenantiaid digyfalaf. Gan fod incwm ffermwyr mor fychan ac mor anwadal, ni feiddient wario unrhyw ran ohono ar ddulliau newydd o ffermio, rhag ofn iddynt golli'r cwbl a disgyn i dlodi affwysol. Os prin oedd eu hadnoddau ariannol, yr oedd y tir at eu gwasanaeth yn amrywio o ran ei ffrwythlondeb, a'u hoffer i'w drin yn chwerthinllyd o amrwd. Ni ddeuent i gysylltiad—naill ai drwy brofiad personol neu drwy ddarllen—â'r dyfeisiau technegol diweddaraf, a'u tuedd naturiol oedd glynu'n dynn wrth hen arferion cyfarwydd. Caled a llafurus oedd bywyd beunyddiol y mwyafrif o amaethwyr Cymru: bôn braich oedd piau hi, ac nid oes wiw inni sôn am chwyldro amaethyddol o fath yn y byd yng Nghymru cyn dydd y peiriannau modern.

Datblygiad y Trefi

Er mai bychan oedd maint trefi Cymru drwy gydol y cyfnod modern cynnar yr oedd iddynt bwysigrwydd cynyddol. Datblygasant o ganlyniad i nifer o ffactorau pur gymhleth. Yr oedd cynsail Rufeinig a Sgandinafaidd i rai o fwrdeistrefi Cymru, tra blagurodd mân fwrdeistrefi megis Pwllheli, Nefyn, Llanbedr Pont Steffan a Llan-faes o'r patrwm maenorol a masnachol brodorol. At ei gilydd, sut bynnag, unedau estron a blannwyd yng Nghymru gan frenhinoedd Lloegr neu arglwyddi Normanaidd oedd prif drefi Cymru yn ystod yr Oesoedd Canol. Fel yn achos Croesoswallt, 'Caer fawr i'r Concwerwr' oedd pob un, a'u swyddogaeth bennaf oedd cynnal concwest wleidyddol, gwastrodi brodorion lleol a'u hatal rhag anrheithio buddiannau'r Goron. Ni ellid dal gafael ar y gymuned leol a'i pherfeddwlad heb gastell a thref gaerog yn ei chysgod. Yn ôl George Owen, disgwylid i lywodraethwyr y cestyll fod 'yn barod i ormesu unrhyw ran o'r wlad a fyddai'n debyg o wrthryfela'. Serch hynny, nid yr ystyriaeth filwrol oedd yr unig gymhelliad, nac o angenrheidrwydd y bwysicaf ychwaith, yng ngwneuthuriad y trefi. Ar hyd yr Oesoedd Canol, yn wir o gyfnod y Rhufeiniaid ymlaen, bu cymhellion masnachol, gweinyddol a chrefyddol lawn cyn bwysiced ag ystyriaethau strategol.

Erbyn trothwy'r Uno, yr oedd llawer iawn o hen fwrdeistrefi Cymru'n dihoeni, a'u hadeiladau mewn gwir angen eu hatgyweirio. Syrthiodd tlodi ar rai trefi. Gan nad oedd iddynt swyddogaeth filwrol bellach, collodd eraill eu pwysigrwydd. Ar ei daith drwy Gymru yn y 1530au, sylwodd John Leland mai golwg ddi-raen a thlodaidd a oedd ar lawer o drefi'r wlad. Nychwyd eu hadnoddau gan ryfel, haint, pla a phob math o wasgfeuon economaidd yn ystod yr Oesoedd Canol Diweddar. Nid oedd trefi Cricieth, Caersŵs a Chaergwrle ond cysgod o'r hyn oeddynt gynt. Collodd rhai trefi eu poblogaeth a'u statws oherwydd eu safleoedd anaddas. Diflannodd tref Cenffig yn araf dan bwys tywod y môr gerllaw, a diffeithiwyd Niwbwrch gan luwchfeydd tebyg. Edwinodd llawer o'r hen drefi caerog fel Harlech, Llantrisant a Rhuddlan. Elwodd tref Caerfyrddin ar nychdod Cydweli, ac fel yr ymestynnai ei hawdurdod fel tref sirol a chanolfan fasnachol, dirywiodd y bwrdeistrefi israddol o amgylch Bae Caerfyrddin.

Heddiw, y mae tua 75% o bobl Cymru yn byw mewn trefi, ond dim ond cyfran fechan iawn (dim mwy nag 20% erbyn 1760) a breswyliai mewn tref yn yr oes gyn-ddiwydiannol. Nid oeddynt ddim byd tebyg i'r canolfannau poblog a thrystfawr a grewyd gan ddiwydianaeth y ganrif ddiwethaf. Amrywiai nifer eu trigolion o 300 i 3,000. Pentrefi mawr blêr oedd llawer ohonynt, a gellid cerdded drwyddynt mewn ychydig funudau. Ystyriai George Owen mai Caerdydd oedd 'y dref harddaf yng Nghymru, er nad y gyfoethocaf', ond ni lwyddodd y dref honno i ysgubo ymaith yr hen ffiniau a magu gwedd boblog hyd nes y blagurodd diwydianaeth ar droad y ddeunawfed ganrif. Yn sgîl y mesur o osteg a threfn a ddaeth i Gymru wedi'r Uno, llwyddodd rhai trefi i estyn eu cortynnau. Dechreuodd rhai o'r trefi marchnad— Dinbych, er enghraifft—ymestyn allan o'u hen ffiniau gan ddatblygu maestrefi, ac â threigl amser drefi newydd.

Y dref fwyaf yng Nghymru yn ystod oes y Tuduriaid oedd Caerfyrddin, tref 'deg ei gwedd' a 'da ei chyflwr'. 2,150 oedd ei phoblogaeth ym 1545/63, a seiliwyd ei nerth a'i statws ar ei swyddogaeth fel un o ganolfannau llywodraethol pwysicaf y Goron yn ne-orllewin Cymru. Ym 1536, cydnabuwyd hi fel 'y dref orau ac yng nghanol yr esgobaeth, lle y gweinyddir cyfiawnder y Brenin',

65

ac o fewn ei muriau parheid i letya'r Siecr a'r Siawnsri yn ogystal
â'r holl drefniadaeth weinyddol a chyfreithiol a sefydlwyd gan yr
Uno. Yr oedd iddi nodweddion masnachol ac allforol pwysig yn
ogystal. Manteisiai ar ei lleoliad gwych fel drws i Ddyffryn Tywi
a'r dyffrynnoedd cyfagos, a thystiai ei ffeiriau a'i marchnadoedd
llewyrchus, ei hadeiladau hardd, ei dinasyddion cefnog a'i gildiau
ffyniannus i'w chyfoeth a'i bri.

Tyfodd y mwyafrif helaeth o drefi Cymru yn ystod y ddwy ganrif
wedi'r Uno. Dibynnent i raddau helaeth ar gynnydd yr economi'n
gyffredinol, ar faint a natur yr adnoddau lleol, ac ar eu gallu i ateb
gofynion newydd y gymdeithas. Tyfodd poblogaeth Wrecsam o
1,515 ym 1545/63 i 3,225 ym 1670 fel canlyniad i ddatblygiadau
pwysig yn y diwydiant gwlân. Cynyddodd pwysigrwydd tref Penfro
oherwydd ei chysylltiad agos â masnachwyr Bryste ac Iwerddon, a
thyfodd ei phoblogaeth o 632 ym 1545/63 i 1,202 ym 1670. Tyfodd
Abertawe fel caseg eira yn sgîl cynnydd yn y diwydiant glo a'i gallu
i allforio nwyddau i farchnadoedd pell ac agos: lluosogodd nifer ei
thrigolion o 960 ym 1545/63 i 1,733 ym 1670. Drwy gydol y cyfnod
hwn, elwasai trefi fel y rhain ar sefydlogrwydd gwleidyddol,
awdurdod gweinyddol ac yn bennaf oll ar ffyniant masnachol a
diwydiannol. Yn rhinwedd eu swyddogaeth fel canolfannau
masnach a thrafnidiaeth, y trefi oedd y ddolen gydiol bwysicaf
rhwng y trigolion gwledig a'r gwelliannau economaidd a'r
ffasiynau cymdeithasol a ymdreiddiai'n araf i mewn i Gymru.
Datblygent nid yn unig fel mannau cyfarfod, ond hefyd fel
canolfannau i drafod a dosbarthu defnyddiau crai a nwyddau.

Y Bwrdeistrefwyr

O gyfnod y Goncwest Edwardaidd ymlaen achosai'r ffaith fod
trigolion y trefedigaethau Seisnig yn mwynhau breintiau ar draul y
Cymry gryn ddrwgdeimlad ac anesmwythyd. Ar adeg o wrthryfel
neu orthrwm neilltuol byddai cryn densiwn rhwng y ddwy hil, yn
enwedig yn y trefi hynny lle rhwystrid dyheadau economaidd a
gwleidyddol y Cymry. Yng nghwrs amser, sut bynnag,
ymdreiddiai'r Cymry i fywyd y bwrdeistrefi drwy briodas,
ffafr neu wahoddiad. Drwy ennill breintiau'r bwrdeistrefwr,
gwasanaethent y gymuned fel swyddogion a rheithwyr, gan
efelychu arferion eu cymrodyr o Loegr. Y rheswm pennaf paham
na fu unrhyw atgasedd rhwng gwlad a thref neu rhwng Cymro a
Sais yng Nghroesoswallt oedd nad oedd dim i rwystro'r brodorion

rhag cyfranogi'n llawn o freintiau'r bwrdeisiaid Seisnig. Yn wir, erbyn oes y Tuduriaid cynnar, yr oedd Croesoswallt, er gwaethaf ei lleoliad yn Lloegr, yn Gymreiciach o dipyn na nifer o'r bwrdeistrefi Seisnig a blannwyd ar ddaear Cymru. Ond yr oedd y bwrdeistrefi hynny hefyd yn colli eu gwedd estron. Yng Nghaernarfon, er enghraifft, cythruddwyd y Cymry am genedlaethau gan duedd yr 'estroniaid' Seisnig i wrthwynebu eu hawydd i ennill statws cyfartal â'r trefedigaethwyr. Ond daeth tro ar fyd yn eu hanes yn sgîl y siartrau rhyddfreiniol a ganiatawyd i wŷr Gwynedd gan Harri VII ym 1504 a 1507. Diddymwyd Deddfau Cosb Harri IV, a phan unwyd Cymru a Lloegr ym 1536 yr oedd tynged tref Caernarfon bellach yn nwylo uchelwyr brodorol, megis teuluoedd Gruffyddiaid y Penrhyn, Bwcleiod Baron Hill a Philstyniaid Bers. Mewn trefi eraill yng Nghymru hefyd, llwyddodd Cymry anturus i ennill yr hawl i ymuno â brawdoliaeth y bwrdeistrefwyr. Erbyn 1543, yr oedd chwech o drethdalwyr Aberhonddu yn dwyn enw Cymraeg am bob un a ddygai enw Saesneg. Yn yr un flwyddyn, yr oedd o leiaf hanner trethdalwyr Abertawe'n Gymry. Hyd y gwyddys, dim ond ym mwrdeistref Dinbych y methwyd â thorri monopoli'r bwrdeistrefwyr 'estron' erbyn trothwy'r Uno. Ond, at ei gilydd, yr oedd trefi Cymru yn awr yn nwylo bwrdeistrefwyr a swyddogion o dras fonheddig Gymreig.

Wedi'r Uno, gwelodd gwŷr â chyfalaf ganddynt eu cyfle i brynu eiddo a thai yn y trefi, i agor siopau neu i ennill eu plwyf o fewn urddau'r crefftwyr, i gipio swyddi gweinyddol ac i hawlio parch y gymdeithas drefol fel dinasyddion da. Fel yng nghefn gwlad, safai'r boneddigion yn ddiogel ar y brig. Wedyn deuai corff sylweddol o fasnachwyr, siopwyr a chrefftwyr, cnwd o gyfreithwyr, meddygon ac offeiriaid, a haen drwchus o lafurwyr, tlodion a chardotwyr. Yr hollt amlycaf o fewn y gymdeithas drefol oedd honno rhwng y rhyddfreiniaid a'r 'di-rydd'. Nid ar chwarae bach y dringai neb i blith y rhyddfreiniaid. Er i rai eneidiau dethol hawlio'r statws fel genedigaeth-fraint, yr oedd yn rhaid i'r mwyafrif fwrw prentisiaeth lawn neu ennill etholiad yn Llys y Faenor cyn ymuno â'r dewisedig rai. Rheolid gweithgareddau masnachol y trefi gan y rhyddfreiniaid, a hynny yn ôl cyfarwyddyd cyfres o fân gyfreithiau a rheolau a etifeddwyd o'r Oesoedd Canol ac a gadarnhawyd gan lywodraeth y Tuduriaid a'r Stiwartiaid yn eu tro. Cyn Deddf y Corfforaethau Bwrdeistrefol ym 1835, cedwid rheolaeth bur gyfyng ar fasnach leol. Ymhlith y rheolau pwysicaf yr oedd diogelu breintiau arbennig urddau lleol, sicrhau bod masnachwyr a phrynwyr yn ufuddhau i safonau iechydol arbennig, bod ansawdd nwyddau yn dderbyniol, na fyddai unrhyw dwyll ynghlwm wrth fesur a phwyso, bod pob bargen yn cael ei tharo mewn ysbryd cyfeillgar a heddychlon, a bod pobl dlawd a rheidus yn cael chwarae teg. Amrywiai'r deddfau lleol hyn o dref i dref. Ymhlith rhes faith o reolau tref Y Bont-faen, ceid gorchymyn ynghylch pryd, ac i bwy, y gellid gwerthu ŷd, pwy a gâi osod tai, sut y dylid cadw trefn ar anifeiliaid a sut i gosbi gwragedd tafotrwg drwy eu trochi mewn dŵr. Eto i gyd, tasg anodd oedd perswadio pobl i barchu'r mân ddeddfau hyn. Brithir cofnodion trefi Cymru â hanesion am bobyddion yn gwerthu nwyddau a oedd yn fyr o ran mesur, am gigyddion yn gwerthu cig drwg, am fasnachwyr yn gwerthu ŷd rhag-blaen ac am brentisiaid yn twyllo'u meistri.

Bygythiad arall i hawliau bwrdeistrefwyr oedd twf yr economi gystadleuol. Erbyn y ddeunawfed ganrif, yr oedd yr hen rwymau moesol traddodiadol yn prysur ymddatod, a'r galw am fasnach rydd ar gynnydd. Yr oedd crefftwyr a mân fasnachwyr gwledig yn mynnu'r hawl i werthu eu cynnyrch yn ddilyffethair o fewn muriau'r bwrdeistrefi. Ymateb cyndyn y bwrdeistrefwyr oedd codi eu dwylo mewn arswyd. Erlidiai bwrdeistrefwyr Rhuthun bob 'fforiner' beiddgar a geisiai gynnal masnach yn eu tref yn ddihawl. Ar gais masnachwyr y dref ym 1693, er enghraifft, erlynwyd William Carlile, pedler o'r Alban, am geisio sefydlu siop a gwerthu ei nwyddau i'r cyhoedd 'yn groes i ddefod hynafol' corfforaeth a thref Rhuthun. Ym 1728, cwynodd bwrdeistrefwyr Castell-nedd fod 'estroniaid' wedi bod 'mor eofn' â chodi stondinau ar y strydoedd ar ddiwrnod marchnad. Fel y treiglai'r ddeunawfed ganrif yn ei blaen, cynyddai nifer yr estroniaid, a gwelwyd nad oedd gan Lys y Faenor ddigon o nerth nac awdurdod i'w rhwystro. Dim ond naw masnachwr didrwydded a fasnachai yng Nghastell-nedd ym 1728, ond erbyn 1774 yr oedd eu nifer wedi lluosogi i 85.

Natur y Trefi

Er bod bwrdeistrefwyr yn gwarchod eu breintiau yn eiddigeddus, bychan o sylw a roddent i gyflwr ac ymddangosiad eu hamgylchedd. Nid oedd fawr o wahaniaeth rhwng y dref a'i pherfeddwlad. Buddsoddai boneddigion y dref fesur helaeth o'u cyfalaf yn nhir cefn gwlad. Dibynnai masnachwyr ar gydweithrediad ffermwyr, ac âi crefftwyr o fferm i fferm, gan gludo'u hoffer a ffrwyth eu crefft i bobman. Peth digon cyffredin oedd i lafurwr fyw mewn tref, ac eto ennill ei damaid y tu allan i furiau ei gynefin. Pan ddeuai misoedd y cynhaeaf, âi pobl y dref i'r meysydd i gynorthwyo'r medelwyr. Cadwai trigolion y trefi wartheg a defaid ar dir comin ar gyrion y dref, tyfent lysiau yn eu gerddi a ffrwythau mewn perllannau. Gan fod gwlad a thref mor ddibynnol ar ei gilydd, nid oedd modd i'r hyn a elwir heddiw'n falchder dinesig flaguro. Nid rhaid llyncu barn wenwynllyd pob teithiwr o Sais, ond y mae'n amlwg nad mannau dengar oedd trefi Cymru iddynt hwy. Tref 'ddu a myglyd' oedd Aberystwyth yn ôl Daniel Defoe ym 1724-6, a'r 'futraf o ddigon yng Nghymru' ym marn Samuel Pratt yn y 1790au. Câi rhai o drefi Cymru anair gan Edward Morris, y porthmon o Gerrigydrudion. Dyma'i englyn i Lanrwst:

Tre'r dom, ail Sodom, ni lesâ—trafael,
    Trefan fel Gomora;
Tre'r meddwdod trwy ormod traha,
Trap tindrwst, tre puteindra.

'Tre Gomora fyglyd' yn 'llawn baw a phuteiniaid' oedd Dolgellau, ac ymhen canrif byddai Joseph Cradock yn dweud yr un peth. 'Y lle truenus hwn,' meddai ym 1777, 'nid oes ynddo stryd; yr ydych yn symud o ddaeargell i ddaeargell drwy doreth o gytiau moch'. Crwydrai anifeiliaid gwyllt o gwmpas strydoedd trefi Cymru, tyfai glaswellt ar lawr, ac nid oedd golau lampau gyda'r nos. Er gwaethaf ymdrech rhai bwrdeistrefwyr i sicrhau safonau glendid, ni cheid dŵr glân, traeniad na charthffosiaeth o fath yn y byd yn nhrefi Cymru. Ymgasglai pob math o domennydd budr yng nghanol y strydoedd, a manteisiai haint ac afiechyd ar bob cyfle i gynaeafu'n frwd. Fel yn achos Llundain, yr oedd ochr dywyll i rai o drefi Cymru. Heidiai'r di-waith a'r newynog yno i flino eneidiau'r awdurdodau. Croeso cyn oered â'r eira a gaent gan amlaf. Cyffesodd yr awdurdodau yn Abertawe ym 1603 fod gormod o ddieithriaid yn dylifo i'w caerau, ac yn gostwng safonau moesol y dinasyddion. Ceisiwyd atal y llif drwy fynnu bod pob ymwelydd yn gwarantu, drwy ymrwymiad o £40, na fyddai'n mynd yn faich ar y plwyf. Ymlafniai pob bwrdeistref gyfrifol i ddysgu gwerth ufudd-dod a llonyddwch i bobl dlawd.

Yr oedd rhai trefi mwy dengar na'i gilydd. Pan gynhesai'r hin, heidiai gwŷr bonheddig ac offeiriaid i brofi dyfroedd iachusol y ffynhonnau yn Llandrindod a Llanwrtyd. Erbyn 1760, ystyrid

Aberystwyth, Abergele, Abertawe, Dinbych-y-pysgod a'r Rhyl yn fannau dymunol i deuluoedd bonheddig orffwys, torheulo ac ymdrochi. Rhaid dweud hefyd fod gan y trefi nifer o nodweddion a'u gwnâi'n atyniadol iawn i bobl cefn gwlad. Taenid sïon fod modd i wŷr rheidus godi uwchlaw bywyd o adfyd yn y dref. Yno, meddid, yr oedd gwaith rheolaidd ac amrywiol, cyflogau uwch, gobaith am elusen, ymgeledd a lloches, heb sôn am fwy o ramant, lliw a chyffro. Yn amlach na pheidio, wrth gwrs, deuai siom a methiant i ddifetha'u gobeithion. Eto i gyd, yr oedd bywyd y dref yn anhraethol felysach i lawer ohonynt na bywyd cyfyng a diddigwydd cefn gwlad. Yn y dref y câi'r 'werin gyffredin ffraeth' ei chyfle pennaf i gymysgu â gwŷr bonheddig, masnachwyr ac offeiriaid, i ymgydnabod â digwyddiadau cyfoes, i siarad a dadlau am y byd a'r betws, i bleidio achos Genefa neu Rufain, i gynnal mân brotestiadau neu i greu terfysgoedd, ac i hau syniadau anuniongred a radicalaidd. Pa ryfedd fod cyfoedion yn ystyried y dref, er lleied ei maint, yn ganolfan ddiwylliannol bro, ac yn fwy 'gwareiddiedig' na chefn gwlad? Onid yw'r strydoedd a ddarluniwyd gan y Bardd Cwsg yn gyforiog o ddigwyddiadau cyffrous?

Prif atyniadau'r trefi oedd y marchnadoedd a'r ffeiriau. Cynhelid marchnadoedd ddwy neu dair gwaith yr wythnos yn y mwyafrif o'r trefi, ond y ffeiriau oedd yr achlysuron i'w sawru a'u hirgofio. Amcangyfrifwyd ym 1602 fod rhyw 245 o ffeiriau yn cael eu cynnal mewn blwyddyn yng Nghymru, a'r mwyafrif llethol ohonynt yn ystod misoedd y gwanwyn a'r haf. Cyrchid iddynt o gryn bellter, a chwyddai poblogaeth sefydlog tref o bum cant neu ragor o bobl ar ddiwrnod y ffair fawr. Diwrnod prysur, lliwgar a llawn stŵr oedd diwrnod y ffair, a byddai'r hyn a welid ac a glywid yno'n destun siarad am wythnosau wedi hynny. Pan oedd John Morris, y morwr o Fôn, yn gwylio enciliwr yn cael ei chwipio'n greulon gan weision awdurdodau'r Llynges yn Tor Bay yn ystod haf 1740, daeth pwl enbyd o hiraeth drosto pan gofiodd am y rhialtwch a brofasai gynt yn ffair fawr Llannerch-y-medd. Yng nghanol dadwrdd y ffair clywid masnachwyr yn bloeddio, porthmyn yn ffraeo, ffermwyr yn bargeinio, gwartheg a defaid yn brefu, moch yn gwichian, baledwyr a chrythorion yn canu, morwynion yn gwamalu a glaslanciau'n slotian. Yr oedd elfen aflonydd yn perthyn i lawer ffair. Fe'i defnyddid gan rai gwŷr bonheddig fel man hwylus i ddangos eu gewynnau. Yr oedd Ffair y Waun, ger

Merthyr, yn ddiarhebol am ei lladron gwartheg. Tyrrai pigwyr pocedi i bob ffair, a manteisiai'r 'mobs' stwrllyd ar bob cyfle i blagio ambell Grynwr neu Fethodist gorbybyr. Ni fyddai unrhyw ffair yn gyflawn heb ryw. ymladdfa neu sgarmes. Brithir barddoniaeth Huw Morys â chyffesion gwŷr ofer a therfysglyd a dwyllwyd mewn 'ffeirie anfuddiol':

Ni cheir o fynd i ffair y ffylied
At rai barus i dai gwallus ond y golled

Hyd yn oed pan nad oedd ffair yn y dref, yr oedd cyfle i bobl wylio ceiliogod yn ymladd, i ymaflyd codwm a rasio ceffylau, i glywed anterliwt a drama, i weld sioe byped a chastiau hud sipsiwn, ac i edrych mewn arswyd ar ladron mewn cyffion a llofruddion ar grocbren. Er mai golwg fratiog a siabi oedd ar y mwyafrif o drefi Cymru, nid oeddynt heb eu swyn. Os oedd awelon cefn gwlad yn anadl einioes i drwch y boblogaeth, yr oedd rhyw gyfaredd hudolus hefyd yn perthyn i'r dref.

IV DIWYDIANT A MASNACH

Go brin y gellir sôn am 'gymdeithas wledig' a 'chymdeithas ddiwydiannol' fel dwy uned annibynnol yn ystod y cyfnod hwn. Yr oedd amaethyddiaeth a diwydiant yn gwasanaethu ei gilydd ac yn sugno maeth oddi wrth ei gilydd. Ffin annelwig iawn oedd honno rhwng bywoliaeth mewn amaethyddiaeth a bywoliaeth mewn diwydiant. Gallai barcwr fod yn ffermwr, nid peth dieithr i iwmon fyddai cadw siop, a cheid gweithwyr diwydiannol yn llafurio yn y meysydd. Gan nad oedd ffrwyth ei lafur bob amser yn ddigon i gadw crefftwr yn' glyd ac yn ddedwydd, gofalai yntau am fuwch neu ddafad ar lain fechan o dir. Er bod diwydiannau newydd ar gynnydd yn ystod y cyfnod hwn, daliai'r mwyafrif llethol o bobl Cymru i fyw mewn cymunedau bychain gwledig, a'u prif ffon gynhaliaeth oedd amaethyddiaeth. Tueddwn i gysylltu'r gair 'diwydiant' â pheirianaeth, grym a berw cymdeithasol, ond gwisgai'r mwyafrif o ddiwydiannau Cymru cyn 1760 wedd wledig.

Sylfaen yr economi oedd amaethu, ond ar y sylfaen hon ceid lliaws o grefftau gwledig i drafod cynnyrch y tir. Cyn i ddarganfyddiadau technolegol esgor ar bob math o beiriannau, byddai galw cyson am wasanaeth crefftwyr. Er nad oedd gan y crefftwyr hyn fawr o gyfalaf, cyflawnent swyddogaeth bwysig iawn drwy ateb galwadau beunyddiol mewn gwlad a thref. Lluniai'r gof bob math o offer haearn at waith y fferm ac at bwrpas yr aelwyd. Trin pren a wnâi'r seiri, y cowperiaid a'r gwneuthurwyr olwynion. Meistri ar y grefft o drin crwyn anifeiliaid a lledr oedd y barcwyr, y lledrwyr, y cyfrwywyr a'r cryddion. Paratoid dillad gan y gwehydd, y lliwydd a'r teiliwr, a chodid tai gan seiri maen a thöwyr. Ymfalchïai'r crefftwyr hyn yn eu gwaith, a chan fod ceinder eu cynnyrch lawn mor bwysig â'i ddefnyddioldeb, ni ollyngent ddim byd gwael o'u dwylo.

Y Diwydiant Gwlân

Y grefft fwyaf ffyniannus yng Nghymru drwy gydol y cyfnod hwn oedd y diwydiant gwlân. Bu'n elfen bwysig iawn yn economi Cymru ar hyd yr Oesoedd Canol, ond ni ddaeth i'w lawn dwf hyd y cyfnod hwn. Pan roes trigolion y de-orllewin eu bryd ar gynhyrchu glo a'i allforio, symudodd canolfan y diwydiant gwlân i Ganolbarth a Gogledd Cymru. Erbyn oes Elisabeth, y fasnach wlân oedd un o brif foddion cynhaliaeth trigolion siroedd Maldwyn, Meirionnydd a Dinbych. Sefydlid pandai wrth y dwsin ar lannau afonydd a nentydd y siroedd hynny, ac adwaenid yr ardal fel 'gwlad y pandai'. Gan fod y llywodraeth Duduraidd yn dibynnu'n helaeth ar y diwydiant gwlân am drethi, ceisient wella safon gwlân Cymru. Ym 1541, deddfwyd bod yn rhaid i fasnachwyr Cymru ddwyn eu brethyn i'r farchnad yn ei blŷg, ac ymhen blwyddyn gorchmynnwyd iddynt weithredu'n unol â safon benodedig ynglŷn â hyd, lled a phwysau'r brethyn. Ond er gwaethaf yr ymdrechion hyn, diwydiant gwasgarog a di-drefn oedd y diwydiant gwlân yng Nghymru. Fel y rhelyw o ddiwydiannau'r oes, dioddefai'n enbyd o ddiffyg gwir gyfalaf i'w alluogi i gystadlu â diwydiannau cyffelyb yng Ngorllewin Lloegr, Dwyrain Anglia, a swyddi Efrog, Dyfnaint a Chaerloyw.

Diwydiant cartref yn ei hanfod oedd y diwydiant gwlân yng Nghymru. Yr oedd yn wasanaeth hollbwysig mewn ardaloedd lle'r oedd y boblogaeth yn denau, a'r adnoddau, yn enwedig ar adeg o gyfyngder yn y meysydd, yn brin. Cerddai gwragedd y mynydd-dir i gasglu'r gwlân a gollasai'r defaid ar ddrain a mieri yn ystod misoedd y gaeaf. Wedi iddynt orffen amryfal orchwylion y dydd, aent ati gyda'r nos i gribo'r gwlân, ei nyddu'n edafedd ar y dröell, a'i baratoi wedyn ar gyfer y gwehydd, y pannwr a'r teiliwr. Disgwylid i bob aelod o'r teulu estyn help llaw. Paratoid yr edafedd gan y plant tra oedd y tad neu'r gwas wrthi yn y 'tŷ gwŷdd'. O flaen tân mawn ac wrth olau cannwyll frwyn, âi'r teulu cyfan ati i baratoi brethyn ac i weu hosanau, capiau a menig. Ar Noswaith Weu, ymgynullai teuluodd cyfain yn nhai ei gilydd i baratoi eu cynnyrch ar gyfer y ffeiriau a'r marchnadoedd lleol.

Yr oedd cryn alw am y gweoedd Cymreig; costiai'r rhataf rôt y llathen a'r drutaf chwe gwaith yn fwy. Amrywiai pris ac ansawdd y cynnyrch o sir i sir, gan alluogi gwehyddion lleol i daro bargeinion a fyddai'n caniatáu bywoliaeth iddynt, yn ogystal ag enw da yn y gymdogaeth. Brethyn hir a gynhyrchid ym Maldwyn a Meirionnydd, tra oedd brethyn Dinbych gryn dipyn yn fyrrach ac yn feinach ei ansawdd. Er bod y brethyn ei hun yn bur arw ac yn anwastad ei ansawdd, cadwai deuluoedd tlawd rhag oeri a gwlychu, a rhag drewdod chwys a phryfetach o bob math. Cludid y rhan fwyaf o'r cynnyrch ar hyd ffyrdd anhygyrch i farchnadoedd

73

Amwythig, Croesoswallt a Wrecsam lle'i taclusid cyn ei gludo i Lundain neu Fryste i'w allforio i wledydd tramor megis Ffrainc, yr Iseldiroedd, Sbaen a'r Eidal. Wedi iddynt werthu eu cynnyrch am arian parod, 'gan na fyddent byth yn arfer derbyn tâl ar goel', byddai'r brethynwyr, y gwehyddion a'r gwlanwyr yn rhannu'r enillion rhyngddynt cyn dychwelyd i'w cynefin. Ni châi'r Cymry chwarae teg gan ben-ceiliogod y fasnach wlân, sef Cwmni Brethynwyr Amwythig. Am ddwy ganrif wedi 1562 brethynwyr Amwythig a ddaliai'r monopoli ar y fasnach wlân, a chwynai gwlanwyr Cymru yn rheolaidd mai mesur byr a gaent ganddynt, a bod eu cyfran hwy o'r elw'n rhy fach o lawer. Eto i gyd, Amwythig oedd y brif farchnad i drigolion y Canolbarth. Tyrrai'r Cymry yno yn lluoedd ar ddiwrnod marchnad, ac yn ôl Defoe, gallech feddwl eich bod yng Nghymru wrth weld a chlywed y dylifiad Cymreig. Erbyn 1750, yr oedd y diwydiant gwlân yn ei lawn fri, a nyddwyr, gwehyddion a phanwyr yn dryfrith drwy'r Canolbarth. Ym 1747, amcangyfrifwyd bod gwerth ariannol y nwyddau gwlân a gludid i Loegr o Faldwyn, Meirionnydd, Penfro a Mynwy yn agos i £100,000 y flwyddyn, ac mai sir Feirionnydd a oedd yn gyfrifol am hanner y cyfanswm aruthrol hwnnw. Pesgai trefi'r Canolbarth yn sgîl ffyniant y fasnach. Yr oedd Dolgellau'n enwog am ei brethyn ac yr oedd gair da i Ddinbych am ei menigwyr. Bala oedd canolfan y diwydiant hosanau: honnodd Lewis Morris ym 1747 y gwerthid gwerth £200 o hosanau bob wythnos yn ffair y Bala. Elwodd Wrecsam ar y llewyrch: fe'i disgrifiwyd gan Defoe fel 'marchnad fawr y wlanen Gymreig, lle prynai'r canolyddion wlanenni'r tlawd yn eu crynswth'.

Yn sgîl y Deddfau Uno, elwodd Cymru'n sylweddol ar y cynnydd mewn diwydiant a masnach. Taenodd y Goron ei braint dros holl fwynau Cymru, a bu hynny'n ysgogiad i wŷr anturiaethus ac ariannog fanteisio ar adnoddau economaidd y wlad. Dibynnai pob cynnydd mewn diwydiant yn ystod y cyfnod hwn ar barodrwydd anturwyr a thirfeddianwyr goludog i wneud defnydd llawn o'u cyfle i dorri coed, sefydlu ffwrneisi, llosgi calch, datblygu melinau a physgodfeydd, a chloddio am blwm, haearn a glo.

Y Diwydiant Plwm

Un o'r diwydiannau pwysicaf oedd y diwydiant plwm. Y rhanbarthau blaenllaw yn y maes hwn oedd sir Geredigion a gogledd-ddwyrain Cymru. Daeth yr ysgogiad pendant cyntaf yn hanes y diwydiant ym 1568, pan ffurfiwyd Cymdeithas y Mwynfeydd Brenhinol, cwmni â'i fryd ar ddarganfod a datblygu adnoddau mwynol y wlad. Yn ystod y 1580au, cipiodd Thomas Smyth y les ar fwyngloddiau yn Nyfnaint, Cernyw a Cheredigion am rent o £300 y flwyddyn. Ychydig o lwyddiant yn unig a brofodd Smyth, ac ni welodd Ceredigion unrhyw ysbryd antur na berw diwydiannol nes i Hugh Myddelton feddiannu'r gweithfeydd plwm ym 1617. O'u cymharu ag ef, yr oedd anturwyr prysur eraill megis segurwyr. Addefai ei gyfoeswyr nad oedd diogi yng nghorff Myddelton. Nid oedd ball ar ei ynni a'i frwdfrydedd, a buan y trechai bob anhawster a thramgwydd a godai o'i flaen. Medodd y cyfalafwr hirben hwn gynhaeaf godidog yn y gweithfeydd a brydlesodd am rent o £400 y flwyddyn rhwng afonydd Ystwyth a Dyfi. Daeth yr elw a lifai i'w goffrau yn destun syndod i'r byd: tybid y gwnâi elw o £2,000 y mis o'i weithfeydd yng Nghwmsymlog. Er gwaethaf lliaws o anawsterau technegol, llwyddodd i sicrhau cynnyrch sylweddol, a throsglwyddid rhan helaeth ohono i'w buro yng ngweithfeydd Castell-nedd.

Dilynwyd Myddelton gan nifer o anturwyr gobeithiol, ond y mwyaf mentrus yn eu plith oedd Thomas Bushell, gŵr ffrwythlon ei syniadau a llawn ynni gwibiog. Tybiai llawer o'i gyfoeswyr mai breuddwydiwr anymarferol ydoedd, ac yn sicr nid oedd neb afradlonach ei arian. Serch hynny, byrlymai gan syniadau creadigol, ac er gwaethaf gelyniaeth ffyrnig boneddigion lleol a chastiau twyllodrus ei gynorthwywyr, dug nifer o ddulliau technegol newydd i'w weithfeydd. Defnyddiai ddull effeithiol iawn o dorri lefel ar oleddf i mewn at y mwyn, a thrwy ostwng lefel y dŵr a dwyn awyr i'r gweithfeydd llwyddodd i gadw pum cant o ddeuluoedd ar waith ddydd a nos am bedair blynedd. Ym 1637, cafodd ganiatâd brenhinol i sefydlu bathdy yng nghastell Aberystwyth, a bu'n bathu arian gleision yno hyd 1647. Ond cymylwyd ei weledigaeth gan helyntion ariannol, ac erbyn diwedd ei oes yr oedd mewn dyled enbyd o £120,000.

Yn ystod oes y Stiwartiaid, bu'r berthynas rhwng Cymdeithas y Mwynfeydd Brenhinol a thirfeddianwyr Cymru yn dra chythryblus. Fesul tipyn, fodd bynnag, sylweddolwyd nad oedd modd i'r llywodraeth a'r anturiaethwyr preifat rannu'r un buddiannau a chyd-fyw'n ddiddig gytûn. Ym 1693, diddymwyd monopoli'r Mwynfeydd Brenhinol ac agorwyd y ffordd i dirfeddianwyr ddarganfod pa faint o gyfoeth a oedd yn eu meddiant. Bellach, nid oedd gan y Goron ond yr hawl i brynu mwyn, am bris sefydlog, o fewn mis i'w gloddio. Rhoes y datblygiad hwn gyfle newydd i anturwyr ariannog ymelwa drwy ailgynnau tân ar hen aelwydydd y diwydiant plwm yng Ngheredigion. Gwyddai Syr Humphrey Mackworth o Gastell-nedd fod gwythïen hynod o gyfoethog yn Esgair-hir, a phan fu farw perchennog y tir, Syr Carbery Pryse o Blas Gogerddan, ym 1694, prynodd Mackworth ei gyfranddaliadau ef ar ran Cwmni Anturiaethwyr Mwynau Lloegr. Gobaith mawr Mackworth oedd cael ymiro mewn braster ar draul yr elw a gâi o gludo plwm o Esgair-hir i'w weithfeydd toddi yng Nghastell-nedd. Ond troes ei fenter yn fethiant llwyr cyn pen dim. Llethwyd pob datblygiad gan anawsterau technegol, dirywiodd y berthynas rhwng Mackworth a William Waller, stiward gweithfeydd plwm y Goron yng Ngheredigion, a chyhuddwyd Mackworth gan bwyllgor Seneddol ym 1710 o fod yn 'euog o lawer twyll gwarthus a hysbys'. Taflwyd Mackworth oddi ar fwrdd Cwmni Anturiaethwyr Mwynau Lloegr, a dim ond o drwch y blewyn y llwyddodd i osgoi erlyniadau cyhoeddus. Gwaethygodd ei sefyllfa ariannol, ac o'r braidd y llwyddodd i gadw ei ben uwchlaw'r dŵr.

Ym 1731, adfywiodd y diwydiant plwm unwaith yn rhagor yng Ngheredigion pan ddarganfuwyd gwythiennau bras yng ngwaith y Darren, hen fwynglawdd lle na bu cloddio er dyddiau Thomas Bushell. Yn sgîl hynny, darganfuwyd mwynfeydd eithriadol o gyfoethog yng Nghwmsymlog. Hudwyd sawl anturiwr i'r El Dorado hon, ac ofnai'r Goron fod ei thiriogaethau dan fygythiad o du hapfasnachwyr barus a thirfeddianwyr lleol. Pan benodwyd Lewis Morris o Fôn yn ddirprwy-oruchwyliwr maenolydd y Goron ym 1752, datblygodd anghydfod ffyrnig rhyngddo a thirfeddianwyr lleol. Heriai gwŷr tiriog y sir hawl y Goron ar y mwynau plwm, a phan aeth Morris ati i brofi hawl y Brenin i gynnyrch y glofeydd mwyaf ffyniannus disgynnodd llid mawrion y fro am ei ben. Yng nghanol yr holl ymgecru, cyffesodd Morris wrth ei frawd: 'I am like a llwdn dafad mewn drysi, cant o fieri a gafael yn fy ngwlân'. Ni ddaeth yr helyntion hyn i ben yn derfynol hyd 1760.

Yn y cyfamser, ni phetrusodd boneddigion sir y Fflint cyn achub ar eu cyfle i ddatblygu mwyngloddiau'r sir honno. Bu'r cyfnod o'r Adferiad ymlaen yn un llewyrchus iawn i deuluoedd Myddelton, Mostyn, Grosvenor, Hanmer a Pennant. Ildiai gwythiennau Mynydd Helygain olud aruthrol, a bu'r cloddio toreithiog yn yr ardal honno'n hwb pendant i ddatblygiad porthladdoedd y Fflint, Mostyn, Bagillt a Rhuddlan. Daeth cyfoeth sylweddol i ddwylo rhai unigolion. Ym 1703, etifeddodd Syr George Wynne ddarn bychan o dir, gwerth £30 y flwyddyn, ar Fynydd Helygain. Ymhen chwarter canrif, llifai elw o £22,000 o'r gweithfeydd plwm a sefydlasai yno, ac ar gorn y cyfoeth hwnnw y codwyd plasty hardd Leeswood. Gwelodd cwmnïau masnachol eu cyfle hefyd. Pan oedd diwydiant plwm y gogledd-ddwyrain yn edwino oherwydd prinder coed i doddi mwyn, penderfynodd Cwmni'r Crynwyr, carfan o fasnachwyr anturus o Lundain, godi ffwrnais doddi yn y Gadlys, ger Bagillt, ym 1703-4. O dan gyfarwyddyd a gweithgarwch dygn Dr Edward Wright, sugnwyd elw mawr o'r gweithfeydd—cymaint â swyddi Efrog a Derby yn ogystal â gwledydd yr Alban ac Iwerddon. Prifiodd y diwydiant yn aruthrol o ganlyniad i'r defnydd cyson a wnaed o lo i doddi plwm, a gwelwyd effaith hyn ar allforion sir y Fflint. Allforiwyd 900 tunnell o fwyn o Gaer ym 1710, tua 4,000 tunnell ym 1720, a 7,500 tunnell ym 1740.

Yn sgîl y datblygiadau hyn, cafwyd peth cloddio yma a thraw ledled Cymru, ond yn sir Drefaldwyn y gwelwyd y cynnydd mwyaf sylweddol. Ym 1692, darganfuwyd gwythïen doreithiog eithriadol yn Llangynog, ger Croesoswallt. Codwyd ffwrnais doddi yno ym 1706, ond ni welwyd unrhyw brysurdeb mawr hyd nes i William, Ardalydd Powys, feddiannu'r tir a'i osod yn nwylo'i brif stiward, James Baker, ym 1725. Sicrhaodd Baker fod ei feistr yn elwa ar ei ganfed: rhwng 1724 a 1744, daeth cynnyrch o 28,860 tunnell o fwyn plwm ag elw o £142,000 yn ei sgîl. Erbyn y pedwardegau cynnar, sut bynnag, yr oedd y brif wythïen wedi ei dihysbyddu'n llwyr, a seithug fu pob ymdrech gan olynwyr Baker i adfer yr hen ffyniant.

Y Diwydiant Haearn

Cymerodd y diwydiant haearn yng Nghymru gamau breision yn ystod oes Elisabeth, fel canlyniad i gynnydd masnachol y wlad, ac yn fwyaf arbennig i'r galw cynyddol am fagnelau ar gyfer y fyddin a'r llynges. Tua'r un adeg yr oedd meistri haearn y Weald yn awyddus i ymestyn eu hymerodraeth i rannau eraill o Loegr a Chymru. Heidiasant i swyddi Derby ac Efrog, i Goedwig Ddena ac i Gymru. Ym Morgannwg, yr oedd digonedd o brif angenrheidiau'r diwydiant haearn ar gael: trwch tew o goedydd, cyflenwad hwylus o fwyn haearn a chalch, a lliaws o afonydd a nentydd. Brigodd ffwrneisi fel madarch wedi glaw y bore yn Nhongwynlais, Pentyrch, Pont-y-gwaith, Pont-y-rhun a Blaencannaid yn Nyffryn Taf, ac yng Nghwmaman a Dyffryn yn Nyffryn Cynon. Yng nghanol y sir, agorwyd ffwrneisi yn Llanhari, Llantrisant, Angelton a Choety. Er bod brodorion anturus megis Edmund Mathew, Lewis Price ac Anthony Mansel yn buddsoddi cyfalaf yn y diwydiant haearn, Saeson oedd yr arloeswyr pennaf. Treiddiai enwau megis Sidney, Relfe, Morley, Robson a Mynyffee i gymoedd Morgannwg, a chwynai'r bobl leol eu bod yn defnyddio'r fwyell yn gwbl anghyfrifol yn eu rhuthr am elw. Serch hynny, bychan oedd nifer y rhai a elwodd yn fras. Llethwyd llawer o'u cynlluniau gan ddiffyg profiad, gor-hyder, costau uchel a gelyniaeth leol. Dim ond y goruchwylwyr hirben a gofalus a wnaeth elw sylweddol o'r ffwrneisi a'r gefeiliau a sefydlwyd yng nghilfeydd a fforestydd Morgannwg.

Lleolwyd y mwyafrif o'r ffwrneisi yn y Deheudir a'r gororau am ei bod yn haws cludo'r mwyn yno i'w doddi. Rhai bychain ac amrwd oedd y ffwrneisi a sefydlwyd yn y Gogledd, ac aeth sawl menter yno i'r wal yn arswydus o gyflym. Aeth amgylchiadau ariannol yn drech na John Smyth yn y Ganllwyd a Nannau yn sir Feirionnydd ym 1604, ac nid oedd diwydiant haearn y Waun yn ddigon aeddfed nac ystwyth i gyfarfod â'r galwadau cyson am gynnyrch. Ni welwyd unrhyw gynnydd pendant hyd nes y mentrodd Charles Lloyd, y Crynwr o Ddolobran, i'r maes. Ym 1717, ac yntau yn ei bumdegau, sefydlodd Lloyd efail ar stad Dolobran a ffwrnais haearn ym Mers, ger Wrecsam. Gan fod mewnforio haearn o Sweden wedi ei wahardd yn y flwyddyn honno, gwelodd Lloyd ei gyfle i elwa ar ei gysylltiadau teuluol â masnachwyr yng Nghanolbarth Lloegr ac i arbrofi â rhai o ddulliau chwyldroadol Abraham Darby, meistr haearn o Coalbrookdale, sir Amwythig. Yr oedd Darby eisoes wedi darganfod y gellid defnyddio golosg yn lle siercol i doddi mwyn. Cafodd Lloyd lwyddiant nodedig ar y dechrau, ond buan y sylweddolodd na fedrai oresgyn ei anawsterau ariannol. Erbyn 1727, yr oedd dyled o £16,000 yn pwyso ar ei war a bu raid iddo gilio dan gwmwl i Ganolbarth Lloegr, lle bu farw ym 1748. Nid aethpwyd ati yng Nghymru i wneud haearn â golosg yn y ffwrnais hyd wedi 1750, ac ni ledaenodd y diwydiant haearn yn aruthrol hyd nes i Henry Cort ddyfeisio'r broses pydlo ym 1783-4. Erbyn hynny, yr oedd Merthyr a Bers mewn sefyllfa ardderchog i fanteisio'n llawn ar y datblygiadau technolegol hyn.

Y Diwydiant Alcam

Cymar agos i'r diwydiant haearn oedd y diwydiant alcam. O gyffiniau Coedwig Ddena y daeth y diwydiant hwn i Gymru yn ystod oes yr Adferiad. Rhwng 1660 a 1688 bu Andrew Yarranton yn cynnal arbrofion mewn cynhyrchu platiau alcam yn ardal Pont-y-pŵl, ond ni phrofwyd unrhyw lwyddiant sylweddol yn y fro honno nes i John Hanbury, gŵr anturus ac egnïol, ddod i'r amlwg tua'r 1720au. Etifeddasai Hanbury waith haearn ei dad, Capel Hanbury, ym Mhont-y-pŵl. Yno, â chefnogaeth rheolwyr medrus fel Thomas Cooke ac Edward Allgood, darganfu ddull o gynhyrchu llafnau haearn drwy eu rholio. Â llaw y curid y dur ar y cychwyn, ond erbyn 1728 yr oedd Hanbury wedi dyfeisio melin ddŵr i rowlio'r llafnau dur yn blatiau tenau. Cynyddodd gweithiau alcam yn gyflym ym Mhont-y-pŵl, Pont-hir a Redbrooke yn sir Fynwy ac ym Mhen-tyrch yn sir Forgannwg, cyn lledu i sir Gaerfyrddin, lle bu Charles Gwynn o Gydweli a Robert Morgan o Gaerfyrddin yn gyfrifol am gynhyrchu platiau alcam ar raddfa sylweddol.

Y Diwydiant Copr

Digon araf fu'r cynnydd yn niwydiant copr Cymru. Am ganrif a mwy wedi 1568, gweithfeydd Tyndyrn yn sir Fynwy oedd prif ganolfan cynhyrchu copr yng Nghymru. Cludid mwyn haearn yno'n hwylus o Goedwig Ddena, glo o weithfeydd cyfagos, a manteisid ar ddyfroedd Gwy a Hafren i hwyluso'r dasg o gynhyrchu copr, efydd a gwifrau haearn. Pan aeth hi'n fain am lo ar ddiwydianwyr Cernyw, sefydlwyd canolfan gopr yng Nghastell-nedd: codwyd dwy ffwrnais i doddi copr ger Aberdulais erbyn 1584. Gan fod tair tunnell o lo yn angenrheidiol i doddi tunnell o gopr, bernid mai haws o lawer fyddai dwyn y copr o Gernyw i'r glofeydd yng Nghymru nag fel arall. Gosodwyd y fenter yn nwylo Ulrich Frosse, arbrofwr a thechnegydd profiadol o'r Almaen, ond siomedig ar y cyfan fu'r canlyniadau. Rhwystrid pob ymgais at gynnydd gan brinder cyfalaf, costau difrifol ac anwadalwch y farchnad. Caewyd y gwaith yn gynnar yn yr ail ganrif ar bymtheg, ac nid adenillodd ei fri hyd gyfnod llewyrchus Syr Humphrey Mackworth yn ystod y 1690au. Erbyn hynny, a hithau'n adeg o ryfel yn erbyn Ffrainc, mynnai Mackworth adfer yr hoen a fu gynt yn rhan o fywyd diwydiannol Castell-nedd a'r cyffiniau. Sefydlodd felin doddi ym Melincryddan, ond aeth y fenter â'i phen iddi'n bur

79

sydyn. O 1717 ymlaen, sefydlwyd nifer o weithfeydd cyffelyb yn Nyffryn Tawe, ac erbyn y 1730au yr oedd nifer o fasnachwyr copr Bryste wedi bwrw gwreiddiau yn Abertawe a'r cyffiniau, er mwyn manteisio'n llawn ar ffyniant y fasnach yno. Erbyn 1750, yr oedd gweithiau toddi Abertawe yn gyfrifol am ddarparu hanner yr holl gyflenwad o gopr a gynhyrchid ym Mhrydain. Yr oedd tref Abertawe a'i pherfeddwlad yn ferw o ddiwydiant, a'r fasnach gopr yn uwch ei bri nag erioed o'r blaen.

Y Diwydiant Glo

Yng nghwrs oes y Tuduriaid a'r Stiwartiaid, cynyddodd y diwydiant glo mewn bri a phwysigrwydd. Ysgogwyd y cynnydd gan brinder coed, yr angen am danwydd i gynhesu tai a llosgi calch, a'r galwadau o du'r gweithfeydd haearn, plwm a chopr. Yn siroedd Penfro, Caerfyrddin, Morgannwg, Mynwy, Dinbych a'r Fflint y darganfuwyd yr adnoddau helaethaf, ac ni bu boneddigion hirben megis Mansel Margam, Herbert Abertawe, Evans y Gnoll, Myddelton y Waun a Mostyn o sir y Fflint yn araf i sylweddoli gwerth glo. Cafwyd datblygu pur helaeth yng ngorllewin Morgannwg a sir Benfro, a bu cryn allforio glo rhwng 1560 a 1640. Eto i gyd, golwg ddigon dilewyrch a oedd ar y rhan fwyaf o byllau glo Cymru cyn 1660. Gweithio'r brigau oedd y patrwm arferol, yn enwedig yr haenau ger y môr. Yn ôl George Owen, siafftiau o chwech i saith troedfedd sgwâr a geid yng nglofeydd sir Benfro, ac ni chloddid hyd fwy na 120 troedfedd o ddyfnder. Cyntefig iawn oedd gwybodaeth dechnegol arolygwyr y glofeydd, ac oherwydd hynny ni ellid trefnu arolwg addas o bosibiliadau'r adnoddau glo.

Yng nghyfnod yr Adferiad, sut bynnag, prifiodd y diwydiant glo yn gyflym yng Nghymru. Nid oes dwywaith nad y cawr pennaf yn y maes oedd Syr Humphrey Mackworth o Gastell-nedd. Yr oedd Mackworth yn ymgorfforiad o'r anturiwr mentrus a llygadog. Pan briododd Mary, unig etifedd Herbert Evans o'r Gnoll, Castell-nedd, ym 1686, daeth o hyd i ddigon o gyfalaf i'w alluogi i wireddu rhai o'i ddyheadau pennaf. Nid oedd terfyn ar uchelgais Mackworth na phall ar ei ynni. Er bod enw da iddo fel gŵr elusengar a fynnai swcro gweithwyr tlawd, gofalu am les gweddwon ac addysg plant, mynnai dra-arglwyddiaethu ar bob enaid byw yn ei gynefin. 'Y mae'n amlwg,' meddai Edward Phillips wrth Syr Edward Mansel o Fargam, 'fod Syr Humphrey Mackworth yn anelu at fonarchiaeth gyffredinol ym Morgannwg a dim llai na hynny'. Nid oedd yn fodlon byw 'mewn cwmpas bychan', a gyrrid ef yn ei flaen gan ei uchelgais bersonol a'i awydd i fentro ac arbrofi mewn meysydd annatblygedig. Yr oedd ganddo stôr o syniadau ffrwythlon,. a'r gallu a'r egni a'r cyfalaf i'w gweithredu. Yn ystod y 1690au, aeth ati i aildrefnu ei weithfeydd yng Nghastell-nedd, i fabwysiadu dulliau technolegol newydd megis peiriannau stêm, ac i gysylltu'r glofeydd â'r cei drwy godi camlesydd a thramffyrdd. Bychan iawn oedd y cyfalaf a neilltuwyd ar gyfer y diwydiant glo cyn ei ddyddiau ef, a llawn haeddai'r golud sylweddol a ddaeth i'w ran. Pan oedd tiriogaethau a gweithfeydd glo Mackworth yn eu llawn bri ar ddiwedd yr ail ganrif ar bymtheg, casglai renti blynyddol o £1,200 o'i stad a £700 yn ychwanegol o'i lofeydd. Yn ôl un amcangyfrif, daeth elw o dros £40,000 i'w ran o'i weithfeydd glo mewn cyfnod o ddeng mlynedd. Ond, fel y gwelsom, aeth Mackworth i ddyfroedd dyfnion yn ariannol ac yn wleidyddol. Erbyn y 1720au, yr oedd dyledwyr byth a beunydd yn curo ar ei ddrws, a gwelodd nifer o'i elynion gyfle gwych i ddial sawl cam a ddioddefasant ganddo yn y gorffennol.

Yn sgîl dylanwad Mackworth, dechreuodd y diwydiant glo fwrw'i gysgod yn drwm dros dirlun Morgannwg, yn enwedig yn yr ardaloedd o gwmpas Abertawe, Bro Gŵyr, Castell-nedd, Llansawel a Baglan. Rhwng 1700 a 1740, yr oedd saith glofa ar waith yn Llansawel ac un ar bymtheg yn ardal Abertawe. Cynyddodd y galw fwyfwy pan sylweddolwyd y gellid toddi mwyn mewn ffwrneisi â golosg. Hyd hynny, ystyrid y diwydiant glo fel llawforwyn i'r diwydiannau metel, ond yr oedd modd bellach i ehangu'n ddirfawr. Cynyddodd maint a dyfnder y glofeydd. Erbyn y 1670au, yr oedd glofeydd teulu Mostyn yn sir y Fflint rhwng 40 a 60 llath o ran dyfnder. Yn ystod ail ddegad y ddeunawfed ganrif, mesurai glofeydd mwyaf yr Arglwydd Mansel yn Abertawe gymaint â 800 gwryd o hyd. Dan oruchwyliaeth Herbert Evans Mackworth, yr oedd gweithwyr yng Nghastell-nedd yn turio siafftiau dwfn o 80 llath erbyn 1751. Ond er maint y datblygu, yr oedd mentro i ddüwch dirgel y lofa'n parhau i fod yn orchwyl caled a pheryglus. Gweithiai'r glowyr am gyflog isel yn ddi-dor o chwech y bore hyd chwech yr hwyr, ac eithrio am seibiant o awr i ginio. Mewn rhannau o Forgannwg erbyn y ddeunawfed ganrif, gweithiai glowyr tlawd ddaliad wyth awr—o dri hyd un ar ddeg y bore—cyn mynd i chwyddo'u cyflogau pitw drwy lafurio yn y meysydd neu lwytho llongau yn ystod y prynhawn. Cawsant brofiadau geirwon iawn ym mherfeddion y ddaear. Gan eu bod yn gweithio mewn lle cyfyng, byddai'n rhaid iddynt dorri'r glo ar eu heistedd, a'i gludo wedyn yn eu cwman. Ar wahân i luwch glo yn eu ffroenau a'u hysgyfaint, wynebent beryglon enbyd megis llifogydd, nwyon anweledig, tanchwâu, clogwyni a chreigiau'n disgyn, ac offer brau yn torri. Yn ôl William Waller ym 1700, yr oedd gwaith yn y glofeydd yn 'beryglus, yn dywyll ac yn afiach, ac mae'r glöwr yn arswydo rhag cael ei sathru i farwolaeth neu ei fygu gan leithderau yn yr aer gwenwynig'. Pa ryfedd i lowyr fwrw ymaith eu blinder a'u hofnau drwy ymroi i feddwdod a rhialtwch pan ddeuai penwythnos neu wyliau eglwysig?

Masnach

Gwelodd y cyfnod hwn gynnydd pendant mewn prysurdeb masnachol. Hwyluswyd morwriaeth a masnach arforol gan y cysylltiad agosach rhwng porthladdoedd Cymru a Lloegr; gan ymgais y llywodraeth i dorri crib môr-ladron, i osod trefn ar weinyddiaeth y tollau ac ar weithgarwch porthladdoedd a chilfachau'r arfordir; gan y gwelliant graddol a fu mewn dulliau amaethu, a chan ddatblygiad y diwydiannau gwlân, plwm, copr, haearn a glo. Gan fod cyflwr ffyrdd Cymru mor ddiarhebol o wael, dibynnid yn helaeth ar longau'r môr i gludo defnyddiau crai a nwyddau o'r naill ran o'r wlad i'r llall, a hefyd i'r Cyfandir. Bwrn i fasnachwr oedd gorfod cludo nwyddau ar bynfeirch, asynnod a cheir llusg i'r prif ganolfannau cyswllt, sef Croesoswallt, Amwythig, Aberhonddu a Henffordd, ar ororau Cymru. Haws a rhatach o lawer oedd eu cludo i lan y môr i'w dwyn gan longau i ben eu taith.

Bychan iawn oedd maint llongau a brigiau Cymru yn ystod oes y Tuduriaid: amrywient rhwng pump ac ugain tunnell. Ym 1577, nid oedd ond tair o longau'r wlad dros gan tunnell. Wrth reswm, felly, mordwyai'r mwyafrif llethol ohonynt ar hyd y glannau, ac anaml iawn y mentrent ymhell o olwg y tir. Yr oedd y llongau lleiaf bob amser ar drugaredd mympwyon yr hin a dichellion y môr. Glynent wrth y glannau er mwyn osgoi'r perygl o gael eu cludo gan wyntoedd cryfion i'r cefnfor. Ond fel y treiglai'r ail ganrif ar bymtheg yn ei blaen, âi'r llongau'n fwy o ran eu maint a theithient ymhellach. Tramwyai rhai o longau masnach mawr Morgannwg—y 'Long Thomas' (200 tunnell) a'r 'Great Thomas' (100 tunnell)—i Ffrainc, Sbaen, Iwerddon ac India'r Caribî.

Erbyn cyfnod yr Adferiad, tueddai llongau ardal y maes glo yn sir y Fflint a glannau Merswy i fod yn fwy o ran maint na'r llongau bychain lleol.

At ei gilydd yr oedd masnach De Cymru yn fwy ffyniannus na'r hyn a geid yn y Gogledd a'r Canolbarth. Yn sgîl yr Uno, sefydlodd porthladdoedd y De gysylltiad clòs iawn â Bryste a phorthladdoedd eraill megis Barnstaple, Ilfracombe a St. Ives. *Entrepôt* ffyniannus odiaeth oedd Bryste, porthladd prysur a deniadol i fasnachwyr De Cymru. Cyniweiriai llongau mawr a bach o bell ac agos yn ei phorthladd, ac erbyn y ddeunawfed ganrif dywedwyd bod ei thrigolion yn 'llwytho, cario a dadlwytho nwyddau a masnach o bob math'. I grombil harbwr Bryste y cludid cynnyrch tir a diwydiannau De a Gorllewin Cymru, sef ŷd, gwenith, cig, gwlân, menyn, caws, crwyn, lledr, pysgod a rhisgl derw. Yn eu tro, allforiai masnachwyr Bryste halen, sebon, siwgwr, gwlân, brethyn, lledr, tybaco, gwin, gwydrau, ffrwythau, efydd a phiwter yn ôl i borthladdoedd Cymru.

Gan fod y galw am fwydydd a nwyddau ymhlith trigolion Llundain yn ddihysbydd, gofalai masnachwyr De Cymru fod cyfathrach agos rhyngddynt a'u cymrodyr yn y brifddinas. Fwyfwy hefyd gweithient i ehangu cylch y fasnach arforol ar y Cyfandir. Pan lesteiriwyd y gyfathrach fasnachol rhwng Prydain a Sbaen gan helyntion gwleidyddol, cafwyd marchnad gyfagos a phroffidiol yn Iwerddon. Cynyddodd swm yr allforion—ŷd, glo, llechi, pysgod, gwlân a chrwyn—i Iwerddon yn gyson drwy'r cyfnod hwn, ac yn eu tro anfonai'r Gwyddelod halen, pysgod, gwlân, lliain, llin a choed yn ôl i'r wlad hon. Ond i Ffrainc yr âi cyfran helaeth o allforion De a Gorllewin Cymru, â glo a gwlân ar ben y rhestr. Allforiai Caerfyrddin gyfran sylweddol o wlân a halen i La Rochelle, ei gefell yn Llydaw, ac i Bordeaux yn Ffrainc. Bu'r cyswllt rhwng porthladdoedd Abertawe a Chastell-nedd a phorthladdoedd Ffrainc o fantais anhraethol i'w ffyniant economaidd. Yn ôl Defoe, yr oedd Abertawe'n dref 'wir ffyniannus' erbyn y 1720au, a gellid gweld cymaint â chant o longau hwylio'n llwytho glo yn ei phorthladd. Croesewid llongau Ffrainc, â'u halen, gwin, papur, pysgod, siwgwr, mêl, finegr, cyrens a ffigys, a llongau Sbaen, â'u halen, siwgwr, calico, orennau, lemonau a rhesin.

Yng Ngogledd Cymru, edrychai masnachwyr a morwyr i gyfeiriad Dulyn, Caer a Lerpwl. Gan nad oedd modd i'r ardal gymharol dlawd hon gynhyrchu holl angenrheidiau bywyd yn lleol, bu'n rhaid mewnforio'n dra sylweddol. Mewnforid ŷd, barlys, gwenith, rhyg, ffrwythau, llysiau, crwyn a lledr, halen, sebon, olew, glo, coed, haearn a chopras. Ar adeg o gynhaeaf sâl, mater o raid oedd mewnforio grawn o rannau mwy ffodus o'r wlad. Gwnaed hynny yng Nghaerfyrddin ym 1565-7, 1569-71 a 1583-7 ac yng Nghaernarfon ym 1637, 1675, 1676 a 1689. Ym 1741, tystiodd William Morris i bwysigrwydd mewnforio ŷd o wledydd tramor pan fethai'r cynhaeaf. 'Mae ganddom yma,' meddai, 'glwyf sy'n waeth o lawer na pholiticks pe bae bosibl, hwnnw yw prinder bwyd Cristnogion, oni chawn lawer o ŷd o wledydd eraill sicr y bydd newyn yn ein plith cyn y cynhaeaf'. Prif allforion Gogledd Cymru oedd caws a menyn, pysgod, cig moch, brethyn, lludw gwymon a llechi. Ni ddylid diystyru pwysigrwydd allforio llechi. Er mai ar raddfa fechan y rhwygid y llechi o frig y graig yn y Penrhyn a Chochwillan, yr oedd y fasnach ar gynnydd erbyn oes yr Hanoferiaid. Rhwng Mehefin 1729 a Rhagfyr 1730, er enghraifft, allforiwyd dros 2,500,000 o lechi o borthladdoedd Biwmares, Caergybi, Caernarfon a Chonwy, a ducpwyd dros filiwn o'r rheini i borthladdoedd Iwerddon.

Ym 1549, adroddwyd stori gan Syr Thomas Smith am long o Loegr a laniodd â llwyth o afalau ym mhorthladd Caernarfon. Cythruddwyd y brodorion i'r byw, a cheryddwyd perchennog y llong am ymorol am frethyn Cymru pan nad oedd ganddo ef ddim i'w gynnig ond nwyddau a fyddai wedi eu dihysbyddu'n llwyr ymhen wythnos. Dengys yr hanesyn hwn gymaint y dibynnai trigolion Gogledd Cymru yn ystod oes y Tuduriaid ar brif angenrheidiau bywyd. Eto i gyd, yr oedd y math hwn o ymagweddu'n cilio fesul tipyn. Erbyn oes y Stiwartiaid Diweddar, mewnforid nwyddau ffres, bwydydd moethus, diodydd dethol a dillad ffasiynol, ac er mai i gartrefi'r cefnog yr âi'r rhan fwyaf o'r cynnyrch hwn, yr oedd modd bellach i drigolion cefn gwlad fynychu siop a ffair i weld a phrynu detholiad amrywiol o brif gynnyrch marchnadoedd Lloegr a'r Cyfandir. Pan laniodd y 'Phoenix' yng Nghaernarfon ar 27 Ebrill 1680, er enghraifft, dadlwythwyd o'i howldiau (ymhlith pethau eraill) ddwy dunnell o haearn, tair llond casgen o siwgwr, llond casgen a thri-chwarter o driagl du, dwy fasgedaid o biwter, llond casgen o jin, papur llwyd, cist o ddroriau, dau ddwsin o gadeiriau wensgot, chwe phecyn o hopys, casgen a dau flwch llawn o dybaco, wyth calloraid o lo, chwe megin a chwe ffrâm cyfrwy.

Byddai harbwr cysgodol Biwmares yn derbyn nwyddau ecsotig megis siwgwr coch Mwsgado a sinsr o India'r Caribî, ac yn eu gyrru ymlaen mewn llongau lleol i borthladdoedd Caer a Lerpwl. Fwyfwy trôi'r Gogleddwyr eu golygon at Lerpwl. Ar ddiwedd yr ail ganrif ar bymtheg, darfu am borthladd Caer pan gaewyd ceg afon Dyfrdwy gan laid. O hynny ymlaen, safodd poblogaeth Caer bron yn ei hunfan tra cynyddodd poblogaeth Lerpwl o 5,000 ym 1700 i 22,000 erbyn 1750. Cipiwyd marsiandïaeth Gogledd Cymru bron yn llwyr gan borthladd Lerpwl, a gadawyd Caer ymhell ar ei hôl.

Yn nhrefi'r glannau ym mae Ceredigion, yr oedd pysgota ac adeiladu llongau yn ddiwydiannau pwysig iawn. Yn wir, yr oedd pysgota yn gymorth i lawer o bobl a drigai ger y môr i gadw newyn o'r drws. Dywedwyd ym 1635 mai cardota fyddai tynged rhydd-ddeiliaid Nefyn oni chaniateid iddynt bysgota. Yn yr un modd, un o'r dulliau a ddefnyddid gan werinwyr glannau Morgannwg i gadw corff ac enaid ynghyd oedd casglu gwymon i'w losgi, a'i werthu i weithfeydd gwydr yn Abertawe a Bryste. Ymffrostiai pysgotwyr Ceredigion ym mhrysurdeb eu masnach leol. Dibynnai trigolion Aberystwyth, Aberdyfi a'r Bermo ar sgadan am eu prif ymborth, a gwelodd y fasnach honno fesur helaeth o ffyniant. Erbyn y 1740au, yr oedd cymaint â 59 o frigiau bychain yn pysgota am sgadan yn Aberystwyth a 38 yn ychwaneg yn Aberdyfi, Borth, Aberaeron a Cheinewydd. Helltid y sgadan i'w cadw dros ran helaeth o'r gaeaf, ac allforid y gweddill mewn casgenni i Iwerddon. Dibynnai'r ardaloedd hyn hefyd ar ffyniant y diwydiant plwm. Ym 1760, yr oedd rhwng 30 a 40 o longau yn cyrchu hyd at 4,000 o dunelli o blwm y flwyddyn o Geredigion i borthladdoedd eraill yng Nghymru. Anodd gorbwysleisio'r modd yr hybwyd diwydiannau cefn gwlad gan y porthladdoedd a geid ar yr arfordir.

Y Meini Tramgwydd

Drwy gydol y cyfnod hwn, rhwystrid gwir gynnydd mewn diwydiant a masnach gan nifer o anawsterau. Y cyntaf, a'r pwysicaf, oedd diffyg cyfalaf. Prin iawn oedd yr arian mewn cylchrediad, ac nid oedd gwasanaethau masnachol megis bancio a siwrin yn rhan o economi'r wlad. Dyna paham, yn rhannol beth bynnag, y cafodd anturwyr goludog o Loegr rwydd hynt i ymgyfoethogi. Ni allai ffermwyr a chrefftwyr Cymru grafu digon o gyfoeth i ddiwallu anghenion beunyddiol, heb sôn am greu cyfalaf ychwanegol i'w fuddsoddi mewn diwydiant. Dim ond carfan fechan o dirfeddianwyr a masnachwyr Cymru a fedrai fforddio anturio, buddsoddi a masnachu, ac o ganlyniad ychydig yn eu plith a elwodd yn aruthrol fras ar ddatblygiadau diwydiannol. Nid oedd gan rai ohonynt ddigon o hyder i gynnal arbrofion, a chladdwyd hoff uchelgais eraill dan gawod o filiau a chostau cynyddol. Cyffesodd Charles Lloyd o Ddolobran yn hwyrddydd ei oes iddo fod yn annoeth iawn yn ymwneud â 'mwy o fusnes nad oedd gennyf gyfalaf o'm heiddo i'w gynnal'.

Cyntefig iawn oedd safon yr wybodaeth dechnolegol a geid yng Nghymru. Llusgai'r Cymry ymhell y tu ôl i'r Almaen, yr Iseldiroedd, Ffrainc a Sbaen, ac nid oedd neb â'r medr i gymhwyso gwybodaeth wyddonol-dechnegol ar eu cyfer. Ni welodd y cyfnod hwn unrhyw ddatblygiadau chwyldroadol yn y dull o gloddio am fwyn nac o'i gynhyrchu. Dibynnid bron yn llwyr ar nerth braich yn hytrach na pheiriannau, ac ychwanegai hynny at y gost a'r drafferth o anturio. Rhwystrid cynlluniau diwydianwyr gan broblemau fel sut i godi dŵr o'r pyllau, sut i yrru awyr iach drwyddynt a sut i gludo'r cynnyrch o'r gweithfeydd i farchnadoedd pell ac agos. Nid oedd Lewis Morris ymhell o'i le pan ddywedodd rywbryd tua chanol y ddeunawfed ganrif fod 'y ddawn o fwyngloddio ond yn ei phlentyndod'.

Rhwystrid cynnydd di-dor gan y croestynnu cecrus a pharhaus rhwng y Goron ac anturiaethwyr unigol. Dro ar ôl tro, bu'r rhuthr am fwynau yn achos gyrru swyddogion y Goron a boneddigion lleol yng ngyddfau ei gilydd, ac ni ddiflannodd y broblem hon hyd yn oed pan ddiddymwyd hawlfraint Cymdeithas y Mwynfeydd Brenhinol ym 1693. Yn wir, agorwyd drysau lawer i anturwyr preifat a chwmnïau masnachol i chwilio am aur, arian, copr a phlwm. Achosodd hyn yn ei dro dyndra rhwng hawliau boneddigion lleol ac uchelgais anturwyr estron. Mynnai tirfeddianwyr Cymru droi'r holl ddŵr i'w melinau eu hunain. Manteisient ar bob cyfle i erlyn y sawl a dresmasai naill ai ar eu tir neu dan y ddaear, ac yr oedd rhai yn eu plith yn barod i ddefnyddio nerth dwrn a phastwn er mwyn gwarchod eu buddiannau. Ym 1731, bu helynt ym mhlwyf Llanfihangel-y-Creuddyn, Ceredigion, pan ddechreuodd rhyw ddwsin o weithwyr gloddio am blwm ar ran Cwmni'r Anturiaethwyr Masnachol. Tynasant nyth cacwn am eu pennau. Casglodd Thomas Powell, ysgwïer Nanteos, rhwng 80 a 100 o'i weision a'i denantiaid ynghyd, eu harfogi â drylliau, cleddyfau a phastynau, a'u cyrchu i'r lofa, lle rhybuddiodd y turwyr y byddent 'oll yn ddynion meirw oni chilient o'r gweithfeydd ymhen awr'.

Pan lwyddid i sicrhau cynnyrch sylweddol nid oedd, yn amlach na pheidio, unrhyw ddull priodol o'i ddosbarthu. Cyfyng iawn oedd y marchnadoedd. Oherwydd prinder ffyrdd da, camlesydd a rheilffyrdd, ni ellid estyn terfynau'r farchnad leol ymhell iawn, yn enwedig yng nghyrrau anghysbell y wlad. Yr oedd y broses o gludo nwyddau a chynnyrch ar bynfeirch, asynnod a cherti mor araf fel y cyfyngid prif fasnach y wlad i borthladdoedd, aberoedd a chilfachau'r arfordir. Ond nid oedd y môr heb ei rwystrau ychwaith. Drwy gydol oes y Tuduriaid a'r Stiwartiaid, cyniweiriai môr-ladron o Dunkerque, Sluys, Oostende, Nieuport, St. Malo, porthladdoedd Biscay ac arfordir Alger a Barbari yn nyfroedd Môr Udd, Môr Hafren a Môr Iwerddon, gan fygwth ffyniant masnachol Prydain a dychryn gwŷr yr arfordir. Rhedai ias i lawr cefnau trigolion y glannau pan glywent am rai o gastiau anfad y môrladron, a'u hofn pennaf oedd y byddai'r gweilch yn disgyn yn ddiarwybod ar y traethau a'u llofruddio yn eu gwelyau.

I'r sawl a feddai ysbryd anturus, yr oedd modd byw'n fras ar gefn llongau. Fel y tystiai Thomas Prys, Plas Iolyn, 'tybio ond mudo i'r môr, y trowswn ar bob trysor'. Prif fôr-ladron Cymru yn ystod oes y Tuduriaid oedd Hugh Griffith, ysgwïer Cefnamwlch yn Llŷn, a John Callice, gŵr bonheddig o Dyndyrn yn sir Fynwy. Meddiannwyd y rhain, gorff ac enaid, gan awydd anniwall i dynnu blewyn o drwyn yr awdurdodau. Ysbeilient bob math o longau a hwyliai rhwng porthladdoedd De Lloegr a dyfroedd pellennig yr Açores, gan drosglwyddo'u hysbail i ddirgel leoedd gyda'r nos i'w pharatoi ar gyfer ei gwerthu'n lleol neu i'w hallforio i'r Cyfandir. Rhwng 1575 a 1577, bu Callice a'i weision yn chwarae mig â'r awdurdodau, ac mae'n amlwg y câi ias a gwefr o'u plagio. Yn yr un modd, bu swyddogion y llywodraeth yng Ngogledd Cymru yn chwysu gwaed wrth geisio dal Hugh Griffith a'i ddwyn o flaen ei well. Ond gan fod nifer o ustusiaid yn derbyn cil-dwrn gan y môrladron hyn, ni allai'r awdurdodau osod bys na bawd arnynt. Dywedid bod Syr Richard Bulkeley III, Is-lyngesydd Gogledd Cymru, yn cynnal breichiau Hugh Griffith ac yn gwerthu ysbail y môr-leidr hwnnw yn ei dŷ yn Llundain, ac yr oedd yn hysbys i bobl Caerdydd fod John Callice yn cydgynllwynio â theulu'r Herbertiaid. Tra oedd gwŷr bonheddig dylanwadol yn barod i brynu ysbail y môr-ladron a'u swcro mewn llys barn, ni fedrai'r awdurdodau ddwyn perswâd ar neb i fradychu'r ysbeilwyr am bris yn y byd. Yn nhreigl amser, fodd bynnag, llwyddwyd i wastrodi'r prif fôr-ladron, ond amharwyd yn helaeth yn y cyfamser ar fasnach y wlad.

Os llwyddwyd i dorri crib y môr-ladron, ni ddiddymwyd atalfa arall ar fasnach y wlad, sef smyglo. Erbyn y ddeunawfed ganrif, yr oedd yr arferiad hwn yn ei anterth. Yr oedd amharodrwydd masnachwyr i dalu trethi'n achosi trafferthion i'r swyddogion trethi. Disgynnai ceryddon yr awdurdodau ar glustiau byddar. Cipiai rhednwyddwyr bob cyfle i smyglo te, coffi, brandi, gwin, siwgwr, tybaco a sidan i mewn drwy'r porthladdoedd a'r aberoedd. Cwynai Casglwyr y Dreth Halen yn Abertawe fod smyglo halen yn fasnach broffidiol yno, 'hyd yn oed ar ganol dydd'. Dygid gwin, brandi a choffi i mewn i'r wlad mewn basgedi wedi eu gorchuddio â sgadan. Ar y traethau hefyd byddai pobl dlawd yn manteisio ar bob cyfle i ysbeilio meddiannau unrhyw long anffodus a deflid i'r lan gan stormydd mawrion. Taranodd y diwygiwr, Howel Harris, yn aml yn erbyn ysbeilwyr llongau a ddryllid ar greigiau'r arfordir. Mentrodd ddweud un tro y byddai'n well i forwyr a longddryllid syrthio i ddwylo paganiaid nag i blith Cristnogion glannau môr Ceredigion. Tra gellid iro llaw mân-swyddogion a dibynnu ar gydweithrediad ustusiaid heddwch, nid oedd modd dileu'r gweithgarwch llechwraidd hwn. Mynegi siom a rhwystredigaeth ei gyd-swyddogion a wnâi William Morris, Is-geidwad y Dollfa yng Nghaergybi, pan ddywedodd: 'Fe balla'r amser imi fanegi iwch y triccia a'r castiau mae'r Ficws [masnachwr] a'r Gwyddhelod a'r Mancsmyn yn ei ddyfeisiaw i gogiaw ein Harglwydd Freyenhin, a minnau ac nid arall yn eu gwarchod, mal y gwelwch 'i gath lwyd yn gwylio cantwll ar unwaith rhag llygod'.

Gellir priodoli'r diffyg cynnydd masnachol a diwydiannol hefyd i ymateb y Cymry i anturiaethau ymyrwyr estron. Bychan o groeso a gawsai meistri haearn ar hyd y cyfnod hwn. O gyfnod Elisabeth ymlaen, difwynwyd llawer o ardaloedd prydferthaf Morgannwg a Mynwy gan 'wŷr yr haearn duon'. Buont yn destun melltith i sirgarwyr, tirfeddianwyr a thenantiaid fel ei gilydd. Cwynai hynafiaethwyr fod yr anturwyr haearn yn creithio ac yn anurddo'r wlad. Mynnai gwŷr tiriog lleol fod estroniaid yn difrodi llethrau coediog yn ddiseremoni, yn diystyru eu hawliau ac yn sarhau pob ymgais i'w hargyhoeddi o'u ffolineb. Barnai tenantiaid fod noethi bröydd yn 'ddifaol i economi'r Deheudir'. Ym 1583, cwynodd tenantiaid Brynbuga, Caerllion a Thre-lech yn arw am fod Syr William Herbert, Henry Morgan a Richard Hanbury wedi cau 2,000 o erwau o dir comin er mwyn torri 60,000 o goed mawr. Mynegwyd pryderon ac anesmwythyd cyffelyb bob tro y bygythid bywoliaeth y werin-bobl gan ormes y fwyell. Ni chyfyngid eu dicter ychwaith i'r prif anturwyr. Prin oedd y cwrteisi a estynnid i weithwyr diwydiannol a ddygid i mewn i fröydd Cymreig. Ar droad yr ail ganrif ar bymtheg, cynddeiriogwyd pobl Castell-nedd pan drosglwyddodd Syr Humphrey Mackworth 33 o lowyr, ynghyd â'u gwragedd a'u plant, o Amwythig i'w weithfeydd yng Nghastell-nedd. Nid y bygythiad i'w gwaith oedd unig achwyniad y Cymry, ond y ffaith fod y newydd-ddyfodiaid hyn yn ymroi i feddwdod ac 'anniweirdebau eraill', ac yn bennaf cyfrifol am lacrwydd moesol yn yr ardal honno.

Yn nannedd anawsterau fel y rhain y brwydrai pob anturiaeth fasnachol a diwydiannol. O ganlyniad, ni chafwyd unrhyw ddatblygiadau chwyldroadol, ac yn sicr ni phrofwyd y math o anturio egnïol a'r berw rhyfeddol a welwyd yng Nghymru yn ystod ail hanner y ddeunawfed ganrif. Gan nad oedd neb wedi llawn sylweddoli maint y golud cudd a orweddai dan y ddaear, nid effeithiwyd nemor ddim ar dirlun a phatrwm cymdeithasol y wlad. Ni wyddai neb beth a oedd ym mynwes y Rhondda. Yn wir, yn ôl Benjamin Malkin ym 1807, yr oedd Cwm Rhondda mor wyllt a rhamantus ag unrhyw ardal wledig yng Ngogledd Cymru. Treflan dawel oedd Merthyr Tudful, a'i holl gyfoeth mwynol yn disgwyl am sŵn traed anturwyr mawr megis John Guest, Anthony Bacon a Richard Crawshay. Cyn eu dydd hwy, unedau bychain a gwasgarog oedd prif ddiwydiannau Cymru. Wrth y dwsinau, neu'r cannoedd weithiau, ac nid wrth y miloedd, y cyflogid gweithwyr. Ond wedi dweud hynny, rhaid cydnabod bod cynnydd pendant wedi digwydd, yn enwedig yn y diwydiant glo a chopr. Yr oedd seiliau diwydiannol Cymru yn gadarnach o lawer ym 1760 nag yr oeddynt ym 1530, a'r argoelion ar gyfer y dyfodol yn olau iawn.

V Y DEDDFAU UNO 1536-43

O dro i dro, fe geir mewn hanes gwlad ryw ddigwyddiad a fernir, â synnwyr trannoeth gan amlaf, yn drobwynt neu'n groesffordd yn hanes y genedl honno. Gellir ystyried y Deddfau Uno (1536-43) yn un o'r digwyddiadau tyngedfennol hynny yn hanes Cymru. Nid oes prinder trafod wedi bod ar y Deddfau Uno erioed ac ni ellir amau nad ydynt wedi cael cryn ddylanwad ar natur y genedl Gymreig ac ar deithi meddwl ei phobl. Er mwyn dirnad ac iawnbrisio bwriad ac arwyddocâd y Deddfau, y mae'n ofynnol inni eu gosod yn eu cyddestun hanesyddol. Ni ellir deall amcan uno Lloegr a Chymru heb fod yn gyfarwydd â throeon cymdeithasol a gwleidyddol y dydd, heb sylweddoli dymuniad y Cymry eu hunain am amgen byd, a heb werthfawrogi awydd Thomas Cromwell i ddifodi pob elfen o arwahandra yn yr ynysoedd hyn. Drwy osod y Deddfau Uno mewn fframm briodol bydd y dasg o ddarganfod seiliau rhagdybiau pobl yr oes yn haws o lawer.

Un o'r cymhellion pennaf a roes fod i'r Deddfau Uno oedd awydd y Goron i sefydlu fframwaith gweinyddol yng Nghymru a fyddai'n sicrhau parch at gyfraith a threfn. Ar hyd yr Oesoedd Canol, bu cadw trefn yng Nghymru yn broblem ddyrys i frenhinoedd Lloegr. Er nad oedd modd gwadu bod Cymru dan fawd Lloegr oddi ar y Goncwest Edwardaidd ym 1282-3, nid oedd yr holl wlad yn rhan o gyfundrefn wleidyddol Lloegr. Sefydlu fframwaith gweinyddol a chyfreithiol ar gyfer y Dywysogaeth yn unig a wnaeth Statud Cymru ym 1284. Cynhwysai'r Dywysogaeth dair o siroedd y Gogledd (Môn, Arfon a Meirion), ynghyd ag arglwyddiaethau brenhinol y Fflint, Ceredigion a Chaerfyrddin. Ond yr oedd rhan ddwyreiniol y wlad, sef yr ardaloedd hynny a feddiannwyd gan yr Eingl-Normaniaid, yn parhau yn nwylo arglwyddi'r gororau. Nythod gwinglyd ac afreolus oedd yr arglwyddiaethau hyn, a dengys gwaith beirdd y bymthegfed ganrif y câi pob math o adar brithion gyfle i arfer campau drwg ynddynt. Meddai'r arglwyddi ar lysoedd, cyfreithiau a thraddodiadau annibynnol, a manteisient yn gyfan gwbl ar eu hawdurdod, hyd yn oed i'r graddau o droi'n glustfyddar i wŷs y Brenin. Yr oedd gan yr arglwyddiaethau enw drwg fel lloches i ladron ac ysbeilwyr, a phan

—fel y digwyddai'n aml—yr âi anghyfraith yn rhemp yno, ysai swyddogion y Goron am gyfle i'w gwastrodi. Yn sgîl Rhyfeloedd y Rhosynnau, felly, aeth y Goron rhagddi i ychwanegu at ei grym drwy brynu neu feddiannu corff helaeth o diriogaethau'r arglwyddi. Drwy adfer y system yndeinturol, llwyddodd Harri VII i ennill gwrogaeth mawrion y deyrnas. Manteisiodd hefyd ar bob cyfle i adendro tiroedd pob arglwydd gwrthnysig. Bu ei fab, Harri VIII, yn barotach fyth i ysgubo o'r neilltu bob arglwydd gornerthol a oedd yn fygythiad i'w awdurdod. Pan ddienyddiwyd Dug Buckingham ym 1521, syrthiodd y cawr mwyaf ymhlith yr arglwyddi, ac aeth ei diroedd helaeth i ddwylo'r Goron.

Ond er bod awdurdod y Goron yn grymuso yng Nghymru, ni fedrai swyddogion y Brenin orffwys ar eu rhwyfau. Yr oedd arglwyddiaethau'r gororau'n parhau i fod yn symbol o wendid ac anhrefn, a phan fu farw'r Cymro grymusaf yn Neheubarth Cymru, Syr Rhys ap Thomas, ym 1525, agorwyd cyfnod newydd o densiwn ac ansicrwydd. Ceisiodd Thomas Wolsey chwistrellu gwaed newydd i wythiennau Cyngor Cymru a'r Gororau drwy benodi'r Esgob Veysey yn Llywydd arno ym 1525. Corff gweinyddol a chyfreithiol a fu'n rhygnu byw er blwyddyn ei sefydlu ym 1471 oedd y Cyngor hwn. Eiddil iawn fu ei gyfraniad i'r ymgyrch i arolygu trefn a gweinyddiad y gyfraith ar y gororau, ac nid oedd fawr o debygrwydd y byddai Veysey, gŵr nodedig am ei bwyll malwodaidd a'i ddiffyg egni, yn llwyddo i'w weddnewid. Yn wir, dwysaodd y sefyllfa ar y gororau. Deuai straeon arswydus i glustiau'r awdurdodau yn Llundain am swyddogion yn dwyn eiddo oddi ar denantiaid, yn dwyn ffug-gyhuddiadau yn erbyn pobl ddiniwed ac yn gormesu'r gwan. Ni fedrai Henry Somerset, Iarll Caerwrangon, un o gynghorwyr ffyddlonaf y Brenin ac un a gâi incwm uwch o'i dir na'r un tirfeddiannwr arall yng Nghymru, osod unrhyw fath o wastrodaeth ar ei swyddogion ef. Pan geisiodd gipio haid o lofruddion yn arglwyddiaeth Gŵyr, dihangodd y gweilch yn eu crysau o'u gwelyau a chael lloches mewn seintwar. Bu George Herbert, stiward yr Iarll yn arglwyddiaeth Gŵyr, mor rhyfygus ac wynebgaled â chrogi llanc un ar bymtheg oed oherwydd i'w dad fynd â chŵyn yn ei erbyn at swyddogion Cyngor Cymru a'r Gororau. Pe bai raid, gellid lluosogi enghreifftiau o anghyfraith a fyddai'n addas i'w cynnwys mewn unrhyw ffilm Americanaidd heddiw. Yng Ngogledd Cymru erbyn 1530, ymestynnai swyddi a dylanwad William Brereton o Falpas o Fae Ceredigion i'r Pennines ac o Ganolbarth Cymru i swydd Gaer. Gwyddai'r Cymry'n dda am barodrwydd Brereton i ddefnyddio grym a thrais er mwyn cynnal ei oruchafiaeth drostynt, ac ni chollasant unrhyw ddagrau pan dorrwyd pen eu gormeswr â bwyell wedi iddo gael ei farnu'n euog o odineb ag Anne Boleyn ym 1536.

O 1529 ymlaen, dwysáu a wnâi'r argyfwng, a phwysai ofn anhrefn mewnol yn drwm ar eneidiau gweision y Brenin. Syniai Cymry'r Deheubarth yn isel iawn am y Brenin wedi iddo wrthod dyrchafu etifedd Syr Rhys ap Thomas, sef ei ŵyr, Rhys ap Gruffydd, i uchel swyddi ei daid. Penodwyd yn ei le Walter Devereux, Arglwydd Ferrers, yn Brif Ustus a Siambrlen Deheudir Cymru. Siomwyd Rhys ap Gruffydd yn aruthrol, ac ni fedrai ddygymod â'r fath driniaeth sarhaus. Aeth yn ffrwgwd rhyngddo ef a Ferrers. Er mwyn adfer ei feddiannau a'i hunan-barch, arweiniodd Rhys garfan o wŷr arfog i Gastell Caerfyrddin ym 1529, ond fe'i restiwyd a'i garcharu yno. Wedi cryn lusgo traed, fe'i cyhuddwyd o deyrnfradwriaeth. Honnodd ei erlynwyr iddo gynllwynio gyda Iago V o'r Alban yn erbyn Harri VIII er mwyn trosglwyddo coron Lloegr i ddwylo Brenin yr Alban ac ennill Cymru iddo'i hun. Bregus i'w ryfeddu oedd y dystiolaeth honno, a gwir drosedd Rhys ap Gruffydd, yn ôl pob tebyg, oedd ei gasineb at Anne Boleyn a'i serch at Babyddiaeth. Bid a fo am hynny, fe'i dienyddiwyd ar 4 Rhagfyr 1531. Brenin anwastad iawn ei dymer oedd Harri VIII: ofnid ei gerydd gan bawb, ac arswydai hyd yn oed ei ddilynwyr ffyddlonaf rhagddo. Yn yr achos hwn, enynnwyd ei lid a disgynnodd ei ordd yn ddiarbed ar etifedd Syr Rhys ap Thomas er mwyn dysgu gwers i'r Cymry. Taenodd ias o arswyd a dicter drwy Ddeheubarth Cymru. Brawychwyd ardal gyfan, ac ni leddfwyd cynddaredd y trigolion pan glywsant fod y Brenin yn eu hannog i 'edrych ar draeturiaid eu gwlad yn ehedeg ym mhennau'r cigfrain o amgylch y ddinas', sef dinas Llundain.

Yn sgîl y digwyddiad hwn, bu sôn o lawer cyfeiriad y byddai gwrthryfel yn Ne Cymru. Cynyddodd y tensiwn gwleidyddol wedi i'r Brenin dorri'r cwlwm a gysylltai'r wlad â Rhufain er mwyn troi ymaith ei wraig, Catrin o Aragon. Ofnid bod y sefyllfa'n ffrwydrol. Â chryn serch ac anwyldeb y soniai'r Cymry am Gatrin o Aragon, ac yr oedd yn gwbl ddealladwy fod yr awdurdodau yn Llundain yn llawn braw wrth ystyried y posibilrwydd y gallai'r Babaeth a'r galluoedd Catholig geisio goresgyn Brenin Lloegr drwy lanio byddin yng ngorllewin Cymru. Ar ben hynny, yr oedd Iarll

Kildare yn macsu gwrthryfel yn Iwerddon, a byddai'r argyfwng yn sicr o ddwysáu pe bai yntau'n galw ar y Cymry i gynnal ei freichiau. Pa ryfedd felly fod tymheredd yr awdurdodau yn Llundain yn rhedeg yn bur uchel erbyn 1533-4? Nid oedd y sefyllfa ar y gororau ychwaith yn lliniaru dim ar bryder yr awdurdodau. Disgynnai llythyrau yn feunyddiol, bron, ar ddesg Thomas Cromwell a gweinyddwyr y Goron, yn ymbil arnynt i osod trefn ar bethau ac i geisio ysgwyd eu swyddogion o'u syrthni. Pwyswyd John Veysey, Llywydd Cyngor Cymru a'r Gororau, yn y glorian droeon a'i gael yn brin bob tro. Ym mis Mawrth 1533, honnodd Syr Edward Croft o Henffordd fod y wlad mewn anhrefn, ac y byddai troseddau'n cynyddu oni welai'r llywodraeth yn dda i benodi gŵr parod i 'chwifio cleddyf cyfiawnder'. Erbyn y cyfnod hwn, yr oedd problem Cymru yn pwyso'n drwm ar feddwl Thomas Cromwell, prif weinidog y Brenin, ac yn ystod haf 1534 atebodd apêl yr achwynwyr mewn modd cwbl annisgwyl. Penododd glamp o esgob blonegog, Rowland Lee, esgob Caerlwytgoed, yn Llywydd Cyngor Cymru a'r Gororau. Gŵr didostur oedd Lee, a darostwng yn hytrach na chyfamodi oedd ei brif ddull o weithredu. Ymddiriedai'n llwyr yng ngrym y dwrn haearn: ef oedd 'yr olaf o'r esgobion milwrol'. Er gwaethaf ei gorffolaeth dew a'i osgo trwstan, yr oedd gan Lee egni di-ben-draw. Gwthiodd ei big i bob man ar hyd a lled y gororau. Câi fwynhad a ymylai ar sadistiaeth wrth ymlid drwgweithredwyr a'u llusgo o'u cuddfannau i'w barnu'n euog yn y llysoedd a'u crogi'n ddiymdroi. Ni thyciai i unrhyw droseddwr bledio ach freiniol neu olud mawr, oherwydd cosbai Lee yr enwog a'r di-sôn-amdanynt yn ddiwahân. Yn wir, ymffrostiai yn ei allu i dorri crib y mawrion. Credai fod crogi un gŵr bonheddig yn gwneud mwy o les yn y pen draw na chrogi cant o 'drueniaid gwael'. Wrth reswm, felly, yr oedd ei elynion yn aneirif. Barnai Stephen Vaughan mai 'bwystfil daearol' ydoedd Lee, 'twrch daear, pabydd, eilunaddolwr ac offeiriad cnodiog'. Creodd Lee y fath ofn a dychryn yng nghalonnau drwgweithredwyr fel yr aeth ei enw yn ddihareb. Fferrodd ardal y gororau â'i ofn. Ni welid eto y fath fileindra yn un o swyddogion y Goron hyd nes y byddai i Syr Thomas Wentworth—'Twm Du y Treisiwr'—wastrodi elfennau cythryblus Gogledd Lloegr yn ystod oes Siarl I. Mentrodd Elis Gruffydd honni, â gormodiaith sy'n bradychu'r braw a'r dychryn a achosodd Lee, fod yr esgob dialgar wedi crogi 'ychwaneg i bum mil o wŷr' mewn cwta chwe blynedd. Dywedwyd ym 1539 fod 'lladron Cymru i gyd yn crynu gan ofn'. Dim ond am naw mlynedd y bu Lee yn ei swydd, ond i'r sawl a fynnai weithredu y tu allan i'r gyfraith ymddangosai'r cyfnod hwnnw fel tragwyddoldeb. Nid ofnai Rowland Lee undyn byw—ac eithrio Cromwell—ac nid oes amheuaeth na lwyddodd yn ei fwriad i osod amgenach trefn ar y gororau.

Er mwyn hwyluso tasg Rowland Lee o ddwyn mesur o heddwch a threfn i'r gororau cythryblus, ac fel adwaith i'r alwad gynyddol am syniadau newydd, pasiwyd cyfres o ddeddfau pwysig ym 1534. Deddfwyd y byddid o hynny ymlaen yn cosbi unrhyw farnwr, rheithiwr neu swyddog a geid yn euog o anudoniaeth â dirwy drom neu garchar. Er mwyn diogelu gwartheg rhag cael eu dwyn, gwaharddwyd rhwyfwyr rhag cludo dynion ar draws afon Hafren rhwng machlud a chodiad haul. Ni châi'r un Cymro gario arfau'n gyhoeddus mewn llys, tref, eglwys, ffair neu farchnad. Dilewyd yr hen arfer o gymhortha, arfer a oedd bellach wedi ei llygru gan gribddeilwyr yr arglwyddi. Diddymwyd hawl arglwyddi i 'arddel' troseddwyr, ac fe'u gorfodwyd i ddraddodi drwgweithredwr a oedd ar ffo yn ôl i ddwylo'r awdurdodau yn ei gynefin. O ganlyniad i'r mesurau hyn, ynghyd â gwydnwch Rowland Lee, cryfhawyd awdurdod Cyngor Cymru a'r Gororau, ac yn ôl tystiolaeth y Llywydd ei hun, 'ni bu Cymru erioed mewn gwell trefn'. Eto i gyd, hen atebion i hen broblemau oedd y deddfau hyn. Ni pherthyn iddynt unrhyw weledigaeth newydd.

Ond daeth tro ar fyd ym 1536 pan benderfynodd Thomas Cromwell mai dyma'r adeg iawn i daro'r fwyell wrth fôn y pren. Ni ellir deall agwedd Cromwell tuag at Gymru heb ddadansoddi'r cymhellion a'i gyrrai yn ei flaen. Gwas y Brenin oedd Cromwell, yn anad dim, a dibynnai ei swydd a'i fywyd ar ei allu i ryngu bodd y Brenin. O 1531 ymlaen, cysegrodd ei holl ddirnadaeth a'i egnïon er lles ei feistr. Drwy ddiddymu awdurdod y Pab a dyrchafu awdurdod y Brenin, dangosodd ei fod yn barod i symud môr a mynydd er mwyn cryfhau safle a sofraniaeth Harri VIII. Ni tharfai cynddaredd ei elynion ddim arno tra ceisiai—drwy deg a thrwy drais—ennill teyrngarwch ac ufudd-dod llwyr y bobl i'r Brenin. Nid heb achos y dywedodd yr Archesgob Cranmer fod Cromwell yn amgenach gwas 'o ran doethineb, diwydrwydd, ffyddlondeb a phrofiad' nag a welsai'r un tywysog arall yn y deyrnas erioed. Er bod Cromwell yn ymarfer grym a gorfodaeth, yr oedd ganddo ddelfrydau uwch na hynny. Seiliodd ei argyhoeddiadau gwleidyddol ar athroniaeth Marsiglio o Padua a'i gredoau crefyddol ar syniadau Erasmus a Luther. Ei athrylith ef fel saernïwr deddfau a droes y Senedd yn beiriant diwygio hynod o effeithiol yn ystod y 1530au. Nid oes mymryn o amheuaeth na fu'r degad hwnnw'n un tyngedfennol yn hanes llywodraeth Prydain, ac un o gymwynasau pennaf Cromwell oedd dwyn perswâd ar y Brenin a phob amheuwr arall fod y Senedd yn rhan anhepgor o lywodraeth y wlad.

Gŵr taclus ei feddwl a'i weithredoedd oedd Cromwell. Chwiliai am atebion pragmatig i bob problem, a gwnâi bopeth a gydiai ynddo mor drylwyr a manwl ag yr oedd modd. Un o'i freuddwydion eiddgaraf oedd creu gwladwriaeth frenhinol fodern drwy uno gwahanol wledydd yr ynysoedd hyn yn un deyrnas gref. Dim ond rhan o broblem ehangach oedd Cymru, yn ei dyb ef, ac fel pob dyn hyddysg yn y grefft o lywodraethu, nid gwingo yn erbyn symbylau cymdeithasol a gwleidyddol y dydd a wnâi, ond eu synhwyro a'u deall. Yn unol â chred llawer o wladweinyddion Ewrop, credai mai undod ac unffurfiaeth fyddai gwaredigaeth y wlad. Yr oedd rhai o wledydd Ewrop yn prysur ddatblygu'n wladwriaethau nerthol drwy ymestyn eu tiriogaethau a sefydlogi eu ffiniau. Ym 1532, yn ôl Cyfamod Vannes, sugnwyd Llydaw i grombil Ffrainc. Yr oedd Sbaen, hithau, yn ceisio gosod ei *monarquia espanola* ar graig safadwy er mwyn porthi grym a balchder y wlad, a'i galluogi i wrthsefyll bygythiad ei gelynion. Taniwyd dychymyg Cromwell gan y datblygiadau hyn, a daeth i gredu mai trwy undod yn unig y byddai pob teyrnas yn sugno nerth. Gan gryfed ei awydd i weithredu yn ôl y delfryd hwnnw, ni fedrai lai na bwrw ati i sefydlu unffurfiaeth yn yr ynysoedd hyn. Ar hyd y 1530au felly, nid datgysylltu a datganoli oedd ei fwriad, ond cyfannu ac uno. Torrodd rym teulu Dacre a Clifford yng ngogledd-orllewin Lloegr, cipiodd feddiannau teulu Percy yn y gogledd-ddwyrain, ac ym 1537 sefydlodd Gyngor arbennig i wastrodi pob elfen gythryblus yng Ngogledd Lloegr. Sefydlodd awdurdod y brenin dros faterion Gwyddelig yn ogystal. Chwalodd y glymblaid Geraldaidd, esgymunodd yr Wyddeleg, a sicrhaodd fod arweinwyr Iwerddon, sef y boneddigion Seisnig-Wyddelig, mor llwyr ddibynnol ar y brenin am eu safle a'u cynhaliaeth fel na feiddient frathu'r llaw a'u bwydai. Erbyn 1541, yr oedd y Senedd Wyddelig yn cydnabod hawl Harri VIII i'w alw'i hun yn Frenin Iwerddon.

Ni allai gŵr hirben fel Cromwell lai nag ymdeimlo â dyheadau'r

Cymry. Oddi ar wrthryfel Owain Glyndŵr, bu'r Cymry mwyaf anturus ac uchelgeisiol yn ceisio eu rhyddhau'u hunain o hualau caeth y deddfau penyd a sefydlwyd gan Harri IV. Cynyddu a wnâi'r ymorol yn eu plith am ddinasyddiaeth Seisnig. Gofynnent am yr hawl i gyfranogi o'r un breintiau gwleidyddol â'r Sais ac am gael trosglwyddo eiddo yn ôl y drefn Seisnig o gyntafanedigaeth. Fel yr âi'r bymthegfed ganrif yn ei blaen, yr oedd cyfnewidiadau cymdeithasol ac economaidd yn cryfhau eu hachos. Yr oedd yr hen gyfundrefn gymdeithasol yn prysur ddadfeilio. Prysurwyd ei thranc gan heintiau a phlâu arswydus y bedwaredd ganrif ar ddeg, gan y rhwygfeydd a achoswyd gan wrthryfel Glyndŵr, gan y rhannu a'r isrannu ar dir y gwelyau, a chan barodrwydd y Goron i osod tir y trefi caeth ar brydles. Yn sgîl hyn, cynullai boneddigion hirben stadau lluosrif modern. Rhoesant heibio'r hen ddull o ddadrannu tir er mwyn gallu cronni eiddo o fewn teuluoedd unigol. Serch hynny, dan y deddfau penyd dinasyddion eilradd oeddynt yn eu gwlad eu hunain. Ac er i nifer ohonynt ennill dyrchafiad i swyddi bras drwy gyfaddawdu â'r drefn, parhau a wnâi'r teimlad o chwerwder a rhwystredigaeth. Y mae canu'r beirdd yn ddrych o'r tensiwn hiliol a oedd mor agos i'r wyneb, ac un o gysuron prin y Cymry oedd yr hen addewid gan Sieffre o Fynwy ac eraill y deuai gwaredwr eto yng nghyflawnder yr amser i'w dwyn o'u caethiwed. Gellid maddau iddynt am gredu bod 'y mab darogan' wedi dod yn sgîl buddugoliaeth ysgubol Harri Tudur ar Faes Bosworth ym 1485. Lliniarodd ef rai o ddoluriau ei gydwladwyr drwy ganiatáu cyfres o siartrau i Dywysogaeth y Gogledd a nifer o arglwyddiaethau yng ngogledd-ddwyrain Cymru rhwng 1504 a 1509. Rhyddhawyd trigolion yr ardaloedd hynny rhag gorfod talu trethi gormesol, a rhoddwyd yr hawl iddynt ddal swyddi, prynu tir ac ymarfer cyntafanedigaeth. Ond er nad oedd Harri VII yn ddi-hid o farn a dyheadau'r Cymry, dim ond hyn-a-hyn o amser a neilltuai i Gymru, ac ni chyflawnwyd gobeithion y beirdd y byddai'r Brenin o Gymro yn creu byd newydd ar ludw'r hen fyd. O ganlyniad, lluosogi a wnâi'r nifer o ddeisebau a ddeuai o law'r boneddigion yn galw am ddiwygiad yng nghyfundrefn weinyddol a thirol Cymru, ac am yr hawl i fwynhau 'yr un deddfau a breintiau' ag a ganiateid i'r Sais. Erbyn y 1530au, y gwir amdani yw fod arweinwyr Cymru'n dymuno gweld uno'r ddwy wlad ac yn awyddus i elwa ar y manteision gweinyddol a masnachol a ddeuai yn sgîl hynny.

Amodau'r Uno

Fel y gwelsom eisoes, sefydlu trefn ganolog oedd bwriad Thomas Cromwell, ond ni fedrai sefydlogi awdurdod newydd y Goron heb sicrhau cydweithrediad rhwng y wladwriaeth a boneddigion Cymru. Felly, yn sgîl deddf 27 Harri VIII, pennod 5, deddf a basiwyd ym mis Chwefror 1536, ymddiriedwyd i ustusiaid heddwch Cymru y dasg o osod Cymru dan yr un drefn o lywodraeth leol ag a geid yn Lloegr. Rhoddwyd iddynt yr un awdurdod ag a feddai ustusiaid heddwch yn Lloegr ac yr oedd gofyn iddynt dyngu'r un llwon â'u cymrodyr Seisnig. Cymwys iawn yw'r disgrifiad ohonynt fel bydwragedd y cyfnewidiadau gweinyddol aruthrol bwysig a gyflawnwyd rhwng 1536 a 1543. Mewn gwirionedd, yr oedd eu gafael ar lywodraeth leol i barhau am dri chant a hanner o flynyddoedd, sef hyd nes y daeth y Ddeddf Cynghorau Sir i rym ym 1888. Ffromodd Rowland Lee yn arw pan glywodd am ddeddf 1536. Nid oedd ganddo ffydd o gwbl yn y Cymry, a dywedodd heb flewyn ar ei dafod mai lladron, neu noddwyr lladron, oedd y mwyafrif o ddarpar-ustusiaid y wlad. Prif achos ei ddicter, serch hynny, oedd y ffaith nad oedd y llywodraeth wedi dewis ymgynghori ag ef ynglŷn â'r mesur. A beth bynnag, siarad ar ei gyfer a wnâi wrth ddweud yn ddig mai ffolineb noeth oedd penodi gwŷr dibrofiad ac anghymwys. Yr oedd llawer o foneddigion Cymru eisoes wedi cael cryn brofiad o ddal swyddi fel rhaglawiaid, rhingylliaid, rheithwyr, stiwardiaid a siryfion dan yr hen oruchwyliaeth. Ac os y gwŷr hyn a fyddai'n gweithredu'r 'drefn newydd' yr oedd yn briodol ddigon i'r Goron ei chysylltu ei hun â buddiannau a dyheadau'r boneddigion. Ni phennwyd unrhyw ddyddiad ar gyfer dechrau gweithredu'r ddeddf hon, ond y mae'n bur debyg y disgwylid iddi ddod i rym â deddf 27 Harri VIII, pennod 26, sef y ddeddf a adwaenir fel 'y Ddeddf Uno'.

Ôl meddwl Thomas Cromwell sydd ar y ddeddf hon. Y mae ei hiaith a'i naws yn ddrych o'i awydd i sefydlu gwladwriaeth genedlaethol gref ym Mhrydain ac o'r pris uchel a roddai ar unffurfiaeth weinyddol. Amcan y ddeddf oedd gwneud Cymru'n rhan gorfforedig o Loegr: 'corffori, uno a chysylltu' Cymru â Lloegr yw'r geiriau a ddefnyddir yn y rhagymadrodd. Rhoddwyd i'r Cymro yr hawl i fwynhau holl 'ryddid, rhyddfreiniau, hawliau a breintiau'r Sais', a deddfwyd mai cyfraith Loegr fyddai cyfraith y wlad. Diddymwyd yr hen arfer Gymreig o etifeddu tir, sef ei rannu'n gyfartal rhwng y meibion. Yn ei lle, cyflwynwyd y dull

97

Seisnig o gyntafanedigaeth, sef caniatáu i'r mab hynaf yn unig etifeddu'r eiddo yn ei grynswth. Diddymwyd arglwyddiaethau'r gororau, a chrewyd siroedd newydd yn eu lle. Estynnwyd i Gymru gyfan y gyfundrefn sirol honno a fu mewn bodolaeth ym mhum sir y Dywysogaeth er 1284. Clymwyd sawl arglwyddiaeth wrth siroedd ar ororau Lloegr, megis Amwythig, Henffordd a Chaerloyw. Ymgorfforwyd rhai arglwyddiaethau yn y siroedd Cymreig: er enghraifft, ychwanegwyd arglwyddiaeth Gŵyr at sir Forgannwg, ac ymgorfforwyd arglwyddiaeth fynyddig Mawddwy yn sir Feirionnydd. Lluniwyd siroedd newydd—Dinbych, Maldwyn, Maesyfed, Brycheiniog a Mynwy—o'r hyn a oedd yn weddill. Yn y modd hwn, crewyd unoliaeth o fewn terfynau Cymru. Deddfwyd mai'r iaith Saesneg fyddai iaith cyfraith a chofnod yng Nghymru. Ni châi unrhyw Gymro Cymraeg ddal unrhyw swydd yn ei wlad ei hun oni allai ddefnyddio'r Saesneg. Rhoddwyd cynrychiolaeth i Gymru yn San Steffan: câi pob sir anfon un marchog sir (ac eithrio Mynwy, a gâi anfon dau) ac un aelod (ac eithrio Meirionnydd) i San Steffan i gynrychioli'r fwrdeistref neu'r bwrdeistrefi. Etholid y marchog sir gan bob rhydd-ddeiliad a feddai ar dir gwerth deugain swllt neu fwy y flwyddyn. Yn y bwrdeistrefi, câi pob rhyddfreiniwr y fraint o bleidleisio. Trefnwyd mai'r rhydd-ddeiliaid a oedd yn werth deugain swllt neu fwy a fyddai'n gyfrifol am dalu i farchog sir am ei wasanaeth, ac mai bwrdeisiaid y dref sirol a'r hen fwrdeistrefi eraill a fyddai'n codi'r arian ar gyfer talu i aelod y fwrdeistref, er nad oedd ganddynt hawl i gymryd rhan mewn etholiad. Bernid bod hyn yn annheg, ac unionwyd y cam ym 1544. O ganlyniad, daeth cyfundrefn y 'bwrdeistrefi cyfrannol' i fodolaeth yng Nghymru, ac fe barhaodd yn ei grym hyd 1832.

Rhuthrwyd 'Deddf Uno' 1536 ar frys gwyllt drwy'r Senedd. Rhoes y Brenin sêl ei fendith arni ar 14 Ebrill 1536, sef y diwrnod olaf yn hanes Senedd y Diwygiad. Y mae ôl brys ar y statud, ac y mae'n amlwg na chynlluniwyd y manylion ymlaen llaw. Gosodwyd rhai cymalau at ei gilydd rywsut-rywfodd, a bratiog iawn yw ei gwead drwyddi. Ni chwblhawyd y gwaith yn derfynol hyd yr ail Ddeddf Uno ym 1543, pan roddwyd manylion llawn ynglŷn â'r cynllun a sut y byddid yn ei weithredu. Nid oedd deddf 1536 i ddod i rym ar unwaith ychwaith, oherwydd cynhwyswyd cymal ynddi yn caniatáu hawl i'r Brenin ohirio gweithredu'r cynllun, a dyna a wnaeth mewn datganiad a gyhoeddwyd ym mis Chwefror 1537. Ac eithrio rhai cymalau'n ymwneud â throsglwyddo arglwyddiaethau arbennig i siroedd gororau Lloegr, gohiriwyd gweithredu'r ddeddf hyd Ŵyl Calan Gaeaf 1537. Achoswyd yr oedi gan ddwy ystyriaeth. Yn gyntaf, ni wyddai'r Brenin yn iawn beth fyddai effaith uno'r ddwy wlad ar statws y Dywysogaeth fel etifeddiaeth i'w chadw ar gyfer aer y Goron. Beth fyddai tynged yr etifeddiaeth pe câi ei hymgorffori'n llwyr yn Lloegr? Yn ail, yr oedd angen dyfeisio peirianwaith cyfreithiol addas a phenodi ustusiaid cymwys.

Yr oedd natur y fframwaith cyfreithiol yn parhau i fod dan ystyriaeth mor ddiweddar â haf 1541. Rhywbryd rhwng mis Medi 1540 a Mehefin 1541, bras-luniwyd dogfen yn argymell y dylid dileu Cyngor Cymru a'r Gororau, a sefydlu Llys Siawnsri canolog a chanddo awdurdod dros Gymru gyfan. Yn ôl y cynllun hwn, byddai pum prif ustus symudol yn cynnal sesiynau ym mhob sir o fewn tair cylchdaith. Byddai ustus Caer yn parhau i lywodraethu sir y Fflint, byddai dau ustus yn gofalu am gylchdaith o chwech o siroedd, a'r ddau ustus arall yn gofalu am gylchdaith o bum sir. Yr ail gynnig yn y ddogfen oedd na ddylai'r awdurdodau anwybyddu'r posibilrwydd o atgyfodi Tywysogaeth o'r newydd ar gyfer yr etifedd, y Tywysog Edward, a honno dan benarglwyddiaeth y Brenin. Ni wyddys pwy a luniodd y ddogfen hon, ond pan gyhoeddwyd manylion yr Uno yn Neddf 1543 ni chafwyd sôn am ei hargymhellion. Gellid tybio y bu rhyw ymgais gan y llywodraeth i ennyn diddordeb y Cymry yn y cynlluniau, a bod yr aelodau seneddol Cymreig wedi siarad o blaid glynu wrth y cynllun gwreiddiol a wyntyllwyd ym 1536. Y mae hwn yn gasgliad digon teg, oherwydd fe ddywed y rhagymadrodd i ddeddf 1543 mai yng ngoleuni barn a dymuniad y Cymry y cafodd ei llunio.

Yr oedd Deddf 1543 (34 Harri VIII, pennod 26) yn fwy cynhwysfawr o dipyn na'r sgerbwd a gafwyd ym 1536. Bu twtio a chymhennu yn y cyfamser. Newidiwyd ychydig ar ffiniau rhai o'r siroedd, a chafodd tref Hwlffordd y fraint o gael ethol ei haelod seneddol ei hun, anrhydedd nas dilewyd hyd 1885. Yn unol â'r egwyddor o unffurfiaeth gyfreithiol hefyd, rhoddwyd yr hawl i'r Cymry fabwysiadu trefn cyntafanedigaeth o 1541 ymlaen. Nid yw cysgod Thomas Cromwell i'w weld mor amlwg ar y ddeddf, ychwaith: yr oedd ef wedi ei ddienyddio er 29 Gorffennaf 1540, wedi i lys barn ei farnu'n euog o fod yn fradwr ac yn heretig. Simsan i'w ryfeddu oedd y dystiolaeth yn ei erbyn, ond ni phylodd ei deyrngarwch i'r Brenin hyd y diwedd, er maint y camwri a wnaed ag ef. Y mae lle i gredu felly mai ôl meddwl clir a threfnus Syr John

Prise a welir ar y cynlluniau manwl a ddadlennwyd ym 1543. Yr oedd ef yn ŵr hyddysg yn y gyfraith, yn gynghorwr i'r Brenin, yn gyfaill i Cromwell, ac o 1540 ymlaen yn ysgrifennydd Cyngor Cymru a'r Gororau.

Prif gynnwys Deddf 1543 oedd y manylion ynglŷn â'r fframwaith cyfreithiol a oedd i'w sefydlu yng Nghymru. Fe'i seiliwyd ar y gyfundrefn arbennig o uchel lysoedd, â siawnsri a siecr lleol yng Nghaernarfon, a ffurfiwyd ar gyfer Tywysogaeth y Gogledd ym 1284. Daeth cyfundrefn debyg i rym yn y Deheubarth, â siawnsri a siecr yng Nghaerfyrddin. Eisoes yn Neddf 1536, yr oeddid wedi creu siawnsri a siecr ychwanegol yn Aberhonddu a Dinbych, ac felly yr oedd yn awr bedair uned weinyddol a gynhwysai dair sir yr un. O groth y rhain y ganed Llysoedd y Sesiwn Fawr. (Ni chynhwyswyd sir Fynwy yn y trefniadau hyn, oherwydd fe'i gosodwyd yng nghylchdaith Rhydychen ym 1536. Byth er hynny, bu iddi fodolaeth hanner-ysgaredig yn ei pherthynas â Chymru). Deddfwyd bod Llysoedd y Sesiwn Fawr i'w cynnal ddwy waith bob blwyddyn—bob gwanwyn a hydref—ym mhob un o siroedd Cymru, ac achosion i'w clywed am chwe diwrnod. Yr oedd rhyw elfen o hunanlywodraeth yn perthyn i'r gyfundrefn hon, oherwydd yr oedd Llysoedd y Sesiwn Fawr yn gwbl annibynnol ar lysoedd Westminster, ac yn cynnig gwasanaeth cyflym a rhad. Crewyd hefyd lysoedd y Sesiwn Chwarter i'w cynnal bedair gwaith yn ystod blwyddyn dan ofal wyth ustus heddwch i'w penodi o blith gwŷr bonheddig lleol. Penodid y rhain gan yr Arglwydd Ganghellor yn ôl y cyfarwyddyd a gâi gan Lywydd Cyngor Cymru a'r Gororau, ynghyd ag ynadon Llysoedd y Sesiwn Fawr. Rhoddwyd statws ystadudol i Gyngor Cymru a'r Gororau i weithredu fel llys barn a chorff gweinyddol. Bellach byddai'r corff hwnnw'n atebol i'r Cyfrin Gyngor.

Yr oedd y gyfundrefn gyfreithiol a sefydlwyd gan Ddeddf fanwl a chynhwysfawr 1543 eisoes ar waith er 1541. Gosod sêl gyfreithiol a deddfwriaethol ar gyfundrefn a oedd eisoes yn cael ei gweithredu a wnaed ym 1543. Ac nid oedd y gair olaf wedi'i lefaru o reidrwydd ychwaith, oherwydd mynnodd y Brenin gynnwys cymal diddorol yn y ddeddf yn caniatáu iddo'r hawl i 'newid, ychwanegu, cyfnewid, gorchymyn, tocio a diwygio' unrhyw ran o'r ddeddf heb ofyn am farn y Senedd. Bwriad y cymal hwn oedd rhoi digon o raff i'r Brenin i benderfynu rywbryd yn y dyfodol ynglŷn â rhoi tywysogaeth unedig Cymru yn nwylo'i fab, Edward.

Y Canlyniadau

Wrth fwrw golwg dros ganlyniadau'r Deddfau Uno, y peth cyntaf i'w nodi yw bod y sawl a gofiai am erchyllterau'r ganrif flaenorol yn wir ddiolchgar am hynny o heddwch, trefn a sefydlogrwydd a gafwyd yng Nghymru yn sgîl yr Uno. Fel yr âi'r unfed ganrif ar bymtheg yn ei blaen, llwyddai'r cyrff gweinyddol a chyfreithiol i bylu ysfa'r Cymry i ddial, ac i dymheru eu cas tuag at ei gilydd. Canolbwynt gweinyddiaeth Cymru yn ystod oes y Tuduriaid a'r Stiwartiaid Cynnar oedd Cyngor Cymru a'r Gororau. Llywyddid gweithgarwch y Cyngor gan yr Arglwydd-lywydd a'i ddirprwy, ac yr oedd ugain o aelodau, wedi'u henwebu gan y Goron, yn cynnal eu breichiau. Cyfarfyddent â'i gilydd ym 'mhrifddinas goll Cymru', sef Llwydlo yn sir Amwythig, ac ymestynnai eu hawdurdod dros holl siroedd Cymru, ynghyd â phedair sir ar ororau Lloegr (Amwythig, Henffordd, Caerloyw a Chaerwrangon). Ysgwyddai'r Cyngor gyfrifoldeb deublyg: yr oedd yn gorff gweinyddol ac yn llys barn. Un o'i orchwylion pwysicaf oedd cadw trefn. Disgwylid iddo erlid a chosbi troseddwyr a môr-ladron, cadw nifer y tafarndai a'r diotai dan reolaeth, cadw llygad barcud ar weithgareddau swyddogion lleol a gosod trefn ar y milisia. Pwysicach oedd ei swyddogaeth fel llys barn. Yr oedd gan y Cyngor awdurdod pur helaeth, gan gynnwys yr hawl i ymdrin â theyrnfradwriaeth a llofruddiaeth. Fe'i siarsiwyd i wrando ar achosion sifil a throseddol a ddygid ger ei fron gan bobl dlawd, i ymchwilio i gyhuddiadau o dwyll a diofalwch yn erbyn swyddogion a rheithwyr, ac i weithredu lliaws o fân ddeddfiadau cymdeithasol ac economaidd. Gweinyddid barn gan y Cyngor yn gyflym ac yn rhad, a thybiai George Owen fod hynny'n gryn gymwynas â'r bobl dlawd hynny na fedrent fforddio mynd â'u cwynion gerbron y llysoedd mawr. Serch hynny, nid oedd y Cyngor heb ei wendidau. Erbyn diwedd oes Elisabeth, cynyddai'r cwynion ynglŷn â llygredd, pleidgarwch ac afradlonedd ei swyddogion. Yr oedd y swyddogion mor eithriadol o brysur—dygwyd 3,376 o achosion gerbron y Cyngor ym 1609-10 yn unig—fel yr arafwyd y broses o weinyddu barn. Dygid gormod o fân achwynion sbeitlyd gerbron, nid oedd rhai swyddogion uwchlaw derbyn llwgrwobrwyon, a phan godwyd dirwyon trwm er mwyn cael digon o arian i dalu cyflogau'r barnwyr cynyddodd yr atgasedd tuag at y Cyngor ymhlith trigolion Cymru a'r gororau. Erbyn oes Iago I, yr oedd awdurdod y Cyngor dan fygythiad. Heriwyd ei rym gan foneddigion a chyfreithwyr eiddigus, ac ni fynnai siroedd gororau Lloegr fod dan ei fawd mwyach. Aethpwyd â'r ffrae i Dŷ'r Cyffredin, a bu ond y dim i'r Cyngor golli ei awdurdod. Ymyrraeth y Brenin yn unig a'i hachubodd. Serch hynny, diddymwyd awdurdod y Cyngor ym 1641, ac er iddo gael ei ailsefydlu fel llys i drafod achosion sifil yn unig, ym 1660, prin ei fod yn ddigon nerthol i sefyll ar ei draed ei hun erbyn hynny, ac fe'i dilewyd yn llwyr ym 1689. Er i Gyngor Cymru a'r Gororau golli llawer o'i ddylanwad a'i boblogrwydd yn ystod oes y Stiwartiaid, nid yw hynny'n tynnu oddi wrth y ffaith iddo gyflawni diwrnod rhagorol o waith yn ei anterth yn ystod oes Elisabeth.

Y corff cyfreithiol pwysig arall oedd Llysoedd y Sesiwn Fawr. Ymddiriedwyd i'r rhain yr un hawliau bron ag a feddai ustusiaid y brenin yn Westminster. Ymdrinient ag achosion yn ymwneud â theyrnfradwriaeth, llofruddiaeth, lladrad, anfadwaith, terfysg a chribddeilio. Cynhesodd y Cymro atynt yn bur gynnar. Gan fod cyfiawnder i'w gael fel hyn ar garreg y drws, nid oedd raid i achwynwyr deithio bob cam i lysoedd Westminster. Tybiai George Owen fod modd i bob Cymro gael chwarae teg ynddynt, a'i unig gŵyn yn eu herbyn oedd bod y llysoedd yn cael eu cynnal ar adegau prysur i hwsmoniaid, sef yn ystod tymor y Grawys a'r cynhaeaf. Mewn ymateb i ddeiseb a drefnwyd gan y Cymry, pasiwyd Deddf ym 1576 yn gorchymyn i'r Frenhines benodi dau neu fwy o farnwyr ar gyfer pob cylchdaith yng Nghymru, er mwyn sicrhau bod safon gwaith y llysoedd yn parhau'n dderbyniol i'r trigolion. Yn Saesneg y cynhelid gweithgarwch y llysoedd, ac er bod y rhan fwyaf o'r rheithwyr yn Gymry uniaith bu'n rhaid gwneud defnydd helaeth o gyfieithwyr er mwyn i farnwyr di-Gymraeg fedru deall y dystiolaeth a roddid ar lafar gan dystion uniaith Gymraeg. Gan nad oes unrhyw dystiolaeth bendant ar gael, ni ellir dweud i ba raddau yr oedd y trefniant hwn yn foddhaol. Ond erbyn diwedd y ddeunawfed ganrif, lluosogai'r cwynion ynglŷn â safon gwaith y lladmeryddion ac agwedd sarhaus cyfreithwyr tuag at yr iaith Gymraeg. Arllwysodd Jac Glan-y-gors wawd miniog am ben y llysoedd yn ei gerdd, 'Hanes y Sessiwn yng Nghymru', ac nid ef oedd yr unig un a gredai eu bod wedi goroesi'u defnyddioldeb. Ym mis Gorffennaf 1830, diddymwyd Llysoedd y Sesiwn Fawr yng Nghymru.

Cwblheid y brif gyfundrefn gyfreithiol gan Lysoedd y Sesiwn Chwarter, lle bwriai gwŷr bonheddig Cymru eu prentisiaeth fel ustusiaid heddwch. Disgwylid i bob ustus fod yn rhugl yn Saesneg, yn wŷr da eu gair ac yn berchen ar dir gwerth £20 y flwyddyn. Rhoddwyd iddynt yr un awdurdod â'u cymrodyr yn Lloegr, a gorchmynnwyd iddynt gynnal eu sesiynau bedair gwaith yn y flwyddyn. Nid oedd ond wyth ustus i'w penodi ar y tro mewn unrhyw sir, ond gan mai gwŷr o dras fonheddig oedd yr ustusiaid hyn a'r rheini'n sylweddoli fod y swydd yn ychwanegu cufydd neu ddwy at eu hurddas, cynyddai nifer yr ustusiaid ym mhob sir fel yr âi'r unfed ganrif ar bymtheg yn ei blaen. Canfuwyd mai tasg amhosibl oedd disgwyl i wyth ustus ddygymod â'r holl ddyletswyddau a oedd ynghlwm wrth weinyddu siroedd gwledig a gwasgarog eu poblogaeth. Ym 1581, yr oedd gan sir Gaernarfon bum ustus ar hugain, ac erbyn 1601 yr oeddynt wedi lluosogi i wyth ar hugain.

Siôn-pob-swydd oedd yr ustus heddwch. Disgwylid iddo arddel y safonau uchaf, i fod yn wasanaethwr cywir i'r Goron a'r wladwriaeth, ac i amddiffyn trigolion ei fro rhag gormes a thrais. Dyna oedd y delfryd i anelu ato, ond nid gwaith hawdd oedd ei gyflawni. Un tramgwydd mawr oedd tuedd rhai ustusiaid i osod esiampl ddrwg i eraill a dwyn gwarth ar eu swyddi drwy weithredu y tu allan i derfynau'r gyfraith. Yr oedd llawer o ustusiaid yn wŷr brochus a hawdd eu cythruddo. Nid mewn munud awr y gellid dwyn perswâd ar ddynion felly fod rhinwedd mewn ufudd-dod, heddwch a threfn. Proses anodd yw ceisio newid rhagdybiau, ymarweddiad ac arferion o fewn un genhedlaeth. 'Llygad am lygad, dant am ddant' oedd athroniaeth llawer un, ac adlewyrchir yr ysfa i dalu'r pwyth yn ôl i elynion yn nramâu Shakespeare. Gwell gan rai oedd torri dadl drwy ymrafael yn gyhoeddus. Ym mis Tachwedd 1554, teithiodd dau ysgwïer o Fôn, Roland ap Meredydd ap Rhys o Fodowyr a William Gruffydd o Borth-aml, ynghyd â'u canlynwyr, ar draws afon Menai i bastynu'i gilydd mewn ysgarmes waedlyd yn nhref Caernarfon. Rhwng 1593 a 1598, bu ymdderu gwaedlyd a chythryblus ar strydoedd Caerdydd rhwng teuluoedd Herbert a Mathew o sir Forgannwg. 'Pa fodd y gall eich meddyliau fod yn unfryd wrth amddiffyn y cyhoedd pan fo ymrafaelion personol yn eich rhannu?' oedd erfyniad taer Syr Henry Sidney wrth iddo geisio gwareiddio boneddigion cynhennus.

Yr ail anhawster a wynebai'r ustusiaid oedd y ffaith fod eu dyletswyddau'n bur feichus. Disgynnai cawodydd o ddeddfau, gorchmynion a rheolau i'w gweithredu arnynt bron yn feunyddiol. Disgwylid iddynt gynnal ffyrdd a phontydd, i ofalu am

103

farchnadoedd, ffeiriau, carchardai a diotai, am bwysau a mesurau, am amodau gwaith, am y tlodion, yr hen a'r methedig, ynghyd â llu o bethau eraill. Fe'u rhwystrid yn aml yn eu gwaith gan gyflwr echrydus y ffyrdd, gan anallu teuluoedd tlawd i dalu'u rhenti, a chan duedd trigolion anufudd mewn ardaloedd anghysbell i chwarae mig â hwy. Deuai achosion afrifed ac amrywiol ger eu bron pan eisteddent ar fainc Llys y Sesiwn Chwarter—achosion ynglŷn â dwyn a lladd anifeiliaid, cipio darnau o dir, ymosodiadau personol, lladrad, fandaliaeth, chwarae disiau a chardiau, rhegi a thyngu—ac nid yw'n syndod fod yr achlysuron hynny'n aml yn rhai swnllyd a chynhennus.

Wrth reswm, felly, yr oedd swydd ustus yn gofyn am ddygnwch, dyfalbarhad a chydwybodolrwydd. Ni ellir llai na rhyfeddu at y ffaith iddynt ddyġymod cystal â'r amrywiol ofynion beichus. Ac eithrio rhywfaint o dreuliau, ni chaent dâl am eu llafur. O ganlyniad, diogelai'r mwyaf digywilydd ohonynt eu buddiannau personol ar draul eraill. Nid saint oedd yr ustusiaid, a deuir i adnabod rhai cymeriadau go frith wrth bori yng nghofnodion y llysoedd. Nid oedd eu hagwedd at eu dyletswyddau'n batrwm o berffeithrwydd ychwaith. Cwynid yn aml eu bod yn gwyro barn ac yn cam-drin ac yn twyllo'r diniwed. Fe'u rhegid gan achwynwyr am eu diffyg ymroddiad a'u hystrywiau cyfrwys. Tua chanol yr unfed ganrif ar bymtheg, honnai'r beirdd fod llwgrwobrwyo'n ail natur i rai ustusiaid. 'Cas yw swydd: nis ceisi, Siôn' oedd cyngor Siôn Brwynog i Siôn Wyn ap Robert o Benllech, Llŷn. Ofnai'r Esgob Richard Davies nad oedd swyddi yng Nghymru yn ddim 'ond bach i dynnu cnu a chnwd ei gymydog ato'. 'Gall dyn da wneud daioni mawr,' meddai George Owen mewn ystrydeb lawn gwirionedd, 'gall dyn drwg wneud drygioni mawr'.

Eto i gyd, erbyn diwedd oes y Tuduriaid yr oedd ustusiaid heddwch yn llawer mwy ymwybodol o'u safle fel gwarcheidwaid pob safon gyhoeddus. Gyda threigl amser, dysgasant sut i fyw yn heddychlon ac i drin unigolion mewn llys barn yn ddiduedd drwy weithredu cyfiawnder i wreng a bonedd yn ddiwahaniaeth. Pan osodwyd dirwy o 1500 marc ar Syr William Herbert gan Lys Siambr y Seren am ei ran mewn sgarmesoedd cywilyddus yng Nghaerdydd rhwng 1593 a 1598, bu'r gosb drom honno'n foddion i ddwyn llawer o ustusiaid at eu coed. Siarsiwyd eraill gan y beirdd i ymdeimlo â'u dyletswyddau. Fwyfwy, croesawai'r beirdd bob swydd a dyrchafiad a ddeuai i ran eu noddwyr am eu bod yn cyfuno hen safonau'r uchelwriaeth Gymreig â gwasanaeth ffyddlon i deulu brenhinol a oedd o ran gwehelyth hefyd yn Gymreig. Barnai Wiliam Cynwal fod yr ustusiaid dygn wedi ysgubo ymaith yr aflywodraeth a fu'n rhemp cyn yr Uno ac wedi ennyn mwy o barch at heddwch a threfn:

Ustus a wna, os â sôn,
Llywodraeth a dal lladron.

Islaw Llysoedd y Sesiwn Chwarter, yr oedd nifer o fân lysoedd yn ymdrin â materion a oedd yn ymwneud â bywyd pobl gyffredin. Cynhelid llys sirol bob mis a llys cantref bob pythefnos. Yn ôl amodau'r Deddfau Uno, yr oedd siryf i'w ethol bob blwyddyn ym mhob sir yng Nghymru i weithredu fel llywydd yn y llysoedd hyn. Penodid siryf bob blwyddyn ar awgrym Llywydd Cyngor Cymru a'r Gororau a Barnwyr Llysoedd y Sesiwn Fawr, a disgwylid iddo fod â chrap go dda ar y gyfraith er mwyn gallu gweithredu gwritiau a gorchmynion ar ran y llysoedd mawr, yn ogystal â chyflawni'i ddyletswyddau yn y mân lysoedd. Er bod y siryf wedi colli mesur o'r grym a berthynai i'w swydd yn ystod yr Oesoedd Canol, barnai George Owen mai ef oedd 'y gŵr blaenaf yn y sir'. Yn amlach na pheidio, câi is-siryf i'w gynorthwyo. Ei brif orchwylion oedd casglu dyledion ar ran y Goron, cadw heddwch a threfn, gweithredu penderfyniadau'r prif lysoedd, cyhoeddi datganiadau brenhinol, a chyfrif pleidleisiau ar ddiwrnod etholiad. Fel y gellid disgwyl, yr oedd adar brithion yn eu plith, ac fe'u gelwid i gyfrif yn aml am esgeuluso'u dyletswyddau ac am arfer campau drwg. Cafodd Edward Kemeys, siryf Morgannwg ar bedwar achlysur, ei gyhuddo yn Llys Siambr y Seren ym 1558 o dderbyn cil-dwrn fel gwobr am ollwng carcharor yn rhydd ac am werthu swyddi. Pur anaml y canmolid is-siryfion a beilïaid. Pobl farus a chwbl anghymwys i'w swyddi oeddynt, yn ôl George Owen, a chyndyn iawn i edifarhau am eu camweddau mynych. Cytunai Rhys Prichard:

Mae'r shirifiaid, a'u debidion,
Yn anrheithio'r bobl wirion;
Ac wrth rym eu braint a'u swyddau,
Yn ei 'speilio liw dydd goleu.

Eto i gyd, yr oedd cryn ymgiprys am y swyddi hyn, a chyflawnai rhai eu dyletswyddau'n ddigon graenus.

Y ffon isaf ar yr ysgol gyfreithiol oedd Llys y Barwn a Llys y Faenor. Ond nid bychan oedd dylanwad y rhain ar fywyd pobl ddistadl. 'Onid yw pob maenor yn gymanwlad fach,' meddai John

105

Norden, 'y mae'r tenantiaid yn aelodau iddi, yr Arglwydd yn gorff, a'r gyfraith yn ben?' Ymdriniai Llys y Barwn â dyledion a chamweddau gwerth llai na deugain swllt, tra byddai Llys y Faenor yn ymhél â mân droseddau megis ymosodiadau personol, sgarmesoedd a chau'r priffyrdd. Tybiai George Owen fod Llys y Faenor yn haeddu clod am ei fod yn noddfa wiw i'r anfreintiedig, ond anair a gâi Llys y Barwn ganddo am fod 'barnwyr anwybodus' yn chwannog i ormesu'r tlawd. Nid oes gennym ddigon o dystiolaeth i amau ei air, ond dylid cofio y byddai'r bobl ddi-fraint hynny a ddibynnai ar gredyd am eu prif angenrheidiau'n disgwyl cael rhyw gymaint o degwch a chwarae teg gan swyddogion y llysoedd hyn. A dichon y gellid dweud y bu'r llysoedd hyn yn gymorth nid bychan i rwystro'r unigolyn cryfaf rhag cymryd gormod o awdurdod i'w ddwylo'i hun.

Nid oes fawr o amheuaeth nad oedd bywyd yng Nghymru yn anhraethol ddiogelach erbyn oes y Stiwartiaid nag yr oedd ganrif ynghynt. Prin y buasai neb yn dymuno gweld y wlad yn ôl yn y dyddiau cythryblus hynny pan oedd rhaib a thrachwant yr arglwyddi'n rhwygo cymdeithas ac yn andwyo perthynas dynion â'i gilydd. Mewn llys barn y byddai'r Cymry'n datrys anghydfod ac yn torri dadl mwyach. Ar ddiwedd oes Elisabeth, gollyngodd Rhys Amheurug anadl hir o ryddhad o weld dydd yr ymdaro cyhoeddus yn darfod, 'oherwydd yn awr y mae bywyd a marwolaeth, tiroedd a nwyddau, yn gorwedd yn y fonarchiaeth ac nid yn ôl mympwy'r deiliad'. Yr oedd cryn ormodiaith yn honiad George Owen i'r Uno brofi'n 'weddnewidiad llawen' i Gymru, gan ddwyn ei thrigolion 'o ddrygioni i ddaioni', ond nid oedd ei eiriau'n gwbl gelwyddog ychwaith.

O droi at ganlyniadau cymdeithasol ac economaidd yr Uno, gwelir nad oedd prin un sylwebydd cyfoes yn amau na fu ymgorffori Cymru yn Lloegr yn fendith ddigymysg i bobl Cymru. Wrth reswm, gwŷr bonheddig a masnachwyr oedd amddiffynwyr selocaf y drefn newydd. Bu'r Uno'n ysgogiad pendant i gryfhau'r cysylltiadau masnachol rhwng y ddwy wlad. Pan drowyd tiroedd yr arglwyddi yn siroedd, diflannodd llawer o'r trethi a'r tollau a fu'n llyffetheirio masnach rydd ac yn swcro masnach anghyfreithlon. Yn sgîl amgenach cyfraith a threfn, elwodd y fasnach wartheg, daeth bri o'r newydd i ganolfannau trefol a masnachol, a gosodwyd y sylfeini ar gyfer mentro diwydiannol na welwyd mo'i debyg o'r blaen. Tybiai George Owen mai prifiant yr economi oedd un o brif ragoriaethau'r unfed ganrif ar bymtheg. 'Ni lewyrchodd yr un rhanbarth yn Lloegr,' meddai, 'o fewn canrif fel y gwnaeth Cymru o lywodraeth Harri VII hyd y presennol'. Haerai eraill hefyd mai gwyrthiol fu'r datblygiadau economaidd yn sgîl yr Uno. Ond haws o lawer iddynt hwy oedd gweld rhagoriaethau'r drefn newydd na'i diffygion. Bregus iawn, fel y gwelsom, oedd yr economi Gymreig. Nid oedd gan y mwyafrif o bobl Cymru adnoddau wrth gefn, a gwingent yn aml dan bwys tlodi, newyn a phryder. Gwŷr ariannog yn unig a allai elwa'n llawn ar y gyfathrach agosach rhwng Cymru a Lloegr, a bu'n rhaid i lawer o'r rheini chwilio am swyddi brasach ar yr ochr arall i Glawdd Offa er mwyn cyflawni'u huchelgais. Hudwyd gwŷr disglair ac anturus gan oleuadau deniadol Llundain a chan swyddi enillfawr yn y llys brenhinol, y weinyddiaeth, yr eglwys a'r byd masnachol. Yno caent ddilyn gyrfaoedd newydd, datblygu eu hadnoddau deallusol, ac ennill ffafrau nodedig o fras. Ond pa feiau bynnag a osodir wrth ddôr y Deddfau Uno, ni ellir priodoli'r mudo cyson i dde-ddwyrain Lloegr i unrhyw gymal ohonynt. Yr oedd y duedd i'w chanfod er yr Oesoedd Canol Diweddar, a diau y buasai'r gwŷr hyn wedi cefnu ar Gymru dlawd ac annatblygedig hyd yn oed petai'r Uno heb ddigwydd, gan gryfed oedd y dynfa economaidd o du Lloegr. Eto i gyd, anodd peidio â chredu bod yr Uno wedi nerthu a phrysuro'r mudo. Ac os collodd Cymru hufen ei chymdeithas, bu Lloegr ar ei hennill oherwydd cyfoethogwyd ei diwylliant yn rhyfeddol gan Gymry dawnus yn ystod y ganrif wedi'r Uno. Cymry fel George Herbert, Henry Vaughan a Thomas Traherne oedd rhai o feirdd metaffisegol pennaf Lloegr; ymffrostiai'r pensaer Inigo Jones yn ei wehelyth Gymreig; ac ni fynnai John Dee, Robert Fludd, John Evans, Matthew Gwynne na Thomas Vaughan—pob un ohonynt yn arbrofwr ym maes alcemeg, dewiniaeth a gwyddoniaeth —wadu eu bod yn Gymry neu o dras Gymreig. Buddiol fyddai cadw mewn cof nad oedd pob Cymro a ffarweliodd â'i wlad wedi gwneud hynny er mwyn gwella'i fyd o safbwynt materol yn unig.

Serch hynny, o safbwynt yr iaith Gymraeg a'i diwylliant, yr oedd peryglon ynghlwm wrth yr ymdyrru i Loegr. Gan mai Saesneg oedd iaith swyddogol y llysoedd a phob corff gweinyddol yng Nghymru, bu'n rhaid i egin-fiwrocratiaid dderbyn eu haddysg lawn yn Lloegr er mwyn sicrhau'r cymwysterau a'r wybodaeth angenrheidiol. Yn naturiol ddigon, dewisodd llawer ohonynt ffarwelio â Chymru am byth am nad oedd yno'r un cyfle i sicrhau llwyddiant bydol, a thuedd llawer o'r rhai a ddychwelodd oedd esgeuluso'u mamiaith am nad ystyrient fod iddi statws na bri. Nid oes dwywaith na fu'r penderfyniad i wahardd unrhyw Gymro uniaith rhag dal swydd yng Nghymru yn gyfrifol am ddifreinio'r iaith Gymraeg. Ar gorn hyn, honnwyd lawer tro mai cynllun Maciafelaidd brwnt o eiddo Harri VIII a Thomas Cromwell oedd 'cymal yr iaith' yn Neddf 1536, a'u bod rhyngddynt wedi penderfynu difodi pob elfen a roes fod i Gymru fel cenedl. Ond y gwir yw nad oedd y cwestiwn o achub neu ddifa'r iaith Gymraeg wedi codi yn eu meddyliau. Sicrhau bod y peiriant gweinyddol yn gweithio'n esmwyth oedd pennaf bwriad Cromwell, ynghyd â magu'r ymwybyddiaeth o berthyn i deyrnas unffurf ac unedig. Yn ystod y 1530au, yr oedd yn bolisi ganddo i ddifodi ieithoedd brodorol Iwerddon a Calais am fod dyrchafu'r iaith Saesneg yn ei gynorthwyo i sefydlu teyrnas ganolog a di-syfl. Delfryd Cromwell oedd creu un wladwriaeth â *lingua franca,* sef yr iaith Saesneg, a gorau po gyntaf y deuai holl drigolion yr ynysoedd hyn i'w defnyddio. Nid cnaf maleisus oedd Thomas Cromwell, ond gwleidydd pragmatig yn gweithredu yn ôl rhagfarnau a theithi meddwl ei oes. At hynny, dylid cofio nad esgymunwyd y Gymraeg yn llwyr o'r llysoedd. Cymry uniaith oedd y mwyafrif o'r rhai a ddygid o flaen eu gwell, a diau fod hynny'n wir am y rheithwyr, hwythau. Cyflogid lladmeryddion i ddehongli pob tystiolaeth a draddodid yn y Gymraeg. Ond wedi dweud hyn i gyd, erys y ffaith fod 'cymal yr iaith', drwy ddeddfu na châi neb swydd yng Nghymru heb fod ganddo wybodaeth o'r Saesneg, wedi peri bod yr iaith Gymraeg yn israddol yn ei gwlad ei hun. Cafodd hyn, yn ei dro, effaith seicolegol bwysig ar agwedd swyddogion y Goron a'r wladwriaeth tuag ati. Daeth llawer o'r gwŷr bonheddig a oedd yn gyfrifol am lywodraeth leol yng Nghymru i gredu mai iaith israddol a diurddas oedd y Gymraeg. Achosai eu hagwedd ffroenuchel a'u diffyg hyder gryn loes i ddyneiddwyr yr oes. Syniai Gruffudd Hiraethog yn isel iawn am y 'rhai a dariont nemor oddi cartref yn cashau ac yn gollwng dros gof iaith eu ganedig wlad a thafodiaith ei fam gnawdol'. Yn sgîl yr Uno y clywyd sôn gyntaf am y Dic-Siôn-Dafyddion, y Cymry hurt 'a ddechreuant ollwng eu Cymraeg tros gof' cyn gynted ag y gwelent afon Hafren neu glochdai Amwythig, ac am y rhai mursennaidd a llwgr 'y daw brith gywilydd' arnynt lefaru eu mamiaith. Dim ond seicolegydd, mae'n siŵr, a allai fesur pa mor ddwfn y seriwyd canlyniadau 'cymal yr iaith' ar deithi meddwl y Cymry hyn.

Anodd dyfalu beth oedd adwaith gwerinwyr cyffredin i'r Deddfau Uno. Fel arfer, nid yw'r geiriau a gofnodir ar groen a memrwn deddfau gweinyddol yn golygu llawer i bobl ddiaddysg ac anfreintiedig. Y mae'r beirdd, sef sylwebyddion mwyaf effro'r oes, yn rhyfeddol o dawedog ynglŷn â'r Uno. Fe'n hatgoffir am eiriau Dafydd Ionawr ar ddiwedd 'Cywydd y Drindod' lle mae'n sôn amdano'i hun yn ymgolli yn ei waith prydyddol tra ymlafniai gwleidyddion i roi'r byd yn ei le. Anodd credu i'r Deddfau Uno darfu llawer ar fywydau pobl anllythrennog a chyfyng eu gorwelion. Y mae gan W. H. Auden gerdd sy'n darlunio ceidwadaeth ddisymud y gwerinwr i'r dim:

Yn 'Icarus' Brueghel, er enghraifft; fel y try popeth ymaith
yn gwbl hamddenol oddi wrth y trychineb; fe all y
clywsai'r aradrwr y sblas, y waedd wrthodedig,
Ond nid oedd hynny'n fethiant pwysig iddo ef; gwenai'r haul . . .

Eto i gyd, gwyddom fod rhai Cymry—masnachwyr mae'n debyg—yn ymhyfrydu yn eu dinasyddiaeth gyflawn. Ym mis Mai 1537, ymgynullodd y Cymry yn arglwyddiaeth Dinbych yng nghanol y dref i gyhoeddi bod 'y Cymry mor rhydd â'r Saeson ac na fyddent yn talu unrhyw drethi yno'. Credai William Salesbury a Humphrey Llwyd fod y Deddfau Uno wedi rhyddhau eu cydwladwyr o bob caethiwed a gormes. Erbyn oes Elisabeth, yr oedd ysgolheigion pennaf y genedl yn tywallt canmoliaeth am ben y Tuduriaid. Canwyd clodydd yr Uno gan David Powel, Syr John Wynn, George Owen, Rhys Amheurug a'r Arglwydd Herbert o Cherbury am ddwyn llawer iawn o ffyniant, heddwch a sefydlogrwydd i wlad a fu gynt mor gythryblus a rhanedig. Yr oedd y manteision economaidd pendant at eu dant, a barnent mai peth buddiol oedd derbyn yn llawn yr ymhlygiadau o fod yn ddinasyddion Prydeinig. Yn ychwanegol at hynny, credent fod yr Uno wedi ennyn diddordeb diwygwyr crefyddol o Loegr yn sefyllfa enbydus Cymru a'u hysbrydoli i'w hennill drosodd i'r Grefydd Ddiwygiedig. Ym 1677, dywedodd Charles Edwards mai buddiol i Gymru fu rhwymo'r ddwy wlad 'drwy briodas', gan fod y Saeson a fu gynt yn 'fleiddiaid rheibus' bellach yn 'fugeiliaid ymgeleddgar, ac agos cyn hynawsed wrthym ni ag ydym ni wrth ein gilydd'. Nid oedd mymryn o amheuaeth ym meddwl yr Ymneilltuwr gwybodus, Jeremy Owen, ym 1717, nad Rhagluniaeth fawr y nef a ddug y ddwy wlad ynghyd er mwyn i'r Sais ystyried lles y Cymry yn lle 'gyrru cerbydau marwolaeth a distryw' i'w plith.

Er bod rhywfaint o ddicter tuag at 'epil Alis Rownwen' yn dal i fudlosgi ym mynwes rhai o'r beirdd, nid peth gwrthun, fel y tystiai Ellis ab Ellis yn ystod oes yr Adferiad, oedd bod yn rhan annatod o Loegr:

> Dedwydd a fuom o gyd-uno â'r Saeson,
> gael byw yn heddychlon yn burion heb wad
> Dan yr un llywodraeth un gyfri ac un gyfraith
> yn berffaith ddifariaeth dda fwriad.

Wrth annerch Cymdeithas yr Hen Frythoniaid ym 1717, cyfeiriodd Jeremy Owen at ei gydwladwyr 'nid fel cenedl arbennig, ond fel un pobl, corff gwleidyddol wedi ei ymgorffori'n ddedwydd â'r Saeson'. Yr oedd y mwyafrif o Gymry deallus y cyfnod modern cynnar yn credu eu bod wedi cael rhyddfreiniad llwyr yn sgîl yr Uno, ac ni theimlent ar unrhyw gyfrif eu bod dan fawd Lloegr. Fel hyn y crynhowyd eu teimladau gan Lewis Morris ym 1729:

> Ni ellir ein galw ni yn bobl drechadwy, canys cytundeb ac amodau heddwch a dynnwyd rhyngom ni a'r Saeson, a bod i'r mab hynaf i'r brenin fod yn dywysog Cymru, ac mae i ni yr un rhyddid â Lloegr yn ein holl gyfreithiau; heblaw ein bod yn cael dilyn ein hen arferion gynt, y rhai ŷnt mor gadarn â chyfreithiau. Pa beth gan hynny a fynnem gael, oddieithr i ni fel yr Israeliaid, weiddi am frenin arnom, yr hyn ni ato Duw, tra gwelo yn dda roddi i ni y llywodraeth yr ydym dani.

Efallai mai 'o bu a fu, och o'i fod' yw teimlad cenedlaetholwyr a charedigion yr iaith Gymraeg wrth geisio pwyso a mesur canlyniadau'r Deddfau Uno heddiw, ond rhaid ymdrin â'r Uno yng nghyd-destun ei gyfnod. Beth bynnag yw ein barn am amodau'r Deddfau Uno, y mae'n ofynnol i ni eu hystyried yn ôl rhagfarnau a theithi meddwl oes y Tuduriaid. Nid yw'r gorffennol yn atebol i'r presennol, a rhaid edrych ar gymhellion ein hynafiaid yn ôl fel yr oeddynt hwy'n barnu pethau, ac nid fel y tybiwn ni y dylasent synied amdanynt.

VI Y DADENI DYSG

Hoff arwyddair y mudiad hwnnw a elwir y Dadeni Dysg oedd *Rinascita* (Aileni), a phrin y gellir gwadu grym adnewyddol y ddyneiddiaeth newydd. Eto i gyd, ers tro bellach rhoddwyd heibio'r syniad na welwyd goleuni dysg hyd nes y torrodd gwawr y Dadeni. Nid peth cwbl newydd oedd dyneiddiaeth, ac ni fu prinder syniadau creadigol yn ystod yr 'Oesoedd Canol. Serch hynny, ni ellir llai na rhyfeddu at fywiogrwydd ac ynni'r Dadeni Dysg. Dinasoedd yr Eidal, a Fflorens yn arbennig, oedd crud y Dadeni. Yno ceid carfanau o wŷr proffesiynol goludog a oedd yn dyrchafu deall a rheswm, ac yn awyddus i weld ysgolheictod yn blodeuo wedi crinder yr Oesoedd Canol. Gogwydd seciwlar a oedd i'w dyneiddiaeth. Ymddiriedent yn eu cyneddfau a'u galluoedd cynhenid, a chredent y dylai dyn achub ar ei gyfle i fynegi ei bersonoliaeth yn llawn ac i ofalu am ei dynged ei hun. Onid oedd dyn wedi cyrraedd ei anterth fel bod dysgedig yn ystod yr oes glasurol? Ac oni ellid tra-dyrchafu dyn a'i osod ar bedestal unwaith yn rhagor? 'Os myn,' meddai Alberti, 'gall dyn wneud pob peth'. Cyhoeddai gwŷr y Dadeni eu hoptimistiaeth yn ddewr, a rhoddent hyder o'r newydd yng nghalonnau dynion. Fel yr ymestynnai ffiniau gwybodaeth dyn am wyddoniaeth, hanes, daearyddiaeth a chelfyddyd, felly y cynyddai ei ffydd yn ei allu i gyflawni gorchestion. A dyna pam y llwyddwyd i greu rhai o'r pethau harddaf a welodd dyn erioed.

Gwedd seciwlar oedd ar ddyneiddiaeth yr Eidal. Hynny oedd dymuniad y noddwyr ariannog, a hynny hefyd oedd gogwydd meddwl yr ysgolheigion. Nid oedd ball ar eu syched am wybodaeth, a cheisient yn arbennig gyfoethogi eu hamgyffred o fywyd a magu chwaeth at ddysg a chelfyddyd. Lluniodd gwŷr megis Bruni a Salutati raglen addysgol ar gyfer gwŷr ieuainc a'i galw, yn null Cicero, yn *studia humanitatis*. Drwy feistroli meysydd amrywiol megis addysg, athroniaeth, hanes, gramadeg, rhethreg a barddoniaeth, gallai gŵr ifanc ei baratoi ei hun ar gyfer bywyd o wasanaeth i'w gymdeithas. Anathema i'r dyneiddwyr oedd ffrwyno gallu dyn mewn clwysty mynachlog neu ei afradloni ar faes y gad. Torrwyd ymaith y maglau a fu'n llyffetheirio chwilfrydedd dyn, ac

111

fe'i siarsiwyd i ddilyn ei reddf a'i ddychymyg ei hun. Deuai hunanhyder heintus i'w heneidiau wrth ddarllen am yr hyn a ddywedai athronwyr megis Marsiglio Ficino a Giovanni Pico am urddas dyn. Gwawriodd oes yr amatur amryddawn, yr *uomo universale* a chanddo beth meistrolaeth ar bob maes. Lluniwyd darlun o'r gŵr llys perffaith—gŵr a oedd wedi ymberffeithio mewn dysg, doethineb a diwylliant—gan Baldassare Castiglione yn ei lyfr dylanwadol *Il Cortegiano* (Y Gŵr Llys). Bu bri mawr ar ei waith: fe'i cyfieithwyd i'r Ffrangeg ym 1537 ac i'r Saesneg gan Syr Thomas Hoby ym 1561. Boneddigeiddrwydd oedd pennaf delfryd Castiglione, a hynny wedi'i seilio ar wasanaeth a theilyngdod.

Nid oedd modd cyfyngu *humanitas,* sef y ddysg newydd, i'r Eidal. Yr Eidal, wedi'r cwbl, oedd canolbwynt masnach y Môr Canoldir, a lledaenai gwerthoedd diwylliannol y llenor a'r artist i bob rhan o orllewin Ewrop. Hwyluswyd eu hynt gan ddatblygiad y gweisg argraffu: erbyn 1500, yr oedd 73 o weisg yn yr Eidal, 50 yn yr Almaen a 45 yn Ffrainc. A phan ymdreiddiodd y ddysgeidiaeth newydd i ogledd Ewrop, collodd ei gogwydd seciwlar i raddau helaeth iawn. Dan ddylanwad Desiderius Erasmus, ysgolhaig a diwinydd o Rotterdam, daethpwyd i gyfrif dysg yn llawforwyn crefydd. Rhoes Erasmus bwyslais mawr ar adfer Cristnogaeth yn ei phurdeb cynhenid, a cheisiodd asio'r elfen ysbrydol a'r traddodiad dyneiddiol. Cyfunodd ddyheadau'r athronwyr a'r dyneiddwyr, ac impiodd ddysgeidiaeth y Testament Newydd ar y gymrodedd honno. Ac fel y treiglai'r unfed ganrif ar bymtheg yn ei blaen, yr oedd y gair 'dysg' yn uno Protestaniaid a Phabyddion fel ei gilydd. Dylanwadai'r *litterae humaniores* a'r *litterae sacrae* y naill ar y llall. Yn aml iawn cyfrodeddai'r ddwy elfen fel edafedd o'r un cnu. Buddiol fyddai cadw hyn mewn cof, oherwydd bu'n ysbrydiaeth wiw i ddyneiddwyr Cymru.

Anawsterau'r Dyneiddwyr

Nid yw'n rhyfedd fod gwerthoedd y Dadeni wedi cyffwrdd â chalon y rhai a oedd yn pryderu am gyflwr diwylliannol ac ysbrydol Cymru. O'r 1540au ymlaen, fe'u meddiannwyd gan ysfa i adfywio a grymuso'r diwylliant Cymraeg ac i wneud eu mamiaith yn gyfrwng i fynegi holl gyfoeth y Dadeni. Ond gwyddent yn burion nad gorchwyl hawdd fyddai'r dasg o daenu'r syniadau newydd a chyffroi ymroddiad newydd ymhlith eu cydwladwyr. Hawdd deall paham yr ystyrient eu hunain yn arloeswyr a phaham mai 'torri'r iâ' oedd eu hoff ddelwedd. Un anhawster sylfaenol oedd y ffaith mai brodwaith o gymdeithasau bychain a digyswllt oedd Cymru. Ni cheid ynddi mo'r canolfannau dinesig, y prifysgolion a'r llysoedd a fyddai'n gallu noddi'r diwylliant brodorol a'i gyfoethogi â syniadau newydd. Yr oedd sefydliadau felly'n anhepgor i unrhyw fudiad a fynnai roi cyfle i wŷr ifainc i ddatblygu eu doniau. Gan na fedrent wireddu eu huchelgais yn eu cynefin, bu'n dda gan lawer o Gymry disglair chwilio am borfeydd brasach oddi cartref. Yr oedd peryglon mawr i'r diwylliant Cymraeg yn ymhlyg yn hynny. Er bod gwŷr ifainc yn cael cyfle i ehangu eu gwybodaeth ac i ymdrwytho yn hanfodion y Dadeni, yr oedd posibilrwydd y byddent yn dysgu ieithoedd eraill ac yn dewis ysgrifennu yn yr ieithoedd hynny. Un esiampl dda yw William Thomas, Cymro a raddiodd yn Rhydychen ym 1529 ac a yfodd yn ddwfn o ffynhonnau bywiol y Dadeni yn yr Eidal. Lluniodd ef gyfrolau nodedig ar yr Eidal, gramadeg o'r iaith Eidaleg, geiriadur i iaith Dante, Boccaccio a Petrarch, ac amddiffyniad brwd o blaid Harri VIII yn yr iaith Eidaleg. Ganed Siôn Dafydd Rhys ym mhlwyf diarffordd Llanfaethlu ym Môn, ond cafodd yntau'r cyfle i brofi'r boddhad a'r mwyniant esthetig drwy gymdeithasu â llenorion ac artistiaid Fenis a Padua. Graddiodd ym mhrifysgol Siena, a dysgodd lawer drwy deithio yng Nghreta a Chupros. Daeth yn feistr ar yr Eidaleg, a chyhoeddodd ddwy gyfrol raenus ac eang eu hapêl, *Della costruttione latina* (1567) a *De Italica Pronunciatione* (1569). Y perygl oedd y byddai ysgolheigion fel hyn yn peidio â dychwelyd i Gymru, yn anghofio'u Cymraeg ac yn dewis ysgrifennu mewn ieithoedd estron. Yr oedd yr un broses ar waith yn Lloegr. Deuai gwŷr bonheddig Cymreig i wybod mwy am werthoedd y Dadeni wrth wasanaethu mewn teuluoedd mawr megis rhai ieirll Penfro, Caerwrangon a Howard, lle'r oedd, yn ôl Humphrey Llwyd, eu moesgarwch, eu deheurwydd a'u hyblygrwydd yn fanteision mawr. Bu Llwyd ei hun yng ngwasanaeth Iarll Arundel, a Morris Kyffin, yntau, yn athro yng nghartref yr Arglwydd Buckhurst, un o ganolfannau'r Dadeni yn Lloegr. Cafodd eraill eu cyfran lawn o ddyrchafiadau yn y Llys a'r eglwys, yn nhai masnachol Llundain, yn y prifysgolion ac Ysbytai'r Frawdlys. Ac fel y deuai mwy o swyddi a golud i'w dwylo, treulient lawer mwy o'u hamser yn Llundain nag yn eu cynefin. Peth cyffredin wedyn oedd i'w Cymraeg rydu tra magent barch at ddysg Saesneg a'r ieithoedd clasurol.

Yn ffodus, sut bynnag, ni throes pob Cymro alltud ei gefn ar ei famiaith. Drwy breswylio ar y Cyfandir neu yn Lloegr, medrent ehangu gorwelion eu ceraint a chadw cysylltiad â'u cartrefi ar yr un pryd. 'Y mae'r gasgen yn dal i gadw blas y gwin a fu ynddi gyntaf', meddai'r gohebydd James Howell. Yn llys y Tuduriaid, clywid Iarll Penfro'n cyfarch ei gyd-Gymry yn eu mamiaith. Er i Syr John Prise, un o weision pennaf y Goron, dreulio rhan helaeth o'i oes y tu allan i Gymru, yr oedd yn fawr ei barch fel awdurdod ar yr hen ganu, casglwr llawysgrifau, amddiffynnwr selog i Brutus, ac awdur y gyfrol Gymraeg brintiedig gyntaf i weld golau dydd, *Yn y lhyvyr hwnn* (1546). Oni bai i Gruffydd Robert gyfarfod â rhai o lenorion ac ysgolheigion mwyaf blaenllaw Ewrop yn llys y Cardinal Borromeo ym Milan, ni fuasai wedi cael yr ysgogiad i lunio'i Ramadeg enwog, y cyhoeddwyd y rhan gyntaf ohono ym 1567. Trwy gymdeithasu ag awduron Eidalaidd y galluogwyd Siôn Dafydd Rhys i gymharu seiniau mewn Eidaleg a Chymraeg ac i gyhoeddi'r pwysicaf o'i holl weithiau, *Cambrobrytannicae Cymraecaeve Linguae Institutiones* (1592), fel y gallai'r byd dysgedig ddysgu am yr iaith Gymraeg a'i gwerthfawrogi. Treuliodd Morris Kyffin ran helaeth o'i oes gyda milwyr a gwleidyddion yn yr Iseldiroedd a Normandi, ond fe'i symbylwyd yntau i ddwyn y ddysgeidiaeth newydd i sylw'r Cymry. Hwyliodd Wiliam Midleton, y bardd a'r anturiwr o Ddinbych, gyda Drake a Hawkins i India'r Caribî, a chafodd flas ar ysbeilio llongau Sbaen. Ond er iddo deithio ymhell o'i wlad lawer tro, 'ni cholles ef mo'i iaith na'i gelfyddyd yn y gerdd frutaniaith'. Er i wŷr fel y rhain dreulio blynyddoedd meithion ar y Cyfandir, fe'u hysgogwyd gan yr hyn a welsant ac a glywsant yno i impio diwylliant y Dadeni ar yr hen etifeddiaeth Gymreig.

Yr oedd problemau ymarferol yn ymwneud â'r argraffwasg hefyd yn peri gofid i'r dyneiddwyr. Nid oes dwywaith na fu dyfais Gutenburg o argraffu â llythrennau symudol yn drobwynt chwyldroadol yn hanes diwylliannol Ewrop. Ni bu'r dyneiddwyr fawr o dro cyn gweld posibiliadau'r gair printiedig. Yn ôl Erasmus, 'llyfrgell heb furiau' oedd printio, ac nid oedd hafal i'r llyfr printiedig fel cyfrwng i ledaenu diwylliant a gwybodaeth. Cyfyngid cylchrediad llawysgrifau o raid i gylchoedd dethol, ond yr oedd modd dosbarthu llyfrau printiedig yn bur eang ac ar frys. Corsennau ysig oedd llawysgrifau: gallent syrthio, fel y nododd Siôn Dafydd Rhys, 'i ddwylo plantos a'i rhwygo, ac i wneuthur babïod ohonynt; neu at Siopwrageddos i ddodi llysiau siopau

114

ynddynt; neu ynteu at Deilwriaid i wneuthur dullfesurau dillados â hwynt'. Ond nid oedd cyhoeddi llyfr printiedig heb ei ofidiau ychwaith. Nid oedd digon o gyfalaf yng Nghymru i sefydlu cadwyn o weisg i argraffu llyfrau Cymraeg a'u dosbarthu'n effeithiol. Hawliasai Llundain fonopoli ar gyhoeddi llyfrau printiedig bron yn ddi-fwlch o ddyddiau Caxton hyd 1695. Ni chafodd Cymru ei hargraffwasg ei hun hyd 1718. Felly, mewn cryn helbul a blinder y cyflawnwyd y gwaith o ddwyn llyfrau Cymraeg drwy'r wasg. Gwaith trafferthus a drudfawr oedd gorfod cyhoeddi llyfr Cymraeg yn Llundain oherwydd yr oedd disgwyl i awdur oruchwylio cysodwyr, darllen proflenni, cywiro ac ailgywiro gwallau, a dosbarthu'r argraffiad. Nid yw'n rhyfedd yn y byd, o gofio mai taclau blêr a di-sut oedd cysodwyr ac argraffwyr di-Gymraeg y brifddinas, fod cynifer o lyfrau Cymraeg yr oes yn dryfrith o wallau argraffu. Er bod y dyneiddwyr Cymreig yn awyddus i ehangu cylch eu darllenwyr i gynnwys mân foneddigion ac iwmyn ynghyd â phendefigion, boneddigion, offeiriaid a chyfreithwyr, cyfyng iawn oedd y farchnad i lyfrau Cymraeg. Islaw'r boneddigion a'r offeiriaid, digon prin oedd yr elfennau llythrennog, a byddai'n parhau'n isel nes i'r haenau canol frigo yn sgîl datblygiadau cymdeithasol ac addysgol yn yr ail ganrif ar bymtheg. Nid yw'n debygol fod mwy na 10% o'r boblogaeth yn medru darllen llyfrau Cymraeg. Llethid yr haenau isaf gan ofidiau, trasiedïau ac anghyfiawnderau eu bywyd beunyddiol, ac nid oedd ganddynt ddigon ar eu helw i brynu llyfrau na'r awydd i wneud hynny. Dan yr amgylchiadau, go brin fod disgwyl iddynt, yn eu diniweidrwydd ceidwadol, ymateb yn frwd i'r cyfoeth o ddiwylliant a ymledai o'r Cyfandir.

Oherwydd anawsterau fel y rhain, gellid maddau i'r dyneiddiwr gwrolaf am wangalonni a rhoi'r ffidil yn y to. Ond dynion â gweledigaeth oedd y dyneiddwyr Cymreig, yn byrlymu gan frwdfrydedd heintus ac wedi'u meddiannu gan awydd i ddarparu llyfrau Cymraeg yn ymdrin â lliaws o bynciau dysgedig ac amrywiol. Dim ond felly, yn eu tyb hwy, y gellid rhoi bywyd newydd mewn hen gorff o ddiwylliant a oedd yn prysur lesgáu. Dyffryn Clwyd a'r cyffiniau oedd cartref dysg Gymraeg a phrif ganolfan y Dadeni yn ystod yr unfed ganrif ar bymtheg. Yn yr ardal oludog hon y cydgyfarfu hen draddodiad penceirddiol yr Oesoedd Canol â thraddodiad newydd y Dadeni Dysg. Yno magwyd cnwd o ddoniau llenyddol athrylithgar a oedd yn medru ymdeimlo â rhin geiriau ac a oedd yn awyddus i wneud y Gymraeg yn iaith deilwng i'w gosod ymhlith ieithoedd mwyaf pendefigaidd gorllewin Ewrop. Cydiodd yr ysfa i ysgrifennu fel twymyn ynddynt, a galwent ar eu cydwladwyr i ymgydnabod â'r grymusterau diwylliannol newydd. 'Oni fynnwch fyned yn waeth nag anifeiliaid,' meddai William Salesbury, 'mynnwch ddysg yn eich iaith'.

Yr Iaith Gymraeg

O'r dechrau, cyffrowyd diddordeb y dyneiddwyr Cymreig mewn iaith. Ceisient feistroli'r prif ieithoedd, yn enwedig y *trium linguarum gnarus,* sef Lladin, Groeg a Hebraeg. Fe'u cyfareddwyd gan Ladin Cicero a Fyrsil, a brithir eu gwaith hefyd â dyfyniadau o waith Persius a Horas. Cicero oedd y patrwm i'w efelychu ar bwys purdeb ei fynegiant, ei ddoethineb a'i ddysg. Nod amgen y gŵr dysgedig oedd ei feistrolaeth ar y Clasuron, ei ymlyniad wrth ddysgeidiaeth Aristotles, a'i allu i efelychu'r 'pwyllog a'r ymadroddus Rufeiniwr, M. T. Cicero', chwedl Huw Lewys. Teifl *De Officiis* Cicero ei gysgod yn drwm dros ymgais llenorion Cymru i ddarlunio cyfrifoldebau'r gŵr llys diwylliedig, a gellir canfod ôl addysg glasurol ar nifer o'u Rhagymadroddion hefyd. Wedi'r cwbl, iaith ryngwladol oedd Lladin ac fe'i defnyddid yn rheolaidd fel cyfrwng mynegiant ymhlith dyneiddwyr Cymru. Yr oedd dyneiddwyr mawr Ewrop—Erasmus, Vives, Du Bellay, Bembo, Bodin a Scaliger—hefyd yn dylanwadu ar y ffordd y syniai dyneiddwyr Cymru am iaith. Ymlafniai'r rhain i safoni a pherffeithio'u hieithoedd brodorol er mwyn eu troi'n gyfryngau cymwys i ddysg y Dadeni. Bu gwaith Erasmus, yr *Adagia,* casgliad o ddiarhebion a dywediadau a nithiwyd o'r clasuron Groeg a Lladin, yn ysbrydiaeth i'r Cymry. Pwysent yn drwm ar ysgolheictod Erasmus, gan gredu mai ef, fel y dywedodd William Salesbury, oedd 'yr athro dysgedicaf, huotlaf ac awdurusaf yn Cred oll'. Drwy ymdrwytho yn y Clasuron a blasu gwaith y dyneiddwyr mawr y dysgodd llenorion Cymru sut i addurno iaith â throeon ymadrodd cyffrous a hardd.

Ymboenai dyneiddwyr Cymru yn fawr ynglŷn â chyflwr yr iaith Gymraeg. O holl ieithoedd y byd, hi oedd yr agosaf at eu calonnau, a loes fawr iddynt oedd gorfod cyfaddef mai golwg bur dlodaidd a llesg oedd arni. Ofnai Gruffudd Hiraethog fod ei famiaith yn 'cychwyn ar dramgwydd', a dychryn a wnâi Edmwnd Prys o'i chanfod 'agos ar goll'. Achosai dwy ystyriaeth yr anesmwythyd hwn. Yn gyntaf, fe'u siomwyd gan agwedd ddibris rhai o'r Cymry tuag at eu hiaith. Fel y gwelsom eisoes, gellir priodoli hyn yn bennaf i'r darostwng a fu yn statws yr iaith Gymraeg er 1536. Bu diffyg ymrwymiad gwŷr bonheddig i'w mamiaith yn destun loes ac anobaith i ddwy genhedlaeth o ddyneiddwyr Cymreig. 'Oni fynnwch fod yn fwy annaturiol na nasion o dan haul, hoffwch eich iaith ac a'i hoffo', meddai William Salesbury ym 1547. Ym 1595, cystwyodd Morris Kyffin y Cymry bonheddig na roddai 'fri'n y byd ar iaith eu gwlad, eithr rhusio'i dywedyd a chywilyddio'i chlywed, rhag ofn isháu ar eu gradd a'u cymeriad'. Yr ail ystyriaeth oedd y ffaith amlwg nad oedd y Gymraeg, yn ei ffurf bresennol, yn gyfrwng hwylus i fynegi'r ddysg newydd. Tybient ei bod yn llesgáu beunydd am ei bod yn brin o eiriau ac ymadroddion priodol. Dyna un rheswm paham y bu William Salesbury mor awyddus i'r Cymry ddysgu darllen Saesneg: trwy feistroli'r iaith fain y gellid blasu danteithion y Dadeni.

Beth bynnag am hynny, nid oes unrhyw amheuaeth nad oedd cariad Salesbury a'i gyd-ddyneiddwyr at yr iaith Gymraeg yn frwd ac yn ddiffuant. Eu bwriad pennaf oedd gwneud y Gymraeg yn iaith dysg. 'Ceisiwch ddysg' oedd eu byrdwn byth a beunydd wrth geisio annog eraill i droi'r Gymraeg yn iaith addas i bob pwrpas, ac yn gyfrwng hyblyg ac ymarferol. Dim ond felly y gellid sicrhau bod y Gymraeg yn teilyngu lle ochr yn ochr ag ieithoedd dysg Ewrop. Eto i gyd, nid oedd lle i ymgywilyddio ynghylch y Gymraeg. Yr oedd coel yn eu mysg fod gan yr hen Frythoniaid iaith a llenyddiaeth gyfoethog, ond i'r etifeddiaeth oludog honno fynd ar ddifancoll oherwydd esgeulustod y Cymry a rhaib y Saeson. Diau iddynt oreuro cyflwr y Gymraeg yn y gorffennol, ond tystiolaeth yw hynny o'u parch affwysol at eu mamiaith. Yr oedd ganddynt ffydd eithriadol yn adnoddau cynhenid eu mamiaith, ac ni fyddent byth wedi cyfaddef nad oedd modd ei gwneud yn iaith dysg unwaith yn rhagor. Nid iaith amrwd oedd y Gymraeg, yn eu tyb hwy, ond iaith y gellid ei dyrchafu i fod yn gyfrwng teilwng i'r ddysgeidiaeth newydd.

Un ffordd a fabwysiadwyd er adfer yr ymwybyddiaeth o hynafiaeth y Gymraeg oedd drwy bledio'i hurddas cyntefig. Os oedd coel ar Sieffre o Fynwy, yr oedd y Gymraeg yn deilwng o gael ei gosod ochr yn ochr â'r ieithoedd clasurol. Bu'n gyfrwng dysg ar hyd yr oesoedd, a bu Duw ei hun yn ei chadw a'i chynnal ym mhob cyfyngder. Yn ei Ragymadrodd i *Antiquae Linguae Britannicae* (1621), honnodd Dr John Davies, Mallwyd, fod yr iaith Gymraeg yn un o brif famieithoedd y byd. Rhoddai damcaniaeth swynol fel hon urddas a bri o'r newydd i'r Gymraeg. Ond yr oedd angen mwy nag ymffrost ar y Gymraeg, sef ei gwneud yn offeryn addas i fynegi'r holl fwrlwm ysgolheigaidd a llenyddol a geid mewn cylchoedd dysgedig ar y Cyfandir. Y cam cyntaf oedd helaethu geirfa'r iaith fel y byddai'n ddigonol i fynegi 'dysg, gwybodaeth, doethineb a duwiolwch yr oes'. Gellid cyfoethogi geirfa'r Gymraeg drwy gasglu hen ddiarhebion a darnau o ryddiaith a barddoniaeth o'r gorffennol. Pan gyhoeddodd William Salesbury gasgliad o ddiarhebion a fenthyciodd gan Gruffudd Hiraethog—*Oll Synnwyr pen Kembero ygyd* (1547)—dywedodd 'mai'r un nerth yw diarhebion i gynnal yr iaith â'r esgyrn i gynnal y corff'. A phan welwyd bod diffyg geiriau ac ymadroddion cymwys i fynegi agweddau cyfoes, benthyciwyd geiriau o ieithoedd eraill neu bathwyd rhai o'r newydd.

Hyn oll sy'n esbonio'r pwyslais a roddai'r dyneiddwyr ar gyhoeddi llyfrau ar ramadeg, seineg, rhethreg a chystrawen. Barnent mai celfyddyd oedd iaith ac y dylid felly ei llefaru a'i hysgrifennu'n gywrain ac yn lân. Er i Siôn Dafydd Rhys a Henry Salesbury gyhoeddi Gramadegau pwysig, y cynnyrch gorau o ddigon yn y maes hwn oedd Gramadegau Gruffydd Robert ym 1567 a Dr John Davies ym 1621. Yn llys y Cardinal Borromeo ym Milan, cymdeithasai Gruffydd Robert ag awduron o'r Eidal a oedd yn awdurdodau ar ramadeg, rhethreg a mydryddiaeth, a bu hyn yn gaffaeliad mawr iddo wrth baratoi ei gampwaith ef. Efelychodd batrwm yr Eidalwyr drwy ysgrifennu Gramadeg ar ffurf ymddiddan, fel y gwnaethai Plato a Cicero, hwythau. Yr oedd yn awyddus i sicrhau bod gan y Gymraeg, fel iaith lafar ac iaith ysgrifenedig, safonau dibynadwy a diogel. Anogai eraill i loffa'n awchus yn y gorffennol ac mewn ieithoedd eraill am eiriau a thermau a fyddai'n cyfoethogi'r Gymraeg. Yn ei dyb ef, ni ellid galw'r Gymraeg yn iaith 'uchelddysg' oni chyfeirid hi i 'lwybr celfyddyd' a'i chymhwyso i fod yn gyfrwng gwisgi a hoyw i fynegi popeth a berthynai 'at gampau, a chynheddfau gwŷr rhinweddol, gynghordioledd gramadeg, flodeuau rhetorigyddiaeth, ystryw dialectigyddiaeth, cywreinrwydd meddygon, pwylledd dinaswyr, gwybodaeth ffilosoffyddion, gorchestion milwyr, duwioldeb theologyddiaeth'. Yr oedd gan John Davies, Mallwyd, yntau, ddawn eithriadol yn yr un maes. Cyfrol mewn Lladin gogyfer â'r ysgolhaig oedd ei *Antiquae Linguae Britannicae* (1621), gwaith gwir ddysgedig, ac un o brif orchestion y dyneiddwyr yng Nghymru. Rhoes John Davies sylw manwl i hanes orgraff yr iaith a'i chystrawen, gan bwyso'n drwm ar dystiolaeth 'ceidwaid yr hen iaith', sef y beirdd. Disgwylid i'r gŵr llys delfrydol fedru llefaru'n urddasol ac ysgrifennu'n gain. Byddai ar ei ennill, felly, o feistroli celfyddyd fel rhethreg neu ffraethineb. Cyfieithodd William Salesbury lyfr rhetoreg o'r Lladin i'r Gymraeg ar gyfer y beirdd, a'i awydd am weld y Gymraeg yn iaith lafar urddasol ac yn gyfrwng cymwys i draethu dysg a barodd i Henri Perri lunio'i *Egluryn Phraethineb* ym 1595. Ni bu llaesu dwylo yn y maes geiriadurol ychwaith. Ym 1547 cyhoeddodd William Salesbury *A Dictionary in Englyshe and Welshe,* gan annog y Cymry i ddysgu siarad Saesneg. Ac er mwyn cadw'r ddysgl yn wastad cwblhaodd, ymhen tair blynedd, eiriadur arall a oedd yn galluogi'r Saeson i flasu peth o rin yr iaith Gymraeg. Ym 1632, cyhoeddodd John Davies ei *Dictionarium Duplex,* sef geiriadur Cymraeg-Lladin a Lladin-Cymraeg, a chrynodeb o eiriadur Lladin-Cymraeg Thomas Wiliems, y meddyg galluog o Drefriw a fu farw ddeng mlynedd ynghynt. Nid oes dwywaith na fu'r holl lafur hwn yn gyfrwng i ystwytho a chyfoethogi'r iaith Gymraeg a'i diogelu at y dyfodol.

Cyhoeddi'r Ysgrythurau yn Gymraeg

Yn nhyb y dyneiddwyr Protestannaidd, pinacl a choron y ddysgeidiaeth newydd oedd yr Ysgrythur Lân. Wrth annog y Cymry i fynnu dysg yn eu hiaith, adleisiai William Salesbury ddysgeidiaeth Erasmus yn ei *Enchiridion Militis Christiani,* lle y datganwyd y farn mai'r Ysgrythurau yw'r ffurf uchaf ar ddysg. Treiddiodd y pwyslais a roddai Erasmus ar gymrodeddu'r Ysgrythurau a'r Clasuron i ymwybyddiaeth Cymry deallus yr oes, ac yn arbennig William Salesbury. Cymro mwyaf dysgedig ei oes oedd Salesbury. Fe'i ganed tua 1520 yn y Cae-du ym mhlwyf Llansannan, bro eithriadol gyfoethog ei diwylliant. Ymgartrefodd yn y Plas Isa, Llanrwst, cyn mynd yn ei flaen i dderbyn addysg ym mhrifysgol Rhydychen (er nad ymddengys iddo raddio yno), ac yna efallai yn Ysbytai'r Frawdlys yn Llundain. Drachtiodd yn helaeth o ddyfroedd bywiol dyneiddiaeth a Phrotestaniaeth yn ŵr ifanc, meistrolodd ieithoedd lawer, magodd feddwl uchel o Erasmus, a daeth i ymglywed â'r angen i adfer urddas etifeddiaeth ddiwylliannol ac ysbrydol ei genedl. Dim ond ychydig a wyddom am ei hanes personol, ond fe'i hystyrid gan ei gyfoedion yn ŵr rhyfeddol o amryddawn a galluog. 'Ar ddysg rhagori 'dd wyd', meddai ei gyfaill, Gruffudd Hiraethog, yn ei gywydd moliant iddo. Ni bu'r un ysgolhaig a fu'n ymhél ag astudiaethau Cymraeg yn ystod oes y Tuduriaid mor weithgar ag ef. Un o'i brif gymhellion oedd gofalu bod gwybodaeth newydd y Dadeni yn llawforwyn crefydd. Sail ac ysbrydiaeth ei lafur oedd dysgeidiaeth yr Ysgrythur. Nid oedd un dim yn bwysicach yn ei olwg na sicrhau bod gan ei gydwladwyr Feiblau Cymraeg i'w darllen. Gwyddai fod modd i'r lefain Protestannaidd weithio'n nerthol yn y blawd a baratowyd gan y Dadeni, ac y mae'n arwyddocaol fod y saith llyfr a gyhoeddodd rhwng 1547 a 1551 (ffaith ryfeddol ynddi'i hun) yn gymorth i baratoi ar gyfer cyfieithu'r Ysgrythurau i'r Gymraeg. Yn ystod y blynyddoedd hynny dangosodd William Salesbury yn well na neb fod modd impio'r ddyneiddiaeth newydd ar hen gyff y diwylliant traddodiadol.

Drwy ddarllen gweithiau Erasmus, daethai William Salesbury i gredu y dylai pob enaid byw gael yr hawl a'r cyfle i ddarllen a deall yr Ysgrythurau. Gwyddai'n iawn nad oedd modd ennill Cymru i'r Grefydd Ddiwygiedig heb Feibl Cymraeg, ac ym 1551 cyhoeddodd *Kynniver llith a ban,* cyfieithiad o'r llithoedd a ddarllenid yn yr Eglwys. Dyma'r tro cyntaf i'r Cymry gael corff sylweddol o'r Ysgrythur yn eu hiaith. Ymhen dwy flynedd i'w gyhoeddi, yr oedd Mari Gatholig wedi adfer y ffydd Babyddol, a thybir i Salesbury encilio i'w hen gynefin yn Llansannan. Nid Pabyddiaeth ddigymrodedd y Frenhines newydd oedd yr unig rwystr o'i flaen. Polisi'r Tuduriaid oedd meithrin unffurfiaeth weinyddol a chrefyddol. Er yr Uno ym 1536, Saesneg fuasai iaith cyfraith a chofnodion yng Nghymru, ac ni ddangosodd yr awdurdodau yn ystod teyrnasiad Edward VI y byddent yn edrych yn ffafriol ar unrhyw ymgais i wneud y Gymraeg yn iaith crefydd yng Nghymru. Byddai'n rhaid wrth sêl bendith yr awdurdodau cyn dwyn y maen i'r wal. Mor gynnar â 1547, anogwyd y Cymry gan Salesbury i bererindota 'yn droednoeth at ras y brenin a'i gyngor i ddeisyf cael cennad i gael yr Ysgrythur lân yn ei iaith'. Daeth cyfle pellach i wneud hynny ar esgyniad Elisabeth I i'r orsedd ym 1558. O hynny ymlaen, sefydlwyd perthynas hynod ffrwythlon rhwng William Salesbury a Richard Davies, esgob Llanelwy. Fel yn achos

Salesbury, hanai Davies o wehelyth uchelwrol; cafodd ei fagu yn Nyffryn Conwy a'i addysgu yn Rhydychen. Bu'n alltud yn ninas Frankfurt yn ystod oes Mari, dychwelodd i'r wlad hon yn ddiwygiwr brwd, ac fe'i penodwyd yn esgob Llanelwy ym 1559. Ddwy flynedd yn ddiweddarach fe'i gwnaed yn esgob Tyddewi. Yno, daeth ei blas yn Abergwili yn brif ganolfan dysg i wŷr bonheddig, offeiriaid a beirdd Cymru gyfan. 'Aber beirdd a'u bir a'u bwyd' ydoedd, yn ôl Siôn Tudur.

Gan nad oedd gan Salesbury fawr o ddylanwad mewn cylchoedd gwleidyddol, y mae'n fwy na thebyg mai i Richard Davies yr ymddiriedwyd y dasg o ddwyn perswâd ar yr awdurdodau i ganiatáu a darparu'r ddeddfwriaeth angenrheidiol i gael yr Ysgrythurau yn Gymraeg. Yr oedd Davies yn ŵr dylanwadol a oedd yn adnabod y bobl iawn. Llwyddodd i argyhoeddi ei gyfeillion yn Nhŷ'r Cyffredin—llawer ohonynt yn hen gyd-alltudion—o dlodi ysbrydol Cymru a'r ffolineb o beidio â defnyddio'r Gymraeg fel cyfrwng yn yr eglwysi. At hynny, adwaenai William Cecil, prif gynghorwr y Frenhines, a Matthew Parker, Archesgob Caergaint, a diau iddo lefaru wrthynt hwy yr un ddadl ag a fynegwyd mor groyw gan Morris Kyffin yn ddiweddarach: 'pwy ni ŵyr mor amhosibl fydde dwyn yr holl bobl i ddysgu Saesneg ac i golli eu Cymraeg; ac mor resynol yn y cyfamser fydde colli peth aneirif o eneidiau dynion eisiau dysg a dawn i'w hyfforddi'. Gwyddai Richard Davies a'i gyd-ddiwygwyr y cymerai flynyddoedd maith i'r Cymry ymgynefino â'r iaith Saesneg, ac yn y cyfamser yr oedd eneidiau lu yn cael eu colli o 'eisiau gwybodaeth'. Pa ddadl bynnag a ddefnyddiwyd gan Davies, chwalwyd amheuon yr awdurdodau, a chaniatawyd yr hawl i ddefnyddio'r Gymraeg yn gyhoeddus ac yn swyddogol ym mhob eglwys yng Nghymru. Ym 1563, pasiwyd deddf yn gorchymyn i'r pedwar esgob yng Nghymru ynghyd ag Esgob Henffordd ofalu bod y Beibl a'r Llyfr Gweddi Gyffredin wedi'u cyfieithu i'r Gymraeg erbyn Dygwyl Dewi 1567, a'u gosod ochr-yn-ochr â'r Beibl Saesneg ym mhob eglwys drwy Gymru. Yn ôl pob tebygrwydd, llywiwyd y mesur drwy Dŷ'r Cyffredin gan Humphrey Llwyd, aelod seneddol bwrdeistref Dinbych a dyneiddiwr huawdl a dysgedig, a chyflawnwyd yr un dasg yn Nhŷ'r Arglwyddi gan Richard Davies.

Er mai prin oedd yr amser a roddwyd yn Neddf 1563 i gwblhau'r dasg, yn enwedig o gofio mai Richard Davies yn unig o holl

121

esgobion Cymru a feddai ar y cymwysterau priodol i gyflawni'r gwaith, y mae'n bur debyg fod William Salesbury eisoes wedi ymgymryd â'r gorchwyl o gyfieithu. Yr oedd Salesbury a Davies yn hyddysg yn ieithoedd gwreiddiol y Beibl, ac yn medru pwyso ar ddatblygiad ysgolheictod beiblaidd eu hoes. Elwasant yn fawr ar lafur a dulliau llenyddol gwŷr megis Erasmus, Estienne, de Bèze, Luther, Tyndale a Coverdale. Ysgwyddodd Salesbury y rhan helaethaf o'r baich: cyfieithodd y Llyfr Gweddi Gyffredin, y Sallwyr a'r rhan helaethaf o'r Testament Newydd. Cyfieithwyd epistol cyntaf Paul at Timotheus, yr Hebreaid, epistolau Pedr ac Iago gan Richard Davies, a bu Thomas Huet, deon Tyddewi, yn gyfrifol am drosi Llyfr y Datguddiad. Golygwyd yr holl waith gan Salesbury, ac fe'i cyhoeddwyd ym 1567.

Cymysg fu adwaith y Cymry i orchest Salesbury. Er bod llawer yn cydnabod iddo gyflawni camp eithriadol, ac i Thomas Wiliems brysuro i'w glodfori am ei 'buriaith ddilediaith', amharwyd ar werth y cyfieithiad gan hynodion ieithyddol Salesbury. Yr oedd ganddo ryw fympwy ryfedd ynglŷn â ffurfiau Cymraeg geiriau lle gellid dangos eu tras Ladinaidd. Y mae tudalennau'r Testament Newydd yn llawn o eiriau Cymraeg wedi'u hysgrifennu mor debyg ag a oedd yn bosibl i'r Lladin. Er enghraifft, ceir 'eccles' yn lle 'eglwys', 'popul' yn lle 'pobl' a 'discipul' yn lle 'disgybl'. At hynny, anwybyddai Salesbury y treiglad trwynol wrth ysgrifennu, er mwyn i'r darllenydd fedru adnabod gair yn ei ffurf gysefin. Disgwyliai Salesbury i offeiriaid Cymru ddewis y geiriau mwyaf addas a derbyniol i'w plwyfolion ac i'w hynganu a'u treiglo'n naturiol yn y pulpud. Ond dryswyd yr annysgedig gan ei orgraff hynod. Tystiodd Morris Kyffin i benbleth cynulleidfaoedd: 'yr oedd cyfled llediaith a chymaint anghyfiaith yn yr ymadrodd brintiedig, na alle clust gwir Gymro ddioddef clywed mo' naw'n iawn'. Rhybuddiwyd Salesbury rhag dilyn ei fympwyon ymlaen llaw, ond yr oedd elfen gref o ystyfnigrwydd yn ei gymeriad, ac aeth ei awydd i weld y Cymry'n arddel tras glasurol eu hiaith yn drech na'i synnwyr cyffredin. Digalonnodd dan gerydd ac edliw ei gydwladwyr. Bu'n fwriad ganddo i gwblhau cyfieithiad o'r Hen Destament, ond rhoes y gorau i'r cynllun. Dywed Syr John Wynn o Wedir i Salesbury a Richard Davies anghytuno'n ffyrnig ar ystyr a chyfieithiad un gair, a bod Salesbury wedi pwdu o'r herwydd. Gŵr anhyblyg, di-droi'n-ôl oedd Salesbury, ond go brin iddynt roi'r gorau i'r gwaith oherwydd anghydfod ynglŷn ag ystyr a tharddiad un gair. Y mae'n fwy tebygol fod y ddau gyfieithydd wedi anghydweld ynglŷn â syniadau mympwyol Salesbury am orgraff. Bid a fo am hynny, ni chyhoeddodd William Salesbury yr un llyfr Cymraeg wedyn, a bu farw oddeutu 1580.

Bu raid aros hyd 1588 am Feibl Cymraeg cyflawn. Cyflawnwyd y gwaith gan William Morgan, mab i ffermwr o Benmachno a ficer Llanrhaeadr-ym-Mochnant. Er i Morgan bwyso ar rai o'i gyfeillion—Edmwnd Prys, Gabriel Goodman o Ruthun, Richard Vaughan o Lŷn a David Powel o Riwabon—am gyngor a llyfrau, dygodd ef ei hun y pen trymaf o'r baich. Talodd deyrnged hael i William Salesbury am ei lafur, a chyfaddef na wnaeth ddim mwy na symleiddio orgraff a geirfa ei ragflaenydd a hepgor ei lurguniadau enbyd. Ond y gwir yw fod William Morgan yn well Cymreigiwr na Salesbury. Llwyddodd i greu iaith lenyddol safonol a oedd hefyd, fel y tystiai Siôn Tudur, yn ddealladwy i bawb:

Iaith rwydd gan athro iddyn'
A phawb a'i dallt, a phob dyn.

Ni chlywid namyn diolch ar bob llaw wedi cyhoeddi'r Beibl. Croesawyd yn eiddgar y 'trysor golud gwir' a'r 'maen perl gwerthfawr crwn'. Ymhyfrydai ysgolheigion a llenorion yn y ffaith fod y Gymraeg mwyach yn iaith ddysgedig. 'Digon llesg' oedd cyflwr y Gymraeg cyn 1588, yn ôl Morris Kyffin, ond byddai'r 'gwaith angenrheidiol, gorchestol, duwiol, dysgedig' hwn yn ei gweddnewid. Llwyddodd William Morgan, yng ngeiriau Huw Lewys, i 'adferu eilwaith i'w pharch a'i braint iaith gyfrgolledig ac agos wedi darfod amdani'.

Bu cyfieithu'r Beibl i'r Gymraeg, a'r ddeddf ym 1563 a'i caniataodd, yn drobwynt pwysig yn hanes Cymru. Bu'r Beibl yn foddion i osod gwir seiliau Protestaniaeth yng Nghymru. Heb y Beibl, buasai'r iaith Gymraeg wedi dirywio—fel y gwnaeth Llydaweg—i fod yn ddim amgenach na bwndel o fân dafodieithoedd sathredig a dibris. Yn wir, y mae'n fwy na thebyg y buasai'r Gymraeg wedi marw'n llwyr, yn union fel y gwnaeth yr iaith Gernyweg, oni bai am y Beibl. Achubwyd yr iaith Gymraeg rhag dirywio i fod yn iaith y gegin gefn a'r ffair, yn 'fregliach bas yn lle iaith urddasol'. Sicrhawyd mai'r Gymraeg a glywid ym mhob llan yng Nghymru, a chychwynnwyd cyfnod newydd yn hanes rhyddiaith Gymraeg. Cyfieithu'r Beibl i'r Gymraeg oedd gwaith bywyd William Morgan, a thalwyd y deyrnged orau i'w lafur hir, ei feddwl doeth a'i ddawn greadigol gan Gwenallt:

Canmolwn ef am ei ddygnwch, ei ddewrder a'i santeiddrwydd,
A'i gymorth i gadw'r genedl a'r iaith lenyddol yn fyw,
Gan roddi arni yr urddas ac iddi'r anrhydedd uchaf
Wrth ei throi yn un o dafodieithoedd Datguddiad Duw.

Cymhennwyd a choethwyd fersiwn Morgan gan John Davies a Richard Parry ym 1620, a'r argraffiad hwnnw, fwy neu lai, yw'r Beibl a ddefnyddir gennym heddiw.

Er i'r dyneiddwyr Cymreig sicrhau lle priodol i'r Ysgrythurau fel coron y ddysgeidiaeth newydd, digon prin fu'r cynnyrch yn y maes rhyddieithol. Er bod y deunydd wedi amlhau ar ôl 1588, canolbwyntio ar bynciau crefyddol a wnâi'r rhan fwyaf o awduron. Fwyfwy galwadau ysbrydol y genedl a gâi'r flaenoriaeth bennaf, ac anodd peidio â chredu bod sêl y dyneiddwyr dros grefydd ac iaith yn fwy na'u parch at ddysg amlochrog. Dylifai llyfrau ar bob pwnc dan haul o'r wasg yn Lloegr, ond ni chafwyd dim yn Gymraeg ar y gyfraith, seryddiaeth, gwyddoniaeth, alcemeg a mathemateg. Pur dlodaidd oedd swm y cynnyrch Cymraeg. Cyhoeddwyd 54 o lyfrau Saesneg yn Lloegr ym 1500, ac erbyn 1550 yr oedd y nifer wedi codi i 214, ac yn parhau i gynyddu bob blwyddyn. Ond, yn ôl y cofnodion sydd ar glawr, dim ond oddeutu 30 o lyfrau Cymraeg a gyhoeddwyd trwy gydol yr unfed ganrif ar bymtheg. Methwyd â chreu'r un cyffro llenyddol ag a geid yn Ewrop, a'r siom fwyaf oedd na chafwyd cyfieithiadau o'r clasuron Groeg a Lladin. Tameidiau mân yn unig a droswyd. Cyfieithodd Siôn ap Hywel ab Owain o Eifionydd ran o lyfr cyntaf y *Rhetorica ad Herennium* gan Cicero. Troswyd rhan o *De Senectute* Cicero gan Gruffydd Robert o Filan. A bu rhyw ŵr anhysbys yn gyfrifol am gyfieithu darn byr o *De Remediis Fortuitorum Liber* gan Seneca Ieuaf. O fwrw golwg dros gynnyrch rhyddieithol oes y Dadeni, hawdd gweld i uchelgais a chyraeddiadau'r dyneiddwyr fod yn fwy na'r hyn a gyflawnwyd ganddynt.

Barddoniaeth Gymraeg

Ar hyd yr Oesoedd Canol, y traddodiad barddol fu prif gonglfaen y diwylliant Cymraeg, ond daeth oes aur y Cywyddwyr clasurol i ben wedi marwolaeth Wiliam Llŷn ym 1580. Wedi chwarter cyntaf yr unfed ganrif ar bymtheg, yr oedd yr hen gelfyddyd farddol ar y goriwaered. Dihoeni a dirywio a wnâi canu'r beirdd proffesiynol: rhygnent yn ddieneiniad ar yr un hen themâu, a mydryddid achau hyd at ddiflastod ym mhob awdl a chywydd. Trefnwyd dwy eisteddfod i'w cynnal yng Nghaerwys, y gyntaf ym 1523 a'r ail, yn unol â gorchymyn Elisabeth I ei hun, ym 1567, i raddio ac i ddiogelu statws y beirdd haeddiannol ac i osod gwell trefn ar gyfundrefn y beirdd. Yn ail eisteddfod Caerwys, enillwyd gradd pencerdd gan bedwar o gywyddwyr, tri ohonynt yn ffigurau pwysig, sef Wiliam Llŷn, Owain Gwynedd a Simwnt Fychan. Yr oedd chwyddiant ariannol yn carlamu o'r 1540au ymlaen, ac yn profi'n andwyol i'r traddodiad o noddi bardd. Yn raddol, diflannodd yr hen arfer o groesawu gwŷr wrth gerdd ym mhlasau'r boneddigion. Fel yr ymseisnigai'r boneddigion, lleihâi cylch clera'r beirdd. Ar ben hynny, yr oedd rhai'n dechrau blino ar yr hen ganu caeth ac yn gweld mwy o ragoriaeth yn y canu rhydd, y penillion telyn a'r baledi. Digon anystwyth a chlogyrnaidd oedd y canu rhydd fel arfer, ond yr oedd ynddo stôr o ysgafnder a digrifwch i blesio gwrandawyr a darllenwyr fel ei gilydd. Barddoniaeth seml ydoedd yn y bôn, ond bu'n gyfrwng hylaw iawn i ddiwygwyr crefyddol â'u bryd ar gyrraedd clust a chalon eu cydwladwyr. Drwy ymwadu â'r canu caeth yr enillodd Edmwnd Prys a Rhys Prichard eu poblogrwydd ymysg gwerin bobl, yr Archddiacon drwy ei Salmau Cân a'r Hen Ficer drwy ei benillion moesol. Drwy'r canu rhydd y câi'r 'bobl annhechnennig', chwedl Gruffydd Robert, eu hyfforddiant a'u diddanwch.

Siom fawr i'r dyneiddwyr oedd gweld y beirdd yn parhau i lunio awdlau a chywyddau mewn dull mor ddiantur a pheiriannol. Nid oeddynt am i'r beirdd ymwadu'n llwyr â thraddodiadau'r Oesoedd Canol, ond carent eu gweld yn wynebu'r ffaith fod amgylchiadau cymdeithasol wedi newid, a bod dysgeidiaeth newydd wrth law i'w galluogi i adfer eu hoen. Oni wynebai'r beirdd her y Dadeni, ni allent gynysgaeddu eu crefft ag ysbryd newydd. Galwai'r dyneiddwyr ar y beirdd i ymwadu â chelwydd a gweniaith, ac i ganu dysg. Mawr oedd y cwyno arnynt am roi 'mawl i Siac mal i Siôn'. Anesmwythai Gruffydd Robert wrth ddarllen 'y celwydd, gweniaith a'r serthedd' a genid gan brydyddion di-ddysg gerbron coegfonedd anhaeddiannol. Credai Siôn Dafydd Rhys y dylai pob bardd â mymryn o gydwybod ganddo ymgroesi rhag mydryddu anwiredd neu ganu mawl yn wenieithus. Ond, i fod yn deg â'r beirdd, dylid cofio mai llunio cerddi yn unol â dymuniadau eu noddwyr a wnaent. Mewn oes pan oedd chwyddiant ariannol yn peri bod nawdd yn brinnach, dim ond bardd dewr iawn a fuasai'n

125

dweud y gwir plaen yng ngŵydd y sawl a dalai am ei fara. 'Cân di bennill mwyn i'th nain, fe gân dy nain i tithau'.

'Cenwch ddysg' oedd ail anogaeth y dyneiddwyr i'r beirdd. Carent weld ysgolheigion Ewrop yn rhyfeddu at odidowgrwydd dysg beirdd Cymru, ac yn eu cydnabod fel 'gwŷr cyfanddysg' a 'phrydyddion uchelfraint'. Galwai Gruffydd Robert arnynt i ganolbwyntio'u hegnïon ar gynhyrchu arwrgerddi o fri ac ar efelychu beirdd pennaf yr hen fyd. Cynrychioli teithi meddwl yr ysgolhaig amlochrog ei ddysg a wnâi Gruffydd Robert, ond ni chafodd wrandawiad gan feirdd Cymru gan nad yw'n debygol i nemor ohonynt weld ei Ramadeg. Eto i gyd, ceid rhai eithriadau ymhlith y beirdd. Ymddengys fod Gruffudd Hiraethog o dan ddylanwad ei gyfaill, William Salesbury. Brodor o Langollen oedd y bardd bach hwn, ac fe'i cyfrifid yn ei ddydd yn feistr ar ddysg y penceirddiaid. Traddodiadol oedd ei ganu, ond bu'n athro i do o feirdd nodedig, megis Simwnt Fychan, Wiliam Cynwal a Wiliam Llŷn. Cyflawnodd gymwynasau gwiw: tybir iddo osod trefn ar y Pum Llyfr Cerddwriaeth, lluniodd gasgliad o ddiarhebion, ynghyd â Geiriadur. Hefyd, ysgrifennodd lyfryn o'r enw, *Lloegr Drigiant Ddifyrrwch Brytanaidd Gymro,* lle ceir ei gasgliad o ddiarhebion, ynghyd â detholiad o fanion at wasanaeth boneddigion alltud. Yn wir, y mae Gruffudd Hiraethog yn deilwng o'i ddisgrifio'n 'seren fore dyneiddiaeth yng Nghymru'.

Anogwyd y beirdd hefyd gan William Salesbury i addurno'u gwaith â throadau a ffigurau ymadrodd. Credai Vives fod rhethreg yn 'angenrheidiol i bob safle mewn bywyd', a barnai William Salesbury mai dyma'r gelfyddyd a ddygai ymwared i'r beirdd rhag eu hundonedd. 'Pwy a ddichon ddeall yr ysgrythur lân, hon yw ymborth yr enaid, heb wybodaeth o'r gelfyddyd hon?' gofynnai Henri Perri yn ei lawlyfr *Egluryn Phraethineb* ym 1595.

Yr argymhelliad olaf i'r beirdd oedd y dylent ddwyn dirgelion eu crefft i olau dydd. Fel gwŷr chwilfrydig ac ymchwilgar, barnai'r dyneiddwyr mai rhywbeth i'w ddwyn i'r golau oedd diwylliant, nid i'w guddio dan lestr. Nid oedd ganddynt yr un amheuaeth na allai'r beirdd drwy ddefnyddio'r argraffwasg ddyrchafu bri eu crefft, a'i dwyn i sylw dysgedigion. Oni wnaent hyn, ni fyddai yn y diwedd, yn ôl Siôn Dafydd Rhys, 'gelfyddyd yn eu plith, na dyn celfydd a fai gwiw sôn amdano'. Ond ofnai'r beirdd y byddai'r gair printiedig yn tanseilio cyfrinach eu celfyddyd, ac yn peryglu eu bywoliaeth. Eu hymateb naturiol i bob galwad am arbrawf a diwygio oedd claddu eu pennau fel estrys yn y tywod. Bu eu hymlyniad slafaidd wrth yr hen ddulliau'n ofid i'r dyneiddwyr. Ac nid peth hawdd fuasai iddynt ennyn sylw'r beirdd. Nid yw'n debyg fod llawer o gopïau o Ramadeg Gruffydd Robert wedi cyrraedd Cymru, ac ni sylweddolodd odid neb beth oedd ei fwriad nac ychwaith beth oedd arwyddocâd ei waith. Cyhoeddodd Siôn Dafydd Rhys—'yr enwocaf a'r dysgedicaf o ddynion', chwedl William Camden—Ramadeg yn Lladin ym 1592 yn cynnwys manylion ynghylch cerdd dafod. Lluniodd Wiliam Midleton *Bardhoniaeth, neu brydydhiaeth* ym 1594, sef llawlyfr yn ymdrin â hanfodion cerdd dafod at wasanaeth lleygwyr deallus. Ei nod oedd gweld canu'r beirdd yn troi'n ddifyrrwch i'w gydfoneddigion, yn hytrach na bod y gelfyddyd yn parhau'n gyfrinach.

Ond er gwaethaf ymdrechion y dyneiddwyr, ni lwyddwyd i lusgo'r beirdd allan o'u rhigolau traddodiadol. Dilyn gwaith y beirdd Cymraeg clasurol oedd y ffasiwn, ac ni cheisiwyd cyfoethogi'r traddodiad hwnnw drwy fabwysiadu dulliau newydd o ganu. Gwelir natur y gwrthdrawiad rhwng yr hen ddysg farddol a'r ddysg newydd yn yr ymryson enwog rhwng y dyneiddiwr, Edmwnd Prys, a'r pencerdd, Wiliam Cynwal. Cynrychiolai Prys ddysg y Dadeni a'r prifysgolion, tra cynrychiolai Cynwal ddysg yr hen draddodiad barddol. Rhwng 1580 a 1587, lluniasant rhyngddynt 54 o gywyddau yn ymryson â'i gilydd, tua phum mil a hanner o linellau. Anogai Prys ei wrthwynebydd i 'ganu dysg' ac i lunio cerddi duwiol, ysgrythurol:

> Rhaid i fardd, rhuad ferwddawn,
> Wrth ddysg o gwnâi araith iawn.

Syniad canoloesol a oedd gan Cynwal ynglŷn â swyddogaeth bardd, ac ni chydnabyddai hawl Prys i fentro barn nac i ymhonni fel bardd. 'Bardd wyf . . . offeiriad wyd' oedd ei ddadl ef, ac felly nid oedd gan Prys unrhyw hawl i'w ystyried ei hun yn fardd. Ni fedrai Cynwal a'i fath ymdeimlo o gwbl â'r cyfoeth o ddiwylliant a oedd yn ymhlyg yn y Dadeni.

Yn y cyfamser, parhau i edwino a wnâi'r gyfundrefn nawdd. Synhwyrai'r beirdd fod rhai o'r 'tai teg' yn pallu yn eu swcwr, a bod rhai o'r boneddigion a ddylai noddi yn cefnu ar y Gymraeg:

> Aeth Cymru'n Seisnig, felly y digiais
> Iaith ddiwan eglur aeth yn oglais.

Ni ddarfu am nawdd i fardd ym mhob man: yr oedd teuluoedd bonheddig, megis rhai Maesyneuadd a Than-y-bwlch ym

127

Meirionnydd, yn parhau i groesawu beirdd yn y dull traddodiadol mor ddiweddar â chanol y ddeunawfed ganrif. Ond, at ei gilydd, erbyn canol yr ail ganrif ar bymtheg ni theimlai'r beirdd eu bod yn rhan hanfodol o'r gymdeithas mwyach. 'Nid yw'r byd hwn gyda'r beirdd' oedd cŵyn Edward Dafydd o Fargam ym 1655. Ym 1647, dywedodd Wiliam Bodwrda mewn llythyr at Siôn Cain fod hyd yn oed 'celfyddyd ganmoladwy' yr arwyddfardd wedi 'pallu a myned ar goll'. Erbyn blwyddyn yr Adferiad ym 1660, yr oedd cyfnod y penceirddiaid a'r dyneiddwyr fel ei gilydd wedi darfod.

Hanes Cymru

Yn ystod yr Oesoedd Canol, y cronicl oedd prif gyfrwng haneswyr Cymru. Cyfres o ddarluniau oedd hanes, yn eu tyb hwy, â Rhagluniaeth megis cefnlun i'r holl ddrama. Pwrpas pennaf hanes oedd dysgu mai Duw a lywiai hynt a helynt dynolryw. Yn ôl y beirdd,

> Ni fynno Duw ni lwydd,
> A fynno fo'n y tro a fydd,
> A'r hyn ni fynno ni bydd.

Yn sgîl y Dadeni, daeth newid gogwydd mewn cylchoedd dysgedig. Un o ddarganfyddiadau mawr haneswyr oes y Dadeni oedd sylweddoli bod heddiw yn dra gwahanol i ddoe. Nid da ganddynt oedd yr hen arfer o bentyrru ffeithiau blith draphlith heb unrhyw gais i'w beirniadu a'u dadansoddi. Petrusent yn fawr hefyd ynghylch priodoli pob digwyddiad yn y gorffennol i ymyrraeth yr Hollalluog a threfn Rhagluniaeth. Yr oedd yn rheidrwydd arnynt i ailystyried y dull o ysgrifennu hanes, oherwydd trigent mewn oes o ddarganfod bydoedd newydd, o ehangu gorwelion, o ymhyfrydu yn y greadigaeth allanol a diriaethol, ac o dwf yr wyddor wyddonol. Rhoddid pwyslais aruthrol mwyach ar ddarganfod y gwirionedd am y gorffennol; gwireb Cicero—*lux veritatis*—oedd eu hoff arwyddair. Gwelid symud pwyslais o'r gogwydd rhagluniaethol i achosion seciwlar. Nid maint a hyd stori a oedd yn bwysig bellach, ond ansawdd y dadansoddi a dilysrwydd y ffeithiau. Camp yr hanesydd oedd beirniadu'r gorffennol a'i gloriannu'n ddiragfarn.

Y peth cyntaf i'w ddweud am ddylanwad gwyddor hanes y dyneiddwyr ar Gymru yw ei bod wedi ysgogi llawer mwy o bobl i fwrw ati â brwdfrydedd eiddgar i ymchwilio i'r gorffennol. Canolbwyntient eu hegnïon ar dri maes: y myth a ymgorfforwyd yn

128

llyfr Sieffre o Fynwy, *Historia Regum Britanniae* (1136); y gred fod Joseff o Arimathea wedi sefydlu eglwys apostolaidd bur yng Nghymru yn ystod y ganrif gyntaf; a'r diddordeb newydd mewn hanes lleol a hynafiaethau. Ni bu arwrgerdd fwy poblogaidd drwy gydol yr Oesoedd Canol na gwaith Sieffre o Fynwy. Ynddo, câi'r sawl a fynnai wybod am hanes cynnar Prydain a'r gorffennol Brytanaidd beth wmbredd o ffeithiau a storïau wedi'u mynegi â lliw, dychymyg a chyffro. Ar un olwg, pasiant yn ymwneud â gorchestion gwŷr glew megis Brutus, Gwrtheyrn, Myrddin ac Arthur yw'r *Historia,* ond ceir ynddo hefyd fynegiant o'r prif fythau a draethwyd mor aml yng Nghymru ar hyd yr Oesoedd Canol: sef y syniad o undod Ynys Prydain dan un goron; yr ymwybyddiaeth o gwymp ac o gaethiwed; a'r gobaith am waredigaeth ac am adfer yr hen oruchafiaeth dros Brydain oll. Enillodd chwedlau a phroffwydoliaethau Sieffre le cynnes yng nghalonnau'r Cymry. O'u darllen, dysgent am eu tras glasurol, gorchestion eu harwyr a brad y Saeson. Porthai Sieffre eu balchder a'u dyheadau cenedlaethol, yn enwedig ar awr o gyfyngder neu yn y dydd blin. Gwyddent fod ganddynt fel cenedl yr un urddas ag a berthynai gynt i'r Groegiaid a'r Rhufeiniaid.

Fe wyddom heddiw mai ffug-hanes yw llyfr Sieffre, ond ychydig iawn o bobl yn ystod yr Oesoedd Canol a feiddiodd ei alw'n gelwyddgi. Tystia'r llu o gopïau mewn llawysgrifau o'r *Historia* i boblogrwydd yr hanes ac i'w le canolog yn ymwybyddiaeth y genedl o'i hen hanes. Ond yn ystod oes y Tuduriaid dechreuwyd ymosod yn ddifrifol ar ddilysrwydd Sieffre. Yr ergydiwr mwyaf dylanwadol oedd Polydore Vergil, Eidalwr chwim ei feddwl a brathog ei dafod. Yn ei *Anglica Historia* (1534), honnodd Vergil, mai 'potes feiddgar' o hud a lledrith oedd chwedl Sieffre. Cafodd ei lyfr dderbyniad mawr yn llys Harri VIII, ond buan y gwelodd cefnogwyr y Tuduriaid fod yr Eidalwr rhyfygus wedi dilorni tras anrhydeddus y frenhiniaeth Duduraidd. Ni fynnai John Leland a John Bale adael llonydd i un estron danseilio'r traddodiadau anrhydeddus am Brutus ac Arthur. Nid oedd y Cymry heb eu gofidiau ychwaith, oherwydd yr oedd Vergil, drwy ddirmygu tras a chymeriad y genedl, wedi dryllio un o ddelwau aur hanesyddiaeth Gymreig. Yn ffodus, yr oedd ganddynt wladgarwyr dysgedig i unioni'r cam, gwŷr a oedd, yng ngeiriau William Camden, 'yn nodedig am eu cynnydd meddyliol o dan y breintiau newydd a oedd wedi cael eu hestyn iddynt'.

129

Un o'r Cymry uchaf ei barch mewn cylchoedd gweinyddol a dysgedig oedd Syr John Prise, a lleisio edmygedd ei gyfoeswyr a wnaeth Gruffudd Hiraethog pan ganodd amdano fel hyn:

Gwreiddyn dysg, arwyddion da,
Od oes gwraidd dysg er Adda.
Cronicl a phob carennydd,
Cofwys wyd o'r cyfa sydd.

Cythruddwyd Syr John Prise i'r byw gan ymosodiad Polydore Vergil, ac mewn amddiffyniad gwaraidd a thrylwyr o'r Brut—*Historiae Brytannicae Defensio* (1573)—haerodd fod yr Eidalwr yn gwbl anghymwys i ddatgan barn ar y pwnc am na feddai wybodaeth o'r iaith Gymraeg. Ni fedrai Humphrey Llwyd, 'gŵr lluosowgddysg' o Ddinbych ac un o sêr disgleiriaf y Dadeni yng Nghymru, droi'n 'glustfyddar i glochdar croch gelynion yr 'Hanes Prydeinig'. Ni fynnai adael i ddilornwyr maleisus wawdio tras ogoneddus ei genedl, ac yn ei *Commentarioli Britannicae Descriptionis Fragmentum* (1572) ymosododd yn chwyrn ar Polydore Vergil a Hector Boece am amau dilysrwydd Sieffre. Prif ddiffyg yr ymosodwyr hyn, meddai, oedd na feddent 'unrhyw wybodaeth o'r iaith Brydeinig . . . na ellir hebddi ddeall yn llwyr hyd yn oed enw'r ynys'. Ar sail traethodau Lladin Humphrey Llwyd, lluniodd David Powel, ysgolhaig gwybodus o Riwabon, ei *Historie of Cambria* ym 1584. Balchder gwlatgar a ysgogodd Powel, yntau, ac nid yw ei gyfrol ef ar brydiau yn ddim byd mwy nag ymgais i wyngalchu'r Cymry drwy glodfori eu campau ac anwybyddu eu gwendidau. Glynodd yn dynn wrth chwedlau Sieffre, gan dystio'n groyw i wirionedd yr hanes, a chan annog pob amheuwr i 'gau ei geg gelwyddog'. Bu gwaith Powel yn Feibl i haneswyr Cymru hyd ddiwedd y ganrif ddiwethaf, a gellir priodoli hirhoedledd chwedlau Sieffre yng Nghymru i'w ddylanwad ef.

Er gwaethaf ymdrechion brwd y gwladgarwyr hyn, dioddefodd yr 'hanes Prydeinig' ergyd drom ym 1586 pan amheuwyd dilysrwydd Sieffre gan brif hynafiaethydd yr oes, William Camden. Yr oedd cyhoeddi ei gampwaith *Britannia* yn y flwyddyn honno yn ddigwyddiad o bwys yn hanes efrydiau dyneiddiol, a gwyddai amddiffynwyr y Brut fod tawedogrwydd Camden ar y pwnc yn collfarnu'r traddodiad. Cafodd llyfr Camden dderbyniad ffafriol yn Lloegr, ac ymesgusodi rywsut a wnâi ysgolheigion Lloegr wrth grybwyll enw Sieffre o hynny ymlaen. Ond ni phylwyd eiddgarwch gwladgarol y Cymry. Lluniodd Ifan Llwyd ap Dafydd o

Nantmynach, Dinas Mawddwy, *Gronicl Cymraeg* i brofi, ymhlith pethau eraill, mai 'o oruchel fonedd Troia' y tarddai'r Cymry. Ym 1597, ysgrifennodd Siôn Dafydd Rhys draethawd maith yn achub cam Sieffre o Fynwy. 'Yr ydym ni yn meddiannu yr ynys hon o'u blaen hwy (h.y. y Saeson)', meddai Rowland Vaughan, Caer-gai, ym 1629, 'er bod Camden a'i au athrawiaeth ddysgedig a llawer o ddisgyblion iddo yn gwadu Brutus'. Diolch i'r beirdd, treiddiai syniadau Sieffre i ymwybyddiaeth Cymry distadl. Clywir adlais o'r hen ganu brudiol ym mhennill Ellis ab Ellis o Landrillo:

> Pob Sais ystyried cyn diystyru
> nad oedd fe gynt ond gwas ir Cymru
> Ag mae trwy frad a thwyllo ei feister
> yng ngwydd ei lygaid y Cadd Loeger.

Mewn cerdd yn adrodd *Hanes y Cymru* ar y dôn 'Prince Rupert', dangosodd Matthew Owen o Langar mai 'twyll a brad' y Saeson a ddygodd ymaith arglwyddiaeth y Cymry ar yr ynys hon:

> Bu bum ugain brenin on nasiwn ni yn hun
> oedd gryfion ir goron heb unon bob un
> o hil Brutus bwnllus bur
> cyn dyfod saeson soriant sur
> i lyfodraethu ymusg ein gwur.

Eto i gyd, tra gwrthodedig oedd dehongliad Sieffre mewn cylchoedd dysgedig erbyn canol yr ail ganrif ar bymtheg. Nid oedd ysgolheigion Lloegr yn barod i roi unrhyw goel ar stori Sieffre fel darn o hanes awdurdodol. Yr oedd hyd yn oed rai o amddiffynwyr selocaf Sieffre yng Nghymru yn mynegi pryderon. Bu raid i Robert Vaughan, Hengwrt, ddwrdio'i gefnder, Rowland Vaughan, Caergai, yn ystod y 1650au am feiddio dweud mai dychymyg Sieffre a roes fod i'r hanesion am Brutus. Yr oedd y ffaith fod cred Cymro twymgalon yn siglo yn ârwydd o'r newid gogwydd ymhlith ysgolheigion. Erbyn oes yr Adferiad, nid Rowland Vaughan fyddai'r unig anghredadun ymhlith y Cymry.

Gwedd grefyddol oedd i'r ail fyth a grewyd gan haneswyr Cymru. Yr oedd apêl at hanes yn rhan o'r Diwygiad Protestannaidd, oherwydd ni fedrai selogion y Grefydd Ddiwygiedig osgoi'r her iddynt brofi hynafiaeth eu ffydd a dinoethi gwegi Pabyddiaeth. Rhaid oedd paratoi ateb terfynol i gwestiwn pigog y Pabyddion: 'ymhle'r oedd eich eglwys chi cyn dyfod Luther?' Yr oedd diddordeb mawr yn hanes bore'r eglwys ym Mhrydain, a dadleuai John Bale, William Tyndale ac eraill fod llewyrch mawr ar yr eglwys Brotestannaidd gynnar yn yr ynys hon cyn i ddrygau Pabyddiaeth ei llychwino. Gwisgwyd y ddadl honno mewn dillad Cymreig gan William Salesbury yn *Oll Synnwyr pen* (1547) a chan Humphrey Llwyd yn ei *Cronica Walliae* oddeutu 1559. Ond cafwyd y mynegiant llawnaf o'r ddamcaniaeth yn yr 'Epistol at y Cembru', sef y rhagymadrodd a luniwyd gan yr Esgob Richard Davies i'r Testament Newydd Cymraeg ym 1567. Byrdwn dadl Richard Davies oedd fod Protestaniaeth yr unfed ganrif ar bymtheg yn seiliedig ar grefydd yr hen Frythoniaid. Dysgodd am 'urddas, parch ac anrhydedd bydol' ei hynafiaid ac am y Gristnogaeth lân a harddai eu defosiwn. Credai mai Joseff o Arimathea a ddygodd Gristnogaeth i'r wlad hon. Sefydlwyd eglwys apostolaidd bur a fu'n ddigon grymus i wrthsefyll erledigaethau ymerodraeth baganaidd Rhufain a chynllwynion ystrywgar Pelagius. Ond yn y chweched ganrif, ducpwyd crefydd lygredig Rhufain i Brydain gan Awstin Fynach. Plygodd y Saeson yn llipa, ond nid ildiodd y Cymry nes i'r dwrn dur eu gorfodi 'i gytuno â ffydd y Saeson'. O'r cyfnod hwnnw hyd wawr Protestaniaeth yn yr unfed ganrif ar bymtheg, bu'n genfaint nos ar y Cymry. Fe'u caethiwyd gan awdurdod haearnaidd y Babaeth. Ond bellach daeth cyfle eto iddynt alw i gof eu 'hen fraint', sef y grefydd bur a ddaethai i Gymru 'o flaen ynysoedd y byd'. Honnai Richard Davies mai ailflodeuad yr Hen Ffydd anrhydeddus oedd Protestaniaeth: nid newydd-beth di-sail ydoedd, ond 'dy hen gyfaill'. Nid 'ffydd Saeson' ydoedd ychwaith, ond adferiad o'r hen grefydd frodorol—'crefydd ddilwgr, crystnogaeth bur, a ffydd ffrwythlon ddiofer'—a fu'n harddu eglwysi'r hen Frythoniaid. Mewn geiriau eraill, crefydd Rhufain oedd crefydd y Saeson, crefydd Brotestannaidd oedd crefydd y Cymry. Nid ceisio ystumio hanes a wnâi Richard Davies: fe'i cyfareddwyd gan y ddamcaniaeth, a chredai'n ffyddiog ynddi. Gwyddai beth oedd gwir anghenion ysbrydol yr oes, ac yr oedd yn barod i ddefnyddio pob erfyn wrth law i hyrwyddo achos y Grefydd Ddiwygiedig. Cafodd yr 'Epistol' ddylanwad mawr ar feddylfryd haneswyr a llenorion Cymru am ganrifoedd.

Y trydydd maes astudiaeth oedd hanes a hynafiaethau lleol. Nid ymgeintach ac ymgyfreithio oedd unig ddifyrrwch gwŷr bonheddig erbyn oes Elisabeth: yr oedd awydd brwd yn eu plith i gasglu achau eu teuluoedd ac i ymchwilio ymhlith dogfennau a chofnodion hanesyddol. Enghraifft wych o'r gŵr bonheddig a ymddiddorai yn hanes ei sir a'i wlad oedd Syr Edward Stradling o Sain Dunwyd. Cymerai ddiddordeb yn nysg y penceirddiaid, talodd am argraffu 1,250 o gopïau o Ramadeg Siôn Dafydd Rhys ym 1592, ac yr oedd ei lyfrgell yn gyforiog o drysorau yn ymwneud â hanes Cymru. Lluniodd Stradling ddisgrifiad o arglwyddiaeth Morgannwg, hanes y Goresgyniad Normanaidd, achau'r marchogion Normanaidd ac achau ei deulu ei hun. Yr un ysfa am gofnodi gorchestion ei hynafiaid a ysgogodd Syr John Wynn o Wedir i ysgrifennu ei *History of the Gwydir Family*. Coethach o dipyn oedd y gwaith a gwblhawyd gan wŷr hyddysg yn y grefft o asio hânes a daearyddiaeth, sef *chorographia*. Galwai'r wyddor hon am grebwyll hynafiaethol a sylwgarwch synhwyrus, ac fe'i ceir yn nhraethawd Humphrey Llwyd ar Fôn, *De Mona Druidum Insulâ*, truth a anfonwyd at y daearyddwr enwog, Ortelius, ym 1568. Yn ei *Booke of Glamorganshires Antiquities* (1578), rhoes Rhys Amheurug sylw arbennig i olion materol a nodweddion daearyddol ynghyd â hanes ei sir a'i phobl. Bu *Britannia* William Camden yn symbyliad i Robert Vaughan, Hengwrt, i lunio *Disgrifiad o Feirionnydd,* ac yr oedd perchennog llyfrgell odidog yr Hengwrt yn ffodus fod ganddo nid yn unig gasgliad dihafal o lawysgrifau ond hefyd wybodaeth drylwyr o'i gynefin.

Er gloywed doniau'r haneswyr hyn, nid oes amheuaeth nad yr hanesydd lleol gorau a fagwyd yng Nghymru yn ystod oes y Dadeni oedd George Owen, mab i gyfreithiwr llwyddiannus o'r Henllys ym mhlwyf Nyfer yn sir Benfro. Y mae ei waith unigryw ar sir Benfro—*The Description of Penbrokshire* (c.1603)—yn ei osod ochr yn ochr â hynafiaethwyr mawr megis Lambarde, Carew a Norden. At hynny, cwblhaodd *The Description of Wales* ym 1602, a nifer o draethodau beirniadol ar natur llywodraeth yng Nghymru. Hanesydd o'r iawn ryw oedd Owen, ac ymdaflai i'w waith â brwdfrydedd a sêl. Treuliodd oes gyfan bron yn darganfod hen olion, yn astudio nodweddion daearyddol a daearegol, yn copïo arysgrifau mewn eglwysi a mynwentydd, ac yn rhestru plasau a thai. Âi at lygad y ffynnon er mwyn medru gwahaniaethu rhwng y ffynonellau dilys a'r rhai di-fudd. O ganlyniad, adwaenai ei ranbarth fel cledr ei law, ac nid oedd ddim na wyddai am hanes ardal Cemais. Teithiai gryn bellter i gopïo a chofnodi deunydd mewn llawysgrifau prin, casglai wybodaeth am herodraeth ac achyddiaeth drwy sgwrsio â Lewys Dwnn, Twm Siôn Cati a George William Griffith, yr hynafiaethwr o Benybenglog, a rhoddai'r wybodaeth a gasglai ynghyd mewn cyfrolau trwchus. Ond nid cofnodi'n foel a wnâi: byddai'n dadelfennu ei ddeunydd yn gelfydd ac yn saernïo disgrifiadau gwir gofiadwy o rai o arferion a nodweddion trigolion ei gynefin. Heb lafur George Owen, tenau iawn fuasai'n gwybodaeth am deithi meddwl y Cymry yn ystod yr oes Duduraidd.

Er gwaethaf ymdrechion yr haneswyr hyn, rhaid cyfaddef fod hanesyddiaeth Gymreig yn llusgo ymhell y tu ôl i'r safon a osodwyd gan haneswyr y Dadeni. Croeso llugoer iawn a gafodd ysbryd beirniadol y ddyneiddiaeth newydd ymhlith haneswyr Cymru. Fel y gwelsom, ysgogwyd y rhan fwyaf ohonynt gan yr hyn a alwodd Camden yn 'hoffter selog at eu mamwlad'. Dichon y gellir esbonio'r awydd i anrhydeddu eu cenedl ac i feithrin yr hen etifeddiaeth drwy gofio fod hwn yn gyfnod pan oedd Cymru'n prysur ymdoddi i mewn i Loegr ac yn colli llawer agwedd ar ei chenedligrwydd. Nid yn ysgafn y gosodai'r Cymry heibio'r dreftadaeth anrhydeddus a ddarluniwyd gan Sieffre o Fynwy. 'Cariad at fy ngwlad ac at ein hynafiaid sy'n fy ngyrru ymlaen,' meddai Robert Vaughan, Hengwrt, wrth Syr John Vaughan, Trawsgoed. At hynny, rhaid cofio bod haneswyr Cymru yn amddifad o'r cyfleusterau hanfodol i ymchwilio i'r gorffennol. Casglu llwch yng Nghaernarfon a Chaerfyrddin a wnâi dogfennau yn ymwneud â gweinyddiaeth y wlad, ac yr oedd y rhan fwyaf o'r llawysgrifau Cymraeg pwysicaf wedi'u cloi yn llyfrgelloedd preifat gwŷr bonheddig. Fel y gwelsom, dim ond llond dwrn o haneswyr yng Nghymru a aeth i'r afael â rhai o syniadau'r dyneiddwyr ynglŷn â sut i ysgrifennu hanes. Haws gan y mwyafrif oedd casglu deunydd yn hytrach na'i ddadansoddi. Swm y ffeithiau oedd y peth pwysig yn eu tyb hwy; holi 'beth?' a 'phryd?' a wnaent am y gorffennol a nemor fyth 'paham?' Nid oeddynt wedi dysgu'r grefft o drin a thrafod ffeithiau, o brofi ffynonellau, o ddethol yn ofalus, ac o wrthod hen chwedlau a dynnid, yn ôl Morris Kyffin, 'allan o lyfr y Myneich celwyddog gynt, yr hyn a elwid *Legenda Aurea,* ag a ellir ei alw Traethawd y Celwyddau'. Yr unig elfen a roddai rywfaint o batrwm i'w dehongliad o'r gorffennol oedd ymyrraeth Rhagluniaeth. Yn null yr hen groniclwyr, dalient i gredu bod ffyddlondeb i Dduw yn esgor ar lwyddiant, tra dygai anffyddlondeb ddinistr a gwae yn ei sgîl. Ar y llaw arall, nid oedd ball ar eu hegni. Lloffai hynafiaethwyr megis John Jones, Gellilyfdy a Robert Vaughan, Hengwrt, yn drachwantus mewn hen groniclau, siartrau a llawysgrifau, ac yr oedd astudio a llunio achau yn un o'u prif ddiddordebau. Yn wir, heb eu gweithgarwch hwy buasai llawer o brif drysorau'r Oesoedd Canol wedi mynd ar ddifancoll am byth. Serch hynny, y ffaith amdani yw na lwyddodd y dyneiddwyr i berswadio'r Cymry fod gwyddor hanes wedi newid, ac mai di-fudd oedd rhygnu hyd syrffed ar yr hen destunau. Erbyn canol yr ail ganrif ar bymtheg, yr oedd oes y Dadeni yng Nghymru wedi darfod. Methodd y dyneiddwyr â chreu'r un math o gynnwrf llenyddol ac ysbrydol yng Nghymru ag a welwyd yng ngwledydd eraill Gorllewin Ewrop. Eto i gyd, cafwyd peth llwyddiant. Drwy eu gwaith creadigol ac ymroddgar, ychwanegodd y dyneiddwyr yn fawr at dreftadaeth ddiwylliannol y genedl. Sicrhaesant fodd i'r Cymry addoli yn eu hiaith eu hunain. Bu eu gorwelion eang a'u hysgolheictod praff yn esiampl ddisglair i eraill. Yn wir, oni bai am lafur di-ball y dyneiddwyr buasai'n gwybodaeth am ddysg Gymraeg yn anhraethol dlotach. Ar y llaw arall, anodd peidio â chredu bod cyfle wedi ei golli. Tenau iawn yw'r corff o ryddiaith Gymraeg a gyhoeddwyd ganddynt, er ei odidoced. Cyfyng oedd rhychwant y pynciau a drafodwyd, ac yr oedd tri o bob pedwar llyfr Cymraeg a ddaeth o'r wasg yn llyfr crefyddol. Nid ymgymerwyd â'r dasg o gyfieithu'r clasuron Groeg a Lladin i'r Gymraeg, prin iawn oedd nifer y llyfrau'n ymdrin â beirniadaeth lenyddol, ac ni luniwyd yr un *Ars Poetica* ddyneiddiol. Troes y beirdd yn glustfyddar i gri'r dyneiddwyr. Nid oedd a fynnent â'r argraffwasg, a bu farw'r traddodiad barddol proffesiynol. Yn yr un modd, bu'r rhan fwyaf o haneswyr a hynafiaethwyr Cymru'n gyndyn i agor ffenestri eu meddyliau i dderbyn awelon iach y gogwydd rhesymegol a gwyddonol newydd.

Nid hwyrach fod hyn i gyd i'w ddisgwyl. Fe ellir, wrth gwrs, fwrw peth bai ar wŷr bonheddig a giliasai i Loegr a'r Cyfandir ar adeg pan oedd nawdd i ddiwylliant Cymraeg wedi mynd yn brin. Ond diffyg adnoddau a chyfleusterau ar ddaear Cymru oedd y maen tramgwydd pennaf a wynebai'r dyneiddwyr. Gweithredu mewn gwagle a wnaent, oherwydd nid oedd gan Gymru unrhyw sefydliadau cenedlaethol nac addysgol i gynnal delfryd y Dadeni. Yn niffyg Llys, prifysgol a phrifddinas, nid oedd unrhyw ganolfan lle gallai ysgolheigion o gyffelyb fryd ymgynnull i drafod pob agwedd ar fywyd llenyddol y genedl. Perthyn i fyd llysoedd moethus, dinasoedd poblog a golud llifeiriol a wnâi delfrydau'r Dadeni, ond ffederasiwn o gymdeithasau bach, yn seiliedig ar economi fugeiliol, oedd Cymru. Sut y gallai athroniaeth Castiglione am 'y Gŵr Llys' ffynnu yn y fath hinsawdd? Ar wahân i Abergwili neu ambell blas lleyg fel Lleweni neu Sain Dunwyd, anodd meddwl am ganolfannau yng Nghymru a oedd yn gyfaddas ar gyfer meithrin holl ysblander y Dadeni. Yn nannedd anawsterau cymdeithasol fel hyn y brwydrai'r dyneiddwyr, a bu'r her yn ormod iddynt.

VII PLANNU'R GREFYDD BROTESTANNAIDD

Ar noswyl yr Holl Saint, 31 Hydref 1517, hoeliodd Martin Luther ei naw deg pum gosodiad ar ddrws eglwys Wittenberg yn yr Almaen. Bu'r weithred honno'n un dyngedfennol o bwysig. Symbol ydoedd o wrthryfel Luther a'i ddilynwyr yn erbyn penarglwyddiaeth y Pab, llygredd yr Eglwys Babyddol a thywyllwch yr Oesoedd Canol. Ond yr oedd mwy na hynny yn ymhlyg yn y weithred: nid herio holl gyfundrefn eglwysig yr Oesoedd Canol oedd pennaf bwriad Luther, ond rhoi i'r eglwys seiliau newydd. Yr oedd tair elfen sylfaenol yn ei genadwri. Y gyntaf oedd awdurdod yr Ysgrythur. Nid y Pab mwyach oedd yr awdurdod terfynol, ond y Beibl. Yr oedd Protestaniaeth yn dystiolaeth i wirionedd yr Efengyl, sef bod Crist wedi dod i'r byd i achub pechaduriaid. Yn ail, cyhoeddodd mai drwy ffydd yng Nghrist y cymodir dyn pechadurus â Duw, ac nad oedd angen defodau a sacramentau allanol arno er mwyn cael ei achub. Ac yn drydydd, rhoddodd Luther bwyslais ar brofiad personol yr unigolyn o Dduw a'i hawl i farnu drosto'i hun. Nid oedd angen cyfryngwr ar ddyn: 'fe'n cysegrwyd ni oll,' meddai Luther, 'yn offeiriaid trwy fedydd, fel y dywed Sant Pedr—"chwychwi ydych frenhinol offeiriadaeth"'. Tanseiliai'r neges hon safle'r Eglwys Babyddol. Ar lafar ac mewn print bu'r hen drefn dan gabl gan y diwygwyr. Ymosodid ar wendid a llesgedd yr Eglwys, a darlunnid yr Oesoedd Canol mewn lliwiau eithriadol o dywyll. Haerid bod Protestaniaeth wedi ysgubo ymaith y tywyllwch hwn, a bod oes oleuedig newydd wedi gwawrio. Wrth reswm, peth cwbl naturiol a chymharol rwydd hefyd oedd cyhoeddi neges ddeniadol fel hon, ond tasg anos o lawer fyddai plannu'r Grefydd Ddiwygiedig yn naear gorllewin Ewrop. Ac wrth droi at yr ymgais hon yng Nghymru, buddiol fyddai cofio geiriau'r diwygiwr o Strassburg, Peter Martyr:

> Nid oes dim yn anos yn y byd na sefydlu Eglwys. Fel arfer, y mae'r meini'n rhai pŵl a garw, ac felly oni chânt eu llyfnhau a'u gloywi gan yr Ysbryd, y Gair, ac esiamplau o fuchedd sanctaidd, nid yw'n hawdd eu gosod ar ei gilydd.

Y Diwygiad Gwleidyddol

Nid fel canlyniad i argyfwng ysbrydol a phrofiad ysgytwol megis un Luther y daeth Protestaniaeth i Gymru. Ystyriaethau gwleidyddol a chymdeithasol a roes fod i'r Diwygiad yn y lle cyntaf, ac yr oedd grym statud gwlad y tu ôl i'r cyfnewidiadau. Ac eithrio Mari, bu plant Harri VIII o'i wraig gyntaf farw i gyd. Bu hynny'n siom aruthrol iddo, a honnodd fod melltith Duw arno am ei fod wedi priodi gwraig ei frawd. Mynnai ysgaru ei wraig, Catrin o Aragon, er mwyn bod yn rhydd i briodi Anne Boleyn. Gan nad oedd y Pab yn barod i roi caniatâd iddo i wneud hynny, torrodd y Brenin bob cysylltiad rhwng yr Eglwys yn Lloegr a Rhufain. Torrwyd y gadwyn honno ym 1533, ac yn y flwyddyn ganlynol cyhoeddodd y Ddeddf Oruchafiaeth mai'r Brenin mwyach a oedd yn ben ar Eglwys Loegr. Disgwyliai Harri i holl esgobion ac offeiriaid Cymru gydnabod mai ef oedd pennaeth yr Eglwys. Bu rhai unigolion dewr yn barod i herio'i ewyllys. Gwrthododd George de Athequa, esgob Llandaf er 1517, dyngu llw o ufudd-dod i'r Brenin. Yr oedd wedi ei gythruddo gan y driniaeth a ddioddefasai Catrin, a bu'n gweini i'w rheidiau ar ei gwely angau ym mis Ionawr 1536. Wedi iddi farw, cyhuddwyd Athequa gan y Brenin o esgeuluso'i ddyletswydd gan iddo wrthod distewi tafodau offeiriaid a oedd yn feirniadol o'r polisi brenhinol, a bu'n dda ganddo ddychwelyd i'w gynefin yn Sbaen. Honnodd Chapuys, llysgennad yr Ymerawdwr Siarl V, fod y Cymry'n 'ddig iawn' oherwydd y cam a wnaed â Catrin, ond go brin fod helyntion priodasol y Brenin yn corddi pennau llawer o bobl. Efallai fod nifer o offeiriaid yn barnu mai cablwr oedd y Brenin, ond gwyddent mai doethach peth oedd cadw'n ddistaw am y tro. Ambell waith, rhoent fynegiant i'w rhwystredigaeth: ym 1533, dywedodd William ap Llywelyn, offeiriad o sir Gaernarfon, y carai gydio yn y Brenin ar gopa'r Wyddfa a dyrnodio'i glustiau. Ond at ei gilydd, goddefgar iawn oedd yr esgobion a'r offeiriaid: cydymffurfiasant yn ufudd, gan wybod, fel y cyffesodd Syr Richard Bulkeley, y gallai'r Brenin neu Thomas Cromwell eu dinistrio 'â gair'.

Ond os oedd Harri VIII yn blysio am wraig newydd, yr oedd hefyd yn trachwantu golud y mynachlogydd. Yr oedd coffrau'r Brenin yn wag: gwariasai ei gyfoeth yn afrad ar faes y gad yn Ewrop, ac yr oedd angen arian arno er mwyn ad-drefnu'r llynges ac ailarfogi'r fyddin. Un dull o wneud hynny fyddai troi ffrydiau cyfoeth y mynachlogydd i'w felin ei hun. Yr oedd 47 o fynachlogydd a lleiandai yng Nghymru, a thua 246 o fynachod, lleianod a Brodyr yn ymgartrefu ynddynt. Ar gyfartaledd, yr oedd un fynachlog i bob ugain plwyf. Sefydliadau digon tlawd oeddynt: dim ond £3,178 oedd gwerth y mynachlogydd i gyd ym 1535, ac yr oedd mwy na'u hanner yn werth llai na £100 y flwyddyn. Urdd y Sistersiaid oedd y fwyaf cefnog, â thair mynachlog ar ddeg yn ennill incwm blynyddol o £1,487. Eisoes, yr oedd Thomas Cromwell wedi addo y gwnâi ef Harri VIII y tywysog cyfoethocaf yn holl wledydd Cred. Yn gynnar ym 1535, rhoes Cromwell gomisiynwyr ar waith i baratoi cyfrif manwl o holl eiddo a chyfoeth y mynachlogydd. Ffrwyth eu llafur hwy oedd y gofrestr enwog, y *Valor Ecclesiasticus* (1535). Trefnodd Cromwell ddirprwyaeth arall i ymweld â'r mynachlogydd a'r eglwysi cadeiriol i lunio adroddiad ar feddiannau, breiniau, rheolau, moes ac ymddygiad y sefydliadau hynny. Y prif ymwelwyr yng Nghymru oedd Dr John Vaughan, Dr Adam Becansaw, Richard Ingworth, esgob Dover, ac Ellis Price— yr enwog 'Ddoctor Coch' o Blas Iolyn. Nid oes fawr o amheuaeth nad chwilio am feiau oedd eu prif swyddogaeth. Ond cyn iddynt gwblhau eu comisiwn, yr oedd tynged pob mynachlog gwerth £200 a llai wedi'i benderfynu. Ym mis Chwefror 1536, deddfwyd eu diddymiad. Gohiriwyd tynged mynachlogydd Ystrad-fflur, Abaty Nedd a Hendy-gwyn-ar-daf am dair blynedd wedi iddynt brynu'r hawl i barhau am ennyd. Diddymwyd y lleill bob yn damaid. Dilewyd tai'r Brodyr cyn diwedd 1538, ac erbyn 1540 yr oedd haul holl fynachlogydd Cymru wedi machlud am y tro olaf. Prin y clywyd cyfarthiad ci yng Nghymru yn erbyn y weithred hon. Yn wir, canodd Lewys Morgannwg glodydd Harri VIII gydag arddeliad:

amhauwyr duw ffydd mawr y diffoddaist
. . . anghredwyr Iessu tan a gynnuaist
y mer ai holl esgyrn meirw y llosgaist.

Rhaid gofyn sut yr aethai sefydliadau a fu'n cynnal 'gardd y ffydd' ar hyd yr Oesoedd Canol i'r fath gyflwr fel y gellid eu dileu'n llwyr heb godi cynnwrf. Erbyn trothwy'r Diwygiad, yr oedd yn amlwg fod trychinebau'r Oesoedd Canol—dirwasgiad, plâu, haint a rhyfel—wedi difa cryn lawer ar adnoddau tymhorol ac ysbrydol y mynachlogydd. Bu'r mynachod gynt yn arloeswyr yn y byd economaidd, ond yr oedd cyfran helaeth o'u tiroedd bellach wedi'u prydlesu i wŷr lleyg, ac yr oedd rhai o'r rheini'n rheoli tiroedd y mynachlogydd fel stiwardiaid a beilïaid. Yn sgîl y diddymiad, prydlesodd y Brenin y rhan helaethaf o'r tir a ddaethai i'w ddwylo a'i werthu wedyn. Ni phetrusodd Pabyddion ymrwymedig megis Syr Edward Carne a Syr William Morgan ynglŷn â derbyn cyfran helaeth o dir y mynachlogydd. Gwelid yr un elfen seciwlar yn ymddygiad y mynachod eu hunain. Yn eu purdeb cynhenid arddelai'r mynachlogydd dair dyletswydd, sef gweddïo, cynnig llety a gweini elusen. Ond yr oedd y delfryd hwnnw wedi hen bylu. Dynion llugoer, swrth a diog oedd y mwyafrif o'r mynachod, ac yr oedd stamp bydolrwydd ar dalcen llawer ohonynt. Nid oeddynt namyn cysgodion eiddil o'u rhagflaenwyr. Ychydig iawn oeddynt mewn nifer. Yn Ewenni, er enghraifft, cadwai dau fynach gwmni i un prior, a dim ond mynachlogydd Caerfyrddin a Thyndyrn a oedd â'r lleiafrif gofynnol o dri mynach ar ddeg ar ddechrau'r unfed ganrif ar bymtheg. A thrwy golli'r glendid a fu, collodd y mynachod barch ac ymddiriedaeth y cyhoedd hefyd.

Nid oes dim sail i'r gred fod y mynachod wedi'u taflu ar y clwt a gorfod byw megis ffoaduriaid ar drugaredd y byd. Er i fardd fel Siôn ap Rissiart Lewis gyhuddo'r Saeson o anfon 'crefyddwyr Iessu ar wagel oi dai' ac i Chapuys honni bod tyrfaoedd o fynachod 'yn crwydro'n alarus hwnt ac yma gan ymorol am foddion byw', ychydig ohonynt a fu'n trampio llwybrau geirwon. Cadwodd y wladwriaeth ei haddewidion. Rhoddwyd pensiwn yn amrywio rhwng £20 a £40 y flwyddyn ar gyfartaledd i abadau'r mynachlogydd Cymreig, a thalwyd pensiwn o £3-£4 i'r mynachod hynny a oedd yn rhy hen i wasanaethu fel offeiriaid plwyf neu i ymgymryd â galwedigaeth seciwlar. Gan na chawsant fywoliaeth na phensiwn, y mae'n debyg mai'r Brodyr a ddioddefodd fwyaf. Nid yw'n debyg i'r diddymu fod yn ergyd trwm i weithgarwch elusengar ac addysgol. Yn eu hanterth, darparai'r mynachlogydd lety ar gyfer pererinion a theithwyr, a gofalent am y tlawd, y claf a'r anghenus. Ond ni châi rhannu elusen le blaenllaw mwyach. Y mae'n arwyddocaol hefyd fod gwŷr lleyg yn fwy chwannog nag y buont i roi cyfraniadau ariannol i'r ysgolion a'r prifysgolion yn hytrach nag i'r mynachlogydd yn unig. Rhaid troi i fyd pensaernïaeth a chelfyddyd i weld y canlyniadau ar eu gwedd waethaf. Sarnwyd adeiladau, celfi a chreiriau tlws i'w ryfeddu. Cipiwyd trysorau drud, tynnwyd plwm o'r toeau a gwydr o'r ffenestri, a bu hyn yn golled esthetig ddirfawr. Difodwyd sefydliadau a oedd yn ddrych i holl wychder pensaernïol yr Oesoedd Canol, ac ni all adfeilion mynachlogydd, megis Ewenni, Nedd a Margam, ond lled-awgrymu heddiw y cywreindeb a'r urddas a berthynai iddynt gynt. Pa ryfedd i Shakespeare alaru wrth weld y muriau moel a'r meini mud lle canai'r adar gynt? Ac fe waeda calon pob hanesydd wrth feddwl am y toreth o lawysgrifau, llyfrau a chofnodion gwerthfawr a chwalwyd neu a gollwyd yn y broses o ddadwaddoli'r mynachlogydd. Elwodd rhai teuluoedd, yn Babyddion yn ogystal â Phrotestaniaid, yn fras ar dir y mynachlogydd. Drwy ennill Tyndyrn, elwodd Iarll Caerwrangon yn fwy na neb. Syrthiodd abaty Ewenni i ddwylo Syr Edward Carne, a chipiodd Syr Rhys Mansel stadau Margam. Prynodd Syr John Prise abaty Aberhonddu a thiroedd o amgylch tref Aberhonddu. Cipiwyd Ynys Enlli gan Oweniaid Plas-du, ac aeth brodordy Bangor i ddwylo teulu'r Gruffyddiaid o'r Penrhyn.

Gwrthododd Harri VIII ddiwygio dim ar athrawiaeth yr Eglwys, ac ni roes unrhyw groeso i'r awelon cynhyrfus newydd a oedd yn chwythu o'r canolfannau Protestannaidd ar y Cyfandir. Ar un olwg, ni wnaeth fawr mwy na chynnal Pabyddiaeth heb y Pab. Ond wedi diffodd lampau'r mynachlogydd, yr oedd hefyd am gychwyn ymgyrch bellach yn erbyn eiddo eglwysig. Ym 1535 ac ym 1538, gorchmynnwyd yr offeiriaid gan Thomas Cromwell i ddifodi delwau, creiriau ac ysgriniau, ac i roi terfyn ar y pererindodau. Nid drylliwr delwau penboeth oedd Cromwell: ei fwriad oedd braenaru'r tir ar gyfer athrawiaethau Luther. Ond yr oedd llawer delw, llun a chrair Catholig yn agos iawn at galonnau'r Cymry. Âi'r Cymry'n rheolaidd i'r Rhondda i chwilio am nawdd ac ymgeledd y ddelw o'r Forwyn Fair ym Mhen-rhys. Teithient i Ffynnon Gwenffrewi yn Nhreffynnon i brofi'r dyfroedd iachusol ac i adnewyddu eu ffydd. Yn Aberteifi, ceid cannwyll gŵyr yn llosgi heb ei difa, a dywedir mai un o'r creiriau gwerthfawrocaf yng Ngogledd Cymru oedd yr un yr honnid ei fod yn glust Malcus, gwas yr archoffeiriad a fu'n ymlid y disgyblion yng ngardd Gethsemane. Yr oedd plwyfolion Llandderfel yn barod i gynnig deugain punt am arbed llosgi delw Derfel Gadarn. Ond bu pob protest yn ofer. Taflwyd yr hoff drysorau hyn i'r tân a'u llosgi. Bron na bu'r weithred honno'n ormod i gig a gwaed ei ddioddef, ond derbyn y drefn a wnaeth y Cymry unwaith eto.

William Barlow, esgob Tyddewi rhwng 1536 a 1548, oedd y cyntaf i geisio cyflwyno athrawiaethau radical newydd i'r Cymry. Sais o swydd Essex oedd Barlow, a Phrotestant deallus, er mor fyrbwyll ydoedd. Wedi ei gysegriad, bu'n ffrae wyllt rhyngddo a chlerigwyr a chanoniaid yr esgobaeth. Ceisiodd Barlow ei sefydlu ei hun yn bennaeth cabidwl yr eglwys gadeiriol. Rhoes ei dri brawd mewn safleoedd cysurus yn ei esgobaeth i ymgyrchu o'i blaid. Anogodd radicaliaid megis George Constantine, Robert Barnes, Thomas Young, Rowland Meyrick a Stephen Green i ledaenu'r genadwri Brotestannaidd ar lafar ac mewn print. Tynnodd nyth cacwn am ei ben drwy geisio symud canolfan yr esgobaeth o Dyddewi bellennig i ganol yr esgobaeth yng Nghaerfyrddin. Ar ben hynny, gwnaeth ei orau i sianelu'r cyfoeth a ddeilliodd o ddiddymu'r mynachlogydd a'r brodordai at bwrpas codi ysgolion gramadeg a lledaenu'r Grefydd Ddiwygiedig. Ymdaflodd Barlow i'w waith fel tarw mewn siop lestri. Ystyrid ef yn ddieithryn gwyllt gan ei elynion, yn marchogaeth ar gefn syniadau gwyllt, ac yn sathru ar eu cyrn yn fwriadol. Ond yr oedd eraill, yn enwedig fasnachwyr llythrennog a deallus yn nhrefi Caerfyrddin ac Aberhonddu, yn fwy awyddus i wrando ac i goleddu'r athrawiaethau newydd. Ar elfennau fel hyn y dibynnai Protestaniaeth gynnar yng Nghymru.

Dilyn y Llwybr Protestannaidd
Er mawr bleser a gollyngdod i ddiwygwyr yn Zurich a Strassburg, carlamodd Prydain ar hyd y llwybr Protestannaidd yn ystod teyrnasiad y llanc Edward VI. Crwt naw oed, duwiol ei natur ond bregus ei iechyd, oedd y Brenin newydd ym 1547, a chymerwyd yr awenau gwleidyddol gan ei gynghorwyr, Dug Somerset a Dug Northumberland. Dan eu goruchwyliaeth hwy, syrthiodd y capeli gwaddoledig dan yr ordd, cribiniwyd trysorau'r eglwysi, dinistriwyd lluniau, delwau, creiriau a chanhwyllau, gwaharddwyd seremonïau a phererindodau, a disodlwyd allorau gan fyrddau moel. Yn unol â'r delfryd o sefydlu eglwys unedig a oedd hefyd yn gymdeithas o gredinwyr, cyhoeddwyd Llyfr Gweddi Gyffredin Saesneg ym 1549 a fersiwn Brotestannaidd gwbl ddigyfaddawd ym 1552. Ynghlwm wrthynt yr oedd Deddf Unffurfiaeth a orchmynnai mai un ffurf gyfreithlon o addoli a oedd mewn grym mwyach, ac un ffurf yn unig. O 1549 ymlaen, y grefydd Brotestannaidd oedd crefydd swyddogol y deyrnas.

Cynhesodd cnewyllyn o Gymry deallus at y gogwydd Protestannaidd newydd. Ceisiodd rhai ohonynt ddarparu deunydd darllen at wasanaeth offeiriad. Ym 1546 cyhoeddodd Syr John

Prise y llawlyfr defosiwn cyntaf yn Gymraeg, *Yn y lhyvyr hwnn,* lle ceid fersiwn o'r Credo, Gweddi'r Arglwydd a'r Gorchmynion. Ei fwriad oedd rhoi i'r Cymry gyfarwyddyd ynglŷn â'r pynciau a oedd yn angenrheidiol 'i bob rhyw Gristion eu gwybod'. Yr oedd William Salesbury yn frwd o blaid cyfnewidiadau crefyddol Edward VI, a'r ymgyrch i ddifa allorau a gosod byrddau yn eu lle yn yr eglwysi. Yn *The Baterie of the Popes Botereulx* (1550), ymosododd yn chwyrn ar syniadau'r Pabyddion ynglŷn â sacrament yr allor, a cheisiodd berswadio'r bobl 'annysgedig' i goleddu'r Grefydd Ddiwygiedig. Ymroes Salesbury hefyd i gyfieithu'r llithoedd yn y Llyfr Gweddi Gyffredin ac fe'u cyhoeddodd dan y teitl *Kynniver llith a ban* ym 1551. Ond go brin fod llawer o fodio ar y cyfieithiadau hyn yn yr eglwysi, er gwaethaf ymgais Salesbury i berswadio'r esgobion i ganiatáu iddynt gael eu defnyddio'n gyhoeddus. O droi i gyfeiriad y dref fwyaf yng Nghymru y pryd hwnnw—Caerfyrddin—cawn ragor o dystiolaeth nad oedd y cyfnewidiadau crefyddol ysgubol yn anathema i bawb. Yr oedd gwŷr dylanwadol megis George Constantine, cofrestrydd yr esgobaeth, ustusiaid heddwch fel Griffith Dwn a David Rice, ynghyd â charfan o fasnachwyr llafar eu barn, yn awyddus i weld y cyfnewidiadau athrawiaethol yn cael eu gweithredu ar fyrder. Yr oeddynt yn awyddus i glywed mwy o bregethu, ac un o'r cyhuddiadau a dducpwyd yn erbyn yr Esgob Robert Ferrar ym 1551 oedd na thrafferthai bregethu'n ddigon aml. Mewn cerdd yn ymosod ar Brotestaniaeth ym 1551, honnodd Dafydd Llwyd fod 'mawr llef mewn trefi unffurfawl am 'ffeiriaid newyddfri'.

Er hynny, ychydig iawn o'r Cymry a oedd yn fodlon ar y gyfundrefn newydd. Yr argraff a rydd y beirdd yw fod eu cydwladwyr yn teimlo'n chwith iawn o golli'r hen ganllawiau cynefin. Buont yn gyfarwydd gynt â sŵn y Lladin a'r esboniadau yn Gymraeg, a chredent nad oedd gan Brotestaniaeth ddim i'w gynnig yn eu lle. Wylai cwndidwyr Gwent a Morgannwg wrth weld eglwysi 'ym mhob lle yn gornelau gweigion'. Yn ôl Thomas ab Ieuan ap Rhys, 'ffydd Sayson' oedd Protestaniaeth, ac fe'i goddiweddwyd gan deimlad o wacter ysbrydol:

> Felly'dd aeth Ynys Brydain
> Pan drosbwyd Rhufain heibio,
> Heb na gweddi nac ympryd,
> Na phenyd nac ynseilio,
> Na chyffes nac anghenu,

Na chladdu na bedyddio,
Na sens na chŵyr bendigaid
Na phacs, nid oedd raid wrtho,
Na chroes i gofio'r Prynwr,
Na dŵr wedi'i fendigo,
Na chael cymun o gorff Crist,
Mae'n fater trist in hebddo.

Yn y Gogledd, lleisiwyd penbleth a chwerwder y Cymry gan Siôn Brwynog. Mynegodd ddicter llawer un drwy arllwys ei wawd ar 'frygythawn' yr offeiriaid hynny na sonient mwy am yr offeren 'na chyffes mwy na cheffyl':

Oerder yn yn amser ni,
Yr iâ glas yw'r eglwysi.

Aeth llawer iawn o hanfodion diwinyddol y Grefydd Ddiwygiedig dros ben y rhan fwyaf o bobl Cymru. I lawer Cymro, crefydd y Saeson oedd Protestaniaeth. Iaith estron oedd Saesneg, ac ni fedrent wneud pen na chynffon o'r Llyfr Gweddi Gyffredin. Yr oedd mwmian poenus offeiriaid annysgedig yn dreth ar amynedd Siôn Brwynog:

Ni all ddeall a ddywaid,
Ynteu'n ffôl eto ni ffaid.

Yr oedd y ffurfwasanaeth Saesneg yn gwbl annealladwy i Gymry uniaith, ac yn ôl yr Esgob William Morgan, cyfieithydd y Beibl, dychwelai'r Cymry o'r eglwysi y pryd hwnnw 'mewn ansicrwydd a phenbleth'. Pan gyhoeddwyd Llyfr Gweddi 1549, cododd gwŷr Cernyw a Dyfnaint mewn gwrthryfel yn ei erbyn, ac nid yw'n rhyfedd yn y byd fod yr Esgob Ferrar wedi petruso ynghylch darllen y ffurfwasanaeth newydd yng Nghaerfyrddin rhag iddo 'greu cynnwrf'.

Dychwelyd i'r Gorlan Babyddol

Cyn i'r wlad gael cyfle i deithio ymhellach ar y llwybr Protestannaidd, bu farw Edward VI, dri mis cyn cyrraedd ei un ar bymtheg oed ym 1553. Etifeddwyd y Goron gan ei chwaer hynaf, y Dywysoges Mari, merch ddeunaw ar hugain oed a Phabyddes ddigymrodedd. Ymroes Mari â'i holl angerdd i adfer Pabyddiaeth. Rhwng gwanwyn 1554 a gwanwyn 1555 pasiwyd deddfau yn gwahardd offeiriaid rhag priodi, diddymwyd pob deddf wrth-Babyddol a basiwyd er 1529, ailsefydlwyd awdurdod y Pab, a dechreuwyd llosgi hereticiaid. Croesawyd y Frenhines newydd yn frwd yng Nghymru. Gorfoleddai'r cwndidwr, Thomas ab Ieuan ap Rhys, fod Mari wedi troi ei chefn ar 'ffydd Sayson', ac yr oedd Siôn Brwynog yn wên o glust i glust wrth weld adfer yr offeren a'r allor:

Wele fraint y saint yn nesáu—eilwaith,
Wele hen off'rennau;
Wele Dduw â'i law ddeau
Yn gallu oll ein gwelláu.

Ailaddurnwyd yr eglwysi, ailgodwyd yr allorau, ac adferwyd y grefydd Babyddol yng Nghymru. Cymaint oedd awydd Mari i erlid y sawl na phlygai lin i'r Pab fel y dihangodd llawer o Brotestaniaid i'r Cyfandir rhag ei llid. Rhwng Ionawr a Chwefror 1554, enciliodd 472 o Brotestaniaid i'r Almaen, ac yr oedd llond dwrn o Gymry yn eu plith. Cosbwyd y sawl a dynnai'n groes i ewyllys y Frenhines. Rhwng 1554 a 1555 collodd nifer o offeiriaid, yn enwedig yn esgobaethau Bangor a Thyddewi, eu bywiolaethau am heresi neu am wrthod troi ymaith eu gwragedd. Er i'r rhan fwyaf ohonynt gael eu symud i blwyfi eraill, achoswyd cryn anesmwythyd. Llosgwyd tri chant o ferthyron i farwolaeth, rhai ohonynt yn esgobion blaenllaw megis Cranmer, Hooper, Ridley a Latimer. Tri Chymro yn unig a ferthyrwyd am arddel eu Protestaniaeth: Robert Ferrar, cyn-esgob Tyddewi; Rawlins White, pysgotwr syml o Gaerdydd, a William Nichol, gŵr di-sôn-amdano o Hwlffordd.

Serch hynny, y mae mwy o arwyddocâd i deyrnasiad Mari nag erlid ffoaduriaid a merthyru. Dan arweiniad y Cardinal Pole, a fu'n Archesgob Caergaint o 1554 ymlaen, ceisiwyd diwygio'r Eglwys Babyddol. Yr oedd Pole yn awyddus i fabwysiadu rhai o argymhellion cynnar Cyngor Trent, ac yn ei *Consilium de Emendenda Ecclesia,* galwodd am ymgysegriad o'r newydd gan bob Pabydd ym mhob plwyf ac esgobaeth ledled y wlad. Yr oedd esgobion da yn barod i gynnal ei freichiau. Ysgogwyd Thomas Goldwell, esgob Llanelwy o 1556 hyd 1559, i bregethu rhinwedd anghydweddaeth, moesoldeb ac ufudd-dod yn ei esgobaeth. Ym 1554 penodwyd William Glyn, Cymro a oedd eisoes wedi ennill anrhydedd fel un o ddiwinyddion disgleiriaf Caergrawnt, i esgobaeth Bangor. Yno ceisiodd weithredu rhai o argymhellion Pole drwy alw'i offeiriaid ynghyd yn rheolaidd i'w trwytho ym mhrif fannau'r grefydd Babyddol. Cenid ei glodydd yn gyson gan y beirdd fel 'bugail enaid' a 'philer ffydd'. Yr oedd to o ddarpar-esgobion dan hyfforddiant ym mhrifysgol Rhydychen, a phe bai

Mari wedi cael byw ddeng mlynedd yn hwy pwy a ŵyr na fuasai ganddi esgobion cystal â'r rhai a benodwyd gan ei holynydd, Elisabeth, ac efallai rai gwell na hwy. Gallasai doniau Morys Clynnog, Gruffydd Robert ac Owen Lewis fod wedi blaguro yng Nghymru yn hytrach nag yng nghwmni eu cyd-alltudion ar gyfandir Ewrop. Beth bynnag am hynny, ni chaniatawyd ond Haf Bach Mihangel i'r Pabyddion, oherwydd bu farw Mari ym 1558.

Sefydlu Protestaniaeth

Pan esgynnodd Elisabeth I i'r orsedd ym 1558, troes Cymru'n wlad swyddogol-Brotestannaidd unwaith eto. Drwy Ddeddf Goruchafiaeth 1559, fe'i cyhoeddodd y Frenhines ei hun yn ben mewn materion eglwysig ac ysbrydol yn ogystal â thymhorol, a gorfodwyd pob esgob ac offeiriad i dyngu llw o ffyddlondeb iddi. Sefydlwyd panel o ymwelwyr brenhinol i deithio i bob esgobaeth yng Nghymru i ofalu bod pob offeiriad yn ufuddhau i'r gyfundrefn eglwysig a sefydlwyd ym 1559. Cyfundrefn oedd honno a seiliwyd ar gymrodedd rhwng y traddodiad Pabyddol a'r gogwydd Protestannaidd. Gwraig geidwadol a chraff oedd Elisabeth: ni theimlai unrhyw wir ddiddordeb mewn materion ysbrydol, a chan mai sicrhau diogelwch y deyrnas oedd ei phrif ofal dewisodd gerdded ar hyd y ffordd ganol rhwng Pabyddiaeth ac eithafiaeth Calfinaidd. Ond er bod y mwyafrif o'r Cymry'n dal i gredu mai ffydd estron a diwreiddiau oedd Protestaniaeth ni chodwyd unrhyw gynnwrf.

Er i liaws o derfysgoedd a gwrthryfeloedd tra pheryglus ddigwydd yng Ngogledd Lloegr, Cernyw ac Iwerddon yn ystod y blynyddoedd cyn 1570, ni chodwyd bys yn erbyn y frenhiniaeth Duduraidd yng Nghymru. Er i sawl sylwebydd broffwydo y byddai'r Cymry'n cicio yn erbyn y tresi, eu prif nodwedd oedd eu diymadferthedd. Y mae'n amlwg fod ystyriaethau cymdeithasol yn cyflyru eu hymateb i'r Grefydd Ddiwygiedig. Yr oedd neilltuedd y wlad yn ei chau i ffwrdd oddi wrth gynnwrf ysbrydol y byd y tu allan. Brodwaith o gymdeithasau bychain, tlawd oedd Cymru. Ni feddai ar yr un brifysgol na gwasg argraffu i noddi mudiadau crefyddol, ac, fel y gwelsom, dim ond yn y trefi masnachol a oedd mewn cysylltiad rheolaidd â threfi a dinasoedd Lloegr y llwyddwyd i ennyn diddordeb yng nghenadwri'r Protestaniaid. Cyflyrwyd agwedd y Cymry tuag at y cyfnewidiadau crefyddol hefyd gan y ffaith eu bod yn wŷr teyrngar i'r drefn Duduraidd. Yr oedd esgyniad Harri VII i orsedd Lloegr ym 1485 wedi ennyn serch y bobl at y frenhiniaeth. Gwelsant ddyrchafiad Cymru yn ei ddyrchafiad ef, a thybient mai ef oedd y Moses a anfonwyd gan Dduw i'w rhyddhau o'u caethiwed blin. Dangoswyd yr un parch a theyrngarwch i bob un o'r Tuduriaid yn eu tro. Ond nid sentiment yn unig a oedd wrth wraidd eu hymlyniad dall. Dysgodd y boneddigion yn gynnar ar ba ochr i'r clawdd y dylid troedio. Gan mai'r Tuduriaid a'u dyrchafai, nid oedd unrhyw ddiben iddynt frathu'r llaw a oedd yn eu bwydo. Buasai'n gwbl groes i'r graen iddynt godi mewn gwrthryfel yn erbyn Coron a oedd yn boddio'u huchelgais. Pan ddilewyd awdurdod arglwyddi'r gororau gyda'r Uno ym 1536, y boneddigion mwyach oedd arweinwyr naturiol y genedl, a thra oeddynt hwy yn llawes y frenhiniaeth nid oedd unrhyw debygolrwydd y byddai'r werin bobl yn codi mewn gwrthryfel.

Gellir hefyd briodoli difaterwch y Cymry ynglŷn â'r Diwygiad i wendidau amlwg yn y gyfundrefn eglwysig. Cyn oes Elisabeth, yr oedd bwlch amlwg o ran dysg a chyfoeth rhwng yr uwch-glerigaeth a'r is-glerigaeth. Deuai pob swydd enillfawr yn yr eglwys i ran gwŷr graddedig, pobl a oedd yn bencampwyr ar weinyddiaeth, ond yn affwysol brin mewn materion ysbrydol. Rhoddid ffafrau bras i gynffonwyr. Estroniaid ac absenolion oedd llawer ohonynt, yn meddwl mwy am ddyrchafiad a hawddfyd nag am ymladd dros egwyddorion crefyddol. Gan fod eu swyddi a'u lles yn dibynnu ar eu hymlyniad wrth grefydd y teyrn, yr oeddynt yn berffaith barod i ddygymod â pholisïau'r Goron. Pur dlawd ac anwybodus oedd yr offeiriaid cyffredin. Yn ôl y *Valor Ecclesiasticus* (1535), yr oedd 60% o holl fywiolaethau eglwysig Cymru'n werth £10 neu lai y flwyddyn. Yr oedd safon eu haddysg yn isel, a'u dirnadaeth o hanfodion y Grefydd Ddiwygiedig fawr gwell nag eiddo'u preiddiau. Dryswyd llawer ohonynt gan y cyfnewidiadau disymwth, a hawdd credu bod mwy nag un ohonynt wedi dod i'r casgliad fod crefydd y teyrn mor anwadal â cheiliog y gwynt. Go brin y byddent hwy'n meiddio herio'r wladwriaeth.

Ond y prif reswm am ymostyngiad ufudd y Cymry oedd y ffaith nad oedd unrhyw brofiadau ysbrydol dwys yn eu corddi i weithredu. Ym 1563, cyfaddefwyd yn y rhagymadrodd i'r Ddeddf yn gorchymyn esgobion Cymru i gyfieithu'r Beibl i'r Gymraeg fod y Cymry 'yn llwyr amddifad o air sanctaidd Duw, ac yn sefyll yn yr un tywyllwch ac anwybodaeth ag y buont yn sefyll ynddo yn amser

Pabyddiaeth, neu hyd yn oed waeth tywyllwch ac anwybodaeth na hynny'. Dywedwyd mai 'lle o dywyllwch eithaf' oedd esgobaeth Llandaf ym 1565. Arswydodd Nicholas Robinson, esgob Bangor, wrth ddarganfod cymaint o olion Pabyddol yn ei esgobaeth ym 1567. Ym 1570, dywedodd Richard Davies, esgob Tyddewi, fod 'nifer helaeth yn araf ac yn oeraidd wrth wasanaethu Duw; rhai yn ddiofal ynghylch unrhyw grefydd; a rhai yn dymuno adferiad y grefydd Rufeinig'. Ym 1583, cwynodd ei olynydd, Marmaduke Middleton, fod ei braidd yn parhau i addoli yn ôl yr hen ddull Catholig, ac yn dal i addoli allorau, eilunod, darluniau crefyddol a llofftau'r grog.

Yr oedd diwygwyr Protestannaidd yn awyddus i fwrw allan o'r eglwys bob elfen ddewiniol, megis pererindota at feddrodau'r saint, gwisgo swynion ac amuledau, gweddïo dros y meirw ac yn enw'r saint, addoli seintiau a chreiriau, a defnyddio dŵr swyn neu arwydd y groes i fwrw allan ysbrydion drwg. Ond glynai'r bobl gyffredin wrth ddefodau ofergoelus a dewiniol, oherwydd yr oedd yr elfen o ansicrwydd a gwacter yn parhau yn eu bywyd beunyddiol. Yr oedd pobl drallodus yn poeni mwy am eu dioddefaint yn y byd hwn—am afiechyd a haint, methiant y cynhaeaf, tlodi a newyn, a llu mawr o ryfeddodau anesboniadwy—nag am y tebygolrwydd y byddent yn llosgi yn fflamau uffern yn y byd nesaf. Dan y fath amgylchiadau, nid yw'n rhyfedd eu bod yn heidio at y dyn hysbys neu'r wrach wen i ofyn cymwynas. Nid oedd gan ddiwygwyr crefyddol fawr o ddim i'w gynnig i bobl a oedd yn dlawd neu'n drallodus, dim ond priodoli eu dioddefaint i'w harferion pechadurus neu i ewyllys Duw. Y gwir amdani yw fod dynion hysbys yn cael mwy o barch nag offeiriaid y pryd hwnnw.

Er bod y sefyllfa hon yn peri loes i bob Protestant selog, nid oedd gan y Pabydd ychwaith le i ymfodloni ar ymwybyddiaeth grefyddol y Cymry. Grym arferiad oedd hanfod crefydd y lliaws. Nid pendilio a wnaethant rhwng dau eithaf bob tro y newidiwyd crefydd y teyrn rhwng 1533 a 1558, ond sefyll yn eu hunfan. Derbyniasant y grefydd a etifeddwyd ganddynt neu a orfodwyd arnynt heb rwgnach na myfyrio uwch ei phen. Sypyn o gredoau niwlog ac ymarferiadau llychlyd, allanol oedd crefydd y dyn cyffredin, clytwaith o ddefodau diystyr a oedd wedi'u seilio ar hynt y tymhorau ac ar brif gerrig milltir ei yrfa—geni, priodi a marw. Iddo ef, dull defodol o fyw oedd crefydd, ac nid casgliad o athrawiaethau dyrys. Mewn rhostiroedd a fforestydd llwm a chymoedd diarffordd, mwydrai plwyfi cyfain yn eu malltod ysbrydol. Âi popeth ymlaen yno yn ôl hen arfer yr oesoedd. 'Druain gwerin,' meddai Morris Kyffin ym 1595, 'ychydig a wyddant, llai a welsant, ac nid gwiw sôn am ddysgu iddynt'. Yn yr un flwyddyn, gresynai Huw Lewys wrth sôn am 'hynafgwyr briglwydion trigeinmlwydd oed neu fwy mor ddeillion ac mor annysgedig ac na fedrant roi cyfrif o bynciau'r ffydd a'r grefydd Gristnogaidd mwy na phlant bychain newydd eni'. Nid oedd deunydd gwrthryfel mewn pobl na fedrai amgyffred y grefydd Babyddol heb sôn am ddygymod â'r drefn grefyddol newydd. Nid ar amrant y byddai'r Cymry'n bwrw ymaith gochl eu credoau niwlog er mwyn gwisgo mantell Brotestannaidd.

Gwelliannau Eglwysig

Yn ystod teyrnasiad maith Elisabeth, ceisiwyd gosod gwell trefn ar yr Eglwys er mwyn rhoi cyfle i'r Grefydd Ddiwygiedig fwrw gwreiddiau ac ennill serch y bobl. Penodwyd nifer o esgobion syber ac ymroddgar, ac y mae'n arwyddocaol fod tri ar ddeg ohonynt yn Gymry. Trigai'r mwyafrif ohonynt yn eu hesgobaethau, ac yr oeddynt yn fwy ymwybodol o anghenion eu preiddiau na'u rhagflaenwyr. Yr oedd rhai yn fwy gweithgar na'i gilydd. Chwiliodd Nicholas Robinson, esgob Bangor, bob twll a chornel o'i esgobaeth er mwyn chwynnu reciwsantiaid o'i fro. Perchid Thomas Davies, olynydd Richard Davies fel esgob Llanelwy, nid yn unig am ei fod yn 'Gymro o waed cywir', ond hefyd am ei ymdrech i ddenu graddedigion Cymreig i'w esgobaeth ac i ddarparu addysg grefyddol i blant. Moliannwyd ei olynydd yntau, William Hughes, gan Wiliam Llŷn ar sail ei Gymreictod:

> I waith Asaf y'th ddewiswyd,
> Ys da waith a roes Duw wyd,
> Saeson o Iorc a Siesir
> O 'sgodion fu'n hon yn wir,
> Ond da i ni, lle tyn awen,
> Cymry i'n byw, gael Cymro'n ben.

Penodwyd Richard Davies yn bennaeth ar esgobaeth fawr ac anhylaw Tyddewi ym 1561, ac er bod y sefyllfa yno'n ddigon i beri i'r diwygiwr eiddgaraf wangalonni'n llwyr, cyflawnodd waith rhagorol am ugain mlynedd. Enillodd fri nid yn unig fel ysgolhaig, llenor a noddwr, ond hefyd am geisio deffro sêl ysbrydol ymhlith y

Cymry drwy frwydro yn erbyn difaterwch clerigwyr a rhaib lleygwyr, a gofalu bod gan ei braidd yr Ysgrythur yn eu mamiaith. Rhwng 1575 a 1590, bu William Blethyn, esgob Llandaf, yn llafurio'n ddygn i amddiffyn buddiannau tymhorol ei esgobaeth dlawd ac i ddifa Pabyddiaeth. 'Pwy a wnaeth fwy na myfi,' gofynnai, 'i ryddhau'r wlad o'r Gwrth-Grist Rhufeinig?' Er na fu un o'i olynwyr, William Morgan, cyfieithydd y Beibl, yn esgob Llandaf am fwy na chwe blynedd, enillodd edmygedd ar bob llaw fel 'pennaeth da' a 'helpwr eneidiau'. Wrth gwrs, yr oedd ambell ddafad ddu ymhlith esgobion Elisabeth. Llwyddodd Marmaduke Middleton, esgob Tyddewi, i'w anfarwoli ei hun yn hanes Eglwys Loegr drwy gael ei ddiswyddo am fod yn briod â dwy wraig ar yr un pryd. Daliai William Hughes, esgob Llanelwy, archddiaconiaeth fras Llanelwy ynghyd ag un ar bymtheg o fywiolaethau eraill ar yr un pryd. Ond, at ei gilydd, ymdaflodd y mwyafrif o esgobion Cymru i'w gwaith yn egnïol, gan osod safonau uwch nag eiddo'u rhagflaenwyr, a thynhau disgyblaeth eglwysig yn gyffredinol.

Yn ystod oes Elisabeth hefyd cododd safon, addysg a statws yr offeiriaid. Yr oedd nifer cynyddol o'r uwch-glerigaeth yn hanu o deuluoedd da, ac wedi elwa ar addysg brifysgol. Fel gwŷr diwylliedig, ymhyfrydent yng ngwaith y beirdd, a chaent flas ar astudio dysg a hanes. Bu William Evans, trysorydd esgobaeth Llandaf am ragor na deugain mlynedd, yn cynnal y gyfundrefn farddol a'r diwylliant brodorol ym mro Morgannwg ar hyd ei oes. Ef, yn ôl Dafydd Benwyn, oedd 'Ifor Hael Llandaf'. Nid anwybodusion hurt oedd yr offeiriaid hynny na fuont ar gyfyl prifysgol ychwaith. Yr oedd llawer ohonynt yn hyddysg yn y ddysg Gymraeg draddodiadol. Canodd Wiliam Cynwal glodydd offeiriaid sir Ddinbych am fod yn 'dadmaeth clêr' ac yn noddwyr i gerdd dafod. Byddai rhai offeiriaid yn prydyddu ac eraill yn casglu a chopïo hen achau a defnyddiau hynafiaethol. Nid oeddynt, fel y cawn weld, heb eu gofidiau ariannol, ond yr oeddynt yn fwy cymwys a pharod nag offeiriaid y gorffennol i wneud diwrnod da o waith.

Gwyddai'r diwygwyr crefyddol craffaf fod dygn angen ennyn ac ennill serch y Cymry tuag at grefydd a oedd, yn nhyb y mwyafrif, yn estron a newydd. Sylweddolent hefyd na fyddai modd cyfoethogi bywyd ysbrydol eu preiddiau heb yn gyntaf ofalu bod ganddynt Feiblau yn eu mamiaith. 'Oni ddysgir crefydd yn yr iaith gyffredin,' meddent, 'fe erys o'r golwg yn anhysbys'. Yn ffodus, yr oedd y peiriant argraffu bellach yn rhoi cyfle iddynt drosglwyddo hanfodion crefydd yn llawer hwylusach a chyflymach nag o'r blaen. Fel y gwelsom eisoes, diolch i lafur William Salesbury, Richard Davies a Thomas Huet, cyhoeddwyd y Testament Newydd Cymraeg cyntaf ym 1567. Llugoer oedd y croeso a gafodd, yn bennaf oherwydd i chwiwiau ieithyddol Salesbury beri dryswch i ddarllenwyr y Gair. Ond llwyddodd William Morgan, ficer Llanrhaeadr-ym-Mochnant, i lyfnhau a gloywi iaith Salesbury yn ei Feibl coeth ac urddasol ym 1588. Bellach, yr oedd modd clywed Gair Duw yn cael ei lefaru mewn Cymraeg caboledig yn yr eglwysi ar y Sul. Cyhoeddi'r Beibl Cymraeg oedd y digwyddiad pwysicaf yn hanes twf Protestaniaeth yng Nghymru yn ystod oes y Tuduriaid. Buasai hanes crefydd yng Nghymru yn wahanol iawn pe na chawsid y cyfieithiad godidog hwn. Eto i gyd, nid oedd clywed y Beibl yn ddigon. Fel y sylwodd Huw Lewys, yr oedd Beibl mawr drud William Morgan wrth gadwyn yn yr eglwysi, ac 'nid oes cyrchfa ato namyn unwaith yn yr wythnos'. Nid oedd unrhyw ddiben cael cyfieithiad campus o Air Duw oni cheid copïau hylaw i bobl i'w prÿnu a'u darllen a'u trysori. Yn anffodus, gohiriwyd y cam nesaf hwnnw hyd nes yr ysgwyddwyd y baich gan Biwritaniaid yr ail ganrif ar bymtheg.

Eto i gyd, bu cyhoeddi'r Beibl yn sbardun i eraill i ddwyn gweithiau rhyddiaith Anglicanaidd o'r wasg. Yn ôl Huw Lewys, 'y diffyg hwn o lyfrau sy'n ein mysg . . . yw'r achos paham y mae cymaint o anwybodaeth mewn pethau ysbrydol yn ein mysg'. Yr oedd prinder llawlyfrau defosiwn ar gyfer offeiriaid a lleygwyr, a cheisiwyd llenwi'r bylchau ar silffoedd gwŷr darllengar. Ym 1567, cyhoeddodd William Salesbury gyfieithiad llawn o'r *Llyfr Gweddi Gyffredin,* a chafwyd argraffiadau pellach ym 1586 a 1589. Cyhoeddwyd sawl *Llyfr Plygain,* ac ym 1606 ymddangosodd cyfieithiad Edward James, canghellor Llandaf, o *Lyfr yr Homilïau,* casgliad o bregethau uniongred 'i'w darllen ymhob eglwys blwyf a phob capel er adeiladaeth i'r bobl annysgedig'. Lluosogai cyfieithiadau o lyfrau a oedd yn esbonio 'sylwedd y ffydd yr ydym yn sefyll ynddi': *Deffynniad Ffydd Eglwys Loegr* gan Morris Kyffin, a *Perl mewn Adfyd* gan Huw Lewys, y ddau lyfr yn ymddangos ym 1595. Diau hefyd i rai offeiriaid elwa ar ddeunydd a oedd ar gael yn Saesneg a'i gyfaddasu at bwrpas eu cynulleidfaoedd. Rhoes Wiliam Midleton ac Edward Kyffin gynnig ar fydryddu'r salmau, ond nid enillwyd clust gwerin bobl nes i

Edmwnd Prys gyhoeddi ei *Salmau Cân* fel atodiad i *Lyfr Gweddi Gyffredin* 1621. Dewisodd Prys fesurau rhydd, ynghyd â rhai tonau, a oedd yn rhoi cyfle i gynulleidfaoedd ganu gyda'i gilydd wrth addoli'n gyhoeddus. Bu bri mawr ar ei waith hyd ddyddiau William Williams, Pantycelyn. Elwodd offeiriaid yn fawr ar y deunydd llenyddol amrywiol hwn, ac nid oes amheuaeth na fu'n gymorth iddynt yn eu hymgyrch i ennyn ymlyniad y bobl wrth grefydd.

Y Gwrth-ddiwygiad

Un o'r cymhellion pwysicaf y tu ôl i weithgarwch offeiriaid Protestannaidd oedd her y Gwrth-ddiwygiad. Ym 1540, ffurfiwyd urdd Gatholig newydd, Cymdeithas yr Iesu, gan yr Ysbaenwr, Ignatius Loyola. Gwŷr milwriaethus a chyforiog o ynni oedd yr Iesuwyr, a'u nod oedd adfer a chryfhau'r ffydd Babyddol ym mhob gwlad yn Ewrop. Erbyn 1563, llwyddodd Cyngor Trent i garthu drygau'r Oesoedd Canol o gorff yr Eglwys Babyddol, ac yr oedd bellach mewn sefyllfa i herio grym y Protestaniaid. Dan arweinyddiaeth John Calvin, yr oedd Calfiniaeth, hithau, wedi magu gwedd ymosodol. Erbyn oes Elisabeth, nid oedd gan y naill ochr na'r llall yr un mymryn o ddiddordeb mewn cymod, a bron na ellir dweud eu bod yn arswydo anadlu'r un awyr â'i gilydd. Trwy nerth braich a grym y cledd y byddai'r naill yn trechu'r llall.

Pan droes Cymru'n wlad Brotestannaidd ym 1558, gwaharddwyd pob ymgais i ledaenu Pabyddiaeth, a thaer anogwyd pob deiliad i gefnu ar yr Hen Ffydd. Ciliodd dyrnaid o Babyddion disglair i'r Cyfandir i chwilio am amgylchedd mwy cydnaws â'u daliadau. Yn eu plith, yr oedd Gruffydd Robert, cyn-archddiacon Môn, Morys Clynnog, darpar-esgob Bangor, Rhosier Smyth ac Owen Lewis. Ym 1568, sefydlwyd Coleg Douai gan William Allen a daeth y Coleg hwn yn gartref ysbrydol i'r alltudion o Gymru. Rhwng 1568 a 1642, ymunodd 119 o Gymry ag athrofeydd ar y Cyfandir, ac aeth 64 o'r rheini i Goleg Douai. Bu i'r Coleg swyddogaeth eithriadol bwysig fel meithrinfa i ddarpar-genhadon a fynnai ddychwelyd i Brydain i weithio o blaid adferiad y ffydd Babyddol. Credai'r alltudion hyn y gellid ailgynnau cannwyll yr Hen Ffydd yng Nghymru drwy ddanfon cenhadon i daenu'r Gair a chyhoeddi llyfrau a oedd yn tystio i rym a gwirionedd y grefydd Babyddol. Yr oedd rhai ohonynt yn awyddus i ddisodli Elisabeth trwy gynllwyn er mwyn gosod Mari, Brenhines y Sgotiaid, yn ei lle. Gwyddent mai ofer fyddai disgwyl trugaredd gan lywodraeth Elisabeth pe câi gweision y Frenhines afael ynddynt, ond dalient i gynllwynio yn ei herbyn. Cymerodd Thomas Morgan o sir Fynwy a Hugh Owen o Blas-du, sir Gaernarfon, ran flaenllaw yng nghynllwyn seithug Ridolfi ym 1571. Yr oedd Hugh Owen 'y Bradwr' yn un o sbïwyr pennaf llywodraeth Sbaen, a llosgodd y gannwyll yn ei deupen er lles yr achos Pabyddol hyd ei farwolaeth, yn 80 oed, ym 1618. Credai Morys Clynnog mai trwy rym milwrol yn unig y gellid adfer yr Hen Ffydd. Erbyn canol y 1570au, ofnai fod Elisabeth wedi cryfhau ei gafael ar y wlad i'r fath raddau fel na fyddai modd ei darostwng oni weithredai'r Pab ar fyrder. Ym 1575, cyflwynodd gynllun i oresgyn Lloegr i'r Pab Grigor XIII. Hanfod y cynllun oedd y byddai'r Pab yn anfon byddin o 10,000 o wŷr arfog, dan arweiniad Marc Antonio Colonna, i oresgyn byddinoedd Elisabeth a gorseddu Mari, Brenhines y Sgotiaid. Ond ni ddaeth dim o'r cynllun. Pan ddatgelwyd cynllwyn Babington ym 1586, talodd dau Gymro y pris eithaf am gyfathrachu â chynllwynwyr. Yn unol â'r gosb a roddid i bob bradwr, cafodd Thomas Salusbury, etifedd Lleweni, ac Edward Jones, Plas Cadwgan, eu hanner-crogi, eu diberfeddu a'u pedrannu ar Fryn y Tŵr yn Llundain ym mis Medi. Ym 1587, cytunodd Elisabeth na ellid caniatáu i Mari, Brenhines y Sgotiaid, barhau'n fyw. Hi a fu wrth wraidd yr holl gynllwynion, a bu ei dienyddiad yn ollyngdod aruthrol i bob Protestant eiddgar.

Â synnwyr trannoeth, gallwn weld mai dagrau pethau o safbwynt achos y Pabyddion oedd i'r alltudion oedi cyhyd cyn anfon cenhadon yn ôl i Gymru i ailgynnau fflam yr Hen Ffydd. Collwyd cyfle i danseilio grym Protestaniaeth yn ystod y degad cyntaf o deyrnasiad Elisabeth. Erbyn 1570, yr oedd y Frenhines a'i Chynghorwyr wedi bwrw'u prentisiaeth wleidyddol, a'r drefn Brotestannaidd yn prysur sefydlogi. Ac o hynny hyd ddiwedd y ganrif, dim ond rhyw ugain o offeiriaid a ddychwelodd i Gymru i geisio adennill eu cydwladwyr i'r hen grefydd. Cyfaddefodd Robert Parsons ym 1581 fod y dasg o efengylu yng Nghymru a Gogledd Lloegr wedi'i hesgeuluso'n ddybryd. Pylwyd awch llawer o'r cenhadon dewraf gan agwedd anghymodlon y wladwriaeth. Merthyrwyd rhai ohonynt. Crogwyd Richard Gwyn, ysgolfeistr o Lanidloes, ym 1584 am weithredu fel dolen gyswllt rhwng cenhadon a Phabyddion lleol. Talodd William Davies, brodor o Hen Golwyn, yr un pris ym Miwmares ym 1593. Cyn ei farw alaethus, troes Davies at y dorf ger y crocbren a dweud: 'Erfyniaf ar Dduw i'r gwaed yr wyf ar fin ei arllwys yma roi i Gymru oleuni'r Ffydd honno a dderbyniodd hi dros fil o flynyddoedd yn ôl'. Niweidiol i'r achos cenhadol hefyd fu'r croestynnu cecrus rhwng offeiriaid ac Iesuwyr, a rhwng Cymry a Saeson yn athrofeydd y Cyfandir. Ym 1579, penodwyd Morys Clynnog yn Bennaeth ar y Coleg Seisnig yn Rhufain. Cyfnod digon annedwydd a gafodd yno. Datblygodd anghydfod chwerw rhwng y Cymry a'r Saeson yn y Coleg, a chollodd Clynnog ei swydd am ffafrio'r Cymry. Yr oedd bwlch diadlam wedi datblygu hefyd rhwng y cenhadon Cymreig a'r Iesuwyr. Credai'r Cymry mai drwy rym moesol y gellid ennill a swcro eneidiau, ond gweithredai'r Iesuwyr drwy deg a thrwy drais. O ganlyniad, esgeuluswyd yr ymdrech i genhadu yng Nghymru. Tra oedd 'gwŷr y gyddfau hirion a'r colerau byrion' yn ennill teyrngarwch pobloedd yr Eidal, Awstria, Bafaria a Gwlad Pwyl, anwybyddwyd Cymru gan yr awdurdodau yn Rhufain.

Gan na châi'r cenhadon Pabyddol lonydd i draethu eu neges ar lafar, ceisient ddosbarthu llyfrau printiedig yn ogystal. Yr oedd angen mawr am lyfrau syml ac ymarferol ar gyfer 'y cyffredin a'r annysgedig Gymry'. Gwyddai Gruffydd Robert am drigolion yng Nghymru a oedd 'yn byw fel anifeiliaid, y rhan fwyaf ohonynt heb wybod dim oddi wrth ddaioni, ond eu bod yn unig yn dala enw Crist yn eu cof, heb wybod beth yw Crist mwy nag anifeiliaid'. At hynny, yr oedd gofyn iddynt ddatguddio'r 'twyll dieflig' a geid mewn llyfrau Protestannaidd a phrofi, yng ngeiriau Robert Gwyn, 'nad oes un Ffydd ond y wir Ffydd'. Llafuriai Robert Gwyn i berswadio'r ffyddloniaid i beidio â chaniatáu i eglwyswyr eu llithio oddi ar y llwybr uniawn. Gweithred hereticaidd oedd mynychu eglwys blwyf, yn ôl y merthyr Richard Gwyn:

> Od ei dithe yn i mysg
> i wrando dysg dy elynion
> dyna arwydd digon clir
> nad wyt ti gowir gristion.

Gan na ellid cyhoeddi llyfrau yn y wlad hon heb drwydded gan y llywodraeth, arferai'r Pabyddion smyglo cyfrolau i mewn o'r Cyfandir a'u dosbarthu'n gyfrinachol. Ond er i Owen Lewis o Langadwaladr bwyso'n daer ar y Pab ym 1578 i gyfrannu tuag at argraffu tri llyfr Cymraeg ym Milan, yr unig lyfr Catholig Cymraeg i'w gyhoeddi ar y Cyfandir yn ystod oes Elisabeth oedd *Athrawaeth Gristnogawl* (1568), cyfieithiad o waith y Sbaenwr Ioannes Polanco. Flynyddoedd yn ddiweddarach, lluniodd Rhosier Smyth fersiwn Cymraeg o Gatecism Petrus Canisius a'i gyhoeddi ym 1611, ac ymhen saith mlynedd ymddangosodd ei gyfieithiad Cymraeg o waith Pierre Boaistuau, *Théâtre du Monde*. Gan eu bod yn byw beunydd dan gysgod erledigaeth, troes rhai Pabyddion at ddulliau mwy cyfrinachol. Sefydlwyd y wasg ddirgel gyntaf yng Nghymru mewn ogof ym mhenrhyn Rhiwledyn, yn y Gogarth Bach rhwng Llandrillo-yn-Rhos a Llandudno. Rhan o stad Robert Puw, ysgwïer y Penrhyn a Phabydd selog, oedd creigiau Rhiwledyn, ac yno yr argraffwyd rhan o'r *Drych Cristianogawl* (1587), sef y llyfr cyntaf erioed i'w brintio ar ddaear Cymru. Ond daeth yr awdurdodau i wybod am eu gweithgarwch, a bu'n rhaid i'r argraffwyr ffoi ar frys. Ceisiwyd dwyn y gwaith yn ei flaen drwy sefydlu gwasg ddirgel arall dan oruchwyliaeth naill ai Siôn Dafydd Rhys neu Robert Gwyn yn Aberhonddu, ac y mae peth tystiolaeth bod gwasg arall yn llechu mewn ogof ym Maelor Saesneg yn sir y Fflint erbyn y nawdegau. Ond er i'r Pabyddion geisio taflu llwch i lygaid yr awdurdodau drwy osod ffug argraffle ar waelod wynebddalen neu briodoli gwaith i ryw alltud pellennig, nid arbedodd gweision Elisabeth eu hunain wrth eu hymlid. O ganlyniad, fe'u gorfodwyd i ddibynnu'n helaeth iawn ar y traddodiad llawysgrifol, ac er iddynt lunio amryw gopïau o'u gweithiau, ni fedrent gystadlu â'r gair printiedig.

Oni châi Pabyddion lonydd hyd yn oed mewn ogofâu anghysbell, caent loches gan wŷr bonheddig a oedd yn glynu wrth yr Hen Ffydd. Er gwaethaf pob erledigaeth, agorai'r rhain eu haelwydydd i genhadon, a chynhalient yr offeren yn y dirgel. Câi reciwsantiaid sir Gaernarfon loches gan Buwiaid y Creuddyn ac Oweniaid Plas-du, ac yn sir y Fflint cyfrifid teuluoedd Conwy o Fryneuryn, Mostyn o Dalacre a'r Maes-glas, Edwards o'r Waun a Pennant o Frynffordd ymhlith y ffyddloniaid. Yn sir Forgannwg, dibynnai reciwsantiaid ar nawdd Twrbiliaid Tregolwyn a Phen-llin, tra swcrid Pabyddion sir Fynwy gan Forganiaid Llantarnam ac Ieirll Caerwrangon yng nghastell Rhaglan. Ond yr oedd nifer selogion yr Hen Ffydd yn edwino. Wedi i'r Pab Piws V gyhoeddi ei sêl-warant ym 1570 yn ysgymuno Elisabeth am drawsfeddiannu ei safle fel pennaeth Eglwys Loegr, ceisiwyd cyfnerthu grym y Frenhines drwy ddifa Pabyddiaeth. Ym 1571, deddfwyd mai uchelfradwr oedd y sawl na chydnabyddai mai Elisabeth oedd y wir Frenhines. Yn wyneb y bygythiad hwn, penderfynodd rhai boneddigion Pabyddol ufuddhau i'r 'awdurdodau goruchel'. Yr oedd eraill, megis Syr Thomas Stradling, yn gwrthod derbyn amodau'r Ddeddf Unffurfiaeth, ond eto'n barod i dalu gwrogaeth ffurfiol i'r drefn drwy fynychu'r llan. Ac yr oedd eraill eto a oedd yn barod i ddilyn eu crefydd hyd angau. Yn ystod yr wythdegau, penderfynodd y llywodraeth droi tu min o ddifrif ar reciwsantiaid penstiff. Pasiwyd deddfau penyd chwyrn yn eu herbyn ym 1581, 1585, 1587 a 1593, a rhoddwyd rhaff i esgobion ymlid cenhadon a chynllwynwyr yn ddidrugaredd. Yn ystod y cyfnod hwnnw, lluosogodd nifer y troseddwyr a dducpwyd gerbron Llysoedd y Sesiwn Fawr am feiddio herio'r wladwriaeth. Amrywiai natur yr erledigaeth o fan i fan. Gwelid rhai ustusiaid heddwch yn udo fel bytheiaid wrth sodlau reciwsantiaid eu bro. Ond llestri digon brau oedd llawer o'r ustusiaid. Dywedid eu bod yn gwrthod gweithredu'r deddfau penyd am fod gwaed yn dewach na dŵr neu am eu bod hwythau'n glynu'n ddirgel wrth yr Hen Ffydd. Ac yr oedd gan sawl ardal eu dogn o ustusiaid di-feind a diog.

Er i hyrwyddwyr y Gwrth-ddiwygiad barhau'n eithriadol o ddewr yn wyneb bygythion lu, yr oedd mwy o elfennau'n gweithredu yn eu herbyn nag o'u plaid. Ni syniai gwŷr y cyfnod hwnnw am oddefgarwch crefyddol fel y gwnawn ni heddiw. Oes anoddefgar ac erlitgar ydoedd ar lawer ystyr, ac ni châi dyn ddilyn ei gydwybod mewn materion crefyddol. Yr oedd gwladwriaeth anghymodlon, sbïwyr craff, esgobion digymrodedd ac ustusiaid maleisus yn benderfynol o sengi'r Pabyddion dan draed. Gan iddi deyrnasu am bum mlynedd a deugain, rhoes Elisabeth gyfle i'r teimlad cenedlaethol danseilio'r achos Pabyddol i gryn raddau. Breuddwyd yr oes oedd sicrhau undeb a threfn, a mynnai Elisabeth a'i hesgobion gryn dipyn o gydymffurfiaeth mewn cred. Rhoes yr Archesgob Grindal fynegiant croyw i ddyhead Protestaniaid: 'boed i Dduw ymhen yrhawg ganiatáu i ni i gyd gredu'r un pethau'. O 1571 ymlaen, yr oedd llyfr dylanwadol John Foxe, *Llyfr y Merthyron,* wrth gadwyn yn holl eglwysi'r wlad, ac yn cael ei ddefnyddio i atgoffa pobl am ferthyrdod y Protestaniaid yn ystod oes Mari Waedlyd. Cyflyrwyd pobl i gredu mai'r Pab oedd y Gwrth-Grist, mai gormeswyr didrugaredd oedd y Sbaenwyr a'r Gwyddelod, mai bleiddiaid yn gwisgo crwyn defaid oedd y cenhadon Pabyddol, ac mai gweision y diafol ei hun oedd yr Iesuwyr celaneddol main. Fel y dwysâi'r bygythiad o du Sbaen, daeth llawer o'r Cymry i gredu bod arddel Pabyddiaeth yn gyfystyr â brad, ac mai eu dyletswydd oedd cynnal yr Eglwys

Brotestannaidd yn erbyn cynllwynion y gelyn Rhufeinig. 'Pwy ond diawliaid,' gofynnai un bardd wedi i gynllwyn Babington ddod i'r golau, 'a wnâi gam â'u disglair fam Frenhines'. Ffolodd y Cymry ar y Frenhines, neu 'Y Sidanen' fel y'i galwent hi, ac ni fynnai'r mwyafrif ohonynt ddychwelyd at ffydd eu tadau. Addefodd Syr John Wogan ym 1599 mai Protestant gwrth-Babyddol ydoedd o'i gorun i'w sawdl, ac y buasai'n well ganddo 'werthu fy mywoliaeth a'm bywyd hefyd yn hytrach na chaniatáu i'r gelyn gipio unrhyw ran o diriogaethau ei Mawrhydi'. Tystiai pob Protestant deallus nad crefydd newydd oedd ei ffydd ef, ond 'ailflodeuad' o'r hen ffydd Gristnogol fel y bu yn ei phurdeb cysefin. Yr oedd gogwydd Cymry mwy cyffredin wedi newid hefyd. Pan yrrwyd y wlad ar lwybr Protestannaidd yn ystod oes Edward VI gresynodd Raff ap Robert, bardd Catholig o Ddyffryn Clwyd, yn fawr o golli'r Hen Ffydd:

> Diympryd a drud ydyw'r ydan—gwael,
> Di-ddydd gŵyl, diarian,
> Digyffes, di-les, di-lan,
> Dirawys ydyw rowan.

Ond yr oedd ei fab, Edward ap Raff, yn Brotestant difloesgni erbyn diwedd oes Elisabeth. Yn ei dyb ef, 'ffiloreg' oedd Pabyddiaeth, cred a goleddid gan 'ffyliaid' a 'dynion creulon' yn unig:

> Gras Duw a ddoeth, gorau stôr,
> I'n mysg o iawn ymesgor,
> Elsbeth, bu odieth ei bod
> Yn frenhines fry'n hynod,
> Egori'r ffydd sydd i'r saint
> A'i Rhoi i Gymru rhag amraint,
> Harddwch ar ôl ein hurddo
> Hir i ferch Harri a fo,
> Einioes iddi'n y swyddau
> Yn un prins inni'n parhau.
> Un Duw yw'n Iôn a'n Dofydd,
> A'r iawn ffordd ydyw'r un ffydd.

Ym 1603, amcangyfrifwyd nad oedd mwy nag 808 o reciwsantiaid ymhlith y 212,450 o gymunwyr yng Nghymru. Esgobaeth Llandaf—'y ceubwll Pabyddol'—oedd y brif noddfa, â 381 o reciwsantiaid. Rhifwyd 250 yn esgobaeth Llanelwy, 145 yn Nhyddewi a 32 yn unig ym Mangor. Er nad oedd y ffigyrau hyn yn cynnwys y Pabyddion a oedd yn cymuno yn yr Eglwys ond yn parhau i lynu'n ddirgel wrth yr hen arferion Catholig, nid oedd yn argoeli'n dda am ddyfodol yr Hen Ffydd. Pan esgynnodd Iago I i'r orsedd ym 1603 tybiai rhai Pabyddion y deuai dyddiau gwell dan y Brenin newydd. Ond nid oedd yn fwriad gan Iago i arwain y wlad yn ôl i'r gorlan Gatholig, ac fe wyddai Robert Owen, Plas-du, hynny'n iawn: 'ein brenin brau,' meddai wrth ei frawd, Hugh, 'lle drwg i ddisgwyl daioni'. O ganlyniad, nychu'n raddol a wnaeth yr Hen Ffydd yng Nghymru yn ystod yr ail ganrif ar bymtheg.

Prinder Pregethwyr

Hyd yma dangoswyd i ba raddau y llwyddodd yr Eglwys Brotestannaidd i ennill serch y Cymry. Ond pur fregus oedd safle tymhorol yr Eglwys ei hun. Oddi ar yr Oesoedd Canol Diweddar, ac yn enwedig yn sgîl diddymiad y mynachlogydd, yr oedd mwy a mwy o ddegymau, gwaddoliadau ac eiddo'r eglwys wedi syrthio i ddwylo lleygwyr. Amddifadwyd yr eglwys o'i chyfoeth a'i nerth gan wŷr bonheddig trachwantus. Cynyddodd y rhaib yn ddirfawr yn ystod oes Elisabeth, gan wanhau'r eglwys fwyfwy. Rhwng 1535 a 1583, disgynnodd gwerth esgobaeth Tyddewi o £457 i £263. Cwynodd Gervase Babington, esgob Llandaf rhwng 1591 a 1595, nad oedd ef ond esgob 'aff' mewn gwirionedd gan fod ei dir ('land') i gyd wedi'i larpio gan leygwyr barus. Bychan iawn o gyflog a gâi mân offeiriaid. Yn esgobaeth Tyddewi ym 1583, yr oedd 33 curad allan o 79 yn ennill llai na £5 y flwyddyn. Yn esgobaeth Llandaf yr oedd tri o bob pedwar curad yn ennill llai na £5 y flwyddyn. Gan fod gwerth llawer o'r bywiolaethau mor fach, rhaid oedd cael mwy nag un er mwyn sicrhau cyflog deilwng. Felly âi amlblwyfiaeth yn rhemp ymhlith offeiriaid.

Canlyniad hyn i gyd oedd nad oedd gan yr Eglwys Sefydledig mo'r grym na'r dylanwad i ledaenu'r genhadaeth Brotestannaidd ar raddfa fawr. Nid oedd unrhyw draddodiad o bregethu'r Gair. Dywedwyd ym 1567 fod naw o bob deg o glerigwyr Gogledd Cymru yn analluog i bregethu. Loes calon i'r Esgob Richard Davies oedd gweld y prinder 'mawr a dychrynllyd' o bregethwyr yn esgobaeth Tyddewi: deg oedd yno ym 1570, a dim ond pedwar yn ychwaneg erbyn 1583. Yn esgobaeth Llandaf ym 1603, ni cheid ond 50 o bregethwyr i wasanaethu 177 o blwyfi a 15 o gapeli. Oherwydd prinder pregethwyr, ni ellid cyffroi sêl ysbrydol y bobl. Dyna oedd byrdwn y Piwritan, John Penry, mewn tri llyfryn a luniodd rhwng 1587 a 1588 i dynnu sylw'r Frenhines a'r Senedd at gyflwr ysbrydol enbydus Cymru. Dolur llygad iddo ef oedd gweld ei gydwladwyr fel defaid ar eu cythlwng, yn amddifad o ymgeledd tymhorol a 'gwybodaeth achubol'. Prin iawn, meddai, oedd y bobl hynny a oedd â gwybodaeth achubol, prin un mewn ugain plwyf. Am bob plwyf a gâi un bregeth bob chwarter, yr oedd ugain plwyf arall na châi bregeth o gwbl. 'Cŵn mudion sy'n hoff o gysgu' oedd clerigwyr diog Cymru, a'r unig feddyginiaeth, yn ei dyb ef, oedd sicrhau cyflenwad o bregethwyr teithiol a lleyg. Siomwyd Huw Lewys, awdur *Perl mewn Adfyd*, hefyd gan ddifrawder clerigwyr, ac fe'u disgrifiodd 'fel cŵn heb gyfarth, clych heb dafodau, neu gannwyll dan lestr'. Mor bell yn ôl â 1567, yr oedd yr Esgob Richard Davies wedi cyfaddef nad 'gwaith undydd unnos yw ennill teyrnas faith boblog i ffydd Crist'. Dim ond dechrau yr oedd y gwaith o fywiocáu bywyd ysbrydol y Cymry pan fu farw Elisabeth ym 1603.

VIII Y PATRWM GWLEIDYDDOL 1603-60

Yn sgîl y Deddfau Uno, ffurfiwyd unoliaeth gadarn rhwng y Goron a boneddigion Cymru, a rhwng y wladwriaeth ganolog a gweinyddiaeth leol. Fel y treiglai'r blynyddoedd heibio, daeth y boneddigion, yn rhinwedd eu swyddi fel ustusiaid heddwch, yn fwy a mwy ymwybodol o'u dinasyddiaeth Brydeinig. Drwy weithredu cyfraith gwlad Lloegr ym mhob sir, cwmwd a phlwyf, cynrychiolent hefyd sofraniaeth Coron Lloegr. A thrwy ofalu am fuddiannau lleol, gofalent hefyd am fuddiannau'r deyrnas ganolog. Nid yw'n rhyfedd felly fod y Stiwartiaid Cynnar wedi derbyn cefnogaeth frwd y rhan fwyaf o foneddigion Cymru. Er i Uncorn yr Alban ddisodli'r Ddraig Goch ar yr arfbais frenhinol, croesawyd Iago I yn gynnes a'i gyfarch gan William Herbert o Forgannwg fel 'ein hail Frutus'. Aeth Syr William Maurice o'r Clenennau—'penn plaid brytaniaid' yn ôl y bardd Richard Owen—mor bell ag ystyried y Goron yn symbol o unoliaeth Prydain. Credai'n ffyddiog y gellid diogelu delfrydau cenedlaethol Cymru o fewn yr uned Brydeinig, a'i brif ddymuniad oedd gweld uno'r Alban â Chymru a Lloegr. Bu Iago I, yntau, yn hael a dymunol ei agwedd tuag at y Cymry. Canmolodd y 'bonheddwyr sy'n gwasanaethu dros wlad Cymru' yn ei Senedd gyntaf, ac fe'u dyrchafodd yn y Llys, y lluoedd arfog a'r eglwys.

Y Cymry yn San Steffan

Os oedd boneddigion Cymru'n ymfalchïo yn y Goron, yr oedd hefyd deyrngarwch mawr i Dŷ'r Cyffredin yn tyfu yn eu plith. Un o brif ddatblygiadau oes Elisabeth fu'r cynnydd ym maint ac awdurdod y Senedd, a daethpwyd i werthfawrogi'r manteision a ddeuai i'r sawl a ddaliai sedd yn San Steffan. Maes y breintiedig rai oedd gwleidyddiaeth y pryd hwnnw, ac ni châi ond rhwng 3% a 5% o'r boblogaeth mewn unrhyw sir yng Nghymru fwrw pleidlais mewn etholiad. Yn ddieithriad, cynnen leol yn hytrach nag egwyddor aruchel a oedd wrth wraidd gornestau etholiadol. Gan fod cymaint o deuluoedd bonheddig wedi ymbesgi erbyn oes y Stiwartiaid Cynnar, yr oedd gwrthdaro rhyngddynt hwy a'r hen deuluoedd mawrion yn anochel. Gwelir y duedd hon yn amlwg yn

160

sir Gaernarfon, lle cafwyd mwy o ornestau etholiadol rhwng 1604 a 1640 nag mewn unrhyw sir arall yng Nghymru. Penteulu Gwedir, Syr John Wynn, oedd y gŵr grymusaf yn y sir honno yn ystod dau ddegad cyntaf y ganrif. Dyn balch ac ymffrostgar ydoedd, yn benderfynol o hybu buddiannau ei deulu, a dal ei afael ar yr awenau gwleidyddol yn ei gynefin. Ei brif elynion oedd y teulu Griffith o Gefnamwlch yn Llŷn, a chythruddwyd Syr John i'r byw pan fethodd ei fab, Richard, ennill yr etholiad sirol yn erbyn John Griffith ym 1620. Yr oedd Syr John yn feistr ar ystrywiau gwleidyddol, ond llwyddodd y teulu Griffith i ganfasio'n helaeth, i ennill ffafr rhai o gyfeillion agosaf Wynn, ac i sefydlu rhwydwaith o glymbleidiau. O ganlyniad, chwalwyd awdurdod y Wynniaid yn llwyr, ac nid oeddynt ond cysgod o'r grym a fuont wedi'r ornest.

Er nad oedd a fynno helyntion fel hyn ag egwyddorion gwleidyddol o bwys cenedlaethol, yr oedd boneddigion Cymru'n dechrau bwrw'u prentisiaeth wleidyddol drwy fynychu'r Senedd yn amlach. Fwyfwy daethant i ddysgu arferion Tŷ'r Cyffredin, i ymgynefino â'r drefn o weithredu ac o ddatgan barn, ac i gymryd diddordeb deallus a bywiog ym materion gwleidyddol yr oes. Digon swil a gwylaidd oedd llawer ohonynt ar y dechrau, ond gwthiodd rhai eu pig i faterion llosg y dydd gydag arddeliad. Un enghraifft hynod oedd Syr James Perrot, aelod seneddol Hwlffordd. Gafaelodd y Senedd yn ei ddychymyg ef ar unwaith, a bu'n llai parod na'i gyd-Gymry i arbed ei dafod. Meddai ar egni rhyfeddol, gwasanaethodd ar gnwd amrywiol o bwyllgorau, a mynegodd ei farn yn ddifloesgni ar faterion economaidd, cyfreithiol a chrefyddol. Ond er bod ambell aelod fel Perrot yn bwrw i'r dwfn ar ei liwt ei hun, y duedd gyffredinol ymhlith yr aelodau seneddol Cymreig oedd gweithredu fel un garfan gytûn. Dalient ar bob cyfle yn y Tŷ i wyntyllu a hyrwyddo achosion Cymreig—ar faterion megis mewnforio gwartheg o Iwerddon, er enghraifft—er mwyn amddiffyn buddiannau eu hardaloedd. Nid oedd ganddynt fawr ddim o ymdeimlad o berthyn i genedl, ond mynnent frwydro dros les y gymdeithas Gymreig. Er bod y trafodaethau ar faterion Cymreig yn ysbeidiol iawn yn y Tŷ, a diffyg diddordeb ac ystyfnigrwydd aelodau dylanwadol yn eu lluddias yn aml, nid oes prawf i'r aelodau Cymreig esgeuluso'u dyletswyddau.

Un o brif broblemau oes y Stiwartiaid Cynnar oedd y gwrthdrawiad rhwng ewyllys y Goron a hawliau'r Senedd. Dirywiodd y berthynas rhwng y ddau gorff yn sgîl esgyniad Siarl I i'r orsedd ym 1625. Ni bu Siarl mor hael â'i ragflaenydd tuag at y Cymry, a bychan oedd ei ddiddordeb yn y Dywysogaeth. Syrthiodd rhai Cymry blaenllaw oddi wrth ras. Collodd yr Arglwydd Geidwad, John Williams, ei swydd oherwydd iddo feiddio anghytuno â ffefryn y Brenin, Dug Buckingham. Credai Siarl yn ddiysgog yn ei hawl ddwyfol i deyrnasu. Tybiai mai ef oedd cynrychiolydd dwyfol Duw ar y ddaear, a bod y Senedd yn bygwth ei freintiau cysegredig yn y dull mwyaf haerllug. Poerodd yn wyneb y Seneddwyr pan alwyd arno i ymateb i'w cwynion ynghylch rhyddid barn, restio pobl a'u cadw yn y carchar heb i'r un llys barn eu profi'n euog, cyfraith rhyfel a threthi anghyfiawn. Barnai y medrai lywodraethu heb gynhorthwy'r Senedd, a dyna a wnaeth rhwng 1629 a 1640. Pan gaeodd Siarl ddrws y Senedd ceisiodd rhai o'r aelodau Cymreig ddadlau y dylai'r Goron a'r Senedd sefyll ynghyd. 'Eisteddwn yma fel corff a'r Brenin yw ein pen,' meddai Charles Price, 'os rhoddir ergyd i'r corff, fe deimla'r pen ef, ac os troseddir yn erbyn braint y Tŷ hwn fe fydd yn bryder i'r deyrnas gyfan'. Credai'r gohebydd enwog James Howell fod y ddau gorff yn dibynnu ar ei gilydd. 'Os gwnaed y bobl eroch chwi,' meddai wrth Siarl, 'fe'ch gwnaed chwithau yn yr un modd erddynt hwy, y naill er lles y llall, ac nid i ddinistrio ei gilydd'. Ond ar y cyfan, pan ddigwyddai rhwyg rhwng y Brenin a'r Senedd, bwriai'r aelodau Cymreig eu coelbren o blaid y Brenin. Fe'u cysylltent eu hunain â'r Goron, ynghyd â phob sefydliad a berthynai iddi, am eu bod mor ymwybodol o wehelyth Frythonig y Brenin ac am mai o'i law ef y deuai'r ffafrau brasaf.

Yr oedd aelodau seneddol Cymru nid yn unig yn ymwybodol o'u hawliau fel dinasyddion Prydeinig, ond hefyd fel amddiffynwyr yr Eglwys Brotestannaidd. Er nad oedd y Pabyddion yng Nghymru yn rym gwleidyddol peryglus, rhaid oedd eu gwylio'n ofalus. Achosodd Cynllwyn Tân y Powdr Gwn ym 1605 gryn anesmwythyd, a dyfnhaodd ofnau'r Protestaniaid pan gychwynnodd y Rhyfel Deng Mlynedd ar Hugain yn Ewrop ym 1618. Yn nhyb y Protestaniaid, brwydr ydoedd rhwng y da a'r drwg, rhwng Genefa a Rhufain, a rhwng Crist a'r Gwrth-Grist. Credai pob Protestant mai llygriad cableddus o wir ddysgeidiaeth Crist oedd Pabyddiaeth, ac nad oedd gwerth na rhin yn perthyn iddi. At hynny, ofnid bod y Pabyddion yn cynllwynio i ddymchwel y drefn wleidyddol. Enynnai'r bwgan Gwyddelig ofn parhaus ym mynwes y Cymry, a gwyddai trigolion Môn a Phenfro mai ar eu tir hwy y byddai goresgynwyr Pabyddol yn debygol o lanio gyntaf. Anogid minteioedd lleol yn gyson i aros ar flaenau'u traed yn wyneb y perygl enbyd o du'r Gwyddyl a'r 'dynion du' o Sbaen. Sbaen oedd y wlad rymusaf yn Ewrop, a seriwyd ei hofn ar enaid y Cymry. Er bod unigolyn megis Syr John Stradling o Sain Dunwyd yn dadlau o blaid sicrhau heddwch ac undeb ymhlith pobloedd Ewrop, credai'r mwyafrif mai gelyn anfad oedd y Pabydd, a bod Sbaen wedi cyflawni creulonderau na bu neb ond y Twrc yn euog ohonynt o'r blaen. Pan wrthododd Iago a Siarl yn eu tro ymyrryd o blaid Protestaniaeth ar y Cyfandir, ofnid y byddai'r Stiwartiaid yn llusgo'r wlad i'r heldrin er mwyn amddiffyn crefydd Rhufain. A phan geisiasant drefnu cymod â Sbaen, dyfnhaodd yr ofnau. Arswydai'r Ficer Prichard rhag y cynllun o uno Lloegr a Sbaen drwy gyfamod priodasol rhwng y Tywysog Siarl a Thywysoges Infanta Sbaen:

> Duw'm ddiffynno rhag bradwriaeth,
> Cadwed Crist ef rhag Pabyddiaeth,
> A rhag pawb sydd yn amcanu
> Drwg neu sbeit i Brins y Cymry.

'Yr wyf yn herio unrhyw greadur, rhwng Nef a Daear,' meddai James Howell, 'a ddywed nad wyf yn wir Brotestant Seisnig'. Ar adegau o argyfwng cenedlaethol, hawsaf peth yn y byd i'r wrthblaid oedd gwneud melin a phandy o'r ffaith fod Siarl yn briod i Babyddes, yn goddef gwasanaethau Pabyddol yn ei Lys, ac yn hyrwyddo ffydd y gelyn yn ei bolisïau ucheleglwysig. Cyrhaeddodd yr ofnau hyn eu penllanw ym 1641 pan gododd y Gwyddelod mewn gwrthryfel a lladd miloedd o drefedigaethwyr Protestannaidd. Pan hwyliodd nifer mawr o ffoaduriaid i Gymru, ofnid y digwyddai gwrthryfel Catholig cyffelyb yng Nghymru. Yr oedd digon o sïon ar led fod teuluoedd Rhaglan a Phowys yn crynhoi 'byddin Babyddol Gymreig' er mwyn cipio'r Goron, ac achosai hynny gryn boen meddwl i Brotestaniaid pybyr yng Nghymru.

Os oedd drwgdybiaeth ynghylch crefydd Siarl, yr oedd anniddigrwydd gwaeth ynghylch ei wasgiadau ariannol. Rhwng 1629 a 1640, llywodraethodd y Brenin heb Senedd, a chymerwyd yr awenau gwleidyddol gan ei brif weision, Laud a Strafford. Cymaint oedd cyfyngder Siarl am arian fel yr adferodd hen osbfeydd ffiwdal—y dreth arlwyaeth, y dreth gasgen a benthyciadau gormesol. Nid ymataliodd David Jenkins, y cyfreithiwr llwyddiannus o'r Hensol ym Morgannwg, rhag mynegi

163

ei anesmwythyd ynghylch cribddaliadau mor rheibus. Ond y mwyaf dadleuol ac amhoblogaidd o holl bolisïau Siarl oedd y dreth ar longau. Pwrpas y dreth hon oedd codi arian er mwyn atgyfnerthu'r llynges a'i galluogi i ddiogelu'r arfordir ac amddiffyn y wlad rhag y gelyn estron. Swm cymharol fychan o £2,000 a ofynnwyd amdano yn y lle cyntaf ym 1634. Ond seiliwyd yr amcangyfrif hwnnw ar gamsyniad ac erbyn y flwyddyn ganlynol yr oedd cyfran Cymru wedi codi i £10,500, y swm i'w dalu'n uniongyrchol i Lundain gan holl siroedd y wlad. Ceisiwyd casglu'r trethi mewn dull cymedrol ac amyneddgar. Dywedodd siryf Meirionnydd mai 'ewyllys ei Fawrhydi yw y dylid trin ei ddeiliaid yn gymedrol, a chaniatâ hynny i mi fentro codi'r dreth yn fwy hamddenol ymhlith yr haen dlotaf'. Ond er bod y Cymry mor awyddus â neb i ddiogelu'r arfordir rhag y gelyn Pabyddol, nid peth hawdd oedd casglu arian parod yn ystod misoedd llwm y gaeaf. Bregus iawn oedd economi Cymru, yn enwedig yn sgîl yr heintiau a ysgubodd drwy'r Canolbarth ym 1636-8 a'r De ym 1639. Eto i gyd, rhwng 1634 a hydref 1638, bu'r ymateb yng Nghymru yn rhyfeddol o dda. Cafwyd bod pedair sir yng Nghymru ymhlith y naw sir yn Lloegr a Chymru a dalodd y cyfartaledd uchaf o drethi dros gyfnod o bum mlynedd. Ond fel yr âi'r degad yn ei flaen, bu i sawl sir wrthod neu fethu talu. Clywid cwynion mynych fod 'un meis mawr' yn dod 'ar war y lleill'. Yn araf iawn y treiglai'r trethi i goffrau'r llywodraeth, oherwydd prinder arian cyn ffeiriau'r haf, esgeulustod siryfion, a'r anhawster o drosglwyddo'r trethi i ddwylo'r awdurdodau yn Llundain. Erbyn y trydydd a'r pedwerydd trethiad, methodd siroedd Brycheiniog a Dinbych â chyrraedd y nod a osodwyd iddynt. Ym 1638-9, methodd siroedd Caerfyrddin a Maldwyn â thalu, ac ym 1639 methodd pob sir yng Nghymru â chyrraedd ei nod.

Lledodd y rhwyg rhwng y rhanbarthau a'r llywodraeth pan dynnwyd y wlad i ryfel yn erbyn yr Alban ym 1639-40. Ceisiodd Siarl a Laud orfodi'r Llyfr Gweddi Gyffredin ar yr Albanwyr yn erbyn eu hewyllys. Cythruddwyd y Presbyteriaid, ac arweiniodd hyn i Ryfel yr Esgobion. Dwysaodd anesmwythyd y Cymry pan alwodd y Brenin am gyfraniad o 600 o filwyr cyflogedig o Gymru, sef 150 o siroedd Dinbych a Morgannwg, 115 o siroedd Mynwy a Maldwyn, a 70 o sir y Fflint, i ymladd o'i blaid ym 1639. Ar ben hynny, galwodd am 1,000 o wŷr meirch, i'w codi drwy adfer hen rwymedigaethau ffiwdal y bendefigaeth. Er i Babyddion eiddgar megis Iarll Caerwrangon a'r Arglwydd Powys ymateb yn hael, anfoddog iawn oedd y mwyafrif o bendefigion Cymru. Erbyn 1640, yr oedd y Brenin yn disgwyl i Gymru gyfrannu 2,000 o wŷr, sef y llu mwyaf a gynullwyd yng Nghymru er y Deddfau Uno. Golygai cais Siarl am ragor o filwyr ddyblu neu dreblu cyfran arferol pob sir bron yng Nghymru, a bu'r baich yn un trwm iawn ar wlad dlawd ei hadnoddau.

Collodd Siarl y dydd ar faes y gad, cynyddodd yr elyniaeth yn ei erbyn, a gorfu iddo alw'r Senedd yn ôl. Cyfarfu'r Senedd Hir ar 3 Tachwedd 1640, ac o hynny hyd haf 1642 dirywiodd y berthynas rhwng y Brenin a'r wrthblaid. Llithrodd Siarl o'r naill argyfwng i'r llall, collodd ei hygrededd fel Brenin yng ngolwg llawer iawn o'i ddeiliaid, ac fe'i hynyswyd ef a'i Lys oddi wrth fywyd crefyddol a deallusol y wlad. Nid oedd pob aelod seneddol Cymreig yn ymddiried yn llwyr yn ei air, ond pan lithrodd y wlad i ryfel ym 1642 ni allai'r mwyafrif llethol ohonynt lai na chynnal breichiau Siarl yn ei awr o argyfwng. Dim ond saith o aelodau seneddol Cymru a oedd yn deyrngar i blaid y Senedd ym mis Awst 1642.

Dewis Ochr

Y mae'n anodd penderfynu pa ystyriaethau a ysgogodd y Cymry i ddewis eu hochr yn ystod y Rhyfel Cartref. Er bod dwy blaid a dwy fyddin yn ymgiprys, digon annelwig oedd y ffin rhyngddynt ar brydiau. I drwch y boblogaeth, profiad newydd oedd bod mewn rhyfel a pheth naturiol iawn oedd iddynt ofni y byddai Rhyfel Cartref yn rhwygo cymdeithas, yn andwyo'r berthynas rhwng teuluoedd, ceraint a chyfeillion, ac yn dymchwel y drefn gymdeithasol. Gwyddent fod rhyfel wedi profi'n llestair i fywyd pobloedd yr Almaen ac Iwerddon, a bod yr ymladd cignoeth yn y gwledydd hynny wedi dangos y natur ddynol ar ei gwaethaf.

Gellir dweud yn bur ddiogel fod y mwyafrif o bendefigion a boneddigion Cymru wedi ymrestru dan faner y Brenin. Er y gwyddent nad oedd Siarl yn ddi-fai, yr oedd eu serchiadau ynghlwm wrth un a ddisgynnai o 'hil Brutus ardderchog'. Yr oedd hyd yn oed y rhai yn eu plith a fuasai'n feirniadol o bolisïau'r Brenin yn y gorffennol yn barnu mai gwell ganddynt y diafol a adwaenent na'r diafol nad adwaenent. Nid ar amrant y byddent yn bwrw heibio'u parch at y Goron ac at gyfraith gwlad. Ni fynnent ar unrhyw gyfrif newid trefn gymdeithasol ac economaidd a oedd wedi bod mor ffafriol iddynt. Lles y Goron oedd pennaf dymuniad y Pabyddion, ac yr oedd yr adnod hon o 1 Samuel xxvi. 9: 'canys pwy a estynnai ei law yn erbyn eneiniog yr Arglwydd ac a fyddai ddieuog?' ar wefusau Brenhinwyr brwd. Yr oedd 'y lân Eglwys olau' yn agos iawn at galonnau gwŷr bonheddig: hi oedd yr hen Eglwys Frythonig 'efengylaidd ac anrhufeinig' a'r Brenin yn bennaeth arni.

Gwelir rhai o'r cymhellion hyn yn ymddygiad a phroffes canlynwyr Siarl yng Nghymru. Un o'r selogion mwyaf pleidiol i'r Brenin oedd Syr John Owen, Clenennau, 'gŵr purffydd', yn ôl Huw Machno, 'a gŵr a nerthai'r Goron'. Gellir ei restru ymhlith y ffyddlonaf o ganlynwyr y Brenin. Llosgai ynddo awydd angerddol i wasanaethu Siarl, ac i 'ddiogelu Cymru rhag anghyfiawnder ac i amddiffyn fy ngwlad a'r wir ffydd'. Fel arweinydd gwrol a herfeiddiol ar faes y gad y gwasanaethodd Owen ei Frenin, ac addefodd lawer tro y byddai'n ufuddhau i'r Brenin hyd angau. Yr oedd eraill yn barod i selio'u tystiolaeth ag arian. Yn ôl ei deulu, gwariodd y Pabydd, Ardalydd Caerwrangon, £900,000 yng ngwasanaeth y Brenin. Yn ôl ei ŵyr, gwariodd Syr Roger Mostyn £60,000 dros achos Siarl yn ystod y Rhyfel. Tystiai eraill i'w parodrwydd i ymladd o blaid y Brenin hyd eithaf eu gallu am mai ef oedd 'corff Duw' ar y ddaear. Addefodd Syr Thomas Salusbury o Leweni fod ei deyrngarwch i Dduw a'r Brenin yn blethedig annatod: 'er i Israel oll fynd o'r neilltu, eto myfi a'm tylwyth a wasanaethwn yr Arglwydd, yr hyn ni fedraf ei wneud heb wasanaethu ei eneiniog hefyd'. Tyngai llu o Frenhinwyr brwd y byddent ar flaen y gad ym mhob ymgyrch. Ceid cleddyf ar arfbais Syr Nicholas Kemeys o Gefnmabli yn dwyn yr arwyddair: 'os deil hwn, gwae i'r Pengrwn'. Nid oedd angen gofyn ddwywaith i'r brenhinwr digymrodedd o Gaer-gai, Rowland Vaughan, ddadweinio cleddyf dros y Brenin:

> Pei cawn i'r pencrynion rhwng ceulan ag afon
> ag yn fy llaw goetffon o linon ar li
> mi gurwn yn gethin ynghweril y Brenin
> i'w gyrru nhw'n fyddin i foddi.

Ac ni phallodd sêl na gweithgarwch William Salusbury—'yr Hen Hosanau Gleision'—drwy gydol y Rhyfel. Atgyweiriodd gastell Dinbych ar ei gost ei hun, ac ni phlygodd lin i luoedd y Senedd hyd Hydref 1646.

Ond nid oedd plaid y Senedd heb ei chefnogwyr yng Nghymru. Ar y gororau, yn y trefi a'r porthladdoedd, ceid cnewyllyn o ffyddloniaid a farnai mai achos y Senedd oedd yr un cyfiawn. Credent mai'r Senedd oedd prif sylfaen rhyddfreiniau a rhyddid y bobl, a mynnent docio ar awdurdod yr unben brenhinol. Ni chredai pobl fel Syr Thomas Myddelton o'r Waun a John Jones, Maesygarnedd, fod gan Siarl yr hawl i blygu'r Senedd i'w ewyllys ac i sarhau cydwybod y bobl. Ystyriai Piwritaniaid brwd fel Vavasor Powell, Walter Cradock a Morgan Llwyd mai croesgad grefyddol sanctaidd oedd y Rhyfel yn erbyn trefn eglwysig ormesol. Eu dyletswydd hwy felly oedd difa achos 'gelyn y saint' ac aberthu popeth er mwyn ennill yr hawl i ddilyn eu cydwybod mewn materion crefyddol. Tynnid eraill i gefnogi'r Senedd gan ddylanwad gwŷr grymus. Yn sir Benfro, cynorthwywyd plaid y Senedd gan deuluoedd a oedd yn gysylltiedig ag Iarll Essex, cadlywydd y Senedd, a pherchen stadau bras yn ne-orllewin Cymru. Yr oedd dau aelod seneddol—Syr Hugh Owen a John Wogan—yn daer yn erbyn y Brenin, ynghyd â nifer o gyn-filwyr, megis Rowland Laugharne a Rice Powell, a fuasai'n gwasanaethu dan Essex yn yr Almaen a'r Iseldiroedd. At hynny, ffynnai cyfathrach agos rhwng masnachwyr sir Benfro a masnachwyr porthladdoedd Bryste a Chaerloyw lle rhoddid bri mawr ar y genadwri Biwritanaidd. Eto i gyd, ac eithrio ar y gororau ac yn rhai o brif drefi'r De a 'Lloegr fach y tu hwnt i Gymru', gwreiddyn digon distadl oedd Piwritaniaeth yng Nghymru ym 1642. Safai plwyfi annatblygedig ac anghysbell Gogledd a gorllewin Cymru ymhell o gyrraedd y grefydd Biwritanaidd a dwndwr cynhyrfus Llundain. Bu'r iaith Gymraeg yn faen tramgwydd i ymdrechion y Senedd i drosglwyddo'i chenadwri a'i gobeithion yn effeithiol. Yn Saesneg y lluniodd yr ysgwïer o Geredigion, John Lewis, Glasgrug, ei *The Parliament explained to Wales,* ac ni chyhoeddwyd y gyfrol hyd 1646. Er i ragor na 22,000 o bregethau, areithiau, pamffledi a newyddiaduron gael eu cyhoeddi yn Lloegr rhwng 1640 a 1661, ni wnaed yr un cais (ac eithrio rhai o ddehongliadau dyrys Morgan Llwyd yn y 1650au) i drosglwyddo safbwynt a hawliau'r Senedd drwy gyfrwng yr iaith Gymraeg. O ganlyniad, ni wyddai ond cyfran fechan o'r Cymry beth oedd delfrydau a nod plaid y Seneddwyr, a dyna paham y'u disgrifiwyd yn ddirmygus fel 'gwaddod heb lygaid'.

Ond ni ellir disgrifio'r rhaniadau yn nheyrngarwch y Cymry yn ystod y rhyfel mor dwt a thaclus â hynny. Droeon yn ystod yr heldrin, gwelwyd bod cefnogaeth y Cymry'n dibynnu ar lanw a thrai'r Rhyfel, ac ar ba ochr a oedd â'r llaw uchaf mewn ardal arbennig neu ar adeg arbennig. Amhleidiaeth oedd agwedd llawer gŵr bonheddig. Cuddient eu pennau yn y tywod, gan obeithio y caent lonydd i oruchwylio'u stadau, i hybu eu buddiannau ac i fedi eu cnydau. Hwyrfrydig iawn oeddynt i gynorthwyo'r naill ochr na'r llall oni fyddai byddin yn bygwth eu heiddo a'u cartrefi. Honnai rhai nad oedd a fynnent hwy ddim â'r helynt. Dywedid am Syr Francis Lloyd ei fod 'yn caru ei esmwythyd personol yn fwy na materion cyhoeddus y wlad'. Canu corn rhyfel yn ddigon petrus a wnaeth Syr John Vaughan o'r Trawsgoed yntau: dywedwyd ei fod yn ddigon uchel ei gloch o blaid y frenhiniaeth, ond yn bur amharod i'w hamddiffyn pan ddeuai awr flin.

Gallai pob chwiw a chwa bennu teyrngarwch y bobl—cynhennau teuluol, cytundebau personol ac amgylchiadau lleol—ac fel ym mhob rhyfel cartref, yr oeddid yn newid ochr ac yn troi fel ceiliog y gwynt. Gwnâi rhai broffes wag, ar air yn unig, ac fel y ffyrnigai'r Rhyfel lluosogai nifer y trwswyr a'r gwrthgilwyr. Rhaff ddigon brau a glymai Syr John Pryce o'r Drenewydd wrth blaid y Brenin. Ar ôl cefnogi Siarl ar ddechrau'r Rhyfel, ymunodd â phlaid y Senedd. Ond er i'r Pengryniaid ei ddewis yn llywiawdwr castell Trefaldwyn, drwgdybid ei wir deyrngarwch yn fawr gan y ddwy blaid. Chwaraewr y ffon ddwybig oedd Syr Hugh Owen o Orielton. Pan ddechreuodd y Rhyfel, rhoes gynhorthwy i Rowland Laugharne a John Poyer yn eu hymdrechion dros y Senedd. Rywbryd ym 1644, llithrodd i wersyll y Brenin, a bu o blaid gwrthdystiad Laugharne a Poyer ym Mhenfro ym 1648 cyn cymodi unwaith eto â'r blaid Seneddol ar ddiwedd y Rhyfel. Pwyswyd Syr Trevor Williams o Langybi Fawr yn y glorian frenhinol a'i gael yn brin. Cefnogodd Siarl ym 1642, ond cymaint oedd ei gas at filwyr Gwyddelig y Brenin fel y bu iddo ymuno â phlaid y Seneddwyr. Ond edifarhaodd pan welodd newydd-ddyfodiaid yn ymelwa dan y drefn newydd ym 1648, a chynorthwyodd Syr Nicholas Kemeys i gipio a dal castell Cas-gwent dros y Brenin hyd 25 Mai 1648. Lle bynnag y ceid soriant, eiddigedd a gelyniaeth bersonol, yno y byddai'r Sioni-bob-ochr. Yr enwocaf o'r anwadalwyr oedd yr Archesgob John Williams. Yn ystod y Rhyfel, gwnaeth ei orau i gadw'r Seneddwyr allan o dref Conwy drwy atgyfnerthu'r amddiffynfeydd a'r adnoddau yno. Ond nid cynt yr aeth i gryn draul ariannol nag y collodd ei safle fel pennaeth y pencadlys yng Nghonwy. Fe'i disodlwyd gan Syr John Owen, Clenennau. Nid oedd yr Archesgob yn hapus o gwbl o weld un o wŷr Eifionydd yn tra-arglwyddiaethu ar wŷr Dyffryn Conwy. Teimlai hefyd fod Siarl wedi gwneud tro sâl ag ef yn bersonol, ac yn y diwedd troes ei gôt drwy estyn cymorth i luoedd y Cyrnol Mytton i fynd i mewn i Gonwy ac i dreiddio i berfeddion Eryri.

Yr oedd nifer helaeth o fydolddoethion hefyd yn credu mai drwy ragrith a hoced y gellid byw'n ddiogel. Iddynt hwy, yr oedd y Rhyfel yn gochl dros gymhellion budr. Fel y cynyddai'r anhrefn, gwelent eu cyfle i ddial cam ac i wneud camwri. Yn ôl Huw Morys, yr oedd digon yn barod i fradychu'r Brenin cyhyd ag yr oedd hynny'n talu:

> Pan droe rhod, briw nod bron,
> E droe gwŷr o du'r goron;
> trwy aur neu ofn y troe'r naill,
> trwy arian y troe eraill.

Dyma hefyd eiriau'r Ffŵl yn anterliwt boblogaidd Huw Morys ar y Rhyfel Cartref:

> Mi dro fel y gwynt os ca fi well cyflog,
> Mi a ladda fy mam am ddwy geiniog.

Gallai pobl fel hyn geisio plesio'r ddwy ochr heb wrido dim. Y meistri gorau ar chwarae'r ffon ddwybig oedd y brodyr Lort—John, Roger a Sampson—o sir Benfro. Dywedwyd am Roger ei fod 'yn barod i arddel unrhyw egwyddor neu grefydd a ddygai iddo gyfoeth'. Un chwannog am y geiniog oedd Sampson, yntau: 'fe all weddïo cyhyd ag y tâl iddo; dim ceiniog, dim *pater noster*'. Sbonciai Henry Vaughan, proffeswr ffuantus o'r Derwydd, o'r naill blaid i'r llall heb ganiatáu i fymryn o edifeirwch gnoi ei feddwl. Ac yr oedd y gobaith am ennill cyflog dda ac ysbeilio'n rhydd yn ddigon o demtasiwn i filwyr proffesiynol ddychwelyd o'r Cyfandir i brofi anturiaethau cyffrous yn eu cynefin.

Ni châi milwyr cyffredin anwadalu, oherwydd yr oedd yn rhaid iddynt blygu i ewyllys eu meistri a'u landlordiaid. Fe'u llusgid o'u hanfodd o'u gwaith i frwydro ar faes y gad neu i atgyfnerthu'r cestyll drwy atgyweirio muriau a thyrau bregus. Recriwtiai Siarl ei wŷr traed drwy'r Comisiynau Arae, a gwnâi'r Senedd yr un modd drwy'r Deddfau Milisia. Criw anhydrin o wladwyr trwsgl oeddynt, yn sawru'n drwm o'r pridd. Ymgroesai rhai o arweinwyr byddin Siarl rhag gorfod eu harwain mewn Rhyfel. Cwynodd Capten Thomas Dabridgecourt yn arw amdanynt wrth y Tywysog Rupert:

'pe rhyngai fodd i'ch Mawrhydi i'm gosod i reoli y Twrc, neu Iddew, neu Genedl-ddyn, mi awn yn droednoeth i'ch gwasanaethu, ond rhag y Cymry, Dduw da gwared fi . . . Ni phrisiant na Syr John Winter, na'i warantau ef na'm rhai i na rhai neb arall. Dywed rhai na ddônt; ni ddaw'r gweddill gan ddweud dim'. Dywedai pamffledwyr crechwenus y Senedd mai cenedl lofr ei hanian oedd cenedl y Cymry ac mai'r unig ffaith safadwy am ei phobl oedd eu hanghysondeb. Honnent fod 'y Cymry dall' a'r 'Taffi tlawd' yn profi gwirionedd yr hen ddihareb fod un pâr o sodlau'n gyfwerth â dau bâr o ddwylo. Ond os oedd y milwyr cyffredin hyn yn dueddol i ffoi am eu heinioes mewn cyfyngder, pwy a all eu beio? Truenus i'r eithaf yw darlun Huw Morys o'r Cymro bratiog a dibrofiad, â'i raw, ei bicfforch, ei gaib a'i fatog, yn ei gynnig ei hun yn 'aberth barhaus i'r cleddyf' ac yn marw 'fel cig mollt pwdr'.

Y Rhyfel Cartref

Pan gododd Siarl I ei faner yn Nottingham ar 22 Awst 1642, digwyddodd ddewis yr un dydd o Awst â'r un a enillodd y Goron i Harri VII ar faes Bosworth dros ganrif a hanner ynghynt. Ac fel y disgwyliai'r 'mab darogan' am gefnogaeth ei gyd-Gymry, felly hefyd y disgwyliai Siarl I yr un ymlyniad brwdfrydig wrth ei achos ef. Dibynnai ar Gymru am filwyr ac adnoddau. Yn ôl Arthur Trevor, yr oedd Cymru'n 'feithrinfa i wŷr traed y Brenin'. Disgwyliai'r Goron gael lluniaeth ar gyfer ei byddin, a rhywfaint o arian parod o blith Cymry cefnog, a dibynnai'n fawr ar fewnforio nwyddau drwy borthladdoedd Biwmares a Chaer. Byddai Siarl hefyd yn gwahodd byddinoedd o Iwerddon i'w gefnogi ac yn gofyn iddynt orymdeithio drwy Gymru. Ac nid y lleiaf o obeithion y Brenin oedd y gallai, ar awr dywyll, ddianc i fryniau diarffordd Cymru i gael ei wynt ato.

Gan y Brenin yr oedd y brif fantais strategol: ef yn unig a oedd â nod clir a phwrpasol, sef meddiannu'r brifddinas. Erbyn hydref 1642, yr oedd wedi llwyddo i gasglu oddeutu 16,000 o filwyr ynghyd yn Amwythig, a chychwynnodd ar ei daith i Lundain ar 12 Hydref. Ar 23 Hydref, fe'i goddiweddwyd gan fyddin Iarll Essex yn Edgehill, a chafwyd sgarmes waedlyd ond diganlyniad yno. Yn ystod y frwydr, cafodd y Brenhinwyr ddwy ergyd drom pan laddwyd William Herbert o Cogan Pill a phan gipiwyd Syr Edward Stradling o Sain Dunwyd yn garcharor. Bu'r oedi yn Edgehill yn ddigon i alluogi cefnogwyr y Senedd i gryfhau eu hamddiffynfeydd yn Turnham Green, ger Brentford. Eto i gyd, pe na buasai Siarl mor wangalon, gallasai ei fyddin fod wedi mathru byddin ddibrofiad y Senedd yn Turnham Green. Ond penderfynodd beidio ag ymosod, a dychwelodd i Rydychen i sefydlu ei bencadlys.

Ymestynnai awdurdod y Brenin yng Nghymru ar hyd rhannau gogleddol y gororau, â Chaer ac Amwythig yn brif gadarnleoedd i'w achos. Rhoes ei fryd ar ennill Caerloyw a Bryste, er mwyn sicrhau meddiant llwyr ar y gororau. Gwarchaewyd ar Gaerloyw, a rhwydodd yr Arglwydd Herbert, ail Ardalydd Caerwrangon, fyddin fach o 500 o farchogion a 1,500 o wŷr traed i gynorthwyo'r fenter. Yn anffodus, swyddogion dibrofiad iawn a oedd gan Herbert, a phan oeddynt yn hepian ymosodwyd arnynt yn ddisymwth gan lu profiadol Syr William Waller ar 24 Mawrth 1643. Lladdwyd hufen mintai Herbert, a gorymdeithiodd Waller yn ei flaen i gipio Trefynwy, Cas-gwent a Rhosan-ar-Wy. Ond erbyn yr haf yr oedd y llanw'n troi'n gryf o blaid y Brenin. Enillwyd Bryste ar 23 Gorffennaf gan y milwr disglair a dewr, y Tywysog Rupert, a gosodwyd Caerloyw dan warchae ar 10 Awst. Pe buasai'r Brenin wedi llwyddo i gipio Caerloyw, buasai ganddo awdurdod llwyr dros y gororau o Fryste hyd Gaer. Ond daeth Iarll Essex—'a'i gyrn mewn gwg' chwedl William Phylip—i achub Caerloyw, a sicrhau bod modd i'r Pengrynion dreiddio'n bell i Dde Cymru a sefydlu eu hawdurdod yno.

Ym mis Awst hefyd penderfynodd Richard Vaughan, Iarll Carbery, pennaeth lluoedd y Brenin yn y de-orllewin, geisio chwifio baner Siarl yng nghadarnleoedd plaid y Senedd. Cafodd groeso afieithus yn Ninbych-y-pysgod a Hwlffordd, ond methodd â phlygu ewyllys trigolion tref a chastell Penfro gan gryfed oedd y gefnogaeth a gaent gan lynges y Senedd. Argoeli'n llai ffafriol i'r Brenin a wnâi amgylchiadau yng ngogledd-ddwyrain Cymru hefyd. Prif hyrwyddwr achos y Senedd yno oedd Syr Thomas Myddelton o Gastell y Waun. Yng nghwmni Syr William Brereton, ymsefydlodd ei wŷr yn Beeston, Nantwich a Wem, ac o'r canolfannau hynny ceisiwyd concro Gogledd Cymru. Gwarchaewyd ar y Fflint, a chyrhaeddwyd Mostyn ar 18 Tachwedd. Ac eithrio pencadlys yr Archesgob John Williams yng Nghonwy, nid oedd dim i'w rhwystro rhag gorymdeithio ymlaen i berfeddion Gwynedd. Ond pan glywsant fod 2,500 o Wyddelod a Saeson wedi glanio yn sir y Fflint i gefnogi'r Brenin, troes y Pengrynion yn ôl i ddiogelwch Nantwich.

171

Cododd ysbryd plaid y Senedd yn ystod 1644, a thrwy neilltuo rhagor o longau i Fôr Iwerydd manteisiodd y Seneddwyr ar eu grym ar y môr yn ne-orllewin Cymru. Tyrrai lluoedd y Senedd i mewn i Gymru drwy borthladd Milffwrd, a gwelodd Rowland Laugharne, cadlywydd y Senedd yn sir Benfro, ei gyfle i gipio Aberdaugleddau, Hwlffordd a Dinbych-y-pysgod. Ni orffwysodd Laugharne ar ei rwyfau. Gwasgodd ymlaen gan gipio tref Caerfyrddin a bygwth Abertawe. Safodd Abertawe'n gadarn yn ei erbyn, ond syrthiodd Caerdydd. Sylweddolodd Rupert pa mor fregus oedd achos y Brenin yn Ne Cymru, a gyrrodd Syr Charles Gerard a'i fyddin i ailsefydlu awdurdod Siarl yno. Milwr proffesiynol didostur oedd Gerard ac nid un hawdd i'w droi'n ôl. Brasgamodd ar draws y deheudir i wastrodi lluoedd Laugharne. Llwyddodd i droi'r byrddau'n llwyr ar y Seneddwyr, ac erbyn canol Gorffennaf yr oedd y de-orllewin i gyd, ac eithrio tref a chastell Penfro, yn nwylo'r Brenin unwaith eto.

Ond os oedd yr haul yn gwenu'n ffafriol ar y Brenhinwyr yn ne-orllewin Cymru erbyn haf 1644, nid oedd llewyrch cystal ar ymgyrch y Brenin yn Lloegr. Er Ionawr, yr oedd yr Albanwyr wedi bod yn cynnal breichiau'r Seneddwyr, a buont yn allweddol ym muddugoliaeth plaid y Senedd ar faes Marston Moor ar 2 Gorffennaf. Hon oedd y frwydr fwyaf a welwyd yn ystod y Rhyfel, a hi hefyd a roes y cyfle cyntaf i Oliver Cromwell ennill enw iddo'i hun fel milwr ac arweinydd glew. Yn y gogledd-ddwyrain ac ar ororau Cymru hefyd yr oedd achos y Brenin yn gwegian. Er bod Syr Thomas Myddelton yn cwyno'n hallt fod ei fyddin yn 'toddi ymaith oherwydd diffyg tâl', ildiodd Croesoswallt a'r Drenewydd o flaen nerth ei fyddin ef a lluoedd Cyrnol Thomas Mytton. Ar 18 Medi, ymladdwyd brwydr fwyaf y Rhyfel Cartref cyntaf yng Nghymru yn Nhrefaldwyn: yn ôl Myddelton, cafwyd 'buddugoliaeth ogoneddus' ar ôl awr o frwydro grymus. Lladdwyd 400 o Frenhinwyr a chipiwyd 1,400 yn garcharorion. Troes Myddelton yn ei ôl tua'r Gogledd i goncro tref Rhuthun cyn dychwelyd i'r Canolbarth a chipio Abaty Cwm-hir ar 5 Rhagfyr. Camp fawr Myddelton oedd gwthio cŷn rhwng Gogledd a De Cymru, gan ganiatáu i luoedd y Senedd deithio ar hyd dyffryn Hafren ac i Ganolbarth Cymru. Egwan iawn oedd curiad calon ffyddloniaid y Brenin erbyn diwedd 1644, a lluniodd Humphrey Davies (Wmffre Dafydd ab Ifan), clochydd Llanbryn-mair, ddeuddeg englyn dirdynnol 'i ofyn heddwch i Dduw am bechod'. Ar y llaw arall, dihyder iawn oedd y Seneddwyr hefyd. Er gwaethaf y fuddugoliaeth ysgubol ym Marston Moor yr oedd byddinoedd Siarl, yn gwbl groes i'r disgwyl, yn parhau i frwydro. Bu raid i'r Senedd adolygu'r sefyllfa, a phenderfynwyd ffurfio byddin newydd o wŷr disgybledig a llawn sêl. Hon oedd y Fyddin Ddelfrydol Newydd, byddin a fyddai, yn ôl y Llefarydd William Lenthall, 'dan Dduw, y prif gyfrwng i'n hamddiffyn mewn diogelwch'.

Ar 14 Mehefin 1645, mathrwyd byddin Siarl gan luoedd y Senedd yn Naseby. Lladdwyd 1,000 o filwyr y Brenin, cipiwyd 5,000 yn garcharorion, a meddiannodd gwŷr Cromwell stôr helaeth o arfau a magnelau. Ciliodd Siarl i gastell Rhaglan, gan ddisgwyl cael 'mynydd' o gefnogaeth o blith y Cymry. Ond ymateb llugoer iawn a gafodd. Digwyd y brodorion gan ymddygiad trahaus Gerard a'i filwyr Gwyddelig. Pan glywodd Gerard fod Laugharne wedi aderinill tref a chastell Talacharn a thref a chastell Aberteifi, dychwelodd i Dde Cymru yng ngwanwyn 1645. Rhuthrodd fel tarw gwyllt ar draws y deheudir, gan 'ysgubo ymaith nid yn unig ddynion ond gwartheg, ceffylau a lluniaeth o'i flaen'. Trechodd luoedd Laugharne yng Nghastellnewydd Emlyn ar 23 Ebrill, a gorfodwyd Laugharne i ddychwelyd unwaith eto i drefi Penfro a Dinbych-y-pysgod. Ond galwyd Gerard yn ôl gan Siarl i'w gynorthwyo ym mrwydr Naseby ac yn ei absenoldeb enillodd Laugharne fuddugoliaeth dyngedfennol yn erbyn y Brenhinwyr a adawsai Gerard yn Colby Moor, ger Hwlffordd, ar 1 Awst.

Ym Morgannwg hefyd yr oedd pobl leol wedi ffromi'n arw yn erbyn Gerard a'i 'Babyddion gwaedlyd'. Cwynent eu bod yn 'gwaedu dan y cleddyf blysiog', a'u prif ddymuniad oedd gweld y Rhyfel yn dirwyn i ben. Galwyd ar ffermwyr a gwerinwyr i uno ynghyd i rwystro milwyr ysbeilgar ac i ddiogelu buddiannau'r sir. Ffurfiwyd 'Byddin Heddwch' i warchod eu tiriogaeth. Pan gyfarfu Siarl â hwy yn Sain Ffagan ar ddiwedd mis Gorffennaf, dywedwyd wrtho na châi fymryn o gefnogaeth oni fwriai'r Pabyddion allan o'r sir, symud y gwarchodlu Seisnig o Gaerdydd, a diddymu gorchymyn Gerard iddynt dalu £7,000 iddo. Wedi bargeinio hir addawodd y Cymry roi 1,000 o filwyr i gefnogi ymgyrch y Brenin ar yr amod y diswyddid Gerard ac y penodid Syr Richard Bassett yn lle'r Sais, Syr Timothy Tyrrell, fel llywodraethwr Caerdydd. Ond chwalu a wnâi'r gefnogaeth i'r Brenin yn Ne Cymru. Pan syrthiodd Bryste ar 10 Medi, troes y llanw yn erbyn Siarl. Yn raddol,

173

cyhoeddodd y mwyafrif o siroedd y De eu teyrngarwch i'r Senedd. Eto i gyd, ailgynheuwyd y tân ym mynwes Brenhinwyr siroedd Morgannwg a Mynwy yn ystod misoedd cynnar 1646. Enynnwyd llid boneddigion lleol gan bolisïau crefyddol eithafol y Pengrynion a chan ddyrchafiad gwŷr di-nod i swyddi o bwys ar y pwyllgorau sir. Arweiniwyd y gwrthdystwyr gan Edward Carne, ond bu raid iddo gilio o flaen lluoedd grymus Laugharne. Wedi sawl sgarmes waedlyd, cipiwyd Carne yn garcharor a chodwyd dirwy o £856 ar ei stad. Pan syrthiodd castell Rhaglan ar 19 Awst 1646, daeth y Rhyfel Cartref yn Ne Cymru i ben. Stori gyffelyb oedd hi yn y Gogledd. Ildiodd Caer ar 3 Chwefror 1646, gyrrwyd y Brenhinwyr ar ffo, a chipiwyd eu cestyll fesul un. Ar 15 Mawrth 1647, castell Harlech oedd y cadarnle olaf yng Nghymru i ildio i rym y Seneddwyr.

Er i'r brwydro ddirwyn i ben, ni ddarfu'r cyffro. Yr oedd byddinoedd Cromwell yn feithrinfa syniadau cynhyrfus iawn, ac nid oeddynt heb eu cwynion. Ni chawsant eu talu'n llawn am eu gwasanaeth, ac yr oedd sibrydion ar led y caent eu dadfyddino mewn byr o dro. Cynyddu hefyd a wnâi'r gŵyn yn y rhanbarthau ynglŷn ag ymyrraeth llywodraeth ganolog, trethi beichus a gormes pwyllgorau sir. Nid oedd y cydymdeimlad tuag at Siarl wedi oeri'n llwyr, ac ailgychwynnwyd y Rhyfel Cartref, yn rhyfedd iawn, yn sir Benfro, un o hen gadarnleoedd plaid y Senedd. Pan anfonwyd y Cyrnol Fleming i ddisodli'r Cyrnol John Poyer fel llywiawdwr castell Penfro ym mis Ionawr 1648, gwrthododd Poyer ildio'i swydd. Yr oedd Poyer wedi digio oherwydd y driniaeth anghyfiawn a ddioddefasai ef a'i filwyr oddi ar y Rhyfel cyntaf, a dywedodd na fyddai ei wŷr yn ufuddhau oni chaent eu talu. Gŵr yn gweld ei gyfle oedd Poyer bob cynnig, ac ar 23 Mawrth datganodd ei gefnogaeth i'r Brenin. Nid ef oedd yr unig un a yrrai yn erbyn y cerrynt. Ategwyd ei weithred gan y Cyrnol Rice Powell, a chyhoeddodd y ddau ddatganiad o blaid y Brenin ar 10 Ebrill. Dychwelodd Rowland Laugharne o Lundain i'w cynorthwyo, gan ymuno â lluoedd Rice Powell ar eu ffordd i Gaerdydd. Eisoes yr oedd Powell wedi meddiannu Abertawe a Chastell-nedd, ond rhwystrwyd ei luoedd y tro hwn gan fyddin y Cyrnol Horton. Cafwyd dwy awr o frwydro ffyrnig yn Sain Ffagan ar 8 Mai, a milwyr profiadol y Senedd a orfu. Ciliodd Laugharne a Powell i sir Benfro. Ildiodd Dinbych-y-pysgod, ond gwrthododd Poyer a Laugharne agor drysau castell Penfro. Broliodd Poyer nad 'ofnai ef Fairfax na

Cromwell nac Ireton'. Gorfu i Cromwell ei hun deithio yno, ond ni fedrai ef ychwaith ysigo dim ar ewyllys y gwrthgilwyr. Bu raid iddo alw am ynnau mawr, a dim ond yn wyneb y bygythiad hwnnw yr ildiodd castell Penfro ar 11 Gorffennaf.

Aildaniwyd y fflam frenhinol yng Ngogledd Cymru hefyd. Cronnai dicter ymhlith gwŷr bonheddig oherwydd y dirwyon a osodwyd arnynt a'r diraddio a fu ar eu statws fel arweinwyr cymdeithas. Teimlent hwy fod y byd wyneb-i-waered:

Rhoddi'r pen yn lle'r gloren
A rhoi'r gynffon ar y talcen.

Gosodwyd tref Caernarfon dan warchae gan Syr John Owen, Clenennau, ond aeth yn gyfyng arno, a bu raid iddo gilio'n ôl drwy Fangor. Gwasgarwyd ei filwyr gan luoedd y Senedd ger y Dalar Hir yn Llandygái ar 5 Mehefin 1648. Cipiwyd Syr John Owen yn garcharor, a'i daflu i gell yng nghastell Dinbych. Ffaglwyd y tân brenhinol am ysbaid eto gan Richard Bulkeley ym Môn, ond chwalwyd ei fyddin ef gan luoedd y Cyrnol Mytton ar yr ucheldir y tu ôl i dref Biwmares ar 1 Hydref.

Cosbwyd terfysgwyr Cymru am eu hyfdra. Credai Cromwell fod Powell, Poyer a Laugharne wedi 'pechu yn erbyn cymaint o oleuni, ac yn erbyn cymaint tystiolaeth o'r Presenoldeb Dwyfol'. Dedfrydwyd Laugharne, Powell a Poyer i farwolaeth, ond yna penderfynwyd dienyddio un ohonynt yn unig, i ddysgu gwers i bawb arall. Wedi bwrw coelbren, cafwyd mai Poyer oedd yr un anffodus, ac fe'i saethwyd ar 25 Ebrill 1649. Ducpwyd Syr John Owen i Lundain i sefyll ei brawf am deyrnfradwriaeth yn erbyn y Senedd. Fe'i condemniwyd i farwolaeth, a chyhoeddodd ei bod yn fraint 'i fonheddwr tlawd o Gymro fel myfi golli ei ben dros ei Frenin'. Ond cyfryngwyd ar ei ran, ni chyflawnwyd y ddedfryd, a bu Syr John fyw am ddeunaw mlynedd ar ôl hynny. Cosbwyd eraill drwy ddirwy. Bu'n rhaid i ynys Môn dalu dirwy o £7,000 i'r Senedd am ei hyfdra, a chodwyd dirwy o £20,500 ar siroedd De Cymru am gynhyrfu'r dyfroedd eilwaith.

Prif ganlyniad yr ail Ryfel Cartref oedd atgasedd dwfn ymhlith Cromwell a'i filwyr tuag at y Brenin. Tybiai Cromwell fod gwaed pobl ddiniwed ar ddwylo'r Brenin a'i fod yn hen bryd ei alw i gyfrif am ei droseddau. Aethpwyd i amau pob dim a ddywedai Siarl, a chredid ei fod yn chwarae'r ffon ddwybig er mwyn achub ei groen. Nid oedd dim diben ceisio dal pen rheswm ag ef mwyach, ac fe'i cipiwyd i'r ddalfa ar 1 Rhagfyr. Bum niwrnod yn ddiweddarach carthwyd pob gŵr cymedrol o Dŷ'r Cyffredin gan y Cyrnol Pride. Gorfu i Siarl sefyll ei brawf, fe'i cafwyd yn euog o frad a'i gondemnio i farwolaeth. Torrodd dau Gymro—Cyrnol John Jones, Maesygarnedd, a Thomas Wogan, aelod seneddol dros fwrdeistrefi Ceredigion—eu henwau ar y warant, ac ar 30 Ionawr 1649 syrthiodd y fwyell ar ben Siarl I.

Canlyniadau'r Rhyfel

Er na fu cymaint â hynny o ymladd ar ddaear Cymru, torrodd y Rhyfel Cartref gŵys waedlyd drwy fywyd y wlad. Achosodd anesmwythyd, ing a dioddefaint. Llanwyd pobl ag arswyd wrth weld tadau, meibion, brodyr a chymdogion yn dyrnodio pennau'i gilydd neu'n chwythu cyrff ei gilydd yn ddarnau â gynnau. Erys rhyw dri chant o ddeisebau a thystysgrifau sy'n tystio'n groyw i gyflwr adfydus milwyr Cymru wedi iddynt ddychwelyd i'w cartrefi. Pan oedd byddin Thomas Mytton yn ceisio cipio castell Biwmares, clwyfwyd Vavasor Powell yn ei ben, ei ystlys a'i law. Collodd ddefnydd dau o'i fysedd o ganlyniad. Dioddefodd rhai milwyr a'u gwasanaethwyr driniaeth erchyll. Pan gwrsiwyd y Brenhinwyr o faes y gad yn Naseby, ymosodwyd ar rai cannoedd o'u gwragedd a'u canlynwyr. Credir i ryw gant ohonynt gael eu lladd a holltwyd trwynau'r lleill â chyllyll. Y mae rhyw angerdd trist yn treiddio drwy'r marwnadau a luniwyd gan Henry Vaughan y Silwriad i'w gyfeillion a syrthiodd ar faes y gad. Wylodd James Howell ddagrau'n hidl wrth feddwl am 'y rhyfel annaturiol, hunanddinistriol hwn', tra credai Christopher Love fod erchylltra'r brwydro wedi profi mai ofer oedd rhyfela o bob math. Ofnai Archibald Sparke, ficer Llaneurgain, fod 'ffiolau digofaint wedi'u harllwys ar y ddaear a'i llanw â dilyw o ddifrod', a phroffwydodd Griffith Williams, cyn-ddeon Bangor, y deuai pla a newyn yn sgîl y fath Ryfel 'annynol'. Parodd erchyllterau'r Rhyfel i lawer gredu bod yr hen drefn cyn 1640 wedi'r cwbl yn well na'r drefn bresennol:

Yr ynys bradwyswen oedd megis gardd Eden
dda iraedd ddayaren ai seilwen y sydd . . .

Torrodd y Rhyfel ar draws y cysylltiadau rhwng pobl â'i gilydd. Byddai popeth yn dda, meddai Griffith Carreg wrth William Caledfryn ym 1644, pe ceid 'arian, heddwch a chytundeb'. Mewn llythyr at Siôn Cain ym mis Chwefror 1645, gofidiai Robert Vaughan, Hengwrt, fod 'pob munud awr yn dra hir, hyd oni threfno Duw heddwch yn ein mysg, fel y caffom nid yn unig yn ddiberygl ysgrifennu bawb at ei gilydd, eithr ymdeithio o'r naill wlad i'r llall a siarad wyneb yn wyneb'. Amharwyd yn fawr ar fasnach, ac yn arbennig ar hynt y porthmyn a'r brethynwyr. Ymbiliodd boneddigion y Gogledd ar y Brenin i atal ei filwyr rhag rhwystro'r porthmyn ar eu taith. Y porthmyn, fel y tystiai'r Archesgob John Williams, oedd y 'llongau Sbaen . . . a ddaw â'r ychydig aur ac arian sydd gennym yma', a châi tenantiaid anhawster mawr i dalu eu rhenti oni fedrent werthu eu gwartheg. Pan syrthiodd Amwythig i ddwylo'r Senedd, dioddefodd y brethynwyr golledion lawer am na fedrent ddisgwyl cyflenwad cyson o wlân o Ganolbarth Cymru. Cwynai Wmffre Dafydd ab Ifan am 'y pla arfog' a ruthrai 'ar ffrwst' i 'blyndrio'r' winllan Gymreig:

Dirwyn Duw dy werin di
O ddirmyg y ddwy armi.

Un o'r gwŷr mwyaf atgas gan drigolion De Cymru oedd y Cyrnol Gerard: cipiai ef a'i filwyr ychen a meirch, dygent nwyddau, a llosgent dai, beudái a theisi gwair. Ofnai llywodraethwyr Abertawe ym 1644 na fyddai modd medi'r cynhaeaf gan fod y Brenin 'wedi lloffa'r bobl' o'r ardal. Cymerai lluoedd y Senedd fantais annheg hefyd ar letygarwch y Cymry. Digiodd y Cyrnol Horton ym 1648 pan glywodd fod ei filwyr yn sir Benfro wedi gorfodi tafarnwyr i'w lletya ar draul o 3s. 6d. y dydd i'r marchogion a swllt y dydd i'r gwŷr traed. Defnyddid pob ystryw i gadw'r milwyr draw. Yn ôl Joan Edwards o'r Rhual, 'pan welodd dyn o blwyf Estyn yn sir y Fflint filwyr yn dod at ei dŷ, fe'u twyllodd drwy gymryd arno fod ei blentyn wedi marw o'r pla, ar hynny fe ddaethant i'r Wyddgrug i letya'. Llosgwyd plasau, drylliwyd eglwysi, a thoddwyd pibelli organ enwog eglwys Wrecsam er mwyn gwneud bwledi i fyddin Myddelton. Bregus iawn oedd cyflwr cestyll Cymru wedi'r heldrin, ond ychydig iawn o ddifrod a wnaed yn y trefi, yn bennaf oherwydd bod cynifer o fwrdeistrefwyr mor barod i chwifio'r bluen wen ar awr gyfyng. Da cofio bod creithiau Rhyfel yn prysur ddiflannu mewn ardaloedd gwledig ac na phrofodd Cymru ddim byd tebyg i'r creulonderau cignoeth a ddioddefwyd yn yr Almaen.

Llywodraeth Leol

Yr angen pennaf wedi dienyddiad y Brenin oedd mabwysiadu polisïau a fyddai'n bodloni awydd y fyddin a'r sectau am ddiwygiadau cymdeithasol a chrefyddol, ac awydd gwŷr bonheddig i sefydlu trefn heddychlon a chyfiawn yn y siroedd a'r bwrdeistrefi. Rhwng 1649 a 1658, chwiliodd Oliver Cromwell am gytundeb a fyddai'n rhyngu bodd trwch y boblogaeth. 'Yr wyf gymaint o blaid llywodraeth drwy ewyllys y bobl ag unrhyw ddyn,' meddai, 'ond os gofynnwch i mi sut i'w sylweddoli rwy'n cyfaddef na wn'. Y broblem na fedrai ei datrys oedd sut i gysoni grym y lleiafrif â llywodraeth gyfansoddiadol. Sylweddolodd yn fuan mai ef ei hun yn unig a allai gadw'r heddwch a gofalu nad âi'r chwyldro i eithafion. A'r gwir amdani yw fod ei awdurdod yn ystod y 1650au yn ddibynnol ar gefnogaeth y fyddin.

O safbwynt y gymuned leol, rhoddwyd llywodraeth y wlad yn nwylo nifer o bwyllgorau. Yn ystod y Rhyfel, disodlwyd yr hen gyfundrefn o ustusiaid heddwch a sesiynau chwarter gan gyfundrefn o bwyllgorau sir. Er mwyn rhyfela'n effeithiol, rhaid oedd wrth gyflenwad o arian, ac ymddiriedwyd y dasg honno i Bwyllgor Parhaol a Phwyllgor Cyfrifon. Eu gwaith anhawsaf oedd gweithredu'r polisi o orfodi'r gelyn i dalu am y Rhyfel drwy orfodogi eu tiroedd neu godi dirwyon. Bu gwella ar y drefn hon ym 1649. Sefydlwyd pwyllgorau gorfodogi ar gyfer De a Gogledd Cymru a hwy bellach a oedd i atafaelu eiddo'r rhai a fu'n cynnal achos y Brenin. Yna, ym 1650, dilewyd y pwyllgorau hyn, a rhoddwyd eu hawdurdod yn nwylo pwyllgor canolog yn Neuadd yr Eurych yn Llundain. Enwebwyd tri is-bwyllgor i sicrhau bod pob gorchymyn a ddeuai o Lundain yn cael ei weithredu fel y dylid yng Nghymru.

O safbwynt gweinyddu'n lleol y pwyllgorau sir a oedd bwysicaf. Wedi'r Rhyfel, daeth llu o ddyletswyddau amrywiol i'w rhan: cosbi cynllwynwyr yn erbyn y drefn weriniaethol, gweithredu'r ddeddf a ganiatâi briodasau sifil, cyhoeddi gostegion a thorri dadleuon priodasol, gweithredu'r ddeddf foesol a sefydlu trefn. Asgwrn-cefn y pwyllgorau hyn oedd yr ychydig deuluoedd bonheddig a fu'n ffyddlon i'r Senedd yn ystod y Rhyfel. Yr oedd nifer helaeth o Frenhinwyr selog hefyd a oedd yn barod, am y tro, i ystwytho'u hegwyddorion i gwrdd ag amodau'r drefn newydd. A chan fod y pwyllgorau'n fwy o ran eu maint na chynt, agorwyd cil y drws i roi mynediad i fân foneddigion, masnachwyr, iwmyn a milwyr. O ganlyniad, gwrthododd llawer o'r hen weinyddwyr wasanaethu dan Cromwell, gan ddadlau mai dringwyr cymdeithasol barus a digywilydd oedd yr aelodau newydd. Er na ellir amau duwioldeb dwys rhai o'r saint ar y pwyllgorau hyn, yr oedd elfen fydol gref yn ei hamlygu'i hun ar brydiau. Credai rhai fod yn rhaid gweithredu drwy deg a thrwy drais, a chynyddodd yr atgasedd tuag at y drefn weriniaethol pan benderfynodd Cromwell dynhau ei afael filwrol ar y wlad ym 1655 drwy osod Cymru dan ofal yr Is-gadfridog James Berry. Gwaith Berry oedd estyn cymorth i'r weinyddiaeth leol drwy weithredu fel milwr, sensor a phlismon. Ymhlith lliaws o ddyletswyddau, disgwylid iddo ef a'i gyd-filwyr ddarostwng terfysgoedd, erlid lladron, casglu trethi arbennig a gweithredu'r ddeddf foesol. Camgymeriad oedd arbrawf yr is-gadfridogion. Diflannodd ewyllys da'r hen Frenhinwyr, ac ni allent ymddiried mwyach yng ngair Cromwell.

Cythruddwyd y boneddigion hefyd wrth weld estroniaid a milwyr yn gwneud nythod cysurus iddynt eu hunain yng Nghymru. Rhoes amgylchiadau arbennig yr oes gyfle i swyddogion gribddeilio a budrelwa. Ymsefydlodd y Cyrnol John Carter o swydd Buckingham a'r Cyrnol George Twistleton o swydd Gaerefrog ar stadau cyn-Frenhinwyr yng Ngogledd Cymru. Dringodd rhai Cymry i safleoedd uchel yn llywodraeth yr Arglwydd-amddiffynnydd. Priododd John Jones, Maesygarnedd, chwaer Cromwell ym 1656; yr oedd yn aelod o Gyngor Cromwell, a derbyniodd arglwyddiaeth Maelor ac Iâl ynghyd â thiroedd bras yn Iwerddon am ei wasanaeth ffyddlon. Ond ni wnaeth neb yng Nghymru nyth fwy cysurus iddo'i hun na'r Cyrnol Philip Jones, milwr profiadol ac egnïol o Langyfelach. Erbyn 1655, ef oedd y Pengrwn mwyaf grymus a dylanwadol yn Ne Cymru. Manteisiodd i'r eithaf ar ei awdurdod drwy wario dros £15,800 ar dir yn ystod cyfnod y Weriniaeth, a ducpwyd sawl cyhuddiad yn ei erbyn o grynhoi ffortiwn ar draul degymau ac arian cyhoeddus. Ond er ei fod yn fras ei fyd, ni phrofwyd dim yn ei erbyn. Gan fod y pwyllgorwyr yn trafod cymaint o arian, buasai'n syn pe na chlywid cyhuddiadau o lwgrwobrwyo a budrelwa. Ofnai John Jones, Maesygarnedd, fod 'arian y wlad yn glynu wrth fysedd' Robert Owen, Dolserau, un o Gomisiynwyr y Senedd. Amheuai'r beirdd nad oedd dwylo'r gweinyddwyr yn lân:

Chwi welsoch fawrhydi pob un o'r Comiti
A rhenti'r eglwysi ar ei glosyn.

Ffieiddient drefn a ganiatâi i estroniaid besgi ar diroedd Cymru ac i wŷr o isel dras anrheithio etifeddiaeth a chyfoeth hen deuluoedd parchus.

Adwaith y Cymry

Wrth astudio ymateb y Cymry i'r Weriniaeth, hawdd cael ein dallu gan y lliaws o ddeisebau cwynfanllyd a drefnwyd gan wŷr bonheddig a chan frathiadau miniog y beirdd. Drwy wydrau rhagfarnllyd iawn yr edrychent hwy ar y drefn newydd. Eto i gyd, anodd peidio â chredu eu bod yn lleisio dryswch a dicter y mwyafrif o'u cyd-Gymry. Fe'u clwyfwyd i'r byw gan y driniaeth a gawsai Siarl I. Taenodd ias o arswyd drwy'r wlad pan glywyd am y weithred syfrdanol o dorri pen Brenin Lloegr. Lladdwyd brenhinoedd gan eu deiliaid o'r blaen, ond ni wnaethpwyd hynny erioed yn wyneb haul. Fferrodd gwaed Philip Henry pan welodd y fwyell yn disgyn, a bwriodd y weithred o godi pen diferol y Brenin yng ngŵydd y dyrfa ei chysgod yn drwm ar ei feddwl am weddill ei oes. Rhedodd ias i lawr cefn James Howell, a gyrrwyd yr alcemegydd, Thomas Vaughan, i stad o anobaith digysur. Merthyr oedd Siarl yn nhyb Brenhinwyr, a bu'r *Eikon Basilike,* sef myfyrdodau honedig y Brenin yn ei gell, yn gymorth iddynt yn eu hymdrechion i'w bortreadu fel sant. Cyfieithwyd y gwaith i'r Gymraeg o fewn blwyddyn i farwolaeth Siarl gan Rowland Vaughan, Caer-gai. I bobl a oedd wedi plygu i ewyllys Siarl a'i gynorthwyo'n ffyddlon, anodd iawn oedd dygymod â'i dranc. Treiddiodd y siom i fêr esgyrn y beirdd:

> Rhag addysgu lladd brenhinoedd
> Rhag hyfforddi'r peth ar gyhoedd
> Rhag trais milwyr a'u byddinoedd
> *Libera nos Domine.*

Bu gorfodogi tiroedd a dirwyo cyson yn friw creulon i wŷr bonheddig. Cwynent yn fynych am y 'trethi anghyfiawn' a godid gan 'ladron llawdrwm'. Arswydai Robert Williams rhag 'y pla erchyll o gasglwyr tollau' yng Ngogledd Cymru ym 1656, a'r un dicter a glywir yn englyn William Phylip:

> Treth faith treth nawaith treth newydd—treth fawr
> Treth yfory a thrennydd
> Trethi fil aeth trwy'i gilydd
> Treth treth hyd at feth a fydd.

Bu mân derfysgoedd yn siroedd Ceredigion, Maldwyn, Maesyfed a Mynwy yn erbyn trethi gormesol yn ystod y 1650au. Dedfrydwyd tollydd o Sais o'r enw Daniel Wise i farwolaeth gan reithgor Cymreig yn Hwlffordd oherwydd iddo ladd dyn wrth ddilyn ei ddyletswyddau. Er iddo gael pardwn, dywedodd Wise na fyddai prin neb bellach yn barod i gasglu trethi ar ôl clywed am y driniaeth a gawsai ef gan y Cymry. Seriwyd y cof am yr atafaelu a'r dirwyo ar galonnau'r Cymry am sawl cenhedlaeth. Pan oedd Thomas Jones yr Almanaciwr yn ymosod ar John Jones o'r Caeau ym 1706, edliwiodd (ar gam) iddo'r ffaith ei fod yn hanu o deulu Morgan Llwyd o Gynfal, 'y sequestratwr mawr' a fu'n 'gyrru neu'n dwyn anifeiliaid a daoedd eraill ei gymdogion o flaen llygaid eu perchnogion, y pryd nad oedd arnynt ddim dyled iddo ef, nac i neb arall'. Er i'r mwyafrif o deuluoedd bonheddig Cymru lwyddo i ddiogelu eu stadau drwy gysgodi rhag y corwynt, casaent y casglwyr trethi â chas perffaith.

Os cythruddwyd y boneddigion gan wasgiadau ariannol, nid da ganddynt ychwaith oedd ymyrraeth y llywodraeth weriniaethol yn eu bywyd beunyddiol. Beichus a dieithr oedd y ddisgyblaeth eglwysig newydd, 'rhyw gyfraith newydd gwmbrus' oedd caniatáu priodasau sifil, a thân ar groen Eglwyswyr oedd gweld crefftwyr diaddysg yn esgyn i'r pulpud i frygawthan eu 'gau athrawiaeth'. Credai Archibald Sparke, ficer Llaneurgain, ei fod yn byw mewn 'gwlad rwgnachlyd, ddiddiolch a phiwis', ac y mae barddoniaeth Henry Vaughan drwyddi yn llawn ymdeimlad o drychineb. Sathrai 'nerth y comiti' ar gyrn sensitif, ac â chwerwder mawr y sonnid am ymyrraeth yr is-gadfridogion. 'Fe lywodraetha dynion oni chânt eu llywodraethu' oedd agwedd y Llywodraeth, a gwyddai'r Cymry'n burion eu bod yn byw dan rym gwladwriaeth filwrol. Gwelent fod 'caib y gwas' wedi troi'n 'gledde glas', fod 'scum y byd' yn gweithredu fel swyddogion, a masnachwyr a chrefftwyr 'yn llywodraethu ymhob man':

Y mae'r Saer cerrig grysbas goch
A weithiodd lawer cwt i'r moch
A phob beudy a fae drwg
Fo'i gwna fo i fynu fal y mwg
'Nawr gan y dyn mae wrth ei glun
Hanger fawr o burion ddur
Ag ar ei ful yn erthyl cul
Yn cymandio mil o wŷr.

Digon nodweddiadol, mae'n siŵr, oedd ochenaid gwalch o Gaernarfon wrth wingo dan law beilïaid: 'nid oes dim cyfraith rŵan i'w gael'.

Yn fwy na dim, teflid dirmyg ar wŷr o isel dras a frigasai yn ystod cyfnod 'rhwysg Olifer'. Ffromwyd yn arw wrth weld newydd-

181

ddyfodiaid ffeilsion a phobl ddiaddysg yn dymchwel yr hierarchaeth gymdeithasol. I wŷr bonheddig a roddai cymaint pwys ar linach rywiog, yr oedd dyrchafiad sydyn gwŷr di-nod yn beth ysgymun. Peth atgas, yn eu tyb hwy, oedd gweld crydd yn esgyn i'r pulpud neu gasglwr tollau wedi'i wisgo'n fwy trwsiadus na hwy. Hiraethai Percy Herbert am y dyddiau pan oedd 'y pendefigion yn meddu ar freintiau tywysogion, sydd bellach braidd yn gydradd â chryddion: y boneddigion yn trigo yn eu tai hyfryd wedi'u darparu â phob math o bethau amrywiol er eu pleser a'u budd, ond bellach nid yw'r rhai a adawyd yn sefyll ond megis carcharau cyfleus iddynt'. Adlais o'r un gŵyn a glywid yn 'Y Litani Newydd':

> Rhag rhoi cyflog hir i fradwyr,
> Rhag gwehilion yn ben gwladwyr,
> Rhag llif tornant a rhwysg gwrengwyr,
> *Libera nos Domine.*

Ni allai'r Cymry lai na chredu bod nod y bwystfil ar y drefn weriniaethol. Methodd Cromwell â dyfeisio cyfansoddiad derbyniol i gymryd lle'r un a luchiwyd o'r neilltu ym 1640. Credai Rowland Watkyns, rheithor Llanfrynach, mai 'Anghenfil heb ben' oedd y Weriniaeth. 'Rhyw ysgethrin gythraul' oedd Cromwell i Huw Morys, a chryman a chrocbren fyddai ei dynged yn ôl William Phylip. Yr oedd Morgan Llwyd yn wyliadwrus iawn o ymddygiad Cromwell fel Arglwydd-amddiffynnydd, yn enwedig o'i awydd i'w ddyrchafu ei hun ac o'i hyder mewn arfau. 'Rhaid i bob aderyn arfer ei lais,' meddai, 'na chais chwaith ystwytho cydwybod neb i'th opiniwn di drwy rym, ond drwy reswm, a chadw heddwch, i bob un ddywedyd ei feddwl, os heddychlon yw'. Yn sgîl diddymu Senedd y Saint, ymosododd Vavasor Powell yn chwyrn ar y Ddiffynwriaeth. Bu ef a'r Capten John Williams, cyn-aelod o Senedd y Saint, yn porthi'r Cymry â'r farn fod 'drygioni mewn uchel-leoedd', a gwyliai sbïwyr Cromwell symudiadau'r ddau yn fanwl. Ni hidiai Powell am farn neb, ond ni fynnai ychwaith ar unrhyw gyfrif ddymchwel y drefn weriniaethol. Pan ymgasglodd 800 o Frenhinwyr arfog ar ororau Maldwyn a swydd Amwythig ym 1655, cododd Powell ei hun fyddin i'w sathru. A phan gynhaliwyd etholiadau seneddol yn haf 1656, cadwodd 14 o'r 25 aelod a etholwyd ym 1654 eu lle, a barnwyd fod y lleill yn ddigon cefnogol i'r Llywodraeth. Ond wedi marwolaeth Cromwell ym 1658, nid oedd terfysg ymhell o'r wyneb. Pan wrthryfelodd Syr George Booth yn swydd Gaer ym 1659, yr oedd sïon ar led fod y Cymry yng

Ngogledd Cymru—gan gynnwys Syr Thomas Myddelton—yn ei ffafrio. Erbyn hynny yr oedd llywodraeth y Weriniaeth yn dadfeilio, a gobeithion y Brenhinwyr yn cynyddu beunydd. Golchodd ton o orfoledd dros Gymru pan laniodd Siarl II yn Dover ar 25 Mai 1660, ac yn ôl ei arfer Huw Morys a gafodd y gair olaf:

Mae'n Llundain sowndio'r clychau, y drymau a'r gynnau ar gân,
Mae miwsig pawb a'u moesau o groeso i'r gleiniau glân,
Cusanu dwylo a dilyn ein brenin braf o bryd,
Y rhod a drodd drwy rasol fodd i ryngu bodd y byd.

IX Y DIWYGIAD PIWRITANAIDD

Pan etifeddodd Elisabeth yr orsedd Duduraidd ym 1558, un o'i dymuniadau pennaf oedd sicrhau teyrngarwch diymod gan Babydd a Phrotestant i'r Goron fel pen a tharian y deyrnas. O ganlyniad, yr oedd y gyfundrefn eglwysig a saernïwyd ganddi ym 1559 yn dilyn llwybr canol rhwng defodaeth Babyddol ac athrawiaeth Galfinaidd. Ond nid oedd y gymrodedd honno'n rhyngu bodd disgyblion John Calvin. Y rhain oedd y Piwritaniaid, a'u prif ddymuniad oedd glanhau'r Eglwys Wladol o bob amhuredd Pabyddol, a charthu ohoni bob llygredd. Yr oedd penarglwyddiaeth Duw yn ganolog i'w ffydd. Duw, a Duw yn unig, a oedd yn teyrnasu, a thrwy ei ras Ef y deuai iechydwriaeth. Tybient fod gorchmynion Duw yn cael eu datguddio yn y Gair, a'r Beibl felly oedd eu harweinydd anffaeledig. Ni fedrent ddygymod â 'thegwch allanol', a chas ganddynt oedd y wisg glerigol eglwysig, yr arfer o wneud arwydd y Groes adeg bedydd, penlinio wrth dderbyn y sacrament, a phob rhwysg defodol arall. Ni fedrent dderbyn y Llyfr Gweddi Gyffredin am ei fod yn sawru'n drwm o Babyddiaeth, ac nid oedd casach ffydd yn eu golwg na chrefydd Rhufain.

Nid oedd tasg bwysicach yng ngolwg y Piwritaniaid nag achub eneidiau dynion. Pysgotwyr dynion oeddynt, a cheisient gyflwyno'r efengyl mewn dull syml a chofiadwy. Galwent ar bobl i ddadansoddi cyflwr eu heneidiau, i garthu allan bob drygioni a oedd yn llechu ynddynt ac i chwilio am arwyddion o ras Duw. Rhaid oedd adnewyddu'r galon er mwyn creu dyn o'r newydd. Y mae disgrifiad Morgan Llwyd o'i dröedigaeth bersonol ef yn un hynod o dlws:

> O'r blaen mi a glywais bregethau ond nid oeddwn i yn gwrando, mi ddywedais weddïau ond nid oeddwn yn gweddïo. Mi genais Psalmau ond mud oedd fy nghalon. Mi sacramentais ond ni welais gorff yr Arglwydd. Mi ymddiddenais ac a ddywedais lawer peth nid o'm calon mewn gwirionedd, nes i'r rhosyn darddu ynof.

Siarsient benteuluoedd i roi pris uchel ar ddefosiwn teuluaidd, a rhoddent bwys arbennig ar werthoedd megis diwydrwydd, cymedroldeb, darbodaeth a hunan-ddisgyblaeth. Synient am fywyd fel prawf ac am waith fel galwedigaeth. Gan fod Duw wedi eu hachub, yr oedd ganddynt gyflawnder o hyder à nerth i frwydro dros Grist ac yn erbyn y diafol. Ni ellir eu hiawn ddeall heb werthfawrogi eu ffydd yn nhrefn Rhagluniaeth. Gwelent drefn Rhagluniaeth ym mhob peth, ac ymegnïent uwchlaw pob dim i ddwyn gogoniant i Dduw. Codent gyda'r wawr er mwyn treulio oriau lawer mewn cymundeb agos â Duw, a nodent bob digwyddiad—ni waeth pa mor ddibwys—yn eu dyddiaduron yn feunyddiol. Cyfeiliornus yw'r darlun o'r Piwritan fel cymeriad sych-syber, yn canfod pechod lle nad oedd pechod, yn gweld bai ar bawb a phopeth ac yn lladd ar bob ffurf ar bleser. Y gwir amdani yw fod disgrifiad felly'n dweud mwy am natur aflawen a chrebachlyd llawer o Ymneilltuwyr y bedwaredd ganrif ar bymtheg nag am deithi'r Piwritaniaid. Dymuniad y Piwritan oedd magu pobl dduwiol, union eu rhodiad a glân eu buchedd, ond ni fynnent ar unrhyw gyfrif wneud crefydd mor afiach o ddigalon fel y byddai pobl yn colli eu blas at fyw. Ni ellid cael gwell mynegiant o dduwioldeb, diffuantrwydd, gwyleidd-dra a gwydnwch y Piwritan nag yn y penillion hyn o farwnad Morgan Llwyd i Moris William Powell:

Gair Duw oedd felys ganddo
a hysbys wrth ei gofio
Taer enaid gwerthfawr dwys diddig
heb fawr yn debig iddo.

Dyn taer ymhob daioni
Dyn doeth ymhob cwmpeini
A dyn yn mynnu Duw er neb
Dyn mewn duwioldeb ddifri.

John Penry

Fel pob mudiad adfywiol achosai'r Piwritaniaid anesmwythyd mawr o fewn y sefydliad y mynnent ei ddiwygio. Erbyn y 1570au, yr oedd nifer cynyddol ohonynt yn awyddus i ddiddymu esgobion yn llwyr, a sefydlu eglwys Bresbyteraidd, trefn a olygai fod pob eglwys leol yn cael yr hawl i ddewis ei henuriaid ei hun, a bod y rheini'n ffurfio cyfundrefn i lywodraethu'r Eglwys gyfan. Taranent yn erbyn y drefn esgobol ag ynni a beiddgarwch, ond nid oeddynt yn awyddus i ymadael â'r Eglwys Sefydledig. Un o'r lleisiau mwyaf brwd o blaid trefn henaduriaethol oedd John Penry, gŵr a fagwyd ar lechweddau Mynydd Epynt yn sir

Frycheiniog ac a raddiodd ym Mhrifysgol Caergrawnt ym 1584. Yno, profodd dröedigaeth ysgytwol a newidiodd holl batrwm ei fywyd. Ymunodd â rhengoedd y Presbyteriaid er mwyn dwyn perswâd ar yr awdurdodau i ddiwygio'r drefn eglwysig. Gwyddai fod 'pobl druain yn trengi o eisiau gwybodaeth' yng Nghymru, ac mewn cyfres o draethodau beirniadol tynnodd sylw at 'anghenion a diffygion cyhoeddus' Cymru. Bwriodd ei lach ar yr esgobion, a'u galw'n 'fwtseriaid a thorfynyglwyr eneidiau dynion'. Erfyniodd am gyflenwad o bregethwyr duwiol i achub eneidiau ei gydwladwyr. Ni châi'r Cymry glywed pregethu cyson, ac yr oedd hynny'n loes calon iddo.

Cyhoeddwyd rhai o lyfrau Penry gan wasg gudd yng Nghanolbarth Lloegr. Yno hefyd y cyhoeddodd yr ergydiwr miniog hwnnw, Martin Marprelate, gyfres o ymosodiadau dychanol ar yr esgobion. Gwadodd Penry mai ef a'u lluniodd—a'r tebyg yw ei fod yn dweud y gwir—ond cymaint oedd dicter yr Archesgob Whitgift fel y bu raid iddo ffoi am ei fywyd i'r Alban. Dychwelodd ym 1592 i Lundain, ac ymunodd yno ag eglwys Ymneilltuol. Lleiafrif bychan a oedd yn gwrthod cydymffurfio â'r Eglwys Wladol oedd yr Ymwahanwyr hyn. Ni chydnabyddent unrhyw awdurdod ond awdurdod Crist ei Hun. Eglwys ffug oedd Eglwys Loegr, meddent, 'gelyn mawr Duw' oedd Whitgift, a mynnent fwrw ymlaen â'u diwygiad eu hunain 'heb ddisgwyl wrth neb'. Ond ni chawsant yr hawl i frwydro dros ryddid cydwybod. Fe'u cyfrifid yn wŷr peryglus, a sicrhaodd Whitgift a'i gyd-swyddogion eu bod yn cael eu herlid o bost i bentan. Daliwyd Penry ym mis Mawrth 1593, ac wedi prawf cwbl annheg talodd y pris eithaf am ei wrhydri. Ac yntau ond yn 30 oed, fe'i crogwyd ar 29 Mai 1593, a daliai i daeru hyd y diwedd mai ei brif ofid oedd cyflwr ysbrydol Cymru. Er mor groch fu llais John Penry, proffwyd unig ydoedd yn ei ddydd. Ni adawodd gymaint ag un disgybl ar ei ôl yng Nghymru, ychydig iawn o ddylanwad a gafodd ar deithi meddwl ei gydwladwyr, ac aeth ei enw'n angof, bron, ymhlith Anghydffurfwyr y ddwy ganrif ddilynol. Ond y mae iddo le diogel yn hanes Cymru fel yr Anghydffurfiwr Cymreig cyntaf i farw dros ei ffydd.

Bwrw Gwreiddiau

Tra oedd Piwritaniaeth yn ennill tir yn gyflym yn Lloegr yn ystod y genhedlaeth cyn y Rhyfel Cartref, dim ond gwreiddiau distadl iawn a osodwyd yng Nghymru. Barnai Piwritaniaid de-ddwyrain Lloegr mai 'un o gorneli tywyll y deyrnas' oedd Cymru, gwlad anwybodus ac anfoesol i'w ryfeddu. Ac er bod, yng ngeiriau Robert Llwyd, offeiriaid 'yn trin ac yn areilio eu praidd yn ofalus, yn daclus, yn drwyadl', nid oedd darpariaeth deilwng o bregethwyr i'w chael yn un o'r esgobaethau. Sonnid yn aml am weinidogion na chymerent 'ddim poen i ddarllen gair Duw', a brithid cofnodion ymweliadau esgobol ag ymadroddion megis 'dim pregeth', 'dim pregeth o gwbl', 'dim ond dwy bregeth mewn blwyddyn'. Nid oedd modd perswadio'r awdurdodau eglwysig fod angen affwysol am bregethu Gair Duw a bu raid i'r Piwritaniaid eu hunain geisio cyflenwi anghenion ysbrydol y Cymry. Hon oedd gweddi ddiffuant Oliver Thomas, brodor o Faldwyn a phrif arweinydd y Piwritaniaid yng Ngogledd Cymru: 'O Arglwydd Dduw, gwir ewyllys fy nghalon a'm gweddi atat dros fy nghenedl annwyl yn ôl y cnawd yw ar eu bod yn gadwedig'.

Yn Lloegr, ffynnai Piwritaniaeth orau yn y trefi, y porthladdoedd a'r ardaloedd diwydiannol. Apeliai'n arbennig at fasnachwyr cefnog, siopwyr trwsiadus a chrefftwyr cywrain. Nid oedd Cymru dlawd ac annatblygedig yn dir addas i faethu twf Piwritaniaeth, ac yn betrus o araf y datblygodd y ffydd newydd dros Glawdd Offa. Ymwthiai ar hyd y priffyrdd masnachol ar y gororau a thuag at y gorllewin. Enillodd glust gwŷr selog yn y trefi. Yn ôl Richard Gwyn, y merthyr Pabyddol, yr oedd 'Piwritaniaid poeth a llawn o'r Efengyl' yn heigio yn Wrecsam ym 1582, a phan fu Syr William Meredith farw ym 1603, gadawodd £30 yn ei ewyllys i sefydlu darlithyddiaeth yn y dref honno. Yn Ne Cymru, yr oedd carfan gynyddol o bobl dduwiol yn ystyried bod eu llwyddiant bydol yn arwydd o ras ysbrydol. Gadawodd David Hopkins o Dŷ Nedd arian yn ei ewyllys ym 1580 i gyflogi pregethwr i draddodi yn y Gymraeg yn Llangyfelach, Castell-nedd, Llangatwg ac Abertawe. Neilltuodd Syr William Jones £1,000 ym 1615 at wasanaeth y tlodion ac i sefydlu darlithyddiaeth yn Nhrefynwy. Agorodd bwrdeistrefwyr Abertawe ddrysau'r dref i bregethwyr Piwritanaidd, a than eu dylanwad hwy, mae'n siŵr, y mabwysiadodd nifer o rieni yr arfer Biwritanaidd o roi enwau beiblaidd megis Moses, Isaac, Rebecca a Naomi ar eu plant.

Nid oedd trefn benodol ynglŷn â llawer o'r datblygiadau hyn, ond cryfhaodd yr anturiaeth ym 1626 pan ffurfiwyd y Ffeodyddion, corff o ymddiriedolwyr yn Llundain a gododd dros chwe mil o bunnoedd er mwyn prynu nawddogaeth plwyfi gweigion a gosod Piwritaniaid duwiol ynddynt yn weinidogion. Erbyn 1633, yr oedd 31 o fywiolaethau eglwysig yn eu dwylo, a nifer o'r rheini ar hyd gororau Cymru. Diolch i gefnogaeth ariannol masnachwyr o Lundain, cyhoeddwyd cnwd o lyfrau rhad ar gyfer y Cymry annysgedig rhwng 1629 a 1634. Cyfieithiadau o lyfrau defosiynol Saesneg mwyaf poblogaidd y dydd oedd llawer ohonynt. Troswyd dau o lyfrau enwocaf Arthur Dent i'r Gymraeg gan Robert Llwyd, ficer y Waun: *Pregeth dduwiol yn traethu am iawn ddull ac agwedd gwir edifeirwch* (1629) a *Llwybr Hyffordd yn cyfarwyddo yr anghyfarwydd i'r Nefoedd* (1630). Pan gyhoeddwyd *Yr Ymarfer o Dduwioldeb* gan Rowland Vaughan ym 1629, cafodd y Cymry gyfle i brofi rhin y llyfr defosiynol mwyaf poblogaidd i'w gyhoeddi yn ystod oes y Stiwartiaid. Ym 1630, lluniodd Oliver Thomas gatecism syml i gynorthwyo rhieni i fagu eu plant yn ffordd yr Arglwydd. Ym 1632, cyhoeddodd Dr John Davies, Mallwyd, *Llyfr y Resolusion,* cyfieithiad o gyfaddasiad a wnaed ar gyfer Protestaniaid o'r *Christian Directory* gan Robert Parsons. Dr John Davies hefyd a fu'n gyfrifol am gyhoeddi argraffiadau o'r *Llyfr Plygain, Y Catecism* a'r *Llyfr Gweddi Gyffredin* ym 1633-4. Ond y cyhoeddiad pwysicaf o ddigon oedd 'Beibl bach' 1630, argraffiad o ryw 500 o gopïau am goron yr un, wedi ei gymhwyso'n arbennig at wasanaeth lleygwyr. Flwyddyn wedi cyhoeddi'r Beibl, cyhoeddodd Oliver Thomas *Car-wr y Cymru* (1631) i annog ei gydwladwyr i gymryd yr Ysgrythur yn llusern i'w traed. Mawr oedd llawenydd Rhys Prichard, ficer Llanymddyfri, yntau, pan gyhoeddwyd y Beibl bach, ac anogodd y Cymro i werthu ei grys cyn bod hebddo.

Bu i'r Ficer Prichard ran bwysig yn yr ymgyrch i oleuo'r Cymry 'diddysg deillion'. Gwyddai pa mor hoff oedd pobl anllythrennog o brydyddiaeth ac am eu gallu i werthfawrogi cân yn well na phregeth. Felly lluniodd gasgliadau o ganeuon syml yn cynnwys cynghorion duwiol i bob gradd mewn cymdeithas. Moesolwr llym oedd Rhys Prichard, a dywed un traddodiad ei fod yn gwisgo'i farf yn hir yn ôl arfer y Piwritaniaid. Câi pobl cylch Llanymddyfri rybuddion lawer am y farn a fyddai'n disgyn arnynt oni edifarhaent:

> Mene tecel tre Llanddyfri,
> Pwysodd Duw di yn dy fryntni . . .

Taranai yn erbyn drygioni ei gydwladwyr, a'u rhybuddio'n gyson i frwydro'n barhaus yn erbyn pechod:

Cymru, Cymru, mwrna, mwrna,
Gad dy bechod, gwella, gwella,
Rhag i'th bechod dynnu dial,
A digofaint Duw i'th ardal.

Er na chyhoeddwyd casgliad printiedig o *Canwyll y Cymry* cyn 1658, yr oedd penillion gafaelgar a chofiadwy 'yr hen Ficer' ar wefusau gwerinwyr y de-orllewin ymhell cyn marwolaeth eu hawdur ym 1644. A throsglwyddwyd ei wersi ar dafodleferydd o'r naill genhedlaeth i'r llall.

Pan benodwyd William Laud yn Archesgob Caergaint ym 1633, newidiodd hinsawdd ysbrydol a gwleidyddol y wlad yn ddirfawr. Bellach, yr oedd y consensws Calfinaidd dan fygythiad oherwydd Uchel-eglwyswr pybyr oedd Laud. Mynnai sefydlu eglwys Arminaidd ei gwedd, adfeddiannu tiroedd eglwysig ac adfer defod ac urddas yng ngwasanaeth y Cymun. Gorfododd y glerigaeth i gydymffurfio â'r Llyfr Gweddi, dyrchafodd yr allor uwchlaw'r pulpud, a gorfododd bobl i benlinio wrth reiliau'r allor wrth dderbyn elfennau'r Cymun. Aeth rhagddo i ddistewi'r Piwritaniaid drwy erlid y Ffeodyddion a'r darlithwyr. Tybiai'r Piwritaniaid fod Laud yn tanseilio popeth a gyflawnwyd gan y Grefydd Ddiwygiedig er dyddiau Luther, ond ateb Laud i'r sawl a'i heriai oedd ei gosbi'n llym yn Llys Siambr y Seren neu Lys yr Uchel Gomisiwn. Ni fedrodd lliaws o Biwritaniaid duwiol ddygymod â'r fath driniaeth, ac aethant i chwilio am loches glyd i'w ffydd yn Lloegr Newydd a'r Iseldiroedd. Glynodd dyrnaid o Gymry wrth eu proffes. Nid oedd y Llyfr Gweddi'n rhyngu bodd rhai Piwritaniaid, ac ni fynnai eraill ufuddhau i'r gorchymyn i ddarllen Llyfr y Chwaraeon (1633) yn gyhoeddus yn y gwasanaeth ar y Sul. Yr oedd cadw'r Saboth yn elfen gref yng nghenadwri Robert Powell, ficer Llangatwg, a thybiai fod Llyfr y Chwaraeon yn llesteirio'i ymdrech i berswadio'i braidd i ufuddhau i'r trydydd gorchymyn. Gwrthododd Evan Roberts, brodor o sir Ddinbych a wasanaethai yn esgobaeth Tyddewi, ufuddhau i'r awdurdodau, ac fe'i gwaharddwyd rhag pregethu gan Lys yr Uchel Gomisiwn ym 1635. Ym 1637 rhybuddiwyd Marmaduke Matthews, ficer Pen-maen, Gŵyr, am bregethu yn erbyn gwyliau'r saint.

Nid oedd polisïau digymrodedd Laud wrth fodd Piwritaniaid de-ddwyrain Cymru, ychwaith. Hon oedd yr ardal agosaf at borthladd ffyniannus Bryste, lle ceid carfan gref o fasnachwyr Piwritanaidd.

Dylifai cenhadon Seisnig i mewn i Went, gan ddylanwadu'n drwm ar deithi meddwl y bobl. Prif arweinydd y saint Piwritanaidd oedd William Wroth (1576-1641), rheithor Llanfaches, efengylwr addfwyn a hyfforddwr diwyd. Arian byw o ddyn oedd ei gydymaith, William Erbery (1604-54), mab i fasnachwr, a rheithor Eglwys Fair yng Nghaerdydd. Curad Erbery oedd Walter Cradock (1610-59), gŵr ifanc cysurus ei fyd o blwyf Llan-gwm yng Ngwent, a phregethwr addfwyn a thirion. Ofnai William Murray, esgob Llandaf, eu bod yn pregethu'n 'beryglus ac yn sgismatig i'r bobl'. Dygwyd Wroth ac Erbery gerbron Llys yr Uchel Gomisiwn ym 1635, ond ni chyhoeddwyd dedfryd arnynt am dair blynedd. Cydsyniodd Wroth i dderbyn amodau'r esgob ym 1638, ond ymddiswyddodd Erbery. Ducpwyd trwydded bregethu Cradock oddi arno, a symudodd i Wrecsam i ledaenu'r Efengyl. Codai pobl Wrecsam gyda'r wawr er mwyn clywed Cradock yn pregethu. Er i giwed o fragwyr ofnus ei erlid o'r gymdogaeth, gadawodd Cradock ei ôl yn drwm ar yr ardal honno. 'Cradociaid' oedd y llysenw a roddwyd ar Anghydffurfwyr a Methodistiaid Gogledd Cymru yn y ddeunawfed ganrif. Yn ôl y Bedyddiwr Joshua Thomas, yr oedd hen Anghydffurfwyr yn dal i sôn llawer am Walter Cradock yn ystod y 1730au. Tra oedd yn Wrecsam, syrthiodd Morgan Llwyd (1619-59) o Gynfal, Maentwrog, dan gyfaredd Cradock, ac fe'i dilynodd i swydd Amwythig. Fe'u swcrwyd gan y noddwr Piwritanaidd Syr Robert Harley a'i wraig Brilliana, yn Brampton Bryan, Llanfair Waterdine. Yno swynwyd Vavasor Powell (1617-70), ysgolfeistr ifanc o Gnwclas, sir Faesyfed, gan bregethu Cradock, ac fe'i hysbrydolwyd i efengylu'n frwd ar ffiniau siroedd Maesyfed a Brycheiniog.

Ym mis Tachwedd 1639, anfonwyd Henry Jessey o Lundain i gynorthwyo Wroth a Cradock i sefydlu eglwys Ymneilltuol yn Llanfaches yng Ngwent. Sefydlwyd eglwys o fewn eglwys —ecclesiola in ecclesia—ar batrwm yr eglwysi a sefydlwyd gan y trefedigaethwyr Piwritanaidd yn Lloegr Newydd. Yr oedd y weithred hon yn garreg filltir bwysig eithriadol yn hanes twf crefydd yng Nghymru, oherwydd Llanfaches oedd mam-eglwys Anghydffurfiaeth yng Nghymru. Wroth—'apostol Cymru'—oedd bugail cyntaf Eglwys Llanfaches, a bu ei weinidogaeth yn ysgubol. Enillodd edmygedd ac anwyldeb ar bob llaw. 'Gwnaeth sŵn mawr ar hyd y wlad,' meddai Joshua Thomas, 'a chafodd llawer eu hargyhoeddi'. Tyrrai pobl dduwiol o siroedd y gororau i flasu

190

efengylu Wroth, ac ni allai Erbery lai na rhyfeddu at eu hafiaith. Ond byr fu llawenydd saint Llanfaches. Bu Wroth farw ym 1641, a phan gychwynnodd y Rhyfel Cartref ym mis Awst 1642, bu raid i'r ffyddloniaid ffoi i Fryste a Llundain i chwilio am loches rhag llid y Brenin a'i luoedd.

Taenu'r Efengyl

Erbyn 1640, yr oedd y Senedd yn hawlio galluoedd a breintiau newydd, ac yn cydnabod mai ei dyletswydd hi oedd gofalu bod cyflenwad o bregethwyr duwiol yn cael eu penodi i oleuo'r rhanbarthau tywyll. Ffurfiwyd Pwyllgor y Gweinidogion Cywilyddus er mwyn ystyried y prinder pregethwyr drwy'r wlad, ac i ddisgyblu gweinidogion anghymwys. Ddwy flynedd yn ddiweddarach, symudwyd awdurdod y Pwyllgor hwn i ddwylo Pwyllgor y Gweinidogion Llwm, corff a feddai ar yr hawl i atafaelu bywiolaethau clerigwyr gwarthus ac i osod dynion cymwys yn eu lle. Ond oherwydd ymyrraeth y Rhyfel Cartref, ni bu fawr o lewyrch ar y trefniadau yng Nghymru. Ym mis Mehefin 1644, penododd Tŷ'r Cyffredin bwyllgor i ddarparu gweinidogion abl i bregethu yn Gymraeg ar gyfer byddinoedd y Senedd a oedd yn ymladd yng Nghymru. Er dechrau'r Rhyfel, yr oedd y Seneddwyr wedi honni mai un o brif amcanion eu hymgyrch filwrol oedd 'plannu'r Efengyl ymysg y Cymry'. O ganlyniad, penodid gwŷr o ddoniau ysbrydol anghyffredin. Ym 1646, neilltuwyd £300 o gyllid esgobion, deoniaid a chabidylau Llandaf a Thyddewi i gyflogi Walter Cradock, Henry Walter a Richard Symonds i bregethu'n deithiol yn Ne Cymru. Yn y Gogledd, enillai Morgan Llwyd ganpunt a hanner, ac Ambrose Mostyn a Vavasor Powell ganpunt yr un am oleuo'r lliaws.

Ond prin y gallai'r Senedd ddiwallu'r alwad gynyddol am efengylu brwd. Ofnai Hugh Peter y gallai'r Brenhinwyr ailgychwyn y Rhyfel 'oni rwystra'r Gair y cleddyf'. Wrth annerch aelodau'r Senedd ym 1646, dywedodd Walter Cradock nad oedd cynifer â thri ar ddeg o weinidogion cydwybodol yn ymroi i bregethu'n llesol yn Gymraeg ddwywaith ar y Sul. Gofidiai John Owen, yntau, oherwydd cyflwr diymgeledd Cymru: 'onid yw Cymru'n galw?' gofynnai, 'dewch i'n cynorthwyo'. Ymhen dwy flynedd, llawenychai Cradock wrth weld yr Efengyl yn 'lledu dros y mynyddoedd rhwng Brycheiniog a Mynwy fel tân mewn to gwellt', ac erbyn diwedd y 1640au yr oedd yn agos i 130 o weinidogion yn pregethu'r Gair yng Nghymru. Ond y gwir amdani yw nad oedd hynt wasgarog ac anhrefnus y gweinidogion teithiol yn ddigon i ddiwallu anghenion ysbrydol y Cymry. Wedi 1649, gwelodd y Piwritaniaid fod ganddynt gyfle i rymuso'u cenhadaeth. Tybient fod Rhagluniaeth o'u plaid, ac mai ewyllys Duw a ganiataodd iddynt ddisodli'r Eglwys Sefydledig, i ddienyddio'r Brenin, ac i sefydlu'r Weriniaeth. Onid ei ddymuniad Ef hefyd oedd iddynt dorchi llewys o ddifrif drwy ymroi i weddnewid y sefyllfa grefyddol yng Nghymru?

Yr oedd cyfnod y Weriniaeth yn oes o gynlluniau mentrus, ac agorwyd pennod newydd yn hanes twf Piwritaniaeth yng Nghymru ar 22 Chwefror 1650 pan basiwyd Deddf er Taenu a Phregethu'r Efengyl yn Well yng Nghymru. Rhan o gynllun ehangach oedd y Ddeddf hon: pasiwyd tua'r un adeg ddeddfau cyffelyb ar gyfer siroedd Gogledd Lloegr a Lloegr Newydd. Bwriad y Ddeddf oedd glanhau a gwareiddio Cymru drwy efengylu yn y wlad a phlannu ynddi foes, cyfraith a threfn yn unol â gwerthoedd Piwritaniaid de-ddwyrain Lloegr. Rhoddwyd awdurdod i 71 o Gomisiynwyr—28 i gynrychioli siroedd y Gogledd a 43 i gynrychioli siroedd y De—archwilio clerigwyr a throi allan y rhai anghymwys yn eu plith. Saeson oedd y mwyafrif o'r Comisiynwyr, a'u llywydd oedd yr Is-gadfridog Thomas Harrison. I bob pwrpas ymarferol, gweinyddid y Ddeddf gan ddau grŵp bychan yn cynnwys pymtheg o Gomisiynwyr. Yn y Gogledd, milwyr profiadol fel John Carter, George Twistleton a Thomas Madryn a oedd wrth y llyw, tra hybid y gwaith yn ei flaen yn y De gan Philip Jones, Bussy Mansel, Rowland Dawkins a John Price. Difuddiwyd cyfanswm o 278 o glerigwyr, 82 o siroedd y Gogledd a 196 o siroedd y De. Fe'u bwriwyd allan am wahanol resymau: am lynu wrth y Llyfr Gweddi Gyffredin, cefnogi achos y Brenin, amlblwyfiaeth, anlladrwydd, godineb a meddwdod. 'Nid oedd i'w gael ŵr i Dduw ymysg pedwar cant,' meddai Morgan Llwyd, 'dysgawdwyr o waith dynion oeddynt ac nid o waith ysbryd Dyw, am hynny fe drowyd llawer (fel tylluanod) allan o'u swyddau'. Penodwyd ail bwyllgor—corff o 25 o aelodau a elwid y Cymeradwywyr—i benodi Piwritaniaid duwiol a sobr i gymryd lle'r clerigwyr a daflwyd allan. Er bod cyfran sylweddol o Saeson ar y pwyllgor hwn, yr oedd hefyd gynrychiolaeth gref o weinidogion de Cymru—Walter Cradock, Vavasor Powell, Ambrose Mostyn a John Miles—yn eu plith.

Sylweddolodd y Cymeradwywyr yn gynnar iawn fod nifer y saint â gwreiddyn y mater ynddynt yn brin iawn. Yr oedd prinder doniau yng Nghymru yn broblem enbyd. Troesai graddedigion y prifysgolion i Ogledd Lloegr, lle'r oedd Deddf Taenu'r Efengyl gyffelyb ar waith. Er mwyn llenwi'r bylchau gorfu i'r awdurdodau ddibynnu ar bregethwyr teithiol. Rhoddwyd trwydded i'r rhain i deithio o blwyf i blwyf i gyflenwi diffygion y weinidogaeth sefydlog. Rhwydwyd o leiaf 90 o'r rhain ar gyflog o £100 y flwyddyn ac addewid o £30 i'w gweddwon pe digwyddent farw yn eu gwaith. Sefydlwyd darpariaeth addysgol hefyd gan y Taenwyr. Cychwynnwyd trigain o ysgolion newydd yn nhrefi marchnad Cymru, yn bennaf yn yr ardaloedd hynny lle nad oedd ysgolion gramadeg neu fonedd yn bodoli eisoes. Siroedd ar ororau Cymru a elwodd fwyaf—sefydlwyd un ar ddeg yn sir Ddinbych, naw yn sir Frycheiniog, wyth yn sir Drefaldwyn a chwech yn sir Faesyfed. Dwy yn unig a ddaeth i ran siroedd Ceredigion a Phenfro, un bob un i siroedd Môn a Chaernarfon, ac ni sefydlwyd yr un yn sir Gaerfyrddin. Telid £40 y flwyddyn i athrawon cymwys am ddysgu plant i ddarllen, ysgrifennu a rhifo drwy gyfrwng y Saesneg. Câi plant o'r ddau ryw fynychu'r ysgolion yn ddi-dâl. Dyma'r tro cyntaf erioed i'r wladwriaeth ddarparu rhyw fath o drefn addysg gyffredinol yng Nghymru. Gwnaethpwyd ymdrech hefyd i ddarparu deunydd ysgrythurol ar gyfer y rhai a oedd yn 'cael eu difetha o eisiau gwybodaeth'. Cyhoeddwyd argraffiadau o'r Testament Newydd Cymraeg ym 1647 a 1654, ac argraffiad sylweddol o 6,000 o gopïau o'r Beibl Cymraeg ('Beibl Cromwell' fel y'i gelwid) ym 1654. Yr oedd yr argraffiad hwn o'r Beibl yn fwy o lawer na dim a gyhoeddwyd o'r blaen.

Yr oedd elfen ddynamig gref yn perthyn i'r gweinidogion teithiol, a hawdd credu iddynt ennill dylanwad y tu hwnt i'w rhifedi. Clywodd y Cymry bregethu eithriadol o frwd yn ystod cyfnod y Taenu a rhyfeddai llawer at eu hangerdd a'u taerineb. Pregethent yn y ddwy iaith yn y meysydd a'r mynwentydd, yn y marchnadoedd a'r ffeiriau, yn ogystal ag yn yr eglwysi. Yn ôl Rowland Vaughan, Vavasor Powell oedd 'archesgob y seintiau newydd'. Gŵr o nerth a doniau anghyffredin oedd Powell. Ymgyrchwr di-ildio ydoedd, a phregethai'r Efengyl heb ofni gwg na gofyn gwên. Fel pregethwr yr oedd yn ddiguro, ac anodd peidio â rhyfeddu at ei egni a'i brysurdeb. Marchogai gan milltir mewn wythnos yn fynych, gan draddodi pregeth ddwy neu dair gwaith y dydd. Yr oedd ei fywyd, yn ôl un o'i gofianwyr, yn 'un bregeth barhaus', ac ni wnaeth neb fwy nag ef yn ei ddydd i blannu'r Efengyl yn siroedd Brycheiniog a Maesyfed. Braenarwyd rhannau o Forgannwg a Mynwy gan Jencin Jones a Henry Walter, tra bu Morgan Llwyd yn 'rhodio hyd heolydd trefi'r Gogledd' o Wrecsam hyd wlad Llŷn. Y rhain oedd yr efengylwyr enwocaf ymhlith y 150 o bregethwyr da a oedd, yn ôl tystiolaeth Bulstrode Whitelocke, yn swyno'r Cymry â'u pregethu tanbaid erbyn mis Medi 1652. Ni fedrai Vavasor Powell guddio'i lawenydd: 'a fu gan unrhyw genhedlaeth oddi ar adeg yr Apostolion,' gofynnai, 'y fath bregethwyr grymus a chymaint o bregethu â'r genhedlaeth hon?' Afieithus oedd ymateb Oliver Cromwell, yntau: 'plannodd Duw hedyn yno na welwyd mo'i debyg er yr amseroedd cyntefig'.

Eto i gyd, bu cwyno mynych yng Nghymru yn erbyn y Taenwyr. Methwyd â rhwydo cyflenwad digonol o weinidogion duwiol a chymwys i lenwi'r bylchau a adawyd gan y clerigwyr a yrrwyd o'u plwyfi. Bu raid dibynnu ar wŷr anordeiniedig, a gwawdiwyd y rhain yn dost am eu diffyg dysg a'u diffyg chwaeth. Gan fod disgwyl i weinidogion wibio yma ac acw, ni fedrent swcro'u preiddiau'n ofalus. Fe'u cyhuddid gan foneddigion o fod yn 'fradwrus wrthfrenhinol', ac nid oedd y ffaith fod rhai ohonynt yn 'taranu'n barhaus yn yr hen iaith Frythoneg' yn rhyngu bodd y di-Gymraeg. Yr ymosodwr chwerwaf o ddigon oedd Alexander Griffith, clerigwr a ddiswyddwyd gan y Taenwyr am ei feddwdod a'i ddiffyg moes. Drwy ei ysgogiad ef y cyflwynwyd deiseb yn Nhŷ'r Cyffredin ym 1652 yn cwyno'n enbyd am ddiffygion y Ddeddf Daenu. Llabyddiodd y Taenwyr mewn cyfres o bamffledi milain, ac yr oedd ei gyhuddiadau yn erbyn Vavasor Powell yn llawn rhagfarn ac ensyniadau cas. Er bod mwy o wenwyn nag o wirionedd yn ei dystiolaeth, yr oedd Eglwyswyr eraill yn mynegi eu chwerwder a'u diflastod. Soniai Siôn Jones o Lanbedr am glerigwyr 'a'u barfau cyn wynned â'r eira'. Tybiai'r bardd enwog Henry Vaughan o Lansanffraid ym Mrycheiniog mai hon oedd yr awr dywyllaf yn holl hanes yr Eglwys. Yn ei Ragymadrodd i *Flores Solitudinis* ym 1652, disgrifiodd Gymru fel 'gwlad o dywyllwch . . . lle mae'r trigolion yn eistedd yng nghysgod marwolaeth, lle ceir dinistr yn lle taeniad a dudew nos ddu yn lle gwanwyn godidog'. Os oes coel ar dystiolaeth y beirdd, yr oedd y mwyafrif o'r Cymry'n parhau'n deyrngar i'r Eglwys ac yn hiraethu am yr hen ddefodau cyfarwydd. Gofidiai Huw Morys wrth weld estroniaid yn difa 'ffordd yr hen Gymry' a galwai'n gyson am adfer yr hen drefn.

Credai John Griffith, yr uchelwr a'r bardd o Landdyfnan, Môn, mai 'oes bradwyr ysbrydol' oedd ei oes ef. Barnai eraill mai hunllef oedd y chwalfa eglwysig:

Yr hen letani ni chawn beunydd
Na llyfr gweddi'r Eglwysydd
Heddiw mynnwn un o newydd
Libera nos Domine.

Loes i feirdd ceidwadol oedd gweld dyrchafu gwreng i safle bonedd yng ngweinyddiaeth y wlad, a chredent fod gwehilion y ddaear wedi dwyn swyddi ac awdurdod offeiriaid. Codent eu dwylo mewn arswyd wrth weld pobl o isel dras—cryddion, teilwriaid, gofaint, gwehyddion a melinyddion—yn cael tragwyddol heol i bregethu'r Gair. Peth atgas, meddent, oedd gweld gwŷr diaddysg ac anordeiniedig yn 'llygru'r Ysgrythur', yn curo'r pulpud ac yn llenwi'r wlad â gau athrawiaeth:

Rhai ddywed yn dduwiol mai'r gof sydd ysbrydol,
Ac eraill fodd gwrol i ganmol y gwŷdd;
A'r rhai sy'n deisyfu y crydd i'w ceryddu,
A'r lleill yn moliannu'r melinydd.

Nid oedd gan ddringwyr cymdeithasol â'u hachau 'o'r hen fegeriaid gorau' hawl i dorri ar draws undod a sefydlogrwydd cymdeithas. Digon i bawb ei gelfyddyd ei hun oedd barn hen noddwyr y beirdd. Hawdd amgyffred chwithdod barnwyr a swyddogion Llys y Sesiwn Fawr wrth orfod gwrando ar Benjamin y gof yn taranu o'r pulpud yn eglwys Biwmares.

Tybiai llawer o'r Cymry eu bod yng nghanol dylanwadau estron yn ystod cyfnod y Taenu. Yn sir Fynwy, lle'r oedd 'saesoniaith yn drech na'r Brittaniaith' yn ôl Siôn Treredyn o Dredynog ym 1651, edrychai beirdd yr ardal honno ar ffydd y Pengrynion fel rhywbeth Seisnig. Honnai eraill fod 'epil Alis Rownwen' yn mynnu cael eu ffordd drwy'r fidog a phowdr gwn. Er bod haenen lew o bropaganda brenhinol yn y cyhuddiad fod y Taenwyr yn ddibynnol ar rym y dwrn dur, nid oes amheuaeth nad offerynnau yn nwylo'r wladwriaeth oeddynt. Nid oedd gorfodaeth filwrol yn beth gwrthun i rywun fel y Cyrnol John Jones, Maesygarnedd. 'Byddai'n well gennyf wneud lles i bobl, er i hynny fod yn groes i'w hewyllys,' meddai, 'na'u boddio ar yr wyneb yn unig'. Cyffesodd John Owen ei fod yn ofni bod y Taenwyr wedi erlid y bobl drwy drais y tu hwnt i'w hegwyddorion 'ac weithiau, o bosibl, y tu hwnt i'r gwirionedd, ac fel y dywedodd Jacob, y mae goryrru'r gwartheg a'r rhai ifainc bron â bod wedi difetha'r gyr'. Wrth fwrw golwg yn ôl at gyfnod y Taenu ym 1677, dywedodd Charles Edwards y bu'n rhaid i'r wladwriaeth orfodi'r Cymry i fod yn dduwiol: 'gorfu i'r awdurdodau goruchel *gymell* y Cymry i ddaioni'. I drwch y boblogaeth, trefn orthrymus ac estron oedd oes y Taenu, ac fe barhaodd y cof am rym milwrol yr anturiaeth am genedlaethau.

Parhaodd Deddf y Taeniad am dair blynedd. Daeth i ben ar ddiwedd Mawrth 1653. Flwyddyn yn ddiweddarach, ymddiriedwyd y gwaith o ddarparu a chymeradwyo gweinidogion drwy Loegr a Chymru i bwyllgor y Profwyr. Comisiwn yn cynnwys 29 o weinidogion a 9 lleygwr oedd hwn, a dau Gymro'n unig—Walter Cradock a Jenkin Griffiths—a oedd yn eu plith. Gwŷr duwiol, cymedrol ac eangfrydig oeddynt, a'u safonau'n bur uchel. Mwyach ni phenodid unrhyw Biwritan i fywoliaeth oni fyddai ganddo dystysgrif wedi ei harwyddo gan o leiaf dri pherson cyfrifol, gan gynnwys gweinidog sefydlog. Penodwyd pedwar 'Derbyniwr dros Gymru' i gasglu rhenti ac elw ar eiddo a atafaelwyd, er mwyn talu cyflog anrhydeddus i'r gweinidogion newydd. Enillwyd gwasanaeth nifer o wŷr syber, dysgedig a duwiol: penodwyd Stephen Hughes i Feidrum ym 1654, Marmaduke Matthews i Abertawe ym 1655, Morgan Llwyd i Wrecsam ym 1656, a Samuel Jones i Langynwyd ym 1657. Dyma'r math o benodiadau a oedd, yn ôl Richard Baxter, wedi 'arbed sawl cynulleidfa rhag athrawon meddw, anwybodus, annuwiol . . . y rhai na fedrent byth achub enaid'. Ond bu prinder doniau'n gymaint o fagl i'r Profwyr ag a fuasai i'r Taenwyr, oherwydd yn ystod y blynyddoedd 1654-9 sylweddolwyd eto nad oedd ddigon o weinidogion wrth law i gwrdd â'r angen.

Twf y Sectau

Nid yw'r cynnydd yn rhengoedd y Piwritaniaid yng Nghymru i'w briodoli i nawdd y wladwriaeth yn unig. Troes Piwritaniaeth yn athrawiaeth chwyldroadol yn ystod berw gwyllt y Rhyfel Cartref a'r Weriniaeth. Pan ysgubwyd ymaith lywodraeth esgobol yr Eglwys Sefydledig, cododd lliaws o sectau mawr a mân i bregethu athrawiaethau newydd a dieithr. Cyfnod oedd hwn pan oedd yr hualau cymdeithasol yn llacio. Gwaredwyd y wlad rhag hualau caeth y llysoedd eglwysig, dilewyd sensoriaeth, a chaniatawyd i ddynion cyffredin ddarllen yr Ysgrythur a'i dehongli drostynt eu hunain. Yn eu sêl ddirfawr, honnai pob un o'r sectau fod y gwir oleuni yn eu meddiant, ac mai eu nod hwy oedd troi'r byd wyneb-i-waered. Ymaflai pregethwyr a phroffwydi penboeth mewn gwirioneddau newydd, gan fynnu mai ysbryd Duw a'u hysgogai. Un o'r rhyfeddaf yn eu plith oedd Arise (Rhys) Evans, teiliwr dinod o Langelynnin yn sir Feirionnydd. Honnai mai ef oedd Paul yr oes, a bod ysbryd dwyfol wedi ei ddyrchafu i fod yn ddaroganwr o fri mewn cyfnod dryslyd. Ofnai gwŷr ceidwadol fod sectau o bob lliw a llun yn 'taenu dros y tir fel locustiaid o'r Aifft', ac ni chollent gyfle i ddwyn anfri ar eu pennau. Honnodd un Edward Harris fod cwmni o Ymwahanwyr yng Ngwent a oedd wedi achosi 'llawer morwyn ddiwair i droi'n butain ac yn fam i fastardiaid'. Cythruddwyd Huw Morys i'r byw wrth weld crefftwyr di-glem yn trawsfeddiannu awdurdod gwŷr eglwysig:

Y Gwŷdd a'r Eurach minddu
A'r Gof a geiff bregethu
a phawb a fu'n colli ei gwaed
ar person aed i ddyrnu
ni cheir na chymun na chrefydd
nag ofer fiwsic cerddor na phrydydd
na brenin byth yn Lloegr wen
ond pawb ym mhen ei gilydd . . .

Wrth i'r tymheredd chwyldroadol godi, lledodd syniadau milflynyddol fel tân gwyllt ymhlith y sectau a'r fyddin. Drwy ddehongli Llyfr Daniel a Llyfr y Datguddiad mewn ffordd arbennig, daeth milflwyddwyr i'r casgliad fod teyrnas Rhufain yn ymddatod, a bod Crist ei Hun ar fin ailymddangos ar y ddaear hon i deyrnasu am fil o flynyddoedd. Cododd llu o broffwydi rhyfygus i ddarogan 'y diwrnod olaf'. Credent fod yr hen drefn yn gwanychu beunydd, ac y deuai Crist i sefydlu teyrnas newydd rywbryd rhwng 1650 a 1666. Y garfan rymusaf yn eu plith oedd Plaid y Bumed Frenhiniaeth, plaid a gredai mai ei phennaf dyletswydd oedd symud pob rhwystr gwleidyddol a chrefyddol i ailddyfodiad Crist a chaniatáu i'r saint deyrnasu. Swynwyd Morgan Llwyd gan genadwri hudolus y milflwyddwyr. Credai y deuai 'haf y ffyddloniaid' drwy gyfrwng 'y bobl dduwiol', ac edrychai ymlaen yn eiddgar at ddyfodiad 'y Brenin Iesu'. Ymddiddorai Llwyd yn fawr yng ngweithgareddau gwleidyddol ei ddydd, ac ef oedd un o'r ychydig Gymry a geisiodd ffurfio barn gyhoeddus yn erbyn Siarl I. Pan gafodd y Brenin ei 'chwythu ymaith', chwedl Llwyd, 'fel llwch y llawr dyrnu i'r domen' ym 1649, credai Plaid y Bumed

Frenhiniaeth fod y diwrnod mawr yn nesáu. Ond wedi dienyddiad y Brenin, sylweddolwyd bod llywodraeth Senedd y Gweddillion lawn mor hunanol ac anghyfiawn â'r hen drefn frenhinol. Ceisiodd Oliver Cromwell lacio llyffetheiriau'r gorffennol drwy roi cyfle i ryddid seneddol, ond erbyn mis Ebrill 1653 daeth yntau i'r casgliad nad oedd y 'Rump' fymryn llai mympwyol na gormesol na llywodraeth Siarl I.

Pan ddiddymwyd Senedd y Gweddill, tybiodd aelodau o Blaid y Bumed Frenhiniaeth fod eu hawr wedi dod. Gwasgwyd ar Cromwell i ymateb i'r alwad am iddo ffurfio Senedd o Saint wedi'u henwebu gan eglwysi ledled y wlad. Ildiodd Cromwell i'w hapêl. Ym mis Gorffennaf 1653, sefydlwyd Senedd y Saint (neu Senedd Barebones), ac enwebwyd chwe aelod dros Gymru i ymuno â 134 o aelodau seneddol eraill. Eu bwriad oedd diwygio prif ddrygau cymdeithasol y wlad er mwyn symud pob rhwystr i ddyfodiad 'y Brenin Iesu'. Yr oedd yr Ailddyfodiad ar wefusau pawb erbyn hynny, ac yng nghanol y cynnwrf ceisiodd Morgan Llwyd baratoi'r Cymry ar gyfer dyfodiad 'y flwyddyn deg'. Dengys *Llyfr y Tri Aderyn* (1653) a *Gwaedd Ynghymru yn Wyneb pob Cydwybod* (1653) fod Llwyd yn poeni'n fawr am dynged 'y Bruttaniaid tirion' ac yn awyddus i'w gweld yn 'deffro o'u cwsg'. 'Wele,' meddai wrthynt, 'mae'r dydd yn codi yn ddisglair, a'r seintiau yn gweiddi Haleliwia, a'r pechaduriaid yn deffroi, a'r anifeiliaid drwg yn rhedeg i'w llochesau, a'r blodau yn tarddu, a'r haf mawr yn agos'.

Cwta bum mis a gafodd y saint i reoli. Blinodd Cromwell ar eu mympwyon a'u gogwydd radical, a chaeodd ddrysau'r Senedd ar 12 Rhagfyr 1653. Ymhen pedwar diwrnod, yr oedd wedi cipio'r awenau gwleidyddol a'i gyhoeddi'i hun yn Arglwydd-amddiffynnydd. Drwy wneud hynny, seiliodd ei awdurdod ar allu milwrol a grym y cledd. Syfrdanwyd y milflwyddwyr gan weithred Cromwell. Dryswyd eu holl gynlluniau a pharatoadau, a mynegodd aelodau o blaid y Bumed Frenhinaeth eu dicter heb flewyn ar dafod. Bradwr oedd Cromwell yn eu golwg hwy bellach, gelyn y saint a thrawsfeddiannwr digywilydd. Mewn pregeth danllyd ac ymosodol yn Blackfriars, Llundain, anogodd Vavasor Powell ei braidd i ddychwelyd adref a gweddïo 'Arglwydd, p'run fynni Di i deyrnasu drosom, Iesu Grist ynteu Oliver Cromwell?' Aeth y siom fel gwayw i fynwes Powell, a dychwelodd i Gymru i rwydo cefnogaeth yn erbyn Diffynwriaeth Cromwell. Gŵr byr, cydnerth oedd Powell, a phrotestiwr eithriadol o rymus. Nid ofnai'r un dyn, ac ni allai'r awdurdodau ei rwystro rhag dwyn tystiolaeth o blaid ei ddaliadau crefyddol a gwleidyddol. Cadwai gweision Cromwell lygad barcud arno, yn enwedig wedi iddo frolio ym 1655 fod ugain mil o saint yn barod i frwydro o'i blaid.

Ym mis Rhagfyr 1655, cyhoeddodd Powell ddeiseb—*Gair dros Dduw*—wedi ei llofnodi gan 322 o bobl, y mwyafrif ohonynt yn rhydd-ddeiliaid a masnachwyr o'r gororau, yn cyhuddo Cromwell o gamweddau lawer. Rhoddwyd enw Morgan Llwyd ar y rhestr, ond yn groes i'w ewyllys. Er i Llwyd gael ei siomi'n ddirfawr pan ddiddymwyd Senedd y Saint, penderfynodd ddygymod â'r drefn newydd a galwodd am undod a llonyddwch. Yr oedd wedi rhoi heibio'i obeithion milenaraidd a syrthio dan gyfaredd dysgeidiaeth Jacob Boehme, y cyfrinydd o'r Almaen. Cyfieithodd nifer o weithiau Boehme, a daeth i gredu bod gwraidd popeth yn tarddu o'r enaid. 'Dos i mewn i'r stafell ddirgel,' meddai, 'yr hon yw goleuni Duw'. Trodd Llwyd i mewn 'i'r anweledig fyd', gan anwybyddu pob defod a sacrament allanol. Dengys y llyfrau a gyhoeddodd rhwng 1653 a 1657 ei fod yn gogwyddo'n drwm at ddaliadau'r Crynwyr. Ysgrifennai am ddyfnion bethau mewn dull alegorïaidd, ac anodd peidio â chredu bod y Cymry wedi cael cryn anhawster i ddeall ei waith. Nid ydym hyd heddiw wedi iawn ddeall gwead ei feddwl, ond y mae'n amlwg ei fod yn ŵr o athrylith gyfoethog a chanddo feddwl anghyffredin o wreiddiol. Nid Llwyd oedd yr unig un a oedd yn anesmwyth ynglŷn â deiseb Vavasor Powell. Yn wir, yr oedd y mwyafrif o Biwritaniaid Cymru'n gadarn o blaid Cromwell. Dan arweiniad Walter Cradock, unodd 762 o drigolion De Cymru mewn cwlwm teyrngarol i Cromwell drwy lofnodi deiseb—*Y Cyfarchiad Gostyngedig*—o'i blaid. Achosodd hyn rwyg yn rhengoedd y Piwritaniaid yng Nghymru. Oerodd brwdfrydedd dilynwyr Powell wrth weld pleidwyr Cromwell yn cario'r dydd. Erbyn 1657, yr oedd Powell ei hun wedi sylweddoli mai ofer oedd disgwyl i'r Cymry godi arfau yn erbyn yr Arglwydd-amddiffynnydd. Ciliodd y gobaith am sefydlu gweriniaeth Gristnogol hyd nes i Morgan John Rhees adfer y gri yn y 1790au.

Erbyn diwedd y 1640au, yr oedd nifer o sectau a mudiadau eraill yn bwrw gwreiddiau yng Nghymru. Dan arweinyddiaeth Philip Henry, llwyddodd Presbyteriaeth i gael ei thraed dani yn sir y Fflint. Gwelodd Henry yn dda i gydweithio â'r Annibynwyr yng ngogledd-ddwyrain Cymru, a thrwy wneud hynny rhoes wedd fwy rhyddfrydig ar Bresbyteriaeth yr ardal honno. Lledaenodd y

Bedyddwyr yn gyflymach. Eu prif sylfaenydd yng Nghymru oedd John Miles (1621-83), brodor o swydd Henffordd a chyn-filwr. Cychwynnodd achos enwog iawn yn Ilston (Llanilltud Gŵyr) ym Mro Gŵyr ym mis Hydref 1649. Bedyddwyr Caeth oeddynt, ac elwasant ar y ffaith fod hon yn ardal a fraenarwyd eisoes â syniadau Piwritanaidd. Tyfodd Ilston i fod yn 'fam ysbrydol' i glwstwr o eglwysi eraill a ffurfiwyd yn y Gelli, Llanharan, Caerfyrddin a'r Fenni erbyn 1652. Llwyddodd y Bedyddwyr Rhyddgymunol hefyd i ymestyn ar hyd Dyffryn Wysg yn sir Faesyfed, a hynny mor llwyddiannus nes i'w cynnydd achosi dadlau stormus iawn ar bwnc bedydd plant.

Coleddai pleidiau eraill syniadau llawer mwy eithafol ac anuniongred. Llechai carfan o Frygawthwyr ym Merthyr: wfftient at foes a chrefydd y Piwritan, a honnent nad oedd y fath bethau â phechod ac uffern yn bod. Pan gymerai Nathan Jones, rheithor y plwyf, y gwasanaeth ar y Sul, fe'u difyrrent eu hunain drwy smocio tybaco a chael hwyl am ei ben. Ym Mro Gŵyr, honnai'r Cyrnol Bowen, y Pengrwn, nad oedd na Duw na Diafol na nefoedd nac uffern yn bod. Ciliodd William Erbery o blith yr Annibynwyr er mwyn ymuno â'r Chwilwyr, sect a gredai na ddeuai'r wir eglwys nes i Dduw ddethol to newydd o apostolion. Barnai fod yr eglwysi cynulledig 'megis esgyrn sych marw, heb anadl nac ysbryd bywyd'. Yn wahanol i'r milflwyddwyr, nid disgwyl 'gogoniant allanol' a wnâi, ond 'gogoniant i'w ddatguddio ynom ni, ac yn y bywyd hwn'. Credai y deuai'r Arglwydd 'yn y corwynt a'r rhyferthwy', gan ei ddatguddio'i Hun gyntaf yng Ngogledd Cymru.

Cyhoeddodd Erbery'r broffwydoliaeth honno ym 1652. Erbyn hynny, yr oedd Morgan Llwyd yn gwyro tuag at y gred fod 'y gwir Bregethwr yn sefyll ym mhulpud ein calonnau'. Hyn, i bob pwrpas, oedd hanfod cred y Crynwyr. Ym mis Gorffennaf 1653, anfonodd Llwyd ddau o'i ddisgyblion yn Wrecsam i Swarthmore, prif ganolfan cenhadon y Crynwyr yn swydd Gaerhirfryn. Siarsiwyd y ddau i holi mwy am syniadau prif ysgogydd y mudiad, George Fox. Swynwyd un o'r llateion—John ap John (1625-97), iwmon o Riwabon—gan genadwri Fox. Profodd rin y goleuni mewnol, a daeth yn brif apostol mudiad y Cyfeillion yng Nghymru. Erbyn yr hydref, yr oedd dau gennad, sef Richard Hubberthorne a John Lawson, wedi cyrraedd Wrecsam, a'r gwaith o daenu neges 'Plant y Goleuni' wedi ei gychwyn. Arloesodd Thomas Holme rannau helaeth o'r De ym 1654-5, a threiddiodd John ap John i ganol rhengoedd Bedyddwyr sir Faesyfed. Yn ystod 1657, aeth sefydlydd y frawdoliaeth, George Fox, gyda John ap John yn gwmni ffyddlon iddo, ar daith drwy Gymru. Croeso digon cymysg a gafodd y ddau yn nhrefi Cymru—rhai cyfarfodydd llewyrchus, sawl derbyniad oeraidd a pheth triniaeth giaidd—ond llwyddwyd i greu llawer iawn o frwdfrydedd. Ymledodd y Crynwyr yn rhyfeddol o gyflym, gan sefydlu diadelloedd lluosog yn siroedd Meirionnydd, Maldwyn a Maesyfed. Rhwydwyd cefnogaeth hefyd ymhlith masnachwyr a chrefftwyr trefi'r gororau a'r deheubarth.

Pobl ddidwyll a geirwir oedd y Crynwyr. Traethent eu barn yn ddi-dderbyn-wyneb, ac yr oedd eu hargyhoeddiad yn heintus. Pwysent ar un gred hanfodol, sef goleuni Crist yn y galon. Credent mai'r goleuni mewnol oedd y cymorth pennaf i ddyn ddod i adnabyddiaeth lawn o'r pethau uchaf. Profodd rhai ohonynt dröedigaeth ysgytwol: 'clwyfodd y grym nefolaidd fi fel cleddyf,' meddai Thomas Wynne o Gaerwys, 'trawodd fel morthwyl ar gorff llawn o bechod, a llosgodd fel tân yn fy mherfeddion'. Nid pobl hawdd eu trin oedd y Cyfeillion, ac yn ystod y 1650au fe'u hystyrid yn dra milwriaethus. Galwent am ddiwygiadau radical iawn. Honnent fod y sacramentau'n ddi-fudd, anwybyddent gyngor offeiriaid, a dim ond y mesur lleiaf o ffurf a threfn a geid yn eu cyfarfodydd. Torrent ar draws rhai o gonfensiynau mwyaf cysegredig yr oes drwy herio hawl yr Eglwys i'w degymu, drwy yrru eu gwragedd i bregethu, ymyrryd â gwasanaethau eglwysig, gwrthod tyngu llwon, ymosod ar bob rhwysg a balchder, peidio â diosg eu hetiau mewn cwmni parchus, a mynnu galw 'ti' a 'tithe' ar bawb yn ddiwahân.

Ymarswydai Eglwyswyr a Phiwritaniaid fel ei gilydd rhag credoau'r Crynwyr. Tybient eu bod yn fygythiad i'r drefn gymdeithasol a gwleidyddol. Gweision Satan oeddynt yn ôl rhai, penboethiaid gorffwyll yn ôl eraill. Ffieiddiai Huw Morys y 'Cwacer oer eger ei rudd'; hwy oedd 'haint yr amseroedd' yn nhyb John Miles, a chaent anair cyson gan Vavasor Powell. Nid oedd gan Annibynwyr cymedrol ddim i'w ddweud o'u plaid, ychwaith. Ym 1658, anogwyd y Cymry gan Stephen Hughes i 'stofi ac i ymdrechu ym mhlaid y ffydd a siglwyd yn dost, ac a siglir fyth, yn yr amseroedd diwethaf yma, gan Ranters, Quakers a'r cyfryw'. Ciliodd yr hen frwdfrydedd a'r gorfoledd a berthynai i genhadon milwriaethus y 1640au. Ni fedrai gwŷr cymedrol oddef mwy o eithafiaeth. Yr oedd dydd y saint yn dirwyn i ben. Bu farw Llwyd a

Cradock o fewn rhai misoedd i'w gilydd ym 1659, a charcharwyd Powell ym mis Gorffennaf 1660. Erbyn hynny, yr oedd y drefn Biwritanaidd wedi dadfeilio. Bu farw Oliver Cromwell ym mis Medi 1658, a bu cryn anhrefn wleidyddol am ddwy flynedd wedi hynny. Methodd Richard Cromwell ag ennill ymddiriedaeth y wlad, a phan laniodd Siarl II ar lannau Dover ar 25 Mai 1660, croesawyd y newyddion yn eiddgar yng Nghymru. Bu'r arbrawf Piwritanaidd yn hunllef i'r mwyafrif ohonynt, a rhaid bod llawer un wedi byw, fel Rowland Vaughan, 'megis pererin mewn cellan' yn ystod blynyddoedd y Weriniaeth. Plannwyd ym mynwes y Cymry gasineb dwfn tuag at lywodraeth filwrol. Ar y llaw arall, yr oedd hadau Anghydffurfiaeth wedi eu hau ac i ddwyn ffrwyth ar eu canfed yn y dyfodol. Bellach, yr oedd corff ffyddlon o bobl a oedd yn deall cwestiwn Morgan Llwyd: 'a glywaist ti erioed Ddirgelwch y Daran a'r Gerdd nefol ynghyd ynot dy hunan?'

X CYNHENNAU GWLEIDYDDOL A CHREFYDDOL 1660-1760

Drwy gydol blynyddoedd cythryblus y Weriniaeth, bu William Phylip o'r Hendre Fechan yn Nyffryn Ardudwy yn cysuro'i gydwladwyr drwy ddweud 'Fe ddaw brenin eto'. Clywyd yr un broffwydoliaeth droeon gan Arise Evans, y dewin rhyfedd o Langelynnin, a mawr oedd y gorfoledd yng Nghymru pan wireddwyd eu daroganau ym 1660. Croesawyd Siarl II yn eiddgar, a bernid mai ef, ac ef yn unig, a fedrai uno'r wlad wedi'r 'amseroedd blin':

> Bonedd a chyffredin, gweddïwch ar ddeulin,
> 'Hir einioes i'n brenin pen brigyn ein bro'
> A llwyddo ar ei goron fel claear wlith Hermon
> Fendithion Duw'n gyfion i'w gofio.

Cafodd y mwyafrif o'r Cymry ollyngdod mawr o weld adfer yr hen drefn. Dychwelyd i'r hen rigolau gwleidyddol a chrefyddol, a'r teimlad cyffredinol oedd fod yn rhaid wrth awdurdod a threfn o flaen pob dim o hynny ymlaen. Breuddwyd pob un mewn awdurdod oedd ailsefydlu undod a thangnefedd drwy'r deyrnas. Un o hoff destunau awduron yr oes oedd 'wele mor ddaionus ac mor hyfryd yw trigo o frodyr ynghyd'. O'r pulpud a'r wasg, cyhoeddid mai undeb oedd rhwymyn tangnefedd, ac anogid pawb i dderbyn yn ddigwestiwn hawliau dwyfol y Brenin, i ufuddhau i orchmynion gwlad ac eglwys, ac i gredu mai pechod oedd codi arfau yn erbyn y sawl a oedd mewn awdurdod. Bellach, yr oedd brwdfrydedd, penboethni a chynnen dan gabl. Gair brwnt oedd *enthusiasm*. Ond, gyda threigl amser, sylweddolwyd na fedrai'r Stiwartiaid uno'r deyrnas na sicrhau llonyddwch a threfn. Yr oedd dau fwgan mawr yn bwrw eu cysgod yn drwm dros bob ymgais i ddiogelu undod: yr ofn y digwyddai rhyfel cartref unwaith eto, a'r perygl o du Pabyddiaeth. Ar adegau o argyfwng cenedlaethol, achosai'r bwganod hyn gryn anesmwythyd a chyffro.

Y Cof am y Chwyldro

Yr oedd creithiau'r 'amseroedd blin' wedi'u serio'n ddwfn ar eneidiau'r Cymry. Am sawl cenhedlaeth wedi 1660, cofiwyd am ymgais milwyr, gorfodogwyr a phwyllgorwyr i ennill y wlad 'drwy nerth y cleddyf llydan'. Brithir llenyddiaeth Gymraeg yr oes â chyfeiriadau miniog a sarhaus at drawsfeddiannaeth Oliver Cromwell, at 'Rowndiaid llofruddog' a 'Chradociaid'. Ar awr o argyfwng cenedlaethol, daliai hen gynhennau i ffaglu yn union fel pe bai digwyddiadau'r blynyddoedd cythryblus wedi digwydd ddoe ddiwethaf. Yr oedd Torïaid ac Eglwyswyr, yn arbennig, yn gyndyn iawn i gredu bod y llewpart Piwritanaidd wedi llwyr ymwared â'i frychni. Manteisient ar bob cyfle i agor hen friwiau drwy edliw i Ymneilltuaeth yr hyn a gyflawnwyd gan sectau a mudiadau cythryblus yr oes chwyldroadol. Codid hen grach yn aml. Pan ddechreuodd yr academïau Anghydffurfiol luosogi, ymosodwyd arnynt fel 'ysgolion a magwrfeydd chwyldroad a gwrthryfel'. Pan ddyrchafwyd Anghydffurfwyr a chyn-Bengrynion i'r fainc gan Iago II ym 1687-8, bwriwyd sen arnynt fel bradwyr a ffanatigiaid, a dirmygwyd y Brenin am 'gasglu'r gwiberod hynny o'r domen lle y'u gosodwyd gan y deddfau cosb'. Wedi i Syr Watkin Williams Wynn golli'r dydd i'r Chwig John Myddelton yn etholiad 1741 yn sir y Fflint, yr oedd digon o'i gefnogwyr yn barod i ddifenwi'r buddugwyr fel 'pengrynion ffeilsion ffydd' ac i fynegi'r gobaith:

> Na chaffo'r bryntion grynion groes,
> Fyth ail ymgodi i rynu'r oes.

Dwyn atgofion yn ôl am stranciau gwyllt sectau penboeth y 1640au a wnaeth y Methodistiaid hwythau, a chyndyn iawn fu trigolion Gogledd Cymru i gynhesu at y 'Cradociaid' newydd hyn yng nghanol y ddeunawfed ganrif.

Cyniweiriai ofn ym mynwes yr awdurdodau y byddai gwrthryfel yn digwydd unwaith eto, ac y câi'r wlad ei boddi drachefn gan don ar ôl ton o ffanatigiaid penboeth o'r aden chwith. Porthwyd eu hofnau gan Wrthryfel Venner ym 1661, Cynllwyn Derwentdale ym 1663, Cynllwyn Tŷ Rye ym 1683 a Gwrthryfel Monmouth ym 1685. 'Ni pheidian' â'u plotiau,' cwynai Huw Morys, wrth annog y Cymry i ochel terfysg 'rhag cael eich cynhyrfu a'ch gyrru o'ch co' '. Cynyddodd yr ofnau hyn ymhlith y Torïaid wedi i Ddeddf Goddefiad 1689 agor y llifddorau i ymlediad Anghydffurfiaeth. Daliai'r mwyaf digymrodedd yn eu plith—Ellis Wynne a Theophilus Evans, er enghraifft—i gredu bod Anghydffurfwyr â'u bryd ar ailgynnau fflam gwrthryfel mewn gwlad ac eglwys. Pan oedd y tymheredd crefyddol yn uchel, clywid yr hen gri—'y mae'r eglwys mewn perygl'—ac arllwysid gwawd ar sêl a brwdfrydedd hil y Pengrynion:

Duw cadw'r Eglwys rhag cael loes
Er bod rhyw ffydd neu grefydd groes
Yn dweud dan ffrostio a dwndro'n daer
'I lawr mewn pryd â'r Common Praer'.

Y gred oedd y byddai'r elfennau peryglus hyn yn rhwygo'r sefydliad yn ddarnau mân, yn creu Gweriniaeth newydd, ac yn gosod y wlad dan iau lliaws o fân ormeswyr. Nid oedd dim yn corddi teimladau Eglwyswyr a Thorïaid yn fwy na'r cof am y driniaeth a ddioddefwyd gan Siarl I. 'Oera diwrnod i'r deyrnas', yn ôl Huw Morys, oedd dydd dienyddiad Brenin coronog Lloegr. Â chalon drom y cofiai Philip Henry am yr olygfa arswydus yn Whitehall. Seriwyd y weithred drydanol o dorri pen Brenin Lloegr ar gof y Cymry. Honnodd un Eglwyswr anhysbys mai hon oedd 'y weithred fwyaf cythreulig a melltigedig a wnaed erioed dan yr haul'. Brigai'r drwgdeimlad i'r wyneb ar adegau o argyfwng. Yn sgîl y Cynllwyn Pabaidd, bwriodd John Thomas, rheithor Penegoes, ei lach ar y 'cythreuliaid o ddynion . . . yn feddw gan waed brenin, brenin cyfiawn'. Pan oedd helynt Sacheverell yn ei anterth ym 1710, cyhoeddwyd datganiad o deyrngarwch i'r Frenhines Anne gan drigolion sir Ddinbych yn dweud eu bod yn casáu â chas perffaith y sawl a 'balmantodd y ffordd i lofruddiaeth atgas ei thaid brenhinol'. Ar 30 Ionawr bob blwyddyn wedi 1660, cofféid 'merthyrdod' Siarl I ym mhob llan ledled Cymru, a manteisiai offeiriaid ar eu cyfle i bregethu'n eiddgar o blaid dwyfoldeb y frenhiniaeth ac yn erbyn gwrthryfela yn erbyn brenin, gwlad ac eglwys. Nid oedd rhai ohonynt uwchlaw agor hen friwiau. 'Chwi a ddysgwch y bobl ar y 30 Ionawr,' cwynai un Anghydffurfiwr, 'i adnewyddu eu cas tuag at y rhai nid oedd ganddynt na llaw na throed yn y gwaith mwy na chwithau'.

Wedi Deddf Goddefiad 1689, ofnai Eglwyswyr y byddai Anghydffurfwyr yn ceisio lledu eu hadenydd yn y byd cyhoeddus yn ogystal ag mewn cylchoedd crefyddol. Un pwnc llosg amlwg a ddatblygodd rhwng y ddwy ochr yn ystod y 1690au oedd cymuno achlysurol. Yn ôl amodau'r Ddeddf Gorfforaeth (1661) a Deddf y Prawf (1673), yr oedd yn rhaid i'r sawl a fynnai ddal swydd dan y Goron neu mewn bwrdeistref dderbyn y cymun eglwysig, a meddu ar dystysgrif i brofi hynny wedi ei harwyddo gan yr offeiriad a wasanaethai yno ar y pryd. Prif fwriad y Deddfau hyn oedd

205

rhwystro pawb o'r tu allan i'r Eglwys rhag dringo i swyddi o fri. Ond dadleuai Anghydffurfwyr rhwystredig fod yn rhaid i'w hegnïon gael mynegiant amgen, a cheisient foddio'u hawydd i wella'u byd drwy ochr-gamu heibio i'r rhwystr drwy gymuno unwaith y flwyddyn yn yr Eglwys, a dal i addoli bob Sul mewn tŷ cwrdd. Bu helynt ryfeddol pan benderfynodd Syr Humphrey Edwin, perchennog stad Llanfihangel ym Morgannwg, Anghydffurfiwr ac Arglwydd Faer Llundain, fynd yn ei lifrai a chyda'i osgordd swyddogol i gymuno yn eglwys ei blwyf ar fore Sul 31 Hydref 1697, cyn mynd rhagddo i addoli yn nhŷ cwrdd y Presbyteriaid yn y prynhawn. Cythruddwyd Eglwyswyr i'r byw. Ffug a rhagrith noeth oedd cymuno achlysurol yn eu tyb hwy. Yn ôl Syr Humphrey Mackworth, hunan-les a oedd wrth wraidd ymddygiad y cymunwyr achlysurol, ac yr oedd hyd yn oed Daniel Defoe, yr Anghydffurfiwr pybyr, yn barod i gyfaddef fod cymuno achlysurol yn debyg i 'chwarae *bo-peep* â'r Hollalluog'. Ond ni fedrid torri crib y cymunwyr achlysurol tra teyrnasai Gwilym III. Ar esgyniad Anne i'r orsedd ym 1702, sut bynnag, cynyddodd yr atgasedd tuag at Anghydffurfwyr ymhlith Torïaid gwrth-Biwritanaidd. Yr oedd gwaed y Stiwartiaid yn rhedeg yn gryf yng ngwythiennau Anne, ac ofnai Anghydffurfwyr fod ei sêl eglwysig lawn cymaint â sêl Babyddol ei thad. Gwyddent fod eu breintiau mewn perygl, yn enwedig o gofio bod gan y Torïaid fwyafrif mawr yn y Senedd wedi etholiadau 1701-2. Dygwyd tri mesur i wahardd cymuno achlysurol o flaen Tŷ'r Cyffredin rhwng 1702 a 1704, ond rhwystrwyd pob un gan yr elfen Chwigaidd yn Nhŷ'r Arglwyddi. Yn sgîl buddugoliaeth y Chwigiaid yn etholiad cyffredinol 1705, cafodd y cymunwyr achlysurol egwyl fach i gael eu gwynt atynt, ond bu cryn groesi cleddyfau mewn print wedyn ar y pwnc dadleuol hwn.

Daeth cyfle pellach i'r Torïaid i ymlid Anghydffurfwyr Cymru ym 1709-10 pan ffrwydrodd helynt Dr Henry Sacheverell. Tori penboeth ac anystywallt oedd Sacheverell. Tynnodd nyth cacwn am ei ben drwy ymosod ar y Chwyldro Gogoneddus, Y Ddeddf Goddefiad, cymunwyr achlysurol ac ysgolion Anghydffurfiol mewn pregeth danllyd ar y testun 'ym mheryglon ymhlith brodyr gau' (2 Cor. xi.26) a draddodwyd yn Eglwys Gadeiriol Sain Pawl yn Llundain ar 5 Tachwedd 1709. Seren wib fuasai Sacheverell pe na buasai'r Chwigiaid wedi penderfynu dysgu gwers iddo drwy ddwyn achos yn ei erbyn. Bu cyffro mawr drwy Loegr a Chymru. Cafwyd

Sacheverell yn euog, ond derbyniodd ddedfryd mor chwerthinllyd o ysgafn fel y'i gollyngwyd i bob pwrpas heb nam ar ei gymeriad. Mawr fu gorfoledd y Torïaid. Dyrchafwyd Sacheverell yn arwr, a bu dathlu mawr ymhlith ei gefnogwyr. Gwelodd offeiriaid eraill eu cyfle i arllwys rhagor o ddigofaint am ben yr Anghydffurfwyr. Cwynodd y Crynwr, John Kelsall, fod 'rhyw Sacheverell bach' o'r enw Cornwall wedi pregethu, yn null ei arwr, ym mhulpud Y Trallwng ar y testun pryfoclyd 'Pwy a gyfyd gyda mi yn erbyn y rhai drygionus?' (Salmau xciv.16). Ni ellid ffrwyno tafodau'r offeiriaid Torïaidd nac awydd dihirod i ddial ar hen elynion. Cynhaliwyd gorymdeithiau gwrth-Anghydffurfiol yn Wrecsam, torrwyd ffenestri'r tai cwrdd, ac ymosodwyd ar rai unigolion. Dirmygwyd Syr Joseph Jekyll, y barnwr a fu'n rhannol gyfrifol am ddwyn achos yn erbyn Sacheverell, yn gyhoeddus gan Dorïaid y dref, a bu raid symud Llys y Sesiwn Fawr i Ruthun dros dro er mwyn osgoi cythrwfl. Yn y cyfamser, codai'r llanw eglwysig, a bu'n dda gan Robert William, gof o Wrecsam, glodfori Sacheverell fel 'piler ffast rhag pylu'r ffydd'.

Wedi ei ryddhau, derbyniodd Sacheverell fywoliaeth fras Selatyn yn esgobaeth Llanelwy yn rhodd gan Robert Lloyd, Tori o'r iawn ryw o Amwythig. Cychwynnodd Sacheverell ar siwrnai rwysgfawr o Rydychen i Selatyn ar 1 Mehefin 1710. Cymerodd fis cyfan i gwblhau'r daith. Yr oedd y llanw Torïaidd ac Eglwysig yn ei anterth ar ororau Cymru y pryd hwnnw, a rhoddwyd i Sacheverell y math o groeso a neilltuir heddiw i arwyr y byd pop neu enillwyr cwpan pêl-droed. Ymgasglodd torfeydd niferus i floeddio'u cymeradwyaeth yn y trefi, swperodd yr arwr yn fras yn nhai gwŷr goludog, ac fe'i cusanwyd yn eiddgar gan wragedd clodforus. Ond achosodd campau Sacheverell gryn anesmwythyd yn y gwersyll Anghydffurfiol. Ag arswyd mawr y gwrandawsant hwy ar ei fygythion tanllyd. Athrodwr yn 'chwydu tân o'i safn' ydoedd, yn nhyb un ohonynt, a gwgent o'i weld yn gorymdeithio 'mewn gwag ogoniant drwy'r wlad, gan adael i'r dyrfa gusanu nid yn unig ei law fel pe buasai'n frenin, ond ei droed fel pe buasai'n Bab'. Gwyddai'r Anghydffurfwyr fod eu tynged bellach yn hynod o ansicr. Aeth y Torïaid rhagddynt i'w poenydio fwyfwy. Trawsant fargen â'r Chwigiaid yn Nhŷ'r Arglwyddi, a daeth y mesur i rwystro cymuno achlysurol yn ddeddf gwlad ym 1711. Yna, ym 1714, daethpwyd â Deddf Sism—ymgais i ddiwreiddio Anghydffurfiaeth yn llwyr—o flaen y Senedd. Ond, drwy ryw ryfedd wyrth, bu farw'r Frenhines

Anne ar 1 Awst, sef yr union ddiwrnod y deuai'r mesur i rym. Ymhen mis i farwolaeth Anne, yr oedd yr Arglwydd Bolingbroke yn gofidio bod y blaid Dorïaidd yn deilchion. Lluchiwyd y Torïaid i'r anialwch, ac ymddiriedodd Siôr I ei holl ofalon i'r Chwigiaid am yn agos i dri chwarter canrif. O ganlyniad, diogelwyd yr Anghydffurfwyr rhag eu gelynion mwyaf mileinig, ond ni ddarfu'r cof am ormes y Pengrwn a thynged Siarl I. 'Onid hynafiaid y rhain a lofruddiodd eu Brenin?' oedd un sylw gwaradwyddus a wnaed ar yr Anghydffurfwyr mor ddiweddar â'r 1790au. A bu raid aros hyd 1828 cyn diddymu Deddfau'r Prawf a'r Corfforaethau: hyd hynny, dinasyddion eilradd fyddai'r Anghydffurfwyr.

Y Bwgan Pabyddol

Yr ail fwgan i daflu ei gysgod yn drwm dros feddwl yr oes oedd y bwgan Pabyddol. Yr oedd sawl elfen yn perthyn i Babyddiaeth yn codi arswyd: natur yr Hen Ffydd; ei dibyniaeth ar gynllwyn a gormes; ymlyniad honedig Siarl II ac Iago II wrthi; ac uchelgais Lewis XIV, Brenin Ffrainc. Drwy gydol y cyfnod hwn ymlafniai Protestaniaid i gyflyru'r Cymry i gredu mai ffydd lwgr a thwyllodrus oedd Pabyddiaeth. Nid oedd arlliw cysegredigrwydd arni ac fe'i seiliwyd ar gelwydd ac anwybodaeth. 'Holl sothach Pabyddiaeth' oedd disgrifiad dirmygus Theophilus Evans ohoni, a bu'n dda gan Simon Thomas i'w chyffelybu i 'domen fawr yn ymyl tŷ, i'r hon y bwrir yr holl dom a'r tail a gesglir yn y beudai a'r fuwch-faes oddi amgylch'. Y mae llenyddiaeth Gymraeg yr oes yn ferw gan ragfarn wrth-Babyddol. Cysylltid yr Hen Ffydd bob amser â gormes a gwaed. 'Y dyn gwaedlyd' oedd y Pab, 'cigyddion gwaedlyd' oedd y Ffrancod, seirff gwenwynig oedd yr Iesuwyr, a 'noddfa i ladd a lladrata' oedd Iwerddon. 'Nid oes ganddynt feddyginiaeth yn y byd,' meddai John Thomas, rheithor Penegoes, 'i iacháu teyrnasoedd ond wrth ollwng gwaed a thorri'r wythïen'. Yn ei almanaciau blynyddol o 1680 ymlaen, atgoffai Thomas Jones y Cymry am weithredoedd 'anfad' y Pabyddion yn y gorffennol—y merthyru yn Smithfield, yr Armada, Brad y Powdr Gwn, y gyflafan yn Iwerddon ym 1641, a'r Rhyfel Cartref. Caethiwyd y deallus a'r anneallus fel ei gilydd gan yr ofn y byddai'r Pabyddion yn dymchwel y cyfansoddiad gwleidyddol, yn llosgi Protestaniaid fel yn nyddiau Mari Waedlyd, ac yn gormesu pobl gymaint fel na byddent fymryn gwell na chaethweision yn eu gwlad eu hunain. Nid gormod dweud bod y bwgan Pabyddol yn y cyfnod hwn wedi achosi'r un arswyd ag a wnaeth ofn yr Iddewon yn yr Almaen yn y 1930au, ac ofn Comiwnyddiaeth yn America yn y 1950au.

Rhwng 1660 a 1685, achosai diffyg ymrwymiad Siarl II wrth Brotestaniaeth gryn lawer o anesmwythyd. Ofnid—nid heb achos—ei fod yn llawes Brenin Ffrainc, a'i fod yn cynllwynio'n ddirgel i hyrwyddo achos y Pabyddion yn y wlad hon. Mwy peryglus fyth oedd y ffaith fod ei frawd Iago, Dug Efrog, wedi troi'n Babydd ym 1673. Dwysaodd ofnau'r wlad ym 1678 pan ddadlennodd Titus Oates fanylion am gynllwyn honedig ar ran yr Iesuwyr i ladd Siarl II, i osod ei frawd yn ei le, ac i ddifa Protestaniaeth yn llwyr. Pan ddarganfuwyd yr ynad a gofnododd stori Oates yn farw mewn ffos, lledaenodd ias o arswyd a digofaint drwy'r wlad. Gwelodd Protestaniaid brwd fel John Arnold gyfle i ddial ar Babyddion sir Fynwy. Yr oedd mwy o Babyddion a reciwsantiaid yn y sir honno nag mewn unrhyw sir arall yng Nghymru. Derbynient nawdd a swcr gan Ardalydd Caerwrangon yng Nghastell Rhaglan a theulu'r Morganiaid yn Llantarnam. Nid oedd dim cariad rhwng Arnold ac Ardalydd Caerwrangon, a thrwy wasgu'n galed ar yr awdurdodau eglwysig a sifil llwyddodd Arnold a'i gyfeillion i chwalu Coleg yr Iesuwyr yn y Cwm, swydd Henffordd. Rhoddwyd nifer o wŷr diniwed i farwolaeth: dienyddiwyd y Tad David Lewis ym Mrynbuga, a'r Tadau Philip Evans a John Lloyd yng Nghaerdydd ym 1679. Cychwynnwyd ymgyrch yn y Senedd i sicrhau na châi'r Pabydd Iago olynu ei dad. Rhwng 1679 a 1681, cyflwynwyd tri mesur i'r perwyl hwnnw yn Nhŷ'r Cyffredin. Yn y cyfamser, aeth Siarl II rhagddo i dynnu dannedd ei elynion drwy adlunio natur ac aelodaeth y cyrff llywodraethol mewn tref a bwrdeistref. Erbyn Hydref 1680, yr oedd 25 o ynadon o anian wrth-Babyddol ac Anghydffurfiol wedi eu disodli o'r meinciau sirol, a gwŷr teyrngar i'r Brenin yn llywodraethu yn eu lle. Ond gan na châi Siarl ei ffordd ei hun yn y Senedd, penderfynodd ei hepgor yn llwyr wedi 1681, a phwyso fwyfwy ar Ffrainc am arian, cysur ac anogaeth.

I ryw raddau, llwyddodd Siarl II i gadw'i Babyddiaeth o'r golwg, ond mynnodd Iago II, ei olynydd ym 1685, gyhoeddi ei sêl dros yr Hen Ffydd o bennau'r tai. Ni wyddai neb yn union beth a gorddai ei feddwl aflonydd, ond credid mai tra-dyrchafu Pabyddiaeth drwy'r deyrnas oedd ei nod. Siomwyd Iago yn aruthrol gan agwedd benstiff yr Eglwyswyr at ei bolisïau crefyddol, ac aeth rhagddo i roi swyddi atyniadol dros ben i Babyddion a gwŷr teyrngar i'r Goron.

Chwynnodd oddi ar y fainc bob gelyn i'w fwriadau, a cheisiodd ennill ffafr yr Anghydffurfwyr. Ei obaith oedd y byddai'r Eglwyswyr, yn ôl eu harfer, yn parchu ei orchmynion, ac y byddai'r Anghydffurfwyr, o ennill eu rhyddid, yn barotach i gofleidio'u brodyr yn Eglwys Rufain. Ond nid felly y bu. Troes gweinyddwyr lleol yn erbyn y Brenin. Galwyd dirprwy-raglawiaid ac ynadon Cymru i Lwydlo ym 1688 i ateb tri chwestiwn: a fyddent, pe dewisid hwy yn aelodau seneddol, yn pleidleisio o blaid diddymu'r Deddfau Cosb a'r Deddfau Prawf? a fyddent yn cynorthwyo ymgeisydd â'i fryd ar ddiddymu'r deddfau hynny? a fyddent yn barod i gyd-fyw'n ddiddig â phobl o bob gogwydd crefyddol? Disgwylid i tua 320 fod yn bresennol, ond ni ddaeth eu hanner yn agos i Lwydlo. Bu raid i Ddug Beaufort hysbysu'r Brenin nad oedd ynadon Cymru'n barod i ufuddhau i'w ewyllys.

Erbyn hynny yr oedd y wlad yn credu'n ffyddiog mai pennaf bwriad Iago II oedd gorseddu Pabyddiaeth, difa'r Eglwys, twyllo'r Anghydffurfwyr, a rhwymo'r wlad wrth Lewis o Ffrainc. Daliai'r Brenin i ganlyn yr Anghydffurfwyr drwy gyhoeddi ail Ddatganiad o Oddefiad ym 1688 a gorchymyn pob offeiriad i'w ddarllen yn gyhoeddus o'r pulpud. Gwrthododd oddeutu 400 o offeiriaid a saith esgob, gan gynnwys William Lloyd, esgob Llanelwy, ufuddhau i'r wŷs. Taflwyd yr esgobion i Dŵr Llundain ar gyhuddiad o enllib bradwrus. Ni fedrai Edward Morris o'r Perthillwydion gelu ei deimladau mwyach: Saul, 'yr erlidiwr creulon', oedd Iago II, meddai, a chanodd gyfres o englynion clodforus i'r saith esgob—'seithwyr, amddiffynwyr ffydd'—a wrthododd blygu glin i'w ddichellion. Er mawr ollyngdod i Brotestaniaid y wlad, rhyddhawyd yr esgobion yn ddieuog. Ond o fewn dau ddiwrnod ganed mab i'r Brenin a dwysaodd yr ofnau'n ddifrifol unwaith eto. Erbyn haf 1688, yr oedd Iago II wedi llwyddo i uno'r wlad yn ei erbyn. Ni sylweddolodd na maint na dyfnder y teimlad gwrth-Babyddol ymhlith ei ddeiliaid ac ni allai gredu bod eu hymlyniad wrth Eglwys Loegr yn ddiffuant. Mwlsyn penstiff ydoedd, gŵr a ddibrisiai werthoedd a rhagfarnau ei bobl. Nid oedd ganddo unrhyw barch at ddaliadau ac egwyddorion pobl eraill, a methodd yn llwyr â deall bod ei bobl yn casáu Pabyddiaeth â chas perffaith. Er bod rhai Cymry dylanwadol—Dug Beaufort, Syr Robert Owen a Thomas Mostyn—yn dal i addef eu parodrwydd i frwydro drosto, ciliodd Iago i'r Cyfandir.

Wedi i gynlluniau Iago II gael eu trechu gan y Senedd,

gwahoddwyd Gwilym III a'i briod Mari i feddiannu gorsedd Lloegr ac i ddiogelu hawliau crefyddol a chyfansoddiadol y bobl. Glaniodd yn Tor Bay ar 5 Tachwedd 1688. Dydd i'w gofio oedd hwnnw i bob Protestant, 'dydd o ymddangosiad daioni Duw,' yn ôl Joshua Thomas, hanesydd y Bedyddwyr, 'yr hwn a ddylai gael ei gofio gyda diolchgarwch o'r galon'. Yr oedd yr Anghydffurfwyr, yn anad neb, yn ei groesawu'n frwd, oherwydd gwyddent na fyddai ef yn atgyfodi'r erledigaethau a fu'n llestair i'w cynnydd er 1662. Ond penderfynodd chwech o esgobion a 400 o offeiriaid eglwysig na fedrent dreisio'u cydwybod drwy fradychu Iago II a chymryd llw o ffyddlondeb i'r Brenin newydd. Yn eu plith, yr oedd Esgob William Lloyd o Norwich, brodor o Langywer, William Thomas, esgob Caerwrangon a chyn-esgob Tyddewi, a deunaw o offeiriaid o Gymru. Tybiai'r *nonjurors* hyn fod cydwybod dawel yn anhraethol bwysicach na buddiannau'r byd hwn.

Gŵr oeraidd, surbwch oedd Gwilym III. Fel dieithryn ac estron y'i hystyrid ef gan ei ddeiliaid. Nid oedd y Chwigiaid yn ymddiried llawer ynddo, ac fe'i caséid gan y Jacobitiaid. Ond nid amheuid ei unplygrwydd a'i barodrwydd i amddiffyn Protestaniaeth. Gobaith pob Protestant oedd y byddai'r Isalmaenwr penderfynol hwn yn arbed y wlad rhag 'cystudd, cerydd a cham' oddi ar law'r Pabyddion. Frainc oedd y gallu mawr yn Ewrop, ac yr oedd Lewis XIV yn prysur ymestyn ei awdurdod dros wledydd y Cyfandir. Gwasgai ei uchelgais yn drwm ar feddwl y Cymry. Cyfrifid ef y lleidr pennaf yn Ewrop, a phrif ddymuniad Thomas Jones yr Almanaciwr oedd gweld lluoedd arfog Prydain yn torri crib 'yr Anghenfil o Ffrainc'. Gwyddai'r Cymry pe câi Lewis y llaw uchaf y dymchwelid Protestaniaeth, y llosgid eu heglwysi a'u capeli, ac y mwydid y meysydd â gwaed merthyron. Gwilym III felly fyddai eu gwaredwr:

> Pan siglwyd dy grefydd rhoes Duw i ti Lywydd
> I'th achub rhag cystudd a cherydd a cham,
> I gynnal dy ddeddfau ac i chwynnu dy efrau,
> Ac i godi dy waliau doi Wiliam.

Trethwyd nerth milwrol ac economaidd y wlad i'r eithaf gan y Rhyfel Naw Mlynedd (1689-97) a'r Rhyfel am Olyniaeth Sbaen (1702-13/4), ac yr oedd yr ymgyrchoedd ar y Cyfandir yn faterion cwbl tyngedfennol i bobl Prydain. Prin y medrai almanaciau Thomas Jones fodloni chwilfrydedd y Cymry i wybod am y brwydro ar dir a môr. Gorfoleddent wrth ddarllen am y ddyrnod angheuol a roddwyd i obeithion y Gwyddyl ar lannau afon Boyne ym 1690, ac am y grasfa a ddioddefodd hufen llynges Lewis XIV yn La Hogue ym 1692. Tystiai beirdd Cymru i angerdd a ffyrnigrwydd yr ymladd, ac anogid bonedd a gwreng i uno yn y cwlwm gwladgarol drwy frwydro'n ddiymod dros ryddid crefyddol a gwleidyddol. Yn sgîl ei lwyddiant ar faes y gad, enillodd Gwilym III serch y Cymry. Pan ddadlennwyd manylion am gynllwyn seithug i'w ladd ym 1696, arllwysodd James Owen, pennaeth academi Croesoswallt, ei ddicter ar ben y 'gwŷr annuwiol' hynny a geisiodd ddisodli 'ffefryn y nefoedd' er mwyn gweld yr ynys hon yn 'nofio mewn dilyw o waed diniwed'. Paratowyd cyfamod newydd yn galw ar farnwyr, rheithwyr, ysweiniaid ac eglwyswyr i dyngu llw o ffyddlondeb i'r Brenin 'cyfiawn a chyfreithlon'. Nid pawb a oedd yn barod i wadu eu teyrngarwch i Iago II: mynnodd Syr Thomas Mansel o Fargam, er enghraifft, na fyddai'n llofnodi'r llw 'dros holl frenhinoedd gwledydd Crêd'. Ond brysiodd 760 o wŷr amlwg sir Forgannwg i dyngu'r llw, a'r teimlad cyffredinol yng Nghymru oedd mai pennaf dyletswydd pob gwladgarwr oedd diogelu'r Chwyldro Gogoneddus rhag rhaib a gormes y gelyn Pabyddol.

Y Jacobitiaid

Serch hynny, rhwng 1689 a 1714, yr oedd nifer o foneddigion ac offeiriaid yn barod i addef ar goedd y byddent yn gefn i'r Tywysog James Edward, yr Ymhonnwr, pan ddeuai'r awr. Anodd gwybod weithiau ai proffes ddiffuant neu ymfflamychu gwag sydd i'w glywed ganddynt. Mentrodd Humphrey Collins, person Trefdraeth, ddweud ym 1691 fod 'gwrthryfel yn waeth pechod na gwrachyddiaeth', ac y byddai'r Hollalluog yn tywallt ei ddigofaint ar y sawl na fynnai gadw lamp y Stiwartiaid yn olau. Mewn tafarn yn Wrecsam ym 1696, cyfarchodd James Robinson ryw filwr drwy ddweud wrtho: 'Beth a wnei di â'th wallt gosod a'th gôt goch? Melltith Duw ar y Brenin Gwilym a phopeth sy'n eiddo iddo'. Ceid llawer iawn o gellwair direidus-ddifrifol fel hyn mewn tafarnau, ond y gwir amdani yw nad oedd yr Ymhonnwr heb gyfeillion tra phwysig yng Nghymru erbyn oes Anne. Yr oedd Lewis Pryse, Gogerddan, Syr Charles Kemeys o Gefnmabli, Syr John Philipps o sir Benfro, Dug Beaufort o sir Fynwy a'r Is-iarll Bulkeley o Fôn yn eiddgar iawn dros achos 'y Brenin dros y dŵr'. Erbyn y 1710au, yr oedd sïon ar led bod yr Ymhonnwr yn gwylio'n ddyfal am gyfle i ddychwelyd i Brydain i gipio'r Goron, a bod pleidwyr ei achos yn lluosogi yng Nghymru. Dywedid bod Jacobitiaid Wrecsam yn dathlu pen-blwydd yr Ymhonnwr ar 10 Mehefin ac yn dangos 'plu yn eu hetiau a changau derw, ac yn bendithio'r Ymhonnwr yn agored'.

Ond pan fu Anne farw ym 1714, ni chollodd y Chwigiaid unrhyw amser cyn gorseddu'r Hanoferiaid ym mherson Siôr I. Anogid pob Protestant diffuant i'w gefnogi, ac yn Llundain ym 1715 ffurfiwyd Cymdeithas yr Hen Frythoniaid â'r bwriad o swcro'r llinach frenhinol newydd. Cynhesodd Anghydffurfwyr Cymru at y Brenin newydd ar unwaith. Bedyddiwyd sawl capel o'u heiddo'n 'Brunswick' neu 'Hanofer'. Ond bu raid i rai ohonynt ddioddef oherwydd eu heiddgarwch dros Siôr. Ym mis Gorffennaf 1715, ymosodwyd ar dŷ cwrdd newydd Wrecsam gan ŵr bonheddig, hetiwr, dau lafurwr ac eraill: sarnwyd y pulpud a'r corau a'u taflu i bwll o ddŵr. Eto i gyd, ni fynnai Jacobitiaid dylanwadol Cymru aberthu eu safle a'u hanrhydedd drwy gefnogi achos yr Ymhonnwr yn y gwrthryfel seithug ym 1715. 'Duw a gadwo frenin Lloegr' oedd y gri a glywid amlaf yn llenyddiaeth yr oes. Arllwysodd Philip Philipps, brodor o Aber-porth a chaplan Cymdeithas yr Hen Frythoniaid, ei ddigofaint am ben y 'gwrthryfel annaturiol' diweddar a gyffrowyd gan yr 'hudolwr Pabaidd'. Mewn pregeth rymus wedi'i seilio ar Salm cvii.11 ('Clodforwch, Gwaredigion yr Arglwydd, y rhai a waredodd efe o Law y Gelyn'), anogodd Iaco ab Dewi ei gydwladwyr i groesawu Brenin 'gwir ddaionus a dihoced'. Honnodd Jeremy Owen fod gwaed y Tuduriaid, sef yr hen Frythoniaid, yn byrlymu trwy wythiennau Siôr, ac y dylai ei ddeiliaid oll ymrwymo i 'ymdrechu hyd at waed yn erbyn Pabyddiaeth'.

Ond ni feddalwyd min eiddgarwch y Jacobitiaid yn llwyr. Ffurfiwyd dwy gymdeithas gyfrin i gadw fflam yr achos Stiwartaidd ynghŷn. Y bwysicaf o'r ddwy oedd 'Cylch y Rhosyn Gwyn' yn sir Ddinbych. Clwb i wŷr bonheddig o anian Dorïaidd oedd hwn, â'i bencadlys yn Wynnstay, cartref y tirfeddiannwr goludog Syr Watkin Williams Wynn. Nid oedd i achos yr Ymhonnwr aelwyd wresocach yn unman arall yng Nghymru na honno yn Wynnstay. Yn ne-orllewin Cymru hefyd, yr oedd lle cynnes i deulu'r Stiwartiaid yn parhau yng nghalonnau boneddigion y fro. Tua 1726, ffurfiwyd neu ailsefydlwyd Cymdeithas Rhingylliaid y Môr. Nid oes gennym ddim namyn traddodiadau ansicr ynglŷn â bwriadau a gweithgarwch aelodau'r gymdeithas hon, ond yn ôl pob tyst ni wnaent fawr mwy na chyfarfod am wythnos bob blwyddyn yn un o borthladdoedd neu brif drefi'r De i gynnal gorymdeithiau, dawnsfeydd a phartïon. Ysweiniaid Torïaidd oedd y mwyafrif ohonynt, a'r pen-ceiliog yn eu plith oedd y 'Jacobead tanllyd' John Philipps, Cilgeti. Gwisgai aelodau'r gymdeithas fathodyn yn dangos seren wythbig y Jacobitiaid â dolffin yn ei chanol. Cynhalient ddefodau cyfrin. Y tu ôl i ddrysau caeëdig ymgynullent i giniawa, i ganu caneuon gwrth-Hanoferaidd, i yfed iechyd yr Ymhonnwr ac i guro'r byrddau wrth weiddi *redeat*. Yr oedd eu gelyniaeth tuag at y ddau Hanoferiad cyntaf yn hysbys, ond gan na ellid profi mai bradwyr oeddynt, cawsant lonydd i freuddwydio am weld dyddiau heulog eto, hyd o leiaf 1763.

Pan laniodd yr Ymhonnwr yn yr Alban ym 1745 ni chododd boneddigion Cymru fys na bawd i'w gynorthwyo. Profwyd y tu hwnt i bob amheuaeth mai gwawn mewn gwynt oedd Jacobitiaeth yng Nghymru. Ar yr awr dyngedfennol nid oedd modd yn y byd eu cadw ynghyd. Nid oes dim yn tystio'n groywach i wendid yr achos na'r ffaith mai tri Chymro yn unig—William a Richard Vaughan, Pabyddion brwd o Courtfield, ar y ffin rhwng swydd Henffordd a Mynwy, a David Morgan, brodor o Ben-y-graig, Morgannwg, a chyfreithiwr yn Llundain—a fentrodd i'r Alban i frwydro dros y Tywysog ac i'w berswadio i orymdeithio i Gymru i gasglu byddin gref. Cyndyn iawn oedd Syr Watkin Williams Wynn i fentro popeth er mwyn achos mor anobeithiol o simsan. Ceisiodd achub wyneb drwy honni mai byr fu'r rhybudd a niwlog fu'r wybodaeth a drosglwyddwyd iddo, ond y gwir amdani yw nad oedd calon y Cymry yn y mater mwyach. Y mae cryn wirionedd yn y sylw coeglyd a briodolir i'r Ymhonnwr: 'mi a wnaf gymaint dros fy nghyfeillion yng Nghymru ag a wnaethant hwy drosof i: fe yfaf eu hiechyd'. Pan fathrwyd byddin y Tywysog Siarl Edward ar Forfa Culloden, darfu am achos y Jacobitiaid yn llwyr.

Er i obeithion y Jacobitiaid wywo yng Nghymru, parhau i beri ofn a wnâi'r bwgan Pabyddol. Nid oedd arswyd Protestaniaid wrth feddwl am oblygiadau colli'r dydd i Babyddiaeth fymryn llai. Ym mis Hydref 1745, penderfynodd y Methodistiaid yn eu sasiwn yng Nghaeo gadw dydd o weddi o achos 'gelynion crefydd' ac i annog eu preiddiau i ddysgu a deall beth oedd gwir natur a bwriad Pabyddiaeth. Casglodd Thomas Richards, curad Llangrallo, 183 o danysgrifiadau ynghyd i'w alluogi i gyhoeddi *Creulonderau ac Herledigaethau Eglwys Rufain* (1746). Yn y gyfrol honno, mynnodd atgoffa'r Cymry mai 'torri pennau, crogi, torri ar y dröell, claddu'n fyw a llosgi' fu dulliau'r Pabyddion erioed, a phe caniatéid i Ymhonnwr gipio'r Goron ni fyddai hwnnw'n colli dim amser cyn 'gosod iau Rhufain unwaith eto ar ein gwarrau' a 'dymchwel ein breiniau a'n rhyddid mewn gwlad ac eglwys'. Codai Griffith Jones, Llanddowror, ei ddwylo mewn arswyd wrth feddwl am y dinistr a achosid pe câi 'locustiaid Pabyddol' rwydd hynt yng Nghymru, a disgwyliai i'w holl athrawon fod yn 'deyrngar i'r brenin a'r llywodraeth'. Ym Mai 1756, cychwynnwyd brwydr eto yn erbyn Ffrainc, a dwysaodd ofnau Protestaniaid Cymru. Mynegodd Howel Harris ei barodrwydd i arfogi deg o ddynion ar ei gost ei hun, ac ofnai ei gyfaill, Evan Moses, fod 'y wlad mewn perygl o golli y Beibl a'r efengyl os caiff y Ffrensh ddyfod i mewn'. 'Duw a'n cadwo rhag y Ffrancod barus gwancus sy'n ein bygwth yn greulon,' meddai Richard Morris ym 1759, 'ac mi a dyngaf i chwi fod yma ddigon o'u hofn'. Drwy gydol y cyfnod hwn, nid oedd modd i neb fod yn dawel ei feddwl ynghylch y bygythiad o du Pabyddiaeth. Gwyddai pob Protestant fod ganddo ddyletswydd foesol, grefyddol a gwleidyddol i wrthwynebu hyd eithaf ei allu ddichellion Eglwys Rufain.

Y Patrwm Gwleidyddol

Llonyddwch, serch hynny, oedd prif nodwedd bywyd gwleidyddol Cymru yn ystod y cyfnod hwn. Er bod cynhennau crefyddol a gwleidyddol yn brigo'n aml i'r wyneb, digyffro i'w ryfeddu oedd y patrwm gwleidyddol. Gellir priodoli hyn i dri pheth: patrwm economaidd y wlad, natur yr etholfraint, a diffyg egwyddorion aruchel. Cynrychiolid Cymru yn San Steffan gan dirfeddianwyr goludog y wlad. O 1660 ymlaen, llwyddodd y gwŷr tiriog mwyaf i ehangu eu stadau'n ddirfawr. Llithro i lawr yr ysgol gymdeithasol fu hanes y mân ysweiniaid, ac o ganlyniad gorweddai pob awdurdod gwleidyddol yn nwylo'r Lefiathaniaid mawrion. Cylch bychan o deuluoedd a gynrychiolai Gymru yn San Steffan: Bwcleiod Môn, Fychaniaid Caerfyrddin, Harleyaid Maesyfed, Williams Wynniaid Dinbych, Manseliaid Morgannwg, Morganiaid Mynwy, ac yn y blaen. Fel arfer, byddai un teulu mawr yn meddiannu'n llwyr y gynrychiolaeth seneddol mewn sir a bwrdeistref. Caeid y rhengoedd, ac eithrio ar yr adegau hynny pan neulltuid lle i ambell un o'r tu allan er mwyn cadw sedd yn gynnes nes i'r etifedd ddod i'w oed. O 1710 ymlaen, yr oedd yn ofynnol i bob ymgeisydd seneddol feddu ar incwm o £600 y flwyddyn fel cymhwyster i'r sedd sirol, a £300 ar gyfer y fwrdeistref. Ni ddiddymwyd y ddeddf honno hyd 1858. Yr oedd bod yn aelod seneddol yn allwedd i statws a bri pellach, oherwydd cyfrifid y swydd yn arwydd digamsyniol o flaenoriaeth mewn sir. Gallai aelod seneddol ddyrchafu ei enw a bri ei deulu, gallai ennill anrhydeddau bras a mwynhau swynion digymar Llundain. Lluosogai'r pysgod a'r torthau lleol hefyd yn sgîl dyrchafiad i'r Tŷ: câi'r aelod ei benodi'n *Custos Rotulorum* neu'n Arglwydd Raglaw, a rhoddid iddo'r hawl i enwebu ynadon a phenodi offeiriaid a swyddogion lleol.

Ategid eu nerth a'u dylanwad gan natur yr etholfraint. Yn ôl confensiwn yr oes, dosberthid pobl yn ôl eu cyfoeth a'u meddiannau. Yn y siroedd, rhoddid y bleidlais i'r rhydd-ddeiliad a fedrai brofi ei fod yn werth deugain swllt neu fwy y flwyddyn. Felly, amrywiai maint yr etholaethau o 500 yn sir Gaernarfon i 2,000 yn siroedd Dinbych a Phenfro. Mewn chwe sir, rhifai nifer y pleidleiswyr rhwng 1,000 a 1,500, ac yr oedd gan bedair sir lai na mil o bleidleiswyr. Yn y bwrdeistrefi, amrywiai'r cymhwyster angenrheidiol i bleidleisio'n ddirfawr. Yn y bwrdeistrefi unigol, câi'r sawl a oedd yn fwrdais drwy enedigaeth-fraint, prentisiaeth, priodas neu rodd, bleidleisio. Ceid rhai bwrdeistrefi caeëdig, megis Biwmares, lle yr etholid aelod gan gorff o bump ar hugain o ddynion, pob un ohonynt yn llawes yr Arglwydd Bulkeley. Weithiau, âi trefi'r sir a'r bwrdeistrefi cyfrannol am yddfau ei gilydd, gan achosi cythrwfl. Ym 1709, gwrthodwyd cais Niwbwrch am hawl i rannu breintiau Biwmares, ac ym 1728 amddiffynnwyd hawliau arbennig bwrdeistrefwyr Trefaldwyn i ethol eu haelod yn annibynnol, a hynny er gwaethaf cais cryf gan drefi mwy poblog megis Llanidloes, Llanfyllin a'r Trallwng. Eisteddai deuddeg aelod dros fwrdeistrefi Cymru yn Nhŷ'r Cyffredin. Cynrychiolai pump ohonynt fwrdeistrefi annibynnol, sef Aberhonddu, Biwmares, Caerfyrddin, Hwlffordd a Threfaldwyn, a chynrychiolai'r saith arall fwrdeistrefi lluosog.

Swm a sylwedd hyn i gyd yw mai rhyw 4% yn unig o holl boblogaeth Cymru a gâi fwrw pleidlais mewn etholiad. Nid oedd y dosbarth canol a oedd yn araf dyfu yn ystod y ddeunawfed ganrif yn ddigon grymus i herio awdurdod y tirfeddianwyr mawrion. Tuedd mân ysweiniaid oedd ceisio ennill ffafr y gwŷr mawr er mwyn cipio swyddi neu ddisgleirio yn llewyrch eu gogoniant hwy.

Tybid mai'r gwŷr tiriog cyfoethocaf oedd 'gwaed gwleidyddol y genedl', a bod eu hawl i lywodraethu dros gydwybod pobl yn rhan o'r ffordd o fyw. Nid oedd gan y lliaws diymadferth unrhyw lais yn nhrefn pethau ac ni wyddent ddim am hawliau dyn. Drwy'r pulpud a'r wasg, dysgid pobl i ymfodloni ar eu byd ac i dalu parch dyladwy i'r sawl oedd ag awdurdod drostynt. Y mae canu'r oes yn dryfrith o gynghorion tebyg i hwn:

I stad isel rhaid it blygu
ac i'r groes rhaid ymagweddu.

O ganlyniad, yr oedd y traddodiad o gydymffurfio'n ddigwestiwn yng ngwaed gwerinwyr cyffredin. Nid cyn dyddiau Morgan John Rhees a Jac Glan-y-gors y cawsant glywed bod ganddynt hawliau gwleidyddol a'r gallu i fwrw'u gormeswyr yn 'bendramwnwgl oddi ar orseddfeinciau eu hawdurdod'.

Y trydydd rheswm am lonyddwch gwleidyddol yr oes yw'r ffaith mai maneg i'w gwisgo ar adeg etholiad yn unig oedd yr enw 'Chwig' a 'Thori'. Ni thalai'r mwyafrif llethol o aelodau seneddol Cymru nemor sylw i egwyddorion gwleidyddol fel y cyfryw. Cyn 1642, yr oedd rhai buddiannau hanfodol yn gyffredin iddynt, ac i raddau fe gâi awyddfryd y genedl leferydd drwyddynt. Ond wedi'r Adferiad ym 1660, aeth aelodau seneddol Cymru'n debycach bob blwyddyn i'w cymheiriaid yn Lloegr. Erbyn yr oes honno, yr oedd llawer o'r hen bynciau llosg a fu'n gymorth i wneud gwleidyddiaeth Prydain o ddiddordeb i aelodau seneddol Cymru wedi diflannu. Nid oedd Cymru fel uned yn cyfrif iddynt, ac ar un achlysur yn unig yr ymgasglasant i lefaru ag un llais. Ym 1696, fe'u harweiniwyd gan Robert Price o'r Giler i ymosod ar gynllun sarhaus Gwilym III i roi arglwyddiaethau Dinbych, Maelor ac Iâl i un o'i ffefrynnau o'r Iseldiroedd, Iarll Portland. Enillwyd cefnogaeth helaeth ar lawr y Tŷ, a bu raid i'r Brenin ildio. Ond hyrwyddo buddiannau personol oedd y prif gymhelliad fel arfer, er rhaid dweud na bu rhai gwleidyddion o Gymry heb glod yn eu dydd. Yr oedd Syr John Vaughan (m. 1674) o Drawsgoed yn farnwr o ddoniau uwch na'r cyffredin: fe'i penodwyd yn brif farnwr i Gwrt y Pledion Cyffredin ym 1668, ac y mae lle pwysig iddo yn hanes iawnderau dyn am ei ddyfarniad na ddylid cosbi rheithwyr am wrthod dilyn cyfarwyddyd barnwr wrth benderfynu dedfryd. Gŵr o gryn ddysg a chwilfrydedd meddyliol oedd Syr Leoline Jenkins (m. 1685) o'r Bont-faen, Ysgrifennydd Gwladol Siarl II, gwleidydd cydwybodol ac arbenigwr mewn cyfraith sifil.

Ond yr oedd eraill yn ymgorfforiad o'r llygredd a'r twyll a oedd yn prysur ysu bywyd gwleidyddol yr oes. Sioni-bob-ochr medrusaf ei ddydd oedd Syr William Williams (m. 1700), mab i offeiriad o Fôn. Troes ei gôt yn ddigywilydd o rwydd deirgwaith yn ystod ei oes. Penodwyd ef yn Llefarydd yn ail Senedd Siarl II, ac eto ym 1681. Ond ym 1686, cymododd ag Iago II, a chafodd ei urddo'n farchog. Yna, yn sgîl y Chwyldro ym 1688, addefodd ei gefnogaeth i Gwilym III, a bu'n cynorthwyo ynglŷn â pharatoi'r Bil Iawnderau. Gwleidydd arall a oedd yn barod iawn i ymwerthu oedd Syr John Trevor o Fryncunallt (m. 1717). Bu'n ddigon hyblyg ei gydwybod i weithredu fel Llefarydd yn Seneddau Siarl II ac Iago II, er ei fod yn Brotestant pybyr. Fe'i diswyddwyd yn sgîl y Chwyldro Gogoneddus, ond adenillodd ei swyddi cyn i'w gydaelodau yn y Tŷ ei ddiarddel am lwgrwobrwyo.

Os rhywbeth, dirywio a wnaeth safonau gwleidyddol yn sgîl gorseddu'r Hanoferiaid. Ceisiodd y Chwigiaid gadarnhau eu hawdurdod drwy wobrwyo ac anrhydeddu eu cyfeillion. I raddau helaeth iawn, darostyngwyd gwleidyddiaeth i ddibenion llygredig. Nid oedd gan y rhan fwyaf o aelodau seneddol Cymru'r mymryn lleiaf o ddiddordeb mewn gwleidyddiaeth fel y cyfryw, ond manteisient ar bob cyfle i ymgreinio am swyddi ac i hel ysbail i'w meddiant. Yr oedd digon o wŷr bonheddig yn barod i wenieithio'n ddiurddas am wobrau ac i brynu anrhydeddau ag arian. Nid elwodd neb yn frasach na Thomas Wynn o Foduan: gwasanaethodd fel gwastrawd i Dywysog Cymru rhwng 1715 a 1724, derbyniodd segurswydd foethus fel clerc i Fwrdd y Lliain Gwyn ym 1724, ac fe'i dyrchafwyd yn farwnig ym 1742. Rhwng 1722 a 1744, gyrrodd Syr William Owen, pedwerydd barwn Orielton, gyfres o lythyrau hirfaith at Ddug Newcastle a'r Arglwydd Hardwicke yn ymorol am swyddi a nawdd, ac nid oes yn y llythyrau hynny ond y mesur lleiaf o sôn am egwyddorion gwleidyddol. Y gwir yw fod fflam y dadlau gwleidyddol wedi diffodd ym 1715. Darfu'r ymgecru, a bellach yr oedd gwleidyddiaeth plaid yn farw gorn. Sicrhaodd y Chwigiaid mai i'w dwylo hwy yr âi'r swyddi breision o hynny ymlaen, a llithrodd y wlad i ferddwr deallusol. Ceidwadaeth lesg a myfïaeth hunanol oedd piau'r dyfodol.

Ychydig iawn o ornestau etholiadol a gynhaliwyd yng Nghymru rhwng 1715 a 1760. Fel arfer, cytunai dau deulu mawr i rannu'r anrhydedd o ddewis cynrychiolydd. Dibynnai ymlyniad teulu wrth ryw bolisi neu ogwydd arbennig ar afael hen draddodiadau teuluol, grym arferiad neu ragfarnau personol. Ni chreai etholiad frwdfrydedd o blaid unrhyw egwyddor aruchel, ac ni wnâi ymgeiswyr ymdrech arbennig i sôn am argyhoeddiadau cryfion. Mater costus iawn oedd ymladd etholiad: rhaid oedd wrth ddigon o arian i dalu am gyhoeddusrwydd, i ganfasio pleidleiswyr, i'w cyrchu i'r poliau ac i sicrhau darpariaeth lawn o fwyd a diod ar eu cyfer. Mwynheid y miri a'r rhialtwch a oedd ynghlwm wrth ddiwrnod lecsiwn. Ceid llawnder o gyffro, a'r trefi'n ferw gan bobl yn gwisgo rhubanau, yn chwifio baneri, ac yn gloddesta ar draul y ddau ymgeisydd. Dyletswydd pob ymgeisydd oedd talu am giniawau, cwrw, gwin, tybaco a rhubanau, a disgwylid iddo iro llaw canwr y clychau, y siryf a'i ddirprwy. Honnai gelynion Syr Watkin Williams Wynn iddo wario dros £20,000 yn 'lecsiwn fawr' sir Ddinbych ym 1741. Gwariodd John Owen, Prysaeddfed, Môn, gymaint o arian ar etholiad 1741 fel y canwyd y rhigwm hwn amdano ar lafar gwlad am flynyddoedd wedyn:

> Owen Presaddfed a werthodd ei glôs
> Er mwyn cael ei gario o gwmpas y Groes.

Gorfu i lawer ymgeisydd gorbybyr edifarhau am ei afradlonedd. Gallai'r draul ariannol o ymladd etholiad ddifetha enw da a safle cymdeithasol unigolyn. Ciliodd Syr George Wynne yn rhyfeddol o sydyn o'r llwyfan gwleidyddol wedi i'r gwasgfeuon ariannol a ddaeth yn ystod gornest etholiadol bwrdeistref y Fflint ym 1741 ei lorio. Er i William Mostyn Owen guro neb llai na Syr Watkin Williams Wynn mewn gornest rwysgfawr am sedd sir Drefaldwyn ym 1774, bu raid iddo werthu rhan helaeth o'i stad er mwyn clirio ei ddyledion wedi'r etholiad.

Nid oedd llwgrwobrwyo, twyll a thrais yn elfennau anghyffredin yn ystod etholiadau. Pan ddeuai gornest, chwyddai ymgeiswyr eu rhengoedd drwy luosogi lesi ar eu stadau neu drwy greu bwrdeisiaid newydd. Cyn yr etholiad ym mwrdeistref Caernarfon ym 1713, creodd Thomas Wynn, Glynllifon, 689 o fwrdeisiaid newydd yn Nefyn, a 174 yn ychwaneg ym Mhwllheli. Nid oedd unrhyw uchafrif i nifer y pleidleiswyr newydd y gellid eu creu mewn bwrdeistref, na dim i rwystro un fwrdeistref fach rhag tynnu'n groes i ewyllys y lleill a'u trechu'n llwyr. Cyn yr etholiad am sedd fwrdeistrefol Ceredigion ym 1769, creodd John Pugh Pryse fil o fwrdeisiaid newydd yn Aberystwyth ac Aberteifi, ac er mwyn sicrhau na châi ei elyn achub y blaen yn llwyr arno creodd Syr

Herbert Lloyd, yntau, 1,200 o fwrdeisiaid newydd yn Llanbedr Pont Steffan. Mantais fawr i ymgeisydd oedd ennill ffafr a chydweithrediad y siryf a'i ddirprwy, gan mai hwy a lywiai'r holl weithgarwch yn y poliau. Gallai siryf ymestyn neu gau'r bleidlais fel y mynnai. Gallai bennu dyddiad a chanolfan a fyddai'n anghyfleus i un o'r ymgeiswyr. Gallai, ar fympwy neu drwy ragfarn, droi pleidleiswyr ymaith. Yn yr etholiad yn sir Forgannwg ym 1745, gwrthodwyd hawl un Thomas Richards o Lwchwr i bleidleisio 'am na wyddai natur y llw ac am fod y siryf yn barnu mai ynfytyn ydoedd'. Yn ystod yr etholiad yn sir Gaerfyrddin ym 1722, bu'r siryf a oedd wrth y llyw yn gyfrifol am gyfrif nifer o bleidleisiau anghyfreithlon, am wrthod cais pleidleiswyr diledryw am gael bwrw eu coelbren, ac am drefnu i haid o ddihirod ymosod â phastynau a chleddyfau ar asiaint Syr Nicholas Williams o Rydodyn. Prin y bu gornest fwy dichellgar a chyffrous ar hyd y ddeunawfed ganrif na'r 'lecsiwn fawr' yn sir Ddinbych ym 1741, pan drechwyd Syr Watkin Williams Wynn drwy dwyll gan ei wrthwynebydd, John Myddelton o Gastell y Waun. Bachwyd pob cyfle i lwgrwobrwyo, i dreisio cydwybod, i ddwyn pwysau annheg ac i ystumio'r canlyniadau. Canodd Ned Lloyd, un o gefnogwyr Wynnstay, gerdd i brofi nad oedd 'ddim chwarae teg i'w cael':

Pen aer gwyr yn bur ir bwrdd
Nhw ddwyden peciwch trowch i ffwrdd,
Ag y ddwyden dim dim vot,
oni wnewch i altro ych cot:
Ac os rhowch ich vot ini
Chwi gewch fod yn fotiwr ffri,
Ac os rhowch hi Williams Wynne,
Ych vot chwi eiff heb dalu dim.

O ganlyniad i'r helynt, taflwyd yr uchel siryf, William Myddelton, i garchar Newgate, ac unionwyd y camwri yn erbyn Williams Wynn ym 1742.

Dim ond gŵr anarferol o ddewr neu annibynnol a dorrai ei gŵys ei hun mewn etholiad. Fel arfer, bwriai rhydd-ddeiliaid a bwrdeistrefwyr eu pleidlais yn ôl ewyllys neu orchymyn eu noddwyr. Gallai Bussy, y pedwerydd Arglwydd Mansel, alw ar gefnogaeth 216 o'i denantiaid, sef y chweched ran o'r holl bleidleisiau a fwriwyd yn yr etholiad am sedd sir Forgannwg ym 1745. Ni feiddient wrthwynebu neu herio dymuniad eu meistr. Gweithredai stiwardiaid fel asiaint dros feistri tir mewn etholiad er mwyn sicrhau bod tenantiaid, crefftwyr ac offeiriaid yn pleidleisio'n unol â'i ewyllys ef. Er iddynt orfod plagio'r diog a'r dibris weithiau, pur anaml y câi stiwardiaid eu gwrthod, oherwydd gallent docio breintiau tenantiaid gwrthnysig neu hyd yn oed fygwth eu taflu o'u ffermydd. Ym 1722, cyffesodd hen ŵr crynedig o Gefnbrynych, sir Frycheiniog, wrth ei landlord, yr Arglwydd Mansel, fod stiward ei landlord arall, Thomas Morgan o Dredegyr, wedi codi cymaint o arswyd arno fel iddo gytuno i fwrw'i bleidlais yn groes i ddymuniad teulu Margam. Yn ôl William Morris o Fôn, cafodd ei dad (a oedd yn bur wael ei iechyd ac mewn gwth o oedran) rybudd gan stiward Llanidan y câi 'ymadaw â Phentreriannell galangaeaf oni fotiai efo Syr Nicholas [Bayly]' yn etholiad 1761. Gyrrwyd cerbyd i gludo'r hen ŵr i'r dref, a phan dorrodd un o'i olwynion ar y ffordd fe'i rhoddwyd ar gefn march a'i gyrchu'n 'araf deg i ben ei daith'. Ar ddiwrnod lecsiwn hefyd byddai stiwardiaid digydwybod yn cyflogi dihirod i wasgu ar bleidleiswyr neu i greu cynnwrf a fyddai'n rhwystro llwyddiant yr ochr arall. Dywedodd Syr Thomas Longueville o Brestatyn ym 1728 'na fu erioed unrhyw etholiad yng Nghymru heb ymosodiadau a chynnwrf'. Yn ystod yr ornest chwerw rhwng Syr John Glynne a Syr George Wynne ym mwrdeistref y Fflint ym 1734, bu llawer iawn o bamffledi difrïol a sgarmesoedd gwaedlyd. Nid oedd Twm o'r Nant ymhell o'i le:

> Bydd yno lawer math o ystrócs
> Fe gaiff pob rôcs rhyw bricsiwn.

Pan oedd canlyniad etholiad yn y fantol, nid oedd nerth braich a phastwn yn bethau dieithr. Mynnai'r Lefiathaniaid gael eu ffordd eu hunain, a chyflawnid pob gorchymyn o'u heiddo'n ufudd ac ar frys. Dim ond mynegi'r gwir plaen a wnaeth Lewis Morris:

> Dy feistr-tir a fydd dy Dduw
> Nid ydwyt wrtho fwy na dryw,
> Onc ar ei dir yr wyt yn byw?

Dan yr amgylchiadau, pa ryfedd fod y gyfundrefn wleidyddol mor sefydlog ym 1760?

Llywodraeth Leol

Ym myd llywodraeth leol, disgynnai'r baich o weinyddu a gweini barn a chyfiawnder ar Lys y Sesiwn Fawr a Llys y Sesiwn Chwarter. Mawr fyddai'r cyffro yn y trefi ar ddydd y 'sesiwn', a byddent gan amlaf dan eu sang. Ysgwyddid y beichiau trymaf gan ustusiaid heddwch llysoedd y Sesiwn Chwarter, a chaent weithiau gryn anhawster, yn enwedig mewn siroedd gwasgarog eu poblogaeth, i gyflawni eu dyletswyddau'n effeithiol. Ymhlith eu lliaws dyletswyddau, yr oedd casglu trethi a thollau, cynnal ffyrdd, pontydd a charchardai, goruchwylio marchnadoedd, trwyddedu tai cwrdd, diotai a phorthmyn, a chadw rheol a threfn. Er oes y Tuduriaid, cyflawnwyd y gwaith amrywiol hwn gan wŷr bonheddig, a hynny'n bur foddhaol. Ym 1731, pasiwyd deddf yn codi'r cymhwyster eiddo o £20 i £100. Cyfyngu ar nifer yr ustusiaid bach oedd y bwriad gwreiddiol, ond ni fu'r isafswm o £100 yn ddigon i'w cadw draw. Yn wir, gwelwyd rhuthro mawr am ddyrchafiad i'r fainc. Yn sir Feirionnydd, cynyddodd y nifer o ustusiaid o 27 ym 1727 i 42 ym 1732, ac yn sir Forgannwg o 43 ym 1722 i 115 ym 1762. Agorwyd y drws i gyfreithwyr, stiwardiaid a diwydianwyr, a chan fod absentiaeth yn rhemp ymhlith yr ustusiaid bonheddig cyfoethocaf, caniatawyd i offeiriaid hefyd eistedd ar y fainc. Erbyn 1742, yr oedd 8 offeiriad ymhlith 58 o ustusiaid heddwch yn sir Ddinbych, a 12 allan o 61 ar fainc sir Feirionnydd ym 1758.

Cydiodd rhyw lesgedd mawr yn ustusiaid heddwch Cymru yn ystod y ddeunawfed ganrif. Clywid cwynion mynych eu bod yn esgeuluso'u dyletswyddau. Er bod rhwng 70 a 90 o ustusiaid ar y fainc yn sir Benfro rhwng 1734 a 1748, dim ond rhwng 2 a 10 ar gyfartaledd a drafferthai i fynychu llysoedd y Sesiwn Chwarter. Yn araf y ticiai'r peiriant gweinyddol, ac ni wnâi'r ustusiaid ddim ymdrech i'w gyflymu. Er nad oedd disgwyl i foneddigion a drigai ymhell o'r llysoedd ddangos eu hwynebau'n aml, nid oedd unrhyw esgus ar wahân i ddiogi parlysol gan y lleill dros gadw draw. Cwynid yn aml am eu syrthni a'u pwyll malwodaidd, ond nid oedd neb i'w galw i gyfrif. Nid oedd raid wrth unrhyw wybodaeth am gyfrinion y gyfraith i eistedd ar y fainc, ac ni ddisgwylid i ddyn fod yn sant, ychwaith. Ar un olwg, y mae'n rhyfedd fod yr ustusiaid heb wneud mwy o'u cyfle i ddefnyddio'u grym. Y mae'n wir fod rhai ohonynt wedi dangos ffafr i Anghydffurfwyr neu gas at Fethodist, ond ychydig iawn ohonynt a ddefnyddiodd eu hawliau i hyrwyddo'u buddiannau economaidd personol ar draul eraill.

Eto i gyd, caled oedd byd y troseddwr a gaed yn euog gan y fainc. Ymdriniai'r ustusiaid ag amrywiaeth o droseddau megis lladrad, tresmas, meddwdod, enllib, trais a llofruddiaeth. Crogid llofruddion yn ddiymdroi, a'r cyffion a'r chwip oedd tynged lladron a fforddolion. Ym 1741, gorchmynnwyd gan ustusiaid sir Benfro fod Dorothy Rees o Prendergast i gael ei chwipio'n gyhoeddus a'i halltudio am saith mlynedd am ddwyn pais gwerth chwe cheiniog. Ym mis Ionawr 1786, cafwyd Margaret Davies o Langoedmor yng Ngheredigion yn euog o ddwyn darn o liain gwerth chwe cheiniog. Gorchmynnwyd ei bod i gael ei chwipio'n gyhoeddus nes bod gwaed yn llifo ar ei chefn noeth, a hynny ar ddau fore Sadwrn yn olynol, y naill dro yn Aberystwyth a'r tro arall yn Aberteifi. Ar brydiau, clywid protestiadau yn erbyn y gamdriniaeth a'r anghyfiawnder a ddioddefai gwerinwyr mewn llys barn. Yr oedd achwyn cynyddol ynglŷn â'r ffaith mai Saeson uniaith oedd barnwyr a chyfreithwyr Llys y Sesiwn Fawr, ac am safon isel y cyfieithu a glywid yno. Byddai ustusiaid meddw ac anwybodus yn tynnu gwerinwyr i'w pennau. Ym mis Hydref 1722, gwrthododd Thomas John o Gilrhedyn yn sir Benfro roi tystiolaeth mewn achos gerbron Llys y Sesiwn Chwarter: pentyrrodd regfeydd am ben yr ustusiaid a dweud 'na phrisiai'r un ustus heddwch o gwbl'. Ym mis Gorffennaf 1778, dirwywyd John Jones o Langatwg ddeg punt am ddweud, 'ciwed o dwyllwyr yw'r Fainc, 'rwy'n eu gwylio nhw'n rhannu'r ysbail, yn enwedig yr hen dwyllwr a'r hebog, Gabriel Powell'. Ac ar adeg o brinder bwyd a chyni, ni allai hyd yn oed y sicrwydd o gosb lem gadw pobl yr ymylon rhag herio'r gyfraith.

Ymhlith dyletswyddau ffurfiol yr ustusiaid, yr oedd gweinyddu Deddf y Tlodion, ond yn y rhan fwyaf o siroedd Cymru, yn enwedig yn y Gogledd, llythyren farw oedd Deddf y Tlodion 1601. Mor ddiweddar â 1729, Wrecsam oedd yr unig dref yn esgobaeth Llanelwy i godi treth y tlodion. Ni ddaeth galw am ei gweithredu yn sir Fôn ychwaith hyd nes i newyn 1739-41 orfodi'r ustusiaid i ystwyrian. Hyd yn oed y pryd hwnnw, nid tlodi ac angen y brodorion oedd y prif gymhelliad, ond anghenion y fforddolion Gwyddelig. Yn ôl William Morris, yr oedd y Tŷ Cywiro a godwyd ar eu cyfer yng Nghaergybi yn 'dipyn o gwt ail i un mochyn'. Ni fu raid gweithredu Deddf y Tlodion yn y rhan fwyaf o blwyfi Cymru am fod yr hen draddodiad o gydymddibyniaeth a chymorth mor gryf. Disgwylid i bobl ymgeleddu a chynorthwyo'u perthnasau hen a methedig ac i liniaru dioddefaint y tlawd. Lleddfid beichiau'r sawl a ddioddefasai yn sgîl tân, llifogydd, newyn neu'r mwren gan yr hen arfer o gymhortha. Dibynnai'r tlodion ar elusennau preifat, rhoddion a chymynroddion gan wŷr cefnog, ac ar gasgliadau eglwysig. Aent gyda'u plant o ddrws i ddrws i ymorol am fwyd a dillad. Yn ôl awdur *The Life of St. Wenefrede,* 'y mae'r Cymry'n wahanol i genhedloedd eraill yn eu parodrwydd i gynorthwyo'r rhai mewn dygn angen'. Mewn oes pan fyddai cyfraith gwlad yn cosbi ac yn gwastrodi'r anufudd a'r anffodus fel ei gilydd, pwysai'r tlawd yn drwm ar yr hen draddodiad cynnes hwn.

XI ADFYWIAD DIWYLLIANNOL
1660-1760

Yn ystod y cyfnod hwn daeth ysgolheigion a llenorion Cymru yn fwy ymwybodol o'r peryglon a wynebai'r iaith a'r diwylliant Cymraeg nag y buont er dyddiau'r dyneiddwyr cynnar. Ofnent fod yr iaith Gymraeg—fel cyfrwng llenyddol—yn tynnu ei thraed i'w gwely i farw. Diflanasai'r traddodiad o noddi bardd. Yr oedd yr wybodaeth am hen lenyddiaeth, cerddoriaeth a hanes y genedl wedi dirywio'n enbyd. Fwyfwy, daethpwyd i weld mai un o wendidau pennaf Cymru fel uned ddiwylliannol oedd nad oedd ganddi unrhyw sefydliadau i warchod ei hetifeddiaeth lenyddol ac i feithrin ei chymeriad cenedlaethol. Nid oedd gan y genedl ei phrifddinas ei hun, na sefydliadau cenedlaethol megis llyfrgell, prifysgol ac amgueddfa a allai hybu'r diwylliant Cymraeg. Yn wyneb y diffygion hyn y dylid ystyried yr ymdrechion gwiw yn ystod y cyfnod hwn i greu cyfryngau a chymdeithasau a fyddai'n llenwi'r bwlch cymdeithasol, ysbrydol a diwylliannol yng Nghymru. Yn yr un modd ag yr ymlafniodd dyngarwyr, addysgwyr, yr Anghydffurfwyr a'r Eglwyswyr i ddwyn pobl ynghyd i ysgol, capel neu seiat, felly hefyd yr ymroes ysgolheigion a llenorion i greu diddordeb o'r newydd yn hanes diwylliannol y genedl. Yn fwy na dim, gwyddent fod angen cymhwyso traddodiadau'r gorffennol at ofynion y gymdeithas fodern, a bu dau ddatblygiad pwysig o gymorth mawr iddynt yn hyn o beth.

Twf y Wasg

Y datblygiad pwysig cyntaf oedd twf y wasg Gymreig. Bu'r flwyddyn 1695 yn drobwynt allweddol. Yn y flwyddyn honno, llaciwyd amodau caethiwus y deddfau argraffu a fu mewn grym er 1662. Bellach ni chyfyngid cyhoeddi llyfrau i weisg Llundain a'r ddwy brifysgol yn Rhydychen a Chaergrawnt. Rhoddwyd yr hawl i bob jwrman i sefydlu ei wasg ei hun, a'r Cymro cyntaf i fanteisio ar y cyfle hwn oedd Thomas Jones yr Almanaciwr, brodor o Dre'r-ddôl, ger Corwen, ac un a fu'n cyhoeddi almanaciau a llyfrau Cymraeg yn Llundain er 1680. Prynodd Jones wasg argraffu a'i lleoli yn Amwythig, sef prif ganolfan fasnachol Canolbarth Cymru.

O hynny ymlaen, gwnaeth enw iddo'i hun nid yn unig fel tad y fasnach argraffu Gymraeg ond hefyd fel almanaciwr, sêr-ddewinydd, bardd a newyddiadurwr. Gŵr diwyd ac egnïol oedd Thomas Jones. Yr oedd rhyw fynd diorffwys ynddo, a rhyfeddai ei gyd-Gymry at ei ddygnwch a'i ddyfeisgarwch. Gŵr busnes ydoedd hyd flaenau'i fysedd, a bu'n arloeswr mewn sawl maes: ef oedd y cyntaf i sefydlu gwasg yn Amwythig, i ennill bywoliaeth drwy gyhoeddi a gwerthu llyfrau Cymraeg, i gyhoeddi baledi ac almanaciau Cymraeg, ac i gyhoeddi newyddiadur Cymraeg. 'Di a dorraist y blisgyn', meddai ei gyfaill Ellis ab Ellis, wrtho, ac nid oes amheuaeth na bu i'w lwyddiant ef ysbarduno eraill i ddilyn yn ei lwybrau. Wedi marwolaeth Jones ym 1713, diwallwyd y syched am lyfrau gan argraffwyr diwyd o Amwythig megis Thomas Durston, Siôn Rhydderch, Stafford Prys a Richard Lathrop. Cynyddodd y galw am wasg ar ddaear Cymru, ac nid oes dim yn tystio'n groywach i lewyrch diwylliannol Dyffryn Teifi na'r ffaith mai yno—yn Nhrerhedyn neu Atpar—y sefydlwyd y wasg swyddogol gyntaf ar dir Cymru gan Isaac Carter ym 1718. Sefydlwyd gwasg yng Nghaerfyrddin ym 1721, a sicrhaodd argraffwyr megis Nicholas Thomas, Samuel Lewis, Evan Powell a John Ross fod y dref ffyniannus honno'n datblygu'n un o'r canolfannau pwysicaf ym maes cyhoeddi yng Nghymru yn ystod y ddeunawfed ganrif.

O ganlyniad, yr oedd mesur helaeth o ynni a bywiogrwydd yn perthyn i'r fasnach lyfrau yng Nghymru. Yr oedd hynny'n destun gorfoledd i Lewis Morris: 'yr Argraphwasg,' meddai ym 1735, 'yw Canwyll y Byd a Rhyddid Plant Prydain'. Gwyddai ef a'i gyd-lenorion y gallai'r wasg fod yn gyfrwng i ddyrchafu statws yr iaith Gymraeg ac i gynysgaeddu'r hen ddiwylliant â bri o'r newydd. Fel hyn yr anogwyd Moses Williams gan John Morgan, y clasurwr o Matching:

> Iaith nerthog, iorthiog Arthur,
> Iaith ddilediaith berffaith bur;
> O dywyllwch di elli
> Ei dwyn oll ar daen i ni;
> Er bod amhuredd heddyw
> Rhwd a llwch ar hyd ei lliw;
> Di fedri di loywi'n lân
> Ei dull a gosod allan,
> A thaenu'r hen Frythoneg
> Hyd Gymru mewn print du teg . . .

O'i gymharu â'r hyn a gyhoeddwyd o'r blaen, gwelodd y ddeunawfed ganrif gynhaeaf toreithiog o lyfrau Cymraeg. Cynyddai'r cnwd bob blwyddyn: tyfodd o ddeg llyfr ar gyfartaledd ym 1710 i ddeugain ym 1790. Efallai fod cynnyrch felly'n fach o'i gymharu â'r 4,000 o lyfrau a gyhoeddid bob blwyddyn yn Ffrainc, ond y syndod yw fod gwlad mor fach ac mor dlawd â Chymru'n medru dwyn cymaint o ddeunydd printiedig i olau dydd. Yn wir, bu Cymru'n fwy llwyddiannus yn hyn o beth na'r un wlad Geltaidd arall. Gellir priodoli hyn yn rhannol i awydd llenorion a diwygwyr i weld y gair printiedig yn cynyddu fel grym ym mywyd y genedl, ond nid gormod dweud na fuasai cystal llewyrch ar y fasnach lyfrau oni bai fod cyhoeddwyr ac awduron o 1700 ymlaen wedi mabwysiadu'r cynllun o gyhoeddi a gwerthu llyfrau drwy danysgrifiad. Arferai awduron gyhoeddi 'Cynigiadau' ymlaen llaw yn disgrifio cynnwys a natur llyfr arfaethedig, gan ofyn am hanner ei bris rhag blaen a'r gweddill ar ôl i'r tanysgrifiwr dderbyn ei gopi. Arferid rhestru enwau'r tanysgrifwyr, weithiau ynghyd â'u galwedigaethau a'u safle cymdeithasol, ar dudalennau blaen y gyfrol. Mewn gwlad dlawd lle'r oedd y farchnad yn gyfyng, yr oedd gofyn i gyhoeddwr roi ystyriaeth fanwl i oblygiadau ariannol pob menter. Ni allai wybod rhag blaen faint yn union o alw a fyddai am lyfr arbennig na pha fath o groeso a gâi. Ond drwy sicrhau enwau tanysgrifwyr ymlaen llaw, gallai dalu am ei ddefnyddiau crai a chlirio'i gostau cyn ymgymryd â'r gwaith o argraffu. Canfu awduron a chyhoeddwyr fod modd gwneud elw teilwng drwy ddefnyddio'r dull hwn, a chyflogid llyfrwerthwyr teithiol i gasglu tanysgrifiadau ac i ddosbarthu'r llyfrau i ganolfannau cyfleus i'w gwerthu.

Sefydlu Cymdeithasau

Yr ail ddatblygiad pwysig ym mywyd diwylliannol y genedl oedd cyfraniad dinas Llundain fel noddfa a chanolfan i feirdd a llenorion Cymru. Dinas ddynamig a chyffrous oedd Llundain, a bu'n atynfa i Gymry disglair er yr Oesoedd Canol Diweddar. Tybient fod rhyw gyfaredd arbennig yn perthyn iddi. Bwriodd y gohebydd James Howell ei serch ar y lle, a honnodd David Jones o Gaerfallwch ei bod yn cynnig mwy o gyfle iddo ddangos ei ddoniau na Chymru. 'Hen ddinas urddasol' oedd Llundain i Siôn Dafydd Las, bardd teulu Nannau, a gwyddai'r sawl a oedd yn hyddysg yn hanes yr hen Frythoniaid mai Brutus, ŵyr Aeneas, yr arwr o Droea, a fu'n gyfrifol am sefydlu Trinovantum neu Gaer Ludd. Dinas amlhiliol oedd Llundain erbyn oes yr Adferiad, a chlywid yno fabel o acenion cymysg. Clywid y Gymraeg ar ei strydoedd gan fod nifer sylweddol o foneddigion a masnachwyr Cymru wedi ymgartrefu yno, ac yn mwynhau holl foethau a chysuron bywyd. Peth naturiol oedd i'r rhain ymgynnull ynghyd i weld ym mha ffordd y gallent wasanaethu eu cenedl.

Ym 1715, sefydlwyd Cymdeithas yr Hen Frythoniaid gan y Cymry yn Llundain i gydlawenhau oherwydd esgyniad Siôr I i orsedd Lloegr, ac i ennyn teyrngarwch i'r Hanoferiaid. Bob blwyddyn, deuai'r aelodau ynghyd ar Ddygwyl Dewi i wrando pregeth ac i giniawa. Gan mai boneddigion a gwŷr busnes oedd y mwyafrif ohonynt, teimlent fod dyletswydd arnynt i hybu gwaith elusengar. Dan eu nawdd hwy agorwyd ysgol ym 1718 ar gyfer plant rhieni Cymreig anghenus yn Llundain, a phrynwyd adeilad pwrpasol yn Clerkenwell Green. Ond er gwaethaf ymdrechion Moses Williams i'w deffro i anghenion ysbrydol ac economaidd Cymru, ni wnaeth yr Hen Frythoniaid fawr ddim i hyrwyddo diddordeb adnewyddol yn yr hen bethau. Pwysicach na hwy o lawer oedd Cymdeithas y Cymmrodorion, a ffurfiwyd ym 1751. Mwynhau cwmni ei gilydd dros beint o gwrw a wnâi'r mwyafrif o aelodau'r Gymdeithas. Eto i gyd, coleddent ddelfrydau aruchel, llawer ohonynt yn ffrwyth meddwl gwibiog a dyfeisgar Lewis Morris. Eu hamcanion pennaf, yn ôl rheolau'r Gymdeithas ('y Gosodedigaethau') a luniwyd ym 1755, oedd diogelu purdeb yr iaith Gymraeg, ailgyffroi diddordeb mewn hanes Cymru ac mewn barddoniaeth a llenyddiaeth Gymraeg, a hybu ymchwiliadau i amaethyddiaeth, diwydiant a gwyddoniaeth. Ond er i'r Cymmrodorion weithredu fel canolbwynt i ddiwylliant y genedl drwy noddi llenorion a chyhoeddi llyfrau, methwyd â chyflawni nifer helaeth o'u hamcanion. Yr oedd diogelu enw da a statws y gymdeithas yn bwysicach yng ngolwg llawer ohonynt nag ymroi i adfer bri eu hetifeddiaeth ddiwylliannol. Cafodd Richard Morris, Llywydd y Gymdeithas a phrif symbylydd y mudiad, gryn anhawster wrth geisio ysgwyd yr aelodau o'u syrthni. Dryswyd ei gynlluniau hefyd gan ei brysurdeb yn Swyddfa'r Llynges. 'Duw a'm helpio,' ochneidiodd ym 1770, 'mae llawer o bethau'n berwi yn fy mhen, heb odfa i ddwyn dim i olwg y byd'. Wedi ei farwolaeth ym 1779, rhygnu byw fu hanes y Gymdeithas hyd ei thranc hithau ym 1786.

Er mai siomedig fu cyfraniad y Cymmrodorion fel corff i fywyd diwylliannol y genedl, bu carfan yn eu plith, sef Morysiaid Môn, yn llawn sêl danllyd dros achosion Cymreig. Gwŷr o alluoedd anghyffredin oedd y Morysiaid. Eu tad oedd Morys Prichard, saer a chylchwr a ddaliai dyddyn Pentre-eiriannell ym mhlwyf Penrhosllugwy ym Môn. Ganed iddo dri o feibion eithriadol ddisglair. Swyddog tollau yng Nghaergybi oedd William Morris, ysgolhaig hunan-addysgedig a gwybodus iawn. Adwaenid ef fel Gwilym y Garddwr: yr oedd yn llysieuwr penigamp, a dywedid amdano nad oedd deilen na allai roi cyfrif amdani. Cyfrifydd yn Swyddfa'r Llynges yn Llundain oedd Richard Morris. Er ei fod yn englynwr ac yn llenor, ei ddawn weinyddol oedd ei brif dalent. Ar ei ysgwyddau ef y disgynnodd y baich o osod trefn ar aelodau di-hid a swrth y Cymmrodorion. Bu'n Llywydd y Gymdeithas o'i chychwyn hyd ei farwolaeth ym 1779, a'i ynni a'i drylwyredd ef a'i hachubodd rhag chwalu'n llwyr yn ystod y blynyddoedd hynny. Un o bersonoliaethau mawr y ddeunawfed ganrif oedd y trydydd mab, Lewis Morris. Arian byw o ddyn oedd Lewis, gŵr aflonydd ac uchelgeisiol. Nid oedd terfyn ar ei chwilfrydedd a'i egni, ac yr oedd ei ddiddordebau mor eang â rhai'r dyneiddwyr gynt. Nid oedd neb yng Nghymru ar y pryd a feddai ar gymaint o ddoniau amrywiol ag ef. Gwyddai rywbeth am athroniaeth, pensaernïaeth, daearyddiaeth, mathemateg, mesur tiroedd, mwyngloddiaeth, garddwriaeth, amaethyddiaeth a diwydiant. Cyfrifid ef yn ben-awdurdod ym myd ysgolheictod a llenyddiaeth, yr oedd yn feirniad praff, medrai ysgrifennu Cymraeg llithrig, lluniai benillion telyn swynol, ac ar hyd ei oes ysai am gael dod ymlaen yn y byd er mwyn sicrhau cydnabyddiaeth uwch ymhlith ei gyfoedion yng Nghymru a Lloegr.

Yr oedd y brodyr blonegog a phesychlyd hyn yn llythyrwyr diwyd ryfeddol, ac y mae eu gohebiaeth yn bwrw goleuni llachar ar feddwl a chymdeithas Cymru yn y ddeunawfed ganrif. Drwy osod ar bapur 'amryfal feddyliau gwedi ymgymysgu', cofnodasant wmbredd o ffeithiau mawr a mân y buasid wedi eu colli oni bai am eu chwilfrydedd a'u dawn fel gohebwyr. Pwrpas y llythyru oedd 'diddanu tipyn y naill ar y llall'. Er eu bod yn wŷr prysur a thrafferthus, yr oeddynt wrth eu bodd yn 'sgrafellu' (ysgrifennu) at ei gilydd, a hynny mewn Cymraeg rhywiog a sawrus. Yr oedd ganddynt y ddawn i dreiddio i mewn i naws a phrofiad yr oes, i sylwi'n fanwl ar wedd, osgo ac ymddygiad dynion, i hel clecs, ac i drosglwyddo stôr o wybodaeth amrywiol a hynod ddiddorol. Tystia'r llythyrau hyn i'r parch a roddent i waith 'hen wyrda doethion gynt', a phrofiad gwefreiddiol iddynt oedd darganfod trysorau llenyddol unigryw. Anwesent lawysgrifau prin ac ymfalchïent yng nghasgliadau eu cyfeillion. 'Gwyn ei fyd', ebychodd Lewis Morris wrth glywed am y llawysgrifau gwych a oedd ym meddiant William Wynne o Langynhafal. Benthycient lyfrau ei gilydd, a thrwy hybu gyrfaoedd beirdd a llenorion ifainc ceisient gyflawni swyddogaeth a fu gynt yn rhan o gyfrifoldeb yr uchelwyr. Lle bynnag y byddai angen nawdd ac anogaeth, byddai'r Morysiaid yno. Casglasant o'u cwmpas yr ifainc a'r addawol, eu cysylltu â'i gilydd a'u cyfeirio at feysydd ymchwil diddorol. Derbyniodd Goronwy Owen bob anogaeth ganddynt, trôi Ieuan Fardd atynt yn rheolaidd am farn gytbwys, ac ysgogwyd Edward Richard a Rice Jones i lunio barddoniaeth gofiadwy ganddynt.

Gan i'r Morysiaid dreulio ysbeidiau helaeth o'u bywydau yn Llundain, yr oedd dylanwadau clasurol a Seisnig yn bur amlwg ar eu teithi meddwl a'u gwaith ysgrifenedig. Llenorion uchel-ael oeddynt yn y bôn. Ni chaent unrhyw flas ar gynnyrch y beirdd bol clawdd, ac edrychent â dirmyg ar frwdaniaeth emosiynol y Methodistiaid. Ymddiddorent yn fawr yn yr ieithoedd clasurol. Parchent Horas, Ofydd a Juvenal, a rhoddent bris uchel ar ffurf a saernïaeth yn eu gwaith ysgrifenedig. Bodient gylchgronau Saesneg yn gyson, a benthycient destunau, syniadau ac arddull eu cymheiriaid yn Lloegr. Ond eu prif gymwynas oedd dyrchafu bri beirdd y Tywysogion a Beirdd yr Uchelwyr, a hynny mewn cyfnod pan oedd yr hen ganu caeth fel pe'n darfod yng Nghymru. Ymfalchïai'r Morysiaid yn eu hetifeddiaeth ddiwylliannol, pryderent yn ddi-baid am ei thynged, ac ymegnïent i ddyrchafu'r iaith Gymraeg a'i gwneud yn gyfrwng teilwng o'r ddysg a'r llenyddiaeth newydd.

Dyrchafu'r Iaith Gymraeg

Er bod yr iaith Saesneg yn treiddio'n araf i mewn i Gymru, nid oedd unrhyw berygl i'r Gymraeg fel iaith lafar. Cymraeg oedd iaith y lliaws, a Saesneg oedd iaith yr ychydig drwy gydol y cyfnod hwn. Serch hynny, ofnai llenorion fod yr iaith Gymraeg yn isel ei bri ac yn ddiymgeledd. Y prif reswm am hynny oedd y ffaith fod arweinwyr y gymdeithas, sef y boneddigion, yn cefnu ar werthoedd diwylliannol y genedl ac yn coleddu diwylliant estron. Erbyn 1700, yr oeddynt wedi ymseisnigo i raddau helaeth iawn, ac nid oedd y mwyafrif ohonynt mwyach yn eu gweld eu hunain fel gwarcheidwaid eiddigeddus y ddysg frodorol a chenedlaethol. Anesmwyth iawn oedd y beirdd wrth weld hen noddwyr yn tyrru i Lundain i'r llawendai a'r chwaraedai i wario'u harian ar gyfeddach ac anfoesoldeb. Ychydig o Gymraeg a siaradent wedi dychwelyd i'w cynefin. 'Seisnigedd yw bonedd byd' oedd cŵyn Edward Morris o'r Perthillwydion, a sŵn torcalon sydd i'w glywed yn ei gywyddau:

> Mae iaith gain Prydain heb bris,
> Mae'n ddiwobrwy, mae'n ddibris;
> Darfu ar feth, dirfawr fodd
> Ei 'mgleddiad ymgwilyddiodd . . .

Ennyn dirmyg gwŷr bonheddig a wnâi'r iaith Gymraeg. Yn nhyb llawer ohonynt, iaith bara haidd ydoedd, iaith y werin bobl neu nod yr anllythrennog. 'I ba beth yr arferwn neu y myfyriwn iaith dlawd ddienw,' meddai rhai ohonynt wrth Lewis Morris, 'Saesneg yw iaith y deyrnas, a honno a ddyle fod yn gyffredin iaith i bawb o'r wlad'. Honnodd Samuel Williams fod yr 'hen famiaith odidog . . . wedi mynd yn ddigyfrif tan draed a'i braint yn diffodd ym mysg pobl goegfeilchion y genhedlaeth serchnewyddiawg hon'. Loes calon i'w fab Moses oedd clywed hen noddwyr y Gymraeg yn 'cablu a dibrisio' un o'r ieithoedd hynaf yn y byd. Eto i gyd, nid pawb a oedd yn ysu am y cyfle i efelychu Saeson. Ymfalchïai Edward Morris yn y ffaith fod Robert Wynn o Fodysgallen a Thomas Mostyn o Loddaith yn parhau'n ffyddlon i'w gwreiddiau ac yn gynheiliaid hael i feirdd. Nid oedd gŵr bonheddig eiddgarach dros bethau Cymreig na William Fychan (m. 1775), Corsygedol, 'Penllywydd' cyntaf y Cymmrodorion, *bon viveur* rhadlon, bardd, noddwr a gŵr llengar. 'Pwy sydd well ganddo,' meddai Huw Jones, Llangwm, amdano, 'weled rhyw brydydd llwyd fel fi, a chwrrach o hen lyfr cywyddau ac awdlau dan ei gesail, yn dyfod i'w dŷ, na gweled Arglwydd anllythrennog yn disgleirio mewn aur a meini gwerthfawr'. Da fyddai cadw mewn cof hefyd fod boneddigion Cymru (am wahanol resymau, mae'n siŵr) yn danysgrifwyr cyson i lyfrau Cymraeg drwy gydol y ddeunawfed ganrif. Eto i gyd, ni ellir gwadu nad oedd y rhwyg ieithyddol yn lledu yng Nghymru yn sgîl ymseisnigo'r boneddigion. Rhan o batrwm Ewropeaidd oedd datblygiad felly. Yn Languedoc, mabwysiadwyd yr iaith Ffrangeg gan y bendefigaeth a'r dosbarth canol, tra glynai'r crefftwyr a'r gwerinwyr wrth Ocsitaneg. Yn

Bohemia, hithau, Almaeneg oedd iaith y mawrion, ond Tsieceg a lefarai'r werin bobl.

Os oedd boneddigion Cymru'n barnu mai'r domen oedd priod le'r iaith Gymraeg, nid oedd fawr o gariad ati mewn cylchoedd eglwysig ac addysgol ychwaith. Wedi 1714, penodwyd to ar ôl to o 'esgobion Eingl', chwedl Ieuan Fardd, ac nid oedd gan y mwyafrif o'r rheini ddim i'w ddweud o blaid y Gymraeg. Tybiai rhai uchel-Eglwyswyr 'na ddylid achlesu'r iaith Gymraeg, eithr ei danfon i dir angof mor ebrwydd ag y gellid, a rhwystro pob gwybodaeth ynddi'. Barnai Thomas Collins, ficer Abertawe, na ddylid cyfieithu llyfrau i'r Gymraeg gan y byddai hepgor cyfieithiadau'n cadw'r Cymry'n anwybodus ynglŷn â llawer peth a oedd yn ymwneud â'r byd a'r betws. Yn y 1750au, ofnai Margaret Davies o'r Coetgae-du ym mhlwyf Trawsfynydd fod offeiriaid Cymru 'yn leicio bod yn Saeson yn well na Chymry', ac un agwedd ar hynny oedd eu parodrwydd gwasaidd i draddodi pregeth yn Saesneg pan ddeuai mawrion y fro i'w heglwysi. Nid oedd y sefyllfa ym myd addysg fymryn gwell. Saesneg a Lladin oedd iaith yr ysgolion gramadeg, a chyn dyddiau ysgolion cylchynol Griffith Jones, Saesneg oedd cyfrwng addysgu yn yr ysgolion elusennol. Crair barbaraidd ac esgymun oedd y Gymraeg yn nhyb arweinwyr Seisnig yr Ymddiriedaeth Gymreig a'r Gymdeithas er Taenu Gwybodaeth Gristnogol. Yr oedd hyd yn oed Gymry da'n ofni bod eu mamiaith yn anhyblyg ac yn gyfyng ei gorwelion. Ymddiheurai Stephen Hughes yn fynych am ei Gymraeg 'wael Saesnigaidd', a chyfaddefodd Thomas Williams, ficer Llanrwst, ym 1691 fod y Gymraeg 'yn gaeth ei chaerau, ag megis mewn caethiwed, ag am hynny yn brin ag yn dywyll mewn llawer o bethau a berthynant i ysgolheictod'. Y gwir amdani oedd fod llawer o lenorion yn credu nad oedd yr iaith Gymraeg—oherwydd diffyg geirfa, diffyg dysg a diffyg safonau beirniadol—yn ddigon ystwyth fel cyfrwng ar gyfer trafod pynciau amrywiol.

Yn wyneb yr anfanteision hyn y dylid ystyried ymgais llenorion i adfer bri yr iaith Gymraeg a'i chynysgaeddu ag urddas arbennig. Un dull o ddyrchafu a phuro'r Gymraeg oedd drwy gyhoeddi geiriaduron pwrpasol. Y prif waith yn y maes hwn oedd y Geiriadur a gyhoeddwyd gan Dr John Davies, Mallwyd, ym 1632. Ond ni fedrai beirdd a llenorion di-Ladin y cyfnod wedi'r Adferiad ymgodymu â'r gwaith hwnnw. Yr oedd diddordeb mewn casglu geiriau cynefin ac anghynefin ar gynnydd, sut bynnag, a ffrwyth y diddordeb hwnnw oedd *Y Gymraeg yn ei Disgleirdeb,* geiriadur hylaw a gyhoeddwyd gan Thomas Jones yr Almanaciwr ym 1688. Gobaith Jones oedd y byddai ei waith yn gymorth i bobl ddysgu sut i sillafu ac ysgrifennu Cymraeg, sut i arfer geiriau gwahanol i'r rhai a ddefnyddient bob dydd, a sut i feistroli geiriau Saesneg cyfatebol. Llwyddodd i hepgor y geiriau Lladin a'r esboniadau dyrys a gynhwyswyd yng Ngeiriadur John Davies, ac yn eu lle rhoes air neu eiriau cyfystyr i gynorthwyo'r darllenydd diaddysg. Bu Geiriadur Thomas Jones, er cymaint ei wendidau, yn ffynhonnell werthfawr i brydyddion a gramadegwyr y ddeunawfed ganrif. Bu hefyd yn ysgogiad i eraill. Cyhoeddodd Siôn Rhydderch, ei olynydd yn Amwythig, *Geirlyfr Saesneg a Chymraeg* ym 1725. Â chymorth 628 o danysgrifiadau, cyhoeddodd Thomas Richards, Llangrallo, Ramadeg a Geiriadur sylweddol, *Thesaurus Antiquae Linguae Britannicae* (1753), gwaith a fu o ddefnydd mawr i feirdd a fynnai ymdrwytho'n llwyr yn eu crefft. Bob yn rhan rhwng 1770 a 1794 cyhoeddodd John Walters, Llandochau, Eiriadur Saesneg-Cymraeg, gwaith a seiliwyd ar Eiriadur anghyhoeddedig a orffennwyd gan William Gambold, rheithor Cas-mael a Llanychâr yn y 1720au. Tybiai'r geiriadurwyr hyn i gyd eu bod yn olyniaeth geiriadurwyr y Dadeni Dysg. Yr un oedd eu delfrydau a'u gobeithion. Mawrygent y Gymraeg, ac ymboenent wrth weld mor ddibris oedd cyflwr yr iaith fel cyfrwng llenyddol clasurol.

Dull poblogaidd arall a ddyfeisiwyd i ddyrchafu'r iaith Gymraeg oedd dadlau achos ei hynafiaeth a'i hen urddas cynnar. Gan mai cyntefig iawn oedd gwybodaeth pobl am ieitheg, yr oedd syniadau pur wallgof ynglŷn â'r iaith Gymraeg ar gerdded. Tybid ei bod yn un o'r ieithoedd hynaf yn Ewrop, a bod perthynas uniongyrchol rhyngddi a'r iaith Hebraeg. Traethodd Dr John Davies, Mallwyd, yn huawdl ar y pwnc hwn yn ei Ramadeg ym 1621 a'i Eiriadur ym 1632. Yn y trydydd argraffiad o *Y Ffydd Ddi-ffuant* (1677), cyhoedd-odd Charles Edwards mai'r Hebraeg oedd 'mam y Gymraeg' a bod llefariad y Gymraeg 'yn aml fel yr Hebraeg yn dyfod oddiwrth gyffiniau y galon, o wraidd y genau'. Taniwyd dychymyg Thomas Jones yr Almanaciwr gan y dadleuon hudolus hyn. Aeth rhagddo yn ei almanaciau i ddarbwyllo gwerin gwlad fod y Gymraeg yn un o famieithoedd y dwyrain, ac yn un o roddion mawr Duw i'r genedl. Bu'n atgoffa'r sawl a oedd yn 'dottio a hurtio' ar ieithoedd eraill mai rhodd gysegredig i'w gydwladwyr oedd y Gymraeg, ac na ellid ei gosod o'r neilltu heb sarhau'r Hollalluog ei Hun. Yn ystod blynyddoedd cynnar y ddeunawfed ganrif, rhoddwyd gwedd barchusach y gwir ysgolhaig ar y dadleuon hyn. Dangosodd y Llydawr gwybodus Paul Pezron yn ei *L'Antiquité de la Nation et de la Langue des Celtes* (1703) fod cysylltiad agos rhwng y Gymraeg a'r ieithoedd Celtaidd eraill. Honnodd fod y Celtiaid yn ddisgynyddion i Gomer, mab hynaf Japhet, fab Noa, a bod y Cymry wedi llwyddo i gadw iaith y Celtiaid yn ei phurdeb. Cymwynas fawr Pezron oedd dyrchafu bri'r Gymraeg a hybu'n ddirfawr yr ymwybyddiaeth Gymreig drwy olrhain achau'r genedl yn ôl i gyfnod cyn Cadwaladr, Arthur a Brutus, a thrwy beri i'r Cymry gredu bod ganddynt iaith hŷn na nemor un o ieithoedd eraill Ewrop. Hawdd credu bod ei ddamcaniaeth wedi tynnu dŵr o ddannedd gwladgarwyr mwyaf pybyr Cymru yn y ddeunawfed ganrif.

Yr Adfywiad Barddol

Nid oes amheuaeth na fu'r cyfnod chwyldroadol yn ergyd dost i'r hen oruchwyliaeth, oherwydd ni bu cymaint o noddi beirdd wedi'r Rhyfel Cartref. Diflannodd y traddodiad o estyn nawdd i fardd, ac ymddengys mai Siôn Dafydd Las (m. 1694), bardd teulu Nannau, oedd yr olaf i ennill ei fara a chaws fel bardd teulu proffesiynol. Yn sgîl dirywiad y gyfundrefn farddol, troes y beirdd at ddulliau eraill o ganu, gan golli'r ddisgyblaeth gywrain a fu'n rhan annatod o'u crefft er dyddiau Dafydd ap Gwilym. Heb noddwyr, ni allai'r beirdd gael y ddeupen ynghyd, a daeth prydyddu'n ddawn i'w hymarfer yn ystod eu horiau hamdden. Gwyddai'r beirdd am drueni'r sefyllfa, ac ofnai'r pesimistiaid yn eu plith nad oedd bwrpas na swyddogaeth i fardd mwyach. 'Llygrwyd y prif eiriau,' meddai John Prichard Prys ym 1721, 'drylliwyd y mesurau, dirymwyd y cynganeddau . . . llescaodd y gelfyddyd'. A'r nos yn cau ar ei yrfa fel bardd tua diwedd y 1720au, lluniodd Owen Gruffydd, y gwehydd o Lanystumdwy a ganasai lu o gywyddau i foneddigion ei fro, gerdd i'r 'Hen Wladwyr fu gynt':

> Swydd hydda gwrs sydd heddyw i'w gael,
> Gwn bwys oer hynt gan basio'r hael,
>   Oedd rwydd o'i drael ddi-drais,
> Yn hylaw i'm taith ni welai un tŷ,
> I'w foli beunydd fel y bu,
> A dwysion gân nid oes yn gu,
>   Mewn gyrfa llu a gâr fy llais,

At bur Gymraeg o'u bodd ni thron,
Dau well na chlywed dedwydd dôn,
Yw moethus sôn am iaith y Sais.

Ond nid edwinodd y traddodiad barddol yn llwyr. Newid gogwydd a welwyd. Yn ystod cyfnod yr Adferiad, daeth Huw Morys, Pontymeibion, yn brifardd Cymru, a phrif gamp ei ganu ef oedd y pwyslais ar odli a chynganeddu medrus. Drwy arbenigo mewn canu rhydd acennog wedi ei gynganeddu, creodd fath newydd o ganu caeth. Cyfansoddodd gorff helaeth o garolau, cywyddau ac anterliwtiau, a bu wiw gan neb llai na Lewis Morris ei ddisgrifio mewn cyfnod diweddarach fel y 'Cerddfardd godidog Huw Morys'. Nid oedd gan Edward Morris, y porthmon o'r Perthillwydion, yr un dychymyg â Huw Morys, ond lluniodd yntau farddoniaeth lân a chywrain. Canai fawl i'r bonedd, a dyri a charol i'r cyffredin. Ond, at ei gilydd, canu rhydd oedd hoff bleser y to newydd o feirdd. Hyfforddi a diddanu oedd eu bwriad, ac amrywiai safon eu canu o ran iaith, mydr a deunydd. Fwyfwy, ystyrid barddoniaeth yn llawforwyn i grefydd, a cheisiai beirdd blannu duwioldeb yng nghalonnau'r bobl drwy lunio cerddi rhydd a oedd yn hawdd eu deall a'u dysgu.

Ar yr un pryd, dylid pwysleisio bod diddordeb mewn cywydd ac englyn wedi parhau ymhlith beirdd gwlad. Er nad oedd y beirdd hyn yn gallu trin eu testunau â'r un grefft ac er nad oedd ganddynt yr un ysbrydoliaeth â'u hynafiaid, dalient i fwynhau clec y gynghanedd a her prydyddiaeth. Gellir priodoli'r diddordeb hwn i ddylanwad y wasg a'r eisteddfodau cynnar. Bu'r almanaciau Cymraeg o 1680 ymlaen yn gyfrwng pwysig i hybu'r hen ddiwylliant barddol. Traethai Thomas Jones yr Almanaciwr yn gyson am ragoriaeth beirdd y gorffennol, a châi flas ar gyhoeddi 'hen gywyddau odiaethol' o waith Siôn Cent a Wiliam Llŷn a rhai o benillion awdlaidd Aneirin Gwawdrydd. Drwy brynu'r almanaciau, câi gwerinwyr cyffredin gyfle i ddysgu prif elfennau cerdd dafod, i ddarllen barddoniaeth Gymraeg hen a newydd, ac i brofi peth o rin ysgolheictod yr oes. Mewn oes pan oedd gwybodaeth y Cymry am hen farddoniaeth Gymraeg yn bur gyfyng, yr oedd cyfraniad yr almanaciau i oroesiad cerdd dafod yn hollbwysig. Llwyddwyd i gysylltu beirdd Cymru â'i gilydd mewn cyfnod pan oedd y gyfundrefn farddol yn dadfeilio. Rhoddwyd cyfle i'r hen law ac i'r prentis ifanc weld eu gwaith mewn print, a deuai beirdd y De'n fwy cyfarwydd â chynnyrch eu cymheiriaid yn y Gogledd. Drwy gydol y ddeunawfed ganrif, darllenid ffrwyth awen rhai o feirdd gorau'r wlad—Huw Morys, Lewis Hopkin, Siôn Bradford, Rhys Morgan, Goronwy Owen, Ieuan Fardd—mewn almanaciau ar aelwydydd gwerinwyr.

Ysgogwyd y canu caeth ymhellach gan yr ymgais i atgyfodi'r eisteddfod fel y'i gwelwyd yng Nghaerwys yn ystod yr unfed ganrif ar bymtheg. Yn Almanac Thomas Jones am 1701, ymddangosodd hysbyseb yn gwahodd beirdd o Feirionnydd, Maldwyn a Cheredigion, a phob prydydd a 'chantor celfyddgar', i eisteddfod a oedd i'w chynnal ym Machynlleth ar 24 Mehefin 1701. Hon oedd y gyntaf mewn cyfres o 'eisteddfodau'r almanaciau' a gynhaliwyd o dro i dro yn ystod y ddeunawfed ganrif. Cynhelid y cyfarfodydd cystadleuol hyn mewn tafarnau, ac yng nghanol yr afiaith hwyliog, y meddwi a'r cellwair, byddai beirdd a phrydyddion yn hogi min ar eu hawen. Cynulliadau bychain oeddynt—dim ond rhwng chwech a dwsin o feirdd a ddeuai ynghyd fel arfer. Cwynodd Siôn Rhydderch yn ei Almanac am 1735 na welodd ond hanner dwsin o feirdd yn eisteddfod 1733, a bod arwyddion ar bob llaw 'o ddifrawch a gwangalondid a llyfrdra'. Diafael a dieneiniad oedd llawer o'r canu, ac ni luniwyd dim o unrhyw werth arhosol. Cyfansoddai'r beirdd yn fyrfyfyr ar destunau penodedig, canent eu pwt fesul un, ac yna rhoddid y bardd buddugol i eistedd yn y Gadair. Cyhoeddid peth o'r cynnyrch yn yr almanaciau, a dyna pam y gelwid yr achlysuron hyn yn 'eisteddfodau'r almanaciau'. Er nad oedd llewyrch mawr ar yr eisteddfodau, llwyddent i gadw beirdd Cymru mewn cysylltiad agos â'i gilydd ac i fod yn foddion diddanwch.

Bu llyfrau printiedig hefyd yn gyfrwng pwysig i osod cyfrinach y beirdd yn nwylo prydyddion mawr a mân ledled Cymru. Bu blodeugerddi Foulke Owen, *Cerdd-Lyfr* (1686) a Thomas Jones, *Carolau a Dyriau Duwiol* (1696) yn hynod o boblogaidd yn eu dydd. Yn ei *Flores Poetarum Britannicorum* (1710), cynhwysodd Dafydd Lewys ddyfyniadau o waith y Cywyddwyr, ynghyd ag adargraffiad o *Bardhoniaeth, neu brydydhiaeth* Wiliam Midleton er mwyn hyfforddi beirdd gwlad ym mhrif hanfodion cerdd dafod. Ofnai Siôn Rhydderch fod yr hen grefft farddol ar drai oherwydd 'dirfawr ddallineb ac anwybodaeth', a lluniodd werslyfr safonol, *Grammadeg Cymraeg* (1728), i'r beirdd bori ynddo. Llwyddodd gweithiau fel hyn i sicrhau na fyddai'r hen ganu caeth yn diflannu'n llwyr. Ar ddiwedd y 1720au, cynhaliwyd dadl brydyddol rhwng beirdd Môn ac Arfon, ac yn ystod yr ornest lluniwyd 53 o englynion a 762 o linellau cywydd gan Siôn Tomos Owen, clochydd Bodedern, Michael Prichard, clochydd Llanllyfni, ac eraill. Ym Morgannwg, yr oedd cylch o feirdd gwir amryddawn—Lewis Hopkin, Rhys Morgan a Siôn Bradford—a oedd wedi dysgu'r grefft o lunio englyn a chywydd gan athrawon hyddysg, a thrwy eu cysylltiad â'r eisteddfodau a llyfrau gramadeg. Mor gynnar â'r 1730au, bwriadai Siôn Bradford gyhoeddi casgliad o hen farddoniaeth, a hynny ddeugain mlynedd cyn i waith Rice Jones, *Gorchestion Beirdd Cymru* (1773), ymddangos. Nid oedd prinder copïwyr barddoniaeth ychwaith, fel y tystia llafur Samuel Williams, Iaco ab Dewi a Benjamin Simon yn Nyffryn Teifi, Margaret Davies yn Nhrawsfynydd, Dafydd Jones yn Nhrefriw a Huw Jones yn Llangwm. Copïwyd corff helaeth o farddoniaeth ganddynt, llawer ohoni'n rhan o lenyddiaeth odidog yr Oesoedd Canol, ynghyd â chynnyrch beirdd cyfoes.

Yr oedd darllen helaeth ar orchestion awen y prifeirdd. Gellir mesur awydd gwerinwyr i brofi 'diferion Parnassus', chwedl Dafydd Jones, Trefriw, drwy rifo'r tanysgrifwyr i ddetholion o gerddi Cymraeg. Rhwydodd Huw Jones 1,045 o danysgrifwyr cyn cyhoeddi ei *Dewisol Ganiadau* ym 1759, a'r rheini'n cynrychioli trawstoriad teg o'r gymdeithas. Yn eu plith, ceid athrawon, twrneiod, clercod, llyfrwerthwyr, beirdd, ffermwyr, groseriaid, tafarnwyr, seiri, lledrwyr, gofaint, gwehyddion, gwydrwyr, cryddion a garddwyr. Yr un math o bobl a welir ymhlith y 738 o danysgrifwyr i brif orchest Dafydd Jones, *Blodeu-gerdd Cymry,* ym 1759. Pa ryfedd i Rice Jones o'r Blaenau ymfalchïo wrth weld 'yr awen yn tarddu allan o feddau beirdd celfyddgar yn ysblennydd disgywen i oleuo'r wlad o amgylch'?

Os oedd galw mawr am farddoniaeth draddodiadol, yr oedd croeso cynhesach fyth ar aelwydydd cefn gwlad i faledi. Yr oedd llawer iawn o feirdd gwlad—crefftwyr a ffermwyr, gan amlaf—wedi etifeddu cryn ddogn o'r hen draddodiadau llenyddol, a cheisient gymhwyso'r gwaddol hwnnw at anghenion gwerin gwlad drwy lunio caneuon syml, naturiol a gafaelgar. Salw a pheiriannol yw llawer o'r baledi hyn, ond yr oedd mynd mawr arnynt am eu bod yn boddio archwaeth darllenwyr am newyddion iasoer a chyffrous. Crud y baledi hyn oedd Dyffryn Conwy, Edeirnion, Dyffryn Clwyd, Dyffryn Llangollen a'r cyffiniau. Llygrid y canu rhydd answyddogol gan fesurau newydd Seisnig

237

megis *Crimson Velvet, Belisle March, Leave Land* a *Moggy Ladder,* ceinciau a dducpwyd i mewn i Gymru gan borthmyn, milwyr, argraffwyr a fforddolion. Yr oedd pynciau'r baledi gyfled â bywyd ei hun—sonient am garu, priodi, gwaith, crefydd a gwleidyddiaeth. Yn fwy na dim, traethent am bob math o drychinebau ac erchyllterau. Ymlafniai awduron i sicrhau bod eu cerddi yn llawn gwybodaeth ddiddorol a diddanus. Cenid eu cynnyrch gan gantorion crwydrol mewn ffeiriau a marchnadoedd. Am geiniog neu ddwy, gellid prynu dwy neu dair baled wedi'u rhwymo ynghyd. Mewn oes pan nad oedd Cymru wedi cael ei boddi eto gan emynau ac anthemau, yr oedd y faled gyda'r cyhoeddiad mwyaf poblogaidd.

Digon diystyrllyd o'r math hwn o ganu oedd beirniaid llenyddol yr oes. Yn Stryd y Dywysoges Pleser y gesyd y Bardd Cwsg 'chwaraeon interlud, siwglaeth a phob castiau hud, pob rhyw gerdd faswedd dafod a thant, canu baledau, a phob digrifwch'. 'Gwrtaith aflendid,' meddai John Prichard Prys, oedd pob 'coeg ddigrifwch masweddol'. Nid ystyriai beirdd yr eisteddfodau fod y faled yn gyfrwng digon urddasol a pharchus i'w harddel yn eu cyfarfodydd. Dirmyg a gâi'r baledwyr gan Fethodistiaid, a chodi eu trwynau arnynt a wnâi llenorion uchel-ael. Nid oedd neb yn fwy chwannog i wneud hynny na Morysiaid Môn a'u cylch o ddilynwyr. Eu bwriad hwy oedd rhoi gwedd artistig i'r grefft o lunio cerdd ac ennyn diddordeb y dosbarth canol diwylliedig. Ffurf, trefn ac eglurder oedd hanfodion eu crefft, ac adlewyrchir eu teithi meddwl yng ngwaith Goronwy Owen.

Mab i dyddynnwr diwylliedig o Lanfair Mathafarn, Môn, oedd Goronwy Owen (m. 1769). Cafodd yrfa neilltuol o drwstan a helbulus fel curad, a chymerodd at y ddiod feddwol er mwyn boddi ei holl ofidiau. Curai beilïaid yn aml ar ei ddrws. Wedi cyfnod o fyw fel alltud yn Lloegr, hwyliodd i Virginia yn 34 oed er mwyn cael bywoliaeth iddo ef ei hun a'i deulu. Plentyn ei oes oedd Goronwy Owen. Yn ei waith ef, yn anad neb arall, y profir naws clasuriaeth y ddeunawfed ganrif. Ffolodd ar safonau'r oes Awstaidd, ac ar holl gyfoeth barddonol Lloegr. Yr oedd gan ei gyfoedion feddwl uchel o'i alluoedd. Haerai Lewis Morris mai ef oedd 'athrylith fwya'r oes yma', ond oddi ar hynny bu llawer o ddadlau ynglŷn â'i allu fel bardd. Y mae lle i gredu iddo gael ei ganmol yn fwy na'i haeddiant. Nid oes yn ei ganu ddim a ellir ei ddisgrifio'n greadigol newydd, ac yn sicr ni feddai ar ddychymyg

Lewis Morris na dwyster Williams Pantycelyn. Ond yr oedd yn saernïwr gwir grefftus. Tybiai fod barddoniaeth yn gelfyddyd, ac y gallai roi boddhad esthetig i ddarllenwyr drwy lunio cerddi cywrain ac urddasol. Drwy ddysgu crefft yr hen feirdd, meistroli'r cynganeddion ac ymdrwytho yn hanfodion yr oes glasurol, llwyddodd i gyfansoddi barddoniaeth gynnil, lefn a chaboledig.

Os Goronwy Owen oedd y bardd galluocaf yng nghylch y Morysiaid, y mwyaf hyddysg yn yr hen farddoniaeth Gymraeg oedd Ieuan Fardd (m. 1788). Er ei fod cyn dloted â llygoden eglwys ac mor garpiog â thrempyn, ef oedd ysgolhaig mwyaf ei ddydd. Cymro gwladgarol, gelyn pob 'Sais anrasusawl', a gŵr llawn sêl a brwdfrydedd dros achosion Cymreig oedd Ieuan Fardd. Cofir amdano heddiw fel awdur yr englynion enwog 'I Lys Ifor Hael', ond yn ei ddydd enillodd edmygedd syn ei gyfoedion ar bwys ei wybodaeth ryfeddol o ddwfn am y traddodiad barddol yng Nghymru. Crwydrai'r wlad er mwyn gweld, darllen a chopïo hen drysorau llenyddol, ac nid oedd ei debyg am esbonio cynnwys ac arwyddocâd hen lawysgrifau Cymraeg. Un o'i freuddwydion mawr oedd llunio testun o'r holl farddoniaeth Gymraeg a oedd ar gael a'i gyhoeddi. Cam ar y llwybr hwnnw oedd *Some Specimens of the Poetry of the Antient Welsh Bards* (1764), cyfrol a gyfrifir yn ffrwyth pennaf adfywiad clasurol y ddeunawfed ganrif.

Bardd nodedig arall a elwodd yn aruthrol ar fod mewn cysylltiad â'r Morysiaid oedd Edward Richard (m. 1777), mab i deiliwr, a gŵr a dreuliodd oes gyfan bron ym mhentref Ystradmeurig yng Ngheredigion. Agorodd ysgol yno ym 1746, a dylifai darpar-offeiriaid ac egin-ysgolheigion i'w ddosbarth i'w gwreiddio'n gadarn yn y clasuron. Tyfodd diddordeb Richard yn y Gymraeg o fod yng nghwmni Ieuan Fardd a Lewis Morris, ac ymroes i gyfansoddi barddoniaeth glasurol raenus. Ei waith enwocaf yw'r *Bugeil-gerddi* swynol a gyhoeddodd ym 1776, sef cyfres o ganeuon syml ar ffurf ymddiddan yn ymwneud â bywyd beunyddiol bugeiliaid cefn gwlad. Diolch felly i nawdd ac arweiniad y Morysiaid a'u Cylch, yr oedd arwyddion pendant o ymadnewyddu mewn cylchoedd barddol erbyn canol y ddeunawfed ganrif.

Rhyddiaith Gymraeg

O droi i fyd rhyddiaith, y ffaith bwysicaf i'w nodi yw fod twf y gweisg a'r cymdeithasau dyngarol wedi galluogi llenorion i gyhoeddi ffrwd helaeth o lyfrau crefyddol, defosiynol, beiblaidd ac efengylaidd. A chan mai llyfrau syml yn amcanu at achub eneidiau a phuro bucheddau oedd y mwyafrif o'r rhain, ni chawsant fawr o sylw gan feirniaid ein llên. Er mai gwir yw dweud mai eilbeth oedd dyrchafu safon iaith a mynegiant i awduron y llyfrau hyn, nid gwir fuasai dweud eu bod yn ddibris o werth y Gymraeg ac yn brin o gariad at eu gwlad. Ym 1677, mynegodd Stephen Hughes ei ddymuniad am weld ailgyhoeddi gweithiau Robert Llwyd a Dr John Davies, Mallwyd, 'nid yn unig er mwyn y mater, ond hefyd er mwyn y iaith tra rhagorol sydd ynddynt'. Cynhyrfwyd Thomas Jones yr Almanaciwr yn angerddol gan y diffyg parch a ddangosid at yr 'hen iaith heuddbarch', a dymunai ei gweld yn 'ailddisgleirio yn enwog' unwaith yn rhagor. Llwyddodd offeiriaid eglwysig a chyfieithwyr medrus fel Thomas Williams, Ellis Wynne, Samuel a Moses Williams, a Theophilus Evans i feistroli eu mamiaith, ynghyd ag ieithoedd clasurol. Wrth gyfieithu, ceisient osgoi trosi'n brennaidd. 'Y peth sydd ber-arogl mewn un iaith,' meddai Theophilus Evans, 'a ddrewa yn barod wrth ei gyfieithu yn ôl y llythyren i iaith arall'. Ymboenent am ystwythder a phurdeb iaith. Honnai Jencin Jones, 'tad Arminiaeth' yng Nghymru ac awdur *Llun Agrippa* (1723) a *Dydd y Farn Fawr* (1727), fod darllen Cymraeg yn 'un o'r saith gamp deuluaidd', a cheisiai ymestyn a chyfoethogi geirfa ei ddarllenwyr drwy fathu cannoedd o eiriau newydd. Un o ogoniannau mawr yr iaith Gymraeg, yn ôl Griffith Jones, Llanddowror, oedd ei bod yn iaith bur, ddilychwin, ac yn cadw'r Cymry rhag syrthio i rwydau Pabyddiaeth, anffyddiaeth ac anlladrwydd.

Lluniwyd campweithiau cofiadwy yn ystod y cyfnod hwn gan Charles Edwards, Ellis Wynne, Theophilus Evans a William Williams, Pantycelyn. Rhoddir sylw i waith Theophilus Evans a Phantycelyn mewn man arall, ond priodol fyddai tynnu sylw at orchestion y ddau arall yn y fan hon. Clasur pennaf 'Oes yr Erlid' yw *Y Ffydd Ddi-ffuant* gan Charles Edwards (m. 1691), brodor o Lansilin, Piwritan selog, ac un a fu wrthi'n ddiwyd yn ystod y 1670au yn cynorthwyo Stephen Hughes yn y gwaith o olygu a chyhoeddi adargraffiadau o lyfrau defosiynol poblogaidd. Cymhelliad moesol a'i hysgogodd i wasgu ar y Cymry a oedd yn dyner 'wrth y cnawd' ac yn glynu'n dynn 'wrth faswedd' i ddiwygio'u bucheddau. Rhoddai bwys aruthrol ar lendid buchedd a rhinwedd ffydd wrth alw ar ei gydwladwyr i 'fod mor fywiog, ac mor wresog yn y grefydd Gristnogol ag y fu rhai o'n hen-deidiau ni gynt'. Yr oedd yn amlwg iddo i ba le yr âi dynion a arweinid gan ewyllys lwgr a moesau aflan. Ond nid diwygiwr cyfyng ei weledigaeth oedd Charles Edwards. Yr oedd yn ŵr dysgedig, eang ei ddiwylliant, a chanddo feistrolaeth lwyr ar deithi'r Gymraeg. Cyhoeddodd dri argraffiad o'r *Ffydd Ddi-ffuant*—ym 1667, 1671 a 1677—ond yr argraffiad olaf yw'r cyfanwaith gorffenedig. Yn hwnnw y caiff crefft y llenor fynegiant llawn. Delweddwr synhwyrus oedd Charles Edwards, ac wrth dr̃aethu am y berthynas rhwng Duw a dyn, a rhwng Duw a chenedl y Cymry, dangosodd ei fod yn gynefin â holl droeon ac ymadroddion y Gymraeg. Dim ond yn ddiweddar y daethom i werthfawrogi ei fawredd fel llenor, a gellir yn ddiogel bellach ei osod yn yr un dosbarth â Morgan Llwyd fel un o feistri rhyddiaith Gymraeg yr ail ganrif ar bymtheg.

Ceir yng ngwaith enwocaf Ellis Wynne, *Gweledigaetheu y Bardd Cwsc* (1703), gyfuniad o ddau fath o ryddiaith, sef y traddodiad clasurol a'r arddull ddychanol a ddefnyddid mor effeithiol gan 'Ysgol Fwrlésg' Llundain. Benthyciodd y clerigwr o'r Lasynys yn helaeth o waith eraill, ond gosododd y deunydd yn gartrefol ac yn grefftus yn ffrâm Gymreig ei weledigaeth ei hun. Drych o ddrygau'r oes yw'r *Gweledigaetheu,* darlun bywiog a lliwgar o hynt a helynt pechaduriaid. Yn 'Gweledigaeth Cwrs y Byd' rhoddir darlun o strydoedd y Ddinas Ddihenydd, strydoedd a enwir Balchder, Elw, Pleser a Rhagrith. Ceir ynddi un stryd gul sy'n arwain i Ddinas Imanuel, ond 'ychydig yw'r rhai sy'n ei chael hi'. Darlun o deyrnas y Brenin Angau yw'r ail Weledigaeth, a dangosir sut y tywysir pob pechadur ato i'w farnu i golledigaeth lwyr. Holl arteithiau ofnadwy uffern—'y geulan ddiadlam'—yw testun y drydedd Weledigaeth, a dylai hyn ein hatgoffa mai diwygiwr crefyddol a moesol oedd Ellis Wynne. Ceisiai ddiwygio safonau moesol ei gymdeithas drwy godi dychryn a braw er mwyn achub ei gydwladwyr rhag dinistr. Fel llenor, saif ei ragoriaeth yn y ffaith iddo gyfuno'r iaith lenyddol a'r iaith lafar fyw, a hynny'n orchestol o raenus. O ran arddull, adeiladwaith a champ ddychanol y mae *Gweledigaetheu y Bardd Cwsc* yn glasur na ellid bod wedi ei greu gan neb ond artist llenyddol.

Er bod y llenorion hyn yn medru creu llenyddiaeth gain ac urddasol, yr oedd yn hysbys iddynt hwy ac i eraill fod angen i'r iaith Gymraeg ddygymod ag amodau a gofynion yr oes fodern os oedd hi i fyw. Yn sgîl twf y wasg Gymreig, ceisiwyd ehangu rhywfaint ar orwelion y Cymry drwy ddarparu amrywiaeth o lyfrau'n cynnig gwybodaeth gyffredinol am y byd a'i bethau. Er mai ymosodiad ar Babyddiaeth oedd gwaith Simon Thomas, *Hanes y Byd a'r Amseroedd* (1718), ceid ynddo hefyd grynodeb hwylus o ddarganfyddiadau gwyddonol a seryddol diweddar. 'Gwael ac anifeilaidd yw'r dyn,' meddai Thomas, 'yr hwn nid yw ei wybodaeth yn cyrraedd tu hwnt i'w wlad ei hun a'i oes ei hun'. Ond y llyfr cyntaf i ymdrin yn helaeth â'r wyddoniaeth newydd yn Gymraeg oedd *Golwg ar y Byd* (1725), gwaith Dafydd Lewys, offeiriad Llangatwg yn sir Forgannwg. Cynnig 'briwsion oddi ar fwrdd y dysgedigion' oedd amcan y gyfrol, goleuo'r Cymry uniaith am natur y byd o'u cwmpas ac am natur eu cyrff a'u heneidiau. Yn ddiweddarach yn y ganrif, troes Williams Pantycelyn, yntau, ei law at yr un math o waith. Yn ei gampwaith, *Golwg ar Deyrnas Crist* (1756 a 1764), rhoes ddarlun cofiadwy o Grist fel Awdur y greadigaeth, ac wrth ymdrin â'r swm helaeth o wybodaeth wyddonol a oedd yn awr wrth law, dibynnodd yntau, fel Dafydd Lewys o'i flaen, ar lyfrau poblogaidd William Derham, *Physico-Theology* (1713) ac *Astro-Theology* (1715).

Er nad oedd gwerinwyr cyffredin heb eu diwylliant, yr oeddynt yn amddifad o gymorth gwybodaeth brintiedig wir boblogaidd. O 1680 ymlaen, llanwyd y bwlch hwnnw gan yr almanac. Ar Ddydd Calan 1679, caniatawyd i Thomas Jones, drwy orchymyn brenhinol, drwydded i ysgrifennu, argraffu a chyhoeddi almanac Cymraeg blynyddol. Gwyddai Jones fod dirfawr angen defnyddiau darllen ysgafn, diddorol a deniadol ar y werin bobl, a chan fod miloedd o almanaciau Saesneg yn cael eu cyhoeddi bob blwyddyn, tybiai y câi fersiwn Gymraeg groeso twymgalon. Rhwng 1680 a 1712, ymddangosodd almanac Cymraeg dan law Thomas Jones bob blwyddyn yn ddi-ffael, ac o'r pryd hwnnw ymlaen daeth yn beth cyffredin iawn i weld almanac yn hongian ar y silff-ben-tân ar aelwydydd Cymru. Dilynodd eraill—Siôn Rhydderch, Evan Davies, John Prys, Gwilym Howel a Cain Jones—yn ei lwybrau, ac nid oes amheuaeth nad yr almanac oedd y llyfryn mwyaf poblogaidd a ddeuai o'r wasg yn ystod y ddeunawfed ganrif. Llyfryn o un plyg ar bymtheg, yn cynnwys 48 o dudalennau oedd yr almanac Cymraeg. Ceid ynddo galendr, rhagolygon y tywydd, cyfarwyddiadau ar gyfer hwsmoniaeth a meddyginiaethau, proffwydoliaethau gwleidyddol, cerddi caeth a rhydd, hyfforddiant i ddysgu Cymraeg a sut i gyfrif, rhestr o ffeiriau Cymru, rhestr o ddyddiadau pwysig hanes er cread y byd, a phob math o wybodaeth amrywiol arall. Hawdd credu bod almanaciau Cymraeg wedi agor bydoedd newydd o flaen meddwl pobl ddiaddysg. Llifai pamffledi a chylchlythyrau diddorol yn gyson o'r wasg Seisnig, ond cyn oes yr almanac Cymraeg bu raid i werinwr o Gymro ddibynnu am newyddion ar ambell sgwrs a glywid mewn plas neu dafarn, ar ddatganiadau cyhoeddus crïwr y dref, ar ambell ddant gwleidyddol a drewid yn y pulpud neu ar rai o'r hanesion a draddodid gan filwyr ffraeth eu tafod. Mewn oes pan nad oedd papur newydd, radio na theledu yn bod, bu'r almanac Cymraeg, yn ei amryfal weddau fel dyddiadur, blwyddiadur, newyddiadur a chylchgrawn, yn gyfrwng pwysig i ledaenu gwybodaeth ymhlith pobl anfreintiedig. Fe'i darllenid yn awchus gan Gymry syml y ffair a'r farchnad, 'y rhai nad oedd ganddynt ddigon o arian i fyned i farchnad y Saesneg a'r Lladin i ddyblu eu capiau â dysgeidiaeth'. 'Coel mawr fyddai gan lawer ar yr almanac,' meddai Robert Jones, Rhos-lan. 'I can't tell you anything about the Welsh almanac,' meddai William Morris wrth ei frawd Richard, 'all sorry stuff; na thalan yw codi ar y maes, ond ar y gorau i'r bobl gyffredin'.

Ysgolheictod

Nid oes amheuaeth nad oedd gwybodaeth y Cymry am hanes hen lenyddiaeth Gymraeg wedi dirywio'n alaethus erbyn ail hanner yr ail ganrif ar bymtheg. Yr oedd y mwyafrif llethol o lawysgrifau pwysig y genedl wedi'u cloi yn llyfrgelloedd preifat gwŷr bonheddig, a pherygl mawr iddynt lwydo a chael eu difetha yno. Ni fedrai'r boneddigion na deall na gwerthfawrogi'r trysorau a oedd yn eu meddiant. Ym 1674, honnodd Nicholas Roberts o Gaerfyrddin nad oedd llawysgrifau Cymraeg o ddim defnydd yn y byd i hyrwyddo 'gwir ddysgeidiaeth'. Yn ffodus, sut bynnag, llwyddodd dyrnaid o foneddigion diwylliedig ac ymroddgar i arbed llawer iawn o drysorau llenyddol a hanesyddol rhag cael eu difa gan 'lygod ffrengig, glaw a drwg-gadwraeth'. Yn sir Feirionnydd, casglodd Robert Vaughan o'r Hengwrt lyfrgell odidog ynghyd, yn cynnwys Llyfr Du Caerfyrddin, Llyfr Gwyn Rhydderch, Llyfr Aneirin, Llyfr Taliesin, Llyfr Du'r Waun a Llawysgrif Hendregadredd. Treuliodd William Maurice, copïwr a chasglwr dygn o Gefn-y-braich, Llansilin, ei oes yn casglu stôr mor lluosog o lyfrau a llawysgrifau gwerthfawr fel y bu raid iddo godi dwy lofft yn ymyl ei dŷ er mwyn cael lle i'w cadw. Yn sir Forgannwg, casglodd Thomas Wilkins, offeiriad Llan-fair, gnwd helaeth o hen lawysgrifau yn ymwneud â hanes Morgannwg, y casgliad pwysicaf o drysorau llenyddol a fu erioed gan unigolyn o fewn y sir honno. Oni bai i'r gwyrda hyn gasglu ynghyd lawer iawn o'r llawysgrifau a'r llyfrau Cymraeg pwysicaf, buasai ein gwybodaeth am y gorffennol yn anhraethol dlotach.

Er gwyched cyfraniad y casglwyr a'r copïwyr hyn, y gŵr a fu'n gyfrifol am achub dysg Gymraeg oedd Edward Lhuyd, athrylith fwyaf ei oes yng Nghymru. Brodor o Lanforda, ger Croesoswallt ydoedd, a cheidwad Amgueddfa Ashmole yn Rhydychen o 1691 hyd ei farwolaeth ym 1709. Yno trôi mewn cylchoedd pwysig ac amrywiol. Ymunodd â chwmni llengar o ysgolheigion ymroddedig, a rhyfeddai'r rheini at rychwant ei alluoedd a'i frwdfrydedd heintus. Sylfaen maes astudiaeth Lhuyd oedd ei ddiddordeb yn y gwledydd Celtaidd a'i awydd i ymafael yn yr hen draddodiadau llenyddol ac ysgolheigaidd Cymraeg. Taniodd y fath frwdfrydedd ym mynwes ysgolheigion a llenorion Cymru fel na fedrent ymatal rhag ei gynorthwyo yn ei ymchwiliadau. Danfonasant ugeiniau o lythyrau ato yn ystod y 1690au. Sylweddolent fod ganddo fwy o athrylith nag undyn byw yng Nghymru, a phan yrrodd Lhuyd holiaduron atynt ym 1696 casglasant doreth o wybodaeth neilltuol brin am nodweddion tafodiaith, hanes, arferion gwerin, traddodiadau a gwyliau eu plwyfi. Rhwng 1697 a 1701, aeth Lhuyd ar daith o ryw 3,000 o filltiroedd drwy'r gwledydd Celtaidd er mwyn casglu gwybodaeth am ieithoedd, hynafiaethau a ffosiliau'r cenhedloedd hynny. Cyhoeddodd rai o'i gasgliadau yn *Archaeologia Britannica* (1707). Yn y clasur hwnnw, dangosodd fod geiriau ac ymadroddion a welsai yn nhestunau rhyddiaith Gymraeg yr Oesoedd Canol i'w clywed yn y Wenhwyseg, sef tafodiaith Gwent a Morgannwg. Plymiodd yn ddwfn i ddirgelion cyfrin yr hen dafodieithoedd, gan ddarganfod egwyddor sylfaenol ieitheg gymharol. Ond dim ond un edefyn ym mhatrwm cyfoethog ysgolheictod Lhuyd oedd ei ddiddordeb yn yr etifeddiaeth Gymreig a Cheltaidd. Yr oedd cylch ei wybodaeth yn syfrdanol. Meistrolodd nifer o bynciau amrywiol—botaneg, daeareg ac archaeoleg—a meddai ar y dyfalwch a'r egni hwnnw sy'n nodweddu'r gwir ysgolhaig. Ym 1706, barnai Hans Sloane, un a fu'n Llywydd y Gymdeithas Frenhinol, mai Lhuyd oedd 'y naturiaethwr gorau yn awr yn Ewrop'.

I bob pwrpas, Lhuyd oedd y gwyddonydd cyntaf yn hanes Cymru. Yn wahanol i'r rhelyw o'i gydwladwyr, nid oedd hen draddodiadau niwlog neu osodiadau mympwyol yn cyfrif dim iddo. Mynnai gyflawni gwaith-maes trwyadl, gweld popeth â'i lygaid ei hun, a sicrhau prawf pendant a safadwy fel sylfaen i bob astudiaeth. Rhannai'r un safonau ag a arddelid gan wyddonwyr arbrofol cyfoes yn Ewrop, ac felly ymataliai rhag cynnig unrhyw ddamcaniaethau heb seiliau cadarn iddynt. Casglai a chofnodai ddeunydd yn fanwl-gywir, gan ddiystyru'r 'ymhonwyr hynny na wnaeth gymaint â phlygu mewn pwll graean erioed' a'r segurwyr a ymfodlonai 'ar ddarllen yn unig ac ysgriblan papur'. Cariad at ei bwnc ac at ei wlad a'i symbylai: yn ôl Thomas Hearne, 'cyfyd yr hyn a wna yn gyfan gwbl o gariad er lles i ddysg a'i wlad'. Pa ryfedd fod ei gydwladwyr yn ei gyfrif yn awdurdod diogel ar bob pwnc ysgolheigaidd? Y mae'r *Archaeologia Britannica* yn goffa bythol i'w athrylith, ac un o drasiedïau mwyaf ein hanes yw na chafodd Lhuyd fyw i gwblhau ei gynlluniau eraill. Bu farw yn 49 oed ym 1709, ac nid oes maen na chofnod i ddangos man ei fedd ym mynwent Sain Mihangel, Rhydychen.

Nid heb achos y galwyd Edward Lhuyd yn dad ysgolheictod Cymraeg y ddeunawfed ganrif. Meddai ar y ddawn brin honno i ysbrydoli eraill, gan ddeffro'r awydd ynddynt i chwilio ac astudio. Dengys ei ohebiaeth fod llawer o offeiriaid, mân foneddigion, crefftwyr, gweinidogion a beirdd gwlad yng ngogledd-ddwyrain Cymru yn ymddiddori'n fawr mewn ysgolheictod, cerdd dafod a cherdd dant. Ym mro Morgannwg—diolch i arweiniad Lhuyd—yr oedd cylch o grefftwyr goleuedig a oedd yn hyddysg yng nghelfyddyd cerdd dafod, yn feistri ar hanes llenyddiaeth Gymraeg ac yn frwd o blaid adnewyddu'r hen bethau. Ar lannau Teifi, ysgogwyd nifer o lenorion disglair megis Samuel a Moses Williams, Iaco ab Dewi a William Gambold i gadw'r diwylliant Cymraeg yn fyw. Ymhyfrydent yn y ffaith fod ganddynt etifeddiaeth ddiwylliannol hynod o gyfoethog, ac nid oedd ball ar eu hawydd i sicrhau bod ffynhonnau bywiol dysg Gymraeg yn parhau i darddu'n llifeiriol.

Magwyd un o ddisgyblion dycnaf Lhuyd, Moses Williams, yn Nyffryn Teifi. Elwodd Moses Williams yn fawr o droi mewn cylchoedd dysgedig yn Rhydychen ac o fod yng nghwmni Lhuyd. Bu'n casglu defnyddiau ar ran ei feistr ac yn gosod trefn arnynt. Wedi marwolaeth Lhuyd ym 1709, syrthiodd y baich o wireddu breuddwydion ei athro arno ef. Yn anffodus, nid oedd ganddo'r un dylanwad â Lhuyd ar wŷr ariannog, a methodd â sicrhau digon o nawdd i'w alluogi i ddwyn ei holl gyfrolau arfaethedig drwy'r wasg. Er hynny, cyflawnodd gampau nodedig, a'r rheini o werth arhosol. Y mae ei *Gofrestr* (1717), sef y rhestr gyntaf o lyfrau Cymraeg a gyhoeddwyd rhwng 1546 a 1717, yn sylfaen i bob astudiaeth lyfryddiaethol Gymraeg. Cyhoeddodd rai o gyfrolau disgleiriaf y dyneiddiwr Humphrey Llwyd, yr ieithydd William Baxter a'r hynafiaethydd William Wotton. Cyfeiriwyd droeon yn y gorffennol at Foses Williams fel gŵr na chyflawnodd ei addewid, ond y gwir amdani yw ei fod yn enghraifft dda o broffwyd na chafodd anrhydedd yn ei wlad ei hun. Nid diffyg nawddogaeth ariannol oedd yr unig rwystr o'i flaen: fe'i hanwybyddwyd gan yr awdurdodau eglwysig am felltithio diogi, rhodres a seisnigrwydd rhai o'i gyd-offeiriaid. Yr oedd yn meddu ar lawer o'r cymwysterau priodol ar gyfer swydd esgob, ond fe'i cyfrifid yn ŵr beiddgar a pheryglus gan ei benaethiaid, a bu farw o dorcalon yn Bridgwater ym 1742. Ni chyflawnwyd ei fwriadau mawr, a phe cawsai gefnogaeth i'w gynllun i gyhoeddi prif lawysgrifau'r genedl hyd ddechrau'r unfed ganrif ar bymtheg, buasai ysgolheictod Cymraeg wedi elwa'n aruthrol.

Yr oedd gan Lewis Morris hefyd feddwl mawr o Lhuyd a'i waith, a cheisiodd gyflawni rhai o'i ddyheadau ef. Efelychu a chopïo gwaith yr hen Gywyddwyr oedd un o'i hoff bleserau, a sefydlodd wasg yng Nghaergybi lle cyhoeddodd *Tlysau yr Hen Oesoedd* (1735), detholiad o gynnwys hen lawysgrifau Cymraeg. Ei fwriad oedd darparu llenyddiaeth ddiwylliedig ar gyfer darllenwyr, ond oherwydd diffyg cefnogaeth ac anawsterau ariannol bu raid iddo roi heibio'r anturiaeth mewn byr o dro. Methiant hefyd fu ymgais Morris i gyhoeddi ei *Celtic Remains,* cyfrol feistrolgar yn ymdrin â hanes y Celtiaid y bu'n llafurio wrthi am ddeugain mlynedd. Ni welodd y gwaith olau dydd hyd 1878. Ceir adlais o ddyheadau Lhuyd yn *Gosodedigaethau*'r Cymmrodorion, ond ni chyflawnwyd ei obeithion yn llwyr hyd nes i'r Gwyneddigion, dan gyfarwyddyd William Owen Pughe, gyhoeddi tair cyfrol y *Myvyrian Archaiology* ym 1801 a 1807.

Hanes y Genedl

Erbyn oes yr Adferiad, yr oedd yr ymwybyddiaeth o hanes hefyd ar drai. Yr oedd, wrth gwrs, lawer o hen gredoau a chwedlau yn dal i ffynnu, rhai ohonynt yn parhau fel ffosiliau mewn cylchoedd deallus. Ond nid oedd gan haneswyr 'gwyddonol' Lloegr ddim i'w ddweud bellach o blaid hanesion Sieffre o Fynwy. Fel y collai gwŷr bonheddig eu teyrngarwch i'r iaith Gymraeg, aeth y traddodiad am Brutus ac Arthur fwyfwy'n destun dirmyg yn eu plith. Ond ni chiliodd teimladau gwlatgar ymhlith gwerinwyr diwylliedig. Er i Edward Lhuyd geisio'u harwain ar drywydd mwy gwyddonol, glynu a wnaent wrth chwedlau Sieffre o Fynwy a pharhau i ymddiried yn eu dilysrwydd. Addefai llenorion yn gyson eu bod yn barod i roi pob gewyn ar waith dros 'wlad a chenedl y Brutaniaid'. Canai awduron yr halsingod am darddiad y genedl:

> Cymry mwynion oll o'ch bron
> A ddaeth o gron Gaerdroea
> Dros beryglus foroedd mawr
> I ddyrys lawr Britannia.

Berwent gan gynddaredd pan fyddai rhywun neu rywrai yn ymosod ar sail eu cenedligrwydd. Tybiai'r almanaciwr Thomas Jones mai peth cywilyddus oedd i 'estron genedl' honni bod gorffennol gogoneddus y Cymry yn seiliedig ar 'hudoliaeth a gwag ddychymyg'. Glynu wrth dystiolaeth haneswyr Cymru a wnâi Ellis ab Ellis, yntau:

> Er bod polidorus a Hector Boetius
> Yn sclandrio hil Brutus fel Brutwyr diddysg
> Mae i wirio i ni urddas giralus a gildas
> Ac Humphrey Lloyd addas wr hyddysg
> Syr John Prys dirion a phowel wr ffyddlon
> John Scotsh a rhai Saeson glau inion wedd glws
> Taliesyn heb lyso ar hen feirdd in hurddo
> Sy'n dweyd yn ddibratio ddyfod Brutus.

Ond nid oedd neb yn fwy awyddus i amddiffyn a dyrchafu bri hanes y genedl na Theophilus Evans, offeiriad a llenor cynhyrchiol o Benywenallt ym mhlwyf Llandygwydd, Ceredigion. Ym 1716, rhoes Evans wisg werinol Gymraeg i ddamcaniaethau Paul Pezron drwy gyhoeddi *Drych y Prif Oesoedd*. Nid oedd ond 23 oed ar y pryd, ac anodd peidio â rhyfeddu at wybodaeth a gallu dyn mor ifanc. Yr oedd camp y llenor creadigol ar y gwaith, cafodd gylchrediad eang, ac aeth Evans rhagddo i 'atgyweirio a llyfnhau'r gwaith', gan gyhoeddi ail argraffiad llawnach a bywiocach ym 1740. Fel gwladgarwr tanbaid yr ysgrifennai Theophilus Evans. Ceisiodd hysbysu ei gydwladwyr ynghylch holl ogoniant, lliw a chyffro eu gorffennol drwy draethu'n hudolus am eu tarddiad. Canolbwyntiodd ar ddwy thema: yr hanes am achau a gwareiddiad yr hen Frythoniaid, a'r brwydro a fu rhyngddynt a'r Rhufeiniaid, y

Brythwyr a'r Saeson; a chychwyn y traddodiad Cristnogol a'i dwf hyd at ddyddiau'r Grefydd Ddiwygiedig. Mynnai fod *Historia Regum Britanniae* yn wythïen ganolog yn yr ymwybyddiaeth o genedligrwydd Gymreig am i Sieffre dystio i dras freiniol ac anrhydedd dwyfol y Cymry. Honnai mai oddi wrth Brutus, 'y gŵr o Gaerdroea', y cafodd y wlad ei henw ac mai oddi wrth Gomer, ŵyr Noa, y deilliai enw'r bobl. 'Dyna i chi,' meddai'n ymffrostgar, 'waedoliaeth ac ach yr hen Gymry cuwch ar a all un bonedd daearol sydd bosibl i gyrraedd ato'. Cysylltodd ei gyd-Gymry â hen wareiddiad gogoneddus, a chynysgaeddodd yr hen chwedlau â lliw a rhamant o'r newydd. Yr oedd Theophilus Evans yn adroddwr chwedl penigamp, ac y mae *Drych y Prif Oesoedd* yn fwrlwm o gymariaethau trawiadol a disgrifiadau cyffrous. Meddai ar y gallu prin i draethu mor fyw a gafaelgar fel bod ei gymeriadau'n llamu o flaen llygaid y darllenydd. Mewn oes pan lunnid cynifer o gyfieithiadau prennaidd a di-sbonc, creodd y sbrigyn hwn o hanesydd digoleg epig mor ysgubol o lwyddiannus fel y parheid i gyhoeddi a darllen ei waith hyd ddiwedd oes Fictoria.

Bu gwaith Theophilus Evans yn ysgogiad i eraill geisio darganfod a darlunio'r gorffennol. Daeth galw cynyddol am lyfrau hanes. Cyhoeddodd Simon Thomas o'r Cilgwyn ym mhlwyf Llangybi *Hanes y Byd a'r Amseroedd* ym 1718. Rhoes deitl mwy priodol ar y gwaith ym 1724, sef *Llyfr Gwybodaeth y Cymro,* a bu darllen mawr arno. Ym 1724, cyhoeddodd Thomas William, Anghydffurfiwr dysgedig o Fynydd-bach, ei *Oes Lyfr,* cyfrol a oedd yn cynnwys, ymhlith pethau eraill, grynodeb o Frut Sieffre a Brut y Tywysogyon. Cafwyd ail argraffiad llawnach o'r gwaith ym 1768. Ond y Morysiaid a'u Cylch a fu'n bennaf cyfrifol am anadlu bywyd o'r newydd i esgyrn sychion hanes Cymru. Un o'u dymuniadau pennaf oedd porthi balchder y Cymry yn eu gorffennol, a throi'r dreftadaeth hanesyddol yn gryfder ac yn ysbrydiaeth iddynt. Dirmygent y sawl na fynnai amddiffyn honiadau Sieffre â'i holl egni. Barnent, er enghraifft, mai bradwr oedd William Lloyd, esgob Llanelwy, oherwydd iddo fentro dweud mai celwyddgi oedd Sieffre. 'Dyna i chwi gachgi digon haerllug a digywilydd,' meddai Ieuan Fardd amdano, 'Ffei o honaw! Ymmaith ar yscerbwd drewllyd, ni thâl mor son am dano'. Un o gymwynasau mwyaf Lewis Morris a'i ddilynwyr oedd ailennyn diddordeb yn hanes y genedl drwy adfer bri'r Brutiau a'r proffwydoliaethau ac annog y Cymry i gynnal eu hunaniaeth.

Y Traddodiad Cerddorol

Dichon mai yn y maes cerddorol y bu'r dirywiad mwyaf enbydus. Fel yr âi'r ail ganrif ar bymtheg yn ei blaen, collid gafael bron yn llwyr ar draddodiadau cerddorol mwyaf gwerthfawr y genedl. Aeth corff helaeth o hen gerddoriaeth frodorol i ebargofiant. Disodlwyd y crwth, y delyn a'r pibgorn gan y ffidil, y ffliwt a'r harpsicord ym mhlasau'r boneddigion. Golchodd llif o donau Seisnig dros y wlad, gan foddi'r hen donau brodorol. Pan oedd Richard Morris yn llanc pymtheg oed ym 1717, lluniodd gasgliad o alawon poblogaidd ei fro ym Mhentre-eiriannell, Môn, ac yr oedd pump o bob chwech o'r alawon hynny'n rhai Seisnig. Trist iawn yw'r cofnod gan un o ohebwyr Edward Lhuyd yn y 1690au am Dafydd Rowlands, hen grythor o Landrillo ger y Bala, a 'arferai bob Sul y Pasg brynhawn fynd efo ieuenctid y plwyf i ben Craig Dhinan i rannu yr ych gwyn. Yna y canai fo gainc yr ychen bannog a'r holl hen Geinciau yr rhain a fuant farw gydag ef'. O ganlyniad, erbyn y ddeunawfed ganrif nid oedd prin neb yn deall hanfodion ac arwyddocâd yr hen gerddoriaeth Gymreig. Methodd Morysiaid Môn wneud na phen na chynffon o lawysgrif enwog Robert ap Huw, gŵr a fu'n delynor yn llys Iago I ac a fu farw yn 85 oed mor ddiweddar â 1665. Tystia hyn yn groyw iawn i'r ffaith fod corff sylweddol o gerddoriaeth frodorol y Cymry wedi llwyr ddiflannu yn ystod oes yr Adferiad.

Yr oedd, wrth gwrs, doreth o hen benillion a chaneuon gwerin a genid lle bynnag y byddai pobl yn canu, dawnsio a chwarae. Trysorid y rhain ar gof, ac fe'u trosglwyddid ar lafar o'r naill genhedlaeth i'r llall. Ond yr oedd perygl mawr i'r lliaws mawr o alawon telyn, cerddi a charolau Cymraeg fynd ar ddifancoll gan nad oedd neb i'w casglu ynghyd a'u hargraffu. Yn ffodus, sut bynnag, diogelwyd llawer o'r hen donau swynol hyn drwy lafur John Parry, Evan Williams ac Edward Jones. Honnai pob awdurdod ar gerddoriaeth nad oedd hafal delynor i John Parry, y telynor dall o Riwabon. Fe'i mabwysiadwyd gan deulu Wynnstay, ac erbyn 1746 yr oedd yn canu cyfansoddiadau Handel, Corelli a Vivaldi ar ei delyn deires gerbron y mawrion yn Nhŷ Ranelagh, Llundain, ac yn ennill edmygedd ar bob llaw. Ei brif gymwynas â'r traddodiad cerddorol yng Nghymru oedd ei gasgliad o hen alawon Cymreig, *Antient British Music* (1742). Fe'i cynorthwywyd yn y dasg o drysori'r caneuon hyn gan Evan Williams neu Ifan Delynor, gwladwr o Eifionydd a chywyddwr pur fedrus. Lluniwyd ail gyfrol ddiwygiedig ym 1745, ond nid oedd dim arian ar gael i'w chyhoeddi. Cyhoeddwyd trydedd gyfrol John Parry, y *British Harmony*, ym 1781, a bu'r awdur farw y flwyddyn ganlynol. Dair blynedd yn ddiweddarach, cyhoeddodd Edward Jones, 'Bardd y Brenin', drysordy rhyfeddol o gyfoethog o hen benillion a cherddoriaeth ar gyfer y delyn, *The Musical and Poetical Relicks of the Welsh Bards* (1784).

Yr Anterliwtiau

Un o'r adloniannau agosaf at galonnau gwerin bobl oedd yr anterliwt. Ffurf ar ddrama ydoedd, ac fe'i chwaraeid ar wagenni yng nghwr buarth fferm neu o flaen tafarn gan actorion amatur. Dibynnai'r rhain ar geiniogau prin y gwrandawyr am eu gwobr. Er bod Huw Morys a Lodowick William wedi cyfansoddi anterliwtiau yn ystod yr ail ganrif ar bymtheg, ni ddaethant i'w hanterth hyd flynyddoedd canol y ddeunawfed ganrif. Crud yr anterliwt oedd gogledd-ddwyrain Cymru. Gwŷr yn dilyn amryfal alwedigaethau oedd yr anterliwtwyr: amaethwr oedd Jonathan Hughes, cowper oedd Ellis Roberts, a gwehydd oedd John Thomas. Ond prif anterliwtiwr yr oes oedd Thomas Edwards (Twm o'r Nant), cymeriad brith a gafodd fywyd eithriadol o helbulus. Ni chafod Twm o'r Nant nemor ddim addysg ffurfiol, ond ymddiwylliodd yn ddygn, brwydrodd i orchfygu pob anhawster cymdeithasol ac ni chollodd ei flas at fywyd. Dilynodd nifer o alwedigaethau gwahanol—ffermio, llusgo coed a chario nwyddau—ond fel cyfansoddwr anterliwtiau y gwnaeth ei enw. Efallai fod ei gynnyrch barddol yn rhyw fath o ddihangfa rhag crafangau ei amrywiol bryderon. Beth bynnag, câi'r Cymry flas anghyffredin ar ei waith, a thyrrent yn heidiau i wrando ar orchestion megis *Tri Chryfion Byd, Pleser a Gofid*, a *Pedair Colofn Gwladwriaeth*.

Parhad o hen gelfyddyd y storïwr oedd yr anterliwt. Drwy ymddiddan a pharodi, dawns a chân, difyrrid y gynulleidfa drwy bortreadu cymeriadau haniaethol megis y Ffŵl, Tlodi, Syr Tom Tell Truth a Rondol y Cybydd, neu gymeriadau cyfoes megis yr hwsmon, y stiward a'r offeiriad. Defnyddid yr anterliwt fel cyfrwng cellwair a maswedd, pregeth a dychan. Nid dod i glywed barddoniaeth goeth a wnâi gwerinwyr ysgafala, ond i fwynhau difyrrwch a thrwstaneiddiwch y ddrama. Yr oedd rhai anterliwtiau yn gyfansoddiadau digon garw ac aflednais, a hawdd deall paham nad oedd gan glasurwyr yr oes ddim ond dirmyg iddynt.

'Anterliwts bryntion' oedd barn William Morris amdanynt, a honnai selogion y grefydd Fethodistaidd, hwythau, fod iaith yr anterliwt yn rhy fras a'i chynnwys yn gwbl ddi-chwaeth. Bu llawer o ddadlau chwerw iawn rhwng canlynwyr yr anterliwtiau a hyrwyddwyr y 'grefydd newydd'. Cyffesodd Twm o'r Nant ei hun fod yr anterliwt yn 'bur debygol i'r biogen; yn frith ei thro ac ysgoywedd ei threm'. Ceid ynddi hiwmor ffraeth, parodïo celfydd a diawlio ar bob elfen ormesol yn y gymdeithas. Chwipid casbethau gwerinwyr—y tirfeddiannwr gorthrymus, y stiward trahaus, y Dic Siôn Dafydd mursennaidd, y cyfreithiwr twyllodrus a'r offeiriad bolrwth—yn bur aml. Ond er bod beirniadaeth Twm o'r Nant yn ddigon cignoeth ar brydiau, trafod teipiau a wnâi bob amser. Er ei les ei hun, nid ymosodai ar unigolion fel y cyfryw, a bu'n deyrngar i'r drefn wleidyddol ar hyd ei oes.

Tystia'r holl weithgarwch amrywiol hwn i'r ffaith fod adfywiad llenyddol ar gerdded yng Nghymru yn ystod y ddeunawfed ganrif. Golwg ddigon digalon a oedd ar bethau diwylliannol yng Nghymru yn ystod oes yr Adferiad, ond yn sgîl twf y wasg a nawdd cymdeithasau llenyddol ailenynnwyd diddordeb yn nhraddodiadau llenyddol ac ysgolheigaidd gorau'r genedl. Crewyd diddordeb cyffredinol yn yr iaith Gymraeg, adfywiwyd cerdd dafod, diogelwyd swm helaeth o lenyddiaeth odidog ac ailddarganfuwyd gorffennol y genedl. Ac nid gwŷr dysgedig yn unig a gâi fwynhau'r trysorau llenyddol, oherwydd yr oedd bellach mewn print stôr o garolau a phenillion telyn, baledi a dyrïau, almanaciau ac anterliwtiau i hyfforddi a diddanu gwerinwyr llythrennog a diwylliedig. Ac os canrif o ddeffro oedd y ddeunawfed ganrif yng Nghymru, hawlia'r bwrlwm ysgolheigaidd a gwerinol fel ei gilydd le pwysig yn y deffro hwnnw.

XII   Y MUDIADAU ADDYSGOL 1660-1760

Un o brif nodweddion y ganrif wedi'r Adferiad oedd y sylw mawr a roddid i waith dyngarol. Anogid gwŷr cyfoethog i beidio â mynd yn gaeth i ariangarwch, ac i ymglywed ag anghenion yr hen, y methedig, y tlawd a'r anfreintiedig. Dyfynnid yn aml o'r Bregeth ar y Mynydd (Mathew V.7): 'gwyn eu byd y trugarogion canys hwy a gânt drugaredd'. I bob diwygiwr crefyddol, dull o fawrygu Duw oedd 'gwneuthur elusen', a galwent ar y cefnog i'w cynorthwyo'n ddigrintach ac o wirfodd calon. Yn ôl y Ficer Prichard, nid oedd buddsoddiad doethach nag elusengarwch:

> Y maint a roech i'r tlawd a'r truan
> Storio'r wyt i ti dy hunan.

Gwaith dyngarol oedd y paratoad sicraf ar gyfer y byd a ddaw, a'r dull gorau o osod trysor yn y nefoedd. 'Wrth hyrwyddo dedwyddwch y tlawd,' meddai Griffith Jones, Llanddowror, 'y mae gwŷr dyngarol ar yr un pryd yn hyrwyddo'u dedwyddwch eu hunain hefyd'. Y farn gyffredinol oedd nad oedd modd i ddyn fod yn Gristion da oni chymerai ofal am gorff ac enaid ei gyd-ddyn.

Yr Ymddiriedaeth Gymreig

Un o'r llinynnau pwysicaf a glymai'r Eglwyswyr a'r Anghydffurfwyr wrth ei gilydd yn y cyfnod hwn oedd yr ethos neu'r ysbryd piwritanaidd. Mabwysiadwyd llawer iawn o werthoedd a theithi meddwl y Piwritaniaid gan y sefydliad eglwysig wedi 1660, a thyfodd yr hyn a alwyd gan Jeremy Owen yn 'ysbryd gwir Gatholig, rhyddid Cristnogol, a chyd-ddygiad' rhwng y naill garfan a'r llall. Uchafbwynt yr ysbryd brawdol hwn oedd Yr Ymddiriedaeth Gymreig (1674-81), cymdeithas wirfoddol a geisiai ddiwallu'r angen am drefn addysgol i blant yng Nghymru. Yr oedd adar o blu gwahanol iawn yn noddi'r gymdeithas hon: Eglwyswyr pybyr megis Edward Stillingfleet, John Tillotson a Benjamin Whichcote, ac Anghydffurfwyr brwd fel Richard Baxter, William Bates a Thomas Firmin. Gwŷr goddefgar a chymedrol oeddynt, yn ymffrostio yn eu heangfrydedd. Yr oeddynt yn awyddus iawn i feithrin cydfod ac i ddangos i'r byd fod gweithgarwch dyngarol yn bwysicach na rhwygiadau diwinyddol rhwng y pleidiau crefyddol.

Credai Charles Edwards fod yr Ymddiriedaeth Gymreig yn brawf pendant o'r bendithion a ddaethai i ran Cymru o'i huno â Lloegr. 'Bugeiliaid ymgeleddgar' oedd y Saeson mwyach, yn hybu'r dasg o greu cenedl lythrennog a duwiol. Pe buasai rhyw broffwyd yn ystod oes Owain Glyndŵr, meddai Edwards, wedi ceisio cysuro'r Cymry drwy ddweud y buasai'r Saeson ymhen dwy ganrif 'mor dirion â hyfforddi iechydwriaeth y Cymry', ni chawsai'r un glust i wrando arno. Ond yn awr, yr oedd 'y blaidd yn trigo gyda'r oen a'r llewod yn ordeinio porfa i'r praidd llesgaf'.

Prif sylfaenydd yr Ymddiriedaeth Gymreig oedd Thomas Gouge, gŵr a roes heibio'i fywoliaeth eglwysig yn St. Sepulchre, Llundain, ym 1662. Heriodd y Deddfau Cosb, dioddefodd gryn erledigaeth, ond bu'n ffyddlon i'w argyhoeddiadau. Er iddo ddioddef colledion mawr yn ystod y Tân yn Llundain ym 1666, rhoes yn hael o'i boced ei hun at achosion da. Hoffai atgoffa'i gyfeillion fod ganddo ddwy fywoliaeth i ofalu amdanynt: Ysbyty Crist yn Llundain a Chymru. Yr hyn a dynnodd sylw Gouge at gyflwr ysbrydol Cymru oedd darllen cofiant Joseph Alleine, a gyhoeddwyd ym 1671. Honnodd Alleine fod y wlad mewn cyflwr affwysol dywyll, a bod y dasg a wynebai weinidogion Anghydffurfiol yn un wirioneddol frawychus. Ni fedrai Gouge lai na'u cynorthwyo drwy bregethu, sefydlu ysgolion a dosbarthu llyfrau crefyddol. Pan sefydlwyd yr Ymddiriedaeth Gymreig yn swyddogol gan Gouge ym 1674, aethpwyd ati i agor ysgolion elusennol ar gyfer plant tlawd. Tair cainc a oedd i faes llafur yr ysgolion: dysgu darllen, ysgrifennu a rhifo. Y prif werslyfrau oedd y Beibl, y Catecism Eglwysig, Credo'r Apostolion a llyfrau defosiynol megis *Holl Ddyledswydd Dyn* a'r *Ymarfer o Dduwioldeb*. Canolbwyntiai'r athrawon ar ddysgu prif fannau'r ffydd Brotestannaidd, meithrin y rhinweddau piwritanaidd a'u gwneud yn 'blant da yn y byd hwn ac yn ddedwydd yn y byd nesaf'. 'Gwybodaeth iachus a gwir dduwioldeb,' meddai Edward Morris wrth gymeradwyo'r cynllun, 'a wneiff ddynion yn ostyngedig ac yn addfwyn, yn llonydd ac yn dangnefeddol, yn ufudd i swyddogion a gweinidogion, yn llawn cariad i'w cymdogion ac yn barod i bob gweithred dda'. Ni ellid fforddio caniatáu i neb ledaenu'r 'egwyddorion drwg a ledaenwyd adeg y gwrthryfel diwethaf'. At hynny, syniai'r noddwyr am yr ysgolion fel gwrthglawdd cadarn yn erbyn 'ffordd gythreulig' y Pabyddion. Dysgid plant i gredu mai 'mam anwybodaeth ac ofergoeliaeth' oedd Eglwys Rufain, ac mai'r nerthoedd Pabyddol oedd y gelyn pennaf i'r genedl.

Erbyn 1675, yr oedd 2,225 o blant yn derbyn addysg yn rhad ac am ddim mewn 87 o brif drefi Cymru. Amrywiai maint y dosbarthiadau o ddeg i drigain o blant. Sefydlwyd ysgolion ym mhob sir yng Nghymru, ac eithrio sir Feirionnydd, ond yn siroedd y De ac ar hyd y gororau yr addysgwyd y mwyafrif o'r plant. Addysgwyd 352 yn sir Fynwy, 341 yn sir Forgannwg, 336 yn sir Benfro a 266 yn sir Gaerfyrddin. Ond cwympo fel dail yr hydref fu hanes yr ysgolion wedi hynny. Erbyn 1678, dim ond 33 o ysgolion a oedd yn parhau mewn bodolaeth, ac yr oedd nifer y plant a addysgid wedi disgyn i 235 yn sir Fynwy, i 330 yn sir Forgannwg, i 219 yn sir Benfro ac i 154 yn sir Gaerfyrddin. Mae'n debyg mai achos pennaf y dirywiad hwn oedd y rhagfarn a'r elyniaeth tuag at yr Ymddiriedaeth ymhlith boneddigion ac esgobion Cymru. Taflai hen gynhennau'r Rhyfel Cartref eu cysgod yn drwm dros bob gweithgarwch elusennol. Yr oedd ymgyrch Gouge yn codi gwrychyn rhai o'r esgobion mwyaf digymrodedd yng Nghymru. Eu tuedd hwy oedd bwrw pob gŵr a arddelai Anghydffurfiaeth yn gyhoeddus i'r un sach a'u labelu'n 'wrthryfelwyr'. Tybiai Humphrey Lloyd, esgob Bangor, a William Lucy, esgob Tyddewi, mai cynllwyniwr â'i fryd ar ddwyn serchiadau Eglwyswyr a difa'r drefn sefydledig oedd Gouge. Nid dros nos yr anghofid am waed ac anhrefn 'yr amseroedd blin'. Drwgdybid unrhyw fudiad a oedd yn cynnwys elfen gref o Anghydffurfwyr, a phan fu Gouge farw ym 1681 aeth y mudiad â'i ben iddo.

Y mae'n bur debyg hefyd fod ysgolion yr Ymddiriedaeth Gymreig wedi edwino oherwydd nad oedd eu polisi o ddysgu plant drwy gyfrwng yr iaith Saesneg yn rhyngu bodd y Cymry. Ystyrid y Gymraeg yn gyfrwng rhy gul ac amrwd i drafod materion o dragwyddol bwys. Yn nhyb gwŷr elusengar Llundain, maen tramgwydd enbyd i'w hymdrechion oedd mamiaith y Cymry. Ond nid felly y syniai Stephen Hughes, un o gyd-weithwyr Gouge, am y Gymraeg. Anghydffurfiwr cymedrol ac addfwyn oedd Stephen Hughes, ac un a wnaeth fwy i oleuo'r werin bobl na neb o'i flaen. Fe'i ganed yng Nghaerfyrddin, ac ar ôl gofalu am blwyfi Merthyr a Meidrum gerllaw, fe'i difuddiwyd ym 1660. Fel John Penry a Morgan Llwyd o'i flaen, gyrrid Hughes yn ei flaen gan ei awydd i 'dorri syched ysbrydol miloedd o eneidiau'. Ymegnïodd i gyrchu'r di-gred i'w gorlannau yn ne-orllewin Cymru, a daeth yn adnabyddus ledled Cymru fel 'Apostol Sir Gaerfyrddin'. Mor gynnar â 1672, mynegodd Hughes ei anesmwythyd ynglŷn â chynlluniau Gouge ac eraill i ddysgu plant Cymru drwy gyfrwng iaith ddieithr. 'Da iawn fyddai petai pawb yng Nghymru yn deall Saesneg', meddai, ond gwyddai na fyddai hynny'n debygol o ddigwydd oni fyddai gan rywun ddawn i ddewinio. 'Ond, O Arglwydd, pa fodd y dichon hynny fod, oni bai gwneuthur ohonot ryfeddodau?' Ei ateb parod i'r sawl a ddymunai weld tranc y Gymraeg oedd: 'haws dywedyd "mynydd" na myned trosto'. Sylweddolodd mai drwy'r Gymraeg yn unig y gellid dysgu ac efengylu'n effeithiol yng Nghymru. Penderfynodd geisio troi gwerin Cymru'n geidwad yr iaith drwy gyfieithu a dosbarthu llyfrau Cymraeg. Credai fod llyfr da'n 'elusen i'r enaid', ac ym 1672 cyhoeddodd Lyfr y Salmau, Testament Newydd Cymraeg, cyfieithiad o gatecism William Perkins a dau argraffiad o waith y Ficer Prichard. Ei bryder mawr oedd prinder Beiblau Cymraeg. Ni fedrai osod ei law ar fwy na 50 o Feiblau ym 1672, a thaer anogai esgobion, boneddigion a masnachwyr Cymru i noddi argraffiad newydd. Diolch i'w ddyfalbarhad ef a Gouge, cyhoeddwyd argraffiad mawr o 8,000 o Feiblau Cymraeg ym 1678. Dosbarthwyd mil o gopïau'n rhad ac am ddim ymhlith y tlodion, a rhoddwyd copïau, ynghyd â llyfrau defosiynol poblogaidd, yn nwylo plant yr ysgolion elusennol. Gwyddai mai ofer oedd ceisio dysgu Saesneg i blant Cymru, ac ar ôl marwolaeth Gouge ym 1681 gwariodd ei arian i gyd, bron, ar argraffu a dosbarthu llyfrau Cymraeg er mwyn maethloni bywyd ysbrydol ei gydwladwyr. Wrth geisio cyrraedd clust a chalon y Cymry drwy gyfrwng yr iaith Gymraeg, gofalodd Stephen Hughes na châi'r ysgolion elusennol ryddid llwyr i seisnigo plant Cymru.

Y Gymdeithas er Taenu Gwybodaeth Gristnogol

Darfu am weithgarwch swyddogol yr Ymddiriedaeth Gymreig ym 1681, ond parhaodd rhai o'r ysgolion a chaniatáu i'r gymdeithas ddyngarol nesaf, Y Gymdeithas er Taenu Gwybodaeth Gristnogol (yr S.P.C.K.), gynnau sawl tân ar hen aelwyd. Ffurfiwyd yr S.P.C.K. ym mis Mawrth 1699 gan yr Arglwydd Guildford, y Barnwr Hooke, Dr Thomas Bray, Cyrnol Colchester a Syr Humphrey Mackworth. Er mai Mackworth oedd yr unig Gymro yn eu plith, yr oedd gan rai o'r sylfaenwyr eraill gysylltiadau â Chymru, a phan ymunodd Syr John Philipps o Gastell Pictwn â hwy ym mis Ebrill yr oedd gobaith da y byddai

Cymru ar ei hennill. Nid oes amheuaeth na ddylanwadodd mudiad pietistaidd-addysgol Philipp Jakob Spener ac August Hermann Francke yn yr Almaen yn drwm ar natur a swyddogaeth yr S.P.C.K. Mudiad eglwysig ydoedd yn ei hanfod, a'i fwriad oedd adfywio bywyd eglwysig drwy sefydlu ysgolion elusennol i blant tlawd a dosbarthu llyfrau crefyddol wrth y miloedd.

Llwyddodd yr S.P.C.K. i sefydlu 96 o ysgolion yng Nghymru rhwng 1699 a 1740. Mabwysiadwyd yr un math o faes llafur ag a geid yn ysgolion yr Ymddiriedaeth Gymreig: dysgai plentyn y tair 'r' drwy ddefnyddio'r Beibl, y Catecism Eglwysig, a'r Llyfr Gweddi, ynghyd â llyfrau defosiynol megis *Holl Ddyledswydd Dyn* a'r *Ymarfer o Dduwioldeb*. Ceisiwyd dangos i'r disgyblion sut i fyw'n ddedwydd ac yn ddefnyddiol yn y byd hwn: dysgid merched i wnïo, nyddu a gwau, a dysgid crefft i fechgyn. Fel arfer, sefydlid ysgol yn eglwys y plwyf, a byddai'r cwrs addysg yn parhau am bedair blynedd. Câi plant wersi o saith hyd un ar ddeg y bore, ac o un hyd bump yn y prynhawn. Yn ystod misoedd oer y gaeaf, arferid tocio dwy awr o boptu'r oriau hyn. Dibynnai llwyddiant yr ysgolion ar barodrwydd curadiaid i weithredu fel athrawon, a chaent dâl o £4-£5 y flwyddyn am eu gwasanaeth. Disgwylid iddynt fod yn Eglwyswyr diledryw ac yn gymunwyr cyson, yn drwyadl lythrennog ac yn esiampl wiw i eraill. Llwyddodd y Gymdeithas i ennill gwasanaeth rhai athrawon pur alluog: dysgodd Griffith Jones, Llanddowror, yn ysgol Talacharn o 1708 ymlaen; yr oedd enw da i Lewis Evans o Gaerfyrddin fel cyfieithydd a 'chymreigiwr da'; ac yr oedd William Gambold, athro yn Llanychâr o 1707 ymlaen, yn gyfaill i'r ysgolhaig, Edward Lhuyd, ac yn ramadegydd o fri.

Yn y pen draw, dibynnai llewyrch ysgolion yr S.P.C.K. ar gymwynasgarwch boneddigion hael. Amrywiol oedd yr ymateb, a gwelodd y Gymdeithas ei llwyddiant pennaf yn sir Benfro a sir Gaerfyrddin, lle'r oedd Syr John Philipps a John Vaughan o'r Derllys yn gefn i bob datblygiad. O'r 96 ysgol a sefydlwyd, yr oedd 58 ohonynt yn esgobaeth dlawd Tyddewi. Y dyngarwr mwyaf nodedig yng Nghymru yn ystod degadau cynnar y ddeunawfed ganrif oedd Syr John Philipps o Gastell Pictwn. Etifeddodd Syr John i raddau helaeth anian biwritanaidd ei dad, Syr Erasmus Philipps, gŵr a fu'n gomisiynwr dan Ddeddf Taenu'r Efengyl yng Nghymru ac yn aelod o'r Ymddiriedaeth Gymreig. Rhwng 1695 a 1737, bu Syr John Philipps yn gefn i bob math o achosion da.

Llanwodd swydd ar ôl swydd. Bu'n llywydd fwy nag unwaith i'r S.P.C.K., yn aelod o'r Cymdeithasau er Diwygio Moesau, yn ymddiriedolwr i'r Gymdeithas er Taenu'r Efengyl mewn Gwledydd Tramor, yn noddwr parod i'r ysgolion elusennol, ac yn ddylanwad mawr ar yrfaoedd diwygwyr ifainc fel y brodyr Wesley, George Whitefield, John Gambold a Griffith Jones. Ymunodd Syr John â'r S.P.C.K. ym mis Ebrill 1699, a chefnogodd y mudiad yn selog hyd ddydd ei farwolaeth. Ef oedd y ddolen gydiol bwysicaf rhwng pencadlys y Gymdeithas yn Llundain a de-orllewin Cymru. Byrlymai gan frwdfrydedd heintus dros addysg. Sefydlodd 22 o ysgolion ar ei draul ei hun yn sir Benfro a sir Gaerfyrddin, talodd am addysg, bwyd a dillad ugeiniau o blant, talodd gyflogau athrawon, noddodd doreth o lyfrau Cymraeg, a chyfrannodd yn hael at gynllun Thomas Bray i sefydlu llyfrgelloedd plwyf ac esgobol yng Nghymru.

Yr oedd noddwyr eraill o hafal fryd i Syr John. Nid oedd ball ar egni John Vaughan, Cwrt Derllys, sir Gaerfyrddin. Ysgrifennodd lythyrau wrth y cannoedd at bencadlys y Gymdeithas yn argymell cynlluniau newydd ac yn dwrdio swyddogion am eu harafwch. Llosgodd y gannwyll yn ei deupen wrth oruchwylio hynt a helynt ysgolion y sir, dosbarthu llyfrau Cymraeg a sefydlu llyfrgelloedd benthyg. Fwyfwy hefyd, deuai unigolion i'r adwy i waddoli ysgolion. Sefydlodd Syr Humphrey Mackworth, un o brif ddiwydianwyr yr oes, ysgolion ar gyfer plant tlawd ei weithwyr yng Nghastell-nedd ac yn Esgair-hir. Rhoes Mrs Mary Vaughan o Lwydiarth, sir Drefaldwyn, waddol o £1,200 i sefydlu ysgolion yn Llanfihangel-yng-Ngwynfa a Llanfyllin. Gadawodd Anne Aldworth o Fedwas, sir Forgannwg, eiddo helaeth yn Llandaf, Trelái, Eglwysilan a Bedwas, y llog i'w ddefnyddio i addysgu pump o ferched tlawd o blwyfi Eglwysilan a Bedwas mewn darllen, ysgrifennu, gwnïo neu 'unrhyw wyddor ddefnyddiol'. Yn y Gogledd, sefydlodd John Jones, deon Bangor rhwng 1689 a 1727, nifer mawr o ysgolion lle câi plant eu dysgu i ddarllen Cymraeg yn drwyadl. Yn ei ewyllys, gadawodd £50 yr un i saith plwyf yn sir Fôn a dau blwyf yn sir Feirionnydd, y llog i'w ddefnyddio i addysgu deg o blant tlawd ym mhob un o'r plwyfi. Gadawodd hefyd £100 yr un i bedwar plwyf yn sir Gaernarfon, y llog i'w ddefnyddio i addysgu deuddeg o blant yn y Beibl a'r Llyfr Gweddi Gyffredin. Nid oedd pob ysgol dan nawdd eglwysig. Er enghraifft, pan adawodd y Dr Daniel Williams yn agos i £50,000 at wahanol achosion dyngarol ymhlith yr Anghydffurfwyr ym 1715, neilltuwyd cyfran o'r arian i sefydlu a chynnal ysgolion elusennol yng Nghaernarfon, Dinbych, Llanuwchllyn, Pwllheli, Trefaldwyn, Trelawnyd a Wrecsam.

Gwelodd yr S.P.C.K. y llwyddiant pennaf yng Nghymru yn y cyfnod rhwng 1699 a 1715, pan sefydlwyd 68 o ysgolion. Ni bu cystal llewyrch wedi hynny. Un rheswm am hyn oedd fod Deddf Sgism 1714 wedi agor hen glwyfau rhwng yr Eglwyswyr a'r Anghydffurfwyr. O ganlyniad i'r erlid milain a ddioddefasant, oerodd sêl yr Anghydffurfwyr tuag at y mudiad. Dieithriwyd eraill gan y si fod yr ysgolion wedi eu defnyddio at ddibenion gwleidyddol. Crinodd nawdd boneddigion ac offeiriaid o anian Jacobeaidd am fod pwysau mawr ar athrawon i ddangos pob teyrngarwch i'r Hanoferiaid, ac i weddïo'n feunyddiol dros y Brenin Siôr I. Wedi i Thomas Lewis, y Fan, Caerffili, dderbyn dirwy o £10,000 am gefnogi achos yr Ymhonnwr, dirwynodd i ben ei nawdd i'r tair ysgol a sefydlasai ym Merthyr Tudful. Yr oedd tuedd hefyd i ysgolion y Gymdeithas golli tir i'r ysgolion gwaddoledig annibynnol. Sefydlwyd 61 o'r rhain rhwng 1699 a 1740, y rhan fwyaf ohonynt yn y cyfnod ar ôl 1714 pan oedd ysgolion yr S.P.C.K. ar y goriwaered.

Yn wyneb y dirywiad hwn, ceisiodd Moses Williams, un o weithwyr dycnaf yr S.P.C.K., ennyn mwy o ddiddordeb ymhlith y Cymry yn Llundain. Dengys y bregeth danbaid a draddododd gerbron Cymdeithas yr Hen Frythoniaid yn Llundain ym 1717 fod ganddo weledigaeth ynghylch dyfodol ei wlad. Galwodd ar Gymry goludog y brifddinas i ymrwymo i ofalu am les Cymry anfreintiedig. Sylweddolodd fod angen buddsoddi cyfalaf yng Nghymru er mwyn hybu a noddi sefydliadau amrywiol. Fe'u hanogodd i sefydlu prifysgolion ac ysgolion elusennol er mwyn meithrin gwŷr talentog ac addysgedig; i godi gweithdai, elusendai ac ysbytai er mwyn ymgeleddu'r hen, y methedig a'r clwyfus; i adeiladu masnachdai er mwyn hybu crefftwaith a busnes ymhlith yr haenau canol; ac i argraffu llyfrau Cymraeg i'w dosbarthu ymhlith y tlawd. Apeliodd yn daer arnynt i fuddsoddi arian sylweddol yn eu mamwlad er mwyn galluogi eu cydwladwyr i ddatblygu eu doniau ac i fynegi eu personoliaeth yn ddi-rwystr. Ond am iddo felltithio boneddigion rhodresgar a dibris o'r diwylliant Cymraeg, ni chafodd Moses Williams ddigon o gefnogaeth i'w alluogi i weithredu ei gynlluniau.

Anodd mesur llwyddiant ysgolion yr S.P.C.K. yng Nghymru. Un

maen tramgwydd i bob athro oedd y ffaith mai Saesneg oedd y cyfrwng swyddogol yn yr ysgolion. Gallai dysgu drwy gyfrwng y Saesneg brofi'n ddigon llwyddiannus yn y trefi marchnad Seisnig ar y gororau ac mewn rhannau o'r De, ond go brin i hynny lwyddo yng nghefn gwlad, lle'r oedd mwyafrif y plant yn uniaith-Gymraeg. Y mae'n arwyddocaol fod asiaint ac athrawon yr S.P.C.K. yn siroedd Dinbych, y Fflint a Maldwyn wedi dod i'r casgliad mor gynnar â 1700 mai dim ond drwy ddysgu drwy gyfrwng y Gymraeg y gellid cael unrhyw gynnydd. Mae'n anodd credu nad oedd athrawon eraill—yn ddistaw bach, efallai—wedi dilyn eu hesiampl, yn enwedig os oedd hynny'n unol ag ewyllys y noddwr lleol. Dichon fod hynny'n arwydd o deimladau cryf a oedd yn corddi dan yr wyneb. Mewn atodiad i'w gyfrol o fachigion a diarhebion, *Gemmeu Doethineb* (1714), honnodd Rhys Prydderch, athro o Ystradwallter, fod polisi Seisnig yr S.P.C.K. yn 'ddiadeiladaeth' ac 'yn arogli yn gryf o *opus operatum* y Papistiaid, yr hyn sydd dyb afiachus'. Mewn llythyr at Moses Williams ym mis Mai 1714, dywedodd John Morgan, ficer Matching yn Essex, ei bod yn 'gamgymeriad dybryd i ddysgu plant tlawd eu dyletswydd mewn iaith ddieithr . . . oherwydd pan y'u cyflogir am beth amser wrth yr aradr neu'r cert, collir yr iaith ac y maent cyn ddoethed wedi 5 neu 6 blynedd o addysg ag y buont cynt . . . Y mae'r dull hwn mor chwerthinllyd ac afresymol â dysgu bechgyn Seisnig yn Lladin neu Roeg'. Byrdwn gyffelyb a oedd gan Stephen Hughes genhedlaeth ynghynt: 'rhaid iddynt ddywedyd Cymraeg gartref, ac onide nis deëllir mohonynt'. Yr oedd llawer o'r dysgu'n ddi-fudd a diystyr. Dysgid plant i draethu cymalau hirfaith a geiriau dyrys, heb ddeall synnwyr ac ystyr yr hyn a lefarent. Cyffesodd Syr John Philipps iddo glywed plant yn adrodd y Catecism yn berffaith, ond na wyddent ystyr geiriau megis 'atgyfodiad', 'sant' a 'gras'. Hawsaf peth yn y byd oedd dysgu plentyn i adrodd y Catecism neu ddarn o'r Ysgrythur ar dafodleferydd, ond oni fedrai hefyd roi cyfrif deallus o'i ffydd nid oedd unrhyw werth parhaol i'r ymarferiad.

Yr ail broblem na lwyddwyd i'w datrys oedd sut i ddarganfod ffordd i ddenu plant tlawd i'r ysgolion. Yr oedd amgylchiadau cymdeithasol yn peri ei bod yn anodd iawn i blentyn tlawd gael addysg swyddogol o unrhyw fath. 'Canys nid oes ond rhai o'r cyffredin wŷr,' gofidiai Stephen Hughes ym 1672, 'yn abl i gadw eu plant mewn ysgol'. Dim ond cyfran fechan o blant Cymru a fynychai ysgolion yr S.P.C.K., ac yr oedd y rheini, gan mwyaf, yn blant i rieni gweddol gyfforddus eu byd. Yr oedd y geiniog-drosben yn affwysol brin ymhlith teuluoedd tlawd. Dywedodd John Jones, deon Bangor, mai'r rhwystr pennaf i lwyddiant yr ysgolion yn Arfon oedd y ffaith fod plant tlawd yn gorfod cardota o ddrws i ddrws am fwyd beunydd. Ni chredai rhieni distadl fod unrhyw werth mewn addysg, ac ni fedrent fforddio rhyddhau eu plant o'u gorchwylion ar y fferm neu yn y gweithdy. Byddai plant yn cyflawni mân orchwylion, megis hofio, codi cerrig, hel anifeiliaid, bragu, a dychryn adar, a oedd yn gymorth mawr i deulu tlawd i gadw'r blaidd oddi wrth y drws. Barnai penteuluoedd anllythrennog fod pob braich o gynhorthwy a phob dimai goch yn bwysicach na dim y gallai addysg ysgol ei chynnig i'w plant.

Yr Ysgolion Cylchynol

Er mor werthfawr a diffuant oedd ymdrechion yr S.P.C.K., ni lwyddasant i ddiwallu anghenion arbennig Cymru. Nid oedd neb yn fwy ymwybodol o ddiffygion y gyfundrefn na Griffith Jones, oherwydd bu'n athro ysgol ar ran yr S.P.C.K. yn Nhalacharn o 1708 ymlaen, ac yn ohebydd gwirioneddol weithgar. Ganed Griffith Jones ym Mhantyrefel ym mhlwyf Pen-boyr, sir Gaerfyrddin, ym 1684, a'i fagu yn ardal Cilrhedyn yng ngogledd sir Benfro. Turniwr a bugail ydoedd wrth ei waith, a thra oedd yn bugeilio defaid ei dad ryw ddydd cafodd weledigaeth o'r nefoedd. Yn ôl ei dystiolaeth ef ei hun, daeth angel ato i ddweud bod Duw wedi ei alw i ddwyn y Cymry allan o'u tywyllwch affwysol. Penderfynodd fod llafur pwysicach na bugeilio yn ei ddisgwyl, ac am weddill ei oes ymlafniodd i ddiwallu anghenion ysbrydol ac addysgol ei gydwladwyr. Wedi cael addysg yn ysgol ramadeg Caerfyrddin, fe'i hurddwyd yn offeiriad ym 1709, a'i benodi i fywoliaeth Llandeilo Abercywyn ym 1711. Ar ôl treulio tymor fel curad, agorwyd drysau lawer iddo gan y noddwr hael Syr John Philipps. Rhoes Syr John fywoliaeth Llanddowror iddo ym 1716, a'i chwaer, Margaret, fel priod ym 1720. Gwasanaethodd yn Llanddowror hyd ei farwolaeth ym 1761. O'r dechrau, nid oedd hafal iddo fel pregethwr. Llanwai ei eglwys i'r ymylon, a chollodd ffafr Adam Ottley, esgob Tyddewi, oherwydd iddo bregethu y tu allan i'r eglwysi a thaenu'r genadwri Gristnogol o blwyf i blwyf yn null yr hen Biwritaniaid. Deuai pobl o bob sir yn Ne Cymru i wrando arno, a threiddiai ei lais soniarus, melodaidd i ddyfnder eu heneidiau. Ei bregethu grymus ef a argyhoeddodd Daniel Rowland o'i gyflwr pechadurus. Tyrrai Anghydffurfwyr hefyd i'w gyfarfodydd, fel y tyrrai eu teidiau gynt i wrando pregethau'r Ficer Prichard. Yn ôl tystiolaeth Benjamin Simon o Abergwili:

> Byddai'n fynych yn ei ddilyn
> Dair neu bedair mil o werin,
> Ni chodsai o'r blaen yng Nghamber fro,
> 'R fath athro idd eu meithrin.

Daliai Thomas Morgan, Henllan, ar bob cyfle i wrando ar Griffith Jones yn pregethu: 'daeth ei eiriau,' meddai, 'â grym megis dyn o Dduw'.

Ond er cystal pregethwr oedd Griffith Jones, ym myd addysg y cyflawnodd waith mawr ei fywyd. Drwy gydol y blynyddoedd, daeth i weld fod cyfundrefn addysg Seisnig yn gwbl amhriodol mewn gwlad lle'r oedd y rhan helaeth o'r boblogaeth yn Gymry uniaith. Gwelodd fod plant mewn ysgolion Saesneg yr S.P.C.K. yn treulio tair, pedair neu bum mlynedd i ddysgu dim ond darllen y rhannau symlaf o'r Beibl yn gloff iawn, ac i adrodd y Catecism heb ddeall yr hyn a lefarent. Tebyg iddo geisio gwneud y gorau o'r gwaethaf dan adain yr S.P.C.K., ond pan drawyd y de-orllewin gan ymosodiad o'r teiffws rhwng 1727 a 1731, fe'i symbylwyd i greu mudiad addysgol newydd. Gwelodd nifer sylweddol o bobl yn ei gymdogaeth yn marw heb adnabyddiaeth o Grist. Penderfynodd gydio yn yr awenau ei hun. Sefydlodd ysgol yn Llanddowror ym 1731 i ddysgu pobl o bob oedran sut i ddarllen. Yn fuan wedi hynny, dechreuodd sefydlu rhwydwaith o ysgolion cylchynol yng Nghymru. Erbyn 1737, yr oedd 37 o ysgolion wedi'u hagor, a 2,400 o ddisgyblion ynddynt.

Nid syniad newydd oedd trefn deithiol. Awgrymodd Syr Humphrey Mackworth i'r S.P.C.K. ym 1719 y dylid sefydlu cyfundrefn felly, ond ni weithredwyd ar ei argymhelliad. Tan gynllun Griffith Jones, anfonid athro i ardal a ddymunai gael ysgol i ddysgu plant y fro. Defnyddid eglwys y plwyf, pe caniatâi'r offeiriad hynny, am gyfnod o dri mis fel arfer. Weithiau, byddai ysgol yn parhau am fwy na thri mis, ac nid peth anghyffredin fyddai i offeiriad ei gwahodd yn ôl drachefn ymhen rhai blynyddoedd. Wedi i'r offeiriad roi tystysgrif i'r athro i nodi ei fod yn fodlon ar ei waith, symudai'r ysgol yn ei blaen i'r gymdogaeth nesaf. Cynhelid yr ysgolion yn ystod misoedd y gaeaf—rhwng Medi a Mai—a chroesewid pawb o bob oed ac o bob gradd mewn cymdeithas. I'r sawl na fedrai fynychu ysgol liw dydd, trefnid ysgolion nos. Golygai hyn fod tenantiaid, crefftwyr a llafurwyr yn medru derbyn addysg gyda'r hwyr. Honnai Griffith Jones, â pheth gormodiaith mae'n siŵr, fod deuparth ei ddisgyblion yn oedolion.

Cyfyng a diantur oedd y maes llafur yn ysgolion Griffith Jones. Dim ond darllen a ddysgid, a'r Beibl a'r Catecism oedd y prif werslyfrau. Yr oedd y Beibl yn gysegredig yng ngolwg Griffith Jones: yr Ysgrythur, meddai, oedd yr awdurdod terfynol a'r ffynhonnell anhepgor i'r sawl a fynnai achub ei enaid. 'Nac arbedwch boen nac amser i fod yn ddyfal wrth yr Ysgrythurau,' oedd ei gyngor i blant. Credai hefyd fod yn rhaid wrth hyfforddiant cyson drwy gyfrwng y Catecism. Ofnai fod llawer o bobl gyffredin yn rhy anneallus i fedru deall pregeth. 'Nid yw'n debygol i ni byth weld cynnydd ar grefydd,' meddai, 'nac i ddiwygiad byth ddyfod yn ei blaen yn drefnus ac yn hardd-deg, oni chymerir ychwaneg o boen i gateceisio a dysgu'r werin'. Yr oedd yn gwbl argyhoeddedig mai hwn oedd y dull mwyaf effeithiol i ymlid anwybodaeth, i achub plant rhag mynd yn 'ysglyfaeth i'r diafol' ac i fraenaru'r tir ar gyfer diwygiad crefyddol. Nid peth newydd, wrth gwrs, oedd cateceisio. Rhwymid pob curad i hyfforddi ac i archwilio yn y Catecism bob plentyn a anfonid i'r eglwys ar y Sul. Dibynnai llwyddiant yr arfer hwn ar oruchwyliaeth yr esgobion a chydwybodolrwydd yr offeiriaid. Pan oedd William Lloyd yn esgob Llanelwy rhwng 1680 a 1692, llwyddodd i ddwyn perswâd ar ei offeiriaid i gateceisio plant yn rheolaidd bob Sul. Ond pan benodwyd esgobion absennol a di-Gymraeg yn ystod blynyddoedd cynnar y ddeunawfed ganrif, daeth yn arfer i gyfyngu cateceisio i dymor y Grawys a misoedd yr haf. Canfu Griffith Jones nad oedd pregethau'n dylanwadu ar haenau isaf cymdeithas am nad oedd prif egwyddorion y ffydd eglwysig yn eu meddiant. Dim ond cateceisio trwyadl a rheolaidd, meddai, a fedrai adfer 'grym crefydd ac ysbryd duwioldeb'. 'Fe ŵyr pawb,' oedd ei neges i'w noddwyr a'i athrawon, 'y gellir dysgu i'r werin anneallus fwy o wybodaeth mewn mis yn y ffordd hon na thrwy bregethu iddynt dros eu holl fywyd'. Cafodd ei *Drych Difinyddiaeth* (1743), neu *Hyfforddiad Cynnwys i Wybodaeth Iachusol o Egwyddorion a Dyledswyddau Crefydd* fel y'i gelwid o 1749 ymlaen, ddylanwad mawr ar deithi meddwl y Cymry am genedlaethau.

Dywedwyd lawer gwaith yn y gorffennol mai achub eneidiau oedd unig nod Griffith Jones. Y mae'n wir ei fod yn poeni'n fawr am y rhai a oedd yn sicr o syrthio 'i bwll ofnadwy tragwyddoldeb', ond yr oedd hefyd yn awyddus i ddysgu pobl sut i fyw yn rhinweddol ac yn ufudd yn y byd hwn. Pwysai'n drwm ar y Catecism wrth addysgu am ei fod yn sadio rhwymau teuluol drwy ddysgu plant i garu, anrhydeddu ac ufuddhau i'w rhieni ar yr aelwyd. Ar ben hynny, dysgai'r Catecism wersi gwleidyddol drwy annog plant i beidio â diystyru, cablu neu wrthwynebu gorchmynion a deddfiadau cyfreithlon y llywodraeth a'r eglwys. Un o brif amcanion Griffith Jones oedd magu cenhedlaeth o blant ufudd, ffyddlon a gostyngedig. Llawn cyn bwysiced hefyd oedd dyrchafu eu moesau. Gŵr duwiolfrydig oedd Griffith Jones ac ofnai ei fod yn byw mewn oes lygredig pan oedd llacrwydd moes ar gynnydd. Priodol iawn oedd disgrifiad Howel Harris ohono ym 1742 fel 'hen filwr' a fu'n 'dyrnodio cadarnleoedd Satan' er deng mlynedd ar hugain. Lloffai'n gyson yng ngwaith y Ficer Prichard, gan edmygu dull yr hen Biwritan hwnnw o ymosod ar bechaduriaid anedifeiriol. Poenid ef yn dost gan ysfa anniwall gwŷr bonheddig am olud bydol. 'Cyfoeth,' meddai, 'yw eilun y byd, mamaeth gwanc a moethusrwydd'. Yr oedd mewn gwewyr enaid wrth weld anffyddiaeth a chyfeiliorni'n ennill tir. Ond yn fwy na dim arswydai rhag Pabyddiaeth. Ofnai fod y gelyn Pabyddol ar y Cyfandir yn disgwyl ei gyfle i anrheithio'r wlad ac 'i orchuddio'r meysydd â gwaed'. Oni fyddai'r Cymry'n barod i amddiffyn y gwaddol Protestannaidd, meddai, byddai barn Duw'n disgyn fel mellt a tharanau am eu pennau. Honnodd ym 1748 fod 'llid digofaint a dydd soriant yr Arglwydd ymron dyfod'. Fe'i gwelai ei hun fel proffwyd yn cyhoeddi dinistr a barn, ac ar hyd ei oes hysbysodd bob pechadur anedifeiriol na fedrai ysgwyd crafanc barn Duw oddi ar ei ysgwydd.

Y Gymraeg oedd prif gyfrwng y dysgu yn ysgolion cylchynol Griffith Jones. Sylweddolodd mai addysg Gymraeg oedd y pridd gorau ar gyfer meithrin twf Protestaniaeth yng Nghymru. Dewisodd y Gymraeg nid am ei fod yn credu bod yr iaith Saesneg yn bygwth einioes ei famiaith, ond am ei fod yn gweld mai ofer oedd ceisio trwytho Cymry uniaith yn y grefydd Gristnogol drwy gyfrwng iaith estron. Pwysodd weithgarwch yr S.P.C.K. yn y glorian a'i gael yn brin. Er iddo ddweud lawer tro nad oedd a wnelo ef â chadwraeth y Gymraeg fel y cyfryw, y gwir amdani yw fod ganddo ddirfawr serch at ei famiaith. Efallai nad oedd ei gariad ati'n fflam angerddol, ond yr oedd yn ymwybodol o hynafiaeth, urddas a swyn y Gymraeg. Ceir molawd i ragoriaethau'r Gymraeg yn un o'i lythyrau: 'ni chollodd ddim o'i hen swynion na'i glendid. Erys eto'r un, yn cadw tegwch ei hieuenctid; mewn gwth o oedran, ond heb ddadfeilio. Parcher hi, atolwg, er mwyn ei hoed a'i defnyddioldeb cynhenid, fel na ddifwyner ei bri hir ei barhad gan gamfeirniadaeth. Caffed fyw nes dyfod ei hawr benodedig, a hyderwn na ddaw hon nes gweld cyflawniad pob peth, pan fydd holl ieithoedd y ddaear eto'n un'. Nid geiriau gŵr na fedrai ymglywed â gogoniant yr iaith Gymraeg nac un difater ynghylch ei dyfodol oedd y rhain. Er i nifer o'i noddwyr ddadlau mai bendith i'r Cymro fyddai colli ei famiaith, mynnai Griffith Jones fod dysgu plentyn drwy gyfrwng ei famiaith yn fwy naturiol ac effeithiol. Am y rheswm hwnnw yr oedd yn ddigon parod i ganiatáu i athrawon ddysgu drwy gyfrwng y Saesneg mewn ardaloedd di-Gymraeg megis de Penfro a'r gororau.

Disgwyliai Griffith Jones y safon uchaf posibl o wasanaeth gan ei athrawon. Fe'u dewisai yn fanwl. Rhoes o'i amser prin i gynnig hyfforddiant trwyadl iddynt yn ei athrofa, 'yr Hen Goleg' yn Llanddowror, cyn eu hanfon allan i ddysgu. Mynnai eu bod 'yn sobr, yn caru duwioldeb, yn aelodau o Eglwys Loegr, yn ffyddlon i'r brenin a'r llywodraeth'. Ymladdodd yn daer i sicrhau adnoddau, cyfleusterau ac arian ar eu cyfer. Eto i gyd, nid oedd £3-£4 o gyflog y flwyddyn yn abwyd danteithiol iawn i ddarparathrawon. Ond y gwir yw fod llawer o'r athrawon yn ymdeimlo â'r un ysbrydoliaeth fawr â Griffith Jones, ac yn awyddus i gydweithredu yn yr anturiaeth fawr. Cerddodd John Thomas, Rhaeadr Gwy, 35 milltir i gwrdd ag ef a Madam Bevan. 'Wedi ymddiddan ychydig ag ef,' meddai, 'ei ymadroddion ynghyd â'r olwg arno a enillodd fy nghalon fel pe gwelswn angel Duw'. Ar ôl gweld llwyddiant ysgolion Griffith Jones drosto'i hun, cerddodd Robert Jones, Rhos-lan, ddwywaith i Dalacharn i ymbil ar Madam Bevan i sefydlu ysgolion yng Ngwynedd. Honnodd un o brif elynion Griffith Jones, John Evans o Eglwys Gymyn, mai gweision a phrentisiaid ar ffo, llafurwyr segur a gwehyddion di-ddysg a oedd yn dysgu yn yr ysgolion cylchynol, ond tyst rhagfarnllyd iawn ydoedd ef. Llwyddodd Griffith Jones i ddenu llenorion a beirdd megis Morgan Rhys, Dafydd Wiliam, John Thomas ac Ioan Siencyn i wasanaethu fel athrawon, ac y mae'n arwyddocaol fod cynifer o Anghydffurfwyr—Jencin Morgan, Richard Tibbott ac Evan Williams, er enghraifft—yn barod i gymuno yn Eglwys Loegr er mwyn parchu ewyllys Griffith Jones fod pob un o'i gynorthwywyr yn gymunwyr eglwysig.

Er mai Jehova Jireh ('Yr Arglwydd a ddarpara') oedd arwyddair y mudiad, ac er bod Griffith Jones yn honni ei fod yn cynnig addysg rad, cwynai bob blwyddyn yn ei adroddiad blynyddol, y *Welch Piety,* fod arian yn arswydus o brin. Brithir tudalennau'r *Welch Piety* â phryder ariannol Griffith Jones. Dengys ei lythyrau at wŷr cyfoethog nad oedd uwchlaw cynffonna am gymwynas na byw ar elusengarwch. Âi boneddigion, masnachwyr ac offeiriaid i Gaerfaddon i dreulio'u gwyliau, a byddai Griffith Jones yn mynd yno'n gyson i ymorol am nawdd ariannol. I Gaerfaddon yr âi'r rhai a ddioddefai o glefyd y gloddestwr, sef gowt, ac ni chollodd Griffith Jones yr un cyfle i atgoffa'r cloffion cefnog hyn mai gwneuthur elusen oedd y ffordd orau i sicrhau dedwyddwch yn y byd hwn. Llwyddodd i ddwyn perswâd ar wyddonwyr a meddygon disglair fel Stephen Hales o Toddington, James Stonhouse o swydd Northampton a David Hartley o Gaerfaddon i gyfrannu'n hael. Derbyniodd nawdd ariannol gan elusengarwyr enwog megis Syr John Thorold o Cranwell a William Butler o Audlem. Pwysodd yn drwm ar yr S.P.C.K. am Feiblau, Llyfrau Gweddi, catecismau a llyfrau defosiynol. Derbyniodd ei ysgolion dros 70,000 o Feiblau Cymraeg gan y Gymdeithas honno rhwng 1717 a 1769. Oni bai am y gefnogaeth honno, prin y buasai Griffith Jones wedi llwyddo. Er mai oeraidd oedd agwedd 'yr esgobion Eingl' tuag ato, cymeradwywyd ei waith yn frwd gan lawer o'i gyd-offeiriaid. Ond y ddau noddwr y bu Griffith Jones fwyaf yn eu dyled oedd Syr John Philipps a Madam Bridget Bevan. Bu gofal Syr John drosto ef a rhai o'i gyd-ddiwygwyr megis gofal iâr am ei chywion. Ei gysylltiad â Syr John a alluogodd Griffith Jones i droi mewn cylchoedd dethol a phwysig. Merch y dyngarwr John Vaughan o'r Derllys oedd Madam Bevan, a gwraig Arthur Bevan, cyfreithiwr ac aelod seneddol dros fwrdeistrefi Caerfyrddin rhwng 1727 a 1741. Ni bu neb yn fwy o gefn i Griffith Jones na'r wraig hawddgar a hunanfeddiannol hon. Hi oedd 'y foneddiges odidocaf' a welsai Howel Harris erioed, a thybiai Robert Jones, Rhos-lan, ei bod 'megis mam yn Israel'. Tyfodd cysylltiad ysbrydol a chariadus rhyngddi hi a Griffith Jones, a dengys y toreth o lythyrau a anfonodd ati ei fod yn ei hadnabod i'r dim. Cymerai Madam Bevan ddiddordeb byw a beirniadol yng nghynlluniau Griffith Jones a rhannai ef ei gyfrinachau â hi. Cyfaddefodd Griffith Jones wrthi ym 1735 mai 'yn Syr John Philipps ac ynoch chwithau'n unig yr wyf yn cael ysbryd gwir grefydd'. Cyffesodd wedyn ym 1738 mai hi yn unig a'i deallai. Drwy ei gysylltiad â Madam Bevan y daeth Griffith Jones i adnabod hufen y gymdeithas yng Nghaerfaddon a Llundain, ac ar ôl ei farwolaeth hi a fu'n gyfrifol am drefnu a chynnal yr ysgolion cylchynol.

Er i Griffith Jones lwyddo i oresgyn ei anawsterau ariannol, nid oedd ef ei hun na'i fudiad yn rhydd o ofidiau eraill. Gŵr gwanllyd ei iechyd a melancolaidd ei ysbryd ydoedd. Cafodd y frech wen yn ei blentyndod, a brwydrodd ar hyd ei oes yn erbyn y fogfa. Blinid ef yn aml gan byliau o iselder ysbryd a phruddglwyf. Fel llawer gŵr mewndröedig, prynai foddion a chyffuriau mewn ymgais i godi'i ysbryd ac i gryfhau ei gorff. Cwynai'n fynych am ei iechyd, ac y mae ei lythyrau'n llawn ochneidiau dwys. Proffwydai bob blwyddyn, bron, yn *Welch Piety* y byddai angau'n ei gipio ymaith cyn cyhoeddi'r adroddiad blynyddol nesaf. Fe'i disgrifiwyd droeon fel gŵr tringar a phiwis, ond caethder anadl fel arfer a achosai'r pyliau o ddrwg dymer a'r ambell gondemniad ysgubol. Wedi marwolaeth ei wraig ym 1755, ymgartrefodd yn nhŷ Madam Bevan yn Nhalacharn, ac yn ôl gweision y tŷ ni wnaeth ei gaethiwo yno ddim i wella'i dymer gecrus. Ond teg cofio i Griffith Jones ymfwrw i'w amryfal orchwylion ag egni a gofal di-baid, a hynny er gwaethaf ei gyfansoddiad egwan a'i natur bruddglwyfus.

Nid pawb o'i gydwladwyr ychwaith a oedd yn barod i ganmol ymdrechion Griffith Jones, ac fe'i clwyfwyd yn dost gan rai o'r pethau a ddywedwyd amdano ef a'i ysgolion. Y mwyaf bustlaidd ac enllibus o'r cystwywyr oedd John Evans, brodor o Feidrum, rheithor Eglwys Gymyn, ac un o ddisgyblion yr Esgob Edmund Gibson. Yn ei bamffled, *Some Account of the Welch Charity Schools* (1752), taflodd sen ar waith a chymhellion Griffith Jones, a'i ddarlunio fel rhagrithiwr a chelwyddgi. Ei brif gyhuddiad oedd fod y Methodistiaid wedi troi'r ysgolion yn 'nythod sgism', a bod Griffith Jones ei hun yn fodlon ar hynny. Ar yr wyneb, ymddengys nad oedd ensyniadau Evans yn ddi-sail. Gan mai Griffith Jones oedd diwygiwr cyntaf y ddeunawfed ganrif i bregethu yn yr awyr agored ac i dorri rheolau eglwysig, fe'i cyfrifid gan lawer un yn 'seren fore' Methodistiaeth. Daeth bron pob un o'r efengylwyr Methodistaidd cynnar i gysylltiad agos ag ef. A barnu yn ôl disgrifiadau'r Methodistiaid, yr oedd rhywbeth patriarchaidd yng ngwisg a threm Griffith Jones. 'Yr hwn oedd,' meddai John

Thomas, 'fel tad yn yr eglwys'. Dan ei weinidogaeth ef yr argyhoeddwyd Daniel Rowland; bu Howel Harris yn dysgu yn ei ysgolion ac yn goruchwylio ysgolion y De drosto rhwng 1737 a 1741; treuliodd Howel Davies dymor yn gurad iddo yn Llandeilo Abercywyn; mynychai Peter Williams a'i rieni ei wasanaethau'n rheolaidd; teimlai Williams Pantycelyn yn ddyledus iddo hyd ddiwedd ei oes, ac yr oedd yn bur gyfeillgar â'r brodyr Wesley, George Whitefield a'r Arglwyddes Huntingdon. Yr oedd Griffith Jones dipyn yn hŷn na'r to o efengylwyr ifainc a oedd yn ysgwyd y fro â'u brwdaniaeth ddiwygiadol, ond gan eu bod yn ei barchu fel tad ysbrydol fe'u croesawai yn Llanddowror a'u cyflogi fel athrawon yn ei ysgolion. Ac wrth wneud hynny chwaraeodd i ddwylo'i elynion. Honnent mai Anghydffurfwyr yn cymryd arnynt eu bod yn Eglwyswyr oedd ei athrawon, a'u bod yn awyddus i danseilio grym yr Eglwys. Yr oedd ambell ŵr doethach na'i gilydd yn barod i anwybyddu'r cysylltiad honedig rhwng yr ysgolion cylchynol a Methodistiaeth. 'Pa waeth,' gofynnai William Morris, 'pwy a yrro ymlaen y daionus orchwyl, bydded o Dwrc, Iddew brych, Pagan neu Fethodist?' Ond nid oes dwywaith nad oedd amheuon mawr ynghylch cymhellion rhai athrawon, yn enwedig yng Ngogledd Cymru, lle'r oedd bwgan y Pengrwn yn taflu ei gysgod dros bob gweithgarwch dyngarol.

Gwelwyd effaith yr ofnau hyn ar gynnydd yr ysgolion. Rhwng 1739 a 1740, sefydlodd Griffith Jones 150 o ysgolion ac addysgwyd 8,767 o ddisgyblion ynddynt. Ond pan ddechreuodd gweithgarwch y diwygwyr Methodistaidd greu rhagfarn yn erbyn y mudiad, ciliodd llawer o'r cefnogaeth gynnar. Aeth yn dân gwyllt rhyngddo ef a'r efengylwyr. 'Nid wyf,' meddai ym mis Mai 1741, 'ar unrhyw gyfrif o blaid eu brwdaniaeth amrwd'. Drwgdybiai bwyslais y Methodistiaid ar 'y tân dieithr'. Pan honnai'r efengylwyr fod cateceisio'n 'sychu'r teimlad' ac yn diffodd gwres y fflam, atebai Griffith Jones na fedrai Methodistiaid wahaniaethu rhwng y gwir a'r gau am eu bod yn ymgolli mewn boddfa deimladol. 'Tân tywyll heb oleuni,' meddai, 'sef tân poeth a niweidiol, rhy gyffelyb i dân uffern, yw sêl heb wybodaeth'. Ond er cywired oedd teyrngarwch Griffith Jones i'r Eglwys, erbyn 1743 dim ond 74 o ysgolion newydd a sefydlwyd a 4,253 yn unig o ddisgyblion a fu ynddynt. Yn wyneb hyn bu raid iddo dawelu'r gwrthwynebiad i'w fenter drwy fabwysiadu rheolau caeth. Wedi 1745, arolygid yr athrawon yn fwy manwl gan foneddigion lleol, ac ni chaent mwyach gynghori'n gyhoeddus yn y seiadau.

Ond wedi i'r helynt hwn dawelu, ni bu'r fenter yn hir cyn tynnu ei thraed ati. O 1746 ymlaen, dechreuodd yr ysgolion fwrw gwreiddiau yng Ngogledd Cymru. 'O radd i radd,' meddai Robert Jones, Rhos-lan, 'ymdaenodd yr ysgolion rhad dros y rhan fwyaf o holl ardaloedd Cymru, a rhyfedd fendithion a'u dilynodd'. O dipyn i beth, diflannodd yr hen elyniaeth, ac enillodd Griffith Jones fwy a mwy o ffafr ac ewyllys da. Yn sgîl cyhoeddi ymosodiad chwerw John Evans, canodd William Morris glodydd yr ysgolion teithiol. 'Wawch!' meddai, 'pa beth ydyw y twrw erchyll sydd o gwmpas y Neuadd Wen! Pa beth sydd yn darfod i'r siaplan yna pan fo yn y modd echryslon yna yn ceisio taflu i lawr a llarpio fel llew rhuadwy ein hysgolion Cymraeg ni. Y rhai yn nhyb pob Cristnogaidd Gymro diduedd ydynt dra mawr fendith i'n gwlad'. Ym 1756-7, amcangyfrifwyd bod 9,037 o bobl yn derbyn addysg mewn 220 o ysgolion. Pan fu Griffith Jones farw ym 1761, amcangyfrifwyd bod 3,325 o ysgolion wedi'u sefydlu mewn 1,600 o wahanol leoedd er 1737, a bod 153,835 o ddisgyblion wedi cael addysg ynddynt. Ni chynhwyswyd yn yr ystadegau hyn ddisgyblion nos, mynychwyr anghyson na'r rhai nas cofrestrwyd. Ni fyddai'n ormod dweud, felly, i oddeutu 200,000 o blant ac oedolion ddysgu darllen yn ysgolion Griffith Jones. Derbyniai Griffith Jones lu o lythyrau bob blwyddyn oddi wrth offeiriaid ac athrawon yn canmol ac yn cloriannu'r fenter. Tystient fod gras ysbrydol yn deillio o'r ysgolion, fod eglwysi gwag yn llenwi, a moesau plant yn gwella'n rhyfeddol. Ym mis Medi 1747, dywedodd John Price, ficer Llangyfelach, fod rhieni yn ei blwyf 'yn fwy gwaraidd eu hymddygiad allanol ac yn mynychu gwasanaethau cyhoeddus yn amlach'. Soniodd John Thomas o Lanhari ym mis Ebrill 1751 am ddeunaw o'i blwyfolion a fu gynt yn dyngwyr ac yn dorwyr y Saboth a oedd wedi edifarhau a diwygio'u bywydau. Tystiodd Humphrey Jones o Lanfaethlu, Môn, ym 1747, iddo lwyddo mewn deufis i ddysgu 50 o blant anllythrennog i ddarllen yn berffaith, i sillafu ac i adrodd eu Catecism. Câi Griffith Jones foddhad mawr wrth gyhoeddi yn *Welch Piety* lythyrau oddi wrth offeiriaid yn dweud na chawsant eu bodloni gymaint gan blant erioed. Fe'i hysbyswyd am hen wragedd anllythrennog a fynychai ei ysgolion beunydd, am bobl ddall a ddeuai'n rheolaidd, am blant tlawd na fynnent fwyta pryd heb ddweud gras yn gyntaf, ac am eraill eto'n rhwystro'u rhieni rhag mynd i'w gwelyau nes iddynt orffen adrodd y gweddïau a ddysgasant yn yr ysgol.

Ar ôl gweinidogaethu ac addysgu am 52 o flynyddoedd, bu Griffith Jones farw ar 8 Ebrill 1761. Mewn oes pan oedd cynifer o'i gyfoeswyr yn ymgiprys am ddyrchafiad ac am arian, aberthodd Griffith Jones bopeth er mwyn goleuo haenau cymdeithasol na chawsant addysg o fath yn y byd erioed o'r blaen. Gwerthfawrogid ei ddawn a'i orchest ymhell ac yn agos. Enynnodd ei gynllun ddiddordeb neb llai na Chatrin Fawr o Rwsia. Ar ei chais hi, paratowyd adroddiad ym 1764 ar natur a swyddogaeth yr ysgolion teithiol. Er nad oedd Griffith Jones yn feddyliwr mawr, yr oedd ei draed yn gadarn ar y ddaear. Nid oedd fawr ddim gwreiddiol yn perthyn i'r mudiad, ond nid oedd neb o'i flaen wedi cyfuno'r holl elfennau pwysig mor drefnus ag ef. Sefydlodd gyfundrefn arbennig o effeithiol, a'i gweinyddu ei hun. Credai'n ffyddiog mai 'anwybodaeth yw mam a mamaeth annuwioldeb', ac aeth rhagddo ï drwytho miloedd lawer o blant a phobl Cymru yn y Catecism. Llwyddodd i gynyddu'r nifer a fedrai ddarllen, a sicrhau bod iaith yr Ysgrythurau ar eu gwefusau ac ar eu cof. Bu ei ysgolion hefyd yn gyfrwng i achub yr iaith Gymraeg. Pe buasai'r cymdeithasau dyngarol wedi cael rhyddid i addysgu cenedlaethau o blant Cymru drwy gyfrwng y Saesneg, buasai'r iaith Gymraeg wedi marw'n llwyr. Heb lafur Griffith Jones, ni fuasai gan y Methodistiaid ddim i afael ynddo. Cydnabu'r Methodistiaid eu dyled iddo. 'Gellir priodoli dechreuad y Diwygiad i'r ysgolion rhad,' meddai Robert Jones, 'pa rai a fu fel caniad y ceiliog yn arwyddo fod gwawr bore ar ymddangos'. Honnodd Y Pêr Ganiedydd mai yn Llanddowror y braenarwyd y tir ar gyfer y Diwygiad Methodistaidd:

> Yn Llanddowror gyntaf torrodd
> Y goleuni hwn i ma's.

Bwydodd Methodistiaeth ar ei lwyddiant, ac ni fuasai'r adfywiad llenyddol a gafwyd yn y ddeunawfed ganrif wedi digwydd ychwaith pe na buasai Griffith Jones wedi creu gwerin lythrennog. Anodd peidio â chredu mai Griffith Jones, Llanddowror, oedd Cymro mwyaf y ddeunawfed ganrif. Cyflawnodd waith gorchestol, ac fel pob gŵr a chanddo weledigaeth, gwyddai fod Rhagluniaeth o'i blaid:

> Gwna im' ymroi trwy ffydd i droi
> A ffoi rhag pob ffolineb,
> Can's mawr yw'r gwaith, a byr yw'r daith,
> A maith yw tragwyddoldeb.

XIII CREFYDD A LLÊN 1660-1730

Pan feddiannwyd yr orsedd gan Siarl II ym 1660, cafodd Eglwyswyr Cymru ollyngdod mawr. Fel arall yr adweithiodd y Piwritaniaid. Ni allent lai na chredu bod yr Hollalluog yn gwgu arnynt, ac wrth weld yr hen drefn yn cael ei hadfer gwelodd un ohonynt yn dda i gymharu'r Adferiad i gi yn dychwelyd at ei chwydfa. Yr oedd profiadau chwerw'r gorffennol yn parhau i gorddi teimladau'r Eglwyswyr tanbaid a gwrth-Biwritanaidd. Geiriau brwnt oedd 'brwdaniaeth' a 'phenboethni' yn eu golwg hwy, a chredent mai rheol a threfn oedd prif angen y wlad, uwchlaw pob dim arall. Eu breuddwyd oedd adfer uniongrededd eglwysig drwy'r tir, a chasaent sectyddiaeth â chas perffaith.

Buddugoliaeth i ddisgyblion yr Archesgob Laud oedd Deddf Unffurfiaeth 1662, oherwydd cyhoeddwyd bod pob un na fynnai amddiffyn purdeb yr Eglwys a phurdeb ei hathrawiaeth yn euog o 'sgism gwallgof'. Yn ôl amodau'r Ddeddf Unffurfiaeth, ni allai neb ddal bywoliaeth eglwysig oni fyddai wedi ei ordeinio gan esgob. Disgwylid i bob offeiriad, athro coleg ac ysgolfeistr ddatgan ei fod yn cytuno o lwyrfryd calon â holl gynnwys a threfniadau'r Llyfr Gweddi Gyffredin erbyn dydd Gŵyl Sant Bartholomeus ar 24 Awst 1662, neu golli ei fywoliaeth. Ond eisoes yr oedd llawer o weinidogion Piwritanaidd wedi darllen yr ysgrifen ar y mur. Pen draw'r broses o gilio oedd y Ddeddf Unffurfiaeth yng Nghymru: allan o 130 o weinidogion a adawodd yr Eglwys, yr oedd 95 (73%) wedi cilio—am wahanol resymau—cyn pasio'r Ddeddf. Eto i gyd, agorodd y Ddeddf Unffurfiaeth agendor ym mywyd crefyddol a chymdeithasol Cymru, oherwydd yng ngolwg pob Eglwyswr digymrodedd yr oedd pob Anghydffurfiwr yn heretig colledig. Nid ar amrant y diflannodd y casineb hwn. Ym 1703, ni allai Ellis Wynne faddau i'r Anghydffurfwyr am rwygo undod eglwysig: 'D'accw . . . a welwch i ôl y rhwyg a wnaethoch i'n yr Eglwys i fynd allan o honi heb nac achos nac ystyr?' A hyd ddydd ei farwolaeth ym 1767, manteisiodd Theophilus Evans ar bob cyfle i ddyrnodio'r sawl a oedd yn euog o 'sgism'.

Yr Erlid Mawr

Bwgan mawr pob llywodraethwr ac Eglwyswr yn y cyfnod wedi

1660 oedd perygl gwrthryfel arall. Wrth geisio ailadeiladu'r hen gyfundrefn a ddrylliwyd gan y Piwritaniaid, cofient yn dda am orthrwm ac erledigaethau oes y Weriniaeth. Cyniweiriai ofn ym mynwes yr Eglwyswyr hefyd wrth ystyried y peryglon o du Rhufain. O ganlyniad, rhoes yr Eglwyswyr eu cas ar y rhai a fu'n gyfrifol am rwygo gwlad ac eglwys yn ystod 'yr amseroedd blin'. Ceisiwyd diwreiddio'r eglwysi Anghydffurfiol, a'u gorfodi i gydymffurfio â'r drefn eglwysig. Ac er mwyn hwyluso a phrysuro hynny, pasiwyd cyfres o ddeddfau erlitgar a adwaenir fel Cod Clarendon. Bu'r Deddfau Cosb hyn yn gyfrifol am gyfyngu ar ryddid crefyddol a breiniau dinesig Anghydffurfwyr. Yn ôl y Ddeddf Gorfforaeth (1661), ni châi Anghydffurfiwr gymryd rhan mewn gwasanaeth milwrol na sifil, nac mewn plwyf na senedd, oni chydymffurfiai â Deugain Erthygl Namyn Un yr Eglwys Sefydledig. Ni châi gadw ysgol na mynychu prifysgol. Yna, aeth yr awdurdodau rhagddynt i roi taw ar yr Anghydffurfwyr, a gosod eu traed mewn cyffion. Yn ôl Deddf y Cyrddau (1664), nid oedd mwy na phum person heb fod o'r un teulu i addoli ynghyd. Gellid dirwyo troseddwr o £5 neu ei garcharu am dri mis. Pe delid ef drachefn, dyblid y gosb, a châi'r sawl a droseddai deirgwaith ddirwy o £100 neu saith mlynedd o alltudiaeth. Er i'r Ddeddf hon golli ei grym ym mis Mawrth 1669, fe'i hadnewyddwyd ymhen blwyddyn. Y tro hwn cosbid pregethwyr a pherchnogion tai cyrddau yn drymach o lawer: caent £20 o ddirwy am y drosedd gyntaf, a £40 am bob trosedd bellach. Er mwyn gweithredu'r Ddeddf yn effeithiol, telid traean o'r dirwyon i'r sawl a gyhuddai'r troseddwyr, a gellid gosod dirwy o £100 ar unrhyw ustus na fyddai'n ufuddhau i orchmynion y Ddeddf. Yn y cyfamser, pasiwyd Deddf y Pum Milltir ym 1665 yn gorfodi gweinidogion Anghydffurfiol i dyngu llw na fyddent ar unrhyw adeg yn ceisio 'unrhyw newid mewn llywodraeth naill ai mewn gwlad neu eglwys'. Gwrthodwyd i'r sawl na chydsyniai yr hawl i gyrchu'n nes na phum milltir i unrhyw ddinas, corfforaeth neu fwrdeistref y buasai'n gwasanaethu ynddi. Cwblhawyd y gyfres o ddeddfau cosb pan basiwyd Deddf Prawf 1673 er mwyn cau pob Pabydd ac Anghydffurfiwr allan o bob swydd dan y llywodraeth, y fyddin a'r llynges. Bu'r Ddeddf hon yn faen melin am yddfau'r Anghydffurfwyr hyd 1828.

Hirlwm blin i'r Anghydffurfwyr fu 'Oes yr Erlid'. Am genhedlaeth gyfan bu raid iddynt ddioddef eu gwysio, eu dirwyo a'u carcharu. Anodd amgyffred y profiadau erchyll a thorcalonnus a ddaeth i'w rhan. Soniodd Vavasor Powell ym 1662 am bobl dlawd a heddychlon yn cael eu llusgo o'u gwelyau gan yr awdurdodau a'u gyrru 'yng ngwres yr haf i gydredeg â meirch y milwyr nes pothellu eu traed, a chan dderbyn llawer ergyd a churfa'. Dioddefodd y Bedyddwyr yn enbyd, a neb yn fwy na Henry Williams, Ysgafell. Treuliodd naw mlynedd hir mewn carcharau drewllyd, ac yn ystod y cyfnod hwnnw lladdwyd ei dad, camdriniwyd ei wraig, a chollodd ei eiddo a'i anifeiliaid. Ond, yn ôl yr hanes, arbedwyd un cae—'Cae'r Fendith'—yn wyrthiol, a dygodd hwnnw ffrwyth ar ei ganfed. Mawr fu'r dioddefaint yn y carcharau. Seleri budron, oer ac afiach oedd y rhan fwyaf ohonynt. Gorweddai'r carcharorion ar loriau di-wellt, ac ni chaent ddigon o ymborth. Torrodd iechyd llawer un drwy fod mewn caethiwed. Bu Vavasor Powell farw yng ngharchar ym 1670 wedi oes faith o wasanaeth i Anghydffurfiaeth. Bu pump o Grynwyr Cymreig farw mewn carchar rhwng 1660 a 1689. Ni châi'r ymadawedig orffwyso'n dawel ychwaith. Pan gladdwyd corff Bedyddwraig ifanc ym mynwent eglwys Llanfihangel Brynpabuan yn sir Frycheiniog, trefnodd offeiriad y plwyf fod y corff yn cael ei ailgladdu ar groesffordd gyfagos.

Dioddefodd y Pabyddion yn fwy na neb arall. Er bod cyfrif crefyddol 1676 wedi dangos bod oddeutu 140 o gymunwyr eglwysig am bob Pabydd, ni allai'r un Protestant pybyr anwybyddu'r bygythiad o du Pabyddiaeth. Yn nhyb y Protestaniaid, 'ffiaidd eilunaddoliaeth' oedd Pabyddiaeth, crefydd atgas a gormesol. Ofnent fod y Brenin Siarl II yn llawn sêl dros achos y Pab, ac yr oedd digon o sïon ar led fod offeiriaid Pabyddol 'yn hau eu hefrau' yng Nghymru ac yn arwain trueiniaid anwybodus 'i ffos angau a distryw'. Troes y llanw fwyfwy yn erbyn y Pabyddion pan honnodd Titus Oates ei fod yn dadlennu manylion am Gynllwyn Pabaidd ym 1678 i lofruddio'r Brenin a gosod ei frawd Iago yn ben yn ei le. Cynyddodd y teimlad gwrth-Babyddol, a gweithredwyd y Deddfau Cosb yn anarferol o chwyrn yn erbyn y Pabyddion. Ysbeiliwyd Coleg a phencadlys yr Iesuwyr yn y Cwm yn swydd Henffordd gan Herbert Croft, esgob Henffordd, a darganfuwyd yno bentwr o lyfrau Pabyddol ynghyd â defodwisgoedd, darluniau a chroesluniau. Bu ymlid mawr ar offeiriaid Pabyddol, a dienyddiwyd pedwar ohonynt ym 1679. Bu'r erlid hwn yn ergyd farwol i'r achos Pabyddol yng Nghymru. Er i Iago II bledio'u hachos yn daer rhwng 1685 a 1689, ni chafwyd fawr o gynnydd yn y rhengoedd, ac edwinodd nifer y ffyddloniaid fel y rhedai'r ddeunawfed ganrif ei chwrs.

Methodd y Crynwyr hefyd â goroesi'r dyddiau drwg. Yn wahanol i lawer o Anghydffurfwyr eraill, tystient o blaid eu ffydd yn gyhoeddus. Pan giliai Anghydffurfwyr ofnus i addoli yn y dirgel, byddai'r Crynwyr yn datgan eu credo o bennau'r tai. Credent yn ddiysgog yng ngrym y goleuni mewnol, gwrthodent dyngu llw mewn llys barn, ni fynnent dalu degwm i 'weision cyflog', a thystient mai efengyl tangnefedd oedd gwir neges Crist. Ofnai'r Eglwyswyr y gallai dilynwyr George Fox ddifa'n llwyr yr hyn a gyflawnwyd ac a ddiogelwyd gan y Grefydd Ddiwygiedig er dyddiau Luther. Arswydent rhag syniadau'r Crynwyr. 'Blaidd diffaith distrywgar wyt ti,' meddai gŵr o'r enw William Jones wrth Thomas Wynne, Crynwr o Ysgeifiog, 'yn ceisio gwenwyno'r meysydd a sathru'r corlennydd tan dy draed'. Mor gynnar â 1662, pasiwyd Deddf y Crynwyr yn gwahardd pum Crynwr, neu ragor, rhag cyfarfod ynghyd oddi cartref. O hynny ymlaen, ceisiwyd eu distewi drwy eu taflu wrth y cannoedd i garcharau, atafaelu eu heiddo a dinistrio'u haddoldai. Ond nid oedd ofn marw ar y Crynwyr, ac nid oedd unrhyw gosb yn ddigon i bylu eu ffydd. Fel hyn y canodd mab Owen Lewis o Dyddynygarreg yn sir Feirionnydd am ffydd ddi-sigl ei dad:

> Trwy flinder mewn llawer lle
> Drwy'r ing hyd yr awr ange
> A thrwy chwerwon garcharau
> Yn glir dros y grefydd glau.

Ni wnaeth y driniaeth enbyd a ddioddefodd y Crynwyr ond cryfhau eu hymlyniad brwd wrth y ffydd.

Eto i gyd, erbyn y 1680au nid oedd gan Grynwyr Cymru gymaint o nerth ac ysbryd i wynebu rhagor o erledigaeth, a phan glywsant fod William Penn, yr apostol rhyddid, â'i fryd ar sefydlu Utopia newydd yn America, penderfynodd nifer helaeth ohonynt ymuno ag ef. Uchelgais Penn oedd ffurfio cymdeithas Gristnogol ddelfrydol ym Mhennsylfania, lle gallai'r Cyfeillion addoli mewn unfrydedd ysbryd a meddwl. Prynwyd 30,000 o erwau o dir gan saith cwmni o Grynwyr Cymreig, a rhwng 1682 a 1700 mentrodd tua 2,000 o Gymry y tu hwnt i'r moroedd i Bennsylfania. O'r 360 o benteuluoedd a ymfudodd, yr oedd 173 ohonynt yn Grynwyr, a bron eu hanner yn hanu o sir Feirionnydd. Nid osgoi rhagor o ddioddefaint oedd eu hunig gymhelliad. Swynwyd llawer o'r Cymry gan gynlluniau ysblennydd William Penn. Synient amdano fel gweledydd cwbl unigryw, a thystiodd sawl ymfudwr na fuasai erioed wedi breuddwydio am fentro dros y dŵr yn y lle cyntaf oni bai am ei ffydd a'i hyder yn Penn. Hudwyd llawer ohonynt gan y gobaith am gael byw mewn gwlad yn llifeirio o laeth a mêl. Er y Rhyfel Cartref, yr oedd nifer o fân foneddigion ac iwmyn wedi gorfod ildio'u tir i'r Lefiathaniaid mawrion, ac ni fedrent osgoi'r demtasiwn i adennill cyfoeth a statws mewn byd newydd. Dan gynllun Penn, gallai iwmon deithio gyda'i wraig, dau blentyn a gwas, am y swm o £20, a chael 500 o erwau ar ôl cyrraedd. Deuai llythyrau yn ôl i Gymru yn tystio bod hin iachus, pridd ffrwythlon a chnydau llewyrchus Pennsylfania'n cynnig bywoliaeth dda i bob Cymro diwyd ac anturus. 'Hwn yw'r lle,' meddai Thomas Wynne ar ôl cyrraedd Philadelphia, 'i gorff ac enaid'. Ond bu'r ymfudo'n ergyd dost i achos y Crynwyr yng Nghymru. Collwyd hufen y gymdeithas yng Nghanolbarth Cymru, a thlodwyd y wlad yn ddifrifol ar eu hôl. Erbyn dechrau'r ddeunawfed ganrif, ychydig ffyddloniaid yn unig a oedd yn weddill.

Yn hytrach na gwadu eu hegwyddorion, bu'r Annibynwyr hefyd yn barod i ddioddef llid esgobion, dirmyg barnwyr, dirwyon llys a charchar. Carcharwyd rhai ohonynt fwy nag unwaith, ond cadwasant lusern eu ffydd yn olau. Er ei gaethiwo 'fel aderyn mewn cawell', methwyd â distewi Vavasor Powell: 'peidiwch â bod ag ofn unrhyw greadur' oedd ei neges i bobl Cymru. A phan fu Powell farw ym 1670, daeth arweinwyr gwrol fel Henry Maurice a Stephen Hughes i'r adwy. Un o gedyrn y mudiad Anghydffurfiol oedd Henry Maurice: ef oedd diwygiwr crefyddol selocaf sir Frycheiniog yn ystod y 1670au. Gŵr o anian gymedrol ac addfwyn oedd Stephen Hughes, 'Apostol Sir Gaerfyrddin', a chan na thynnai wg boneddigion llwyddodd i grynhoi wyth o gorlannau rhwng Llan-y-bri a Phentre-tŷ-gwyn, a rhwng Llanedi a Phencader. Ymwelai â'i breiddiau'n rheolaidd ar ei geffyl, gan bregethu'n rymus ac ennill edmygedd ar bob llaw. Ni bu'r Bedyddwyr heb eu henillion, ychwaith. Er i John Miles gilio i America ym 1663, ni ddiflannodd yr hen ganolfannau. Yn wir, diolch i sêl genhadol William Jones, Cilymaenllwyd, sefydlwyd eglwys newydd Rhydwilym o 1667 ymlaen. Erbyn 1689, yr oedd 113 o aelodau ar lyfrau Eglwys Rhydwilym, a'r rheini'n perthyn i bron ddeugain o blwyfi'n ymestyn o ganol Ceredigion i Amroth, ac o Lanllawddog i Hwlffordd.

Y mae'r ffaith i gynifer o Anghydffurfwyr oroesi'r blynyddoedd arteithiol hyn nid yn unig i'w briodoli i'w ffydd a'u dewrder, ond hefyd i amharodrwydd pob Eglwyswr ac ustus i'w herlid yn gyson ac yn ffyrnig. Amrywiai grym yr erlid o fan i fan ac o adeg i adeg. Poethai'r gwres ar adeg o argyfwng cenedlaethol, megis y blynyddoedd 1660-2, 1664-7, 1670-2, 1678-9 a 1681-4. Ond, at ei gilydd, yn ysbeidiol y gweithredwyd y Deddfau Cosb. Er bod esgobion milain fel William Lucy, esgob Tyddewi (1660-78), a Humphrey Lloyd, esgob Bangor (1674-89), yn llawn sêl erlynol, tyfodd cyfeillgarwch agos rhwng rhai esgobion ac Anghydffurfwyr. Bu William Thomas, deon Caerwrangon ac esgob Tyddewi o 1678 i 1683, yn gefn i gynlluniau llenyddol Stephen Hughes. Rhoes William Lloyd, esgob Llanelwy (1680-92), bob gewyn ar waith i geisio perswadio'r Anghydffurfwyr rhag cyfeiliorni. Ceisiodd ddal pen rheswm â'r Crynwyr mewn cyfarfod cyhoeddus yn Llanfyllin ar 22 Medi 1681, a'u hannog i ddychwelyd i wir lwybrau'r ffydd. Dywedodd y Crynwyr wrtho na châi olchi ei ddwylo na gwasanaethu wrth yr allor â chydwybod dawel tra pydrai Cyfeillion yng ngharcharau'r wlad. Ar 27 Medi, cyfarfu Lloyd â'r Presbyteriaid yng Nghroesoswallt, gan ddadlau ac ymresymu'n frwd ar y testun 'ordeinio' am yn agos i chwe awr.

Teg dweud hefyd i lawer o Anghydffurfwyr chwarae mig â'r Deddfau Cosb. Cilient i gilfachau ac ogofeydd diarffordd i gynnal eu gwasanaethau liw nos. Cadwent wyliadwriaeth ofalus ar symudiadau ustusiaid a sbïwyr gorselog. Nid oedd calon pob gelyn yn ei waith, ychwaith. Cyrff diddannedd oedd y llysoedd eglwysig, ac yr oedd llawer o ustusiaid a chwnstabliaid yn cau eu llygaid a'u clustiau i'r gweithgarwch o'u cwmpas. Pe buasai'r awdurdodau eglwysig a sifil wedi glynu wrth lythyren y Ddeddf, ni fuasai Anghydffurfiaeth wedi goroesi. O dro i dro, deuai cyfle i'r Anghydffurfwyr gael eu gwynt atynt. Ar 15 Mawrth 1672, cyhoeddodd y Brenin Ddatganiad o oddefiad iddynt. Caniatâi hyn iddynt drwyddedu tai er mwyn cynnal gwasanaethau crefyddol. Bu 185 cais am drwydded yn llwyddiannus, a dosbarthwyd 136 yn Ne Cymru a 49 yn y Gogledd. Ond yr oedd llawer o Anghydffurfwyr yn hwyrfrydig iawn i fentro am eu bod yn tybio mai 'llwynog o ddiwrnod teg' oedd gweithred y Brenin. Bwriad pennaf Siarl oedd cynorthwyo'r Pabyddion, a chan fod yr Anghydffurfwyr yn casáu Eglwys Rufain, ni fynnent gyffwrdd â'r mesur o ryddid a gynigiwyd iddynt. Ofnent hefyd mai ystryw gyfrwys oedd y

Datganiad, ac y byddai ymorol am drwydded yn weithred a fyddai'n cydnabod awdurdod y Brenin mewn materion crefyddol, a hefyd yn bradychu eu safle a'u nerth pe tynnid y mesur yn ôl. Dyna a wnaed ar 7 Mawrth 1673. Cafwyd ail ddatganiad tebyg gan Iago II yn Ebrill 1687, a thrydydd datganiad yn Ebrill 1688, a rhoes y rhain hefyd gyfle byr i Anghydffurfwyr drefnu eu rhengoedd a chynllunio at y dyfodol. Fel yr âi'r 1680au yn eu blaen, nid oedd Anghydffurfiaeth yn agos cymaint o fwgan i Eglwyswyr ag y bu. Yr oedd mwy a mwy o ddynion wedi dod i gredu bod rhaid i'r Eglwyswyr a'r Anghydffurfwyr gyd-fyw. Pan laniodd Gwilym, Tywysog Oren, yn Tor Bay ar 5 Tachwedd 1688, daeth yr erlid i ben. Daeth gwanwyn o'r newydd i fywhau achos yr Anghydffurfwyr pan basiwyd Deddf Goddefiad ar 24 Mai 1689. Rhoes hyn gyfle iddynt ymfwrw o ddifrif i'r dasg o ordeinio gweinidogion, pregethu'n rhydd, codi capeli a gosod trefn ar eu pethau. Daeth cyfle iddynt ddod i adnabod ei gilydd yn well, i ymgysegru o'r newydd ac i feithrin ymwybyddiaeth genhadol gref.

Pobl annibynnol eu byd ac annibynnol eu barn oedd y rhan fwyaf o Anghydffurfwyr Cymru. Crefftwyr a ffermwyr cefnog oedd prif asgwrn-cefn y cynulleidfaoedd, a dynion syber a dysgedig oedd eu harweinwyr. Yr oedd rhai aelodau pur ariannog yn eu plith, yn enwedig yn y trefi bychain Seisnig ar y gororau. Oddeutu 1715 yr oedd un aelod yn eglwys Dinbych a oedd yn werth rhwng £4,000 a £5,000, ac un arall yn Nhrelawnyd a oedd yn werth rhwng £1,400 a £1,500. Ymhlith 542 o wrandawyr a addolai yn sir Fynwy, yr oedd un ysgwïer, 37 o foneddigion, 115 o iwmyn, 137 o fasnachwyr, 85 o ffermwyr a 167 o lafurwyr. Ymddengys fod nifer o'r gwŷr cyfoethog yn rhengoedd y Bedyddwyr wedi cydymffurfio yn ystod blynyddoedd y ddrycin, ond yr oedd cnwd o Fedyddwyr da eu byd yn dal yn ffyddlon i'w hachos yn siroedd Morgannwg a Mynwy. Mwy distadl o lawer oedd aelodau eglwys Rhydwilym yn y gorllewin. Wedi'r mudo mawr i America, yr oedd mudiad y Crynwyr wedi crebachu'n frawychus o gyflym, a'i aelodaeth yn brin o gyfoeth ac egni.

Dynion o farn bendant, parod eu hymadrodd, a diwyd yn eu gwaith oedd yr Anghydffurfwyr. Rhoddent bwys aruthrol ar addysg a llythrennedd, gallent ddadlau'n finiog a thrin dyfnion bethau Duw yn wir ddeheuig. Addysgwyd eu harweinwyr yn yr academïau Anghydffurfiol, lle rhoddid pwyslais arbennig ar dduwioldeb, deall a rheswm. Eu nod fel pregethwyr oedd diwallu rheidiau ysbrydol eu cydwladwyr. 'Drwy bregethiad y gair,' meddai Stephen Hughes, 'mae ffydd a thröedigaeth i ffordd iechydwriaeth yn dyfod'. Credent na allai dim argyhoeddi pobl mor effeithiol â phregethu cyson a da. Mewn oes ddiweddarach, soniai'r Methodistiaid droeon am 'sychder' eu pregethu, a byddai'r ddedfryd honno'n cyffroi'r Anghydffurfwyr i ddicter cyfiawn. Y mae'n wir eu bod yn rhannu eu testun yn bennau a'u dosrannu drachefn, gan ymdrin â phob pwynt yn ofalus ac yn bwyllog, ond yr oeddynt hefyd yn traddodi gydag eneiniad. Yr oedd Stephen Hughes yn bregethwr efengylaidd, ac anaml iawn y pregethai heb golli dagrau a pheri i'w wrandawyr hefyd wylo gydag ef. Pregethwr 'toddedig' ei ymadrodd oedd Enoch Francis, ac nid oedd ei hafal ymhlith y Bedyddwyr am argyhoeddi pechaduriaid a dwysbigo cydwybod. Wedi'r oedfa ar y Sul, byddai'r Anghydffurfwyr yn cynnal defosiwn teuluol ar yr aelwyd, ac yn rhoi pwys mawr ar bethau'r ysbryd. Nid ar chwarae bach y câi neb le yn eu heglwysi, a diarddelid aelodau am fyw 'bywyd anaddas i'r Efengyl', am 'beidio â chadw'r Saboth', ac am 'ddewis bod mewn anundeb'. Perthynai'r eglwys i gylchdeithiau eang, ac yr oedd angen i bob bugail weithio'n ddiflino i warchod ei breiddiau. Ac yn negadau cynnar y ddeunawfed ganrif, magodd Anghydffurfiaeth do o weinidogion sylweddol a gweithgar. Gyda'r Bedyddwyr, gwnaeth Miles Harri ddiwrnod da o waith yng Ngwent ac Enoch Francis, yntau, ar lannau Teifi. Nid oedd ball ar egni James Davies a Henry Davies, dau Annibynnwr diwyd ym Merthyr a Blaen-gwrach. Teithiodd Edmund Jones o Bont-y-pŵl y wlad yn ddiorffwys, a gofalodd Phylip Pugh am bum eglwys wasgarog ar lannau Aeron a Theifi.

O ganlyniad i weithgarwch ffyddlon y gweinidogion hyn, a rhai tebyg iddynt, cafwyd cynnydd araf a phwyllog yn rhengoedd yr Anghydffurfwyr. Ceir gwybodaeth am eu heglwysi yn yr ystadegau a gasglwyd gan John Evans rhwng 1715 a 1718. Ond gan mai ei amcan oedd dangos nerth yr achos Anghydffurfiol, chwyddodd ei gyfrif y tu hwnt i bob rheswm. Hyd y gellir barnu, yr oedd 89 o gynulleidfaoedd Anghydffurfiol yng Nghymru rhwng 1715 a 1718, sef cyfanswm o 17,770 o aelodau (tua 5% o'r boblogaeth). Lleolwyd y mwyafrif llethol ohonynt yn Ne Cymru, yn enwedig yn siroedd Penfro, Ceredigion a Chaerfyrddin yn y gorllewin, a siroedd Morgannwg a Mynwy yn y dwyrain. Nid troedio tir heb ei drin o'r blaen a wnâi'r diwygwyr Methodistaidd. Heb waith arloesol yr Anghydffurfwyr, ni fuasai gan Fethodistiaeth gynnar gynseiliau i'w hanturiaeth.

Cyflwr yr Eglwys

Yn nhyb y Methodistiaid, 'cyfnos tywyll pygddu' oedd Cymru cyn eu hoes hwy, a phrif nodwedd yr Eglwys oedd ei llygredd a'i hiselder ysbrydol. Ategwyd y farn honno yn nisgrifiad Erasmus Saunders o esgobaeth Tyddewi ym 1721. Ac fel y cawn weld, nid oedd yr Eglwys Sefydledig heb ei gwendidau a'i diffygion. Ond go brin fod y Methodistiaid ac Erasmus Saunders wedi rhoi'r darlun llawn. Yn eu profiad eirias a'u llawenydd heintus, ni allai'r Methodistiaid roi darlun gwrthrychol o gyflwr Eglwys yr oeddynt am ei hadfywio a'i newid. Peth naturiol oedd i'r rhai a blediai'r newydd bardduo'r hen. Dynion mewn 'twym ias' oeddynt, ac ni allent edrych yn wahanol ar bethau. Y mae'n amlwg hefyd nad oedd cyflwr yr Eglwys mor druenus ag y mynnai Erasmus Saunders i bobl gredu. Rhaid cofio mai gŵr piwis a siomedig oedd Saunders. Methodd â chyrraedd cadair esgob, a bu'r siom honno'n lliwio'i farn wrth baratoi ei gyfrol.

Gwendid pennaf yr Eglwys, yn enwedig yn Ne Cymru, oedd ei thlodi. Yr oedd esgobaethau Tyddewi (ag incwm o £900) a Llandaf (ag incwm o £500) yn druenus o dlawd am fod gwŷr bonheddig, er dyddiau diddymu'r mynachlogydd, wedi rheibio'u cyfoeth. Yr oedd y sefyllfa'n fwy gobeithiol yn y Gogledd, lle'r oedd esgobaethau Bangor a Llanelwy yn werth £1,400 yr un. Dan yr amgylchiadau, mae'n syndod fod cynifer o esgobion cydwybodol i'w cael yng Nghymru. Gwasanaethodd William Lloyd, esgob Llanelwy, yr Eglwys yn ddiwyd yng ngogledd-ddwyrain Cymru, ac edmygid Humphrey Humphreys, esgob Bangor (1689-1701), fel gŵr dysgedig a bucheddol. Bu Humphreys yn noddwr hael i awduron fel Edward Samuel a Samuel Williams, ac fe'i hystyrid yn 'ben colofn ardderchog i gynnal i fyny hen iaith y Brutaniaid, yn gwir garu llwyddiant ei wlad'. Yn ystod degadau cynnar y ddeunawfed ganrif, yr oedd enw da i esgobion fel George Bull ac Adam Ottley yn Nhyddewi, ac i William Beveridge, William Fleetwood a John Wynne yn Llanelwy. Ond rhaid cyfaddef fod pob un o esgobaethau Cymru'n feysydd prawf i esgobion a ddisgwyliai am ddyrchafiad i swyddi brasach. Byr iawn oedd eu harhosiad yng Nghymru, ac yr oedd ynddynt ryw ysfa am grynhoi bywiolaethau ychwanegol. Dirywiodd y sefyllfa yn sgîl dyfodiad yr

Hanoferiaid. Penodid esgobion y gallai'r Llywodraeth ddibynnu arnynt am gefnogaeth wleidyddol. Ni wyddai'r 'Esgyb Eingl' hyn air o Gymraeg. Adar ar adain oeddynt, ac esgeulusent eu dyletswyddau'n ddybryd. Nid ymwelodd Benjamin Hoadly gymaint ag unwaith â'i esgobaeth ym Mangor rhwng 1716 a 1721. Ac fel yr âi'r ganrif yn ei blaen, canfu offeiriaid disgleiriaf Cymru, gwŷr fel Erasmus Saunders, Moses Williams, Goronwy Owen ac Ieuan Fardd, mai ofer oedd disgwyl dyrchafiad i safleoedd uchel yn yr Eglwys.

Gymaint oedd tlodi'r Eglwys fel na fedrai offeiriaid gyflawni eu dyletswyddau a'u cenhadaeth yn effeithiol. Yn esgobaethau Tyddewi a Llandaf, yr oedd cyfran helaeth o'r bywiolaethau eglwysig dan nawdd lleygwyr. Cipiwyd cyfran helaeth o ddegymau'r Eglwys oddi arni gan amfeddwyr lleyg, colegau, cabidylau ac uchel-eglwyswyr. Ym 1708, amcangyfrifwyd bod hanner bywiolaethau esgobaeth Tyddewi yn werth llai na £30 y flwyddyn, a'u chwarter yn werth llai na £10 y flwyddyn. Ond nid oedd y darlun mor ddu yn y Gogledd. Yn esgobaeth Llanelwy ym 1707, dim ond pedair bywoliaeth a oedd yn werth llai na £30, ac yr oedd cymaint â 70 yn werth rhwng £50 a £99 y flwyddyn. Ym Mangor hefyd, deg yn unig o fywiolaethau a oedd yn werth llai na £30, ac yr oedd 40 o fywiolaethau yn werth rhwng £50 a £99 y flwyddyn.

Gan fod cynifer o fywiolaethau eglwysig, yn enwedig yn Ne Cymru, yn nwylo amfeddwyr lleyg, tueddid i benodi cynffonwyr gwenieithus a throi ymaith wŷr teilwng a chydwybodol. Soniodd Moses Williams yn chwerw iawn am drefn a oedd yn gorfodi'r sawl a oedd â'i fryd ar ddyrchafiad i 'ymbil' gerbron esgob 'neu dirfeddiannwr 'a'i ganlyn ef yn hir ac yn faith, ei besgi, ei anrhegu, a'i wobrwyo ef o ddydd i ddydd, a'i foddhau ef o hyd ym mhob peth hyd yr eithaf'. Nychid curadon yn fwy na neb gan y drefn eglwysig. Allan o ddegwm o £100, ni châi curad weithiau ond £10. Yn ôl Erasmus Saunders, derbyniai amfeddwr Llanddewibrefi ragor na £400 y flwyddyn o'r plwyf, ond cil-dwrn o £8 yn unig a roddai i'r curad. Nid oedd unrhyw ddewis gan guradiaid tlawd ond gwasanaethu tair neu bedair eglwys er mwyn cadw'r ddeupen ynghyd. Os oedd rhai o'r eglwysi hynny'n bell oddi wrth ei gilydd, rhaid oedd teithio ar frys o'r naill ofalaeth i'r llall. Ni chaent gyfle i adnabod eu preiddiau am eu bod yn rhuthro o eglwys i eglwys, ac yn carlamu'n wyllt drwy'r gwasanaethau. Tasg amhosibl oedd denu gwŷr o addysg a gallu i lenwi'r mân swyddi hyn, ac nid yw'n rhyfedd yn y byd fod cynifer o guradiaid wedi syrthio oddi wrth ras drwy droi at y ddiod feddwol a phob math o oferedd.

Ond er bod hanesion lu am ddefaid duon ymhlith y curadiaid yng nghofnodion y llysoedd eglwysig, nid dyna oedd lliw'r praidd i gyd. Yr oedd nifer da o offeiriaid gwlatgar a bucheddol yn fyw iawn i ddiffygion moesol a deallusol eu brodyr, ac i ddrygau'r Eglwys yn gyffredinol. Bu uchel-eglwyswyr fel John Jones, deon Bangor (1689-1727), a Robert Wynne, canghellor Llanelwy (1690-1743), yn ysbrydiaeth wiw i'w cyd-offeiriaid yn rhinwedd eu hymdrechion diflino i warchod safonau moesol, dosbarthu llyfrau a sefydlu ysgolion a llyfrgelloedd. Yn ôl Erasmus Saunders, yr oedd corff o offeiriaid o ddysg a sêl yn llwyddo i fyw bywyd Cristnogol a moesol, ac i gyflawni eu dyletswyddau'n ffyddlon er gwaethaf pob anhawster. Yr oedd cyfartaledd uchel iawn o raddedigion yn eu plith: 61% yn Llanelwy ym 1710, a 63% yn Llandaf ym 1726. Ac yn ôl yr Esgob William Lloyd o Lanelwy, nid oedd offeiriaid digoleg, dynion a addysgwyd mewn ysgol ramadeg neu athrofa, fymryn gwaeth na'r sawl a fu mewn prifysgol, ac mewn sawl achos yr oeddynt ganwaith gwell. Bu llawer ohonynt yn gefn i'r S.P.C.K. a'r ysgolion cylchynol, yn gymorth gwiw i ysgolheigion fel Edward Lhuyd a Moses Williams, ac yn barod iawn i gyfieithu a chyfansoddi llyfrau Cymraeg at wasanaeth eu plwyfolion. O'r 140 o awduron Cymraeg a oedd yn cyfansoddi rhwng 1660 a 1730, yr oedd 40 ohonynt yn offeiriaid, a rhai fel Ellis Wynne, Theophilus Evans, Thomas Williams, Edward Samuel, John Morgan, Samuel Williams a Moses Williams yn wŷr tra disglair. Heb gydweithrediad a chynhorthwy offeiriaid, ni fuasai'r fasnach lyfrau wedi ffynnu cystal. Diolch i'w dygnwch hwy, yr oedd mwy o bregethu i'w glywed yng Nghymru erbyn degadau cynnar y ddeunawfed ganrif. Gellid disgwyl clywed pregeth naill ai bob Sul neu bob yn ail Sul yn y rhan fwyaf o eglwysi Cymru erbyn trothwy cyfnod y Methodistiaid. 'I Dduw y bo'r diolch,' meddai Edward Samuel ym 1715, 'mae goleuni yr Efengyl yr awr hon yn llewyrchu cyn ddisgleiried yng Nghymru ac mewn odid o wlad arall: mae mwy o lyfrau duwiol, defnyddiol, yn argraffedig; ac amlach, ac ond antur, well pregethwyr yr awr hon yn ein plith nag a fu mewn un oes ers mwy na mil o flynyddoedd'.

Er mai darlun du o'r Eglwys a dynnwyd gan Erasmus Saunders, yr oedd hyd yn oed y gŵr piwis hwnnw'n barod i dystio bod grym yng nghrefydd gwerinwyr de-orllewin Cymru. Talodd deyrnged nobl iddynt am eu parodrwydd i gerdded tair neu bedair milltir ar y Sul i fynychu gweddïau cyhoeddus neu i wrando pregeth, gan aros am oriau mewn eglwysi oer a llaith hyd nes y deuai'r offeiriad. Ceir deisebau niferus sy'n dangos bod Eglwyswyr yn awyddus i sicrhau bod llewyrch ar grefydd a moes yn eu hardaloedd. Bwriodd trigolion Minera eu ceiniogau a'u sylltau i gronfa ym 1683 er mwyn cyflogi 'offeiriad gonest duwiol' i ofalu am eu heneidiau. Ym 1688, mynegodd rhai o rydd-ddeiliaid Maenordeifi eu hanniddigrwydd ynghylch absenoldeb eu rheithor, David Phillips, ac am foesau drwg y curad a weithredai yn ei le. Pwysleisient fod diofalwch bugeiliaid yn peri 'mawr ddrwg, dirmyg a chywilydd i'r grefydd Gristnogol'. Rhywbryd yn ystod y 1710au, lluniodd 31 o drigolion Llandysul betisiwn yn gresynu bod eu diweddar offeiriad wedi esgeuluso'i ddyletswyddau ac yn crefu am offeiriad da i ennill serch y bobl ac i ddiwallu eu hanghenion ysbrydol. Os rhywbeth, yr oedd mwy o sêl dros yr Eglwys yn y Gogledd. Tystiai llenorion, beirdd a baledwyr i'w hoffter o'r Eglwys. Fe'i canmolwyd i'r entrychion gan uchel-eglwyswyr a oedd yn ofni 'rhuthrau melldigedig gwahanedigion gwallgofus'. Gosodwyd Eglwys Loegr gan Ellis Wynne yn Ninas Imanuel, 'y ddinas ucha' fry yn rhan fawr o'r Eglwys Gatholig'. Dengys cofnodion yn nyddiadur William Bulkeley o Frynddu, Llanfechell, Môn, fod plwyfolion yn mynychu gwasanaethau eglwysig yn ffyddlon oherwydd eu cariad a'u teyrngarwch at yr Eglwys. Nid oedd yr Eglwys yng Nghymru yn ddi-fai, ond yr oedd iddi le cynnes yng nghalonnau'r bobl. Y mae'n briodol cofio na fynnai un o'r arweinwyr Methodistaidd cynnar adael yr Eglwys Sefydledig. Ymgroesent rhag rhwygo'r wisg ddiwnïad, ac ni fynnent er dim beryglu safle a blaenoriaeth yr Eglwys Sefydledig yng ngolwg y wlad.

Gweithgarwch Llenyddol

Gwelsom eisoes fod arwyddion amlwg o ddeffro yn yr Eglwys, a bod yr Anghydffurfwyr, hwythau, yn cael dylanwad y tu hwnt i'w rhifedi ar fywyd ysbrydol y wlad. Ac yn y maes llenyddol gwelwyd y ddwy elfen hyn yn cydweithredu'n effeithiol i gyflwyno egwyddorion Cristnogol mewn ffordd ddeallus a dealladwy i bobl Cymru. Yr oedd rhyw ynni rhyfeddol yn y maes cyhoeddi yn ystod y blynyddoedd rhwng 1660 a 1730, a gellir priodoli hynny, i raddau, i ewyllys da'r Eglwyswyr a'r Anghydffurfwyr tuag at ei gilydd, a'u parodrwydd i gydweithio. Cydweithiodd Stephen Hughes a Charles Edwards gydag Eglwyswyr amlwg dan ambarél yr Ymddiriedaeth Gymreig. Drwy gymorth William Thomas, deon Caerwrangon ac Esgob Tyddewi wedi hynny, y cyhoeddodd Stephen Hughes argraffiad o waith y Ficer Prichard ym 1672, ynghyd â Thestament Newydd Cymraeg a chyfieithiad o Gatecism Perkins. Llwyddodd William Evans, yr Anghydffurfiwr o Gaerfyrddin, a Siôn Rhydderch, yr argraffwr a'r Eglwyswr o Amwythig, i ysgogi gweithgarwch llenyddol bywiog ar y cyd. A chydweithiodd Dafydd Lewys, ficer Llangatwg, ag Annibynwyr fel Rhys Prydderch ac Iaco ab Dewi er mwyn cyhoeddi llyfrau Cymraeg ar gyfer Cymry uniaith cyffredin.

Achoswyd cynnydd eithriadol yn nifer y llyfrau Cymraeg hefyd gan dwf y wasg ranbarthol, Deddf Goddefiad 1689 a datblygiad y cymdeithasau dyngarol. Ym 1695, llaciwyd amodau'r deddfau argraffu, ac agorwyd y ffordd i ddatblygiad gweisg rhanbarthol yn Amwythig, Trerhedyn a Chaerfyrddin. Er 1680, yr oedd Thomas Jones yr Almanaciwr wedi bod yn creu awydd ymhlith gwerin bobl i ddysgu darllen drwy gyhoeddi llyfrau Cymraeg yn Llundain, ac ym 1695 sefydlodd wasg newydd a hynod ffyniannus yn Amwythig. Agorwyd gwasg arall gan John Rogers yn Amwythig ym 1707, a phedair blynedd yn ddiweddarach sefydlodd Thomas Durston wasg lwyddiannus iawn yn yr un dref. Bu Siôn Rhydderch hefyd yn argraffu yn Amwythig rhwng 1715 a 1728. Drwy ymdrechion yr argraffwyr hyn datblygodd Amwythig yn brif ganolfan argraffu llyfrau Cymraeg yn ystod hanner cyntaf y ddeunawfed ganrif. Erbyn 1718, yr oedd digon o lenorion, noddwyr, diwygwyr a beirdd yn Nyffryn Teifi i sicrhau na fyddai gwasg leol yn ddigefnogaeth, a sefydlodd Isaac Carter, brodor o sir Gaerfyrddin, wasg yn Nhrerhedyn, neu Atpar, ym mhlwyf Llandyfrïog ym 1718. Hon oedd y wasg Gymraeg swyddogol gyntaf ar ddaear Cymru. Ym 1721, sefydlodd Nicholas Thomas, brodor o Genarth, wasg yng Nghaerfyrddin er mwyn cwrdd â'r alwad gynyddol am lyfrau. Erbyn y 1720au, felly, yr oedd modd cynnig gwasanaeth llyfryddol llawnach nag erioed o'r blaen yng Nghymru.

Pan basiwyd Deddf Goddefiad 1689, rhoddwyd ysgogiad newydd i Anghydffurfwyr ddarparu mwy o lyfrau i esbonio'u cymhellion, i daenu'r Efengyl, ac i greu traddodiad llenyddol grymus. Wedi i'r Ymddiriedaeth Gymreig wywo ym 1681, llanwyd y bwlch gan yr S.P.C.K. o 1699 ymlaen, gan roi cyfle i'r

Eglwyswyr, hwythau, fanteisio'n llawn ar y gair printiedig fel dull o genhadu. Diolch i'r holl weithgarwch amrywiol hwn, cafwyd cynhaeaf toreithiog yn y maes argraffu. Rhwng 1546 a 1660, dim ond tua 108 o lyfrau Cymraeg a welodd olau dydd. Ond rhwng 1660 a 1730, cyhoeddwyd o leiaf 545 o lyfrau Cymraeg, a 75% o'r rheini ar ôl 1700. Dengys y tabl isod faint y cynnydd:

1660-9	:	10
1670-9	:	39
1680-9	:	47
1690-9	:	43
1700-9	:	76
1710-19	:	150
1720-30	:	180
		545

Gan mai meithrin duwioldeb oedd prif nod awduron, llyfrau crefyddol oedd y mwyafrif helaeth o'r llyfrau hyn. Cafwyd ffrwd o Feiblau, Llyfrau Gweddi, Catecismau, llyfrau defosiynol, moesol ac athrawiaethol, ynghyd ag almanaciau a baledi. Cyfieithiadau o rai o lyfrau Saesneg mwyaf poblogaidd y dydd oedd y mwyafrif o'r llyfrau hyn. Cyfieithu o'r Saesneg oedd y dull hawsaf a chyflymaf o sicrhau bod Cymry uniaith yn cael darpariaeth gyson o lyfrau Cymraeg.

Symbylid y math hwn o gyhoeddi yn rhannol gan y bwgan Pabyddol a'r awydd i feithrin teyrngarwch i'r Goron a'r wladwriaeth. Er bod achos y Pab yn edwino yng Nghymru yn ystod oes yr Adferiad, yr oedd cryn bryder am ddyfodol Protestaniaeth. Gofidiai Protestaniaid fod offeiriaid Pabyddol yn dal i ledaenu eu ffydd yn ddistaw bach, ac yn arwain trueiniaid i ganol niwl a thywyllwch. Credent mai anwybodaeth oedd mamaeth Eglwys Rufain, ac mai'r dull gorau o fagu Protestaniaid uniongred oedd drwy ddosbarthu lliaws o lyfrau Cymraeg. Arswyd byw arall ym meddyliau pobl oedd gweld Rhyfel Cartref arall. Y farn gyffredinol ymhlith diwygwyr oedd fod angen undod a threfn yn anad un dim mwyach. O ganlyniad, math o ddiod gwsg oedd llawer o'r llyfrau a gyhoeddid, cyffuriau i leddfu anghydfod neu wrthwenwyn i dawelu cynnwrf. Ond uwchlaw pob dim arall, prif amcan y diwygwyr oedd achub eneidiau, meithrin moesoldeb ymarferol, duwioldeb a gweithredoedd da. 'Elusen i'r enaid yw gosod llyfr da yn llaw dyn,' meddai Stephen Hughes. Gwyddai ef yn fwy na neb fod darllen llyfr yn gallu ychwanegu'n ddirfawr at werth a dylanwad pregeth.

Daeth ei ddilynwyr i sylweddoli bod y gair printiedig yn rhagori ar dafodleferydd, fel y rhagora eira ar gawodydd glaw i ddyfrhau a bwydo'r ddaear. Credai Samuel Williams, ficer Llandyfrïog, a David Maurice, ficer Abergele, fod y golwg yn 'gennad ffyddlonach na'r glust', a bod 'y llythyren a ysgrifennir yn aros pan yw'r Gair a glywir yn diflannu'. Ni fynnent ar unrhyw gyfrif ddibrisio gwerth pregeth, ond gwyddent y gallai'r sawl a feddai ar lyfr ei gadw wrth ei ymyl, ei ddarllen wrth ei bwysau a myfyrio uwch ei gynnwys. Cymerid gofal i lunio llyfrau wedi eu cymhwyso at wir anghenion a dealltwriaeth Cymry difreintiedig. Cyflwyno didwyll laeth y Gair oedd y nod, gan osgoi 'ymadroddion parablaidd dysgedig'. 'Rhaid yw cropian cyn cerdded', meddai Rowland Vaughan, ac anogai Stephen Hughes ei gyd-awduron i osgoi 'llefaru neu 'sgrifennu yn y cymylau'. Cyflwynid prif fannau'r ffydd Gristnogol mewn priod-ddull ac arddull a oedd yn ddealladwy ac yn gymeradwy i bobl gyffredin. Lluniwyd corff helaeth ohonynt at wasanaeth y gorlan deuluol. Ystyrid y tylwyth yn feithrinfa i'r ifanc ac yn noddfa rhag pechod a drygioni. Yr oedd gan bob penteulu gyfrifoldeb i droi ei gartref yn eglwys fach, i 'ddwyn ymlaen elw eneidiau' ac i ddysgu plant sut i frwydro yn erbyn 'y cnawd, y byd a'r cythraul'. Disgwylid iddo osod ei blant a'i wasanaethyddion ar ben eu ffordd, a'u magu yn ofn yr Arglwydd.

Yn ganlyniad i'r gweithgarwch dyngarol, gwelodd y cyfnod hwn gynnydd aruthrol yn y nifer o Feiblau Cymraeg at wasanaeth lleygwyr. Cyn 1660, ni chyhoeddwyd ond rhyw 15,000 o gopïau o'r Beibl, neu rannau ohono, ond rhwng 1672 a 1727 cyhoeddwyd un argraffiad ar ddeg o'r Beibl neu rannau ohono, sef cyfanswm o 40,000 o gopïau. Dosbarthwyd rhai miloedd o Feiblau ymhlith y tlawd, ac yn ôl Griffith Jones, Llanddowror, buont yn sbardun i lawer o denantiaid anllythrennog ddysgu darllen a diwygio'u buchedd. Am y tro cyntaf yn hanes Cymru, dosbarthwyd Beiblau Cymraeg ar raddfa fawr, ac â threigl amser byddai'r Cymry'n dod mor gyfarwydd â daearyddiaeth Palesteina ag â thirwedd eu cynefin. Os oedd angen trwytho'r Cymry yn yr Ysgrythurau, yr oedd hefyd angen dangos iddynt o'r newydd beth oedd hanfodion y grefydd eglwysig. Cyhoeddwyd cnwd o argraffiadau hylaw a rhad o'r Llyfr Gweddi Gyffredin, er mwyn rhoi cyfle i bawb ddarllen y ffurfwasanaeth eglwysig, a gweld y fantais o fynychu'r Cymun yn rheolaidd. Cyhoeddwyd 32 argraffiad o'r Catecism neu esboniadau arno. Ofnai Moses Williams mai esgeuluso'r Catecism oedd y prif reswm am yr 'holl lifeiriant o annuwiolder a welwn ni yn y byd, a gwreiddyn pob drygioni'. Argraffodd ef fil o gopïau o'i *Gatecism Cymraeg* ym 1715, a'u dosbarthu ymhlith ei blwyfolion yn Llanwenog. Credai Anghydffurfwyr bro Teifi mai *Eglurhad o Gatechism Byrraf y Gymanfa* (1719) oedd y llyfr 'gorau yn nesaf at y Beibl a ddaeth yn Gymraeg hyd yn hyn'. Darllenai'r Eglwyswyr a'r Anghydffurfwyr waith ei gilydd. Ni welai William Evans, Pencader, ddim o'i le ar ddysgu Catecism Eglwys Loegr i blant Anghydffurfwyr, a defnyddid cyfieithiad Iaco ab Dewi o Gatecism Cymanfa Westminster yn ysgolion Griffith Jones, Llanddowror.

Ymosodai awduron ar 'wagedd y byd', **ar bechodau** megis meddwdod, halogi'r Sul, rhegi a thyngu, anlladrwydd a moethusrwydd. Ceisient ddwyn perswâd ar y Cymry i weld mai 'mam pechod' oedd meddwdod, mai pechod ysgeler oedd 'ofer a byrbwyll dyngu', ac mai gweithred gableddus oedd torri'r Saboth. Er mwyn dwysbigo cydwybod pechaduriaid, dangosid yn glir ym mha fodd y gallai Duw dywallt ffiolau ei ddicter arnynt. Yn ei lyfr brawychus, *Trugaredd a Barn* (1687), dyfynnodd James Owen dros 300 o enghreifftiau o Dduw'n barnu'r annuwiol 'er dychryn i'r drygionus, er cysur i'r daionus, ac er rhybudd i bawb'. Yn *Gweledigaetheu y Bardd Cwsc* tynnodd Ellis Wynne gyfres o ddarluniau cyffrous er mwyn dinoethi ffolineb y pechadur a dangos ei dynged anochel. Neges oerias iawn a oedd gan rai awduron wrth draethu am sicrwydd angau, Barn a chosbedigaeth dragwyddol. Yr oedd rhai o'u disgrifiadau o ddyfnder uffern a phoethder y tân yn ddigon i beri i'r pechadur gwytnaf grynu. Pan ddigwyddai anffawd neu drychineb annisgwyl, ni chollid cyfle i ddangos mai gwaith Duw dicllon oeddynt. Gwyddai diwygwyr crefyddol fod digwyddiadau annisgwyl a rhyfeddol yn gallu peri iasau ac ofnau mewn dynion. Yn sgîl storm enbyd ledled Cymru ym mis Tachwedd 1703 y cwblhaodd Samuel Williams ei *Amser a Diwedd Amser* (1707), er mwyn atgoffa'r Cymry am ddarfodedigrwydd einioes dyn ac am holl arteithiau uffern. Pan drawyd de-orllewin Cymru gan ymosodiad o'r teiffws rhwng 1726 a 1729, cyhoeddodd Jencin Jones *Dydd y Farn Fawr* (1727) er mwyn dangos â manylder brawychus arteithiau'r pwll diwaelod. Teimlai fod dyletswydd arno fel gweinidog yr Efengyl 'i ganu'r utgorn ac i'ch rhybuddio chwi o'r Farn'. Defnyddid yr athrawiaeth am gosbedigaeth dragwyddol fel arf yn y rhyfel parhaus yn erbyn pechod a llacrwydd moes. Trwy rygnu'n ddi-baid ar erchylltra uffern, bu'r diwygwyr hyn yn paratoi'r ffordd ar gyfer rhybuddion y Methodistiaid cynnar am sicrwydd barn.

Cyfieithwyd rhai cannoedd o lyfrau defosiynol poblogaidd i'w hastudio ar yr aelwyd. Yn wir, yr oedd llyfrau defosiynol yn cyfrif am 38% o'r holl lyfrau Cymraeg a gyhoeddwyd yn ystod y cyfnod hwn. Bu gwerthu mawr arnynt. Casglwyd 689 o danysgrifwyr i *Trefn Ymarweddiad Gwir Gristion* (1723-4), 352 i *Defosiwnau Priod* (1720) a 233 i *Holl Ddyledswydd Dyn* (1718). Rhoddwyd gwisg Gymraeg ar rai o lyfrau defosiynol Saesneg enwocaf yr ail ganrif ar bymtheg: *Yr Ymarfer o Dduwioldeb, Holl Ddyledswydd Dyn, Y Rhybuddiwr Christ'nogawl* a *Llyfr y Resolusion,* a gadawsant argraff ddofn ar eu darllenwyr. Credai Charles Edwards fod *Yr Ymarfer o Dduwioldeb* yn 'llyfr godidog tuag at adeiladaeth ysbrydol', a synnodd at ddylanwad y gwaith hwnnw ar brifiant ysbrydol ei gymdogion. Honnodd hefyd fod *Llyfr y Resolusion* wedi bod yn gyfrwng i 'ddryllio'r creigiau a braenaru calonnau caled y pechaduriaid anystywallt', a dywedodd Thomas Jones yr Almanaciwr ei fod cystal llyfr â'r un am berswadio pobl i 'ddewis a derbyn iechydwriaeth tragwyddol i'w heneidiau'. Bu'r llyfrau hyn yn gymorth i Fethodistiaid cynnar ddod i lawn sicrwydd ffydd. Yn ôl ei dystiolaeth ef ei hun, galwyd Howel Harris o 'farwolaeth i fywyd' wrth ddarllen *Holl Ddyledswydd Dyn.*

At hynny, cyhoeddwyd nifer sylweddol o lyfrau treiddgar ac ymholiadol a oedd yn pwysleisio'r profiad goddrychol, yn ceisio argyhoeddi'r galon yn ogystal â goleuo'r deall, ac yn dweud wrth ddynion beth oedd raid ei wneud fel y byddent gadwedig. Ymhlith y rhai mwyaf poblogaidd yr oedd *Galwad i'r Annychweledig* (1677), *Hyfforddwr Cyfarwydd i'r Nefoedd* (1693), *Dwys Ddifrifol Gyngor i Hunan-ymholiad* (1713) ac *Y Cywyr Ddychwelwr* (1727). Prif bwrpas y llyfrau hyn oedd dysgu dyn sut i frwydro yn erbyn y drygioni yn ei enaid, a sut i adnabod gras Duw. Disgrifient yr hyn a ddigwyddai i gorff ac enaid dyn pan ddeuai gras Duw i'w hadfywio. Drwy adnewyddu'r galon crëid dyn o'r newydd. Cyhoeddent yn groyw na ellid bod yn Gristion heb brofi ailenedigaeth ac ymosodent yn chwyrn ar foesoldeb sych a rhagrithiol yr 'hanner Cristion'. Siarsient y darllenydd i durio'n ddyfnach na 'chibyn neu flisgyn y cnawd', i bigo allan bob brycheuyn, ac i ddod i adnabod tywyniadau gras. Byrdwn eu neges oedd fod calon lawn gras yn bwysicach na phen llawn gwybodaeth.

Eilun mawr y Cymry oedd John Bunyan, ac yr oedd mynd mawr ar gyfieithiadau o'i waith. Cyhoeddwyd *Taith y Pererin* ym 1688, 1699, 1713 a 1722, ynghyd ag ail ran y saga enwog ym 1713 a 1730. Tystiai diwygwyr o bob gogwydd diwinyddol i ddylanwad *Taith y Pererin* ar dyfiant ysbrydol y Cymry. Gwnaeth fwy na galw'r anedifeiriol yn ôl at Dduw. Dysgodd fod gwobr yn disgwyl pob pererin dewr a oedd yn barod i frwydro'n ddi-ildio dros ei gred mewn byd lle'r oedd gwrthgilio a chyfaddawdu'n rhemp. Cafodd cyfieithiad Iaco ab Dewi o un arall o weithiau Bunyan, *Tyred a Groesaw at Iesu Grist* (1719), ddylanwad mawr ar rai o gewri'r ffydd yn y ddeunawfed ganrif. Canfu Howel Harris, William Williams, Pantycelyn, a Richard Tibbott fod cyflawnder o gysur a chynhesrwydd ysbrydol ynddo. Dwysbigwyd calon Evan Williams, y diwygiwr ifanc o Gwmllynfell, wrth ei ddarllen, a dywedodd Edmund Jones, Pont-y-pŵl, fod llawer o'i gydwladwyr wedi clodfori Duw am ofalu bod y fath lyfr yn gweld golau dydd. Ond ym mhrofiad eirias David Jones o'r Dugoed yn Llanlluan y ceir y dystiolaeth huotlaf i ddylanwad y llyfr hwn. Wrth ei fod yn darllen y gwaith mewn cae ger ei gartref, meddai, 'bu'n wiw gan Dduw Hollalluog ddangos i mi oleuni mawr, a'r llais oedd, yr wyf yn barod i'th dderbyn, tyred ataf, a pharodd hynny i mi fod yn barod iawn i fod yn eiddo iddo Ef'.

Y mae'r llyfrau hyn yn tystio i ofal diwygwyr crefyddol yr oes dros gyflwr eneidiau'r bobl, ac i'w hawydd i'w cryfhau yn y ffydd. Gellir canfod yn y llyfrau hefyd rai o'r nodweddion hynny a ddaeth yn rhan o deithi Methodistiaeth gynnar, sef pryder ynghylch yr enaid unigol, hunan-ymholi treiddgar, pwyslais ar angerdd, emosiwn a dwyster teimlad, ymwybyddiaeth o anfeidrol ras, cariad a maddeuant Duw, ac ymwybod cyson o agosrwydd angau a thragwyddoldeb. Drwy'r llyfrau hyn y daeth neges Luther yn wybyddus i'r Cymry.

Dull pwysig arall o drosglwyddo'r genadwri Brotestannaidd oedd y canu crefyddol. Credai diwygwyr fod modd ennill clust a chalon y Cymry drwy bregethu, cynghori a moesoli ar gân. 'Difyr a hoff gan lawer o'r Cymry ddarllen a chanu cerdd Gymraeg', meddai Thomas Jones yr Almanaciwr. I'r sawl a gâi anhawster i gofio neu i ddilyn pregeth, yr oedd barddoniaeth grefyddol yn gaffaeliad mawr. Ceisiai diwygwyr a beirdd mewn gwahanol ardaloedd yng Nghymru gydio yn nhraddodiadau eu bröydd fel cyfrwng i ddwyn gwybodaeth achubol i sylw eu cydwladwyr. Yng

Ngwynedd ac yn y Canolbarth, tyfodd y traddodiad o ganu rhydd ar y mesurau carolaidd. Er mai blêr ac anwastad oedd y canu hwn, llwyddodd y dyrïau a'r baledi mwyaf awgrymog i blannu'r gwirioneddau Cristnogol ym meddyliau'r Cymry. Yn ne-orllewin Cymru, gwelwyd oes aur canu halsingod rhwng 1662 a 1722. Yn Nyffryn Teifi, sef un o ardaloedd mwyaf ffrwythlon Methodistiaeth gynnar, lluniwyd halsingod neu garolau crefyddol wrth y cannoedd gan offeiriaid i'w llafarganu ar yr aelwyd neu yn yr eglwysi. Er nad oedd fawr o deilyngdod llenyddol yn perthyn i'r halsingod, cydiasant yn nychymyg y bobl am eu bod yn hawdd i'w dysgu a'u llafarganu. Credai Erasmus Saunders fod gwladwyr syml yn derbyn mwy o fudd drwy ddysgu halsingod sathredig na thrwy wrando pregeth neu ddysgu'r catecism.

Y casgliad mwyaf poblogaidd o ganeuon crefyddol oedd *Canwyll y Cymry* Rhys Prichard. Nid gormod dweud bod y gwaith hwn wedi ei fabwysiadu fel cerdd-lyfr y Diwygiad Protestannaidd yng Nghymru. Cyhoeddwyd 14 argraffiad rhwng 1658 a 1730. Achubwyd llawer o'r cyfansoddiadau gan Stephen Hughes, a bu ef yn gyfrifol am gyhoeddi pedwar casgliad gwahanol o'i gerddi cyn 1681 a'r cwbl ynghyd ym 1681. Yn ystod y cyfnod hwnnw, sylwodd Hughes fel yr oedd mesurau syml a chofiadwy Rhys Prichard yn glynu yng nghof gwerinwyr. Tystiodd fod *Canwyll y Cymry* wedi denu pobl i ddarllen y Beibl, i wrando pregeth yn fwy astud, ac i fynychu gwasanaethau crefyddol yn fwy rheolaidd. Dengys ewyllysiau a rhestri o lyfrau a oedd ym meddiant pobl gyffredin fod *Canwyll y Cymry* wedi ennill lle diogel yn eu calonnau. Rhyfeddai'r dyngarwr Robert Nelson at allu Cymry cyffredin ac anllythrennog i ddyfynnu rhannau helaeth o waith yr Hen Ficer wrth roi cyfrif o'u ffydd. Daeth caniadau Rhys Prichard yn rhan o faes llafur ysgolion cylchynol Griffith Jones, ac yn batrwm mydryddol i rai o emynau Williams Pantycelyn. Llosgodd cannwyll y Ficer Prichard ar aelwydydd Cymru am dros ddau gan mlynedd, ac anodd gorbwysleisio dylanwad ei waith ar dwf ymwybyddiaeth grefyddol ymhlith y Cymry.

Dosbarthu a Darllen

Drwy sicrhau nawdd gwŷr bonheddig a chasglu tanysgrifiadau rhag blaen, yr oedd modd cyhoeddi argraffiadau pur swmpus o'r llyfrau hyn, a'r rheini'n amrywio o 500 i 5,000 o gopïau. Erbyn dechrau'r ddeunawfed ganrif, yr oedd yn bosibl i lyfrwerthwyr a llyfr-rwymwyr ennill bywoliaeth dda. Dechreuwyd dosbarthu llyfrau Cymraeg i bob rhan o'r wlad. O'r 1680au ymlaen bu masnachwyr, cigyddion a groseriaid yn gweithredu fel cyfanwerthwyr dros Thomas Jones yr Almanaciwr, a golygai hyn y gellid prynu llyfrau nid yn uhig mewn trefi marchnad fel y Bala, Dolgellau, Caerfyrddin, y Fenni, Aberhonddu, Dinbych, Rhuthun a'r Wyddgrug, ond hefyd mewn mân drefi fel Llanddaniel-fab, Corris, Caersŵs, Trawsfynydd a Threfaldwyn. Teithiai argraffwyr a chyhoeddwyr i brif ffeiriau a marchnadoedd y wlad i werthu eu stoc. Llogent bedleriaid i werthu llyfrau o ffair i ffair, o farchnad i farchnad, ac o dŷ i dŷ. Dosbarthai asiaint yr Ymddiriedaeth Gymreig a'r S.P.C.K. lyfrau wrth y dwsinau, a rhaid fod awduron eraill heblaw Theophilus Evans a oedd yn rhoi copïau o'u llyfrau am ddim i bob teulu tlawd yn eu plwyf. Rhwng 1708 a 1711, sefydlodd yr S.P.C.K. lyfrgelloedd esgobol ym Mangor, Caerfyrddin, y Bont-faen a Llanelwy, ynghyd â lliaws o lyfrgelloedd plwyf at wasanaeth offeiriaid tlawd.

Mae'n amhosibl dweud faint yn union o bobl Cymru a oedd yn medru darllen y llyfrau hyn, ond nid oes amheuaeth na fu cynnydd pendant yn y nifer o wŷr a gwragedd llythrennog yn y cyfnod hwn. Gellir priodoli hyn i raddau i esiampl a dylanwad unigolion fel Stephen Hughes a Thomas Jones yr Almanaciwr. Drwy gyrchu'r di-gred a'r annysgedig i'w gorlannau, yn ogystal â thrwy gyhoeddi ffrwd o lyfrau Cymraeg, llwyddodd Stephen Hughes i chwyddo cyfartaledd y Cymry llythrennog ac i droi gwerinwyr y wlad yn geidwaid yr iaith. Dilynodd diwygwyr eraill ei esiampl drwy gynnwys yn eu llyfrau ganllawiau i'r anllythrennog, megis yr wyddor Gymraeg, rhestri o eiriau unsill a deusill, a chyfarwyddyd ynglŷn â sut i rifo. Ni wnaeth neb fwy na Thomas Jones yr Almanaciwr i ledaenu llyfrau Cymraeg rhad, a rhoi cyfle i bobl anfreintiedig i brofi bendithion y gair printiedig. Er mai bylchog oedd y ddarpariaeth addysgol, yn enwedig yng nghefn gwlad, yr oedd nifer yr ysgolion elfennol yn lluosogi. Fel y gwelwyd yn y bennod ddiwethaf, sefydlwyd llu o ysgolion gan yr Ymddiriedaeth Gymreig a'r S.P.C.K. yng Nghymru, a bu'r rhain yn sail i'r chwyldro mewn addysg a gyflawnwyd gan ysgolion teithiol Griffith Jones. Cynyddu a wnâi'r nifer o fân ysgolion lle byddai curad neu weddw dlawd yn cynnig ychydig addysg elfennol i bobl a phlant na fedrent fforddio addysg fwy ffurfiol. Ym 1714, honnodd William Lewis o Fargam nad oedd odid blwyf yn ei ardal ef heb ysgol breifat o ryw fath. Ni allai'r sefydliadau hyn lai na chwyddo nifer y rhai a allai ddarllen. Dan nawdd yr Ymddiriedaeth Gymreig ym 1678, dosbarthwyd 5,186 o lyfrau Cymraeg ymhlith 'pobl dlawd a fedrai ddarllen Cymraeg'. Amcangyfrifodd Edward Tenison ym 1710 fod 760 o bobl ddistadl mewn 29 o blwyfi yn archddiaconiaeth Caerfyrddin yn medru darllen y llyfrau Cymraeg a rennid yn eu plith gan asiaint yr S.P.C.K.

Gan nad oedd modd i bob plentyn fynychu ysgol, gwasgai diwygwyr ar benteuluoedd llythrennog i hyfforddi eu plant a'u gwasanaethyddion. Disgwylid i'r 'penteulu carcus cymwys', chwedl y Ficer Prichard, ddarllen yn uchel ddarnau o'r Beibl a llyfrau defosiynol i'r rhai na fedrent ddarllen, a thrwy hynny drosglwyddo'r genadwri Brotestannaidd ar dafodleferydd i'w dylwyth. Yr oedd clywed llyfr yn aml yn gam cyntaf ar y ffordd i ddysgu sut i'w ddarllen, ac yr oedd y miloedd o lyfrau ABC a gyhoeddwyd yn ganllawiau anhepgor i benteuluoedd ac yn arfau pwysig yn y rhyfel yn erbyn anllythrennedd. Hawdd credu bod y llyfrau niferus a gyhoeddwyd yn y cyfnod hwn wedi rhoi hwb o'r newydd i'r traddodiad llafar, oherwydd yr oedd gan bobl lythrennog bellach fwy o ddeunydd printiedig wrth law i'w drosglwyddo ar lafar. Yn ôl William Morris, nid oedd neb yn medru darllen Cymraeg ym mhlwyf Llanfihangel Tre'r-beirdd tua'r 1680au 'onid un gŵr gwreng, sef Sion Edwart y Cowper, at yr hwn y byddai'n myned lanciau'r plwyf i ddysgu darllen gwaith Tomos Jones y sywedydd . . . Pwy a ŵyr na buasech chwi a minnau'n anllythrennog oni buasai i'r hen gorffyn o Glorach addysgu nhad, ac felly rhoddi cychwyn i'r dawn bendigaid hwnnw'. Tystiai pobl yn aml i'r gwaith addysgol a wnaed ar yr aelwyd. Yn ôl Erasmus Saunders, arferai bugeiliaid a gweision yn ne-orllewin Cymru gadw cyrddau darllen yn eu tai. Âi gwŷr llythrennog ym Morgannwg o ardal i ardal deirgwaith yr wythnos i ddysgu'r wyddor i bobl ddistadl.

Amrywiai'r cyfartaledd o bobl lythrennog o radd i radd mewn cymdeithas, ac o le i le. Dibynnai gallu dyn i ddarllen ar ei safle economaidd, ac ar ei awydd i ymddiwyllio a'i wella ei hun. Fel y gellid disgwyl, yr oedd pendefigion, boneddigion, offeiriaid, meddygon, cyfreithwyr, masnachwyr, swyddogion sifil ac athrawon yn bobl lythrennog ac yn danysgrifwyr rheolaidd i lyfrau Cymraeg. Ond dengys y rhestri o danysgrifwyr a gynhwysid o fewn cloriau'r llyfrau mai ffermwyr a chrefftwyr a oedd yn bennaf cyfrifol am ysgogi'r galw am lyfrau crefyddol. Bu rhydd-ddeiliaid ac iwmyn cysurus eu byd yn gefn cyson i bob ymgyrch lenyddol. Gan nad oeddynt yn gaeth i ewyllys tirfeddianwyr mawrion, medrent sefyll ar eu sodlau eu hunain. Yr oedd llawer ohonynt yn ddynion annibynnol eu byd a'u barn, a rhoddent le pwysig i faterion yr enaid ar eu haelwydydd. Tynnai crefftwyr, hwythau, eu hysbrydiaeth o'r Grefydd Ddiwygiedig, ac yr oeddynt yn fwy gwybodus o dipyn na phobl gyffredin. Yn ôl un o ohebwyr Edward Lhuyd yn y 1690au, yr oedd cymaint â 300 o grefftwyr—gofaint, seiri, llyfr-rwymwyr, cryddion a gwehyddion—ym mhlwyf Cellan yng Ngheredigion a fedrai 'roi cyfrif da iawn o'u ffydd'. Yr oedd gan grefftwyr fel hyn y fantais o fedru cadw llyfr yn agored o'u blaen yn y gweithdy, a medrent drafod a dadlau gyda'u cwsmeriaid a'u cyfeillion wrth gyflawni eu dyletswyddau beunyddiol. Y mae'n bwysig cofio mai o blith yr elfennau hyn y tynnodd y diwygwyr Methodistaidd y mwyafrif o'u canlynwyr. Prin y buasai'r Methodistiaid wedi cael cymaint o ddylanwad oni bai fod y bobl lythrennog a llafar hyn yn ddigon aeddfed eu cred i fedru ymateb yn llwyr i'w hapêl. Ffenomen gymhleth o wahanol bwerau a chymhellion oedd Methodistiaeth yng Nghymru, ond pe na buasai'r genhedlaeth cyn 1735 wedi cyflyru'r Methodistiaid i fanteisio ar neges eu harweinwyr buasai'r cynhaeaf a fedwyd gan Howel Harris a Daniel Rowland wedi bod yn brinnach o lawer.

XIV   Y DIWYGIAD METHODISTAIDD

Yn ystod dauddegau a thridegau'r ddeunawfed ganrif cafwyd diwygiadau efengylaidd yn America, yr Almaen, Lloegr a Chymru. Dechreuodd y diwygiadau hyn yn hollol annibynnol ar ei gilydd, ac fe'u dehonglwyd fel ffordd Duw o ddatguddio'i ewyllys i'w bobl. Credai'r Methodistiaid yng Nghymru mai llaw Duw a oedd y tu ôl i'w llwyddiant, a'u bod yn byw mewn cyfnod breiniol. Y Methodistiaid, yn ôl Robert Jones, Rhos-lan, 'yw y rhai y cyfododd Haul Cyfiawnder arnom'. Wrth fwrw golwg yn ôl, credai William Williams, Pantycelyn, fod yr haul wedi disgleirio ar Gymru ym 1735 gan mai yn y flwyddyn honno y profodd Howel Harris a Daniel Rowland dröedigaethau ysgytwol. Cyn hynny, meddai, yr oedd Cymru'n drobwll o ddywyllwch marwol ac anfoesoldeb rhonc. Cytunai Robert Jones yn llwyr: 'anwybodaeth a thywyllwch dudew oedd yn gorlenwi'r wlad, ac anystyriol a phechadurus oedd agwedd ein gwlad yn y dyddiau tywyll hynny'. Peth naturiol oedd i'r Methodistiaid geisio pwysleisio newydd-deb a grym eu dylanwad, ond rhaid bod yn ofalus rhag derbyn popeth a ddywedent yn anfeirniadol. Nid troedio tir heb ei fraenaru a'i hau a wnaeth y diwygwyr Methodistaidd. Paratowyd y ffordd gan weithgarwch yr ysgolion elusennol a theithiol, gan fwrlwm y gweisg, a chan ymroddiad dygn offeiriaid a gweinidogion cydwybodol. Gwreiddiodd Methodistiaeth gynnar yn yr ardaloedd hynny lle'r oedd Anghydffurfiaeth yn gryf. Plant esgobaeth Tyddewi oedd yr arweinwyr cynnar, a Llangeitho a Threfeca oedd y prif ganolfannau. Diwygiad lleol ydoedd yn y lle cyntaf, ac nid oes unrhyw le i gredu bod Cymru gyfan wedi cael ei hysgwyd gan rym ei genadwri.

Y Ffordd Fethodistaidd

Nid protest yn erbyn tlodi a gwendidau'r Eglwys Sefydledig oedd Methodistiaeth gynnar. Ni fynnai un o'r arweinwyr cynnar ymwahanu oddi wrth yr Eglwys. Yn wir, rhoesant bob gewyn ar waith i rymuso cenhadaeth y sefydliad eglwysig. Eto i gyd, nid oedd pob Methodist o reidrwydd yn Eglwyswr. Gallai Annibynwyr neu Fedyddwyr gael eu cyfrif yn Fethodistiaid os oedd eu dull o ymddwyn a gweithredu'n ymdebygu i ddyheadau'r efengylwyr. Osgo meddwl yn fwy na dim oedd Methodistiaeth yn y lle cyntaf. Pan soniodd Edmund Jones am 'y ffordd Fethodistaidd', gwyddai mai bwriad pennaf y diwygwyr a dramwyai'r ffordd honno oedd chwistrellu grym a bywyd newydd i fywyd crefyddol yr oes. Felly, er mai mudiad Eglwysig oedd Methodistiaeth gynnar yn bennaf, yr oedd, fel yn y Mabinogi gynt, 'amryw flawd' yng nghelwrn Methodistiaeth. Hawdd deall paham. Cafodd y Methodistiaid eu magu mewn ardaloedd a oedd wedi cael eu gwrteithio'n dda gan yr Anghydffurfwyr. Addysgwyd Howel Harris a Williams Pantycelyn yn academi Anghydffurfiol Llwyn-llwyd, a bu Daniel Rowland ar ei ennill o fod yn gyfaill i Phylip Pugh, gweinidog gyda'r Annibynwyr yng Nghilgwyn. Teg dweud hefyd fod yr arweinwyr Methodistaidd yn ymwybodol o'r ffaith mai ar gyff athrawiaethau Luther a Calvin y blagurodd eu ffydd. Yr oeddynt yn ymwybodol o'u gwreiddiau. Câi cyfrolau'r Piwritaniaid le blaenllaw ar eu silffoedd. Credai Thomas Jones, ficer Cwm-iou yn sir Fynwy, mai pregethu'r 'hen athrawiaeth Biwritanaidd dda' a wnâi George Whitefield a'i gyd-Fethodistiaid. Ym 1745, dywedodd Howel Harris ei fod yn 'meddwl ein bod i gyd yn cytuno â'r hen ddiwygwyr a'r Piwritaniaid uniongred; edmygaf eu gwaith yn fawr'. Nid yr Esgob Warburton oedd yr unig un a gredai mai 'hen ffanatigiaeth Biwritanaidd' ar ei newydd wedd oedd Methodistiaeth.

Nid creadigaeth o ddim oedd Methodistiaeth yng Nghymru. I raddau helaeth, tarddai o'r oes a'i rhagflaenodd. Tyfodd o'r elfennau a'r mudiadau a fuasai ar waith yn y cyfnod blaenorol. Eto i gyd, ymddangosai Methodistiaeth fel rhywbeth newydd am fod iddi elfen efengylaidd. Gwisgai'r arweinwyr hen genhadaeth y Diwygiad Protestannaidd mewn dillad newydd. Yn fwy na neb erioed o'u blaen, rhoesant le canolog i'r profiad mewnol goddrychol. Crefydd y galon oedd Methodistiaeth. 'Yr ydym ni'n pregethu i'r galon a'r ysbryd', meddai Howel Harris. Dynion 'mewn twym ias' oeddynt, a chyffyrddent â chalonnau eu gwrandawyr drwy bregethu'n wresog ac yn gynnes. Nid oeddynt yn ddibris o ddiwylliant ac 'addysg pen', ond honnent nad oedd dysg yn ddim byd mwy na llawforwyn gras. Ac wrth i'r mudiad ennill tir, gwelwyd emosiwn, sêl, brwdfrydedd a dwyster teimlad yn datblygu'n rhan annatod o'u ffurf o addoli.

Profodd pob un o'r arweinwyr Methodistaidd ar wahanol adegau ac mewn amryfal ffyrdd dröedigaethau ysbrydol. Cyfaddefodd pob un ohonynt fod saeth argyhoeddiad wedi dwysbigo'u calonnau, a'u gorfodi i fynd allan i achub eneidiau fel pentewynion o'r tân. Nid profiadau benthyg, dros-dro a gawsant, ond rhyw gyffroadau ysbrydol a'u meddiannodd yn llwyr. Pan aeth Howel Harris drwy fwlch yr argyhoeddiad ym Mehefin 1735, teimlodd ei galon 'yn toddi o'm mewn, fel cwyr o flaen y tân, o gariad at Dduw fy Iachawdwr'. Mae'n bwysig cofio mai dynion ifainc iawn oedd yr arweinwyr pan ddaeth y profiadau ysgytwol hyn i'w rhan: 21 oedd Howel Harris, 22 oedd Daniel Rowland, 19 oedd Williams Pantycelyn, 22 oedd Howel Davies ac 20 oedd Peter Williams. Llanciau ifainc, nwydus felly oedd arweinwyr cynnar y mudiad Methodistaidd, prentisiaid a oedd yn brin o wybodaeth, yn simsan eu diwinyddiaeth, ac yn ddigon diystyrllyd o'r brodyr hŷn. Ond oherwydd y weledigaeth a gawsant, yr oedd rhyw sêl ysol a beiddgarwch cafalîr yn eu gyrru ymlaen i bregethu na ellid bod yn Gristion heb brofi ailenedigaeth.

Nid o blith haenau isaf y gymdeithas y daeth arweinwyr y mudiad. Yr oeddynt oll yn ddynion â rhyw gymaint o adnoddau materol wrth gefn. Er na bu'r un ohonynt mewn prifysgol, cawsant well addysg na'r cyffredin. Mab i saer coed oedd Howel Harris, teiliwr cyfoethog oedd ei frawd Thomas, a daliai ei frawd arall, Joseph, swydd gyfrifol yn y Bathdy Brenhinol yn Nhŵr Llundain. Cafodd Harris ei addysg yn academi Llwyn-llwyd, bu'n athro wedyn yn Nhrefeca a Thalgarth, a phriododd ferch i ŵr bonheddig o sir Frycheiniog, sef Anne Williams, ym 1744. Mab i offeiriad o blwyf Nancwnlle yng Ngheredigion oedd Daniel Rowland, ac fe'i haddysgwyd yn ysgol ramadeg Henffordd. Clyd oedd ei fyd yntau pan briododd Eleanor Davies, merch o deulu bonheddig Caerllugest, ym 1734. Ni bu raid i William Williams frwydro am ei damaid ychwaith: rhydd-ddeiliad oedd ei dad, fe'i hanfonwyd i academi Llwyn-llwyd, ac wedi 1743 aeth i fyw ar stad ei fam ym Mhantycelyn ger Llanymddyfri. Yr oedd amgylchiadau Howel Davies hefyd yn gysurus: fe'i haddysgwyd yn ysgol Llanddowror, bu'n athro yn Nhalgarth am gyfnod, a phriododd Catherine Poyer, etifeddes plas y Parciau, Henllan Amgoed. Hanai Peter Williams, yntau, o deulu clyd a duwiol, a derbyniodd ei addysg yn ysgol ramadeg Caerfyrddin. Dynion diogel eu byd felly oedd yr arweinwyr Methodistaidd, yn mwynhau pob cysur tymhorol, ac nid heb barch yn eu hardaloedd.

Gwyddom gryn dipyn am Howel Harris (1714-73) oherwydd ni wnaeth yr un Cymro arall yn ei ddydd nac o'i flaen ddatguddio cymaint o'i bersonoliaeth, ei fyfyrdodau, ei brofedigaethau a'i cbeithion. Gadawodd 294 o ddyddiaduron, a mwy na 2,000 o lythyrau ar ei ôl. Mab i grefftwr ym mhlwyf Talgarth yn sir Frycheiniog ydoedd, ac ar ôl ei dröedigaeth ysgytwol ym 1735 rhoes ei fryd ar gymryd urddau eglwysig. Ond fe'i gwrthodwyd, ac er gwaethaf ei ymdrechion i berswadio'r awdurdodau eglwysig i'w dderbyn i'r tresi llawnion, bu raid iddo ymfodloni ar fod yn lleygwr ar hyd ei oes. Ond ni ddigiodd wrth yr Eglwys: arhosodd yn Eglwyswr selog hyd ei fedd, gan gymuno ac ymprydio'n gyson, ac annog ei ddilynwyr i ymgroesi rhag torri'n rhydd o'r Eglwys. Serch hynny, gwyddai'n dda am y gwendidau ym mheirianwaith y gyfundrefn eglwysig, ac ni phetrusodd ynghylch torri ei rheolau a'i thraddodiadau. Ef oedd gwir arloeswr y mudiad Methodistaidd, a chredai llawer un yn ystod ei oes ei fod wedi'i anfon 'oddi uchod'. Gwnaeth argraff hynod ar ei gydwladwyr yn rhinwedd ei ddawn fel pregethwr. Ym 1748, dywedwyd bod brodyr y Gogledd 'yn hiraethu am ei weld ef yn fawr, a bod hyd yn oed y dynion annuwiol yn chwennych gwrando arno'. Ond fel trefnydd y gwasanaethodd y mudiad orau, a'i ddelw ef sydd ar y gyfundrefn arbennig a sefydlwyd i arolygu'r holl weithgarwch. Yr oedd balchder a hunan-bwysigrwydd yn elfen amlwg yng nghymeriad Howel Harris. Cyhoeddai'n gyson mai ef oedd 'Tad y Gwaith'. Gŵr garw a cheryddgar ydoedd, ac yn ei wylltineb gallai frathu a brifo teimladau pechadur a chyfaill fel ei gilydd. Yr oedd rhyw ddeuoliaeth yn ei bersonoliaeth: weithiau byddai'n dyner, bryd arall yn sarrug, weithiau'n oddefgar, bryd arall yn wargaled, weithiau'n ddewr, bryd arall yn llawn ofnau parlysol. Gwelodd ei siâr o garwriaethau stormus, ac fe'i llethid ym aml gan flysiau rhywiol. Câi byliau o ddigalondid dwfn yn aml, a phwysai'n drwm ar yr adegau hynny ar hen gyfeillion fel Griffith Jones, Llanddowror, ac Edmund Jones, Pont-y-pŵl. Ar lawer ystyr, yr oedd Howel Harris yn ddeddf iddo'i hun, ac y mae'n amheus iawn a fu'r un Cymro erioed yn hollol yr un fath ag ef. Tystiai ei gyfoeswyr fod rhyw arbenigrwydd yn perthyn iddo, ac mai ef, yn anad neb, a roes Gymru ar dân. Flwyddyn cyn marwolaeth Harris ym 1773, talwyd teyrnged nodedig iddo gan Edmund Jones: 'chwi, syr, trwy ffafr rhagluniaeth Duw a fu wrth wraidd hyn i gyd, dyweded eraill a fynnont'. Beth bynnag yw ein barn am Howel Harris fel dyn, nid oes amheuaeth na fu ei weledigaeth a'i weithgarwch yn ddylanwad aruthrol fawr ar dwf Methodistiaeth yng Nghymru.

O'i gymharu â Howel Harris, ychydig iawn sy'n wybyddus am Daniel Rowland (1713-90). Cafodd pregeth rymus a draddodwyd gan Griffith Jones yn Llanddewibrefi ym 1735 argraff ddofn arno, ac ni allai lai na mynd rhagddo i rybuddio pobl rhag eu pechodau. Cyfarfu â Howel Harris yn eglwys Defynnog ym 1737, a phenderfynodd y ddau lansio ymgyrch i efengylu dros gylch eang. Pregethwr oedd Daniel Rowland, uwchlaw pob dim arall. Ni feddai ar ddawn Harris i osod trefn ar bethau, ond yr oedd pawb yn gytûn mai ganddo ef yr oedd y tafod aur. Yn ôl Pantycelyn, Rowland oedd 'y pennaf un ohonynt oll' yn y pulpud. Tynnai ei bregethu enaid-gynhyrfiol dyrfaoedd mawrion o bob rhan o'r wlad i'w gyfarfodydd pregethu yn Llangeitho. Yn wir, daeth Llangeitho'n rhyw fath o Feca i bererinion clwyfus. Yno dangosai Rowland fod iddo'r gallu prin i ysgwyd cynulleidfa fel yr ysgydwir cae gwenith gan chwa o wynt. Tystiai pobl sir Gaerfyrddin na chlywsant 'erioed ei gyffelyb yn Eglwys Loegr ond Griffith Jones'. O holl sêr llachar yr arweinwyr Methodistaidd, Daniel Rowland oedd yr un a lwyddai orau i feddwi ei wrandawyr ar win ei draddodi. Yfodd John Williams, Dolwyddelan, y gwin hwnnw 'nes yr oeddwn i wedi meddwi fel ffŵl; a dyna lle y bûm i, ac ugeiniau gyda mi, heb feddwl dim am flinder, yn gweiddi, a rhai ohonom yn neidio am oriau'.

Os Daniel Rowland oedd y pregethwr mwyaf swynol yn rheng flaen y Methodistiaid, prif lenor ac emynydd y mudiad oedd William Williams, Pantycelyn (1717-91). Anghydffurfiwr ydoedd o ran tras a magwraeth, ond troes at yr Eglwys tra oedd yn ŵr ifanc, a chafodd ei urddo'n ddiacon i Theophilus Evans ym 1740. Oherwydd ei sêl Fethodistaidd, ni chafodd ei urddo'n offeiriad. Rhoes y gorau i'w guradiaeth ym 1743, ac ymgysegru i wasanaethu'r mudiad Methodistaidd. Yr oedd Williams Pantycelyn yn ŵr a fynnai ymgydnabod â phob cangen o wybodaeth, ac o ran diwylliant a dawn artistig yr oedd ben ac ysgwydd uwchlaw ei gyd-arweinwyr. 'Yn erbyn dysg nid ydwyf', meddai, a rhwng 1762 a 1777, pan oedd rhwng 45 a 60 oed, cyhoeddodd doreth o ryddiaith wreiddiol odidog. Ef oedd bardd rhamantus cyntaf Cymru, a thad y delyneg Gymraeg a'r canu rhydd diweddar. Ond myn y genedl ei gofio'n bennaf fel emynydd. Lluniodd dros fil o emynau a ddaeth yn rhan amhrisiadwy o etifeddiaeth ysbrydol a diwylliannol y genedl. Camp fawr 'Y Pêr Ganiedydd' oedd llwyddo i gostrelu profiad, cyffro ac ecstasi'r mudiad Methodistaidd yn ei emynau a'i ryddiaith.

Pregethu

Prif nodwedd Methodistiaeth gynnar yng Nghymru oedd gallu ei harweinwyr i bregethu'n rymus-loyw. Pregethwyr oeddynt uwchlaw popeth, ac yr oeddynt yn barod 'i fynd dros y byd i bregethu Iesu Grist ac iechydwriaeth gwaed y Groes'. 'Gwae fydd i mi oni phregethaf yr Efengyl' oedd eu harwyddair, ac yn eu hysfa danbaid i ennill eneidiau defnyddient ddulliau 'afreolaidd' a chynhyrfus wrth genhadu, megis pregethu teithiol, pregethu yn yr awyr agored mewn mynwentydd, ffeiriau a marchnadoedd, a gwneud defnydd o ganu cynulleidfaol. Yr oedd rhyw fynd diorffwys ynddynt. Byddent yn teithio am wythnosau llawn, gan bregethu dair neu bedair gwaith y dydd, gan ddibynnu am eu cynhaliaeth ar ewyllys da caredigion. Cysegrodd Howel Harris bymtheng mlynedd o'i fywyd ar ôl 1735 i bregethu'r Efengyl yn rymus ddydd a nos. Teithiai'n ddi-baid drwy ddrycin a hindda, gan ddatgan yn groyw fod tân yn llosgi yn ei enaid. 'Y mae eich eneidiau mewn perygl,' meddai, 'ac mae'n rhaid i mi lefaru'. Credir iddo deithio pum mil o filltiroedd y flwyddyn, ar gyfartaledd, rhwng 1735 a 1752. Amcangyfrifir bod Williams Pantycelyn, yntau, yn teithio cymaint â 2,600 o filltiroedd y flwyddyn. Buont mewn enbydrwydd droeon ar eu teithiau. Gallai pob pregethwr, meddai Pantycelyn, ddisgwyl 'profedigaethau neilltuol, gwrthgiliadau, ofnau, dychrynfâu cydwybod, cwympiadau, codiadau, caethiwed a chysuron'. Ond gan eu bod wedi derbyn comisiwn i gyhoeddi Crist nid oedd yr un rhwystr yn ormod iddynt. 'Ni a rodiwn drwy'r dyfroedd,' meddai Harris, 'ni a sathrwn ar ysgorpionau, ni a orchfygwn yn y fflamau'.

Nid pregethu i blesio dynion a wnâi'r Methodistiaid, ond i rwygo'u calonnau. Ceisient ysgwyd y rhai a oedd yn 'ymdrybaeddu yn eu pechod cas' drwy bregethu tân uffern a damnedigaeth. Yr oedd grym eu geiriau a huodledd eu lleisiau'n gorfodi pobl i wrando arnynt. Cynnwys bygythiol a oedd i bregethau cynnar Howel Harris. 'Mab y Daran' ydoedd, a chodi 'braw ac arswyd' oedd ei nod wrth flagardio pechaduriaid. Cofiai Williams Pantycelyn hyd ei fedd am 'sŵn dychrynllyd' Harris yn y pulpud, a thystiodd llawer o'i wrandawyr iddynt grynu yn eu hesgidiau o'i flaen. Pan oedd Harris yn nhŷ Jethro Dafydd Evan yn Llanddeusant, dywedodd hyn: 'oni chaiff Duw dy galon di, fe fyn weled y diawliaid yn dy rwygo gorff ac enaid yn awr angau, ac yn nydd y farn'. Dywedid ar lafar gwlad ymhell wedi marwolaeth Harris iddo sôn am uffern fel pe buasai ef ei hun wedi bod yno. Pregethu'r ddeddf mewn ffordd lem a chyffrous a wnâi Daniel Rowland, yntau, yn ystod ei flynyddoedd cynnar fel arweinydd y mudiad. Ef oedd y 'Boanerges' grymus a ddarluniwyd gan Pantycelyn yn *Theomemphus*. Câi breuolder einioes dyn, sicrwydd barn ac artaith uffern le canolog ym mhregethu'r diwygwyr ifainc, a gyrrai eu rhuadau nerthol iasau o ofn i lawr cefnau eu gwrandawyr. Pan fyddai John Thomas yn cynghori plant yn ei ddosbarth, byddai rhai ohonynt 'yn gweiddi allan ac yn llefain fel pe buasai dydd y farn wedi dyfod'. Yr oedd ofn uffern yn effeithio cymaint ar nerfau ac eneidiau gwrandawyr y Methodistiaid ag yr oedd ofn boddi ar gŵn Pavlov yn llifogydd Leningrad. Ac nid oes amheuaeth na lwyddodd y pynciau dychrynllyd hyn i greu euogrwydd dirdynnol ymhlith y gwrandawyr. Yng ngeiriau dirmygus Lewis Morris, 'y maent fel cŵn sbaniel, mwya' gyd y bygythiwch hwy, gorau oll a fyddant'.

Er bod y pregethwyr Methodistaidd yn annog pobl yn gyson i ddianc rhag llid anochel yr Hollalluog, sonient lawer hefyd am sicr ddiogel obaith y Cristion. Eu nod pennaf oedd argyhoeddi pobl o'u hangen i gael eu geni drachefn. Gyda threigl amser, daeth Daniel Rowland i ganolbwyntio llai ar yr agwedd frwmstanaidd ac i sôn wrth bobl am barodrwydd Duw i faddau pechodau. Fwyfwy, cysylltid eu pregethu â brwdaniaeth heintus a huodledd ysgubol. Gelwid hwy yn 'boethyddion' neu'n 'bobl y tân dieithr' oherwydd tanbeidrwydd eu cenadwri. Ni fyddent fel rheol yn paratoi eu pregethau'n llawn, os o gwbl, ymlaen llaw. Digon digyffro yw'r copïau printiedig o'u darllen heddiw. Fel y dywedwyd am rai Daniel Rowland: 'cregyn gweigion ydynt; dim ond eco'r môr, a hwnnw ymhell'. Ond rhaid cofio bod y pregethwyr Methodistaidd nid yn unig yn medru hoelio sylw cynulleidfaoedd, ond hefyd yn medru creu effeithiau gwefreiddiol. Drwy newid goslef eu lleisiau, amrywio'u harddull ac ystumio'n ddramatig, dylanwadent yn rhyfeddol ar eu gwrandawyr. Cyfaddefent yn aml iddynt brofi teimladau oddi mewn na wyddent sut i'w mynegi ar bapur. Peth anodd fuasai cyfleu mewn print y 'tân', y 'bywyd' a'r 'grym' a oedd yn eu cyffroi a'u hysbrydoli. Ar brydiau, llwyddent i ennyn pob math o frwdfrydedd gwyllt ac 'ynfydrwydd corfforol', chwedl eu gelynion, ymhlith eu gwrandawyr. Byddai rhai yn adweithio i'w cenadwri fel pe baent wedi cyffwrdd â gwifren drydan fyw. Llament fel hyddod, gan guro'u dwylo, crynu a llesmeirio, canu a gweiddi, a gorfoleddu mewn meddwdod ysbrydol. 'Y fath waeddu allan,' meddai Howel Harris, wrth wylio ymateb pobl a fynychai gyfarfodydd Daniel Rowland yn Llangeitho, 'y fath ochneidiau calonrwygol, a'r wylo distaw, a'r galaru sanctaidd, a'r fath floeddiadau o lawenydd ni chlywais erioed'. Yn ôl George Whitefield, 'yr oedd gallu Duw o dan weinidogaeth Mr Rowland yn ddigon i beri i galon dyn losgi o'i fewn. Am 7 o'r gloch y bore y gwelais efallai ddeng mil, ar ganol pregeth, yn gweiddi Gogoniant! ac yn neidio o lawenydd'. Eto i gyd, achlysurol iawn oedd yr enghreifftiau hyn o frwdfrydedd gwyllt cyn y Diwygiad yn Llangeitho ym 1762. Yn wir, yr oedd rhai Methodistiaid yn amau gwerth mynd i hwyl, ac yn arswydo rhag y gorfoleddu a'r llesmeirio cyhoeddus. Galwyd Howel Davies yn ddiafol gan wragedd Capel Newydd oherwydd iddo'u gwahardd rhag neidio a dawnsio yn ystod gwasanaeth. Yr oedd yr Eglwyswyr yn feirniadol iawn o brancio anystywallt y 'Neidwyr' Methodistaidd, a bu'r Anghydffurfwyr, hwythau, yn llawdrwm iawn ar y rhai a ysgubid ymaith gan y llanw emosiynol.

Cyfundrefnu

Nid oedd pregethu'n unig yn ddigon i ateb anghenion ysbrydol ac addysgol y cynulleidfaoedd Methodistaidd, a sylweddolodd yr arweinwyr hynny'n gynnar iawn yn eu gyrfa. Ym 1736, yr oedd Howel Harris yn ymwybodol o'r angen am gymdeithasau ysbrydol i ddyfnhau profiadau'r dychweledigion, a dechreuodd gynnal seiadau, sef cymdeithasau bychain mewn tai annedd, er mwyn meithrin aelodau yn y ffydd. Nid syniad newydd oedd seiadau. Gwyddai Harris am y cymdeithasau crefyddol a sefydlwyd gan Josiah Woodward yn Llundain yn y 1670au, am y celloedd a sefydlwyd gan Spener a Francke yn yr Almaen, ac am ddulliau'r Anghydffurfwyr Cymreig o gynnal cyfarfodydd eglwys. Cynhaliwyd seiat gyntaf y Methodistiaid yng Nghymru yn ffermdy'r Wernos ym mhlwyf Llandefalle yn sir Frycheiniog ym

1736. Felly y dechreuwyd yr arfer o gynnal seiadau mewn anhedd-dai, ysguboriau a chapeli anwes. Ym 1742, cwblhawyd yr adeilad cyntaf i'w godi gan y Methodistiaid yn Y Groes-wen yn sir Forgannwg. Erbyn hynny yr oedd tua 65 o seiadau mewn bodolaeth yn Ne a Chanolbarth Cymru. Rhoddid cynghorwyr yn ben ar bob seiat. Crynhoid nifer o seiadau ynghyd a'u gosod dan ofal arolygwr, a nifer o arolygiaethau wedyn dan ofal cymedrolwr. Arolygid y gwaith i gyd gan y Sasiwn neu'r Gymdeithasfa. Cynhaliwyd y sasiwn gyntaf yn hanes y Methodistiaid yng Nghymru ym mis Ionawr 1742 yn fferm Dugoedydd, ger Cil-y-cwm, sir Gaerfyrddin. Pwrpas y sasiwn oedd gosod trefn ar y seiadau a'u dosbarthu'n gylchoedd. Y sasiwn a oedd yn gyfrifol am arolygu gwaith y cynghorwyr ac am baratoi rhaglen waith ar eu cyfer. Hi a arolygai weithgarwch yr holl seiadau, a chanddi hi yr oedd y gair olaf. Ym mis Ionawr 1743, cynhaliwyd sasiwn unedig o arweinwyr y Methodistiaid yng Nghymru a Lloegr yng nghapel Watford ger Caerffili. Yno penderfynwyd bod sasiynau i gyfarfod yn chwarterol, a gweinidogion a chynghorwyr i gwrdd yn fisol. Penderfynwyd gwahaniaethu rhwng cynghorwyr cyhoeddus, a oedd i oruchwylio a gofalu am nifer o seiadau, a'r cynghorwyr preifat, a oedd i wasanaethu mewn dwy neu dair seiat. Gan mai ôl llaw Howel Harris oedd ar y drefniadaeth hon, fe'i penodwyd yn brif arolygwr cenedlaethol.

Dynion trwsiadus a bucheddol oedd y cynghorwyr, a gweithient yn ddyfal i lefeinio bywyd crefyddol yng nghefn gwlad Cymru. Pobl ag adnoddau wrth gefn—ffermwyr, crefftwyr ac athrawon—oedd y cynghorwyr cyhoeddus. Ymhlith y rhai y gwyddys rhywbeth am eu cefndir yr oedd 5 ffermwr, 5 athro, 3 saer, 2 of, 2 adeiladydd, ynghyd â llafurwr, gwehydd, meddyg, bragwr, masnachwr, llyfr-rwymwr a gwneuthurwr clociau. Gwŷr ifainc ac egnïol oeddynt, ac fel eu harweinwyr yn llawn sêl dros achub eneidiau. Y mae cefndir tua chwarter o'r cynghorwyr preifat yn hysbys, sef 14 ffermwr, 10 athro, 4 llafurwr, 4 crydd, 4 gof, 3 ysgwïer, 2 fasnachwr, 2 ddilledydd, 2 hetiwr, 2 saer, 2 athro cerdd, ynghyd ag apothecari, milfeddyg, cowper a gwehydd. Dynion ifainc yn eu harddegau oedd llawer ohonynt, ac er mai crap digon anghyflawn a oedd ganddynt ar athrawiaethau diwinyddol, llafurient yn ddyfal yn eu hardaloedd. Ceir disgrifiad o'r cynghorwr delfrydol gan Robert Jones, Rhos-lan. Sôn y mae am Siarl Marc, saer maen o Fryncroes yn Llŷn: 'yr oedd yn ŵr o synhwyrau cryfion, ac yn gadarn yn y wir athrawiaeth, a'i ddoniau'n eglur i draddodi ei genadwri; yr oedd yn barchus yn ei ardal, ac yn dderbyniol gan yr eglwysi'. Er bod cwyno mynych fod rhai anwybodus a di-chwaeth ymhlith y cynghorwyr, gwnaethant ddiwrnod rhagorol o waith. Oni bai am wasanaeth, dyfalbarhad a gwrhydri'r swyddogion hyn, ni fuasai Methodistiaeth wedi bwrw gwreiddiau mor gadarn. Y rhain yw arwyr di-sôn-amdanynt y mudiad Methodistaidd, ac y mae'r pennill a luniodd un ohonynt, sef William Edward o Rydygele yn sir Benfro, amdano ef ei hun yn disgrifio'u hunan-hyder milwriaethus i'r dim:

> Mae canon mawr yn Rhydygele
> Wedi ei lôdio hyd y gene;
> Y mae'n barod i fynd allan
> Yn erbyn calon diawl ei hunan.

Amrywiai aelodaeth y seiadau o hanner dwsin i gant, ond ar gyfartaledd rhwng 10 a 30 a ddeuai ynghyd. Nid pobl dlawd oeddynt. Er bod llawer o foneddigion yn casáu'r Methodistiaid ac yn annog dihirod i'w herlid, yr oedd rhyw gnewyllyn ohonynt yn barod i'w swcro. Edrychai William Bulkeley o Frynddu, Llanfechell, Môn, yn dyner ar y Methodistiaid a'r Anghydffurfwyr fel ei gilydd. Rhoes Philip Lloyd, gŵr bonheddig o'r Heol-ddu, Llanarthne, sir Gaerfyrddin, bob nawdd i'r cenhadon Methodistaidd. Cafodd Howel Harris, George Whitefield a'r brodyr Wesley sawl cyfle i ddiolch i Thomas Price, aelod o eglwys Annibynnol Watford, ustus heddwch, ysgolhaig ac arloeswr y diwydiant dur ym Morgannwg, am ei haelioni tuag atynt. Wedi i Marmaduke Gwynne, ysgwïer cefnog y Garth yn sir Frycheiniog, brofi trôedigaeth dan ddylanwad Howel Harris, daeth yntau'n un o selogion a charedigion y mudiad Methodistaidd. Ond gwir asgwrn-cefn y seiadau oedd ffermwyr, masnachwyr a chrefftwyr. Brithir y rhestri aelodaeth ag enwau iwmyn, tenantiaid, hwsmoniaid, melinyddion, cowperiaid, gwydrwyr, seiri, gofaint, cryddion, gwehyddion a theilwriaid. Pobl ifainc yn eu hugeiniau a'u tridegau oedd y mwyafrif ohonynt, ac yr oedd cyfartaledd uchel o rai dibriod yn eu plith. Allan o 200 o aelodau mewn wyth seiat yn ne Ceredigion a gogledd sir Benfro yn y 1740au, yr oedd 111 ohonynt yn wragedd dibriod a 58 ohonynt yn wŷr dibriod. Yr oedd 67 o'r 90 o ddynion a fynychai seiadau Talyllychau, Llansawel, Llangathen a Chwm-ann ym 1743 yn ddibriod. Pa ryfedd i Williams Pantycelyn ddisgrifio'r seiat fel 'cwmpeini o lanciau hoenus a gwrol, tyrfa o ferched yn eu grym a'u nwyfiant'? Apeliai'r seiadau Methodistaidd at bobl ifainc dibriod a oedd yn chwilio am swcwr ysbrydol a brawdoliaeth gynnes yn fwy na neb.

Meithrin twf ysbrydol credinwyr oedd prif amcan y seiat. Credai'r arweinwyr ei bod yn aruthrol bwysig iddynt ddiogelu'r rheini a ddaliwyd yng ngwres y fflam rhag i'r profiad cyntaf ddiffodd. Y seiat, meddai Pantycelyn yn *Drws y Society Profiad* (1777), oedd 'y moddion gorau i gadw credinwyr rhag oeri'. Gwyddai'r Methodistiaid y gallai'r pregethu mwyaf nerthol golli ei rym maes o law, a bod angen celloedd bychain lle gallai'r aelodau rannu profiadau ysbrydol a chynyddu mewn gwybodaeth a gras. Clymai'r seiadau y mudiad ynghyd, gan roi i'r aelodau ymwybyddiaeth lawnach o'u perthynas â'i gilydd. Dim ond y glân eu buchedd a gâi gario tocyn y Methodistiaid. Ym 1742, cyhoeddwyd cyfaddasiad gan Harris a Rowland o waith Josiah Woodward, *Sail, Dibenion, a Rheolau'r Societies;* amcan y llyfryn hwn oedd rhoi cyfarwyddyd i aelodau'r seiadau ynglŷn â sut i rodio'n union yn y byd. Rhoddwyd pob aelod dan ddisgyblaeth gadarn, a disgwylid iddynt ddarllen y Beibl, gweddïo a chanu emynau. Fe'u hanogid yn gyson i wylio rhag marweidd-dra, pechodau cnawdol, balchder, rhagfarn a hunan-gyfiawnder. Nid ar chwarae bach y câi neb ei dderbyn i'r seiat, a dangosid y drws yn bur sydyn i aelodau segur a diffrwyth.

Yn y seiat y cafodd rhai aelodau eu profiadau ysbrydol mwyaf eirias, a cheir golwg ar natur a dyfnder rhai o'r profiadau hynny yn y gweithiau llenyddol creadigol a gynhyrchwyd gan Williams Pantycelyn rhwng 1762 a 1777. 'Clinig enaid' oedd y seiat, a'r stiward oedd y meddyg. Syrthiai sawl gorchwyl ar ei ysgwyddau ef: byddai'n gofalu am y tlawd, yn trefnu casgliadau ac yn gweithredu fel negesydd a heddychwr. Ond ei waith pennaf oedd holi, cynghori a cheryddu aelodau, a dwyn adroddiad cywir o'u buchedd a'u hymddygiad i'r arolygwr. Disgwylid i'r stiward osod safonau uchel i'r aelodau ymgyrraedd atynt, a byddai ef ei hun yn 'chwilio allan walau tywyll, lle mae satan, a phechod' yn llercian. Weithiau, gellir tybio y byddai stiward gorbybyr yn medru codi diflastod ar gyffeswr drwy bigo beiau'n ddidrugaredd. Hawdd credu y gallai chwip fynych ar war aelodau ddyfnhau'r mewnblygrwydd diflas a ddeuai yn sgîl dwyn beichiau'i gilydd. Rhoes Wil Bryan ei fys ar y math o niwrosis a allai ddigwydd: 'wel i ti, seiat ydi lot o bobl dda yn meddwl'u bod nhw yn ddrwg, ac yn cyfarfod'u gilydd bob nos

Fawrth i feio ac i redeg'u hunain i lawr'. Ar y llaw arall, gwelai pobl drallodus werth therapewtig mawr i'r seiat. Croesawai llawer ohonynt y cyfle i arllwys eu cyffes yn gyhoeddus, ac i fynegi holl dryblith eu heneidiau. Gallai stiward treiddgar ac amyneddgar lacio tyndra meddyliol ac eneidiol aelodau a oedd yn cael eu 'blino a'u twmblo gan brofedigaethau'. Un o gymwynasau pennaf y seiat oedd ei bod yn cynorthwyo ac yn cysuro pobl yn eu hunigedd a'u trybini, eu digalondid a'u galar.

Cynnyrch profiad personol a phrofiadau aelodau eraill mewn seiat oedd y sail i lawer o emynau Williams Pantycelyn. Er bod emynwyr nodedig eraill fel Morgan Rhys o Lanfynydd, Dafydd Jones o Gaeo, a Siarl Marc o Fryncroes yn canu am dynged yr enaid unigol, 'Y Pêr Ganiedydd' oedd gwir ladmerydd y Diwygiad Methodistaidd. Llwyddodd Pantycelyn i osod gwisg lafar werinol ar ei emynau drwy arbrofi â mesurau poblogaidd a rhoi mynegiant i holl gynnwrf ac angerdd Methodistiaeth. Bwriodd ei brentisiaeth fel emynydd rhwng 1744 a 1754: cyhoeddodd *Aleluia,* casgliad o 177 o emynau mewn chwech o rannau rhwng 1744 a 1747, a *Hosanna i Fab Dafydd,* casgliad o 109 o emynau, rhwng 1751 a 1754. Wedi 1762, daeth i'w lawn dwf fel emynydd, ac y mae rhai o'i gyfrolau aeddfetaf, megis *Ffarwel Weledig* (1763-9) a *Gloria in Excelsis* (1771-2), yn cynnwys emynau fel 'Iesu, Iesu,'rwyt Ti'n ddigon', 'O sancteiddia f'enaid, Arglwydd' ac 'O llefara, addfwyn Iesu', emynau sydd wedi gwefreiddio a chyfoethogi caniadaeth y cysegr ar hyd y canrifoedd. Drwy gyfrwng ei emynau, llwyddodd Pantycelyn i gyfleu union naws Methodistiaeth yn well na neb. Cyffesodd Dewi Wyn o Eifion un tro y gallai eistedd mewn ystafell oer ganol nos yn y gaeaf i ddarllen emynau Pantycelyn a chwysu yn eu gwres.

Lluosogodd y seiadau, ynghyd â nifer yr aelodau, yn bur gyflym rhwng 1742 a 1750, yn enwedig yn Ne a Chanolbarth Cymru. Cafwyd y llwyddiant mwyaf yng nghefn gwlad. Prin iawn oedd y gefnogaeth a roddwyd i Fethodistiaid yn y trefi. Honnodd Howel Harris ym 1741 fod trefi Cymru'n daer yn erbyn Gair Duw. Yr oedd gan seiat Llanfynydd, plwyf wledig yn sir Gaerfyrddin, 61 aelod ym 1745 ar adeg pan na ddeuai dwsin o bobl ynghyd yn seiat tref Caerfyrddin. Araf iawn hefyd fu'r cynnydd yn siroedd y Gogledd. Dim ond 122 o aelodau a fynychai seiadau yn Llŷn ac Eifionydd ym 1750. Tra gwahanol oedd y sefyllfa yn y siroedd hynny lle bu'r arweinwyr yn cenhadu'n ddyfal: diolch i lafur Howel

Harris, yr oedd 74 o seiadau yn sir Frycheiniog a 72 yn sir Forgannwg ym 1750. Ffrwyth hen fraenaru diwyd gan yr Anghydffurfwyr a'r Methodistiaid fel ei gilydd oedd y 71 seiat yn sir Gaerfyrddin, a gellir priodoli'r 59 seiat yn sir Benfro i ddygnwch Howel Davies. Er mai dim ond 36 o seiadau a oedd yng Ngheredigion, y mae'n arwyddocaol fod y mwyafrif ohonynt wedi'u sefydlu yn ardal Llangeitho a Thregaron, lle'r oedd pregethu tanbaid Daniel Rowland yn ddylanwad grymus. Ond siomedig iawn fu'r cynhaeaf yn siroedd y Gogledd cyn 1750: nid oedd ond 31 o seiadau yn siroedd Môn, Caernarfon, Meirion a Dinbych, a dim un o gwbl yn sir y Fflint. Er bod cyfanswm o 428 o seiadau yng Nghymru ym 1750, yr oedd ardaloedd cyfain heb gael eu cyffwrdd eto gan genadwri'r Methodistiaid.

Yr Erlid

Un o'r rhesymau sy'n esbonio methiant y Methodistiaid i roi Cymru gyfan ar dân yw'r ffaith na fu'r mudiad heb ei elynion o'r cychwyn cyntaf. Er bod haneswyr Methodistaidd wedi gorddramateiddio natur y gwrthwynebiad i weithgarwch y cenhadon, nid oes unrhyw amheuaeth na fu raid iddynt wynebu gelyniaeth filain, yn enwedig ymhlith trigolion trefi Gogledd Cymru. Droeon, bu'n dda gan yr arweinwyr ysgwyd llwch trefi megis y Bala, Dinbych, Dolgellau a Machynlleth oddi ar eu traed a phrysuro'n ôl i'r De. Honnodd Benjamin Rowland, cynghorwr o Lanidloes, fod 'pob cythraul yn uffern' yn erbyn y Methodistiaid yn Arfon, a barnai Twm o'r Nant fod trigolion y Bala a Dinbych yn 'fwy cignoeth' eu gelyniaeth na neb. Y mae'n gwbl amlwg i rai o'r cenhadon, yn enwedig yn ystod y 1740au, orfod byw mewn gwir berygl o'u bywydau. Gallent ddygymod â'r 'erlid tafod', chwedl Joshua Thomas, ond anodd oedd dioddef cael eu llusgo gan dorfeydd cynddeiriog i'r llynnoedd neu ffoi dan gawod o gerrig, wyau a dom. Caent eu curo â dwrn neu â phastwn, a bu ond y dim i Howel Harris gael ei ladd yn y Bala ym mis Ionawr 1741. Erlidiwyd Lewis Evan, cynghorwr o Lanllugan, Trefaldwyn, gan of cynhennus yn bygwth ei gystwyo â haearn gwynias o'r tân. Trawyd Richard Tibbott ar ei ben a'i osod mewn daeargell dywyll am ddiwrnod cyfan. Bygythiodd trigolion Penmorfa dorri esgyrn Daniel Rowland yn ddigon mân i'w gosod mewn cwd. Ac ym 1742, bu farw merthyr cyntaf y Methodistiaid yng Nghymru pan drawyd William Seward ar ei ben â charreg yn y Gelli.

Nid oedd y math hwn o driniaeth yn annisgwyl. Nid oedd heddlu i'w gael i amddiffyn unigolion, a gallai'r weinyddiaeth leol fod yn ddigon llac, yn enwedig pan lifai'r cwrw yn y ffeiriau a'r marchnadoedd a phan fyddai hwyl yr wylmabsant yn ei hanterth. Gan nad oedd y Methodistiaid wedi'u cofrestru fel Anghydffurfwyr ni chaent hawlio breintiau dan y Ddeddf Goddefiad. Yr oedd wynebau, lleferydd ac ymarweddiad cenhadon o'r De yn gwbl ddieithr i bobl y Gogledd. Ar ben hynny, prin y gellid disgwyl i werinwyr cyffredin groesawu pobl a oedd yn ymosod yn filain ar rai o'u hoff ddefodau ac adloniant. Llefarai'r Methodistiaid heb flewyn ar dafod. Bloeddient eu cenadwri. Rhuent yn erbyn dawnsio a meddwi, hapchwarae ac ymladd ceiliogod. Ni ofidient ynghylch ymosod ar ormes ac anonestrwydd cyfoethogion. Bu 'gweiddi tost' yn erbyn Howel Harris ymhlith tafarnwyr, crythorion a thelynorion oherwydd iddo 'ddrysu eu gorchwylion'. A phan gondemniai Harris gastiau rhednwyddwyr ac ysbeilwyr llongau ar draethau Cymru, enynnai ddicter trigolion yr arfordir. Nid pawb, wedi'r cwbl, a oedd am wybod am eu pechadurusrwydd cynhenid nac ychwaith am y gosb a ddaw i'r diedifar.

Tynnai dulliau a syniadau'r Methodistiaid wg gwŷr bonheddig yn aml. Tybiai boneddigion mai hwy a oedd yn gyfrifol am lywodraethu'r gymuned leol, ac ni fynnent ganiatáu i bob 'trempyn gwibiog' aflonyddu ar eu plwyfolion. Arch-erlidiwr y Methodistiaid yng Ngogledd Cymru oedd Syr Watkin Williams Wynn o Wynnstay. Treuliai ef a'i weision oriau lawer yn eu hymdrech i beri tramgwydd a rhwystr i'r Methodistiaid. Llwyddodd i'w troi o'u cartrefi, eu gwysio i'r llysoedd a'u dirwyo'n drwm. Ef a fu'n gyfrifol am gloi Peter Williams mewn cynel dros nos. Pan fu Syr Watkin farw ar ôl syrthio oddi ar ei geffyl ym 1749, nid oedd yr un Methodist na chredai fod llaw Duw i'w chanfod yn y digwyddiad hwnnw. Byddai gwŷr bonheddig hefyd yn annog y 'mobs' i gam-drin y pregethwyr crwydrol a'u gwrandawyr. Câi dihirod lleol bleser mawr yn rhwystro cynlluniau'r 'estroniaid beiddgar' drwy ddynwared eu lleisiau, canu cyrn a churo drymiau pan fyddent yn pregethu. Câi'r sawl a agorai eu tai i dderbyn pregethwyr Methodistaidd driniaeth ffiaidd gan y 'mobs'. Lluchiwyd William Prichard o'i fferm yng Nglasfryn Fawr ym mhlwyf Llangybi yn Eifionydd, a throwyd teiliwr, Hugh Griffith Hughes, o'i dŷ yn y Foel, ger Clynnog, am achlesu'r cynghorwyr Methodistaidd.

At ei gilydd, digon gelyniaethus oedd offeiriaid Cymru hefyd. Ensyniai'r Methodistiaid mai gau broffwydi anfoesol oeddynt, ac yr oedd enllibion felly'n dân ar groen pob offeiriad cydwybodol, yn enwedig pe deuai'r condemniad o enau sbrigyn o bregethwr ifanc na chafodd erioed brofiad o warchod eneidiau plwyfolion. Casaent arfer y Methodistiaid o'u galw'u hunain yn 'etholedigion' neu 'bobl Dduw'. Ysgyrnygai Theophilus Evans ei ddannedd wrth eu clywed yn honni mai hwy oedd 'unig ffefrynnau'r nefoedd'. Mewn llythyr cwynfanllyd at Griffith Jones, Llanddowror, dywedodd John Owen, canghellor Bangor, fod y Methodistiaid yn 'sicrhau eu gwrandawyr fod eu cyndadau oll yn Uffern, a'u bod yn gweld olion damnedigaeth ar wynebau pawb na throent yn Fethodistiaid'. Ofnai'r offeiriaid fod y diwygwyr crwydrol, drwy anwybyddu terfynau 'cysegredig' y plwyfi a phregethu lle mynnent ar hyd a lled y wlad, yn bygwth eu safle yn y gymdeithas. Hyn sy'n esbonio'r duedd a oedd gan yr offeiriaid i ddirmygu tras a chefndir y Methodistiaid ac i wawdio'r 'Method newydd'. Soniodd Hugh Jones, ficer Caerhun, amdanynt ym 1749 fel 'gwehyddion, teilwriaid, a'r fath greaduriaid sarhaus yn mynych lafoerio a thywallt stwff dichwaeth'. Yr oedd pregethu mwyach yn nwylo 'pob catffwl coeg-ddwl ceg-ddu'. Rhyw 'oferddyn ansefydlog' yn bwydo'r plwyfolion â syniadau anystywallt oedd y Methodist, yn eu tyb hwy, ac yr oeddynt yn ddigon balch i weld rhai ohonynt yn syrthio i ddwylo'r fintai orfod. Er ei fod yn ŵr gweddw a chanddo dyaid o blant bach, presiwyd Morgan Griffith, saer maen o Dudweiliog, i wasanaethu yn y llynges. Crynai Richard Tibbott bob tro y deuai'r fintai orfod i'w ardal ef, a chafodd ef ac eraill sawl dihangfa wyrthiol.

Y mae'n amlwg hefyd nad oedd creithiau'r Rhyfel Cartref a'r Weriniaeth wedi diflannu. Wrth arllwys gwawd a chynddaredd ar yr 'athrawon crwydrol' â'u 'cri a'u hoernad a'u hystumiau gwirionllyd gwallgofus', dangosai offeiriaid eu bod yn cofio'n dda am ystumiau a phranciau sectau penboeth y ganrif flaenorol. Yr oedd brwdaniaeth y Methodistiaid yn dwyn i gof rai o stranciau gwyllt y Pengrynion melltigedig. 'Hiliogaeth hen Gromwell' neu 'Cariadogs', sef dilynwyr Walter Cradock, oeddynt, ac ofnai offeiriaid y megid chwyldro unwaith yn rhagor yng nghrud brwdfrydedd crefyddol y Methodistiaid. Ar y llaw arall, mae'n deg nodi na fu pob offeiriad yn gas tuag at y Methodistiaid. Bu rhai ohonynt, yn enwedig yn y De, yn groesawgar iawn i'r cenhadon ac yn dirion wrthynt bob amser. Onid Howel Harris ei hun a ddywedodd ei fod yn perthyn i'r Eglwys 'fwyaf rhyddfrydig a goddefgar'?

Cyhuddiad arall a ddygid yn aml yn erbyn y Methodistiaid oedd mai cudd-Babyddion oeddynt oll. Yr arbenigwr yn y maes hwn oedd Theophilus Evans. Taenai ef straeon di-ri yn honni mai Pabyddion yn gwisgo cochl y Methodist oedd y pregethwyr teithiol, ac mai eu bwriad oedd macsu gwrthryfel er mwyn hyrwyddo achos y Pab. 'Pobl hyfion wynebgaled ydyw'r Methodistiaid,' meddai William Morris o Fôn, 'ail i'r Jesuits ŷnt oll'. Credai rhai fod y Methodistiaid yn arddel Pabyddiaeth drwy gynnal seiadau. Atgoffid eraill am bwyslais y Pabyddion ar uffern a phurdan gan bregethu tanllyd y Methodistiaid. A gallai'r mwyaf sinicaidd ddweud bod penaethiaid y mudiad—Howel Harris yng Nghymru a John Wesley yn Lloegr—yn mynnu tra-arglwyddiaethu ar eu pobl yn union fel y gwnâi'r Pab. Nid oedd yr un gronyn o wirionedd yn y sibrydion hyn. Yr oedd y ffydd Babyddol yn anathema i Galfiniaid, ac yr oedd y seiadau'n bleidiol iawn i'r Hanoferiaid yn eu gweddïau. Ymrestrodd Howel Harris ei hun yn y fyddin am dair blynedd, er mwyn dangos ei ochr yn y frwydr barhaol yn erbyn 'ysbryd gormesol Pabyddiaeth'.

Os oedd amheuaeth ynglŷn â hanfod cred y Methodistiaid, yr oedd mwy fyth o ddrwgdybiaeth ynghylch swyddogaeth y seiadau. Ensyniai'r baledwyr a'r anterliwtwyr mai dynion cnawdol oedd arweinwyr y mudiad, a bod anfoesoldeb a thrythyllwch yn frith yn y seiadau. 'Cyfle i chware llech-hwrio' oedd y seiat, yn ôl William Roberts, clochydd Llannor ac awdur yr anterliwt, *Ffrewyll y Methodistiaid* (1746):

> Merched ieuanc, heb eu dofi,
> Mae rhinwedd gwres yn y rheini,
> Rhagorol gan rhain garwriaeth,
> Chware digri'r ail-enedigaeth.

Gwgai rhai o'r gwrthwynebwyr wrth wrando emynau a oedd yn llawn delweddau erotig, amheuai eraill wir bwrpas y cariad-wleddoedd, ac yr oedd y sibrydion am y berthynas rhwng Howel Harris a Madam Sidney Griffith yn peri i lawer anesmwytho. Nid oedd rhai o'r amheuon hyn yn gwbl ddi-sail. Collodd John Griffith Ellis ei safle fel prif arweinydd y Methodistiaid yn Llŷn ym 1749 pan drechwyd ef gan y ddiod gadarn a swynion y rhyw deg. Fe'i diarddelwyd am odineb, a rhoes hyn gyfle i elynion y mudiad ddannod i'r ffyddloniaid eu hymddygiad yn eu hoedfaon nos. A chan fod Methodistiaeth yn apelio cymaint at ferched a gwragedd ifainc, peth hawdd oedd taenu sïon mai chwantau cnawdol a'u tynnai i'r seiat.

Digon cyffredin hefyd oedd y gred fod y Methodistiaid wedi eu meddiannu gan yr ysbryd drwg. Credai gwerinwyr fod 'ynfydrwydd corfforol' y pregethwyr a dirdyniadau'r cynulleidfaoedd yn arwyddion fod Satan wedi'u cipio. Fel y Crynwyr o'u blaen, meddent, gweision y diafol oedd y Methodistiaid. Barnai eraill eu bod yn ddynion gorffwyll. 'Rhai a'm galwant yn wallgof', meddai Howel Harris. Un o'r rheini oedd y bardd Ned Llọyd: 'rhyw fadyn sy'n gyndyn o'i go' oedd ei ddisgrifiad ef o Harris. Honnodd Thomas Ellis, Caergybi, mai 'erthyl a esgorwyd arno ac a faethwyd gan y bendro' oedd y mudiad Methodistaidd. Mynnai eraill eto mai hudo'r bobl drwy dwyll a swyngyfaredd a wnâi'r cenhadon. Nid yr Ysbryd Glân a ddisgynnodd i'w plith, meddai Edward Charles, â gwên denau ar ei wefus, ond 'jack y lantern'. Yn ôl Rice Jones o'r Blaenau, elwa ar hygoeledd pobl gyffredin a wnaent:

Croch floeddio dan neidio'r nos
A gwirioni gwerinos.

Ni siglwyd ffydd na phenderfyniad yr arweinwyr gan yr erledigaethau. 'Nid wyf yn malio clywed eu bygythion mwy na chlywed gwybedyn', meddai Howel Harris. Drwy gymorth Duw a'r Ysbryd Glân, gwyddent fod modd goresgyn pob adfyd a siom. Y mae'n gwbl briodol fod epig fwyaf Williams Pantycelyn, *Theomemphus* (1764), yn olrhain ymdaith dyn drwy anialwch y byd, a'r holl amryfal demtasiynau a phrofedigaethau a ddeuai i'w ran. Sugnai'r Methodistiaid gysur o'r ffaith fod Crist ei Hun a'r apostolion cynnar wedi gorfod dioddef yr un driniaeth. Llawenychent felly wrth gael eu cario 'fel ar adenydd eryr' drwy 'bob math o dreialon'. ' 'Rwy'n gweled yn blaen fod yr Iesu mawr yn torri'r ffordd o'i flaen er gwaetha dynion a diawliaid', meddai Thomas Jones, cynghorwr o Lanfeugan yn sir Frycheiniog. Ar un olwg, bu'r erlid yn fendith, oherwydd parodd i'r preiddiau glosio at ei gilydd, a gorfodi'r arweinwyr i sefydlu trefniadaeth effeithiol. Ac erbyn 1760, pan oedd Methodistiaeth wedi ymbarchuso ac ennill ei phlwyf, yr oedd yr hen elyniaeth wedi cilio.

Cystadleuwyr Eraill

Yr ail rwystr yn ffordd y Methodistiaid oedd y cystadlu yn eu herbyn o du cyrff crefyddol eraill. Ar y dechrau, yr oedd perygl y byddai cryn ymdderu rhwng y Calfiniaid a'r Wesleaid ar faterion athrawiaethol. Ond unwaith y penderfynodd Harris a'i ddilynwyr ganlyn gogwydd Calfinaidd George Whitefield o 1741 ymlaen, ciliodd John Wesley o'r maes cenhadol yng Nghymru. Er iddo ymweld â Chymru ar dros hanner cant o achlysuron a sefydlu achosion ffyniannus yn y trefi mwyaf Seisnig, ni cheisiodd Wesley sefydlu Arminiaeth fel cystadleuydd i'r garfan Galfinaidd yng Nghymru. Er bod gwahaniaethau diwinyddol rhwng Harris a Wesley, yr oedd hefyd fesur helaeth o gytundeb ar bynciau ymarferol. Pregethu'r ffydd efengylaidd a wnâi'r ddau, a theimlent eu bod, yn y bôn, yn bobl o'r un cyff a gwaed. A chan fod y ddau arweinydd mor eiddgar o blaid undod a chariad, llwyddwyd i osgoi anghydfod a drwgdeimlad ymysg eu dilynwyr.

Rhoes yr Annibynwyr, hwythau, bob cefnogaeth a swcwr i'r Methodistiaid yn ystod y blynyddoedd cynnar. Dan arweiniad tadol Edmund Jones, Pont-y-pŵl, cafodd y diwygwyr ifainc bob croeso a chyfarwyddyd. Croesewid Howel Harris ym Morgannwg gan weinidogion efengylaidd eu hysbryd fel Henry Davies, Blaen-gwrach, a James Davies, Merthyr. Trefnodd Edmund Jones deithiau pregethu ar ei gyfer yn y Deheudir. Ar wahoddiad Lewis Rees, Llanbryn-mair, y mentrodd Harris i Ogledd Cymru am y tro cyntaf erioed ym 1741. Ac yng Ngheredigion cydlafuriai Phylip Pugh, gweinidog ffyddlon y Cilgwyn, yn ddedwydd â Daniel Rowland. Ond oerodd y berthynas rhyngddynt yn ystod blynyddoedd cynnar y pedwardegau. Daeth cryn wahaniaeth barn ar bynciau'r Ffydd a threfn eglwysig i'r amlwg. Drwgdybiai'r Annibynwyr frwdfrydedd penboeth y Methodistiaid, a mynnent ddal y ddysgl yn wastad rhwng athrawiaeth a sêl. Ar y llaw arall, barnai'r Methodistiaid fod claerineb a diffyg sêl yr Annibynwyr yn eu rhwystro rhag tanio eneidiau'r bobl. Galwent am fwy o wres a thân, a llai o oleuni a dysg.

Llesteiriwyd y berthynas rhwng y ddwy garfan hefyd gan anghydfod ynghylch cymuno a threfn eglwysig. Ym 1743, penderfynodd y Methodistiaid, am y tro o leiaf, fod pob Methodist i dderbyn y cymun yn eglwys y plwyf. Ofnai'r Annibynwyr y byddai'r Methodistiaid o bosibl yn gorfod derbyn y cymun gan rai nad oedd eu dwylo'n lân. Yr oeddynt yn bur anniddig hefyd wrth weld cynghorwyr anordeiniedig a diaddysg yn cael pob rhyddid i bregethu ledled y wlad. Prin y buasai'r un Annibynnwr wedi cytuno â gosodiad Wesley mai'r 'byd yw fy mhlwyf'. Ar y llaw arall, ofnai Harris fod y seiadau Methodistaidd yn llithro i afael yr Annibynwyr, ac yn Sasiwn 1748 cyhoeddwyd na wahoddid yr Anghydffurfwyr mwyach i bregethu yn y seiadau ac na châi'r un Methodist gymuno na phregethu yng nghapeli'r Anghydffurfwyr. Ar ben hynny, yr oedd y bwlch rhwng Harris a'r Anghydffurfwyr yn amlycach nag erioed o'r blaen. Ciliodd arweinwyr yr Annibynwyr o'i gwmni oherwydd ei fyfïaeth, ei agwedd geryddgar, a'i awydd i dra-arglwyddiaethu ar bawb a phopeth. Rhwygwyd nifer o'r seiadau Methodistaidd gan yr ymrafaelion diwinyddol a phersonol hyn.

Ond nid oedd colli cydweithrediad yr Annibynwyr yn ddim o'i gymharu â'r bygythiad cynyddol o du Arminiaeth i ffyniant Methodistiaeth Galfinaidd. Tyfasai sawl cangen grefyddol 'anuniongred' yng nghysgod Methodistiaeth neu fel adwaith iddi, yn enwedig mewn cylchoedd dysgedig, lle rhoddid mwy o sylw i reswm dyn a'i allu i feddwl drosto'i hun. Un o brif ddatblygiadau athronyddol yr oes oedd y pwyslais newydd ar reswm a rhyddid barn, ac yr oedd darganfyddiadau gwyddonol newydd yn peri i lawer wadu sylfeini'r ffydd Gristnogol. Holid cwestiynau newydd ynglŷn â dwyfoldeb Crist, ymyrraeth Duw ym mhethau'r ddaear, gwirionedd yr Ysgrythur a dilysrwydd rhagarfaethiad. Yn y bôn, ymgais ydoedd i ymryddhau o hualau'r gorffennol ac i newid byd lle na châi dyn reoli ei dynged ei hun.

Rhoddai'r academïau Anghydffurfiol le arbennig i reswm a gwyddoniaeth yn eu maes llafur. Arweiniai hyn at fwy o ryddid barn mewn materion eglwysig, a gwelodd rhai eu cyfle i herio grym Calfiniaeth. Yn ystod y 1720au, blinodd Jencin Jones o Lanwenog yng Ngheredigion ar Galfiniaeth gyfyng ei weinidog, James Lewis o Bantycreuddyn, a dechreuodd bregethu Arminiaeth mewn dull bywiog a chyffrous yn Nyffryn Teifi. Dywedai fod gan bob person lais mewn materion yn ymwneud â'i iechydwriaeth. Ymarswydai Calfiniaid lleol rhagddo. Caewyd pulpud Pantycreuddyn yn ei erbyn, a throes Jones i bregethu'r ffydd Arminaidd yn ffermdy Pen-y-banc o 1726 ymlaen. Achosodd y cynnydd yn rhengoedd yr Arminiaid gryn ofid i Galfiniaid, a bu dadlau chwerw ar lafar ac mewn print. Pan godwyd Eglwys Arminaidd Llwynrhydowen ym 1733 ofnid yn fawr am ddyfodol Calfiniaeth. 'Dyfais newydd' oedd

Arminiaeth, meddai Phylip Pugh o'r Cilgwyn, a chredai Simon Thomas fod y grefydd Arminaidd 'fel grug yr anialwch, y crasdir sych sy'n cytuno orau â hwy'. Erbyn marwolaeth Jencin Jones ym 1742, yr oedd chwech o eglwysi Arminaidd yn y cylch, ac amlinellau'r 'Smotyn Du' wedi dechrau ymffurfio rhwng afonydd Aeron a Theifi yn ne Ceredigion. Yn ardal Merthyr, hefyd, yr oedd brwydr gynhenllyd yn cyniwair rhwng Calfiniaid ac Arminiaid yn ystod y 1740au, a thuedd ar gynnydd i lawer cynulleidfa Arminaidd fagu gwedd Ariaidd neu Undodaidd. Golygai hyn eu bod yn darostwng safle cydnabyddedig Crist fel mab dwyfol Duw. Yr oedd honiadau felly'n dân ar groen y Methodistiaid. Ymgroesai Williams Pantycelyn rhag y syniadau anuniongred hyn, ac yn *Golwg ar Deyrnas Crist* (1756) ymosododd yn daer ar wŷr dysgedig a wadai grefydd ddatguddiedig, oruwchnaturiol. Ni allai Annibynwyr na Methodistiaid ddygymod â dysgeidiaeth yr Undodiaid, yr Ariaid a'r Deistiaid, ac anogent eu cydwladwyr i ymysgwyd yn llwyr o'r fath gyfeiliorniadau. Gwenwyn marwol oedd y syniadau hereticaidd newydd, yn ôl Howel Harris, ac nid da gan Bantycelyn oedd y dadlau diwinyddol a oedd yn rhwygo'r eglwysi ac yn chwerwi ysbryd pobl:

> Terfysgwyd pennau'r bobl, fe rannwyd yma a thraw,
> Dau biniwn mewn un eglwys, ac weithiau wyth neu naw.
> Sêl at y pethau lleiaf yn gweithio yn y dall,
> Un pulpud yn fflangellu'r athrawiaeth yn y llall.

Â dychryn mawr y gwyliai Calfiniaid 'gyflym rediad llwyddiannus Arminiaeth ac Ariaeth yn yr Eglwysi'. 'Pa beth fydd diwedd y pethau hyn?' oedd gofid mawr Phylip Pugh.

Yr Ymraniad

Y trydydd rhwystr i atal twf Methodistiaeth oedd y bwlch amlwg o ran barn a phersonoliaeth a ymddangosodd rhwng Howel Harris a Daniel Rowland yn ystod y pedwardegau. Dyn piwis a dihiwmor oedd Harris, a dywedai bethau chwerw iawn am Rowland weithiau. Yr oedd y pyliau o ysgafnder a gâi Rowland yn gwbl wrthun yng ngolwg Harris a byddai'n ceryddu ei gyd-arweinydd yn hallt. Oerodd y berthynas rhwng y ddau, a lledodd y rhwyg wrth i Harris fynnu 'bod yn ben' ar y mudiad. Go wachul oedd iechyd Harris ar ôl blynyddoedd o lafur diarbed, a sylwai ei gyfeillion fod ei natur yn mynd yn fwy a mwy brochus o ganlyniad. Pan oedd ar gefn ei geffyl, nid oedd lle i'r un farn arall ond ei farn ef. Gwrthodai blygu

311

i awdurdod Rowland, ac ni fyddai byth yn syrthio ar ei fai. Yn waeth na hynny, ofnid ei fod yn ceisio tywys y mudiad i gyfeiriad ei ddiwinyddiaeth ef ei hun. Bu'r cyfuniad o flinder corfforol a straen meddyliol yn ddigon i'w arwain i gors Patripasiaeth, sef y gred fod Duw ei hun wedi marw ar y Groes. Dan ddylanwad y Morafiaid y daeth Harris i goleddu'r athrawiaeth heresïaidd hon. O'r 1720au ymlaen, bu Nicholas von Zinzendorf yn arwain yr adfywiad Morafaidd yn Saxony, â'r bwriad o ail-greu ysbryd a defosiwn Cristnogaeth yr Eglwys Fore yn ei oes ei hun. Pobl a geisiai eu glanhau eu hunain yn llwyr o ragrith, chwant a hunandwyll oedd y Morafiaid. Credent mai cariad yw Duw, mai Ei Air yw'r Beibl, ac mai Ei ddymuniad ar eu cyfer oedd am iddynt 'ddeffro eneidiau' ymhlith pob corff crefyddol a'u croesawai. Ymhyfrydai'r Morafiaid yn arbennig yn nioddefiadau Crist ar y Groes, a byddai sôn mynych yn eu cenhadaeth am ddioddefaint, archoll a gwaed. Swynwyd Howel Harris a John Wesley gan eu cenadwri wedi iddynt ymsefydlu yn Llundain ym 1728. Erbyn y 1740au, yr oedd yr 'heresi Forafaidd' wedi mynd yn fath o obsesiwn morbid gan Harris. Moriai yng Ngwaed yr Oen ac archollion Crist wrth draddodi yn y pulpud. Er mawr ofid i'w gyfeillion, gwaeddai'n aml ar ganol pregeth, 'Y Gwaed! Y Gwaed!' Ofn mawr Rowland a'r cynghorwyr oedd fod Harris yn mynd allan o'i ffordd i chwalu sylfeini'r Ffydd.

Tua'r un cyfnod, yr oedd y cynghorwyr Methodistaidd yn ysgwyd eu pennau'n betrus ynghylch y berthynas agos rhwng Harris a Madam Sidney Griffith, merch y Foelas yn sir Ddinbych, a gwraig William Griffith, ysgwïer Cefnamwlch yn Llŷn. Eisoes, profodd Harris sawl carwriaeth danbaid, ond y tro hwn yr oedd wedi ffoli'n lân. Fe'i siomwyd yn ei wraig, Anne, ac ni phetrusai o gwbl ynghylch brolio am yr 'undeb ysbrydol' a oedd wedi tyfu rhyngddo a Madam Griffith. Tybiai mai proffwydes ydoedd, a llyncai ei rhagfynegiadau am y dyfodol yn awchus-ffyddiog. Fe'i mabwysiadodd fel 'llŷgad' y mudiad, a theithiai'r wlad yn ei chwmni. Achosodd hyn gryn gleber a sgandal. Yr oedd nifer sylweddol o'r cynghorwyr yn credu'r gwaethaf am gyfeillgarwch Harris â Madam Griffith, ac yn dweud bod y berthynas yn un afiach a pheryglus. Manteisiodd gelynion y mudiad Methodistaidd ar eu cyfle i ymarfer yng nghefn Harris yr 'ysbryd cleberddus' a gondemniwyd mor aml gan Williams Pantycelyn. Ond nid oedd y sibrydion a'r ensyniadau'n mennu dim ar Harris. Yr oedd wedi syrthio dros ei ben a'i glustiau mewn cariad, ac ni fynnai wrando ar gyngor neb. Hawliai ei 'Efa' newydd ei holl sylw. Er bod Daniel Rowland yn ystwythach ei dymer na Harris, ni fedrai ddioddef ymddygiad mympwyol ei gyfaill ddim mwy. Cyhuddodd Harris o lygru pynciau'r Ffydd a dwyn anfri ar y mudiad, ac o ganlyniad i'r ymrafael diarddelwyd Harris yn Sasiwn Llantrisant ym 1750.

Am dair blynedd ar ddeg wedi 1750, rhwygwyd y mudiad Methodistaidd yn ddwy garfan, sef 'pobl Rowland' a 'phobl Harris'. Wedi ymryddhau o'i ofalon fel arweinydd y mudiad, ciliodd Harris i Drefeca i wireddu un o'i freuddwydion mawr, sef sefydlu cartref amaethyddol crefyddol, ar batrwm y 'ddinas sanctaidd' a sefydlwyd gan von Zinzendorf yn yr Almaen. Casglwyd yr aelodau ynghyd gan ei brif asiant, Evan Moses, teiliwr o Aberdâr, a gorchmynnwyd i bob un fwrw'i eiddo i drysorfa gyffredin. Fe'u gosodwyd dan ddisgyblaeth lem: deuent ynghyd deirgwaith y dydd (gan ddechrau am bedwar y bore) i weddïo ac i drafod yr Efengyl. Treulient weddill eu horiau'n amaethu'r pum can erw o dir neu'n arfer amryfal grefftau. Daeth y mwyafrif mawr o aelodau'r 'teulu' o Ogledd Cymru, rhai am dymor byr, eraill am gyfnod maith. A bu Howel Harris yn 'dad' ysbrydol a thymhorol i'r nythaid ryfedd hon am ugain mlynedd.

Nid oes amheuaeth na fu'r ymraniad yn rhwystr mawr i gynnydd y mudiad: 'trist yw'r ffrwythau a ddigwyddodd', meddai Pantycelyn. Er bod bron ddwywaith mwy o gapeli Methodistaidd wedi'u codi rhwng 1751 a 1762 nag a godwyd er 1735, collodd Methodistiaeth dir mewn llawer ardal. Ni feddai Daniel Rowland ar rym personoliaeth Harris na'i ddawn fel trefnydd. Crefodd Richard Tibbott ar Harris i ddychwelyd i'w hen gorlan: 'mae Cymru eto am glywed gair o'ch genau, a llawer yn hiraethu am eich gweld yn broffwyd yn eu mysg'. Ond troes Harris yn glustfyddar i bob apêl. O ganlyniad bu llawer o'r seiadau farw. Syrthiodd de Penfro i afael Morafiaeth, a chiliodd nifer o'r seiadau ym mro a gorllewin Morgannwg i gorlannau'r Annibynwyr. Chwalwyd holl seiadau Maesyfed, a chydiodd nychdod difrifol yn seiadau'r de-ddwyrain. Llesteiriwyd y gwaith o anfon cenhadon i'r Gogledd, ac ni chafodd y siroedd hynny sylw eto hyd nes y daeth Thomas Charles—'rhodd Duw i'r Gogledd', chwedl Daniel Rowland—i'w plith. Gwaith anodd iawn i'r arweinwyr a'r cynghorwyr fu ceisio cadw'r achos yn fyw, ac yn ôl yr adroddiadau a anfonwyd o'r seiadau, yr oedd y brwdfrydedd cynnar ar drai.

Ailgynheuwyd y fflam ddiwygiadol yn Llangeitho ym 1762 pan gyhoeddwyd casgliad o emynau Pantycelyn, *Caniadau, y Rhai sydd ar y Môr o Wydr*. Ni allai'r Methodistiaid gelu eu llawenydd. Gorfoleddai Pantycelyn: 'O hafddydd! fe ddaeth, fe ddaeth!', oedd ei ymateb brwd. Cyfannwyd y rhwyg rhwng Harris a Rowland, ymunodd y mab afradlon â'r aelodau Methodistaidd mewn seiat a sasiwn, ac yn ôl Robert Jones, yr oedd 'y gwlith a'r manna yn diferu mor hyfryd'. Yn sgîl y diwygiad nerthol hwn, adnewyddwyd asbri'r seiadau, ac aeth y gwaith o adfywio bywyd ysbrydol y Cymry o nerth i nerth.

Rhaid bod yn ofalus rhag gorbwysleisio dylanwad Methodistiaeth ar Gymru yn ystod y blynyddoedd rhwng 1735 a 1760. Cyn 1760 yn y De y bu'r medelwyr Methodistaidd brysuraf, a chynhaeaf go fain a gasglwyd yn y Gogledd. Yn ôl John Hughes, *doyen* haneswyr Methodistaidd y ganrif ddiwethaf, ni adawodd Methodistiaeth ei hôl ar drwch y boblogaeth hyd wedi 1770. Eto i gyd, llwyddodd Methodistiaeth gynnar i chwyldroi profiad ysbrydol a bywyd crefyddol llawer iawn o bobl. Yng ngeiriau Daniel Rowland, rhoddwyd 'lle i Grist' yng nghalonnau cannoedd lawer o Gymry. Fel y dengys y pennill hwn gan William Edwards, y cynghorwr a'r emynydd o Gwm-du yn sir Frycheiniog, rhoes y mudiad sicrwydd ffydd a hyder i liaws o unigolion:

> Er cael fy nhaflu lawr
> Gan Satan gawr yn hir,
> Er hyn i gyd rwyf ar fy nhraed,
> Trwy nerth fy Nhad yn wir.
> F'anrheithiwyd gwaith y Diawl,
> 'Rwy'n credu doed a ddêl;
> Pam 'r ofna'i mwy uffernol lu?
> Mae 'mywyd i dan sêl.

Bu'r seiadau'n foddion i ddwyn pobl ynghyd i addoli, i fynegi barn ac i fwynhau bod yn rhan o fudiad llawn bwrlwm a chyffro. Rhoddwyd hwb o'r newydd i hen werthoedd Piwritanaidd megis darbodaeth a diwydrwydd, difrifwch a chymedroldeb, a chadw'r Saboth. Magwyd cenhedlaeth o bobl a gymerai bechod o ddifrif, ac oherwydd hynny dywedai eu gwrthwynebwyr eu bod yn rhy chwannog i fesur dyn wrth hyd ei wyneb. Un o wendidau mwyaf y Methodistiaid, yn ôl Joshua Thomas, oedd eu bod yn 'barnu'n galed iawn ar bawb ond eu hunain'. Eto i gyd, elwodd yr Anghydffurfwyr, hwythau, ar yr ysbryd diwygiadol. Tyfodd yr Annibynwyr a'r Bedyddwyr mewn rhifedi a dylanwad yn sgîl y

Diwygiad. Er enghraifft, yr oedd tri Bedyddiwr yng Nghymru ym 1760 am bob un Bedyddiwr ym 1689. Clywid tinc diwygiadol yng nghenadwri'r Annibynwyr, a daeth canu emynau gwlithog yn rhan o'u haddoliad. Os bu Methodistiaeth yn furum yn y blawd eglwysig, bu hefyd yn lefain ym muchedd yr Anghydffurfwyr. A'r paradocs mawr yw y byddai'r mudiad a gychwynnodd o fewn yr Eglwys Sefydledig yn gyfrifol yn y pen draw am droi Cymru'n wlad Ymneilltuol.

MÔN

Y FFLINT

CAERNARFON

DINBYCH

MEIRIONNYDD

TREFALDWYN

MAESYFED

ABERTEIFI

BRYCHEINIOG

PENFRO

CAERFYRDDIN

MYNWY

MORGANNWG

Ffin cylchdeithiau
Llysoedd y Sesiwn Fawr   – – – –

Ffin siroedd Cymru   ·········

MAP 1. Cymru wedi'r Deddfau Uno 1536-43.

MAP 2. Y Rhyfel Cartref yng Nghymru.

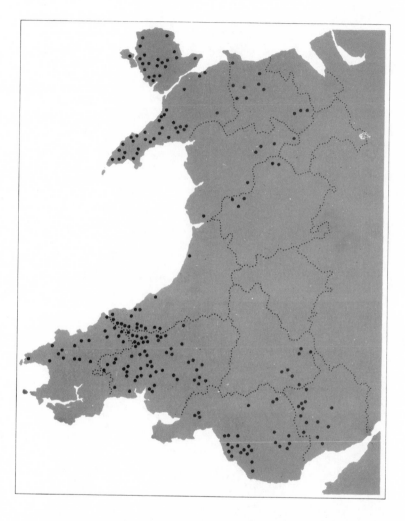

MAP 3. Ysgolion Cylchynol Griffith Jones, 1756-7

LLYFRYDDIAETH

Cyhoeddwyd yn Llundain, oni nodir yn wahanol.

1. GWEITHIAU CYFFREDINOL

BEBB, AMBROSE, *Cyfnod y Tuduriaid* (Wrecsam, 1939).

BOWEN, E. G., *Wales. A Physical, Historical and Regional Geography* (1957).

DODD, A. H., *A History of Caernarvonshire 1284-1900* (*T.C.H. sir Gaernarfon,* 1968).

—— *Studies in Stuart Wales* (ail arg., Caerdydd, 1971).

—— *Life in Wales* (1972).

EMERY, F. V., *The World's Landscapes: Wales* (1969).

EVANS, E. D., *A History of Wales, 1660-1815* (Caerdydd, 1976).

EVANS, GWYNFOR, *Aros Mae* (Abertawe, 1971).

EVANS, J. J., *Cymry Enwog y Ddeunawfed Ganrif* (Aberystwyth, 1937).

FRASER, DAVID, *Yr Anturiaethwyr* (Caerdydd, 1978).

HOWELLS, B. E., 'Modern History', yn *Wales. A New Study* (gol. D. Thomas, Caerdydd, 1977).

JENKINS, R. T., *Hanes Cymru yn y Ddeunawfed Ganrif* (Caerdydd, 1928).

JONES, R. BRINLEY (gol.), *Anatomy of Wales* (Llanbedr-y-fro, 1972).

LLOYD, D. MYRDDIN (gol.), *Seiliau Hanesyddol Cenedlaetholdeb Cymru* (Caerdydd, 1950).

LLOYD, J. E. (gol.), *A History of Carmarthenshire* (2 gyf., Caerdydd, 1935-9).

—— *Golwg ar Hanes Cymru* (Aberystwyth, 1943).

MOORE, DONALD (gol.), *Wales in the Eighteenth Century* (Abertawe, 1976).

MORGAN, P. T. J., *Background to Wales* (Llandybïe, 1968).

PARRY, THOMAS, *Hanes Llenyddiaeth Gymraeg hyd 1900* (3ydd arg., Caerdydd, 1953).

PEATE, I. C., *Cymru a'i Phobl* (Caerdydd, 1931).

REES, J. F., *Studies in Welsh History* (ail arg., Caerdydd, 1965).

REES, WILLIAM, *An Historical Atlas of Wales* (Caerdydd, 1966).

ROBERTS, GLYN, *Aspects of Welsh History* (Caerdydd, 1969).

RODERICK, A. J. (gol.), *Wales through the Ages* (cyf. 2, Llandybïe, 1960).

THOMAS, HUGH, *A History of Wales, 1485-1660* (Caerdydd, 1972).

WILLIAMS, DAVID, *A History of Modern Wales* (ail arg., 1977).

WILLIAMS, GLANMOR (gol.), *Glamorgan County History, IV: Early Modern Glamorgan* (Caerdydd, 1974).

WILLIAMS, W. LLEWELYN, *The Making of Modern Wales* (1919).

2. NATUR Y GYMDEITHAS

BURKE, PETER, *Popular Culture in Early Modern Europe* (1978).

CARR, A. D., 'An Introduction to the Endowed Charities of Anglesey', *T.C.H. Môn* (1966).

DAVIES, J. H., *Rhai o Hen Ddewiniaid Cymru* (1901).

DAVIES, L. T. ac Edwards, A., *Welsh Life in the Eighteenth Century* (1939).

DODD, A. H., 'Welsh and English in East Denbighshire: an Historical Retrospect', *Traf. Cymmr.* (1940).

EDWARDS, I. ab O. (gol.), *Star Chamber Proceedings relating to Wales* (Caerdydd, 1929).

GRIFFITHS, K. BOSSE, *Byd y Dyn Hysbys* (Tal-y-bont, 1977).

GRUFFYDD, EIRLYS, *Gwrachod Cymru* (Caernarfon, 1980).

HOSKINS, W. G., 'Harvest Fluctuations and English Economic History, 1620-1759', *Agricultural History Review,* 16 (1968).

HOWELLS, B. E. (gol.), *A Calendar of Letters relating to North Wales* (Caerdydd, 1967).

——— 'The historical demography of Wales: some notes on sources', *The Local Historian,* X (1973).

JENKINS, GERAINT H., *Geni Plentyn ym 1701: profiad 'rhyfeddol' Dassy Harry* (Caerdydd, 1981).

——— 'Popular Beliefs in Wales from the Restoration to Methodism', *B.B.G.C.,* XXVII (1977).

JENKINS, R. T., *Y Ffordd yng Nghymru* (Wrecsam, 1933).

JONES, G. PENRHYN, *Newyn a Haint yng Nghymru* (Caernarfon, 1963).

JONES, R. W., *Bywyd Cymdeithasol Cymru yn y Ddeunawfed Ganrif* (Caerdydd, 1931).

JONES, T. I. JEFFREYS, *Exchequer proceedings concerning Wales in tempore James I* (Caerdydd, 1955).

LLOYD, HOWARD, 'Tri o Hen Chwaraeon Cymru', *Traf. Cymmr.* (1960).

MATTHEWS, J. H. (gol.), *Cardiff Records* (6 chyf., Caerdydd, 1898-1911).

MYDDELTON, W. M. (gol.), *Chirk Castle Accounts, 1666-1753* (Manceinion, 1931).

OLIVER, JOHN, 'Tywydd Cymru yn y cyfnod hanesyddol', *Y Gwyddonydd,* IV (1966).

OWEN, G. DYFNALLT, *Elizabethan Wales: the Social Scene* (Caerdydd, 1962).

——— 'Sir Ddinbych yn Oes Elisabeth I', *T.C.H. sir Ddinbych,* XIV (1965).

OWEN, HUGH, 'The Diary of Bulkeley of Dronwy, Anglesey, 1630-1636', *T.C.H. Môn* (1937).

OWEN, LEONARD, 'The Population of Wales in the Sixteenth and Seventeenth Centuries', *Traf. Cymmr.* (1959).

OWEN, T. M., *Welsh Folk Customs* (ail arg., Caerdydd, 1968).

PEATE, I. C., *Tradition and Folk Life. A Welsh View* (1972).

——— *Diwylliant Gwerin Cymru* (ail arg., Dinbych, 1975).

PRICE, C. J. L. 'Polite Life in Eighteenth-Century Wales', *Yr Einion,* V (1953).

ROBERTS, PETER, *Y Cwtta Cyfarwydd* (gol. D. R. Thomas, 1883).

SMITH, W. J. (gol.), *Calendar of Salusbury Correspondence, 1553-c.1700* (Caerdydd, 1954).

STONE, LAWRENCE, *Family, Sex and Marriage in England, 1500-1800* (1977).

THOMAS, KEITH, *Religion and the Decline of Magic* (1971).

WADDINGTON, H. M., 'Games and Athletics in Byegone Wales', *Traf. Cymmr.* (1955).

WILLIAMS, DAVID, 'A Note on the Population of Wales', *B.B.G.C.,* IV (1937).

WILLIAMS, G. J., 'Dyddiadur William Thomas o Lanfihangel ar Elái', *Morgannwg,* I (1957).

——— 'Glamorgan Customs in the Eighteenth Century', *Gwerin,* I (1957).

WILLIAMS, J. GWYNN, 'Witchcraft in Seventeenth-Century Flintshire', *T.C.H. sir y Fflint,* 26-7 (1973-6).

3. FFRAMWAITH Y GYMDEITHAS

ANTHONY, I. E., *Costumes of the Welsh People* (Caerdydd, 1975).

APTED, M. R., 'Social Conditions at Tredegar House, Newport, in the 17th and 18th Centuries', *The Monmouthshire Antiquary,* III (1973).

BALLINGER, J. (gol.), *Calendar of Wynn (of Gwydir) Papers, 1515-1690* (Aberystwyth, 1926).

CARR, A. D., 'The Mostyns of Mostyn, 1540-1642', *T.C.H. sir y Fflint,* 28 (1977-8).

EDWARDS, IFOR, *Y Brodyr Davies. Gofaint Gatiau* (Caerdydd, 1977).

EVANS, G. NESTA, *Social Life in Mid-Eighteenth Century Anglesey* (Caerdydd, 1936).

GRESHAM, C. A., *Eifionydd: A Study in Landownership from the Medieval Period to the Present Day* (Caerdydd, 1973).

HILLING, J. B., *The Historic Architecture of Wales* (Caerdydd, 1977).

HOWELL, DAVID W., 'Landed Society in Pembrokeshire', *The Pembrokeshire Historian,* 3 (1971).

HOWELLS, B. E., 'The Elizabethan Squirearchy in Pembrokeshire', *The Pembrokeshire Historian,* 1 (1959).

——— 'Social and Agrarian Change in Early Modern Cardiganshire', *Ceredigion,* VII (1974-5).

HOWELLS, B. E. a JOHN, 'Peasant Houses in Stuart Pembrokeshire', *C.Ll.G.C.* XXI (1980).

JENKINS, DAVID, 'The Part played by Craftsmen in the Religious History of Modern Wales', *Yr Einion,* VI (1954).

JENKINS, J. GERAINT, *Crefftwyr Gwlad* (Llandysul, 1971).

JONES, J. GWYNFOR, 'Syr John Wynn o Wedir: ei Gymeriad a'i Gefndir', *T.C.H. sir Gaernarfon,* 36 (1975).

——— 'Priodoleddau bonheddig yn nheulu'r Wyniaid o Wedir', *Traf. Cymmr.* (1978).

LLOYD, HOWELL A., *The Gentry of South-West Wales, 1540-1640* (Caerdydd, 1968).

MARTIN, J., 'Estate Stewards and their Work in Glamorgan, 1660-1760', *Morgannwg,* XXIII (1979).

PEATE, I. C., *Y Crefftwyr yng Nghymru* (Aberystwyth, 1933).

—— *The Welsh House* (3ydd arg., Lerpwl, 1946).

PIERCE, T. JONES (gol.), *Clenennau Letters and Papers in the Brogyntyn Collection* (Aberystwyth, 1947).

ROBERTS, P. R., 'The Social History of the Merioneth Gentry, 1660-1840', *C.C.H. sir Feirionnydd,* IV (1963).

—— 'The Decline of the Welsh Gentry in the Eighteenth Century', *C.Ll.G.C.,* XIII (1963-4).

SMITH, PETER, *Houses of the Welsh Countryside* (1975).

—— 'Rural Housing in Wales', yn Joan Thirsk (gol.), *The Agrarian History of England and Wales,* IV, 1540-1640 (1967).

WILIAM, EURWYN, 'Adeiladau Fferm Traddodiadol yng Nghymru', *Amgueddfa,* 15 (1973).

—— 'The Vernacular Architecture of a Welsh Rural Community, 1700-1900: the Houses of Mynytho', *T.C.H. sir Gaernarfon,* 36 (1975).

—— 'A Pair of Eighteenth-Century Labourers' Cottages at Banc Tai Newydd, Pontyberem, Carmarthenshire', *The Carmarthenshire Antiquary,* XI (1975).

WILLIAMS, GLANMOR, 'Glamorgan Society, 1536-1642', yn *Glamorgan County History* (gol. G. Williams, Caerdydd, IV, 1974).

WILLIAMS, G. H., 'Caernarfonshire House Interiors, 1660-1690', *T.C.H. sir Gaernarfon,* 38 (1977).

WILLIAMS, J. GWYNN, 'Rhai Agweddau ar y Gymdeithas Gymreig yn yr Ail Ganrif ar Bymtheg', *Efrydiau Athronyddol,* XXXI (1968).

WILLIAMS, W. OGWEN, 'The Social Order in Tudor Wales', *Traf. Cymmr.* (1967).

WYNN, Syr John, *The History of the Gwydir Family* (gol. J. Ballinger, 1927).

4. GWLAD A THREF

BOON, G. C. (gol.), *Welsh Tokens of the Seventeenth Century* (Caerdydd, 1973).

CARTER, HAROLD, *The Towns of Wales* (Caerdydd, 1965).

CHARLES, B. G., *George Owen of Henllys* (Aberystwyth, 1973).

—— (gol.), *Calendar of the Borough of Haverfordwest, 1539-1660* (Caerdydd, 1967).

DEFOE, DANIEL, *A Tour thro' the whole island of Great Britain 1724-5* (gol. G. D. H. Cole, 2 gyf., 1927).

EMERY, FRANK, 'The Farming Regions of Wales', yn Joan Thirsk (gol.), *The Agrarian History of England and Wales,* IV, 1540-1640 (Caergrawnt, 1967).

GRIFFITHS, R. A. (gol.), *Boroughs of Mediaeval Wales* (Caerdydd, 1978).

GRUFFYDD, K. LLOYD, 'The Vale of Clwyd Corn Riots of 1740', *T.C.H. sir y Fflint,* 27 (1975-6).

HOWELLS, B. E., 'Pembrokeshire Farming, *c.*1580-1620', *C.Ll.G.C.* IX (1955-6).

—— (gol.), *Elizabethan Pembrokeshire (The Evidence of George Owen)* (Cymd. Cofnodion sir Benfro, 1973).

HOWELLS, B. E. a K. A. (goln.), *Pembrokeshire Life: 1572-1843* (Cymd. Cofnodion sir Benfro, 1972).

—— *The Extent of Cemais, 1594* (Cymd. Cofnodion sir Benfro, 1977).

HOWELLS, J.M., 'The Crosswood Estate, 1547-1947', *Ceredigion,* III (1956).

JENKINS, R. T., 'Hywel Harris y Ffarmwr', *Lleufer,* VIII (1952).

JONES, E. D., 'The Register of the Corvisors of Ruthin, 1570-1671', *C.Ll.G.C.,* VII (1951-2).

JONES, FRANCIS, 'A Squire in Anglesey: Edward Wynne, Bodewryd', *T.C.H. Môn* (1940).

JONES, I. G. (gol.), *Aberystwyth 1277-1977* (Llandysul, 1977).

LELAND, JOHN, *The Itinerary in Wales 1536-9* (gol. L. Toulmin Smith, 1906).

OWEN, GEORGE, *The Description of Pembrokeshire* (gol. Henry Owen, 3 cyf., 1892-1906).

OWEN, HUGH (gol.), 'Corporation of Beaumaris Minute Book (1694-1723)', *T.C.H. Môn* (1932).

PARRY, J. G., 'Terfysgoedd Ŷd yng Ngogledd Cymru, 1740-58', *T.C.H. sir Gaernarfon,* 39 (1978).

PAYNE, F., *Yr Aradr Gymreig* (Caerdydd, 1954).

THOMAS, W. S. K., 'Tudor and Jacobean Swansea: the social scene', *Morgannwg,* V (1961).

TILL, R. D., 'Proprietary Politics in Glamorgan: the Mackworth Family and the Borough of Neath, 1696-1794', *Morgannwg,* XVI (1972).

TUCKER, NORMAN, 'The Councell Booke of Ruthin, 1642-1695', *T.C.H. sir Ddinbych,* IX-XI (1960-2).

WILLIAMS, M.I., *The South Wales Landscape* (1975).

5. DIWYDIANT A MASNACH

BURT, R., 'Lead Production in England and Wales, 1700-1770', *Economic History Review,* XXII (1969).

COLYER, R., *The Welsh Cattle Drovers* (Caerdydd, 1976).

DAVIES, D. J., *The Economic History of South Wales prior to 1800* (Caerdydd, 1933).

DODD, A. H., *The Industrial Revolution in North Wales* (3ydd arg., Caerdydd, 1971).

EAMES, ALED, *Ships and Seamen of Anglesey, 1558-1918* (Bangor, 1973).

EVANS, M. C. S., 'Carmarthen and the Welsh Port Books, 1550-1603', *The Carmarthen Antiquary,* III (1960).

HOWELL, D. W., 'The Economy of the Landed Estates of Pembrokeshire, *c.*1680-1830', *C.H.C.,* III (1967).

JENKINS, J. GERAINT, *The Welsh Woollen Industry* (Caerdydd, 1969).

JOHN, A. H., *The Industrial Development of South Wales* (Caerdydd, 1950).

LEWIS, E. A., *The Welsh Port Books, 1550-1603* (1927).

——— 'The Port Books of the Port of Cardigan in Elizabethan and Stuart Times', *T.C.H. Ceredigion,* VII (1930).

——— 'The Toll Books of some North Pembrokeshire Fairs, 1509-1603', *B.B.G.C.,* VII (1934).

LEWIS, W. J., *Lead Mining in Wales* (Caerdydd, 1967).

LINDSAY, J., *A History of the North Wales Slate Industry* (Newton Abbot, 1974).

LLOYD, H., *The Quaker Lloyds in the Industrial Revolution* (1975).

LLOYD, LEWIS, 'The Ports and Shipping of Cardigan Bay', *Cymru a'r Môr,* 4 (1979).

MARTIN, J., 'Private Enterprise versus Manorial Rights: Mineral Property Disputes in Eighteenth-Century Glamorgan', *C.H.C.,* IX (1978).

MENDENHALL, T. C., *The Shrewsbury Drapers and the Welsh Wool Trade in the XVI and XVII Centuries* (1953).

PIERCE, T. JONES, *Medieval Welsh Society* (gol. J. B. Smith, Caerdydd, 1972).

REES, D. M., *Mines, Mills and Furnaces* (1969).

REES, WILLIAM, *Industry before the Industrial Revolution* (2 gyf., Caerdydd, 1968).

ROBERTS, CARYS, 'Piracy in Caernarvonshire and Anglesey', *T.C.H. sir Gaernarfon,* 21 (1960).

ROBERTS, R. O., 'The Development and Decline of the copper and non-ferrous industries in South Wales', *Traf. Cymmr.* (1956).

THOMAS, B. B., *Braslun o Hanes Economaidd Cymru* (Caerdydd, 1941).

THOMAS, DAVID, *Hen Longau a Llongwyr Cymru* (Caerdydd, 1949).

TROTT, C. D. J., 'Coal Mining in the borough of Neath in the seventeenth and early eighteenth centuries', *Morgannwg,* XIII (1969).

WILLIAMS, D. TREFOR, *The Economic Development of Swansea and the Swansea District* (Caerdydd, 1940).

WILLIAMS, GLANMOR, 'The Economic Life of Glamorgan, 1536-1642', yn *Glamorgan County History* (gol. G. Williams, Caerdydd, IV, 1974).

WILLIAMS, G. H., 'Masnach Forwrol Arfon, 1630-1690', *Cymru a'r Môr,* 3 (1978).

WILLIAMS, M. I., 'The Economic and Social History of Glamorgan, 1660-1760', yn *Glamorgan County History* (gol. G. Williams, Caerdydd, IV, 1974).

——— 'Carmarthenshire's Maritime Trade in the 16th and 17th Centuries', *The Carmarthen Antiquary,* 14 (1978).

6. Y DEDDFAU UNO 1536-43

BEBB, AMBROSE (gol.), *Y Deddfau Uno* (Caernarfon, 1937).

EDWARDS, P. S., 'The Parliamentary Representation of the Welsh Boroughs in the mid-sixteenth century', *B.B.G.C.,* XXVII (1978).

―――― 'Cynrychiolaeth a Chynnen: Agweddau ar Hanes Seneddol a Chymdeithasol Sir Fôn yng nghanol yr Unfed Ganrif ar Bymtheg', *C.H.C.,* X (1980).

IVES, E. W., 'Court and Country Palatine in the Reign of Henry VIII: the career of William Brereton of Malpas', *Trans. Historical Soc. of Lancs. and Cheshire,* 123 (1972).

JENKINS, R. T., 'Y Newid yng Nghymru yng nghyfnod y Tuduriàid', *Yr Apêl at Hanes* (Wrecsam, 1931).

JONES, BOBI, 'The Roots of Welsh Inferiority', *Planet,* 22 (1974).

JONES, GARETH E., *The Gentry and the Elizabethan State* (Abertawe, 1977).

JONES, J. GWYNFOR, 'Caernarvonshire Administration: the Activities of the Justices of the Peace, 1603-1660', *C.H.C.,* V (1970).

―――― 'Aspects of Local Government in Pre-Restoration Caernarvonshire', *T.C.H. sir Gaernarfon,* XXXIII (1972).

―――― 'Awdurdod Cyfreithiol a Gweinyddol Lleol yng Ngogledd Cymru yn y cyfnod 1540-1640 yn ôl tystiolaeth y Beirdd', *Llên Cymru,* XII (1973).

LEWIS, T. H., 'The Justice of the Peace in Wales', *Traf. Cymmr.* (1943-4).

―――― 'The administration of justice in the Welsh county in its relation to other organs of justice', *Traf. Cymmr.* (1945).

PHILLIPS, J. R. S. (gol.), *The Justices of the Peace in Wales and Monmouthshire, 1541 to 1689* (Caerdydd, 1975).

REES, J. F., *Tudor Policy in Wales* (1935; ail arg. yn *Studies in Welsh History*).

REES, WILLIAM, 'The Union of England and Wales', *Traf. Cymmr.* (1937; adarg. Caerdydd, 1948).

ROBERTS, GLYN, 'The Parliamentary Representation of the Welsh Boroughs', yn *Aspects of Welsh History* (Caerdydd, 1969).

ROBERTS, P. R., 'The Union with England and the Identity of "Anglican" Wales', *Trans. Royal Historical Soc.,* XXII (1972).

―――― 'The Acts of Union and Wales', *Traf. Cymmr.* (1974).

―――― 'A Breviat of the Effectes devised for Wales', *Camden Miscellany,* XXVI (1975).

ROBINSON, W. R. B., 'Early Tudor Policy towards Wales', *B.B.G.C.,* XXI 1964-6).

―――― 'The Welsh Estates of Charles, Earl of Worcester, in 1520', *B.B.G.C.,* XXIV (1971).

――――'The Marcher Lords of Wales, 1525-1531', *B.B.G.C.,* XXVI (1974-6).

WILLIAMS, PENRY, *The Council in the Marches of Wales under Elizabeth I* (Caerdydd, 1958).

―――― *The Tudor Regime* (Rhydychen, 1979).

—— 'The Welsh Borderland under Queen Elizabeth', *C.H.C.,* I (1960).
—— 'The Attack on the Council in the Marches, 1603-1642', *Traf. Cymmr.* (1961).
—— 'The Political and Administrative History of Glamorgan, 1536-1642', yn *Glamorgan County History* (gol. G. Williams, Caerdydd, IV, 1974).
WILLIAMS, W. LLEWELYN, 'A Welsh Insurrection', *Y Cymmrodor,* XVI (1902).
WILLIAMS, W. OGWEN, *Tudor Gwynedd* (Caernarfon, 1958).
WILLIAMS, W. R., *The Parliamentary History of Wales, 1541-1895* (Aberhonddu, 1895).

7. Y DADENI DYSG

BOWEN, D. J., *Gruffudd Hiraethog a'i Oes* (Caerdydd, 1958).
—— 'Gruffudd Hiraethog ac Argyfwng Cerdd Dafod', *Llên Cymru,* II (1952-3).
—— 'Agweddau ar Ganu'r Unfed Ganrif ar Bymtheg', *Traf. Cymmr.* (1969).
BOWEN, GERAINT (gol.), *Y Traddodiad Rhyddiaith* (Llandysul, 1970).
DAVIES, CERI, *Rhagymadroddion a Chyflwyniadau Lladin, 1551-1632* (Caerdydd, 1980).
FRENCH, PETER, *John Dee* (1972).
GRUFFYDD, R. G., 'Yn y Lhyvyr Hwnn (1546): The Earliest Welsh Printed Book', *B.B.G.C.,* XXIII (1969).
—— 'Humphrey Llwyd: Dyneiddiwr', *Efrydiau Athronyddol,* XXXIII (1970).
—— 'The Life of Dr. John Davies of Brecon', *Traf. Cymmr.* (1971).
GRUFFYDD, W. J., *Llenyddiaeth Cymru. Rhyddiaith o 1540 hyd 1660* (Wrecsam, 1926).
HUGHES, G. H. (gol.), *Rhagymadroddion, 1547-1659* (Caerdydd, 1967).
—— 'Cefndir Meddwl yr Ail Ganrif ar Bymtheg', *Efrydiau Athronyddol,* XVIII (1955).
——'Ffasiynau'r Dadeni', yn *Ysgrifau Beirniadol* (gol. J. E. Caerwyn Williams, V, 1970).
HUGHES, W. J., *Wales and the Welsh in English Literature* (Wrecsam, 1924).
JARMAN, A. O. H., 'Y Ddadl ynghylch Sieffre o Fynwy', *Llên Cymru,* II (1952).
JONES, J. GWYNFOR, 'Diddordebau Wynniaid Gwedir', *Llên Cymru,* XI (1970).
JONES, R. BRINLEY, *The Old British Tongue, the Vernacular in Wales, 1540-1640* (Caerdydd, 1970).
—— ' "Yr Iaith sydd yn Kychwyn ar Dramgwydd". Sylwadau ar y Gymraeg yng nghyfnod y Dadeni Dysg', *Ysgrifau Beirniadol* (gol. J. E. Caerwyn Williams, VIII, 1974).
KENDRICK, T. D., *British Antiquity* (1950).

MATHEW, DAVID, *The Celtic Peoples and Renaissance Europe* (1933).

PARRY, THOMAS, 'Siôn Dafydd Rhys', *Y Llenor,* IX (1930).

PARRY-WILLIAMS, T. H. (gol.), *Rhyddiaith Gymraeg, 1547-1618* (Caerdydd, 1956).

REES, BRINLEY, *Dulliau'r Canu Rhydd, 1500-1650* (Caerdydd, 1952).

ROBERT, GRUFFYDD, *Gramadeg 1567* (gol. G. J. Williams, Caerdydd, 1939).

ROBERTS, O. E., *Dr. John Dee 1527-1608* (Caernarfon, 1980).

ROBERTS, RH. F., 'Y Dr John Davies o Fallwyd', *Llên Cymru,* II (1952).

WILLIAMS, DAVID, 'Y Dadeni Dysg yn Ewrop', *Y Llenor,* XIII (1934).

WILLIAMS, GLANMOR, *Dadeni, Diwygiad a Diwylliant Cymru* (Caerdydd, 1964).

—— *Religion, Language and Nationality in Wales* (Caerdydd, 1979).

WILLIAMS, G. ALED, 'Golwg ar Ymryson Edmwnd Prys a Wiliam Cynwal', *Ysgrifau Beirniadol* (gol. J. E. Caerwyn Williams, VIII, 1974).

——'Wiliam Midelton: Bonheddwr, Anturiwr a Bardd', *T.C.H. sir Ddinbych,* XXIV (1975).

—— 'Edmwnd Prys (1543/4-1623): Dyneiddiwr Protestannaidd', *C.C.H. sir Feirionnydd,* VIII (1980).

WILLIAMS, G. J., *Agweddau ar Hanes Dysg Gymraeg* (gol. Aneirin Lewis, Caerdydd, 1969).

—— 'Traddodiad Llenyddol Dyffryn Clwyd', *T.C.H. sir Ddinbych,* I (1952).

WILLIAMS, I. M., 'Ysgolheictod Hanesyddol yr unfed ganrif ar bymtheg', *Llên Cymru,* II (1952-3).

WILLIAMS, W. OGWEN, 'The Survival of the Welsh Language after the Union of England and Wales: The First Phase, 1536-1642', *C.H.C.,* II (1964).

8. PLANNU'R GREFYDD BROTESTANNAIDD

BEBB, AMBROSE, *Machlud y Mynachlogydd* (Aberystwyth, 1937).

BOWEN, GERAINT (gol.), *Gwssanaeth y Gwŷr Newydd* (Caerdydd, 1970).

—— 'Morys Clynnog', *T.C.H. sir Gaernarfon,* XXVII (1966).

CLARK, STUART a MORGAN, P. T. J., 'Religion and Magic in Elizabethan Wales: Robert Holland's Dialogue on Witchcraft', *Journal Ecclesiastical History,* 27 (1976).

CLEARY, J. M., 'The Catholic Resistance in Wales, 1568-1678', *Blackfriars,* 38 (1951).

DODD, A. H., 'The Reformation in Wales', yn *Welsh Church Congress Handbook* (1953).

GRUFFYDD, R. G., *Argraffwyr Cyntaf Cymru. Gwasgau Dirgel y Catholigion adeg Elisabeth* (Caerdydd, 1972).

—— 'William Morgan', yn *Y Traddodiad Rhyddiaith* (gol. G. Bowen, 1970).

JAMES, J. W., *A Church History of Wales* (Ilfracombe, 1945).

JONES, E. G., *Cymru a'r Hen Ffydd* (Caerdydd, 1951).

LEWIS, SAUNDERS, 'Damcaniaeth Eglwysig Brotestannaidd', *Efrydiau Catholig,* II (1947).

MATHIAS, W. A., 'William Salesbury a'i Gyfieithiadau, 1567', *Diwinyddiaeth,* XVIII (1967).

—— 'William Salesbury—Ei Fywyd a'i Weithiau' a 'William Salesbury—Ei Ryddiaith', yn *Y Traddodiad Rhyddiaith* (gol. G. Bowen, 1970).

ROBERTS, ENID P., 'Canu Wiliam Cynwal i Glerigwyr', *Traf. C.H. sir Ddinbych,* XIV (1965).

ROBERTS, G. J., *Yr Esgob William Morgan* (Dinbych, 1955).

SEABORNE, M. V. J., *The Reformation in Wales* (1952).

THOMAS, D. A., *The Welsh Elizabethan Catholic Martyrs* (Caerdydd, 1971).

THOMAS, ISAAC, *William Salesbury a'i Destament* (Caerdydd, 1967).

—— *Y Testament Newydd Cymraeg, 1551-1620* (Caerdydd, 1976).

WALKER, D. G. (gol.), *A History of the Church in Wales* (Penarth, 1976).

WILLIAMS, GLANMOR, *Bywyd ac Amserau'r Esgob Richard Davies* (Caerdydd, 1953).

—— *Welsh Reformation Essays* (Caerdydd, 1967).

—— *The Welsh Church from Conquest to Reformation* (arg. diwygiedig, Caerdydd, 1976; *gw.* hefyd gyfieithiad T. M. Bassett, *Yr Eglwys yng Nghymru o'r Goncwest hyd at y Diwygiad Protestannaidd,* Caerdydd, 1968).

—— 'Cipdrem arall ar y "Ddamcaniaeth Brotestannaidd"', *Y Traethodydd,* XVI (1948).

—— 'Cymru a'r Diwygiad Protestannaidd', *T.C.H. y Bedyddwyr* (1959).

—— 'Carmarthen and the Reformation, 1536-58', yn T. Barnes ac N. Yates (goln.), *Carmarthenshire Studies* (Caerfyrddin, 1974).

—— 'Bishop William Morgan (1545-1604) and the First Welsh Bible', *C.C.H. sir Feirionnydd,* VII (1976).

WYNNE, R. O. F., 'Y Cymry a'r Diwygiad Protestannaidd', *Efrydiau Catholig,* VI (1954).

9. Y PATRWM GWLEIDYDDOL 1603-1660

BERRY, J. a LEE, S. G., *A Cromwellian major-general: the career of Colonel James Berry* (Rhydychen, 1938).

DAVIES, J. H. (gol.), *Hen Gerddi Gwleidyddol* (Caerdydd, 1901).

DODD, A. H., 'Wales's Parliamentary Apprenticeship (1536-1625)', *Traf. Cymmr.* (1942).

—— 'Wales and the Scottish Succession', *Traf. Cymmr.* (1937).

—— 'Wales in the Parliaments of Charles I', *Traf. Cymmr.* (1946-7).

—— 'The Pattern of Politics in Stuart Wales', *Traf. Cymmr.* (1948).

—— 'Anglesey in the Civil War', *T.C.H. Môn* (1952).

—— 'Caernarvonshire at War', *T.C.H. sir Gaernarfon,* XIV (1953).

—— 'The Civil War in east Denbighshire', *T.C.H. sir Ddinbych,* III (1954).

DAVIES, W. LL., 'Phylipiaid Ardudwy', *Y Cymmrodor* (1931).

GRUENFELDER, J. K., 'The Wynns of Gwydir and Parliamentary Elections in Wales, 1604-40', *C.H.C.,* IX (1978).

HABAKKUK, H. J., 'The Parliamentary Army and the Crown Lands', *C.H.C.,* III (1967).

JOHNSON, A. M., 'Politics and Religion in Glamorgan during the Interregnum, 1649-1660', yn *Glamorgan County History* (gol. G. Williams, Caerdydd, IV, 1974).

—— 'Bussy Mansell (1623-1699): political survivalist', *Morgannwg,* XX (1976).

—— 'Wales during the Interregnum', yn *Puritans and Revolutionaries* (goln. D. H. Pennington a K. Thomas, 1978).

JONES, E. D., 'The Brogyntyn Welsh Manuscripts', *C.Ll.G.C.,* V-VI, VIII (1948-50, 1953).

JONES, E. G., 'County Politics and Electioneering, 1558-1625', *T.C.H. sir Gaernarfon* (1939).

LEACH, A. L., *The History of the Civil War, 1642-1649, in Pembrokeshire and on its Borders* (1937).

LINDLEY, K. J., 'The Impact of the 1641 Rebellion upon England and Wales, 1641-5', *Irish Historical Studies,* XVIII (1972-3).

MATHEW, D., 'Wales and England in the early Seventeenth Century', *Traf. Cymmr.* (1955).

MORRILL, J. S., *The Revolt of the Provinces* (1976).

PHILLIPS, J. R., *The Memoirs of the Civil War in Wales and the Marches* (2 gyf., 1874).

REES, J. F., 'The Civil War in Glamorgan', 'The Civil War in Pembrokeshire', 'The Second Civil War in Wales', yn *Studies in Welsh History* (Caerdydd, 1965).

RICHARDS, THOMAS, *Cymru a'r Uchel Gomisiwn, 1633-1640* (Lerpwl, 1930).

ROBERTS, B. DEW, *Mitre and Musket* (1938).

ROOTS, IVAN, *The Great Rebellion* (1966).

THOMAS, C. M., 'The Civil Wars in Glamorgan', yn *Glamorgan County History* (gol. G. Williams, Caerdydd, IV, 1974).

TUCKER, NORMAN, *North Wales in the Civil War* (Dinbych, 1958).

VAUGHAN, HENRY, *The Complete Poems* (gol. A. Rudrum, 1976).

VEYSEY, A. G., 'Colonel Philip Jones, 1618-1674', *Traf. Cymmr.* (1966).

10. Y DIWYGIAD PIWRITANAIDD

BASSETT, T. M., *Bedyddwyr Cymru* (Abertawe, 1977).

BEVAN, HUGH, *Morgan Llwyd y Llenor* (Caerdydd, 1954).

DODD, A. H., 'New England Influences in Early Welsh Puritanism', *B.B.G.C.,* XVI (1954).

—— 'A Remonstrance from Wales, 1655', *B.B.G.C.,* XVII (1958).

ELLIS, T. E. a DAVIES, J. H. (goln.), *Gweithiau Morgan Llwyd* (2 gyf., Bangor, 1899-1908).

EVANS, E. LEWIS, *Morgan Llwyd* (ail arg., Lerpwl, 1931).
―――― 'Morgan Llwyd (1619-1659)', yn *Y Traddodiad Rhyddiaith* (gol. G. Bowen, 1970).

GIBBARD, NOEL, *Elusen i'r Enaid: arweiniad i weithiau'r Piwritaniaid Cymreig, 1630-1689* (Pen-y-bont ar Ogwr, 1979).

GRUFFYDD, R. G., *'In that Gentile Country': the beginnings of Puritan Nonconformity in Wales* (Pen-y-bont ar Ogwr, 1976).

HILL, CHRISTOPHER, *Society and Puritanism in Pre-Revolutionary England* (1969).
―――― *The World turned Upside Down* (1975).
―――― 'Puritans and the Dark Corners of the Land', *Trans. Royal Historical Soc.,* XIII (1963).
―――― 'Propagating the Gospel', yn H. E. Bell ac R. L. Ollard (goln.), *Historical Essays presented to David Ogg* (1963).

JAMES, E. W. (gol.), *Cwmwl o Dystion* (Abertawe, 1977).

JONES, D. GWENALLT, *Y Ficer Prichard a 'Canwyll y Cymry'* (Caernarfon, 1946).

JONES, J. W. (gol.), *Coffa Morgan Llwyd* (Llandysul, 1952).

JONES, R. TUDUR, *Hanes Annibynwyr Cymru* (Abertawe, 1966).
―――― *Vavasor Powell* (Abertawe, 1971).

JORDAN, W. K., *Philanthropy in England 1480-1660* (1959).
―――― *The Charities of London, 1480-1660* (1960).

MORGAN, MERFYN (gol.), *Gweithiau Oliver Thomas ac Evan Roberts* (Caerdydd, 1981).

NUTTALL, G. F., *The Welsh Saints, 1640-1660* (Caerdydd, 1957).
―――― *The Puritan Spirit (1967).*

PENRY, JOHN, *Three Treatises concerning Wales* (gol. David Williams, Caerdydd, 1960).

PIERCE, WILLIAM, *John Penry* (1923).

RICHARDS, THOMAS, *The Puritan Movement in Wales, 1639 to 1653* (1920).
―――― *Religious Developments in Wales, 1654-1662* (1923).
―――― 'Eglwys Llanfaches', *Traf. Cymmr.* (1941).
―――― 'Flintshire and the Puritan Movement', *T.C.H. sir y Fflint,* XIII (1952-3).
―――― 'Meirionnydd: Piwritaniaeth Gynnar', *C.C.H. sir Feirionnydd,* II (1953).
―――― 'The Puritan movement in Anglesey', *T.C.H. Môn* (1954).

WILLIAMS, GLANMOR, 'John Penry: Marprelate or Patriot?', *C.H.C.,* III (1967).

WILLIAMS, G. J., 'John Penri', *Y Cofiadur,* 35 (1966).

11. CYNHENNAU GWLEIDYDDOL A CHREFYDDOL 1660-1760

DODD, A. H., 'Tuning the Welsh Bench', *C.Ll.G.C.,* VI (1950).
―――― 'Flintshire Politics in the Seventeenth Century', *T.C.H. sir y Fflint,* XIV (1952-3).

EVANS, G. NESTA, *Religion and Politics in Mid-Eighteenth Century Anglesey* (Caerdydd, 1953).

GRIFFITHS, G. M., 'Chirk Castle Election activities, 1600-1750', *C.Ll.G.C.,* XI (1957-8).

—— 'Glimpses of Cardiganshire in Sessions Records', *Ceredigion,* V (1966).

—— 'Glimpses of Denbighshire in the Records of the Court of Great Sessions', *T.C.H. sir Ddinbych,* 22 (1973).

JENKINS, J. P., 'Jacobites and Freemasons in Eighteenth-Century Wales', *C.H.C.,* IX (1979).

JONES, FRANCIS, 'Disaffection and dissent in Pembrokeshire', *Traf. Cymmr.* (1946-7).

—— 'The Society of Sea Serjeants', *Traf. Cymmr.* (1967).

OWEN, G. DYFNALLT, 'The Poor Law system in Carmarthenshire during the eighteenth and early nineteenth centuries', *Traf. Cymmr.* (1941).

RICHARDS, THOMAS, *Piwritaniaeth a Pholitics, 1689-1719* (Wrecsam, 1927).

—— 'Declarasiwn 1687', *T.C.H. y Bedyddwyr* (1924).

—— 'The Anglesey Election of 1708', *T.C.H. Môn* (1943).

ROBERTS, GLYN, 'Carmarthenshire: Political Affairs from 1536 to 1900', 'The Municipal Development of the Borough of Swansea to 1900', 'The Glynnes and the Wynns of Glynllifon', yn *Aspects of Welsh History* (Caerdydd, 1969).

—— 'The county representation of Anglesey in the eighteenth century', *T.C.H. Môn* (1930).

ROBERTS, P. R., 'The Merioneth Gentry and local government, c.1650-1838', *C.C.H. sir Feirionnydd,* V (1965).

THOMAS, B. B., 'The Old Poor Law in Ardudwy-uwch-Artro', *B.B.G.C.,* VII (1934).

THOMAS, P. D. G., 'The Parliamentary Representation of Merioneth during the Eighteenth Century', *C.C.H. sir Feirionnydd,* III (1958).

—— 'The Parliamentary Representation of Caernarvonshire in the Eighteenth Century, 1708-84', *T.C.H. sir Gaernarfon,* XIX (1958-9).

—— 'Wynnstay versus Chirk Castle: Parliamentary Elections in Denbighshire, 1716-1741', *C.Ll.G.C.,* XI (1959).

—— 'Parliamentary Elections in Brecknockshire, 1689-1832', *Brycheiniog,* VI (1960).

—— 'Jacobitism in Wales', *C.H.C.,* I (1962).

—— 'Anglesey Politics, 1689-1727', *T.C.H. Môn* (1962).

—— 'Glamorgan Politics, 1700-1750', *Morgannwg,* VI (1962).

—— 'County Elections in Eighteenth-Century Carmarthenshire', *The Carmarthen Antiquary,* IV (1962-3).

—— 'The Montgomery Borough Constituency, 1660-1728', *B.B.G.C.,* XX (1963).

—— 'Eighteenth-Century Elections in the Cardigan Boroughs Constituency', *Ceredigion,* VI (1968).

WILLIAMS, DAVID, 'Cardiganshire Politics in the mid-eighteenth century', *Ceredigion,* III (1959).

WILLIAMS, J. GWYNN, 'Sir John Vaughan of Trawsgoed', *C.Ll.G.C.*, VIII (1953-4).

WILLIAMS-JONES, K., *A Calendar of the Merioneth Quarter Sessions Rolls, 1733-65* (Aberystwyth, 1965).

12. ADFYWIAD DIWYLLIANNOL 1660-1760

ASHTON, G. M. (gol.), *Hunangofiant a Llythyrau Twm o'r Nant* (Caerdydd, 1948).

DAVIES, JOHN, *Bywyd a Gwaith Moses Williams* (Caerdydd, 1937).

DAVIES, J. H. (gol.), *The Morris Letters, 1728-65* (2 gyf., Aberystwyth, 1907-9).

EDWARDS, CHARLES, *Y Ffydd Ddi-ffuant* 1677 (gol. G. J. Williams, Caerdydd, 1936).

EDWARDS, H. TEIFI, *Yr Eisteddfod* (Llandysul, 1976).

EMERY, FRANK V., *Edward Lhuyd, F.R.S., 1660-1709* (Caerdydd, 1971).

—— '"Y Naturiaethwr Gorau yn Awr yn Ewrob": Edward Lhuyd, F.R.S. (1660-1709)', *Y Gwyddonydd,* V (1967).

EVANS, D. ELLIS, 'Theophilus Evans ar Hanes Cynnar Prydain', *Y Traethodydd,* CXXVIII (1973).

EVANS, G. G., 'Yr Anterliwt Gymraeg', *Llên Cymru,* I (1950).

GRUFFYDD, R. G. (gol.), *Meistri'r Canrifoedd* (Caerdydd, 1973).

GRUFFYDD, W. J., *Y Morysiaid* (Caerdydd, 1939).

HUGHES, G. H., *Iaco ab Dewi, 1648-1722* (Caerdydd, 1953).

—— (gol.), *Drych y Prif Oesoedd* 1716 (Caerdydd, 1961).

HUMPHREYS, E. M., 'Morysiaid Môn', *Traf. Cymmr.* (1953).

JENKINS, GERAINT H., *Thomas Jones yr Almanaciwr, 1648-1713* (Caerdydd, 1980).

JENKINS, R. T. a RAMAGE, H., *A History of the Honourable Society of Cymmrodorion* (1951).

JONES, BEDWYR L., 'Drych y Prif Oesoedd', *Y Traethodydd,* CXVIII (1963).

—— 'Theophilus Evans', yn *Y Traddodiad Rhyddiaith* (gol. Geraint Bowen, 1970).

—— 'Rhyddiaith y Morrisiaid', yn *Y Traddodiad Rhyddiaith* (gol. Geraint Bowen, 1970).

—— 'Goronwy Owen, 1723-69', *Traf. Cymmr.* (1971).

JONES, GWERFYL P., 'Lle'r Gymraeg yng Ngweithiau Llenyddol 1660-1710', yn *Ysgrifau Beirniadol* (gol. J. E. Caerwyn Williams, IX, Dinbych, 1976).

LEWIS, ANEIRIN, 'Ieuan Fardd a'r Llenorion Saesneg', *Llên Cymru,* VII (1963).

LEWIS, CERI W., 'The Literary History of Glamorgan from 1550 to 1770', yn *Glamorgan County History* (gol. G. Williams, Caerdydd, IV, 1974).

MORGAN, DYFNALLT (gol.), *Gwŷr Llên y Ddeunawfed Ganrif* (Llandybïe, 1966).

MORGAN, D. LLWYD, 'Charles Edwards (1628-1691?)', yn *Y Traddodiad Rhyddiaith* (gol. Geraint Bowen, 1970).

MORGAN, P. T. J., 'The Abbé Pezron and the Celts', *Traf. Cymmr.* (1965).

OWEN, HUGH (gol.), *Additional Letters of the Morrises, 1735-86* (2 gyf., 1954-9).

────── (gol.), *The Life and Works of Lewis Morris, 1701-1765* (Cymd. Hanes Môn, 1951).

PARRY, THOMAS, *Baledi'r Ddeunawfed Ganrif* (Caerdydd, 1935).

PRICE, CECIL, *The English Theatre in Wales* (Caerdydd, 1948).

REES, EILUNED, 'Developments in the Book Trade in Eighteenth-Century Wales', *The Library*, XXIV (1969).

────── 'An Introductory Survey of Eighteenth-Century Welsh Libraries', *C.C.L.C.,* X (1971).

────── 'Pre-1820 Welsh Subscription Lists', *C.C.L.C.,* XI (1973-4).

RICHARDS, G. M., 'Yr Awdur a'i Gyhoedd yn y Ddeunawfed Ganrif', *C.C.L.C.,* X (1966).

ROBERTS, B.F., 'Ymagweddau at Brut y Brenhinedd hyd 1890', *B.B.G.C.,* XXIV (1971).

THOMAS, GWYN, *Y Bardd Cwsg a'i Gefndir* (Caerdydd, 1971).

WILLIAMS, G. J., *Traddodiad Llenyddol Morgannwg* (Caerdydd, 1948).

────── 'Edward Lhuyd', *Llên Cymru,* VI (1961).

────── 'Llythyrau at Ddafydd Jones o Drefriw', *C.Ll.G.C.,* atodiad, rhif 2 (1943).

WILLIAMS, J. LLOYD, *Y Tri Thelynor* (1944).

13. Y MUDIADAU ADDYSGOL 1660-1760

CAVENAGH, F. A., *Griffith Jones* (Caerdydd, 1930).

CLEMENT, MARY (gol.), *Correspondence and Minutes of the S.P.C.K. relating to Wales, 1699-1740* (Caerdydd, 1952).

────── *The S.P.C.K. and Wales, 1699-1740* (1954).

DAVIES, D. EURIG, *Hoff Ddysgedig Nyth* (Abertawe, 1976).

GITTINS, C.E., (gol.), *Pioneers of Welsh Education* (Abertawe, 1964).

HUGHES, G. H., 'Griffith Jones, Llanddowror, a Llenyddiaeth Gymraeg', *Yr Eurgrawn,* CLIV (1962).

JENKINS, R. T., *Gruffydd Jones, Llanddowror, 1683-1761* (Caerdydd, 1930).

────── 'A Conspectus of Griffith Jones's Schools, 1738-1761', *B.B.G.C.,* V (1929-31).

JONES, D. AMBROSE, *Griffith Jones, Llanddowror* (Wrecsam, 1923).

JONES, GRIFFITH a BEVAN, BRIDGET (goln.), *The Welch Piety* (1737-1776).

JONES, M. G., *The Charity School Movement* (Caergrawnt, 1938).

────── 'Two Accounts of the Welsh Trust, 1675 and 1678 (?)', *B.B.G.C.,* IX (1937-9).

KELLY, THOMAS, *Griffith Jones. Pioneer in Adult Education* (Caerdydd, 1950).

OWEN, G. DYFNALLT, *Ysgolion a Cholegau'r Annibynwyr* (Llandysul, 1939).

——— 'James Owen a'i Academi', *Y Cofiadur*, 22 (1952).

ROBERTS, H. P., 'Yr Academïau Anghydffurfiol yng Nghymru, 1662-1862', *Y Llenor*, XV-XVI (1936-7).

SHANKLAND, T., 'Sir John Philipps and the Charity School Movement', *Traf. Cymmr.* (1904-5).

STONE, LAWRENCE, 'Literacy and Education in England, 1640-1900', *Past and Present*, 42 (1969).

WILLIAMS, JAC L. (gol.), *Ysgrifau ar Addysg*, IV (Caerdydd, 1966).

WILLIAMS, W. MOSES (gol.), *Selections from The Welch Piety* (Caerdydd, 1938).

——— *The Friends of Griffith Jones* (Llundain, 1939).

14. CREFYDD A LLÊN 1660-1730

BOWEN, GERAINT, 'Yr Halsingod', *Traf. Cymmr.* (1945).

BROWNING, C. H., *The Welsh Settlement of Pennsylvania* (Philadelphia, 1912).

DODD, A. H., *The Character of Early Welsh Emigration to the United States* (Caerdydd, 1953).

——— 'The Background of the Welsh Quaker migration to Pennsylvania', *C.C.H. sir Feirionnydd*, III (1958).

ELLIS, T. P., *The Catholic Martyrs of Wales* (1933).

HUGHES, G. H., 'Halsingau Dyffryn Teifi', *Yr Eurgrawn*, CXXXIII (1941).

JENKINS, GERAINT H., *Literature, Religion and Society in Wales, 1660-1730* (Caerdydd, 1978).

——— 'Quaker and anti-Quaker Literature in Welsh from the Restoration to Methodism', *C.H.C.*, VII (1975).

——— 'From Ysgeifiog to Pennsylvania: The Rise of Thomas Wynne, Quaker Barber-Surgeon', *T.C.H. sir y Fflint*, 28 (1977-8).

——— 'Llenyddiaeth, Crefydd a'r Gymdeithas yng Nghymru, 1660-1730', *Efrydiau Athronyddol*, XLI (1978).

——— 'Bywiogrwydd Crefyddol a Llenyddol Dyffryn Teifi, 1689-1740', *Ceredigion*, VIII (1979).

——— 'Llythyr Olaf Thomas Wynne o Gaerwys', *B.B.G.C.*, XXIX (1980).

——— '"Goleuni gwedi torri allan Ynghymru": Her y Bedyddwyr yn y 1690au', *T.C.H. y Bedyddwyr* (1981).

JENKINS, R. T., *Hanes Cynulleidfa Hen Gapel Llanuwchllyn* (Y Bala, 1937).

JONES, RICHARD, *Crynwyr Bore Cymru, 1653-99* (Abermaw, 1931).

JONES, R. TUDUR, 'Yr Hen Ymneilltuwyr, 1700-1740', yn *Y Deffroad Mawr* (gol. G. M. Roberts, Caernarfon, 1973).

——— 'Eglwys Loegr a'r Saint, 1660-1685', *Diwinyddiaeth*, XIV (1963).

JONES, R. TUDUR ac OWENS, B. G., 'Anghydffurfwyr Cymru, 1660-1662', *Y Cofiadur*, 32 (1962).

LEWIS, ANEIRIN, 'Llyfrau Cymraeg a'u Darllenwyr, 1696-1740', *Efrydiau Athronyddol,* XXXIV (1971).

MORGAN, W. T., 'Yr Eglwys Sefydledig yng Nghymru', yn *Y Deffroad Mawr* (gol. G. M. Roberts, 1973).

——— 'Persecutions of Nonconformists in the consistory courts of St. David's, 1661-88', *C.C.H. yr Eglwys yng Nghymru,* XII (1962).

O'KEEFE, M. M., *Four Martyrs of South Wales and the Marches* (Caerdydd, 1970).

REES, THOMAS, *A History of Protestant Nonconformity in Wales* (ail arg., 1883).

REES, T. MARDY, *A History of the Quakers in Wales* (Caerfyrddin, 1925).

RICHARDS, THOMAS, *Wales under the Penal Code, 1662-1687* (1925).

——— *Wales under the Indulgence, 1672-1675* (1928).

——— 'The Religious Census of 1676', *Traf. Cymmr.* (1925-6).

——— 'Henry Maurice: Piwritan ac Annibynnwr', *Y Cofiadur,* 5-6 (1928).

——— 'Nonconformity from 1620 to 1715', yn *A History of Carmarthenshire* (gol. J. E. Lloyd, II, 1939).

SAUNDERS, ERASMUS, *A View of the State of Religion in the Diocese of St. David's* (1721; adarg., Caerdydd, 1949).

WATTS, MICHAEL R., *The Dissenters* (Rhydychen, 1978).

WILLIAMS, G. J., 'Stephen Hughes a'i Gyfnod', *Y Cofiadur* (1926).

WILLIAMS, J. GWYNN, 'The Quakers of Merioneth during the Seventeenth Century', *C.C.H. sir Feirionnydd,* VIII (1978-9).

WILLIAMS, M. FAY, 'Glamorgan Quakers, 1654-1900', *Morgannwg,* V (1961).

WRIGHT, E. G., 'Humphrey Humphreys, Bishop of Bangor and Hereford (1648-1712)', *T.C.H. Môn* (1949).

——— 'Dean John Jones (1650-1727)', *T.C.H. Môn* (1952).

15. Y DIWYGIAD METHODISTAIDD

BENNETT, RICHARD, *Blynyddoedd Cyntaf Methodistiaeth* (Caernarfon, 1909).

EVANS, EIFION, *Howel Harris Evangelist* (Caerdydd, 1974).

GRIFFITH, WILLIAM, *Methodistiaeth Fore Môn 1740-51* (Caernarfon, 1955).

GRUFFYDD, R. G., 'Diwygiad 1762 a William Williams o Bantycelyn', *C.C.H.M.C.,* LIV, LV (1969-70).

HOBLEY, W., *Hanes Methodistiaeth Arfon* (6 chyf., Caernarfon, 1910-24).

HUGHES, G. H. (gol.), *Gweithiau William Williams Pantycelyn* (cyf. 2, Caerdydd, 1967).

HUGHES, JOHN, *Methodistiaeth Cymru* (3 cyf., Wrecsam, 1851-6).

JENKINS, J. GWILI, *Hanfod Duw a Pherson Crist* (Lerpwl, 1931).

JENKINS, R. T., *Yng Nghysgod Trefeca* (Caernarfon, 1968).

JONES, D. J. ODWYN, *Daniel Rowland, Llangeitho* (Llandysul, 1938).

JONES, E. D., 'Phylip Pugh', *Diwinyddiaeth,* XV (1964).

JONES, E. P., *Methodistiaeth Galfinaidd Dinbych* (Dinbych, 1936).

JONES, J. MORGAN, *Y Tadau Methodistaidd* (2 gyf., Abertawe, 1895-7).

JONES, M. H. (gol.), *The Trevecka Letters* (Caernarfon, 1932).

JONES, ROBERT, *Drych yr Amseroedd* (gol. G. M. Ashton, Caerdydd, 1958).

LEWIS, SAUNDERS, *Williams Pantycelyn* (1927).

MILLWARD, E. G., 'Rhai Agweddau ar Lenyddiaeth Wrth-Fethodistaidd y Ddeunawfed Ganrif', *C.C.H.M.C.*, 60 (1974-5).

MORGAN, D. Ll., 'Rhyddiaith Pantycelyn', yn *Y Traddodiad Rhyddiaith* (gol., Geraint Bowen, 1970).

—— 'Williams Pantycelyn: Sylwadau ar ystyr a diben ei waith', *Ysgrifau Beirniadol* (gol. J. E. Caerwyn Williams, VIII, 1974).

NUTTALL, G. F., *Howell Harris, 1714-73. The Last Enthusiast* (Caerdydd, 1965).

OWEN, G. P., *Methodistiaeth Llŷn ac Eifionydd* (Abertawe, 1978).

OWEN, HUGH, 'The Morrises and the Methodists of Anglesey in the Eighteenth Century', *T.C.H. Môn* (1942).

PROSSER, ALWYN, 'Diddordebau lleyg Williams Pantycelyn', *Llên Cymru,* III (1955).

ROBERTS, GOMER M., *Bywyd a Gwaith Peter Williams* (Caerdydd, 1943).

—— *Y Pêr Ganiedydd* (2 gyf., Aberystwyth, 1949, 1958).

—— *Portread o Ddiwygwyr* (Caernarfon, 1969).

—— (gol.), *Selected Trevecka Letters (1742-7) (1747-94)* (Caernarfon, 1956, 1962).

—— (gol.), *Gweithiau William Williams Pantycelyn* (cyf. 1, Caerdydd, 1964).

—— (gol.), *Y Deffroad Mawr* (Caernarfon, 1973).

—— (gol.), *Cynnydd y Corff* (Caernarfon, 1978).

ROBERTS, G. T., *Howell Harris* (1951).

—— *Dadleuon Methodistiaeth Gynnar* (Abertawe, 1970).

THOMAS, IOAN, Rhad Ras (gol. J. Dyfnallt Owen, Caerdydd, 1949).

ROBERTS, JOHN, *Methodistiaeth Galfinaidd Cymru* (1931).

THOMAS, JOSHUA, *Hanes y Bedyddwyr* (Caerfyrddin, 1778).

WALSH, J. D., 'The Origins of the Evangelical Revival', yn G. V. Bennett a J. D. Walsh (goln.), *Essays in Modern Church History* (1966).

—— 'Elie Halévy and the Birth of Methodism', *Trans. Royal Historical Society,* 25 (1975).

WILLIAMS, A. H., *John Wesley a Chymru* (Tre'r-ddôl, 1969).

—— (gol.), *John Wesley in Wales* (Caerdydd, 1971).

WILLIAMS, T. O., *Hanes Cynulleidfaoedd Undodaidd Sir Aberteifi* (Llandysul, d.d.).

WILLIAMS, WILLIAM, *Welsh Calvinistic Methodism* (1872).

MYNEGAI

341

342

343

346

352

354

Z

British Library Cataloguing in Publication Data

Jenkins, Geraint H.
    Hanes Cymru yn y cyfnod modern cynnar 1530-1760.
    1. Wales—History
    I. Title
    942.9   DA720
    ISBN 0-7083-0998-4